This student code gives you access to the **Aventuras 3e** Supersite.
A code can only be used once. It is not transferable and cannot be resold after it is used.
If your code card is missing or scratched off, visit **vistahigherlearning.com/store** to buy a new code.

THIRD EDITION

AVENTURAS

PRIMER CURSO DE LENGUA ESPAÑOLA

Philip Redwine Donley, late

José A. Blanco

Boston, Massachusetts

Publisher: José A. Blanco
Executive Editors: Deborah Coffey, María Eugenia Corbo
Managing Editor: Paola Ríos Schaaf (Technology)
Senior Project Manager: Adriana Lavergne
Director of Design and Production: Marta Kimball
Design Manager: Susan Prentiss
Design and Production Team: María Eugenia Castaño, Oscar Díez, Mauricio Henao, Jhoany Jiménez, Nick Ventullo

Copyright © 2010 by Vista Higher Learning

All rights reserved. Printed in the United States of America.

No part of this work may be reproduced or distributed in any form or by any means, electronic or mechanical, including photocopying and recording, or by any information storage or retrieval system without prior written permission from Vista Higher Learning, 31 St. James Avenue, Boston, MA 02116-4104.

Student Text ISBN: 978-1-60007-854-5
Instructor's Annotated Edition ISBN: 978-1-60007-857-6

Library of Congress Control Number: 2008931109

4 5 6 7 8 RR 16 15 14 13 12
Maestro® and Maestro Language Learning System® and design are registered trademarks of Vista Higher Learning, Inc.

Introduction

Welcome to **AVENTURAS, Third Edition!** This highly successful introductory Spanish program is designed to provide you with an active and rewarding learning experience. You are about to embark on an exciting adventure as you learn Spanish and explore the diverse cultures of the Spanish-speaking world.

New to the Third Edition

- **Video!** Two engaging video programs, **Flash cultura** and **Videoclip**, provide authentic cultural and linguistic input
- **Culture!** An enhanced **Exploración** section presents compelling cultural information on the products, practices, and perspectives of the Spanish-speaking world
- **Readings!** Two new readings—a literary piece and a comic—in the **Lectura** section help you develop your reading skills with authentic material
- **Integrated Technology!** Virtual Interactive Textbook (**vText**), the completely online and interactive version of the Student Edition; a comprehensive upgrade to the **AVENTURAS** Supersite (**aventuras.vhlcentral.com**); see p. xxx for a complete description
- **Support!** Ancillaries like the **Flash cultura** video program and MAESTRO® Language Learning System all closely integrated with your student text

Original Hallmark Features

- Fresh, user-friendly design and layout that support and facilitate language learning
- An easy-to-navigate, color-coded lesson organization
- An abundance of illustrations, photos, and charts specifically chosen to help you learn
- Integration of an appealing storyline video in each lesson
- Practical, high-frequency vocabulary for communicating in real-life situations
- Clear, concise grammar explanations that graphically highlight important concepts
- Guided activities practice vocabulary and grammar so that you feel confident communicating in Spanish
- Abundant opportunities to interact in communicative situations
- A process approach to reading, writing, and listening skills
- Presentation of important cultural aspects of the daily lives of Spanish speakers and coverage of the entire Spanish-speaking world
- A complete set of print and technology ancillaries to make learning Spanish easier

To familiarize yourself with the program's organization, as well as its original and new features, turn to page xii and take the **AVENTURAS**-at-a-glance tour.

table of contents

	PREPARACIÓN	AVENTURAS

EXPLORACIÓN	GRAMÁTICA	LECTURA
Bajo la lupa: Saludos y besos en los países hispanos . . . 10 **Flash Cultura:** Encuentros en la plaza . . . 11	**1.1** Nouns and articles . . . 12 **1.2** Numbers 0-30 . . . 14 **1.3** Present tense of **ser** . . . 16 **1.4** Telling time . . . 18 **Repaso y Videoclip** . . . 20	**Lectura:** Teléfonos importantes y direcciones electrónicas . . . 24
Bajo la lupa: La elección de una carrera universitaria . . . 36 **Flash Cultura:** Los estudios . . . 37	**2.1** Present tense of regular **–ar** verbs . . . 38 **2.2** Forming questions . . . 40 **2.3** The present tense of **estar** . . . 42 **2.4** Numbers 31–100 . . . 44 **Repaso y Videoclip** . . . 46	**Lectura:** UAM: La mejor universidad de Europa . . . 50 **Aventuras en los países hispanos:** Estados Unidos y Canadá . . . 53
Bajo la lupa: ¿Cómo te llamas? . . . 66 **Flash Cultura:** La familia . . . 67	**3.1** Descriptive adjectives . . . 68 **3.2** Possessive adjectives . . . 70 **3.3** Present tense of regular **–er** and **–ir** verbs . . . 72 **3.4** Present tense of **tener** and **venir** . . . 74 **Repaso y Videoclip** . . . 76	**Lectura:** Familias de todo tipo . . . 80
Bajo la lupa: Real Madrid y Barça: rivalidad total . . . 92 **Flash Cultura:** ¡Fútbol en España! . . . 93	**4.1** The present tense of **ir** . . . 94 **4.2** Stem-changing verbs: **e→ie, o→ue** . . . 96 **4.3** Stem-changing verbs: **e→i** . . . 98 **4.4** Verbs with irregular **yo** forms . . . 100 **Repaso y Videoclip** . . . 102	**Lectura:** Guía para el fin de semana . . . 106 **Aventuras en los países hispanos:** México . . . 109

table of contents

EXPLORACIÓN	GRAMÁTICA	LECTURA

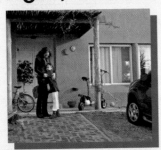

table of contents

	PREPARACIÓN	AVENTURAS

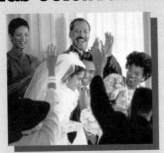

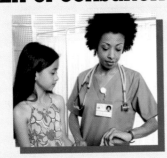

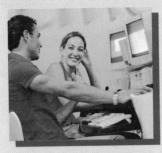

	PREPARACIÓN	AVENTURAS

Lección 13
La naturaleza

Lección 14
En la ciudad

Lección 15
El bienestar

Lección 16
El mundo del trabajo

Lesson Openers

outline the content and goals of each lesson.

4 El fin de semana
Communicative Goals
You will learn how to:
• talk about pastimes, weekend activities, and sports
• make plans and invitations
• say what you are going to do
PREPARACIÓN
pages 84–89
• Words related to pastimes and sports
• Places in the city
• Word stress and accent marks
AVENTURAS
pages 90–91
• Don Francisco informs the students that they have an hour of free time. Inés and Javier decide to walk through the city. Maite and Álex go to a park.
EXPLORACIÓN
pages 92–93
• Bajo la lupa: Real Madrid y Barça: rivalidad total
• Flash Cultura: ¡Fútbol en España!
GRAMÁTICA
pages 94–105
• Present tense of ir
• Present tense of stem-changing verbs
• Verbs with irregular yo forms
LECTURA
pages 106–107
• Newspaper article: Guía para el fin de semana
PARA EMPEZAR
• ¿Cómo son estas personas? ¿Gordas o delgadas?
• ¿Son jóvenes o viejas?
• ¿En qué tienen interés: en el fútbol o en el ciclismo?
• ¿Tienen calor o frío?

Para empezar A series of questions on the lesson opener photo recycles the language you already know and previews the vocabulary you are about to learn.

Lesson organization Consistent, color-coded sections make navigating each lesson easy.

Preparación

introduces vocabulary central to the lesson theme.

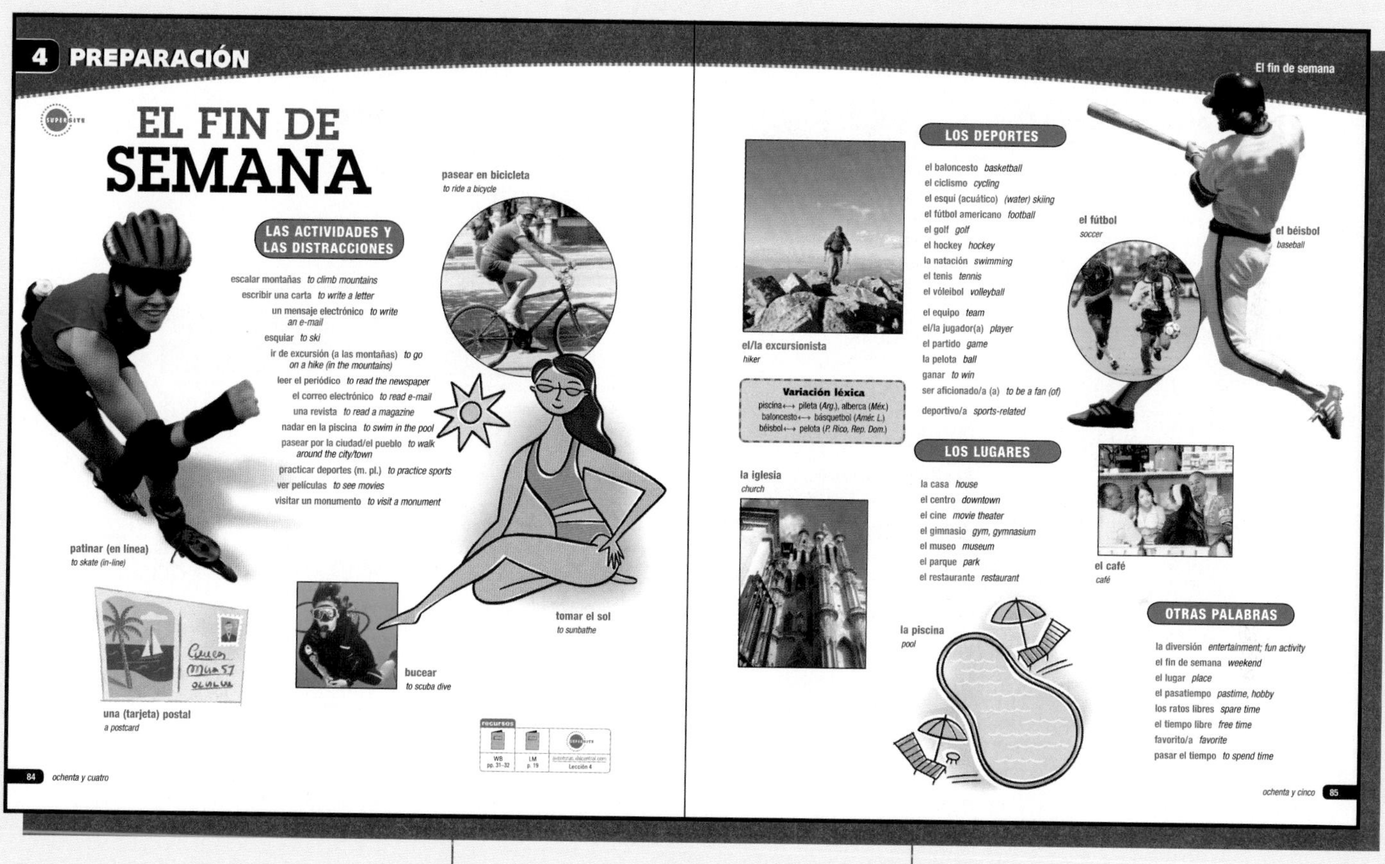

4 PREPARACIÓN

El fin de semana

EL FIN DE SEMANA

LAS ACTIVIDADES Y LAS DISTRACCIONES

escalar montañas *to climb mountains*
escribir una carta *to write a letter*
un mensaje electrónico *to write an e-mail*
esquiar *to ski*
ir de excursión (a las montañas) *to go on a hike (in the mountains)*
leer el periódico *to read the newspaper*
el correo electrónico *to read e-mail*
una revista *to read a magazine*
nadar en la piscina *to swim in the pool*
pasear por la ciudad/el pueblo *to walk around the city/town*
practicar deportes (m. pl.) *to practice sports*
ver películas *to see movies*
visitar un monumento *to visit a monument*

pasear en bicicleta *to ride a bicycle*

patinar (en línea) *to skate (in-line)*

una (tarjeta) postal *a postcard*

bucear *to scuba dive*

tomar el sol *to sunbathe*

LOS DEPORTES

el baloncesto *basketball*
el ciclismo *cycling*
el esquí (acuático) *(water) skiing*
el fútbol americano *football*
el golf *golf*
el hockey *hockey*
la natación *swimming*
el tenis *tennis*
el vóleibol *volleyball*
el equipo *team*
el/la jugador(a) *player*
el partido *game*
la pelota *ball*
ganar *to win*
ser aficionado/a (a) *to be a fan (of)*
deportivo/a *sports-related*

el/la excursionista *hiker*

el fútbol *soccer*

el béisbol *baseball*

Variación léxica
piscina ↔ pileta (Arg.), alberca (Méx.)
baloncesto ↔ básquetbol (Amér. L.)
béisbol ↔ pelota (P. Rico, Rep. Dom.)

LOS LUGARES

la casa *house*
el centro *downtown*
el cine *movie theater*
el gimnasio *gym, gymnasium*
el museo *museum*
el parque *park*
el restaurante *restaurant*

la iglesia *church*

el café *café*

la piscina *pool*

OTRAS PALABRAS

la diversión *entertainment; fun activity*
el fin de semana *weekend*
el lugar *place*
el pasatiempo *pastime, hobby*
los ratos libres *spare time*
el tiempo libre *free time*
favorito/a *favorite*
pasar el tiempo *to spend time*

recursos: WB pp. 31–32 | LM p. 19 | Lección 4

84 ochenta y cuatro

ochenta y cinco 85

Art Dynamic photos and illustrations present high-frequency vocabulary.

Vocabulary Theme-related vocabulary appears in easy-to-reference Spanish/English lists.

Recursos These boxes let you know exactly which print and technology ancillaries you can use to reinforce and expand on every section of every lesson. See page xxviii for a legend of the **recursos** boxes.

Variación léxica This presentation of alternate words and expressions highlights the richness of the Spanish-speaking world.

Preparación
practices vocabulary in stages.

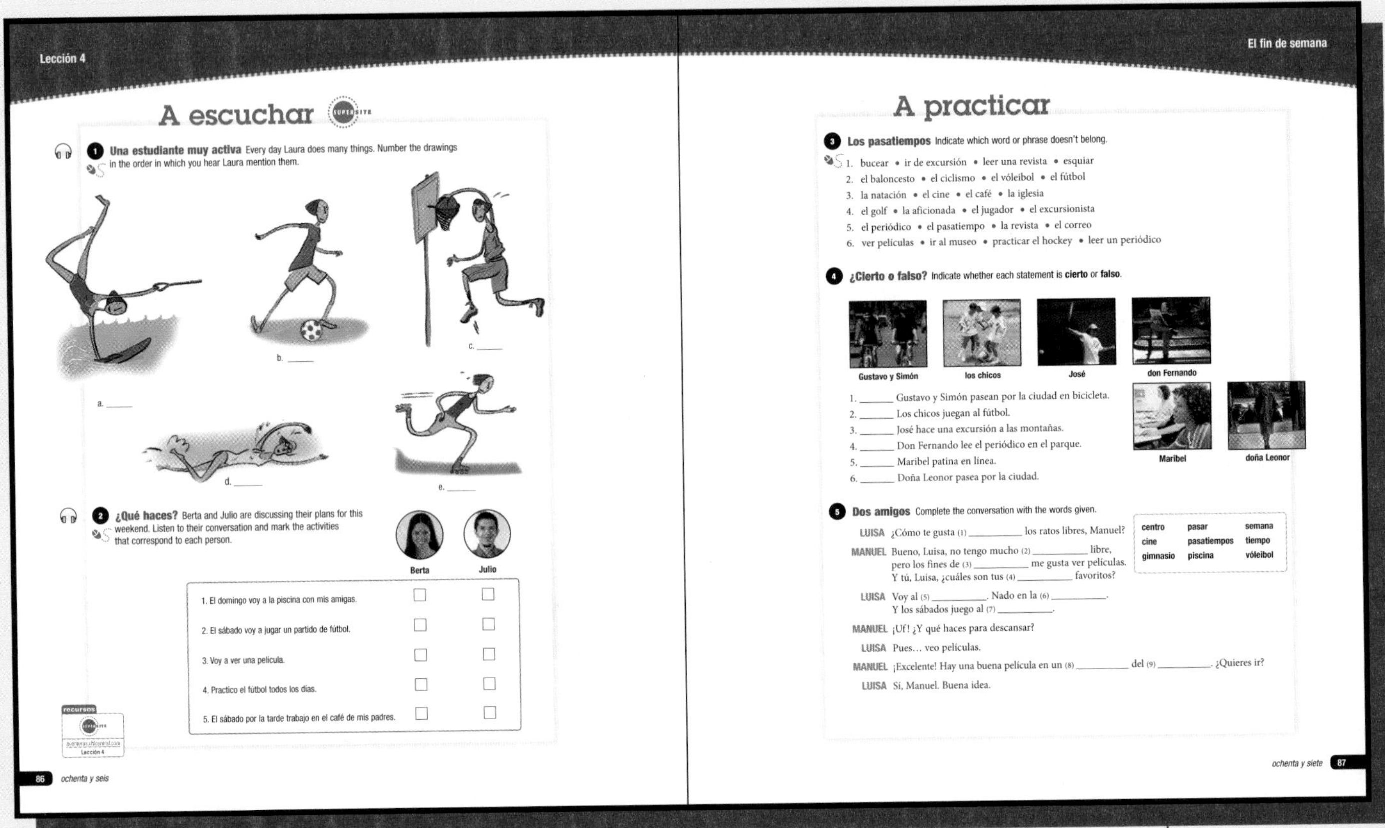

Lección 4

A escuchar

1 Una estudiante muy activa Every day Laura does many things. Number the drawings in the order in which you hear Laura mention them.

a. ____ b. ____ c. ____ d. ____ e. ____

2 ¿Qué haces? Berta and Julio are discussing their plans for this weekend. Listen to their conversation and mark the activities that correspond to each person.

	Berta	Julio
1. El domingo voy a la piscina con mis amigas.	☐	☐
2. El sábado voy a jugar un partido de fútbol.	☐	☐
3. Voy a ver una película.	☐	☐
4. Practico el fútbol todos los días.	☐	☐
5. El sábado por la tarde trabajo en el café de mis padres.	☐	☐

recursos
aventuras.vhlcentral.com
Lección 4

86 ochenta y seis

El fin de semana

A practicar

3 Los pasatiempos Indicate which word or phrase doesn't belong.

1. bucear • ir de excursión • leer una revista • esquiar
2. el baloncesto • el ciclismo • el vóleibol • el fútbol
3. la natación • el cine • el café • la iglesia
4. el golf • la aficionada • el jugador • el excursionista
5. el periódico • el pasatiempo • la revista • el correo
6. ver películas • ir al museo • practicar el hockey • leer un periódico

4 ¿Cierto o falso? Indicate whether each statement is **cierto** or **falso**.

Gustavo y Simón | los chicos | José | don Fernando | Maribel | doña Leonor

1. ______ Gustavo y Simón pasean por la ciudad en bicicleta.
2. ______ Los chicos juegan al fútbol.
3. ______ José hace una excursión a las montañas.
4. ______ Don Fernando lee el periódico en el parque.
5. ______ Maribel patina en línea.
6. ______ Doña Leonor pasea por la ciudad.

5 Dos amigos Complete the conversation with the words given.

centro	pasar	semana
cine	pasatiempos	tiempo
gimnasio	piscina	vóleibol

LUISA ¿Cómo te gusta (1) ______ los ratos libres, Manuel?
MANUEL Bueno, Luisa, no tengo mucho (2) ______ libre, pero los fines de (3) ______ me gusta ver películas. Y tú, Luisa, ¿cuáles son tus (4) ______ favoritos?
LUISA Voy al (5) ______. Nado en la (6) ______. Y los sábados juego al (7) ______.
MANUEL ¡Uf! ¿Y qué haces para descansar?
LUISA Pues… veo películas.
MANUEL ¡Excelente! Hay una buena película en un (8) ______ del (9) ______. ¿Quieres ir?
LUISA Sí, Manuel. Buena idea.

ochenta y siete 87

A escuchar Practice always begins with a page of listening activities that focus on vocabulary recognition and comprehension.

A practicar Practice continues with a page of guided and transitional activities that reinforce the new vocabulary in diverse formats.

Icons Icons provide a visual cue that indicates listening, Supersite, pair, group, and info gap activities. See page xxviii for a legend of all the icons used in the student text.

Preparación
wraps up vocabulary practice with communicative activities.

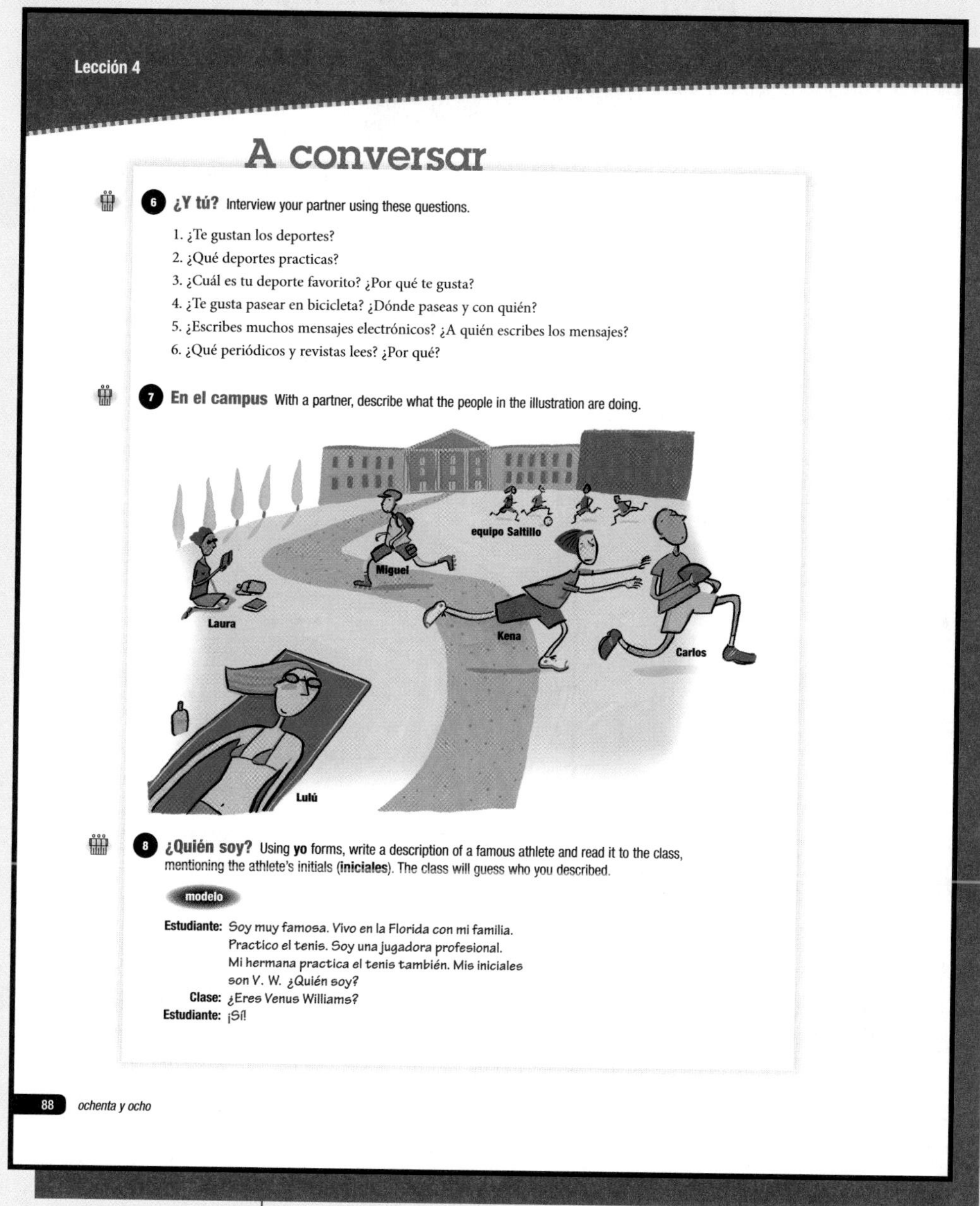

Lección 4

A conversar

6 **¿Y tú?** Interview your partner using these questions.

1. ¿Te gustan los deportes?
2. ¿Qué deportes practicas?
3. ¿Cuál es tu deporte favorito? ¿Por qué te gusta?
4. ¿Te gusta pasear en bicicleta? ¿Dónde paseas y con quién?
5. ¿Escribes muchos mensajes electrónicos? ¿A quién escribes los mensajes?
6. ¿Qué periódicos y revistas lees? ¿Por qué?

7 **En el campus** With a partner, describe what the people in the illustration are doing.

8 **¿Quién soy?** Using **yo** forms, write a description of a famous athlete and read it to the class, mentioning the athlete's initials (**iniciales**). The class will guess who you described.

modelo

Estudiante: *Soy muy famosa. Vivo en la Florida con mi familia. Practico el tenis. Soy una jugadora profesional. Mi hermana practica el tenis también. Mis iniciales son V. W. ¿Quién soy?*
Clase: *¿Eres Venus Williams?*
Estudiante: *¡Sí!*

88 *ochenta y ocho*

A conversar This final set of activities gets you using vocabulary creatively for self-expression in interactions with a partner, a small group, or the entire class.

Information Gap activities These activities, in **Lecciones 5–16** engage you and a partner in communication based on handouts your instructor gives you. You each have only half of the information, so you must work together to accomplish the task.

Preparación

Pronunciación and *Ortografía* present the basics of Spanish pronunciation and spelling.

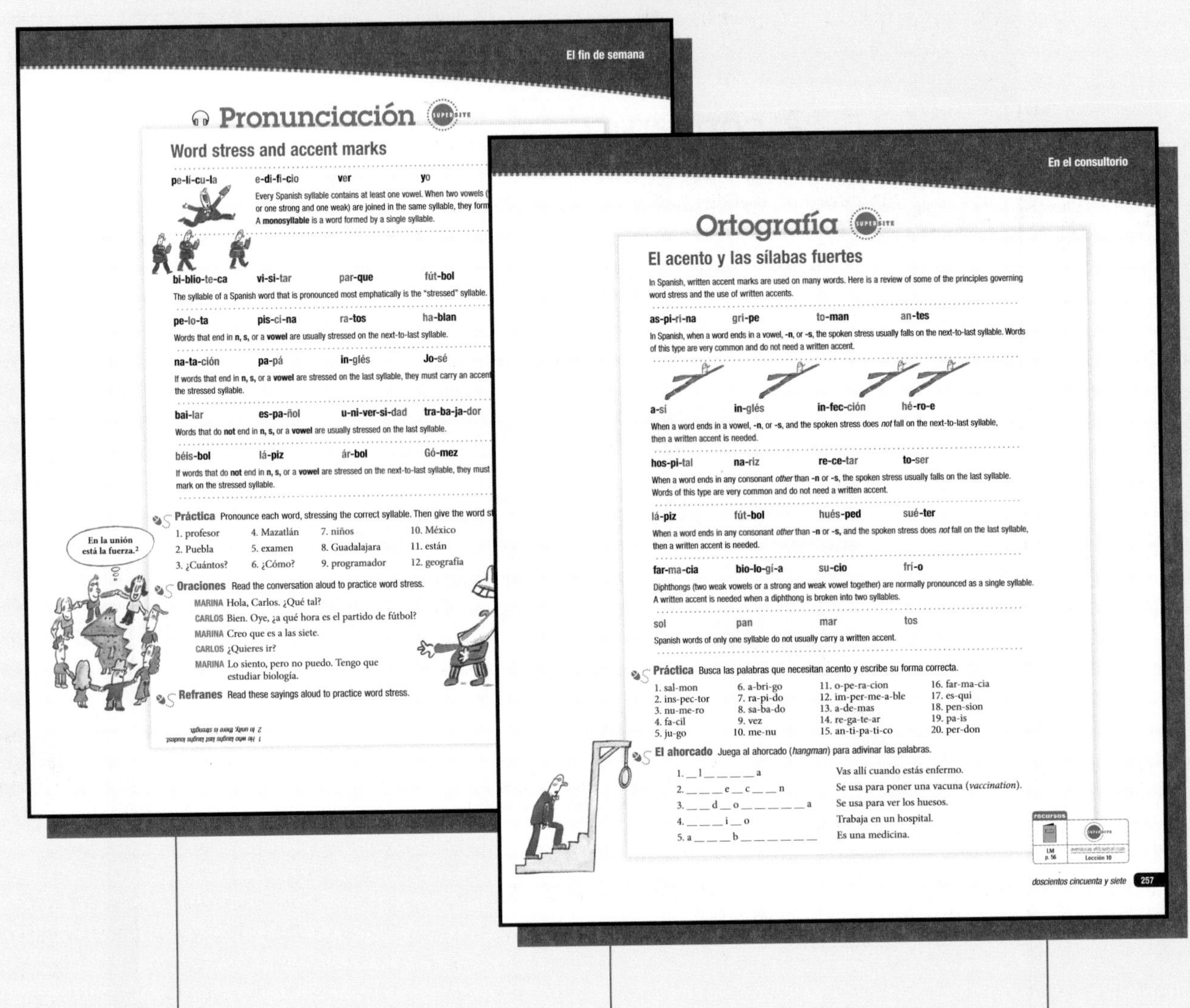

El fin de semana

Pronunciación

Word stress and accent marks

pe-lí-cu-la e-**di**-fi-cio **ver** **yo**

Every Spanish syllable contains at least one vowel. When two vowels (... or one strong and one weak) are joined in the same syllable, they form ... A **monosyllable** is a word formed by a single syllable.

bi-blio-**te**-ca vi-si-**tar** par-**que** **fút**-bol

The syllable of a Spanish word that is pronounced most emphatically is the "stressed" syllable.

pe-**lo**-ta pis-**ci**-na **ra**-tos **ha**-blan

Words that end in **n**, **s**, or a **vowel** are usually stressed on the next-to-last syllable.

na-ta-**ción** pa-**pá** in-**glés** Jo-**sé**

If words that end in **n**, **s**, or a **vowel** are stressed on the last syllable, they must carry an accent ... the stressed syllable.

bai-**lar** es-pa-**ñol** u-ni-ver-si-**dad** tra-ba-ja-**dor**

Words that do **not** end in **n**, **s**, or a **vowel** are usually stressed on the last syllable.

béis-bol **lá**-piz **ár**-bol **Gó**-mez

If words that do **not** end in **n**, **s**, or a **vowel** are stressed on the next-to-last syllable, they must ... mark on the stressed syllable.

Práctica Pronounce each word, stressing the correct syllable. Then give the word s...

1. profesor 2. Puebla 3. ¿Cuántos? 4. Mazatlán 5. examen 6. ¿Cómo? 7. niños 8. Guadalajara 9. programador 10. México 11. están 12. geografía

Oraciones Read the conversation aloud to practice word stress.

MARINA Hola, Carlos. ¿Qué tal?
CARLOS Bien. Oye, ¿a qué hora es el partido de fútbol?
MARINA Creo que es a las siete.
CARLOS ¿Quieres ir?
MARINA Lo siento, pero no puedo. Tengo que estudiar biología.

Refranes Read these sayings aloud to practice word stress.

1 He who laughs last laughs loudest. 2 In unity, there is strength.

En el consultorio

Ortografía

El acento y las sílabas fuertes

In Spanish, written accent marks are used on many words. Here is a review of some of the principles governing word stress and the use of written accents.

as-pi-**ri**-na **gri**-pe **to**-man **an**-tes

In Spanish, when a word ends in a vowel, **-n**, or **-s**, the spoken stress usually falls on the next-to-last syllable. Words of this type are very common and do not need a written accent.

a-**sí** in-**glés** in-fec-**ción** **hé**-ro-e

When a word ends in a vowel, **-n**, or **-s**, and the spoken stress does *not* fall on the next-to-last syllable, then a written accent is needed.

hos-pi-**tal** na-**riz** re-ce-**tar** to-**ser**

When a word ends in any consonant *other* than **-n** or **-s**, the spoken stress usually falls on the last syllable. Words of this type are very common and do not need a written accent.

lá-piz **fút**-bol **hués**-ped **sué**-ter

When a word ends in any consonant *other* than **-n** or **-s**, and the spoken stress does *not* fall on the last syllable, then a written accent is needed.

far-ma-**cia** bio-lo-**gí**-a **su**-cio **frí**-o

Diphthongs (two weak vowels or a strong and weak vowel together) are normally pronounced as a single syllable. A written accent is needed when a diphthong is broken into two syllables.

sol pan mar tos

Spanish words of only one syllable do not usually carry a written accent.

Práctica Busca las palabras que necesitan acento y escribe su forma correcta.

1. sal-mon 2. ins-pec-tor 3. nu-me-ro 4. fa-cil 5. ju-go 6. a-bri-go 7. ra-pi-do 8. sa-ba-do 9. vez 10. me-nu 11. o-pe-ra-cion 12. im-per-me-a-ble 13. a-de-mas 14. re-ga-te-ar 15. an-ti-pa-ti-co 16. far-ma-cia 17. es-qui 18. pen-sion 19. pa-is 20. per-don

El ahorcado Juega al ahorcado (*hangman*) para adivinar las palabras.

1. __ l __ __ __ __ a — Vas allí cuando estás enfermo.
2. __ __ __ e __ c __ __ n — Se usa para poner una vacuna (*vaccination*).
3. __ __ d __ o __ __ __ __ __ a — Se usa para ver los huesos.
4. __ __ __ i __ o — Trabaja en un hospital.
5. a __ __ __ b __ __ __ __ __ __ — Es una medicina.

recursos — LM p. 56 — Lección 10

doscientos cincuenta y siete 257

Pronunciación This section explains the sounds and pronunciation of Spanish in **Lecciones 1–9**.

Ortografía In **Lecciones 10–16**, this section focuses on topics related to Spanish spelling.

New! Supersite Icon An icon indicates that additional content is available on the **AVENTURAS** Supersite (**aventuras.vhlcentral.com**). For more information, see page xxx.

Aventuras

tells the story of four students traveling in Ecuador.

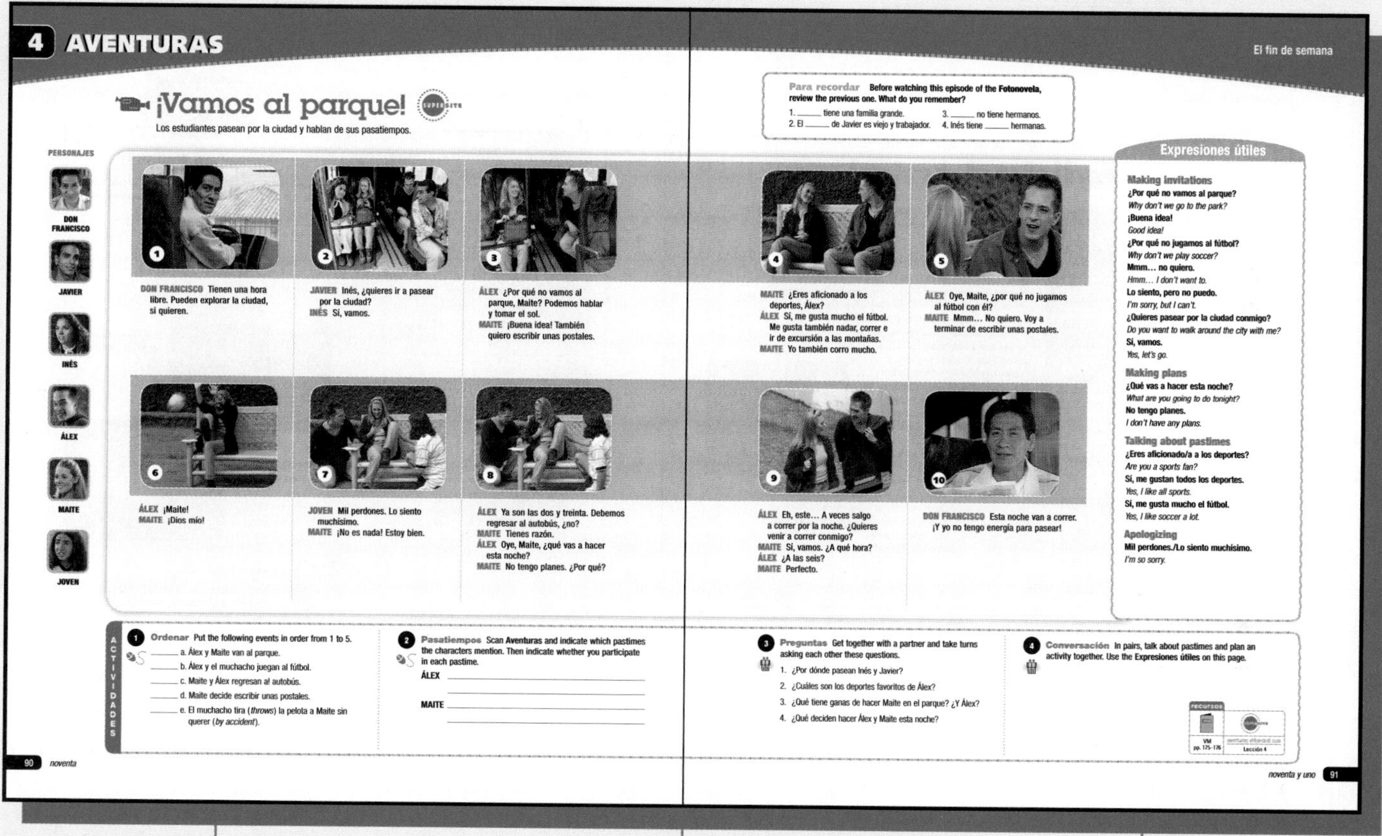

4 AVENTURAS

El fin de semana

¡Vamos al parque!

Los estudiantes pasean por la ciudad y hablan de sus pasatiempos.

PERSONAJES

DON FRANCISCO

JAVIER

INÉS

ÁLEX

MAITE

JOVEN

Para recordar Before watching this episode of the **Fotonovela**, review the previous one. What do you remember?

1. _____ tiene una familia grande.
2. El _____ de Javier es viejo y trabajador.
3. _____ no tiene hermanos.
4. Inés tiene _____ hermanas.

1 DON FRANCISCO Tienen una hora libre. Pueden explorar la ciudad, si quieren.

2 JAVIER Inés, ¿quieres ir a pasear por la ciudad?
INÉS Sí, vamos.

3 ÁLEX ¿Por qué no vamos al parque, Maite? Podemos hablar y tomar el sol.
MAITE ¡Buena idea! También quiero escribir unas postales.

4 MAITE ¿Eres aficionado a los deportes, Álex?
ÁLEX Sí, me gusta mucho el fútbol. Me gusta también nadar, correr e ir de excursión a las montañas.
MAITE Yo también corro mucho.

5 ÁLEX Oye, Maite, ¿por qué no jugamos al fútbol con él?
MAITE Mmm... No quiero. Voy a terminar de escribir unas postales.

6 ÁLEX ¡Maite!
MAITE ¡Dios mío!

7 JOVEN Mil perdones. Lo siento muchísimo.
MAITE ¡No es nada! Estoy bien.

8 ÁLEX Ya son las dos y treinta. Debemos regresar al autobús, ¿no?
MAITE Tienes razón.
ÁLEX Oye, Maite, ¿qué vas a hacer esta noche?
MAITE No tengo planes. ¿Por qué?

9 ÁLEX Eh, este... A veces salgo a correr por la noche. ¿Quieres venir a correr conmigo?
MAITE Sí, vamos. ¿A qué hora?
ÁLEX ¿A las seis?
MAITE Perfecto.

10 DON FRANCISCO Esta noche van a correr. ¡Y yo no tengo energía para pasear!

Expresiones útiles

Making invitations
¿Por qué no vamos al parque?
Why don't we go to the park?
¡Buena idea!
Good idea!
¿Por qué no jugamos al fútbol?
Why don't we play soccer?
Mmm... no quiero.
Hmm... I don't want to.
Lo siento, pero no puedo.
I'm sorry, but I can't.
¿Quieres pasear por la ciudad conmigo?
Do you want to walk around the city with me?
Sí, vamos.
Yes, let's go.

Making plans
¿Qué vas a hacer esta noche?
What are you going to do tonight?
No tengo planes.
I don't have any plans.

Talking about pastimes
¿Eres aficionado/a a los deportes?
Are you a sports fan?
Sí, me gustan todos los deportes.
Yes, I like all sports.
Sí, me gusta mucho el fútbol.
Yes, I like soccer a lot.

Apologizing
Mil perdones./Lo siento muchísimo.
I'm so sorry.

ACTIVIDADES

1 **Ordenar** Put the following events in order from 1 to 5.
_____ a. Álex y Maite van al parque.
_____ b. Álex y el muchacho juegan al fútbol.
_____ c. Maite y Álex regresan al autobús.
_____ d. Maite decide escribir unas postales.
_____ e. El muchacho tira (*throws*) la pelota a Maite sin querer (*by accident*).

2 **Pasatiempos** Scan **Aventuras** and indicate which pastimes the characters mention. Then indicate whether you participate in each pastime.
ÁLEX _____
MAITE _____

3 **Preguntas** Get together with a partner and take turns asking each other these questions.
1. ¿Por dónde pasean Inés y Javier?
2. ¿Cuáles son los deportes favoritos de Álex?
3. ¿Qué tiene ganas de hacer Maite en el parque? ¿Y Álex?
4. ¿Qué deciden hacer Álex y Maite esta noche?

4 **Conversación** In pairs, talk about pastimes and plan an activity together. Use the **Expresiones útiles** on this page.

recursos
VM pp. 175–176
Lección 4

90 noventa

noventa y uno 91

Personajes The photo-based conversations take place among a cast of recurring characters—four college students on vacation in Ecuador and the bus driver who accompanies them.

AVENTURAS Video The photo-based **Aventuras** conversations appear in the textbook's video program. To learn more about the video, turn to page xxvi.

Conversations Taken from the **AVENTURAS** video, the conversations re-enter vocabulary from **Preparación**. They also preview structures from the upcoming **Gramática** section in context and in a comprehensible way.

Para recordar Video recap activities help you recall the events of the previous lesson's **Aventuras** episode and prepare you for the upcoming one.

Actividades Guided exercises check your understanding and communicative activities allow you to react in a personalized way.

Expresiones útiles New, active words and expressions are organized by language function so you can focus on using them for real-life, practical purposes.

Exploración

highlights engaging contemporary culture through reading and video.

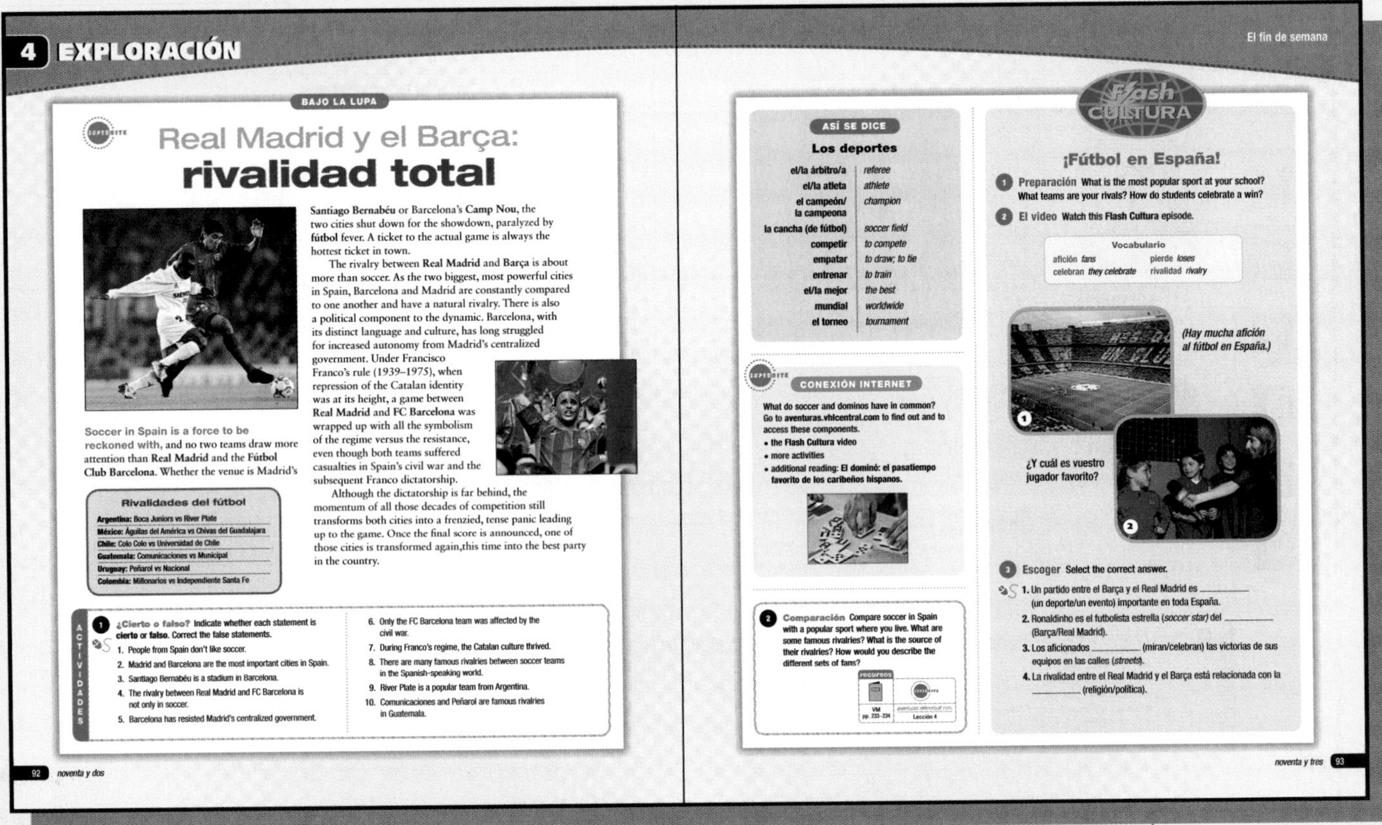

New! Bajo la lupa This feature article focuses on a person, place, custom, event, or tradition in the Spanish-speaking world, with an emphasis on contemporary, day-to-day culture. In Spanish as of **Lección 7**, this feature also provides valuable reading practice.

New! Así se dice & Conexión Internet Additional lexical and cultural features expand cultural coverage to traditions, customs, trends, and vocabulary from all over the Spanish-speaking world.

New! Flash Cultura An icon lets you know that the enormously successful **Flash Cultura** Video offers specially-shot content tied to the lesson theme. Previewing support and comprehension activities are integrated into the student text. To learn more about the video, turn to page xxvii.

Gramática

uses innovative design to support the learning of Spanish.

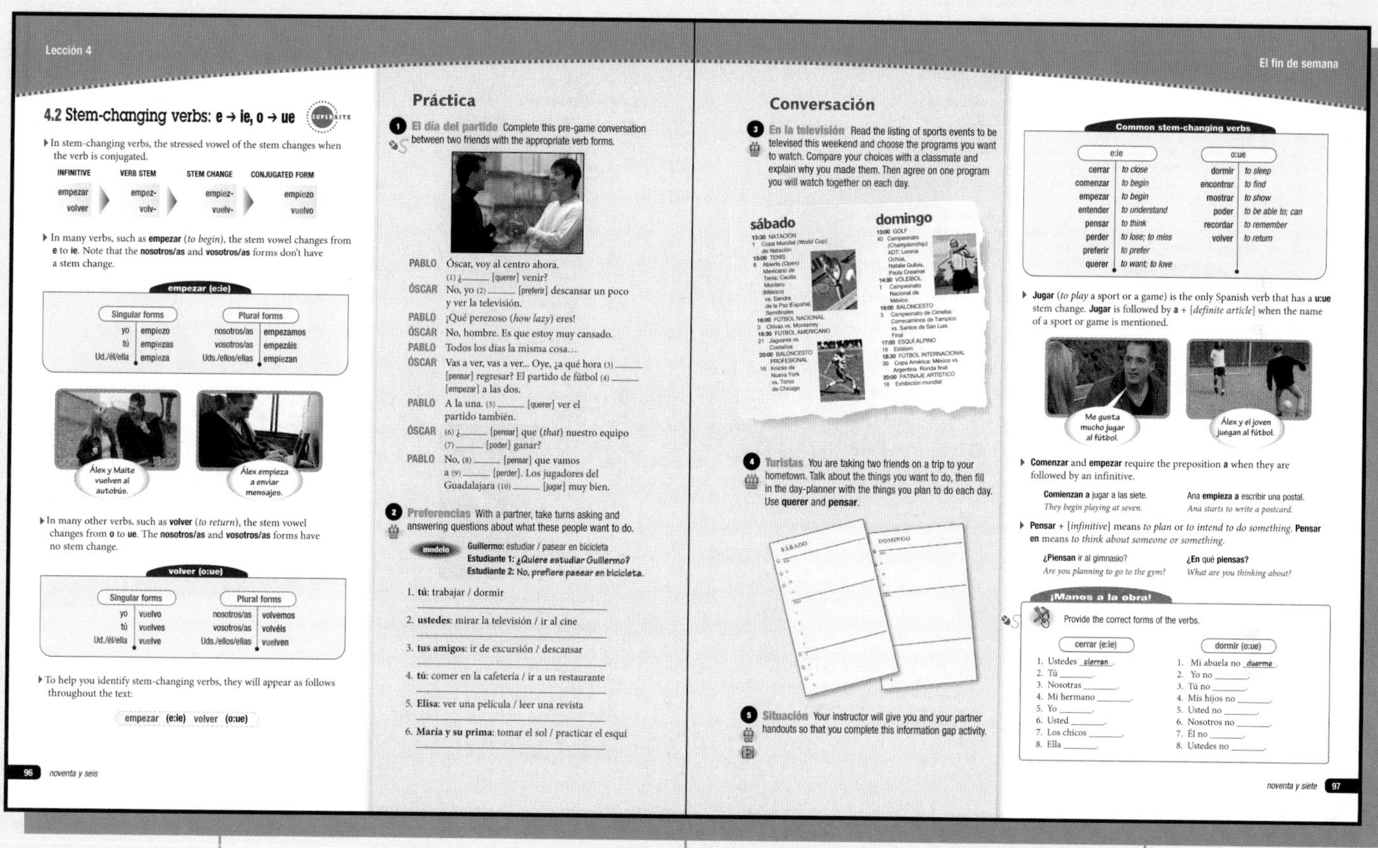

Lección 4

4.2 Stem-changing verbs: e → ie, o → ue

- In stem-changing verbs, the stressed vowel of the stem changes when the verb is conjugated.

INFINITIVE	VERB STEM	STEM CHANGE	CONJUGATED FORM
empezar	empez-	empiez-	empiezo
volver	volv-	vuelv-	vuelvo

- In many verbs, such as **empezar** (*to begin*), the stem vowel changes from **e** to **ie**. Note that the **nosotros/as** and **vosotros/as** forms don't have a stem change.

empezar (e:ie)

Singular forms		Plural forms	
yo	empiezo	nosotros/as	empezamos
tú	empiezas	vosotros/as	empezáis
Ud./él/ella	empieza	Uds./ellos/ellas	empiezan

Álex y Maite vuelven al autobús.

Álex empieza a enviar mensajes.

- In many other verbs, such as **volver** (*to return*), the stem vowel changes from **o** to **ue**. The **nosotros/as** and **vosotros/as** forms have no stem change.

volver (o:ue)

Singular forms		Plural forms	
yo	vuelvo	nosotros/as	volvemos
tú	vuelves	vosotros/as	volvéis
Ud./él/ella	vuelve	Uds./ellos/ellas	vuelven

- To help you identify stem-changing verbs, they will appear as follows throughout the text:

empezar (e:ie) volver (o:ue)

96 noventa y seis

Práctica

1 El día del partido Complete this pre-game conversation between two friends with the appropriate verb forms.

PABLO Óscar, voy al centro ahora. (1) ¿_____ [querer] venir?
ÓSCAR No, yo (2) _____ [preferir] descansar un poco y ver la televisión.
PABLO ¡Qué perezoso (*how lazy*) eres!
ÓSCAR No, hombre. Es que estoy muy cansado.
PABLO Todos los días la misma cosa…
ÓSCAR Vas a ver, vas a ver… Oye, ¿a qué hora (3) _____ [pensar] regresar? El partido de fútbol (4) _____ [empezar] a las dos.
PABLO A la una. (5) _____ [querer] ver el partido también.
ÓSCAR (6) ¿_____ [pensar] que (*that*) nuestro equipo (7) _____ [poder] ganar?
PABLO No, (8) _____ [pensar] que vamos a (9) _____ [perder]. Los jugadores del Guadalajara (10) _____ [jugar] muy bien.

2 Preferencias With a partner, take turns asking and answering questions about what these people want to do.

modelo
Guillermo: estudiar / pasear en bicicleta
Estudiante 1: ¿Quiere estudiar Guillermo?
Estudiante 2: No, prefiere pasear en bicicleta.

1. tú: trabajar / dormir
2. ustedes: mirar la televisión / ir al cine
3. tus amigos: ir de excursión / descansar
4. tú: comer en la cafetería / ir a un restaurante
5. Elisa: ver una película / leer una revista
6. María y su prima: tomar el sol / practicar el esquí

Conversación

3 En la televisión Read the listing of sports events to be televised this weekend and choose the programs you want to watch. Compare your choices with a classmate and explain why you made them. Then agree on one program you will watch together on each day.

sábado

domingo

4 Turistas You are taking two friends on a trip to your hometown. Talk about the things you want to do, then fill in the day-planner with the things you plan to do each day. Use **querer** and **pensar**.

SÁBADO

DOMINGO

5 Situación Your instructor will give you and your partner handouts so that you complete this information gap activity.

El fin de semana

Common stem-changing verbs

e:ie		o:ue	
cerrar	*to close*	dormir	*to sleep*
comenzar	*to begin*	encontrar	*to find*
empezar	*to begin*	mostrar	*to show*
entender	*to understand*	poder	*to be able to; can*
pensar	*to think*	recordar	*to remember*
perder	*to lose; to miss*	volver	*to return*
preferir	*to prefer*		
querer	*to want; to love*		

- **Jugar** (*to play* a sport or a game) is the only Spanish verb that has a **u:ue** stem change. **Jugar** is followed by **a** + [*definite article*] when the name of a sport or game is mentioned.

Me gusta mucho jugar al fútbol.

Álex y el joven juegan al fútbol.

- **Comenzar** and **empezar** require the preposition **a** when they are followed by an infinitive.

Comienzan a jugar a las siete.
They begin playing at seven.

Ana **empieza a** escribir una postal.
Ana starts to write a postcard.

- **Pensar** + [*infinitive*] means *to plan* or *to intend to do something*. **Pensar en** means *to think about someone or something*.

¿Piensan ir al gimnasio?
Are you planning to go to the gym?

¿En qué piensas?
What are you thinking about?

¡Manos a la obra!

Provide the correct forms of the verbs.

cerrar (e:ie)
1. Ustedes *cierran*.
2. Tú _____.
3. Nosotras _____.
4. Mi hermano _____.
5. Yo _____.
6. Usted _____.
7. Los chicos _____.
8. Ella _____.

dormir (o:ue)
1. Mi abuela no *duerme*.
2. Yo no _____.
3. Tú no _____.
4. Mis hijos no _____.
5. Usted no _____.
6. Nosotros no _____.
7. Él no _____.
8. Ustedes no _____.

noventa y siete 97

Layout For each grammar point, the explanation and practice activities appear together on two facing pages. Grammar explanations in the outside panels are the foundation for the activities in the shaded inner panels, providing you with support on the same page.

Explanations Written with the student in mind, **AVENTURAS'** grammar explanations are known for their clarity. Images, charts, and diagrams support the text by illustrating language and calling out key grammatical structures, patterns, and vocabulary.

Video Photos from the **AVENTURAS fotonovela** Video integrate the video into the grammar explanations, providing a model and a real-life context for the structures you are studying.

Gramática

progresses from directed to communicative practice.

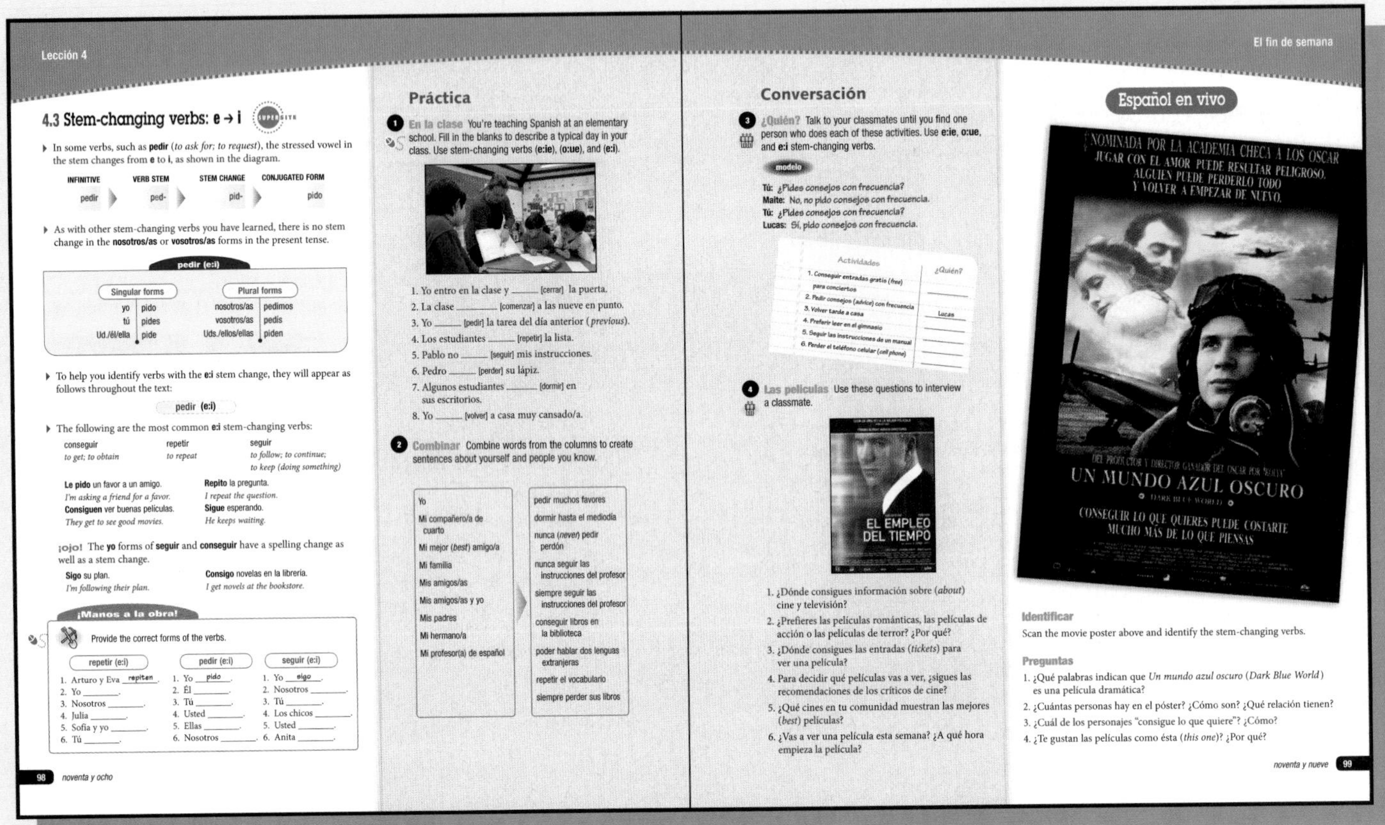

Lección 4

4.3 Stem-changing verbs: e → i

- In some verbs, such as **pedir** (*to ask for; to request*), the stressed vowel in the stem changes from **e** to **i**, as shown in the diagram.

INFINITIVE	VERB STEM	STEM CHANGE	CONJUGATED FORM
pedir	ped-	pid-	pido

- As with other stem-changing verbs you have learned, there is no stem change in the **nosotros/as** or **vosotros/as** forms in the present tense.

pedir (e:i)

Singular forms		Plural forms	
yo	pido	nosotros/as	pedimos
tú	pides	vosotros/as	pedís
Ud./él/ella	pide	Uds./ellos/ellas	piden

- To help you identify verbs with the **e:i** stem change, they will appear as follows throughout the text:

pedir **(e:i)**

- The following are the most common **e:i** stem-changing verbs:

conseguir *to get; to obtain* — repetir *to repeat* — seguir *to follow; to continue; to keep (doing something)*

Le pido un favor a un amigo. *I'm asking a friend for a favor.*
Consiguen ver buenas películas. *They get to see good movies.*
Repito la pregunta. *I repeat the question.*
Sigue esperando. *He keeps waiting.*

¡ojo! The **yo** forms of **seguir** and **conseguir** have a spelling change as well as a stem change.

Sigo su plan. *I'm following their plan.*
Consigo novelas en la librería. *I get novels at the bookstore.*

¡Manos a la obra!

Provide the correct forms of the verbs.

repetir (e:i)	pedir (e:i)	seguir (e:i)
1. Arturo y Eva repiten.	1. Yo pido.	1. Yo sigo.
2. Yo ______.	2. Él ______.	2. Nosotros ______.
3. Nosotros ______.	3. Tú ______.	3. Tú ______.
4. Julia ______.	4. Usted ______.	4. Los chicos ______.
5. Sofía y yo ______.	5. Ellas ______.	5. Usted ______.
6. Tú ______.	6. Nosotros ______.	6. Anita ______.

98 noventa y ocho

Práctica

1 **En la clase** You're teaching Spanish at an elementary school. Fill in the blanks to describe a typical day in your class. Use stem-changing verbs (**e:ie**), (**o:ue**), and (**e:i**).

1. Yo entro en la clase y ______ [cerrar] la puerta.
2. La clase ______ [comenzar] a las nueve en punto.
3. Yo ______ [pedir] la tarea del día anterior (*previous*).
4. Los estudiantes ______ [repetir] la lista.
5. Pablo no ______ [seguir] mis instrucciones.
6. Pedro ______ [perder] su lápiz.
7. Algunos estudiantes ______ [dormir] en sus escritorios.
8. Yo ______ [volver] a casa muy cansado/a.

2 **Combinar** Combine words from the columns to create sentences about yourself and people you know.

Yo	pedir muchos favores
Mi compañero/a de cuarto	dormir hasta el mediodía
Mi mejor (*best*) amigo/a	nunca (*never*) pedir perdón
Mi familia	nunca seguir las instrucciones del profesor
Mis amigos/as	siempre seguir las instrucciones del profesor
Mis amigos/as y yo	conseguir libros en la biblioteca
Mis padres	poder hablar dos lenguas extranjeras
Mi hermano/a	repetir el vocabulario
Mi profesor(a) de español	siempre perder sus libros

El fin de semana

Conversación

3 **¿Quién?** Talk to your classmates until you find one person who does each of these activities. Use **e:ie**, **o:ue**, and **e:i** stem-changing verbs.

modelo

Tú: ¿Pides consejos con frecuencia?
Maite: No, no pido consejos con frecuencia.
Tú: ¿Pides consejos con frecuencia?
Lucas: Sí, pido consejos con frecuencia.

Actividades	¿Quién?
1. Conseguir entradas gratis (*free*) para conciertos	
2. Pedir consejos (*advice*) con frecuencia	Lucas
3. Volver tarde a casa	
4. Preferir leer en el gimnasio	
5. Seguir las instrucciones de un manual	
6. Perder el teléfono celular (*cell phone*)	

4 **Las películas** Use these questions to interview a classmate.

EL EMPLEO DEL TIEMPO

1. ¿Dónde consigues información sobre (*about*) cine y televisión?
2. ¿Prefieres las películas románticas, las películas de acción o las películas de terror? ¿Por qué?
3. ¿Dónde consigues las entradas (*tickets*) para ver una película?
4. Para decidir qué películas vas a ver, ¿sigues las recomendaciones de los críticos de cine?
5. ¿Qué cines en tu comunidad muestran las mejores (*best*) películas?
6. ¿Vas a ver una película esta semana? ¿A qué hora empieza la película?

Español en vivo

NOMINADA POR LA ACADEMIA CHECA A LOS OSCAR
JUGAR CON EL AMOR PUEDE RESULTAR PELIGROSO.
ALGUIEN PUEDE PERDERLO TODO
Y VOLVER A EMPEZAR DE NUEVO.
UN MUNDO AZUL OSCURO
CONSEGUIR LO QUE QUIERES PUEDE COSTARTE
MUCHO MÁS DE LO QUE PIENSAS

Identificar

Scan the movie poster above and identify the stem-changing verbs.

Preguntas

1. ¿Qué palabras indican que *Un mundo azul oscuro* (*Dark Blue World*) es una película dramática?
2. ¿Cuántas personas hay en el póster? ¿Cómo son? ¿Qué relación tienen?
3. ¿Cuál de los personajes "consigue lo que quiere"? ¿Cómo?
4. ¿Te gustan las películas como ésta (*this one*)? ¿Por qué?

noventa y nueve 99

¡Manos a la obra! This first practice activity gets you working with the grammar point right away in simple, easy-to-understand formats.

Práctica Activities provide a wide range of guided exercises in contexts that combine current and previously learned vocabulary with each grammar point.

Español en vivo Authentic documents, like advertisements and movie posters, highlight the new grammar point in a real-life context.

Conversación Opportunities for personalized expression use the lesson's grammar and vocabulary. Activities take place with a partner, in small groups, or with the whole class.

Icons Mouse and Supersite icons let you know when content from the text is available online with auto-grading and when additional content is available. For more information, see page xxx.

Information Gap activities Just as in **Preparación**, these activities involve you and a partner in tasks and problem-solving situations.

Gramática

includes additional practice and a new video section.

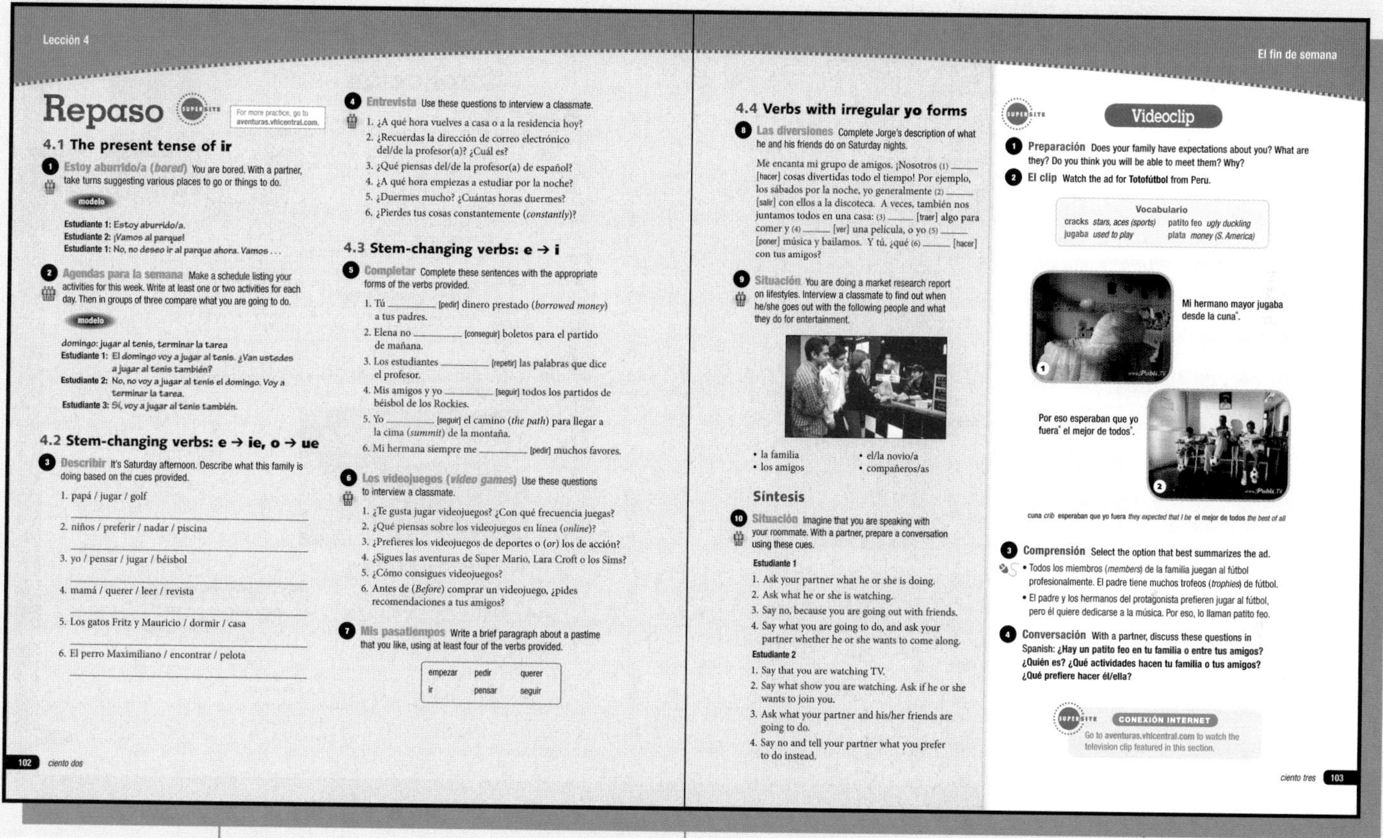
Lección 4

Repaso

For more practice, go to aventuras.vhlcentral.com.

4.1 The present tense of ir

1 **Estoy aburrido/a (*bored*)** You are bored. With a partner, take turns suggesting various places to go or things to do.

modelo

Estudiante 1: *Estoy aburrido/a.*
Estudiante 2: *¡Vamos al parque!*
Estudiante 1: *No, no deseo ir al parque ahora. Vamos . . .*

2 **Agendas para la semana** Make a schedule listing your activities for this week. Write at least one or two activities for each day. Then in groups of three compare what you are going to do.

modelo

domingo: jugar al tenis, terminar la tarea
Estudiante 1: *El domingo voy a jugar al tenis. ¿Van ustedes a jugar al tenis también?*
Estudiante 2: *No, no voy a jugar al tenis el domingo. Voy a terminar la tarea.*
Estudiante 3: *Sí, voy a jugar al tenis también.*

4.2 Stem-changing verbs: e → ie, o → ue

3 **Describir** It's Saturday afternoon. Describe what this family is doing based on the cues provided.

1. papá / jugar / golf
2. niños / preferir / nadar / piscina
3. yo / pensar / jugar / béisbol
4. mamá / querer / leer / revista
5. Los gatos Fritz y Mauricio / dormir / casa
6. El perro Maximiliano / encontrar / pelota

4 **Entrevista** Use these questions to interview a classmate.

1. ¿A qué hora vuelves a casa o a la residencia hoy?
2. ¿Recuerdas la dirección de correo electrónico del/de la profesor(a)? ¿Cuál es?
3. ¿Qué piensas del/de la profesor(a) de español?
4. ¿A qué hora empiezas a estudiar por la noche?
5. ¿Duermes mucho? ¿Cuántas horas duermes?
6. ¿Pierdes tus cosas constantemente (*constantly*)?

4.3 Stem-changing verbs: e → i

5 **Completar** Complete these sentences with the appropriate forms of the verbs provided.

1. Tú ________ [pedir] dinero prestado (*borrowed money*) a tus padres.
2. Elena no ________ [conseguir] boletos para el partido de mañana.
3. Los estudiantes ________ [repetir] las palabras que dice el profesor.
4. Mis amigos y yo ________ [seguir] todos los partidos de béisbol de los Rockies.
5. Yo ________ [seguir] el camino (*the path*) para llegar a la cima (*summit*) de la montaña.
6. Mi hermana siempre me ________ [pedir] muchos favores.

6 **Los videojuegos (*video games*)** Use these questions to interview a classmate.

1. ¿Te gusta jugar videojuegos? ¿Con qué frecuencia juegas?
2. ¿Qué piensas sobre los videojuegos en línea (*online*)?
3. ¿Prefieres los videojuegos de deportes o (*or*) los de acción?
4. ¿Sigues las aventuras de Super Mario, Lara Croft o los Sims?
5. ¿Cómo consigues videojuegos?
6. Antes de (*Before*) comprar un videojuego, ¿pides recomendaciones a tus amigos?

7 **Mis pasatiempos** Write a brief paragraph about a pastime that you like, using at least four of the verbs provided.

empezar	pedir	querer
ir	pensar	seguir

102 ciento dos

El fin de semana

4.4 Verbs with irregular yo forms

8 **Las diversiones** Complete Jorge's description of what he and his friends do on Saturday nights.

Me encanta mi grupo de amigos. ¡Nosotros (1) ________ [hacer] cosas divertidas todo el tiempo! Por ejemplo, los sábados por la noche, yo generalmente (2) ________ [salir] con ellos a la discoteca. A veces, también nos juntamos todos en una casa: (3) ________ [traer] algo para comer y (4) ________ [ver] una película, o yo (5) ________ [poner] música y bailamos. Y tú, ¿qué (6) ________ [hacer] con tus amigos?

9 **Situación** You are doing a market research report on lifestyles. Interview a classmate to find out when he/she goes out with the following people and what they do for entertainment.

- la familia
- los amigos
- el/la novio/a
- compañeros/as

Síntesis

10 **Situación** Imagine that you are speaking with your roommate. With a partner, prepare a conversation using these cues.

Estudiante 1
1. Ask your partner what he or she is doing.
2. Ask what he or she is watching.
3. Say no, because you are going out with friends.
4. Say what you are going to do, and ask your partner whether he or she wants to come along.

Estudiante 2
1. Say that you are watching TV.
2. Say what show you are watching. Ask if he or she wants to join you.
3. Ask what your partner and his/her friends are going to do.
4. Say no and tell your partner what you prefer to do instead.

Videoclip

1 **Preparación** Does your family have expectations about you? What are they? Do you think you will be able to meet them? Why?

2 **El clip** Watch the ad for **Totofútbol** from Peru.

Vocabulario

cracks	*stars, aces (sports)*	patito feo	*ugly duckling*
jugaba	*used to play*	plata	*money (S. America)*

Mi hermano mayor jugaba desde la cuna*.

Por eso esperaban que yo fuera* el mejor de todos*.

cuna *crib* esperaban que yo fuera *they expected that I be* el mejor de todos *the best of all*

3 **Comprensión** Select the option that best summarizes the ad.

- Todos los miembros (*members*) de la familia juegan al fútbol profesionalmente. El padre tiene muchos trofeos (*trophies*) de fútbol.
- El padre y los hermanos del protagonista prefieren jugar al fútbol, pero él quiere dedicarse a la música. Por eso, lo llaman patito feo.

4 **Conversación** With a partner, discuss these questions in Spanish: **¿Hay un patito feo en tu familia o entre tus amigos? ¿Quién es? ¿Qué actividades hacen tu familia o tus amigos? ¿Qué prefiere hacer él/ella?**

CONEXIÓN INTERNET
Go to **aventuras.vhlcentral.com** to watch the television clip featured in this section.

ciento tres 103

Repaso Two directed and/or communicative exercises provide additional practice opportunities for each grammar point.

Síntesis Every **Repaso** section concludes with an open-ended, cumulative activity that allows you and your classmates to re-combine the grammar points of the lesson with the lesson's vocabulary.

New! Videoclip An authentic video clip synthesizes the entire lesson in a fun and engaging way. News stories, commercials, and even short films will get you excited about learning Spanish and expose you even more to the cultures of the Spanish-speaking world.

Gramática

emphasizes listening, writing, and speaking in *Ampliación.*

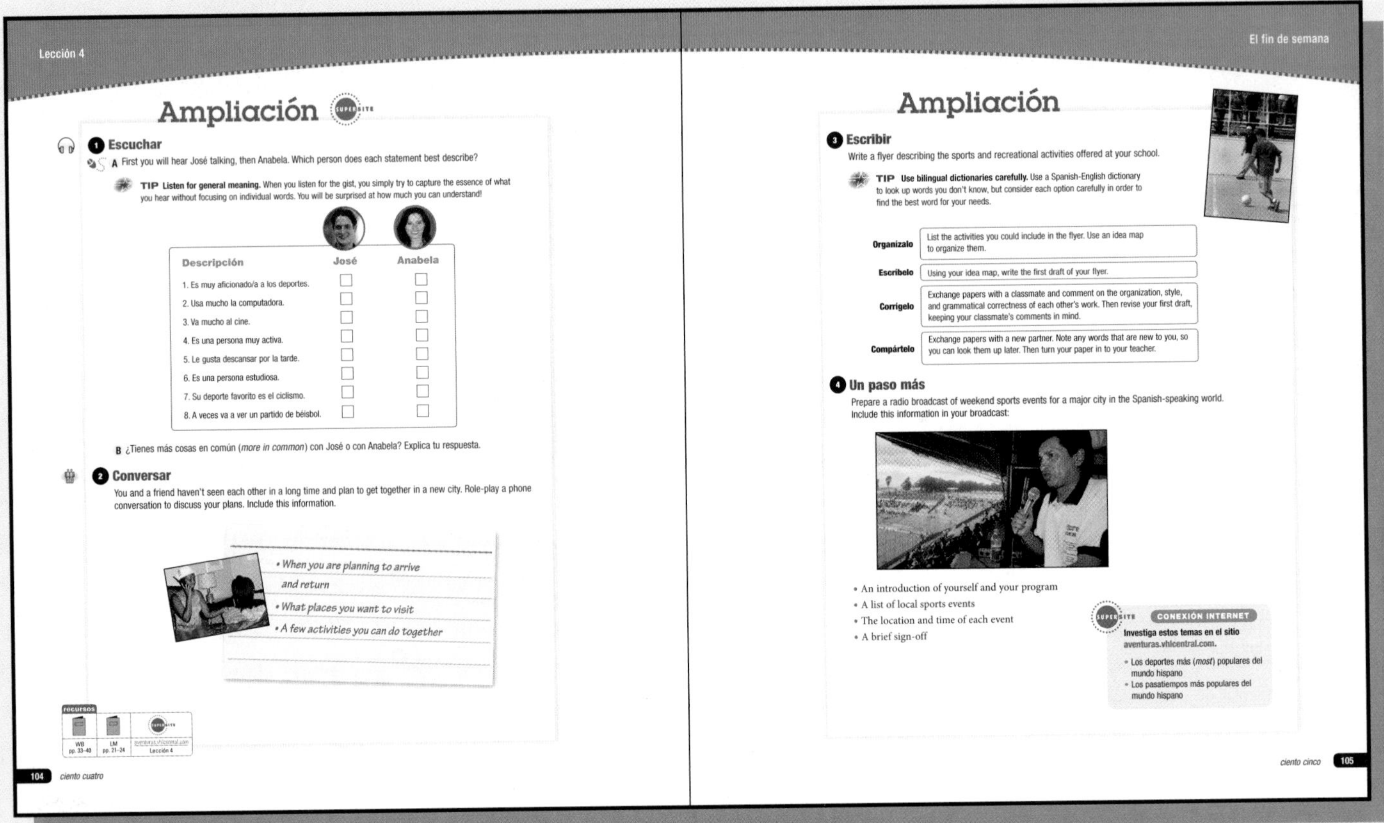

Escuchar A recorded conversation or narration develops your listening skills in Spanish and checks your understanding of what you heard.

Tips Valuable on-the-spot listening and writing strategies help you carry out the activities effectively.

Un paso más This project guides you to research and create a tangible product such as a brochure or a Web page.

Conversar Your oral communication skills are developed through realistic, practical role-plays and situations.

Escribir A writing topic and plan take you step-by-step through the writing process, including planning, writing a first draft, peer review, and correcting your work.

Conexión Internet This list of relevant topics leads you to further research and discovery on the **AVENTURAS** Supersite (**aventuras.vhlcentral.com**).

Lectura
develops reading skills in the context of the lesson theme.

4 LECTURA

El fin de semana

Antes de leer

The following article appeared in one of Mexico City's daily newspapers. Scan the headings and the visual elements of the article. Based on what you see, what do you think the reading is about?

Can you guess the meaning of the following cognates that appear in the article?

baladas	misticismo
concierto	naturaleza
exposición	realista
festival	recomendar
isla	romántico/a
majestuosidad	pintor
misterio	serenidad

GUÍA para el fin de semana

CINE

Festival de cine argentino

Para los aficionados al cine este fin de semana comienza el Festival de Cine Argentino en el cine Rex. Se muestran las últimas° películas de directores como Juan José Campanella, Fito Páez, Gabriela Tagliavini y Aníbal Di Salvo. Recomendamos especialmente *El hijo de la novia* del director Juan José Campanella. *El hijo de la novia* fue nominada para° el Óscar como mejor película extranjera°.

Fechas: 10-14 de marzo
Hora: 8:00 p.m.
Lugar: Cine Rex
Dirección: Calle del Espanto, 152

CONCIERTO

Canta Maribel Puértolas

Si quiere escuchar buena música, la cantante° Maribel Puértolas va a ofrecer° un concierto en el Café Los Amigos. De origen puertorriqueño, esta joven cantante ha conquistado° a románticos con *Verano° de amor*, su último CD de baladas. "Va a ser un concierto para recordar", dice Puértolas.

Fecha: 15 de marzo
Hora: 7:00 p.m.
Lugar: Café Los Amigos
Dirección: Avenida Bolivar, 345

EXPOSICIÓN

El pintor Tomás Sánchez

El Museo de Arte Moderno ofrece una exposición del pintor cubano Tomás Sánchez. Las obras de Sánchez son paisajes° realistas de la naturaleza de la isla de Cuba. Las pinturas expresan la serenidad y majestuosidad de la selva° tropical cubana, en una atmósfera de misterio y misticismo. Tomás Sánchez es tal vez uno de los pintores cubanos contemporáneos más conocidos.

Fechas: 12 de marzo – 8 de abril
Lugar: Museo de Arte Moderno
Dirección: Avenida Juárez, 248

Después de leer

¿Comprendiste?

Based on the reading, are these statements **cierto** or **falso**?

Cierto	Falso	
____	____	1. La guía presenta noticias sobre eventos deportivos.
____	____	2. La película *El hijo de la novia* fue nominada para un Óscar.
____	____	3. Maribel Puértolas es una cantante de baladas.
____	____	4. Las pinturas de Tomás Sánchez se exhiben en el cine Rex.
____	____	5. Juan José Campanella es un director de cine argentino.
____	____	6. En el café Los Amigos hay una exposición de arte.

Preguntas

Answer these questions.

1. ¿De dónde es Maribel Puértolas?
2. ¿Qué clase de canciones (*songs*) canta ella?
3. ¿Cómo son las pinturas de Tomás Sánchez?
4. ¿Dónde está la exposición de Tomás Sánchez?
5 ¿Qué películas están dirigidas por Juan José Campanella?
6 ¿Dónde es el festival de cine?

Coméntalo

Get together with several classmates. Discuss which of the activities in the article you would each prefer to do on a weekend and why.

últimas	*latest*
fue nominada para	*was nominated for*
extranjera	*foreign*
cantante	*singer*
ofrecer	*to offer*
ha conquistado	*has won over*
verano	*summer*
paisajes	*landscapes*
selva	*jungle*

For an additional reading, go to aventuras.vhlcentral.com.

recursos
Lección 4

106 ciento seis

ciento siete 107

Antes de leer This feature presents helpful strategies and pre-reading activities to build your reading abilities in Spanish.

Readings The selections are specifically related to the lesson theme and recycle the vocabulary and grammar you have learned. **Lecciones 13–16** feature literary selections so you can experience reading works by well-known authors in Spanish.

Después de leer Exercises check your comprehension of the reading.

Coméntalo Activities encourage you to discuss the material in the reading with respect to your own life.

Vocabulario
summarizes the active vocabulary in each lesson.

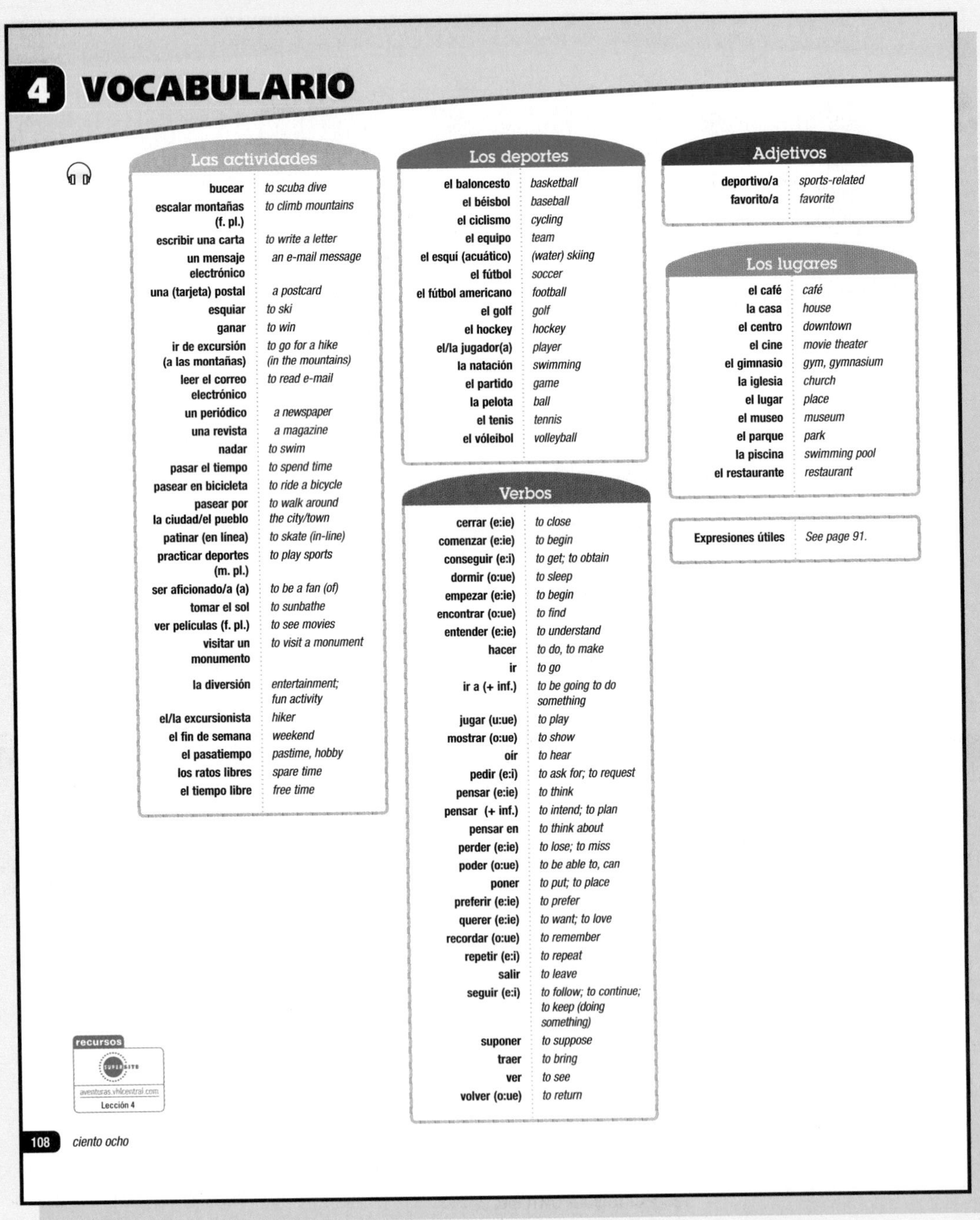

4 VOCABULARIO

Las actividades

bucear	*to scuba dive*
escalar montañas (f. pl.)	*to climb mountains*
escribir una carta	*to write a letter*
un mensaje electrónico	*an e-mail message*
una (tarjeta) postal	*a postcard*
esquiar	*to ski*
ganar	*to win*
ir de excursión (a las montañas)	*to go for a hike (in the mountains)*
leer el correo electrónico	*to read e-mail*
un periódico	*a newspaper*
una revista	*a magazine*
nadar	*to swim*
pasar el tiempo	*to spend time*
pasear en bicicleta	*to ride a bicycle*
pasear por la ciudad/el pueblo	*to walk around the city/town*
patinar (en línea)	*to skate (in-line)*
practicar deportes (m. pl.)	*to play sports*
ser aficionado/a (a)	*to be a fan (of)*
tomar el sol	*to sunbathe*
ver películas (f. pl.)	*to see movies*
visitar un monumento	*to visit a monument*
la diversión	*entertainment; fun activity*
el/la excursionista	*hiker*
el fin de semana	*weekend*
el pasatiempo	*pastime, hobby*
los ratos libres	*spare time*
el tiempo libre	*free time*

Los deportes

el baloncesto	*basketball*
el béisbol	*baseball*
el ciclismo	*cycling*
el equipo	*team*
el esquí (acuático)	*(water) skiing*
el fútbol	*soccer*
el fútbol americano	*football*
el golf	*golf*
el hockey	*hockey*
el/la jugador(a)	*player*
la natación	*swimming*
el partido	*game*
la pelota	*ball*
el tenis	*tennis*
el vóleibol	*volleyball*

Verbos

cerrar (e:ie)	*to close*
comenzar (e:ie)	*to begin*
conseguir (e:i)	*to get; to obtain*
dormir (o:ue)	*to sleep*
empezar (e:ie)	*to begin*
encontrar (o:ue)	*to find*
entender (e:ie)	*to understand*
hacer	*to do, to make*
ir	*to go*
ir a (+ inf.)	*to be going to do something*
jugar (u:ue)	*to play*
mostrar (o:ue)	*to show*
oír	*to hear*
pedir (e:i)	*to ask for; to request*
pensar (e:ie)	*to think*
pensar (+ inf.)	*to intend; to plan*
pensar en	*to think about*
perder (e:ie)	*to lose; to miss*
poder (o:ue)	*to be able to, can*
poner	*to put; to place*
preferir (e:ie)	*to prefer*
querer (e:ie)	*to want; to love*
recordar (o:ue)	*to remember*
repetir (e:i)	*to repeat*
salir	*to leave*
seguir (e:i)	*to follow; to continue; to keep (doing something)*
suponer	*to suppose*
traer	*to bring*
ver	*to see*
volver (o:ue)	*to return*

Adjetivos

deportivo/a	*sports-related*
favorito/a	*favorite*

Los lugares

el café	*café*
la casa	*house*
el centro	*downtown*
el cine	*movie theater*
el gimnasio	*gym, gymnasium*
la iglesia	*church*
el lugar	*place*
el museo	*museum*
el parque	*park*
la piscina	*swimming pool*
el restaurante	*restaurant*

Expresiones útiles	*See page 91.*

recursos
aventuras.vhlcentral.com
Lección 4

108 *ciento ocho*

Recorded vocabulary The headset icon and the **recursos** box highlight that the vocabulary is recorded on the **AVENTURAS** Supersite at **aventuras.vhlcentral.com**.

Aventuras en los países hispanos
presents the countries of the Spanish-speaking world.

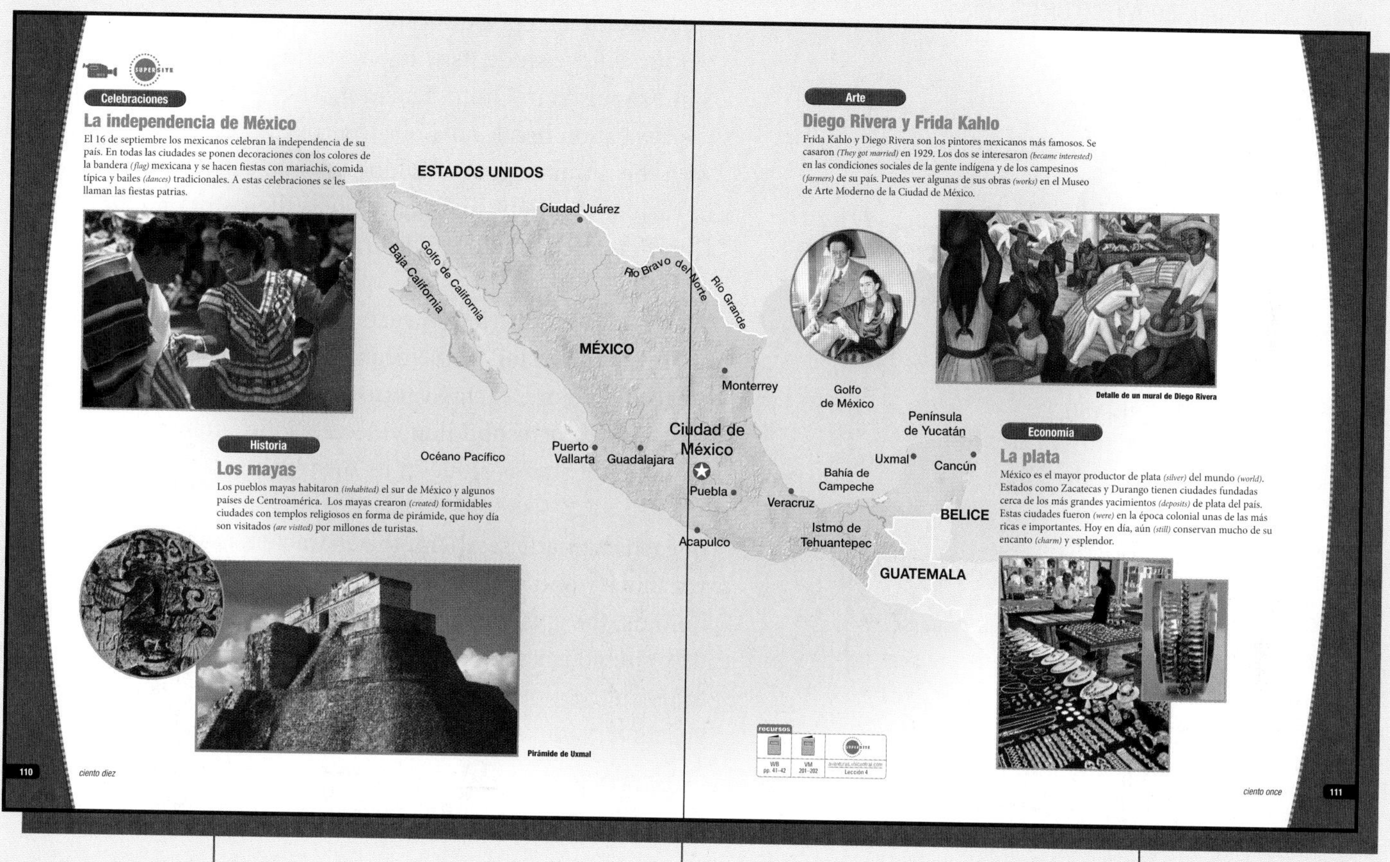

Celebraciones

La independencia de México

El 16 de septiembre los mexicanos celebran la independencia de su país. En todas las ciudades se ponen decoraciones con los colores de la bandera *(flag)* mexicana y se hacen fiestas con mariachis, comida típica y bailes *(dances)* tradicionales. A estas celebraciones se les llaman las fiestas patrias.

Historia

Los mayas

Los pueblos mayas habitaron *(inhabited)* el sur de México y algunos países de Centroamérica. Los mayas crearon *(created)* formidables ciudades con templos religiosos en forma de pirámide, que hoy día son visitados *(are visited)* por millones de turistas.

Pirámide de Uxmal

Arte

Diego Rivera y Frida Kahlo

Frida Kahlo y Diego Rivera son los pintores mexicanos más famosos. Se casaron *(They got married)* en 1929. Los dos se interesaron *(became interested)* en las condiciones sociales de la gente indígena y de los campesinos *(farmers)* de su país. Puedes ver algunas de sus obras *(works)* en el Museo de Arte Moderno de la Ciudad de México.

Detalle de un mural de Diego Rivera

Economía

La plata

México es el mayor productor de plata *(silver)* del mundo *(world)*. Estados como Zacatecas y Durango tienen ciudades fundadas cerca de los más grandes yacimientos *(deposits)* de plata del país. Estas ciudades fueron *(were)* en la época colonial unas de las más ricas e importantes. Hoy en día, aún *(still)* conservan mucho de su encanto *(charm)* y esplendor.

110 ciento diez

ciento once 111

Maps These maps situate the country or region on its continent and highlight significant features.

Readings Contemporary readings with eye-catching photos explore key facets of the target location's culture, such as history, fine arts, food, celebrations, and traditions.

Conexión Internet This feature leads you to related topics to investigate further on the **AVENTURAS** Supersite (**aventuras. vhlcentral.com**).

Video A video segment from the **Aventuras en los países hispanos** Video Program country lets you experience the sights and sounds of each country featured in this section.

Opening and closing pages The opening page sets the scene for the section with a dramatic photo and statistics about the location. **¿Qué aprendiste?** activities on the closing page check your understanding of key ideas.

Video programs

The Cast

Here are the main characters you will meet when you watch the **AVENTURAS** video:

From Ecuador,
Inés Ayala Loor

From Puerto Rico,
Javier Gómez Lozano

From Spain,
María Teresa (Maite) Fuentes de Alba

From Mexico,
Alejandro (Álex) Morales Paredes

And, also from Ecuador,
don Francisco Castillo Moreno

Aventuras

Fully integrated with your textbook, the **AVENTURAS** Video contains fifteen episodes. The episodes present the adventures of four college students who are studying at the **Universidad de San Francisco** in Quito, Ecuador. They each decide to spend their vacation break on a bus tour of the Ecuadorian countryside with the ultimate goal of hiking up a volcano. The video, shot in various locations in Ecuador, tells their story and the story of Don Francisco, the tour bus driver who accompanies them.

The **Aventuras** section in each textbook lesson is actually an abbreviated version of the dramatic episode featured in the video. Therefore, each **Aventuras** section can be done before you see the corresponding video episode, after it, or as a section that stands alone in its own right.

In each dramatic segment, the characters interact using vocabulary and grammar you are studying. As the storyline unfolds, the episodes combine new vocabulary and grammar with previously taught language. The **Resumen** segment serves to recap the plot as well as to emphasize the grammar and vocabulary you are studying.

Aventuras en los países hispanos

The **Aventuras en los países hispanos** Video is integrated with each **Aventuras en los países hispanos** section in **AVENTURAS**. Each segment is 2–3 minutes long and consists of documentary footage from each of the countries featured. The images were specially chosen for interest level and visual appeal; the all-Spanish narrations were carefully written to reflect the vocabulary and grammar covered in the textbook.

As you watch the video segments, you will experience a diversity of images and topics: cities, monuments, traditions, festivals, archeological sites, geographical wonders, and more. **Aventuras en los países hispanos** covers each Spanish-speaking country, including the United States and Canada, and gives you the opportunity to expand your cultural perspectives with information directly related to the content of **AVENTURAS**.

NEW! Flash Cultura

The dynamic, new **Flash Cultura** Video is fully integrated into the **Exploración** section of each lesson and into your Video Manual. Shot in eight countries (US, Puerto Rico, Mexico, Spain, Argentina, Costa Rica, Ecuador, and Peru), these contemporary and engaging episodes expand on the lesson themes. Each episode is hosted by a correspondent from the featured country; the host provides valuable information about a tradition, event, resource, or other aspect of the country's culture and talks to the locals to get their opinions about the subject at hand.

The episodes are entirely in Spanish as of **Lección 7**, but they feature authentic interviews in Spanish from the very beginning, exposing you to the diverse and authentic accents of the Spanish-speaking world. Support materials in the text, on the Supersite, and in the Video Manual make these interviews accessible so you get the most out of them.

We hope you enjoy **Flash Cultura, ¡el programa donde aprender es toda una aventura!**

NEW! Videoclip

New to this edition, **AVENTURAS** now features an authentic video clip from the Spanish-speaking world for each lesson. Clip formats include commercials, news stories, and even a short film. These clips have been carefully chosen to be comprehensible for students learning Spanish. Developed by Spanish speakers for Spanish speakers, they offer another valuable window into the products, practices, and perspectives that are key to the cultures of the Spanish-speaking world. More importantly, though, these clips are a fun and motivating way to improve your Spanish!

Here are the countries represented in each lesson in **Videoclip**.

Lesson 1 US
Lesson 2 Chile
Lesson 3 US
Lesson 4 Peru
Lesson 5 Mexico
Lesson 6 Spain
Lesson 7 Argentina
Lesson 8 Colombia
Lesson 9 US
Lesson 10 Argentina
Lesson 11 Colombia
Lesson 12 Argentina
Lesson 13 Argentina
Lesson 14 Argentina
Lesson 15 Spain
Lesson 16 El Salvador

You may view videos featured in **AVENTURAS** with subtitles on the Supersite (**aventuras.vhlcentral.com**).

Icons and recursos boxes

Icons Familiarize yourself with these icons that appear throughout **AVENTURAS**.

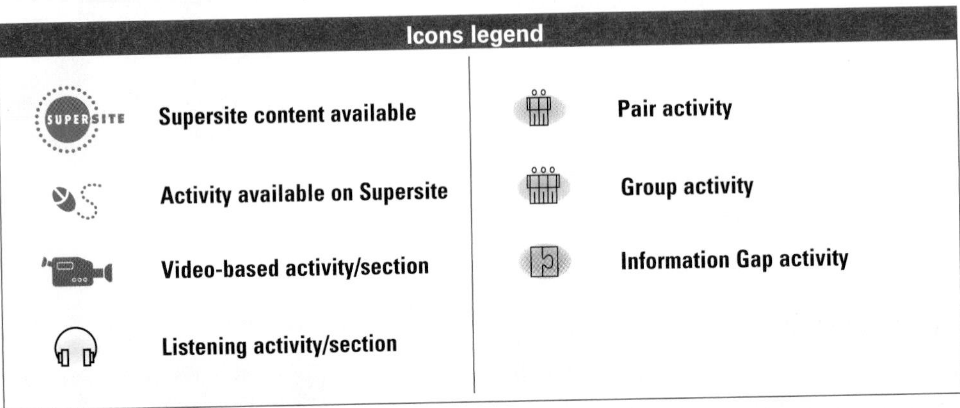

Recursos boxes let you know exactly which print and technology ancillaries you can use to reinforce and expand on every section of every lesson. They even include page numbers when applicable.

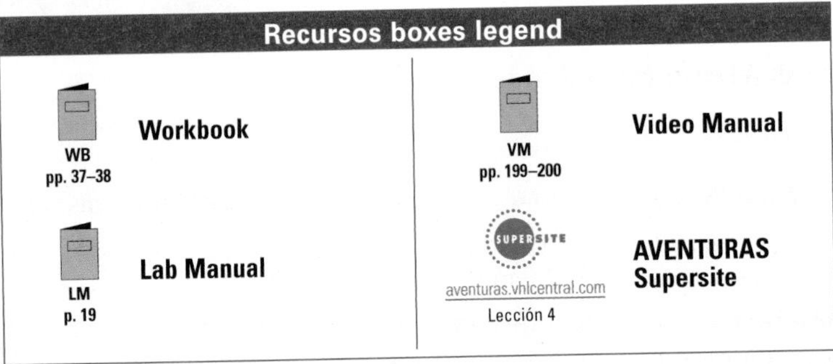

Student Ancillaries

- **EXPANDED! Workbook/Video Manual**
  The Workbook activities provide additional practice of the vocabulary and grammar in each textbook lesson and the information in the **Aventuras en los países hispanos** sections. The Video Manual includes pre-, while-, and post-viewing activities for the **Aventuras**, **Aventuras en los países hispanos**, and the new **Flash Cultura** videos.
- **Lab Manual**
  The Lab Manual activities build listening comprehension, speaking, and pronunciation skills.
- **Lab Program MP3s**
  The Lab Program MP3s provide the recordings to be used in conjunction with the activities in the Lab Manual. These recordings are available on the **AVENTURAS** Supersite.
- **Textbook MP3s**
  The Textbook MP3s are the recordings for the listening activities in the **Preparación, Pronunciación,** and **Ampliación** sections in each lesson of the student text, as well as the active vocabulary in each end-of-lesson **Vocabulario** list. These recordings are available on the **AVENTURAS** Supersite.

- **Web-SAM**
  The Web-SAM delivers the Workbook/Video Manual, and Lab Manual online with automatic scoring. Instructors have access to powerful classroom management and gradebook tools that allow in-depth tracking of students' scores and customization of activities.
- **EXPANDED! Supersite**
  Practice from the book, additional practice, as well as all audio and video material related to the **AVENTURAS** program are available on the Supersite. Access is free with the purchase of a new student text. See page xxx for information on the expanded **AVENTURAS** Supersite, powered by MAESTRO®.

Instructor Ancillaries

- **Instructor's Annotated Edition**
  The IAE contains a wealth of information and resources to support classroom teaching.
- **WB/VM/LM Answer Key**
  This supplement contains the answers to all activities with discrete responses in the Workbook/Video Manual and Lab Manual (available in print and on the Supersite).
- **NEW! Instructor's Resource CD & DVD Set**
  - **Instructor's Resource CD (IRCD)**
    The IRCD contains all of the resources formally contained in the Instructor's Resource Manual: the lab and textbook audioscripts, videoscripts and translations for all four video programs, instructor annotations for **Preparación** and **Gramática**, **Vocabulario adicional** handouts, and the information gap activity handouts. It also contains overheads, including maps of the Spanish-speaking countries, drawings to reinforce the textbook's **Preparación** vocabulary sections, presentations for each grammar point in **Estructura**, and other textbook illustrations. The complete Testing Program is also included. The Testing Program contains two versions of tests for each textbook lesson, semester and quarter exams, listening scripts, answer keys, and suggestions for oral tests. It is provided in ready-to-print PDFs and in RTF word processing files. The corresponding MP3 files are included for the listening section.
  - **Aventuras DVD**
    This text-specific video is closely integrated into the **Aventuras** and **Gramática** sections of each textbook lesson. It contains dramatic episodes, cultural shots, and unique summary features. See page xxvi for more information.
  - **Aventuras en los países hispanos DVD**
    This provides the **Aventuras en los países hispanos** video with Spanish and English subtitles.
  - **Flash Cultura DVD**
    The **Flash Cultura** episodes integrated in the **Exploración** section are provided on DVD with subtitles in English and Spanish.
- **NEW! Introductory Spanish Test Generator**
  The Introductory Spanish Test Generator provides a test bank that includes all of the tests in the **AVENTURAS** Testing Program plus an additional bank of testing material for each lesson. Instructors can modify existing tests, create their own tests, and randomly generate new tests. Test items with discrete answers are automatically scored, and grades are easily exported to Blackboard and WebCT.
- **EXPANDED! Supersite**
  See page xxx for information on the expanded **AVENTURAS** Supersite, powered by MAESTRO®.

Free with the purchase of a new student text, the **AVENTURAS** Supersite provides a wealth of learning tools for students.

- Interactive practice activities with auto-grading and real-time feedback
  - directed practice from the textbook, including audio activities
  - additional practice for each and every textbook section
- **EXPANDED! Exploración:** open-ended activities to explore and search the Internet
- Audio practice
  - record-and-compare audio activities
  - all audio material related to the **AVENTURAS** program
  - **NEW!** dramatic recordings of literary readings

Plus MP3 files for the complete audio program

- The complete **AVENTURAS** Video Program
  - **Aventuras:** Dramatic video episodes follow four students on their adventures through Ecuador.
  - **NEW! Flash Cultura:** Dynamic news program shot on location in Latin America, the US, and Spain.
  - **NEW! Videoclip:** Real TV clips offer an authentic window into Spanish-language media.
  - **Aventuras en los países hispanos:** Cultural episodes for every Spanish-speaking country.
- Resources for study and practice
  - auto-scored practice quizzes with feedback in every lesson
  - additional readings
  - **NEW!** flashcards with audio
  - **NEW!** flash-animated grammar tutorials

This completely online and interactive Student Edition provides access to the complete textbook and integrated Supersite resources from any computer.

- Click right on the textbook page to complete mouse-icon activities online
- Clearly see which activities have been assigned on the vText page
- Access all Supersite media resources
- Access all Supersite resources for additional support, extra practice and online dictionary
- Quickly search table of contents or browse by page number
- Have instructor activities automatically recorded in instructor gradebook

On behalf of its authors and editors, Vista Higher Learning expresses its sincere appreciation to the many educators nationwide who contributed their ideas and suggestions to **AVENTURAS, First Edition**. We are grateful to the more than eighty members of the Spanish-teaching community who reviewed the original manuscript and/or class-tested the materials. Their insights and detailed comments were invaluable to us as we created the First Edition.

AVENTURAS, Third Edition, has been informed by extensive reviews and ongoing input from both students and instructors using the Second Edition. Accordingly, we gratefully acknowledge those who shared their suggestions, recommendations, and ideas as we prepared this Third Edition.

We acknowledge Dr. Solivia Márquez of the Massachusetts Institute of Technology for her work with us on the First Edition, and we thank her for her contributions to activities and the **Lectura** sections.

We express our appreciation to the ninety instructors and hundreds of students using **AVENTURAS** who completed our online reviews. Their comments and suggestions were instrumental in shaping the entire **AVENTURAS, Third Edition**, program.

Reviewers

Meredith Adams
Peace College, NC

Ellen Bailey
University of North Carolina-Asheville, NC

Lisa Barboun
Coastal Carolina University, SC

Randy Barrette
Morehead State University, KY

Jo Baskin
Jack M. Barrack Hebrew Academy, PA

Tatia Beal
Greensboro College, NC

Barbara Beck Díaz
Coastal Carolina University, SC

Juan Antonio Bernabeu
Laramie County Community College, WY

Michelle Bettencourt
University of North Carolina-Asheville, NC

Paulo Boero,
Belmont University, TN

Beatrice L. Bongiorno
Bellevue Community College, WA

Rachel Chrane
Lees-McRae College, NC

Elizabeth Church
Wake Technical Community College, NC

Carrie Clay
Anderson University, IN

María Esperanza Cohn
Central Piedmont Community College, NC

Chad Colden
Cathedral Catholic High School, CA

Yarlenis Coletta-Ensley
Washburn University, KS

Dale Crandall
Gainesville State College, GA

Ivana Cuvalo
South Suburban College, IL

Sarah J. DeSmet
Wesleyan College, GA

Jeffrey Di Iuglio,
Curry College, MA

Maureen Dougher
Western Piedmont Community College, NC

Lena Escandon
Pacific Union College, CA

María Forcadell
De Pauw University, IN

José García-Sánchez
Eastern Washington University, WA

Ignacio Garrido-Manrique
University of North Carolina-Asheville, NC

Rachel Gersh
Santa Fe Community College, NM

Alicia Goehring
Laramie County Community College, WY

Rodolfo González
Kingsborough Community College, NY

Mary Guillen
Corban College, OR

Holly J. Hayer
Juniata College, PA

Bea Houston
Western Iowa Tech Community College, IA

David C. Julseth
Belmont University, TN

Sylvia Kallemeyn
Hope College, MI

Helen Kent-Pegram
Belmont University, TN

Jorge 'Coqui' Koochoi
Central Piedmont Community College, NC

Chery Lanier
Central Alabama Community College, AL

Roxana Levin
St. Petersburg College, FL

Ilia M. Lively
Central Piedmont Community College, NC

Carol Lodder
Wake Technical Community College, NC

Diane Lucar-Ellens
Hope College, MI

Lori Madden
St. Petersburg College, FL

Margaret Marek
Illinois College, IL

Lynne Markham
Cathedral Catholic High School, CA

Mina Marmol
Georgiana Bruce Kirby Preparatory High School, CA

Lydia Masanet
Mercer University, GA

Angela McCorkle
University of Arkansas Community College at Hope, AR

Andrea McDonnell
La Lumiere School, IN

Diane McNab
Santa Fe Community College, NM

Diana Mibelli
Central Piedmont Community College, NC

Denise Mills
Daemen College, NY

José L. Mireles
Coastal Carolina University, SC

Dana Nichols
Gainesville State College, GA

Fernando A. Ojeda
St. Petersburg College, FL

Raquel Olson
Cathedral Catholic High School, CA

Milta Oyola
Evangel University, MO

J. Fernando Palacios
Mercer University, GA

Natalia Pelaz
Belmont University, TN

Marisa Pereyra
Peace College, NC

Graciela Pérez
Biola University, CA

Johana Pérez
Campbellsville University, KY

Kathryn Peters
Greensboro College, NC

Mari Pino del Rosario
Greensboro College, NC

Richard Piwowarski
Marist High School, IL

Phyllis Prawl
Laramie County Community College, WY

Nathaniel Reiss
Olivet Nazarene University, IL

Charlotte Riley
Sacred Heart School of Halifax, NS

María Laura Rosenbaun-Bodie
University of North Carolina-Asheville, NC

Connie Rossi
Annie Wright School, WA

William Salazar
Morehead State University, KY

Gabriela Segal
Arcadia University, PA

Catherine Selin
Calvin College, MI

Kathryn Smolko Kiec
Wake Technical Community College, NC

Andrew Snustad
University of Minnesota Duluth, MN

Ronald W. Sousa
University of North Carolina-Asheville, NC

Brenda Stanek
Olivet Nazarene University, IL

Christine Swain
Hope College, MI

Janet Tan
St. Viator High School, IL

Ronald Tapia
Ivy Tech Community College, Columbus, IN

Rita Tejada
Luther College, IA

Vicki L. Trylong
Olivet Nazarene University, IL

Kathleen Tucker
Belmont University, TN

Nicholas J. Uliano
Cabrini College, PA

Margarita Uquillas
St. Petersburg College, FL

Yertty VanderMolen
Luther College, IA

Valeria Vannucci
Luther College, IA

Virginia V. Wempe
Augustana College, SD

Tina Williams
Washburn University, KS

Lissette Wright
Mount Vernon Academy, OH

1 Hola, ¿qué tal?

Communicative Goals

You will learn how to:

- use greetings, farewells, courtesy expressions, and numbers
- identify yourself and others
- tell time

PARA EMPEZAR

- Guess what the people in the photo are saying:
  a. Por favor. b. Hola. c. amigo
- Most likely they would also say:
  a. Gracias. b. fiesta c. Buenos días.

SUPERSITE

HOLA, ¿QUÉ TAL?

SALUDOS Y DESPEDIDAS

Buenas noches. *Good evening; good night.*
Buenas tardes. *Good afternoon.*
Hasta la vista. *See you later.*
Hasta pronto. *See you soon.*
Hasta mañana. *See you tomorrow.*

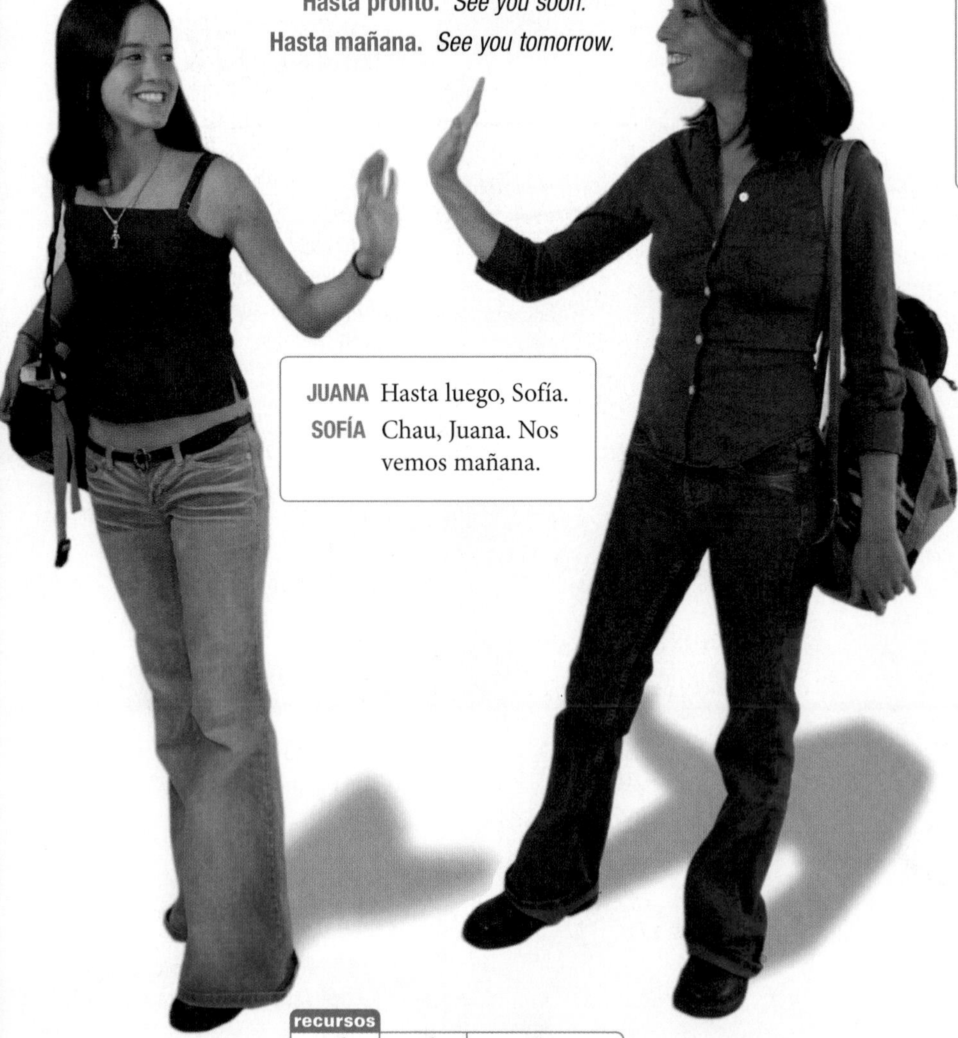

JUANA	Hasta luego, Sofía.
SOFÍA	Chau, Juana. Nos vemos mañana.

SEÑORA	Hola, señor Lara. ¿Cómo está usted?
SEÑOR	Muy bien, gracias. ¿Y usted, señora Salas?
SEÑORA	Bien, gracias.
SEÑOR	Hasta luego, señora Salas. Saludos al señor Salas.
SEÑORA	Adiós.

¿CÓMO ESTÁS?

¿Cómo estás? *How are you? (familiar)*
No muy bien. *Not very well.*
¿Qué pasa? *What's happening?; What's going on?*

CARLOS	¿Qué tal, Roberto?
ROBERTO	Regular. ¿Y tú?
CARLOS	Bien. ¿Qué hay de nuevo?
ROBERTO	Nada.

recursos

WB	LM	SUPERSITE
pp. 1–2	p. 1	aventuras.vhlcentral.com Lección 1

PRESENTACIONES

¿Cómo se llama usted? *What's your name? (formal)*

¿Cómo te llamas (tú)? *What's your name? (fam.)*

Le presento a... *I would like to introduce (name) to you. (form.)*

Te presento a... *I would like to introduce (name) to you. (fam.)*

Éste es... *This is... (masculine)*

Ésta es... *This is... (feminine)*

LAURA Buenos días. Me llamo Laura.
ESTEBAN Buenos días. Me llamo Esteban. Mucho gusto.
LAURA El gusto es mío. ¿De dónde eres?
ESTEBAN Soy de los Estados Unidos, de Texas.

SUSANA Leti, éste es el señor Garza.
LETICIA Encantada.
SEÑOR GARZA Igualmente. ¿De dónde es usted, señora?
LETICIA Soy de Puerto Rico. ¿Y usted?
SEÑOR GARZA De México.

EXPRESIONES DE CORTESÍA

Por favor. *Please.*

De nada. *You're welcome.*

No hay de qué. *You're welcome.*

Lo siento. *I'm sorry.*

Muchas gracias. *Thank you very much; thanks a lot.*

Variación léxica

Buenos días. ⟷ Buenas.
De nada. ⟷ A la orden.
Lo siento. ⟷ Perdón.
¿Qué tal? ⟷ ¿Cómo te va?, ¿Qué hubo? (*Col.*)

A escuchar 

1 ¿Lógico o ilógico? Listen to each conversation and indicate whether the conversation is logical or illogical.

	Lógico	Ilógico
1.	________	________
2.	________	________
3.	________	________
4.	________	________
5.	________	________
6.	________	________

2 ¡Hola! Margarita is having an all-day party to celebrate her twentieth birthday. Listen to the conversations and indicate whether each guest is arriving (**Llega**) or leaving (**Sale**).

	Llega	Sale
1. Ramiro	________	________
2. Sra. Sánchez	________	________
3. Luisa	________	________
4. Vicente	________	________
5. Profesor Lado	________	________
6. Sr. Torres	________	________

3 Seleccionar Listen to each question or statement, then choose the correct response.

1. a. Muy bien, gracias. b. Me llamo Graciela.
2. a. Lo siento. b. Mucho gusto.
3. a. Soy de Puerto Rico. b. No muy bien.
4. a. No hay de qué. b. Regular.
5. a. Mucho gusto. b. Hasta pronto.
6. a. Nada. b. Igualmente.
7. a. Me llamo Guillermo Montero. b. Muy bien, gracias.
8. a. Buenas tardes. ¿Cómo estás? b. El gusto es mío.

recursos

A practicar

4 Sinónimos For each expression, write a word or phrase that expresses a similar idea.

modelo ¿Cómo estás? *¿Qué tal?*

1. De nada. ________
2. Encantado. ________
3. Adiós. ________
4. Te presento a Antonio. ________
5. ¿Qué hay de nuevo? ________
6. Mucho gusto. ________

5 Ordenar With a classmate, put this scrambled conversation in order. Then act it out.

—Muy bien, gracias. Soy Rosabel.
—Soy del Ecuador. ¿Y tú?
—Mucho gusto, Rosabel.
—Hola. Me llamo Carlos. ¿Cómo estás?
—Soy de la Argentina.
—Igualmente. ¿De dónde eres, Carlos?

CARLOS Hola, me llamo Carlos. cómo estás?
ROSABEL muy bien, gracias, soy Rosabel
CARLOS mucho gusto, Rosabel
ROSABEL Igualmente, ¿De donde eres, carlos
CARLOS Soy del Ecuador. ¿Y tú?
ROSABEL Soy de la Argentina

6 Emparejar With a partner, match each question with the correct answer.

G 1. ¿Qué tal?
f 2. Hasta mañana, señora Ramírez. Saludos al señor Ramírez.
C 3. ¿Qué hay de nuevo, Alberto?
D 4. Miguel, ésta es la señorita Perales.
B 5. ¿De dónde eres, Antonio?
A 6. Buenas tardes, señor. ¿Cómo está usted?

a. Muy bien, gracias.
b. Soy de México.
c. Nada. ¿Y tú?
d. Encantado. Yo soy Miguel.
e. De nada.
f. Hasta pronto.
g. Bien. ¿Y tú?
h. Por favor.

A conversar

7 **Diálogos** With a partner, complete and act out these conversations.

DIÁLOGO 1

—Hola. Me llamo Teresa. ¿Cómo te llamas tú?

____

—Soy de Puerto Rico. ¿Y tú?

____

DIÁLOGO 2

____

—Muy bien, gracias. ¿Y usted, señora López?

____

—Hasta luego, señora. Saludos al señor López.

____

8 **Conversaciones** With a partner, make up a conversation in Spanish for each photo.

9 **Situaciones** Work with two classmates to write and act out these situations.

1. As you leave class on the first day of school, you strike up a conversation with the two students who were sitting next to you. Find out each person's name and where he or she is from before you say goodbye.
2. You meet up with a friend and find out how he or she is doing. As you are talking, your friend Elena walks by. Introduce her to your friend.
3. You say hello to your parents' friends Sra. Sánchez and Sr. Rodríguez and find out how they are doing. As you say goodbye, send greetings to Sra. Rodríguez.

Pronunciación

SUPERSITE

The Spanish alphabet

The Spanish alphabet consists of 29 letters. The Spanish letter **ñ** (**eñe**) doesn't appear in the English alphabet. The letters **k** (**ka**) and **w** (**doble ve**) are used only in words of foreign origin.

Letra	Nombre(s)	Ejemplo(s)	Letra	Nombre(s)	Ejemplo(s)
a	a	**a**diós	n	ene	**n**acio**n**alidad
b	be	**b**ien, pro**b**lema	ñ	eñe	ma**ñ**ana
c	ce	**c**osa, **c**ero	o	o	**o**nce
ch	che	**ch**ico	p	pe	**p**rofesor
d	de	**d**iario, na**d**a	q	cu	**q**ué
e	e	**e**studiant**e**	r	ere	**r**egular, seño**r**a
f	efe	**f**oto	s	ese	**s**eñor
g	ge	**g**racias, **G**erardo, re**g**ular	t	te	**t**ú
h	hache	**h**ola	u	u	**u**sted
i	i	**i**gualmente	v	ve	**v**ista, nue**v**o
j	jota	**J**avier	w	doble ve	**w**alkman
k	ka, ca	**k**ilómetro	x	equis	e**x**istir, Mé**x**ico
l	ele	**l**ápiz	y	i griega, ye	**y**o
ll	elle	**ll**ave	z	zeta, ceta	**z**ona
m	eme	**m**apa			

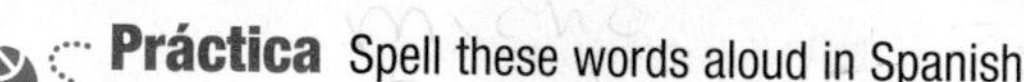

Práctica Spell these words aloud in Spanish.

1. nada
2. maleta
3. quince
4. muy
5. hombre
6. por favor
7. San Fernando
8. Estados Unidos
9. Puerto Rico
10. España
11. Javier
12. Ecuador
13. Maite
14. gracias
15. Nueva York

Oraciones Repeat these sentences after your instructor, then spell each word aloud.

1. Me llamo Carmen.
2. Hasta luego, señora Herrera.
3. ¿Qué tal, David?
4. Buenos días, Pedro.

Refranes Read these sayings aloud after your instructor.

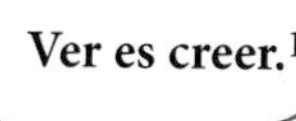
Ver es creer.[1]

En boca cerrada no entran moscas.[2]

1 Seeing is believing.
2 Silence is golden.

recursos

LM p. 2

SUPERSITE aventuras.vhlcentral.com Lección 1

¡Todos a bordo!

SUPERSITE

Los cuatro estudiantes, don Francisco y la Sra. Ramos se reúnen (*meet*) en la universidad.

PERSONAJES

DON FRANCISCO

JAVIER

INÉS

ÁLEX

MAITE

SRA. RAMOS

SRA. RAMOS Buenos días, chicos. Yo soy Isabel Ramos de la agencia Ecuatur.

DON FRANCISCO Y yo soy don Francisco, el conductor.

SRA. RAMOS Bueno, ¿quién es María Teresa Fuentes de Alba?

MAITE ¡Soy yo!

SRA. RAMOS Ah, bien. Aquí tienes los documentos de viaje.

MAITE Gracias.

SRA. RAMOS ¿Javier Gómez Lozano?

JAVIER Aquí… Soy yo.

JAVIER ¿Qué tal? Me llamo Javier.

ÁLEX Mucho gusto, Javier. Yo soy Álex. ¿De dónde eres?

JAVIER De Puerto Rico. ¿Y tú?

ÁLEX Yo soy de México.

DON FRANCISCO Bueno, chicos, ¡todos a bordo!

INÉS Con permiso.

ACTIVIDADES

1 Completar Complete these conversations.

A. SRA. RAMOS Buenos (1) ______, chicos. Yo soy Isabel Ramos de la agencia Ecuatur.

DON FRANCISCO Yo (2) ______ don Francisco, el conductor.

SRA. RAMOS Bueno, ¿(3) ______ es María Teresa Fuentes de Alba?

MAITE ¡Soy (4) ______!

B. INÉS Hola. ¿Cómo te (1) ______?

MAITE (2) ______ llamo Maite. ¿Y (3) ______?

INÉS Inés. Mucho (4) ______.

MAITE (5) ______ gusto (6) ______ mío. ¿De dónde (7) ______?

INÉS (8) ______ del (9) ______ . ¿Y (10) ______?

MAITE De (11) ______.

MAITE Oye, ¿qué hora (12) ______?

INÉS Son las diez y tres minutos.

SRA. RAMOS Y tú eres Inés Ayala Loor, ¿verdad?
INÉS Sí, yo soy Inés.
SRA. RAMOS Y tú eres Alejandro Morales Paredes, ¿no?
ÁLEX Sí, señora.

INÉS Hola. Soy Inés.
MAITE Encantada. Yo me llamo Maite. ¿De dónde eres?
INÉS Soy del Ecuador, de Portoviejo. ¿Y tú?
MAITE De España. Soy de Madrid, la capital. Oye, ¿qué hora es?
INÉS Son las diez y tres minutos.

ÁLEX Perdón.

DON FRANCISCO ¿Y los otros?
SRA. RAMOS Son todos.
DON FRANCISCO Está bien.

Expresiones útiles

Identifying yourself and others

¿Cómo se llama usted?
What's your name?
Yo soy don Francisco, el conductor.
I'm Don Francisco, the driver.

¿Cómo te llamas?
What's your name?
Me llamo Javier.
My name is Javier.

¿Quién es... ?
Who is... ?
Aquí... Soy yo.
Here... That's me.
Tú eres... , ¿verdad?/¿no?
You are... , right?/no?

Saying what time it is

Oye/Oiga(n), ¿qué hora es?
Hey, what time is it?
Es la una. / Son las dos.
It's one o'clock. / It's two o'clock.
Son las diez y tres minutos.
It's 10:03.

Saying "excuse me"

Con permiso.
Pardon me; excuse me. (to request permission)
Perdón.
Pardon me; excuse me.
(to get someone's attention or to ask forgiveness)

When starting a trip

¡Todos a bordo!
All aboard!
¡Buen viaje!
Have a good trip!

2 **¿Cierto o falso?** Indicate if each statement is **cierto** (*true*) or **falso** (*false*). Correct the false statements.

1. Javier y Álex son pasajeros (*passengers*). ____________
2. Javier Gómez Lozano es el conductor. ____________
3. Inés Ayala Loor es de la agencia Ecuatur. ____________
4. Javier es de Puerto Rico. ____________
5. Álex es del Ecuador. ____________

3 **Preguntas** In pairs, imagine that each of you is one of the **Aventuras** characters. Take turns asking and answering these questions.

- ¿Cómo te llamas?
- ¿Quiénes son tus nuevos/as amigos/as (*new friends*)?
- ¿De dónde eres?
- ¿Cómo estás hoy?

recursos
VM
pp. 169–170
SUPERSITE
aventuras.vhlcentral.com
Lección 1

BAJO LA LUPA

SUPERSITE

Saludos y besos en los países hispanos

In Spanish-speaking countries, kissing on the cheek is a customary way to greet friends and family members. Even when people are introduced for the first time, it is common for them to kiss, particularly in non-business settings. Whereas North Americans maintain considerable personal space when greeting, Spaniards and Latin Americans tend to decrease their personal space and give one or two kisses (**besos**) on the cheek, sometimes accompanied by a handshake or a hug. In formal business settings, where associates do not know one another on a personal level, a simple handshake is appropriate.

Greeting someone with a **beso** varies according to gender and region. Men generally greet each other with a hug or warm handshake, with the exception of Argentina, where male friends and relatives lightly kiss on the cheek. Greetings between men and women, and between women, generally include kissing, but can differ depending on the country and context. In Spain, it is customary to give **dos besos**, starting with the right cheek first. In Latin American countries, including Mexico, Costa Rica, Colombia, and Chile, a greeting consists of a single "air kiss" on the right cheek. Peruvians also "air kiss," but strangers will simply shake hands. In Colombia, female acquaintances tend to simply pat each other on the right forearm or shoulder.

Tendencias

País	Beso	País	Beso
Argentina	💋	España	💋💋
Bolivia	🚫💋	México	💋
Chile	💋	Paraguay	💋💋
Colombia	💋	Puerto Rico	💋
El Salvador	💋	Venezuela	💋/💋💋

1 **¿Cierto o falso?** Indicate whether these statements are true (**cierto**) or false (**falso**). Correct the false statements.

1. Hispanic people use less personal space when greeting than in the U.S.
2. Men never greet with a kiss in Spanish-speaking countries.
3. Shaking hands is not appropriate for a business setting in Latin America.
4. Spaniards greet with one kiss on the right cheek.
5. In Mexico, people greet with an "air kiss."
6. Gender can play a role in the type of greeting given.
7. If two women acquaintances meet in Colombia, they should exchange two kisses on the cheek.
8. In Peru, a man and a woman meeting for the first time would probably greet each other with an "air kiss."

ASÍ SE DICE

Saludos y despedidas

Buenas.	*Hello./Hi.*
Chao./Ciao.	**Chau.**
¿Cómo te/le va?	*How are things going (for you)?*
Hasta luego. Nos vemos.	*See you later.*
¿Qué hay? ¿Qué hacés? (Arg.) ¿Qué te cuentas? (Esp.)	*What's up?*
¿Qué onda? (Méx.); ¿Qué hubo? (Col.)	*What's going on?*

CONEXIÓN INTERNET

What do **plazas** and **Las ramblas** have in common? Go to **aventuras.vhlcentral.com** to find out and to access these components.

- the **Flash Cultura** video
- more activities
- additional reading: **Las Ramblas: el bulevar de los cafés**

2  **Saludos** Role-play these greetings with a partner. Include a verbal greeting as well as a kiss or handshake, as appropriate.

1. friends in Mexico
2. business associates at a conference in Chile

recursos

VM pp. 227–228 | aventuras.vhlcentral.com Lección 1

Encuentros en la plaza

1 Preparación Where do you and your friends usually meet? Are there public places where you get together? What activities do you do there?

2 El video Watch this **Flash Cultura** episode.

Vocabulario

abrazo *hug* plaza *square*

Today we are at the **Plaza de Mayo**.

People come to walk and get some fresh air…

3 Identificar Identify the person or people who make(s) each of these statements.

1. ¿Cómo están ustedes? **a.** Gonzalo
2. ¡Qué bueno verte! **b.** Mariana
3. Bien, ¿y vos? **c.** Mark
4. Hola. **d.** Silvina

1.1 Nouns and articles

- Nouns identify people, animals, places, things. All Spanish nouns have gender (masculine or feminine) and number (singular or plural).
- Most nouns that refer to males are masculine. Most nouns that refer to females are feminine.

Masculine		Feminine	
el hombre	*the man*	la mujer	*the woman*
el chico	*the boy*	la chica	*the girl*
el pasajero	*the passenger*	la pasajera	*the passenger*
el conductor	*the driver*	la conductora	*the driver*
el profesor	*the teacher*	la profesora	*the teacher*

el chico

el conductor

la chica

la pasajera

- Most nouns ending in **–o**, **–ma**, and **–s** are masculine. Most nouns ending in **–a**, **–ción**, and **–dad** are feminine.

Masculine		Feminine	
el cuaderno	*the notebook*	la cosa	*the thing*
el diario	*the diary*	la escuela	*the school*
el diccionario	*the dictionary*	la grabadora	*the tape recorder*
el número	*the number*	la maleta	*the suitcase*
el video	*the video*	la mochila	*the backpack*
el problema	*the problem*	la palabra	*the word*
el programa	*the program*	la lección	*the lesson*
el autobús	*the bus*	la conversación	*the conversation*
el país	*the country*	la nacionalidad	*the nationality*
		la comunidad	*the community*

¡ojo! **El lápiz** (*pencil*), **el mapa** (*map*), and **el día** (*day*) are masculine. **La mano** (*hand*) is feminine.

- Some nouns have identical masculine and feminine forms. The definite article (**el** or **la**) indicates the gender of these words.

Masculine		Feminine	
el turista	*the tourist*	la turista	*the tourist*
el joven	*the young man*	la joven	*the young woman*
el estudiante	*the student*	la estudiante	*the student*

Práctica

1 ¿Femenino o masculino? Provide the opposite gender form for each word.

1. la chica ________
2. el conductor ________
3. el turista ________
4. la profesora ________
5. la mujer ________
6. el pasajero ________

2 Singular y plural Make the singular words plural and the plural words singular.

1. el turista ________
2. las cosas ________
3. una mujer ________
4. la palabra ________
5. los países ________
6. el problema ________
7. unos números ________
8. el conductor ________
9. un programa ________
10. una mano ________

3 Identificar For each photo, provide the noun and its corresponding definite and indefinite articles.

modelo

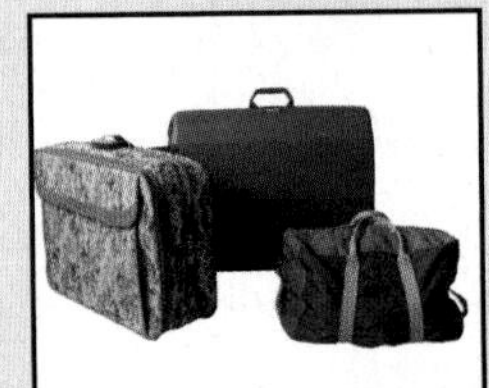
las maletas, unas maletas

1. ________

2.

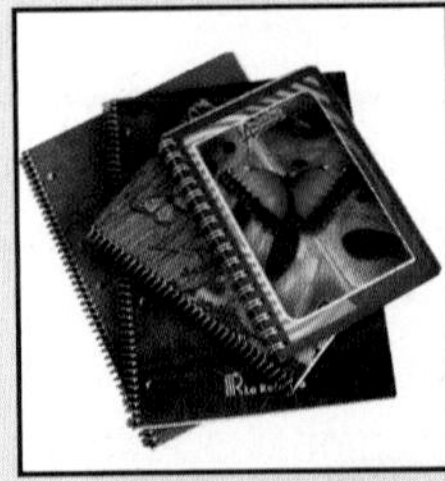
3.

4. ________

Conversación

4 **Clasificar** With a partner, identify the photos in Spanish and supply the definite and indefinite articles. Then indicate whether the photos represent objects or persons.

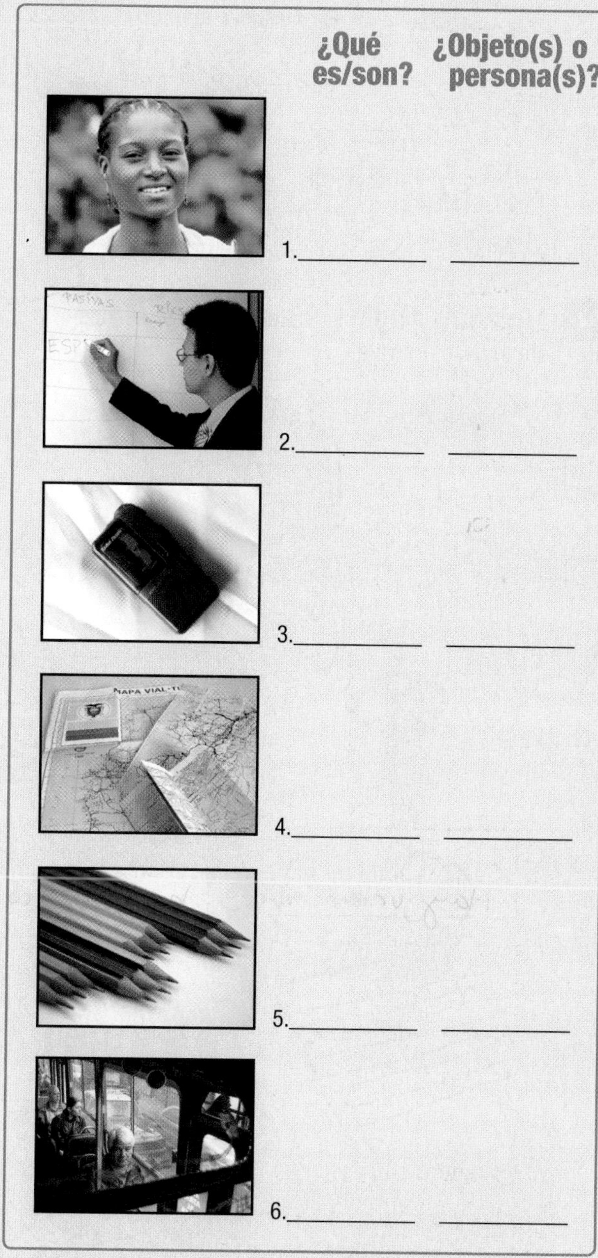

5 **Charadas** In groups, play a game of charades. Individually, think of two nouns for each charade—for example, a boy using a computer (**un chico; una computadora**). The first person to guess correctly acts out the next charade.

Plural of nouns

- Nouns that end in a vowel form the plural by adding **–s**. Nouns that end in a consonant add **–es**. Nouns that end in **–z** change the **–z** to **–c**, then add **–es**.

SINGULAR	PLURAL	SINGULAR	PLURAL
el chico	los chicos	el país	los países
la palabra	las palabras	el lápiz	los lápices

¡ojo! When a singular noun has an accent mark on the last syllable, the accent is dropped from the plural form:

la lección → las lecciones **el autobús → los autobuses**

- The masculine plural form may refer to a mixed-gender group.

1 pasajero + 2 pasajeras = 3 pasajeros

Spanish articles

Spanish has four forms that are equivalent to the English definite article *the*. Spanish also has four forms that are equivalent to the English indefinite article, which, according to context, may mean *a, an,* or *some*.

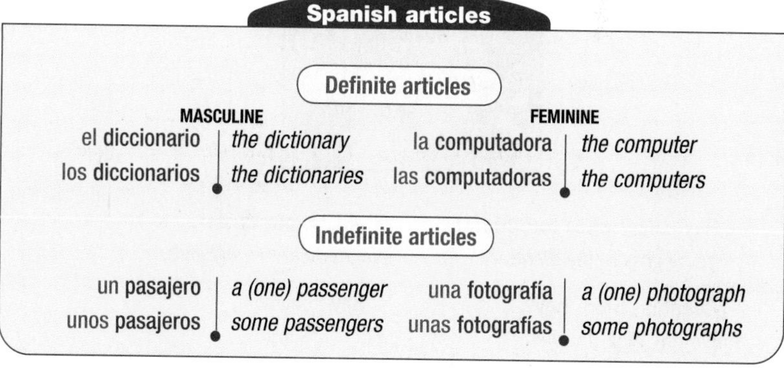

Spanish articles

Definite articles

MASCULINE		FEMININE	
el diccionario	*the dictionary*	la computadora	*the computer*
los diccionarios	*the dictionaries*	las computadoras	*the computers*

Indefinite articles

un pasajero	*a (one) passenger*	una fotografía	*a (one) photograph*
unos pasajeros	*some passengers*	unas fotografías	*some photographs*

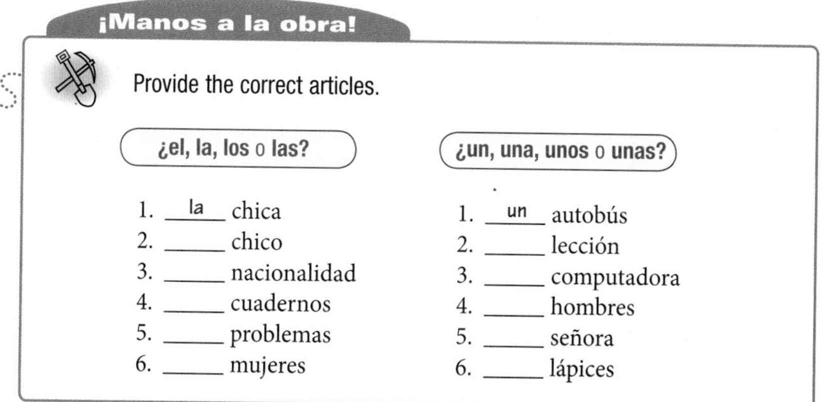

¡Manos a la obra!

Provide the correct articles.

¿el, la, los o las?	¿un, una, unos o unas?
1. __la__ chica	1. __un__ autobús
2. ______ chico	2. ______ lección
3. ______ nacionalidad	3. ______ computadora
4. ______ cuadernos	4. ______ hombres
5. ______ problemas	5. ______ señora
6. ______ mujeres	6. ______ lápices

1.2 Numbers 0–30 

Numbers 0–30

0 cero	6 seis	12 doce	18 dieciocho	24 veinticuatro
1 uno	7 siete	13 trece	19 diecinueve	25 veinticinco
2 dos	8 ocho	14 catorce	20 veinte	26 veintiséis
3 tres	9 nueve	15 quince	21 veintiuno	27 veintisiete
4 cuatro	10 diez	16 dieciséis	22 veintidós	28 veintiocho
5 cinco	11 once	17 diecisiete	23 veintitrés	29 veintinueve
				30 treinta

- Before a masculine noun, **uno** shortens to **un**. Before a feminine noun, **uno** changes to **una**.

un hombre → veintiún hombres

una mujer → veintiuna mujeres

- To ask *how many*, use **¿Cuántos?** with a masculine noun and **¿Cuántas?** with a feminine one. **Hay** means both *there is* and *there are*. Use **¿Hay...?** to ask *is/are there...?* Use **no hay** to express *there is/are not*.

—**¿Hay** chicas en la fotografía?
Are there girls in the picture?

—No, **no hay** chicas.
No, there aren't any girls.

—**¿Cuántos** chicos **hay?**
How many guys are there?

—**Hay** cuatro.
There are four.

¡ojo! The numbers **16–19** and **21–29** can also be written as three words, as in **diez y seis** and **veinte y uno**. **Uno** and **veintiuno** are used when counting (**uno, dos, tres... veinte, veintiuno, veintidós...**). They are also used after a noun, even if it is feminine (**la lección uno**).

¡Manos a la obra!

Provide the Spanish words for these numbers.

a. **7** *siete*	f. **15** ______	k. **30** ______	p. **10** ______
b. **16** ______	g. **21** ______	l. **4** ______	q. **2** ______
c. **29** ______	h. **9** ______	m. **12** ______	r. **5** ______
d. **1** ______	i. **23** ______	n. **28** ______	s. **22** ______
e. **0** ______	j. **11** ______	o. **14** ______	t. **13** ______

Práctica

1 Matemáticas Solve these math problems.

+ más − menos = es (singular)/son (plural)

modelo **9 + 2 =** *Nueve más dos son once.*

1. **3 + 10 =** ______
2. **22 − 3 =** ______
3. **4 + 8 =** ______
4. **17 + 13 =** ______
5. **22 + 1 =** ______
6. **5 − 2 =** ______
7. **11 + 12 =** ______
8. **10 − 10 =** ______
9. **3 + 14 =** ______
10. **22 − 11 =** ______

2 ¿Cuántos hay? Indicate how many persons or things there are in each drawing.

modelo

¿Cuántas maletas hay?
Hay cuatro maletas.

1. ¿Cuántos hombres hay? Hay un hombres

2. ¿Cuántas fotografías hay? hay cuatro foto

3. ¿Cuántos chicos hay? ______

4. ¿Cuántos turistas hay? ______

5. ¿Cuántas conductoras hay? ______

6. ¿Cuántas chicas hay? ______

Conversación

3 Describir With a classmate, answer these questions about the photo.

1. ¿Cuántos conductores hay en la fotografía?
 ____
2. ¿Cuántas mujeres hay?
 ____
3. ¿Cuántos hombres hay?
 ____
4. ¿Cuántos pasajeros hay?
 ____
5. ¿Cuántos pasajeros son hombres?
 ____
6. ¿Cuántos autobuses hay?
 ____

4 En la clase With a classmate, take turns asking and answering these questions about your classroom.

1. ¿Cuántos estudiantes hay?
2. ¿Hay un profesor?
3. ¿Hay una profesora?
4. ¿Cuántos hombres hay?
5. ¿Cuántas mujeres hay?
6. ¿Hay una computadora?
7. ¿Hay fotografías?
8. ¿Cuántos mapas hay?
9. ¿Hay diccionarios?
10. ¿Hay cuadernos?
11. ¿Cuántas grabadoras hay?
12. ¿Cuántas mochilas hay?

Español en vivo

¿Cuál es la fórmula
para un futuro perfecto?
1 escuela
3 profesores
20 estudiantes
30 cuadernos
80 lápices de colores
una generación de niños con futuro
Proyecto EducAR trabaja° para construir un futuro mejor°. Apoye° a EducAR en la construcción de quince nuevas escuelas rurales.

trabaja *works*
mejor *better*
Apoye *Support*

Identificar

Scan the brochure above, find the places where numbers appear, and say the numbers out loud.

Preguntas

1. Indicate how many of each item are needed. Write the numbers as words.
   a. profesores _____
   b. estudiantes _____
2. What is the purpose of this brochure: to improve existing schools, or to raise funds for new schools?
3. What would be your formula for the perfect school?

1.3 Present tense of ser

Subject pronouns

Subject pronouns

	Singular		Plural	
FIRST PERSON	yo	*I*	nosotros nosotras	*we (masculine)* *we (feminine)*
SECOND PERSON	tú usted (Ud.)	*you (familiar)* *you (formal)*	vosotros vosotras ustedes (Uds.)	*you (masc., fam.)* *you (fem., fam.)* *you (form.)*
THIRD PERSON	él ella	*he* *she*	ellos ellas	*they (masc.)* *they (fem.)*

- In order to use verbs, you will need to learn about subject pronouns. A subject pronoun replaces the name or title of a person or thing and acts as the subject of a verb.

Carlos es estudiante. → Él es estudiante.

- Spanish has four subject pronouns that mean *you*. Use **tú** when talking to a friend, a family member, or a child. Use **usted** when talking to someone with whom you have a more formal relationship, such as an employer or a professor, or to someone who is older than you. In Latin America, **ustedes** is used as the plural of both **tú** and **usted**. In Spain, **vosotros/as** is used as the plural of **tú**.
- **Usted** and **ustedes** are abbreviated **Ud.** and **Uds.**
- **Nosotros**, **vosotros**, and **ellos** refer to a group of males or to a group of males and females. **Nosotras**, **vosotras**, and **ellas** refer only to groups of females.

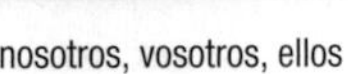
nosotros, vosotros, ellos

nosotros, vosotros, ellos

nosotras, vosotras, ellas

- There is no Spanish equivalent of the English subject pronoun *it*.

—¿Qué es?
What is it?

—Es una computadora.
It's a computer.

Práctica

1 **¿Qué es?** Ask your partner what each object is and to whom it belongs.

modelo

Estudiante 1: ¿Qué es?
Estudiante 2: Es una grabadora.
Estudiante 1: ¿De quién es?
Estudiante 2: Es del profesor.

1. 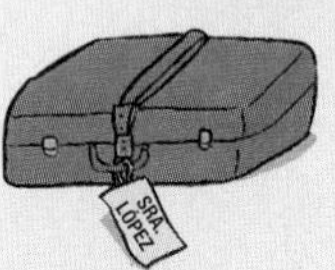

2. 

3. 

4. 

2 **¿Quién es?** With a partner, take turns asking who these people are and where they are from.

modelo Jennifer López y Marc Anthony / Nueva York

Estudiante 1: ¿Quiénes son?
Estudiante 2: Son Jennifer López y Marc Anthony.
Estudiante 1: ¿De dónde son?
Estudiante 2: (Ellos) son de Nueva York.

1. Charlie Sheen y Emilio Estevez / Nueva York

2. Manny Ramírez / república dominicana

3. Gloria Estefan / Cuba

4. Salma Hayek / México

5. Shakira / Colombia

6. Penélope Cruz y Antonio Banderas / España

Conversación

3 **En el dormitorio** Using the items in the word bank, ask your partner questions about Susana's dorm room.

¿Quién?	¿De dónde?	¿Cuántos?
¿Qué?	¿De quién?	¿Cuántas?

4 **Personas famosas** Pretend to be a person from Spain, Mexico, Puerto Rico, Cuba, Canada, or the United States who is famous in one of these professions. Your classmates will try to guess who you are.

actor	*actor*
actriz	*actress*
deportista	*athlete*
escritor(a)	*writer*
cantante	*singer*
músico/a	*musician*

modelo

Estudiante 3: ¿Eres de Cuba?
Estudiante 1: Sí.
Estudiante 2: ¿Eres mujer?
Estudiante 1: No. Soy hombre.
Estudiante 3: ¿Eres músico?
Estudiante 1: No. Soy actor.
Estudiante 2: ¿Eres Andy García?
Estudiante 1: ¡Sí! ¡Sí!

Andy García

The present tense of ser

ser (*to be*)

Singular forms		Plural forms	
yo	soy (*I am*)	nosotros/as	somos (*we are*)
tú	eres (*you are*)	vosotros/as	sois (*you are*)
Ud./él/ella	es (*you are; he/she is*)	Uds./ellos/ellas	son (*you/they are*)

- Use **ser** to identify people and things.

—¿Quién **es** ella?
Who is she?
—**Es** Inés Ayala Loor.
She's Inés Ayala Loor.

—¿Qué **es**?
What is it?
—**Es** un mapa.
It's a map.

- Use **ser** to express possession, with the preposition **de**. **De** combines with **el** to form the contraction **del.**[1] Note that Spanish doesn't use [*apostrophe*]+ *s* to indicate possession.

—**¿De** quién **es** el diario**?**
Whose diary is this?
—**Es** el diario **de** Maite.
It's Maite's diary.

—**¿De** quiénes **son** los lápices**?**
Whose pencils are these?
—**Son** los lápices **del** chico.
They are the boy's pencils.

- Use **ser** to express origin, along with **de**.

—**¿De** dónde **es** Inés?
Where is Inés from?
—**Es del** Ecuador**.**
She's from Ecuador.

- Use **ser** to talk about someone's occupation.[2]

Don Francisco **es** conductor.
Don Francisco is a driver.

Isabel **es** profesora.
Isabel is a teacher.

[1] **De** does not form contractions with **la**, **los**, or **las**.

[2] Spanish does not use **un** or **una** after **ser** when mentioning a person's occupation, unless the occupation is accompanied by an adjective.

¡Manos a la obra!

Provide the correct subject pronouns, and the present forms of **ser.** The first item has been done for you.

1. Gabriel	*él*	*es*
2. Juan y yo	______	______
3. Tú	______	______
4. Adriana	______	______
5. las turistas	______	______
6. el chico	______	______
7. Yo	______	______
8. el señor y la señora Ruiz	______	______

1.4 Telling time

- Use numbers with the verb **ser** to tell time. To ask what time it is, use **¿Qué hora es?** To say what time it is, use **es la** with **una** and **son las** with other hours.

Es la una.

Son las cuatro.

- Express time from the hour to the half hour by adding minutes.

Son las dos **y diez**.

Son las ocho **y veinte**.

- Use **y cuarto** or **y quince** to say that it's fifteen minutes past the hour. Use **y media** or **y treinta** to say that it's thirty minutes past the hour.

Son las cuatro **y cuarto**.

Son las nueve **y media**.

Práctica

1 Emparejar Match each watch with the correct statement.

1. Son las ocho menos veinticinco de la mañana.
2. Es la una menos diez de la mañana.
3. Son las tres y cinco de la mañana.
4. Son las dos menos cuarto de la tarde.
5. Son las seis y media de la mañana.
6. Son las once y veinte de la noche.

2 ¿Qué hora es? With a partner, take turns asking and answering the questions. Use the clocks as a guide.

modelo

Estudiante 1: *Son las siete de la noche en Los Ángeles. ¿Qué hora es en San Antonio?*

Estudiante 2: *Son las nueve de la noche en San Antonio.*

Miami

San Antonio

Denver

Los Ángeles

1. Son las cinco en punto de la tarde en Los Ángeles. ¿Qué hora es en Miami? ____________
2. Son las seis de la tarde en San Antonio. ¿Qué hora es en Denver? ____________
3. Son las siete de la noche en Denver. ¿Qué hora es en Los Ángeles? ____________
4. Son las dos y media de la tarde en Los Ángeles. ¿Qué hora es en Miami? ____________
5. Son las once menos cuarto en San Antonio. ¿Qué hora es en Los Ángeles? ____________
6. Es la una de la tarde en Los Ángeles. ¿Qué hora es en San Antonio? ____________

Conversación

3 En la televisión With a partner, take turns asking and answering questions about these television listings.

modelo

Estudiante 1: ¿A qué hora es el programa *Las computadoras?*
Estudiante 2: Es a las *ocho de la noche.*

TV Hoy
Programación

11:00 am	Película: *El cóndor* (drama)
1:00 pm	Telenovela: *Dos mujeres y dos hombres*
3:00 pm	Programa juvenil: *Fiesta*
3:30 pm	Telenovela: *¡Sí, sí, sí!*
4:00 pm	Telenovela: *El diario de la Sra. González*
5:00 pm	Telenovela: *Tres mujeres*
5:45 pm	Clip de noticias
6:00 pm	Especial musical: *Música folklórica de México*
7:00 pm	La naturaleza: *Jardín secreto*
7:30 pm	Noticiero: *Veinticuatro horas*
8:00 pm	Documental: *Las computadoras*
9:00 pm	Telecomedia: *Don Paco y doña Tere*
10:00 pm	Película: *Pedro Páramo*

4 Entrevista Use the following questions to interview a classmate.

1. ¿Qué hora es?
2. ¿A qué hora es la clase de español?
3. ¿A qué hora es el programa *60 Minutes?*
4. ¿A qué hora es el programa *Today Show*?
5. ¿Hay una fiesta el sábado (*on Saturday*)? ¿A qué hora es?
6. ¿Hay un concierto (*concert*) el sábado? ¿A qué hora es?

5 ¿Qué hora es? Your instructor will give you and your partner handouts so that you may complete this information gap activity.

▸ To express time from the half-hour to the hour in Spanish, subtract minutes or a portion of an hour from the next hour.

Son las dos **menos cuarto.**

Es la una **menos cuarto.**

Son las nueve **menos diez.**

Son las ocho **menos cinco.**

Time-related expressions

▸ Here are some useful expressions related to telling time.

—¿Qué hora es? *What time is it?*	—Son las nueve **de la mañana.** *It's 9 a.m. (in the morning).*
—Son las cuatro **de la tarde.** *It's 4 p.m. (in the afternoon).*	—Es **el mediodía.** *It's noon.*
—Son las diez **de la noche.** *It's 10 p.m. (at night).*	—Es **la medianoche.** *It's midnight.*

▸ To ask or state at what time a particular event takes place, use the constructions **¿A qué hora (...)?** and **a la(s)** + *time.*

—¿A qué hora es la clase? *(At) what time is the class?*	—La clase es **a las dos.** *The class is at two o'clock.*
—La clase es **a la una.** *The class is at one o'clock.*	—La clase es **a las ocho en punto.** *The class is at 8 o'clock on the dot (sharp).*

¡Manos a la obra!

Complete these sentences. The first item has been done for you.

1. (1:00 a.m.) Es la ___una___ de la mañana.
2. (2:50 a.m.) Son las tres ________ diez de la mañana.
3. (4:15 p.m.) Son las cuatro y ________ de la tarde.
4. (8:30 p.m.) Son las ocho y ________ de la noche.
5. (6:00 a.m.) Son las seis de la ________.
6. (4:05 p.m.) Son las cuatro y cinco de la ________.
7. (12:00 a.m.) Es la ________.
8. (9:55 p.m.) Son las ________ menos cinco de la noche.

Repaso

For more practice, go to **aventuras.vhlcentral.com.**

1.1 Nouns and articles

1 Combinar Combine the articles and the nouns. There are at least two correct answers for each noun.

un	chicas
una	país
unos	profesoras
unas	videos
el	conductora
la	cuaderno
los	estudiantes
las	lápiz
	conversación
	nacionalidades

2 Una prueba *(A test)* Make a list of at least six singular or plural nouns and the corresponding definite and indefinite articles. Then work with a partner. One person says a noun and the other responds by saying the correct articles and the noun.

modelo

Estudiante 1: *autobuses*
Estudiante 2: *los autobuses, unos autobuses*

1.2 Numbers 0–30

3 Bingo With a partner, take turns announcing these bingo squares.

B 10, G 17, I 23, N 14, N 8, O 19, O 22, B 27, I 4, G 30

4 ¿Cuánto cuesta? Using the cues provided, tell how much each item costs.

modelo

cuaderno / $3.00
Un cuaderno cuesta (costs) tres dólares.

1. grabadora / $25.00 ______
2. mapa del país / $6.00 ______
3. diccionario / $11.00 ______
4. mochila / $28.00 ______
5. video / $20.00 ______
6. diario / $9.00 ______

1.3 Present tense of ser

5 ¿Tú, usted o ustedes? Write which subject pronoun (**tú, usted, ustedes**) you would use when speaking directly to these people.

1 DOCTORA MÁRQUEZ — 2 ÁLEX Y JAVIER — 3 INÉS — 4 UN POLICÍA — 5 MANUEL — 6 DON FRANCISCO Y SEÑORA RAMOS

1. Doctora Márquez usted
2. Alex y Javier usteds
3. Ines tú
4. un policía usted
5. Manuel tú
6. Don Francisco y señora Ramos usteds

6 Completar In pairs, complete the conversation with the correct forms of the verb **ser**.

DAVID ¡Hola! Tú (1) eres Teresa, ¿verdad?
TERESA Sí, yo (2) soy Teresa y ésta (3) es Elena. ¿Y quiénes (4) son ustedes?
DAVID (5) soy David y él (6) es Roberto. ¿De dónde (7) son ustedes?
TERESA (8) somos de México, de la capital. ¿Y tú?
DAVID Yo (9) soy de Los Ángeles, pero (*but*) Roberto (10) es de San Francisco.
TERESA (11) es un gusto en conocerte, David.
DAVID ¡El gusto (12) es mío!

1.4 Telling time

7 **¿Qué hora es?** Say what time it is.

1. 

____

2. 

____

3. 

____

4. 

____

5. 

____

6. 

____

8 **En el aeropuerto** With a partner, take turns asking and answering questions about the departure times of these flights.

modelo

Estudiante 1: *¿A qué hora es el vuelo (flight) para Caracas?*
Estudiante 2: *Es a las once y dos de la mañana.*

Destino (Destination)	Hora
Bogotá	10:00 a.m.
Cancún	2:10 p.m.
Caracas	11:02 a.m.
La Habana	12:30 p.m.
Lima	4:40 p.m.
Montreal	1:27 p.m.
Quito	11:59 a.m.
San Juan	8:15 a.m.

Síntesis

9 **Una excursión** You are going on one of Ecuatur's tours. This is the first day, and you want to get to know some of the people. With a classmate, act out this situation. Use the cue in brackets to answer the last question.

- Greet someone, tell the person who you are, and find out his or her name.
- Find out where the person is from.
- Ask if he/she is a professor.
- Find out how many people are taking the tour (**hacen la excursión**). [21 people]

Videoclip

1 **Preparación** Think about three favorite activities you like to do with your family and friends. Do you have to pay for them? How much do they cost?

2 **El clip** Watch the ad for **MasterCard** from Argentina.

Vocabulario

aperitivo *appetizer*	**no tiene precio** *priceless*
plato principal *main course*	**un domingo en familia** *Sunday with the family*

Postre°...

Un domingo en familia...

Postre *Dessert*

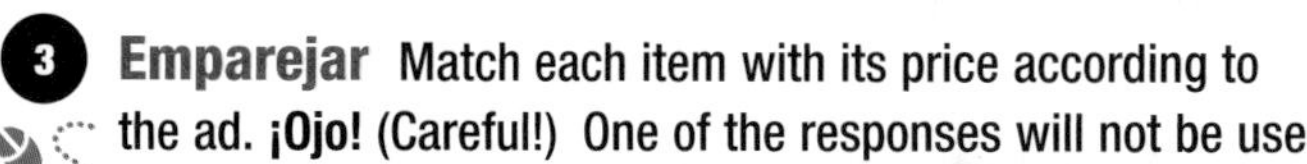

3 **Emparejar** Match each item with its price according to the ad. **¡Ojo!** (Careful!) One of the responses will not be used.

____ **1.** aperitivo
____ **2.** plato principal
____ **3.** postre

a. quince dólares
b. ocho dólares
c. treinta dólares
d. seis dólares

4 **Tener un precio** With a partner, brainstorm and write a TV ad about something you consider priceless. Use this MasterCard ad as a model. Then, read it to the class.

CONEXIÓN INTERNET

Go to **aventuras.vhlcentral.com** to watch the television clip featured in this section.

Ampliación

1 Escuchar

A Listen to the conversation between Srta. Martínez and a traveler. Then fill in the missing information on the form.

TIP Listen for words you know. You can get the gist of a conversation by listening for words and phrases you already know.

Aero Tur

1. Número de pasajeros
2. Nombre (*first name*) del pasajero
3. Apellido (*last name*) del pasajero
4. Destino
5. Número de maletas

B When does this conversation take place, before or after the trip? How do you know?

2 Conversar

With two classmates, act out an interview between school newspaper reporters and a visiting **profesor de literatura.** After introducing themselves, the reporters should find out the following information.

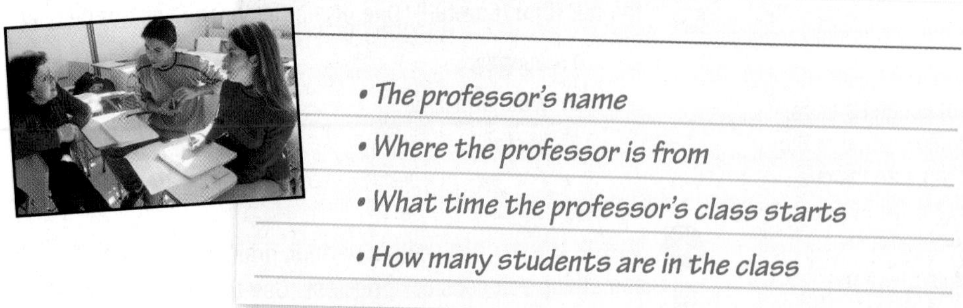

- *The professor's name*
- *Where the professor is from*
- *What time the professor's class starts*
- *How many students are in the class*

recursos

WB pp. 3–8	LM pp. 3–8	SUPERSITE aventuras.vhlcentral.com Lección 1

Ampliación

3 Escribir

Write a list of names, numbers, addresses, and websites that will help you in your study of Spanish. Use the plan below to guide you in your writing.

TIP Write in Spanish. Use grammar and vocabulary that you know. Also, look at your textbook for examples of style, format, and expressions in Spanish.

Organízalo	Make a list of campus resources and contact information. Then explore web resources and jot down a few addresses.
Escríbelo	Using the material you have compiled, write the first draft of your list.
Corrígelo	Exchange papers with a classmate and comment on the organization, style, and grammatical accuracy of each other's work. Then revise your first draft, keeping your classmate's comments in mind.
Compártelo	Share your list with two new classmates. If they found resources you didn't mention, add them to your list. Store your list with your other study aids.

4 Un paso más

Prepare a presentation about how Hispanic cultures have influenced an American city. Include the following in your presentation:

- An introduction of yourself in Spanish
- A general description of the city
- Examples of how Hispanic cultures have influenced the city
- Photos, drawings, and charts to make your presentation more interesting

CONEXIÓN INTERNET

Investiga estos temas en el sitio aventuras.vhlcentral.com.

- Ciudad de Nueva York
- Ciudad de Miami
- Ciudad de Los Ángeles

SUPERSITE

Antes de leer

Cognates are words that share similar meanings and spellings in two or more languages. The Spanish words **computadora**, **problema**, and **programa** are examples of cognates.

When you read in Spanish, look for cognates and use them to get the general meaning of what you're reading. Watch out for false cognates such as **librería**, which means *bookstore*, not *library*.

Laura, a university student, made a list of important names and numbers she needed to remember. Look for cognates while you read her list.

Read the phone numbers as pairs of numbers. The period (.) is called **punto** and the "at" symbol (@) is called **arroba.**

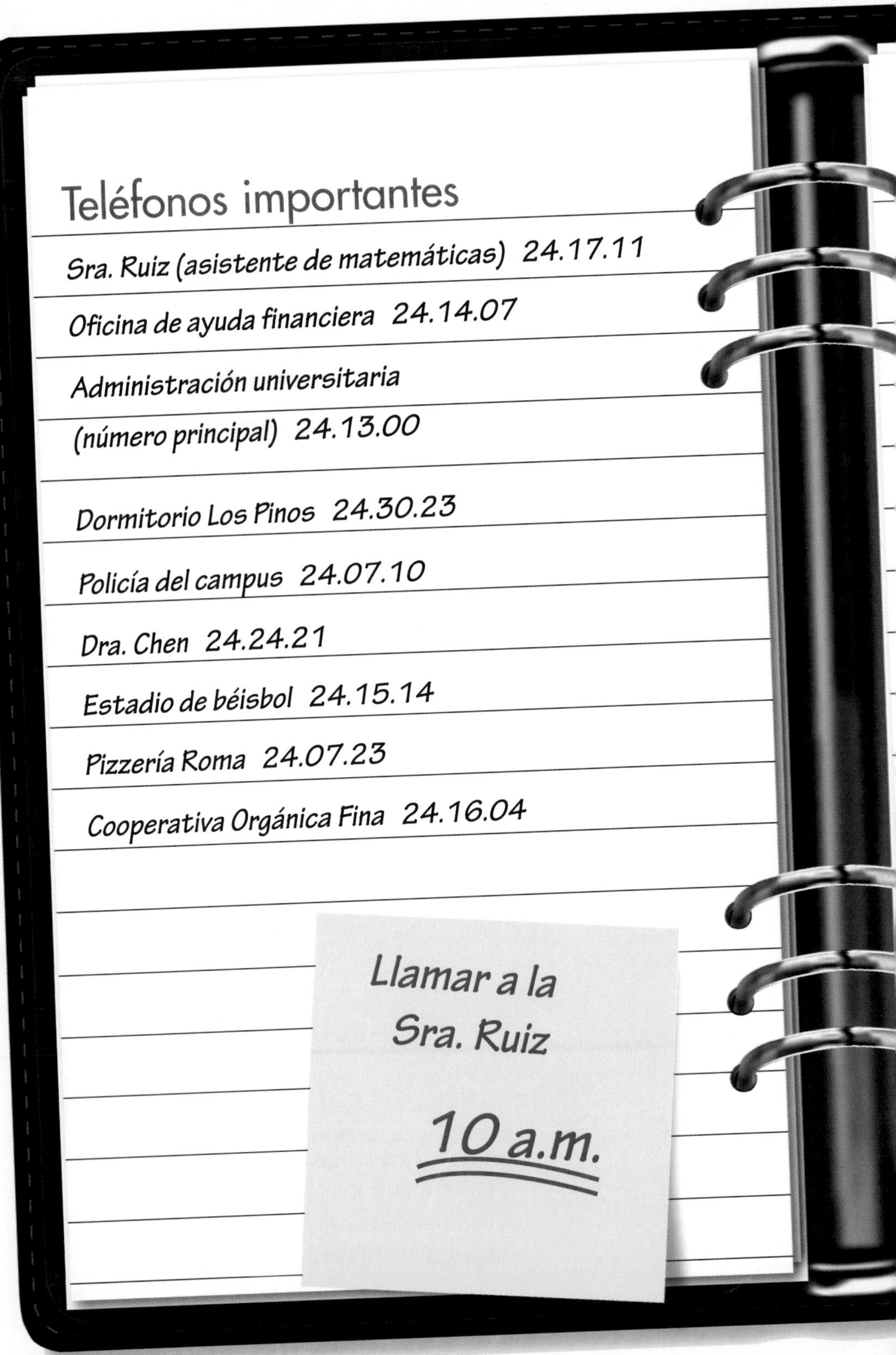

Teléfonos importantes
Sra. Ruiz (asistente de matemáticas) 24.17.11
Oficina de ayuda financiera 24.14.07
Administración universitaria
(número principal) 24.13.00
Dormitorio Los Pinos 24.30.23
Policía del campus 24.07.10
Dra. Chen 24.24.21
Estadio de béisbol 24.15.14
Pizzería Roma 24.07.23
Cooperativa Orgánica Fina 24.16.04
Llamar a la
Sra. Ruiz
10 a.m.

Direcciones electrónicas

Oficina de matemáticas
ofna@matematicas.unimetro.edu.pe

Profesora González
a.gonzalez@matematicas.unimetro.edu.pe

Farmacia
rx@farmaciagomez.com.pe

Gimnasio
informacion@gimnasio.unimetro.edu.pe

Después de leer

¿Comprendiste?

Indicate whether each statement is **cierto** (*true*) or **falso** (*false*).

Cierto	Falso	
____	____	1. Professor González works in the math department.
____	____	2. If Laura wanted to get a student loan, she would call 74.83.00.
____	____	3. Laura never eats pizza.
____	____	4. If Laura needed to report a crime, she would call 24.07.10.
____	____	5. To find out the price of organic apples, Laura would call 24.16.04.
____	____	6. Laura would call 24.75.44 to get a baseball ticket.

Coméntalo

Think about the names, phone numbers, and e-mail addresses that Laura keeps in her address book. Can you think of any others she should add?

For an additional reading, go to **aventuras.vhlcentral.com.**

recursos
SUPERSITE
aventuras.vhlcentral.com
Lección 1

1 VOCABULARIO

Saludos

Hola.	*Hello; hi.*
Buenos días.	*Good morning.*
Buenas tardes.	*Good afternoon.*
Buenas noches.	*Good evening; good night.*

Despedidas

Adiós.	*Goodbye.*
Nos vemos.	*See you.*
Hasta luego.	*See you later.*
Hasta la vista.	*See you later.*
Hasta pronto.	*See you soon.*
Hasta mañana.	*See you tomorrow.*
Saludos a…	*Greetings to…*
Chau.	*Bye.*

¿Cómo está?

¿Cómo está usted?	*How are you? (form.)*
¿Cómo estás?	*How are you? (fam.)*
¿Qué hay de nuevo?	*What's new?*
¿Qué pasa?	*What's happening?; what's going on?*
¿Qué tal?	*How are you?; how is it going?*
(Muy) bien, gracias.	*(Very) well, thanks.*
Nada.	*Nothing.*
No muy bien.	*Not very well.*
Regular.	*So-so; OK.*

Expresiones de cortesía

De nada.	*You're welcome.*
Lo siento.	*I'm sorry.*
(Muchas) gracias.	*Thank you (very much); thanks (a lot).*
No hay de qué.	*You're welcome.*
Por favor.	*Please.*

Títulos

señor (Sr.)	*Mr.; sir*
señora (Sra.)	*Mrs.; ma'am*
señorita (Srta.)	*Miss*

Presentaciones

¿Cómo se llama usted?	*What's your name? (form.)*
¿Cómo te llamas (tú)?	*What's your name? (fam.)*
Me llamo…	*My name is…*
¿Y tú?	*And you? (fam.)*
¿Y usted?	*And you? (form.)*
Mucho gusto.	*Pleased to meet you.*
El gusto es mío.	*The pleasure is mine.*
Encantado/a.	*Delighted; Pleased to meet you.*
Igualmente.	*Likewise.*
Éste/Ésta es…	*This is…*
Le presento a…	*I would like to introduce you to… (form.)*
Te presento a…	*I would like to introduce you to… (fam.)*

Países

Ecuador	*Ecuador*
España	*Spain*
Estados Unidos (EE.UU.)	*United States*
México	*Mexico*
Puerto Rico	*Puerto Rico*

Verbos

ser	*to be*

¿De dónde es?

¿De dónde es usted?	*Where are you from? (form.)*
¿De dónde eres?	*Where are you from? (fam.)*
Soy de...	*I'm from…*

Expresiones adicionales

¿Cuánto(s)/a(s)?	*How many?*
¿De quién...?	*Whose…? (sing.)*
¿De quiénes...?	*Whose…? (plural)*
(No) Hay	*There is (not); there are (not)*
¿Qué es?	*What is it?*
¿Quién es?	*Who is it?*

Sustantivos

el autobús	*bus*
la capital	*capital city*
la chica	*girl*
el chico	*boy*
la computadora	*computer*
la comunidad	*community*
el/la conductor(a)	*driver; chauffeur*
la conversación	*conversation*
la cosa	*thing*
el cuaderno	*notebook*
el día	*day*
el diario	*diary*
el diccionario	*dictionary*
la escuela	*school*
el/la estudiante	*student*
la foto(grafía)	*photograph*
la grabadora	*tape recorder*
el hombre	*man*
el/la joven	*youth; young person*
el lápiz	*pencil*
la lección	*lesson*
la maleta	*suitcase*
la mano	*hand*
el mapa	*map*
la mochila	*backpack*
la mujer	*woman*
la nacionalidad	*nationality*
el número	*number*
el país	*country*
la palabra	*word*
el/la pasajero/a	*passenger*
el problema	*problem*
el/la profesor(a)	*teacher*
el programa	*program*
el/la turista	*tourist*
el video	*video*

Expresiones útiles	*See page 9.*
Numbers 0–30	*See page 14.*
Subject pronouns	*See page 16.*
Time-related expressions	*See pages 18–19.*

recursos

aventuras.vhlcentral.com
Lección 1

2 Las clases

Communicative Goals

You will learn how to:

- talk about people, places, and classes
- express likes and dislikes
- ask questions
- describe the location of people and things

PARA EMPEZAR

- ¿Cuántas personas hay en la foto? ¿Dos o siete?
- ¿Son profesores o estudiantes?
- ¿Dónde están?, ¿en un laboratorio o en una universidad?

LAS CLASES

el laboratorio
laboratory

LOS LUGARES

la cafetería *cafeteria*
la librería *bookstore*
la residencia estudiantil *dormitory*
la universidad *university*

el estadio
stadium

la biblioteca
library

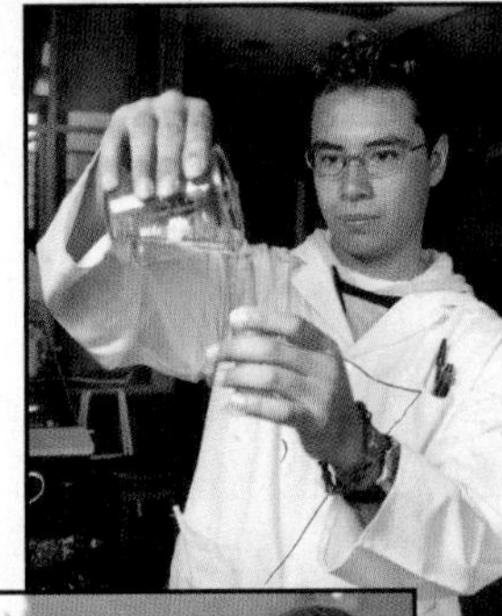

la química
chemistry

LOS CURSOS

la administración de empresas *business administration*
el arte *art*
la biología *biology*
la clase *class*
la contabilidad *accounting*
los cursos *courses*
el español *Spanish*
la física *physics*
la historia *history*
el inglés *English*
las lenguas extranjeras *foreign languages*
las matemáticas *mathematics*
el periodismo *journalism*
la psicología *psychology*
la sociología *sociology*

la computación
computer science

la geografía
geography

recursos

WB pp. 9–10	LM p. 7	SUPERSITE aventuras.vhlcentral.com Lección 2

EN LA CLASE

el reloj
clock; watch

el borrador *eraser*
el examen *test; exam*
el horario *schedule*
la mesa *table*
el papel *paper*
la pizarra *blackboard*
la pluma *pen*
la prueba *test; quiz*
la puerta *door*
el semestre *semester*
la silla *chair*
la tarea *homework*
la tiza *chalk*
el trimestre *trimester; quarter*
la ventana *window*

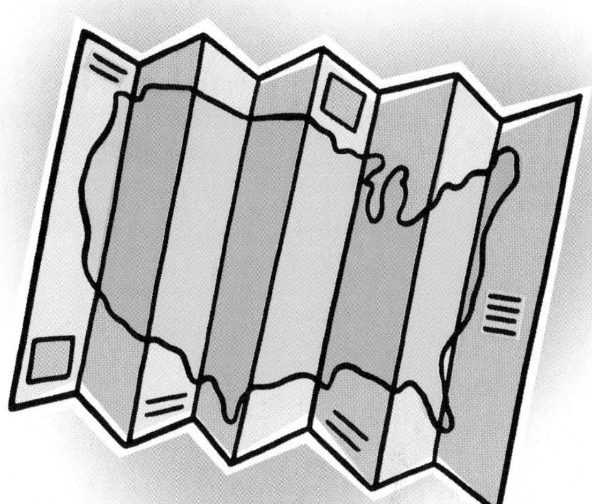

el mapa
map

el libro
book

Variación léxica
pluma ⟷ bolígrafo
pizarra ⟷ tablero (*Col.*)
tarea ⟷ asignación (*P. Rico*); deberes (*Esp., Arg.*)

el escritorio
desk

LAS PERSONAS

el profesor
teacher, professor

el/la compañero/a de clase *classmate*
el/la compañero/a de cuarto *roommate*
el/la estudiante *student*

LOS DÍAS DE LA SEMANA

lunes *Monday*
martes *Tuesday*
miércoles *Wednesday*
jueves *Thursday*
viernes *Friday*
sábado *Saturday*
domingo *Sunday*

el día *day*
la semana *week*

Hoy es... *Today is...*

A escuchar

1 Escuchar Listen to Professor Morales talk about her Spanish classroom, then check the items she mentions.

1. puerta	❑	7. sillas	❑
2. ventanas	❑	8. libros	❑
3. pizarra	❑	9. plumas	❑
4. borrador	❑	10. mochilas	❑
5. tiza	❑	11. papel	❑
6. escritorios	❑	12. reloj	❑

2 Mis clases Listen and fill in the calendar with María's class schedule. Then complete the sentences below.

María

	Estudiante		María	Semestre N° 1	
	lunes	**martes**	**miércoles**	**jueves**	**viernes**
AM					
PM					

1. Éste es el primer (*first*) __________ de María en la universidad.
2. Este semestre María toma cuatro __________.
3. La clase de __________ es el lunes a las diez y media de la mañana.
4. La clase de __________ es el martes a las dos y quince de la tarde.
5. La clase de periodismo es el __________ a las once de la mañana.
6. La clase de __________ es el jueves a las tres y media de la tarde.
7. María estudia (*studies*) en la __________ los viernes.

recursos

aventuras.vhlcentral.com
Lección 2

A practicar

3 **Clasificar** Indicate to which category each word belongs: **Persona**, **Objeto**, **Curso**, or **Lugar** (*place*).

	Persona	Objeto	Curso	Lugar
1. el periodismo	____	____	____	____
2. la residencia estudiantil	____	____	____	____
3. la estudiante	____	____	____	____
4. el estadio	____	____	____	____
5. la tiza	____	____	____	____
6. la contabilidad	____	____	____	____
7. la pluma	____	____	____	____
8. la compañera de clase	____	____	____	____

4 **Analogías** Use these words to complete the analogies. Five words will not be used.

1. dos ⟷ cuatro ⊜ martes ⟷ __________
2. hoy ⟷ mañana ⊜ viernes ⟷ __________
3. EE.UU. ⟷ mapa ⊜ hora ⟷ __________
4. inglés ⟷ lengua ⊜ miércoles ⟷ __________
5. maleta ⟷ pasajero/a ⊜ mochila ⟷ __________
6. pluma ⟷ papel ⊜ tiza ⟷ __________
7. papel ⟷ cuaderno ⊜ libro ⟷ __________

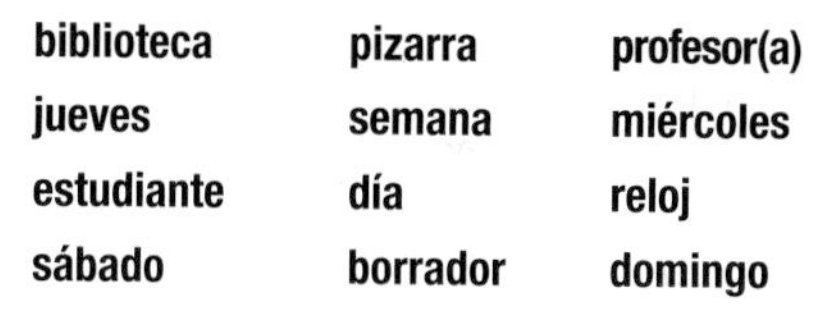

biblioteca	**pizarra**	**profesor(a)**
jueves	**semana**	**miércoles**
estudiante	**día**	**reloj**
sábado	**borrador**	**domingo**

5 **Cursos** What is the subject matter of each class?

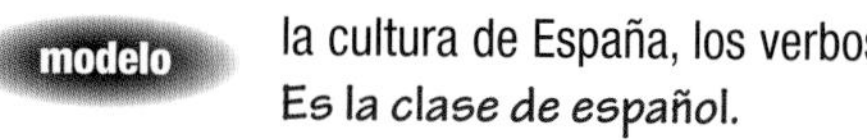

modelo la cultura de España, los verbos
Es la clase de español.

1. los microbios, los animales
____
2. George Washington, Martin Luther King, Jr.
____
3. la geometría, la trigonometría
____
4. Frida Kahlo, Leonardo da Vinci
____
5. África, el río Amazonas
____
6. Freud, Jung
____

Frida Kahlo, famosa pintora (*painter*) mexicana.

El río Amazonas, en América del Sur.

A conversar

6 Horario Create your own class schedule like the one below. Then discuss it with a classmate.

Manuel Domínguez

Estudiante	Manuel Domínguez		Semestre N° 1	
lunes	**martes**	**miércoles**	**jueves**	**viernes**
8:30 biología Profesora Morales		**8:30 biología**		**8:30 biología**
10:15 inglés Profesor Herrera	**9:45 historia** Profesora Cortés	**10:15 inglés**	**9:45 historia**	**10:15 inglés**
	12:45 psicología Profesor Blanco	**1:15 arte** Profesor Pérez	**12:45 psicología**	**1:15 arte**
3:30 laboratorio (biología)				
4:30 discusión (historia) biblioteca				

modelo

Estudiante 1: ¿Cuándo tomas (*when do you take*) biología?
Estudiante 2: Los lunes, miércoles y viernes tomo (*I take*) biología a las ocho y media de la mañana.
Estudiante 1: ¿Quién es el profesor?
Estudiante 2: Es la profesora Morales.

7 Entrevistas Use these questions to interview two classmates.

1. ¿Cómo te llamas?
2. ¿Cómo estás hoy?
3. ¿De dónde eres?
4. ¿Cuántas clases tomas?
5. ¿Cuándo tomas…?
6. ¿A qué hora es la clase de…?
7. ¿Quién es el/la profesor(a)?
8. ¿Cuál (*Which*) es tu clase favorita?

8 Nuevos amigos You meet a new student in the cafeteria. Have a conversation, using these guidelines.

- Greet your new acquaintance.
- Find out how he or she is doing.
- Ask where he or she is from.
- Compare class schedules.
- Say goodbye.

Pronunciación

Spanish vowels

a **e** **i** **o** **u**

Spanish vowels are never silent; they are always pronounced in a short, crisp way without the glide sounds used in English.

Álex	**clase**	**nada**	**encantada**

The letter **a** is pronounced like the *a* in *father,* but shorter.

el	**ene**	**mesa**	**elefante**

The letter **e** is pronounced like the *e* in *they*, but shorter.

Inés	**chica**	**tiza**	**señorita**

The letter **i** sounds like the *ee* in *beet,* but shorter.

hola	**con**	**libro**	**don Francisco**

The letter **o** is pronounced like the *o* in *tone*, but shorter.

uno	**regular**	**saludos**	**gusto**

The letter **u** sounds like the *oo* in *room,* but shorter.

Práctica Practice the vowels by saying the names of these places in Spain.

1. Madrid
2. Alicante
3. Tenerife
4. Toledo
5. Barcelona
6. Granada
7. Burgos
8. La Coruña

Oraciones Read the sentences aloud, focusing on the vowels.

1. Hola. Me llamo Ramiro Morgado.
2. Estudio arte en la Universidad de Salamanca.
3. Tomo también (*also*) literatura y contabilidad.
4. Ay, tengo clase en cinco minutos. ¡Nos vemos!

Refranes Practice the vowels by reading these sayings aloud.

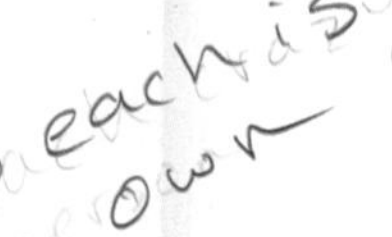

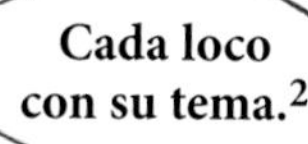

Cada loco con su tema.[2]
Del dicho al hecho hay un gran trecho.[1]

recursos

LM p. 8	aventuras.vhlcentral.com Lección 2

1 Easier said than done.
2 To each his own.

¿Qué clases tomas?

SUPERSITE

Maite, Inés, Javier y Álex hablan de las clases.

PERSONAJES

JAVIER

INÉS

ÁLEX

MAITE

ÁLEX Hola Ricardo… Aquí estamos en la Mitad del Mundo. ¿Qué tal las clases en la UNAM?

MAITE Es exactamente como las fotos en los libros de geografía.
INÉS ¡Sí! ¿También tomas tú geografía?
MAITE Yo no. Yo tomo inglés y literatura. También tomo una clase de periodismo.

MAITE Muy buenos días. María Teresa Fuentes, de Radio Andina FM 93. Hoy estoy con estudiantes de la Universidad San Francisco de Quito. ¡A ver! La señorita que está cerca de la ventana… ¿Cómo te llamas y de dónde eres?

MAITE ¿En qué clase hay más chicos?
INÉS Bueno, eh… en la clase de historia.
MAITE ¿Y más chicas?
INÉS En la de sociología hay más chicas, casi un ochenta y cinco por ciento.

MAITE Y tú, joven, ¿cómo te llamas y de dónde eres?
JAVIER Me llamo Javier Gómez y soy de San Juan, Puerto Rico.
MAITE ¿Tomas muchas clases este semestre?
JAVIER Sí, tomo tres: historia y arte los lunes, miércoles y viernes, y computación los martes y jueves.

MAITE ¿Te gustan las computadoras, Javier?
JAVIER No me gustan nada. Me gusta mucho más el arte… y, sobre todo, me gusta dibujar.
ÁLEX ¿Cómo que no? ¿No te gustan las computadoras?

ACTIVIDADES

1 ¿Quién? Indicate to whom each statement refers.

1. ________ es estudiante de periodismo.
2. ________ toma sociología, geografía, inglés, historia y arte.
3. ________ toma periodismo, inglés y literatura en la universidad.
4. ________ toma tres clases este semestre.
5. ________ estudia mucho.
6. ________ toma historia y arte los lunes, miércoles y viernes.

2 Completar These sentences are similar to things said in the **Aventuras** episode. Complete each sentence with the correct word(s).

1. Maite, Javier, Inés y yo estamos en ________.
2. Hay fotos de Ecuador en los libros de ________.
3. Me llamo Maite. Estoy con estudiantes de ________.
4. Hay muchos chicos en ________.
5. No me gustan las computadoras. Me gusta más ________.

to remeber

Para recordar **Before watching this episode of the Fotonovela, review the previous one. What do you remember?**

1. ¿Quiénes son Maite, Inés, Javier y Álex?
2. ¿Cómo se llama el conductor?
3. ¿Quiénes son del Ecuador?
4. ¿De dónde es Maite? ¿Y Álex? ¿Y Javier?

INÉS Hola. Me llamo Inés Ayala Loor y soy del Ecuador, de Portoviejo.
MAITE Encantada. ¿Qué clases tomas en la universidad?
INÉS Tomo geografía, inglés, historia, sociología y arte.

MAITE Tomas muchas clases, ¿no?
INÉS Pues sí, me gusta estudiar mucho.

ÁLEX Pero si son muy interesantes, hombre.

JAVIER Sí, ¡muy interesantes!

Expresiones útiles

Talking about classes

¿Qué tal las clases en la UNAM?
How are classes going at UNAM?
Tomas muchas clases, ¿no?
You're taking lots of classes, aren't you?
Pues sí.
Well, yes.
¿En qué clase hay más chicos?
In which class are there more guys?
En la clase de historia.
In history class.

Talking about likes/dislikes

¿Te gusta estudiar?
Do you like to study?
Sí, me gusta mucho. Pero también me gusta mirar la televisión.
Yes, I like it a lot. But I also like to watch television.
¿Te gustan las computadoras?
Do you like computers?
Sí, me gustan muchísimo.
Yes, I like them very much.
No, no me gustan nada.
No, I don't like them at all.

Talking about location

Aquí estamos en...
Here we are at/in...
¿Dónde está la señorita?
Where is the young woman?
Está cerca de la ventana.
She's near the window.

Expressing hesitation

A ver... *Let's see...*
Bueno... *Well...*

3 Entrevista Imagine that Maite is interviewing Álex. Answer these questions as if you were Álex.

1. ¿Dónde estudias, en la UNAM o en la Universidad San Francisco de Quito?
2. ¿Qué clases tomas?
3. ¿Cuál (*Which*) es tu clase favorita?
4. ¿Te gusta estudiar?
5. ¿Te gustan las computadoras?

4 Conversar In pairs, use these guidelines to have a conversation.

- Greet each other.
- Ask each other where you are from.
- Find out what each of you likes to study.
- Find out which classes each of you likes and dislikes.
- Say goodbye.

BAJO LA LUPA

La elección de una carrera universitaria

Since higher education in the Spanish-speaking world is heavily state-subsidized, tuition is almost free; as a result, public universities see large enrollments. Spanish and Latin American students generally choose their **carrera universitaria** (major) when they're eighteen—which is the year they enter the university or the year before. In order to enroll, all students must complete a high school degree, known as the **bachillerato**. In countries like Bolivia, Mexico, and Peru, the last year of high school (**colegio***) tends to be specialized in an area of study, such as the arts or natural sciences.

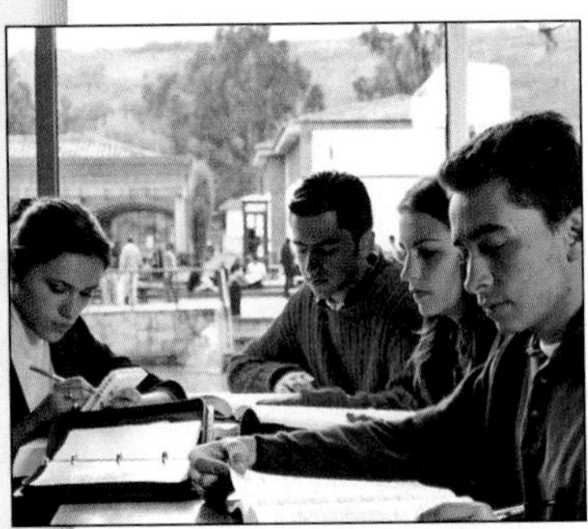

Students then choose their major according to their area of specialization. Similarly, university-bound students in Argentina follow the **polimodal** track during the last three years of high school. **Polimodal** refers to exposure to various disciplines, such as business, social sciences, or design; based on this coursework, Argentine students choose their **carrera**. Finally, in Spain, students choose their major according to the score they receive on the **prueba de aptitud** (skills test or entrance exam).

Universidad Central de Venezuela en Caracas

University graduates receive a **licenciatura**, or bachelor's degree. In Argentina or Chile, a **licenciatura** takes four to six years to complete, and may be considered equivalent to a master's degree. In Peru and Venezuela, a bachelor's degree is a five-year process. Spanish and Colombian **licenciaturas** take four to five years, although some fields, such as medicine, require six or more.

Estudiantes hispanos en los EE.UU.

Spanis speaking students

In the 2004–05 academic year, over 13,000 Mexican students (2.3% of all international students) studied at U.S. universities. Colombians were the second largest Spanish-speaking group, with over 7,000 students.

* **¡Ojo! El colegio** is a false cognate. In most countries, it means *high school*, but in some regions it refers to an elementary school. All undergraduate study takes place at **la universidad.**

ACTIVIDADES

1 ¿Cierto o falso? Indicate whether these statements are **cierto** or **falso**. Correct the false statements.

1. Students in Spanish-speaking countries must pay large amounts of money toward their college tuition.
2. **Carrera** refers to any undergraduate and/or graduate program students enroll in order to obtain a professional degree.
3. After studying at a **colegio**, students receive their **bachillerato**.
4. Undergraduates study at a **colegio** or an **universidad**.
5. In Latin America and Spain, students usually choose their majors in their second year at the university.
6. The **polimodal** system helps students choose their university major.
7. In Mexico, the **bachillerato** involves specialized study.
8. In Spain, majors depend on entrance exam scores.
9. Venezuelans complete a **licenciatura** in five years.
10. According to statistics, Colombians constitute the third largest Latin American group studying at the US universities.

ASÍ SE DICE

Clases y exámenes

aprobar	*to pass*
la asignatura (Esp.)	**la clase, el curso**
la clase anual	*year-long course*
el examen parcial	*midterm exam*
la facultad	*department, school*
la investigación	*research*
reprobar; suspender (Esp.)	*to fail*
sacar buenas/ malas notas	*to get good/ bad grades*
tomar apuntes	*to take notes*

CONEXIÓN INTERNET

What do **UNAM** and **Universidad Virtual** have in common? Go to **aventuras.vhlcentral.com** to find out and to access these components.

- the **Flash Cultura** video
- more activities
- additional reading: **Universidad Virtual**

2 **Saludos** In pairs, research a Spanish or Latin American university online and find five statistics about that institution. Using this information, create a dialogue between a prospective student and a university representative.

recursos

VM pp. 229–230 | aventuras.vhlcentral.com Lección 2

Los estudios

1 **Preparación** What is the name of your school or university? What degree program are you in? What classes are you taking this semester?

2 **El video** Watch this **Flash Cultura** episode.

Vocabulario

¿Qué estudias? *What do you study?*
¿Cuál es tu materia favorita? *What is your favorite subject?*
carrera (de medicina) *(medical) degree program, major*
derecho *law*

Estudio derecho en la UNAM.

¿Conoces algún° profesor famoso que dé clases... en la UNAM?

¿Conoces algún...? *Do you know any...?*

3 **Emparejar** Match the phrases in column A to each sentence in column B.

1. Los estudiantes de la UNAM no viven (*live*)
2. México, D.F. es
3. La UNAM es
4. La UNAM ofrece

a. una universidad muy grande.
b. 74 carreras de estudio.
c. en residencias estudiantiles.
d. la ciudad más grande (*biggest*) de Latinoamérica.

2.1 The present tense of regular -ar verbs

- To create the forms of regular verbs, drop the infinitive endings (**–ar, –er, –ir**). Then add the endings of the different subject pronouns. The chart below demonstrates how to conjugate regular **–ar** verbs.

estudiar (*to study*)

yo	estudi**o**	*I study*
tú	estudi**as**	*you (fam.) study*
Ud./él/ella	estudi**a**	*you (form.) study; he/she studies*
nosotros/as	estudi**amos**	*we study*
vosotros/as	estudi**áis**	*you (pl.) study*
Uds./ellos/ellas	estudi**an**	*you (pl.)/they study*

¿Tomas muchas clases este semestre?

Sí, tomo tres.

Common *-ar* verbs

bailar	*to dance*	explicar	*to explain*
buscar	*to look for*	hablar	*to talk; to speak*
caminar	*to walk*	llegar	*to arrive*
cantar	*to sing*	llevar	*to carry*
comprar	*to buy*	mirar	*to look (at); to watch*
contestar	*to answer*	necesitar	*to need*
conversar	*to talk*	practicar	*to practice*
descansar	*to rest*	preguntar	*to ask (a question)*
desear	*to want; to wish*	preparar	*to prepare*
dibujar	*to draw*	regresar	*to return*
enseñar	*to teach*	terminar	*to end; to finish*
escuchar	*to listen*	tomar	*to take; to drink*
esperar	*to wait (for); to hope*	trabajar	*to work*
estudiar	*to study*	viajar	*to travel*

- The Spanish present tense has several meanings in English. Note the following examples.

Ana **trabaja** en la cafetería.
Ana works in the cafeteria.
Ana is working in the cafeteria.
Ana does work in the cafeteria.

Paco **viaja** a Madrid mañana.
Paco travels to Madrid tomorrow.
Paco is traveling to Madrid tomorrow.
Paco does travel to Madrid tomorrow.

Práctica

1 Completar Complete the conversation with the appropriate forms of the verbs.

Juan

Linda

JUAN ¡Hola, Linda! ¿Qué tal las clases?
LINDA Bien. (1) __________ [tomar] tres clases: química, biología y computación. Y tú, ¿cuántas clases (2) __________ [tomar]?
JUAN (3) __________ [tomar] cuatro: sociología, biología, arte y literatura. Yo (4) __________ [tomar] biología a las cuatro. ¿Y tú?
LINDA Lily, Alberto y yo (5) __________ [tomar] biología a las diez.
JUAN ¿ (6) __________ [estudiar] ustedes mucho?
LINDA Sí, porque (*because*) hay muchos exámenes. Alberto y yo (7) __________ [estudiar] dos horas juntos todos los días (*together every day*).
JUAN ¿Lily no (8) __________ [estudiar] con ustedes?
LINDA No, ella (9) __________ [estudiar] con su novio (*boyfriend*), Arturo.

2 ¿Te gusta... ? Get together with a classmate and take turns asking each other if you like these activities.

¿Te gusta... ? *Do you like... ?*	**Sí, me gusta.../No, no me gusta...** *Yes, I like.../No, I don't like...*

Estudiante 1: *¿Te gusta dibujar?*
Estudiante 2: *Sí, me gusta dibujar. / No, no me gusta dibujar.*

	Sí	No
la universidad	___	___
cantar	___	___
la historia	___	___
la computación	___	___
los exámenes	___	___
trabajar	___	___
las lenguas extranjeras	___	___

Conversación

3 **Describir** With a partner, describe what the people in the photos are doing.

Manuela baila.

Manuela

Héctor

1. ____________

Ernesto

2. ____________

Mariana y Tina

3. ____________

Mario y Celia

4. ____________

4 **Entrevista** Use these questions to interview a classmate.

1. ¿Qué clases tomas?
2. ¿Caminas a tus clases?
3. ¿A qué hora termina la clase de español?
4. ¿Cuántas lenguas hablas?
5. ¿Dónde estudias?
6. ¿Necesitas estudiar hoy para un examen?
7. ¿Miras mucho la televisión? ¿Qué programas te gustan?
8. ¿Te gusta viajar? ¿Deseas viajar a Sudamérica?
9. ¿Te gusta bailar? ¿Bailas salsa?
10. ¿Te gusta conversar con tus amigos? ¿Conversan ustedes en español?

Using verbs in Spanish

- When two verbs are used together with no change of subject, the second verb is generally in the infinitive.

Deseo hablar con Maite. *I want to speak with Maite.*	**Necesito comprar** lápices. *I need to buy pencils.*

- To make a sentence negative, use **no** before the conjugated verb.

Yo **no** miro la televisión. *I don't watch television.*	Ella **no** desea bailar. *She doesn't want to dance.*

- Pronouns are often omitted, the verb endings indicate who the subject is. They may, however, be used for clarification or for emphasis.

—¿Qué enseñan? *What do they teach?*	—**Él** enseña arte y **ella** enseña química. *He teaches art and she teaches chemistry.*
—¿Quién desea trabajar hoy? *Who wants to work today?*	—**Yo** no deseo trabajar. *I don't want to work.*

The verb gustar

- The verb **gustar**, which is used to express likes and dislikes, is used differently from other **–ar** verbs. The most commonly used forms are **gusta** and **gustan**.

Me gusta el francés. *I like French.*	**Me gustan** las matemáticas. *I like math.*

- To say what you like or to ask what someone likes, use **me** or **te** with **gusta** or **gustan**. A singular noun or an infinitive follows **gusta**; a plural noun follows **gustan**. To say what you don't like, insert **no** before **me** or **te**.

¿**Te gusta** bailar salsa? *Do you like to dance salsa?*	Sí, **me gusta** bailar salsa. *Yes, I like to dance salsa.*
¿**Te gusta** la biología? *Do you like biology?*	No, no **me gusta** la biología. *No, I don't like biology.*
¿**Te gustan** las clases este semestre? *Do you like your classes this semester?*	Sí, **me gustan** las clases este semestre. *Yes, I like my classes this semester.*

¡Manos a la obra!

Provide the present-tense forms of the verbs.

1. ¿A qué hora __regresan__ [regresar] ustedes?
2. Yo __________ [hablar] español.
3. Elena y yo __________ [estudiar] mucho.
4. Me __________ [gustar] bailar música electrónica.
5. Tú no __________ [trabajar] en la cafetería.
6. Ellos __________ [cantar] muy bien.

2.2 Forming questions in Spanish

SUPERSITE

- You can form a question by raising the pitch of your voice at the end of a sentence. Be sure to use an upside-down question mark (**¿**) at the beginning of a question and a regular question mark (**?**) at the end.

¿Dibujas mucho?

Las computadoras son muy interesantes, ¿no?

Statement	Question
Ustedes trabajan los sábados. *You work on Saturdays.*	¿Ustedes trabajan los sábados? *Do you work on Saturdays?*
Miguel busca un mapa. *Miguel is looking for a map.*	¿Miguel busca un mapa? *Is Miguel looking for a map?*

- You can also form a question by putting the subject after the verb. The subject may even be placed at the end of the sentence.

Statement	Question
SUBJECT VERB **Ustedes trabajan** los sábados. *You work on Saturdays.*	VERB SUBJECT **¿Trabajan ustedes** los sábados? *Do you work on Saturdays?*
SUBJECT VERB **Carlota regresa** a las seis. *Carlota returns at six.*	VERB SUBJECT **¿Regresa** a las seis **Carlota?** *Does Carlota return at six?*
SUBJECT VERB **La clase termina** a las cinco. *The class ends at five.*	VERB SUBJECT **¿Termina** a las cinco **la clase?** *Does the class end at five?*

- Questions can also be formed by adding **¿no?** or **¿verdad?** at the end of a statement. With negative statements, you may only add **¿verdad?**

Statement	Question
Ustedes trabajan los sábados. *You work on Saturdays.*	Ustedes trabajan los sábados, **¿no?** *You work on Saturdays, don't you?*
Carlota regresa a las seis. *Carlota returns at six.*	Carlota regresa a las seis, **¿verdad?** *Carlota returns at six, right?*
Tú **no** tomas biología. *You don't take biology.*	Tú **no** tomas biología **¿verdad?** *You don't take biology, right?*

Práctica

1 Una conversación Irene and Manolo are chatting (quietly!) in the library. Complete their conversation with the appropriate questions.

IRENE (1) ________________
MANOLO Bien, gracias. (2) ________________
IRENE Muy bien. (3) ________________
MANOLO Son las nueve.
IRENE (4) ________________
MANOLO Estudio historia.
IRENE (5) ________________
MANOLO Porque hay un examen mañana.
IRENE (6) ________________
MANOLO Sí, me gusta mucho la clase.
IRENE (7) ________________
MANOLO El profesor Padilla enseña la clase.
IRENE (8) ________________
MANOLO No, no tomo psicología este semestre.

2 En el centro estudiantil Use the cues to ask questions about what's going on at the student center.

modelo

Ernesto / estudiar español
¿Estudia Ernesto español? / ¿Estudia español Ernesto?

1. Sandra / hablar con su compañera de cuarto
____
2. La profesora Soto / buscar unos libros
____
3. Tú / preparar la tarea
____
4. Ustedes / trabajar en la cafetería
____
5. Los chicos / escuchar música por la radio
____

Conversación

3 Encuesta Change the phrases in the first column into questions and use them to survey two or three classmates. Then report the results of your survey to the class.

Actividades	Nombres
1. Estudiar contabilidad	______
2. Tomar una clase de sociología	______
3. Dibujar bien	______
4. Cantar bien	______
5. Bailar rap	______
6. Escuchar música en un *iPod*	______
7. Necesitar comprar un reloj	______
8. Tomar el autobús a la escuela	______
9. Llevar una mochila a clase	______
10. Desear viajar a España	______

4 Entrevista Imagine that you are a reporter for the school newspaper. Use these questions and write three of your own to interview a classmate about student life.

1. ¿Dónde estudias? ¿Cuándo?
2. ¿Quién es tu profesor(a) favorito/a?
3. ¿Cuántas clases tomas?
4. ¿Necesitas estudiar más (*more*)?
5. ¿Cómo llegas a la escuela?
6. ¿Trabajas? ¿Dónde?
7. ¿Cuál es tu día favorito de la semana? ¿Por qué?
8. ¿______________________?
9. ¿______________________?
10. ¿______________________?

Interrogative words

▸ These interrogative words are used to form questions in Spanish.

Interrogative words

¿Cómo?	*How?*	¿De dónde?	*From where?*
¿Cuál?, ¿Cuáles?	*Which?; Which one(s)?*	¿Por qué?	*Why?*
¿Cuándo?	*When?*	¿Cuánto/a?	*How much?*
¿Qué?	*What?; Which?*	¿Cuántos/as?	*How many?*
¿Dónde?	*Where?*	¿Quién?	*Who?*
¿Adónde?	*Where (to)?*	¿Quiénes?	*Who (plural)?*

▸ Use interrogative words in questions that require more than a *yes* or *no* answer. Interrogative words always carry a written accent mark.

¿Cuándo descansan ustedes?
When do you rest?

¿Adónde caminamos?
Where are we walking to?

¿Qué clases tomas?
What classes are you taking?

¿De dónde son ellos?
Where are they from?

▸ In questions that contain interrogative words, the pitch of your voice falls at the end of the sentence.

¿Cómo llegas a la escuela?
How do you get to school?

¿Por qué necesitas estudiar?
Why do you need to study?

¡Manos a la obra!

Make questions out of these statements. Use intonation in column 1 and the tag **¿no?** in column 2.

Statement	Intonation	¿no?
1. Hablas inglés.	¿Hablas inglés?	Hablas inglés, ¿no?
2. Trabajamos mañana.	______	______
3. Ustedes desean bailar.	______	______
4. Usted estudia mucho.	______	______
5. Enseño a las nueve.	______	______
6. Luz mira la televisión.	______	______
7. Los chicos descansan.	______	______
8. Tú preparas la prueba.	______	______
9. Tomamos el autobús.	______	______
10. Necesito una pluma.	______	______

2.3 The present tense of estar

- In Lesson 1, you learned how to conjugate and use the verb **ser** (*to be*). Spanish has a second verb which means *to be*, the verb **estar**.
- Although **estar** ends in **–ar**, it does not follow the pattern of regular **–ar** verbs. The **yo** form (**estoy**) is irregular. Also, all forms but the **yo** and **nosotros/as** forms have an accented **á**. As you will see, **ser** and **estar** are used in different ways.

estar (*to be*)

yo	estoy	*I am*
tú	estás	*you (fam.) are*
Ud./él/ella	está	*you (form.) are; he/she is*
nosotros/as	estamos	*we are*
vosotros/as	estáis	*you (pl.) are*
Uds./ellos/ellas	están	*you (pl.)/they are*

Hola, Ricardo.
Aquí estamos en
la Mitad del Mundo.

Hoy estoy con
estudiantes de la
universidad.

Uses of *estar* and *ser*

Uses of estar

LOCATION

Estoy en el Ecuador.
I am in Ecuador.
Inés está al lado de Javier.
Inés is next to Javier.

HEALTH

Álex está enfermo hoy.
Álex is sick today.

WELL-BEING

¿Cómo estás, Maite?
How are you, Maite?
Estoy muy bien, gracias.
I'm very well, thank you.

Uses of ser

IDENTITY

Hola, soy Maite.
Hello, I'm Maite.

OCCUPATION

Soy estudiante.
I'm a student.

ORIGINS

¿Eres de España?
Are you from Spain?
Sí, soy de España.
Yes, I'm from Spain.

TELLING TIME

Son las cuatro.
It's four o'clock.

Práctica

1 Completar Complete this phone conversation between Daniela and her mother with the correct forms of **ser** or **estar**.

MAMÁ Hola, Daniela. ¿Cómo (1) ________?
DANIELA Hola, mamá. (2) ________ bien. ¿Dónde (3) ________ papá? ¡Ya (*already*) (4) ________ las ocho de la noche!
MAMÁ No (5) ________ aquí. (6) ________ en la oficina.
DANIELA Y Andrés y Margarita, ¿dónde (7) ________ ellos?
MAMÁ (8) ________ en el restaurante García con Martín.
DANIELA ¿Quién (9) ________ Martín?
MAMÁ (10) ________ un compañero de clase. (11) ________ de México.
DANIELA Y el restaurante García, ¿dónde (12) ________?
MAMÁ (13) ________ cerca de la Plaza Mayor, en San Modesto.
DANIELA Gracias, mamá. Voy (*I'm going*) al restaurante. ¡Hasta pronto!

2 En la librería Imagine that you are in the school bookstore and can't find various items. Ask the clerk (your partner) where the items in the drawing are located.

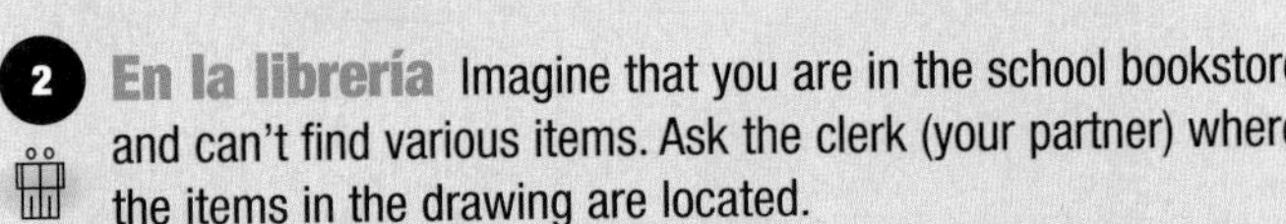

Estudiante 1: ¿Dónde están las mochilas?
Estudiante 2: Las mochilas están debajo de las computadoras.

Conversación

3 **¿Dónde estás... ?** Find out where your partner is at these times.

1. ¿Dónde estás los viernes al mediodía?
2. ¿Dónde estás los miércoles a las nueve y cuarto de la mañana?
3. ¿Dónde estás los lunes a las once y diez de la mañana?
4. ¿Dónde estás los jueves a las doce y media de la tarde?
5. ¿Dónde estás los viernes a las dos y veinticinco de la tarde?
6. ¿Dónde estás los martes a las cuatro menos diez de la tarde?
7. ¿Dónde estás los jueves a las seis menos cuarto de la tarde?
8. ¿Dónde estás los miércoles a las ocho y veinte de la noche?

4 **La ciudad universitaria** You and your partner are at the **Facultad de Bellas Artes** (*School of Fine Arts*). Take turns asking each other where other buildings on the campus map are located.

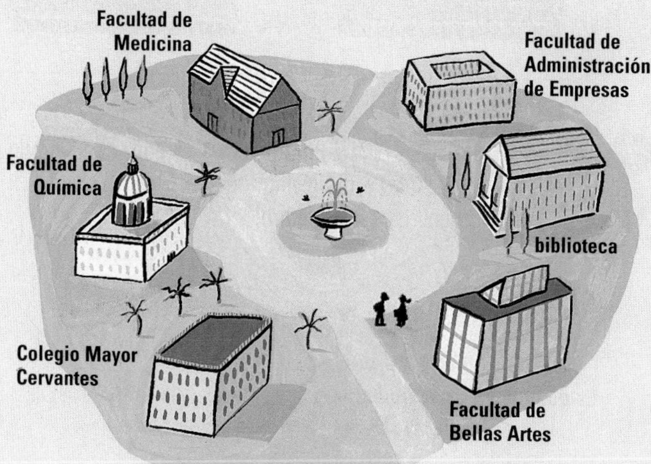

1. ¿Está lejos la biblioteca de la Facultad (*school*) de Bellas Artes?
2. ¿Dónde está la Facultad de Medicina?
3. ¿Está la Facultad de Administración de Empresas a la derecha de la biblioteca?
4. ¿Dónde está el Colegio Mayor Cervantes?
5. ¿Está la Facultad de Administración de Empresas detrás del Colegio Mayor Cervantes?
6. ¿Dónde está la Facultad de Química?

Estar with prepositions of locations

▸ **Estar** is often used with certain prepositions to describe the location of a person or an object.

Prepositions of location

al lado de	*next to; beside*	delante de	*in front of*
a la derecha de	*to the right of*	detrás de	*behind*
a la izquierda de	*to the left of*	encima de	*on top of*
en	*in; on; at*	entre	*between; among*
cerca de	*near*	lejos de	*far from*
con	*with*	sobre	*on; over*
debajo de	*below; under*		

¡A ver!
La señorita que está cerca de la ventana...

Aquí estoy con cuatro estudiantes de la universidad... ¡Qué aventura!

La cafetería está **al lado de** la biblioteca.
The cafeteria is beside the library.

Los libros están **encima del** escritorio.
The books are on top of the desk.

El laboratorio está **cerca de** la clase.
The lab is near the classroom.

Maribel está **delante de** José.
Maribel is in front of José.

El estadio no está **lejos de** la librería.
The stadium isn't far from the bookstore.

Estamos **entre** la puerta y la ventana..
We are between the door and the window.

Juan está **en** la biblioteca.
Juan is at the library.

El libro está **sobre** la mesa.
The book is on the table.

¡Manos a la obra!

Provide the present-tense forms of **estar**.

1. Uds. ________ en la clase.
2. José ________ en la biblioteca.
3. Yo ________ en el estadio.
4. Nosotras ________ en la cafetería.
5. Tú ________ en el laboratorio.
6. Elena ________ en la librería.
7. Ellas ________ en la clase.
8. Ana y yo ________ en la clase.
9. Ud. ________ en la biblioteca.
10. Javier y Maribel ________ en el estadio.
11. Nosotros ________ en la clase.
12. Yo ________ en el laboratorio.
13. Carmen y María ________ en la librería.
14. Tú ________ en la clase.

2.4 Numbers 31–100

Numbers 31–100

31 treinta y uno	37 treinta y siete	50 cincuenta
32 treinta y dos	38 treinta y ocho	60 sesenta
33 treinta y tres	39 treinta y nueve	70 setenta
34 treinta y cuatro	40 cuarenta	80 ochenta
35 treinta y cinco	41 cuarenta y uno	90 noventa
36 treinta y seis	42 cuarenta y dos	100 cien

- The word **y** is used in most numbers from **31** through **99**.

Hay **ochenta y cinco** exámenes.
There are eighty-five exams.

Hay **cuarenta y dos** estudiantes.
There are forty-two students.

- With numbers that end in **uno** (31, 41, etc.), **uno** becomes **un** before a masculine noun and **una** before a feminine noun.

Hay **treinta y un** chicos.
There are thirty-one guys.

Hay **treinta y una** chicas.
There are thirty-one girls.

- **Cien** is used before nouns and in counting. The words **un**, **una**, and **uno** are never used before **cien** in Spanish.

—¿Cuántos libros hay?
How many books are there?

—Hay **cien** libros.
There are one hundred books.

—¿Cuántas sillas hay?
How many chairs are there?

—Hay **cien** sillas.
There are one hundred chairs.

---

por ciento *percent*

¡Manos a la obra!

Provide the word form of each number.

a. **56** cincuenta y seis	f. **68** ________	k. **100** ________
b. **31** ________	g. **72** ________	l. **61** ________
c. **84** ________	h. **35** ________	m. **96** ________
d. **99** ________	i. **87** ________	n. **74** ________
e. **43** ________	j. **59** ________	ñ. **42** ________

Práctica

Baloncesto Provide these basketball scores in Spanish.

1. ________

2. ________

FLORIDA | FLORIDA STATE
100 | 92

3. ________

4. ________

STANFORD | UCLA
58 | 49

5. ________

6. ________

2 Números de teléfono Imagine that you are a telephone operator in Spain. Take turns giving the appropriate phone numbers when callers ask for them.

modelo

Estudiante 1: *¿Cuál es el número de teléfono de José Morales Ballesteros, por favor?*
Estudiante 2: *Es el noventa y uno, nueve, cuarenta y cuatro, sesenta y seis, sesenta y dos.*

122 MORALES – NAYA

Morales Ballesteros, José -Venerable Centenares, 22 ..... (91) 944-6662
Morales Benito, Francisco -Calle Flores, 16 ..... (91) 773-1216
Morales Borrego, Flora -Mayor, 51 ..... (91) 634-3211
Morales Calvo, Emilio -Villafuerte, 49 ..... (91) 472-2350
Morales Campos, María Josefa -Toledo, 35 ..... (91) 419-7660
Morales Cid, Pedro -Rosal, 98 ..... (91) 773-1382
Morales Conde, Ángel -Alameda, 67 ..... (91) 944-3915
Morales Crespo, José Pascual -Fernando de la Peña, 13 ..... (91) 634-7148
Morales de la Iglesia, Juliana -Buenavista, 80 ..... (91) 834-5238
Morales Fraile, Rosa -Avenida Solares, 74 ..... (91) 834-3371

Conversación

3 **Precios (*prices*)** With a partner, take turns asking how much the items in the ad cost.

modelo

Estudiante 1: *Deseo comprar papel. ¿Cuánto cuesta (does it cost)?*
Estudiante 2: *Un paquete cuesta cuatro dólares y cuarenta y un centavos.*

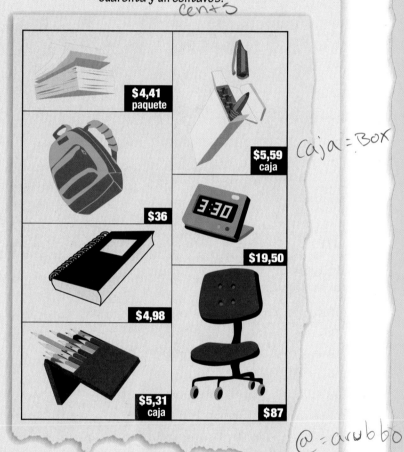

4 **Entrevista** Find out the telephone numbers and e-mail addresses of four classmates.

modelo

Estudiante 1: *¿Cuál es tu (your) número de teléfono?*
Estudiante 2: *Es el 6-35-19-51.*
Estudiante 1: *¿Y tu dirección de correo electrónico (e-mail address)?*
Estudiante 2: *Es jota-Smith-arroba (at)-pe-ele-punto-e-de-u. (jsmith@pl.edu).*

5 **¿A qué distancia...?** Your instructor will give you and your partner handouts so that you may complete this information gap activity.

Español en vivo

Below is the table of contents from a Latin American magazine.

CONTENIDO

59 Cuestionario
¿Dónde buscas amor?

62 Encuesta
Entrevistamos a 100 estudiantes de la universidad para preguntarles cuáles son los cursos más importantes para su futuro profesional.

74 Rock en Español
Conversamos con la cantante mexicana Paulina Rubio sobre su nuevo álbum.

Identificar

Identify in Spanish the numbers used in the above document.

Preguntas

1. ¿En qué página está la información sobre la familia?
2. ¿Con quién conversan en la página 74?
3. ¿En qué página buscas información sobre (*about*) tu futuro?

Repaso

For more practice, go to **aventuras.vhlcentral.com.**

2.1 The present tense of regular –ar verbs

1 **Completar** Complete the sentences with the appropriate forms of these verbs. Use each verb only once; there are two that you won't use.

buscar	mirar	terminar	trabajar
cantar	regresar	tomar	viajar

1. Ustedes __________ la clase de arte, ¿no?
2. El examen __________ a las diez.
3. ¿__________ (tú) la televisión todos los días?
4. Yo __________ un libro en la biblioteca.
5. Nosotros __________ mañana a Madrid.
6. Ellos __________ una canción (*song*) de Shakira.

2 **Combinar** Combine words from the columns to create sentences about yourself and these people.

modelo *El profesor no necesita explicar el examen.*

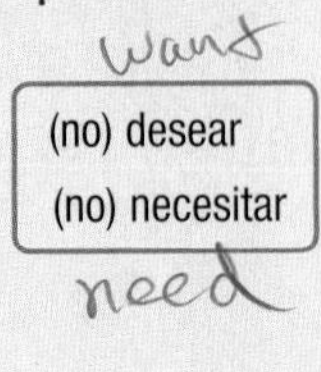

Yo	(no) desear	caminar	más
Mi (*My*) compañero/a	(no) necesitar	comprar	español
El/La profesor(a)		contestar	el examen
La clase		explicar	los libros
Nosotros		hablar	la lección 2
Los estudiantes		llegar	la tarea
		enseñar	en la clase
		practicar	¿?

2.2 Forming questions in Spanish

3 **Preguntas** Write questions for these answers using interrogative words.

1. —¿__________________ Patricia?
   —Patricia es de Ecuador.
2. —¿__________________ él?
   —Él es mi amigo (*friend*).
3. —¿__________________ (tú)?
   —Hablo dos lenguas extranjeras.
4. —¿__________________ (ustedes)?
   —Deseamos tomar dos cafés.

4 **¿Qué pasa?** Write at least five questions about this photo using interrogative words. Then, with a partner, take turns asking and answering each other's questions.

1. ______________________________
2. ______________________________
3. ______________________________
4. ______________________________
5. ______________________________

2.3 The present tense of estar

5 **Oraciones** Form sentences using the appropriate forms of **ser** or **estar** and the cues provided.

1. ¿De dónde / ustedes?
2. Nosotros / de Barcelona
3. ¿Por qué / ustedes / en El Escorial?
4. Nosotros / profesores / historia
5. Yo / doctor Ochoa / y él / profesor Mendoza
6. Nosotros / aquí para visitar / biblioteca
7. La biblioteca / izquierda, / ¿verdad?

6 **Entrevista** Use these questions to interview a classmate.

1. ¿Cómo estás hoy?
2. ¿Cómo está tu (*your*) compañero/a de cuarto?
3. ¿Dónde está tu compañero/a de cuarto ahora?
4. ¿Quién(es) no está(n) en la clase hoy?
5. ¿Cuándo es la prueba de la lección 2?
6. ¿Dónde están tus amigos (*friends*) ahora?
7. ¿Dónde está la cafetería? ¿Y la librería?
8. ¿Eres de los Estados Unidos?

2.4 Numbers 31–100

7 **Matemáticas** Solve these math problems.

+ más – menos = son

30 + 42 = Treinta más cuarenta y dos son setenta y dos.

1. **20 + 32 =** 52
2. **65 + 18 =** 80
3. **46 + 51 =** 97
4. **76 + 13 =** 89
5. **93 – 45 =** 48
6. **81 – 34 =** 47
7. **77 – 66 =** 11
8. **90 – 55 =** 35

8 **El clima** With a partner, take turns asking what the high and low temperatures are in these cities today.

modelo

Estudiante 1: ¿Cuál es la temperatura máxima en Managua?
Estudiante 2: Es ochenta y siete grados (*degrees*).
Estudiante 1: ¿Y cuál es la temperatura mínima?
Estudiante 2: Es sesenta y cuatro grados.

Ciudad	Máx. / Mín.	Ciudad	Máx. / Mín.
Santiago de Chile	37/24	San Salvador	78/62
Buenos Aires	73/51	Montevideo	55/41
La Paz	48/35	Managua	87/64
Ciudad de México	58/42	Bogotá	72/46
San José	80/69	Quito	63/50

Síntesis

9 **El Cuerpo de Paz (*The Peace Corps*)** In pairs, imagine that one of you is a supervisor in the Peace Corps and the other is a volunteer in Peru who wants to start an elementary school in a rural area. The supervisor wants some information about the project. Act out this situation, using these guidelines.

- Find out how many students there are. [31 students]
- Find out who the teacher is. [Sra. Ana Pelayo]
- Ask what furniture (*muebles*) and things she needs.
- Find out what courses she wants to teach.
- Find out if the school is located far from the town (*el pueblo*).

Videoclip

1 **Preparación** Think about occasions when you normally receive gifts. How do you let your family and friends know what you want? Do you usually get what you want?

2 **El clip** Watch the ad for **Jumbo** from Chile.

Vocabulario

ahorrar	*to save*	**quería pedirte**	*I wanted to ask you for*
Navidad	*Christmas*	**te preocupa**	*it worries you*

1 Quería pedirte...

2 ¿Cómo se escribe *mountain bike?*

3 **¿Qué hay?** For each item, write **sí** if it appears in the TV clip or **no** if it does not.

_____ 1. papelera
_____ 2. lápiz
_____ 3. mesa
_____ 4. computadora
_____ 5. diccionario
_____ 6. cuaderno
_____ 7. tiza
_____ 8. ventana

4 **¿Qué quieres?** Write a list of things that you want for your next birthday. Then read it to the class so they know what to get you. Use as much Spanish as you can.

CONEXIÓN INTERNET

Go to **aventuras.vhlcentral.com** to watch the television clip featured in this section.

Ampliación

1 Escuchar

A Listen to Armando and Julia's conversation. Then list the classes each person is taking.

TIP Listen for cognates. Cognates are words that have similar spellings and meanings in two or more languages. Listening for cognates will help you increase your comprehension.

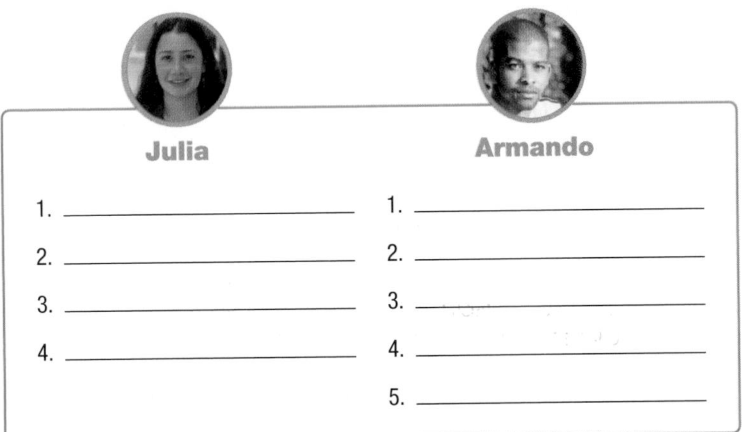

Julia	Armando
1. ______	1. ______
2. ______	2. ______
3. ______	3. ______
4. ______	4. ______
	5. ______

B ¿Cuántas clases toman Armando y Julia? ¿Cuántas clases tomas tú? ¿Qué clases te gustan y qué clases no te gustan?

2 Conversar

Greet a classmate, find out how he or she is, and get to know your classmate better by asking these questions.

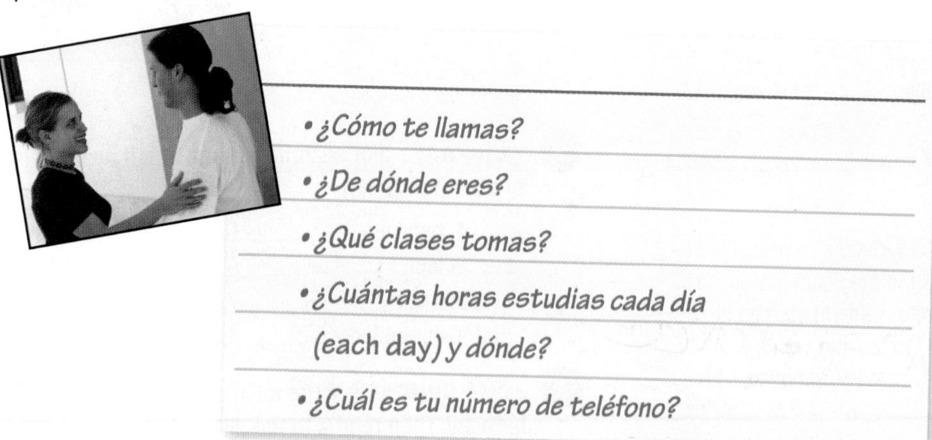

• ¿Cómo te llamas?
• ¿De dónde eres?
• ¿Qué clases tomas?
• ¿Cuántas horas estudias cada día (each day) y dónde?
• ¿Cuál es tu número de teléfono?

recursos

WB pp. 11–18	LM pp. 9–12	aventuras.vhlcentral.com Lección 2

Ampliación

3 Escribir

Write a description of yourself to post on a website in order to meet Spanish-speaking people.

 **TIP Brainstorm.** Spend ten to fifteen minutes jotting down ideas about the topic you are going to write about. The more ideas you write down, the more you'll have to choose from later when you start to organize your thoughts.

Organízalo Make a list of things you would like people to know about you, including your name, your major, where you go to school, what you're studying, where you work, and your likes and dislikes.

Escríbelo Using the material you have compiled, write the first draft of your description.

Corrígelo Exchange papers with a classmate and comment on the organization, style, and grammatical correctness of each other's work. Then revise your first draft, keeping your classmate's comments in mind.

Compártelo Read your descriptions aloud in small groups. Point out the three best features of each description.

4 Un paso más

Create a poster that will encourage students to study in a university in a Spanish-speaking country. The poster might include these elements:

- A title
- Photos of university locations
- A campus map
- A short summary of the university's programs
- Photos of the town where the university is located

 **CONEXIÓN INTERNET**

Investiga estos temas en el sitio aventuras.vhlcentral.com.

- Las universidades en España
- Las universidades en América Latina y en el Caribe

Antes de leer

Examina el texto

Recognizing the format of a document can help you to predict its content. For instance, invitations and classified ads follow an easily identifiable format, which usually gives you a general idea of the information they contain. Glance at the document on this page and identify it based on its format.

Cognados

With a classmate, make a list of cognates in the text and guess their English meanings. What do the cognates reveal about the content of the document?

Piénsalo

If you guessed that this text is a brochure from a university, you are correct. You can now infer that the document contains information on departments, courses, and the university campus.

UAM

LA MEJOR° UNIVERSIDAD DE EUROPA

Universidad Autónoma de Madrid

En el campus de la UAM hay ocho facultades:

- Ciencias
- Derecho°
- Medicina
- Psicología
- Filosofía y Letras
- Ciencias Económicas y Empresariales
- Escuela Técnica Superior de Computación
- Facultad° de Formación de Profesorado y Educación

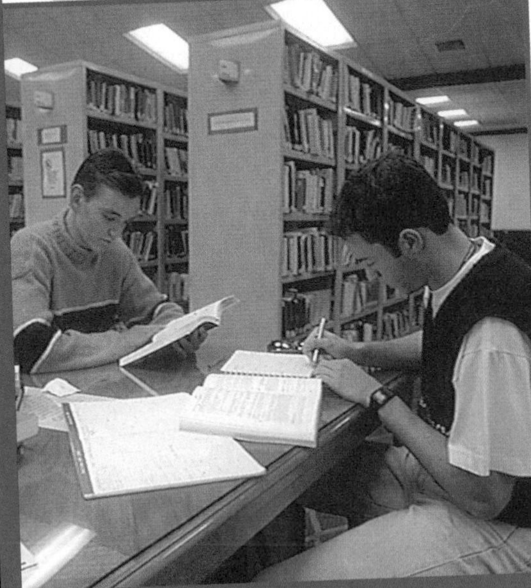

Toma cursos de:

▪ Antropología Aplicada° ▪ Microbiología ▪ Contabilidad ▪ Derecho Privado ▪ Ecología ▪ Economía General ▪ Filosofía Antigua° ▪ Física General ▪ Geografía ▪ Historia Contemporánea ▪ Computación ▪ Literatura Española ▪ Matemáticas ▪ Psicología Social ▪ Química ▪ Sociología

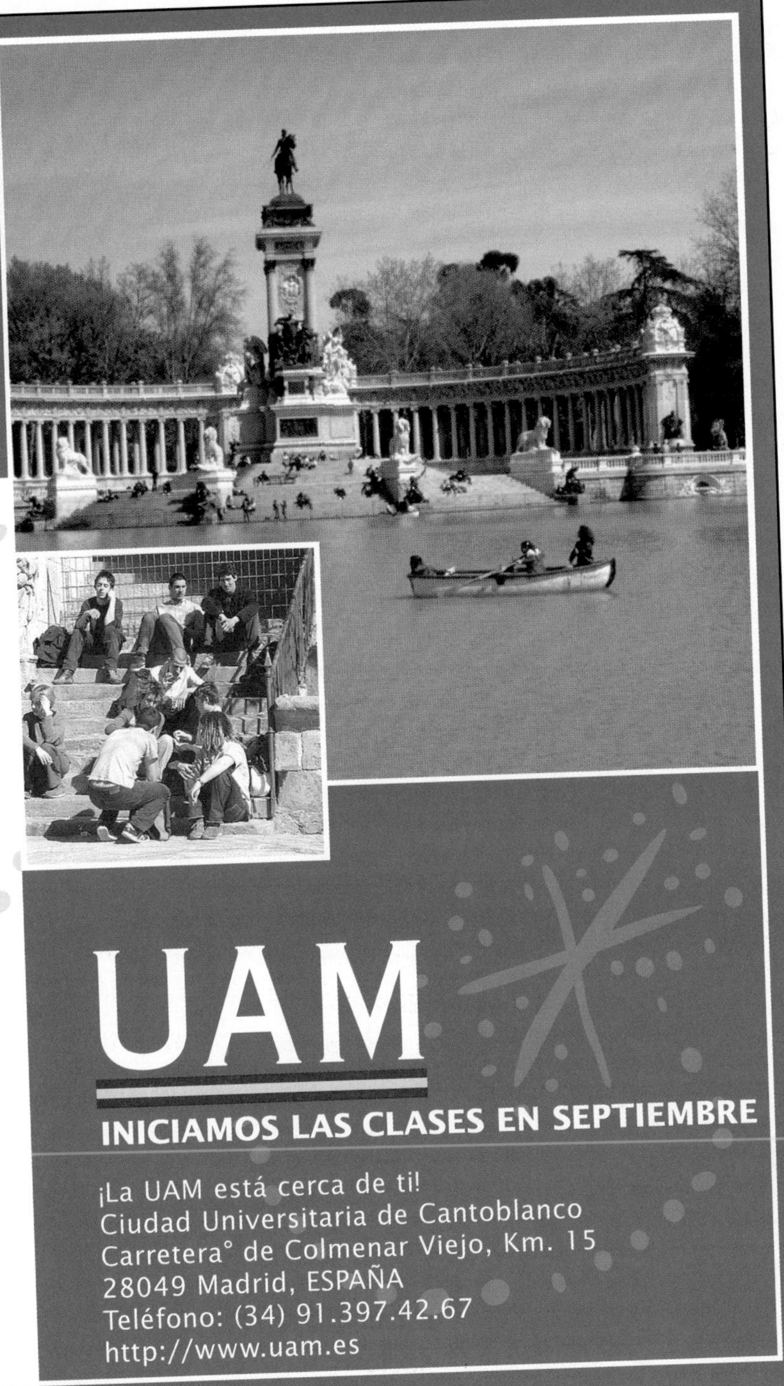

UAM
INICIAMOS LAS CLASES EN SEPTIEMBRE
¡La UAM está cerca de ti!
Ciudad Universitaria de Cantoblanco
Carretera° de Colmenar Viejo, Km. 15
28049 Madrid, ESPAÑA
Teléfono: (34) 91.397.42.67
http://www.uam.es

Después de leer

¿Comprendiste?

Indicate whether each statement is **cierto** (*true*) or **falso** (*false*).

Cierto	Falso	
____	____	1. La Universidad Autónoma de Madrid está en Europa.
____	____	2. En la UAM hay diez facultades.
____	____	3. Filosofía y Letras es un curso.
____	____	4. Hay cursos de literatura china en la UAM.
____	____	5. Hay una facultad de psicología en la UAM.
____	____	6. La UAM está en la carretera de Cantoblanco.

Preguntas

Answer these questions using complete sentences.

1. ¿Hay clases de contabilidad en la UAM?

____

2. ¿Es posible estudiar medicina en la UAM?

____

3. ¿En qué facultad hay clases de economía general?

____

4. ¿En qué facultad hay clases de microbiología?

____

5. ¿En qué facultad hay clases de literatura española?

____

Coméntalo

Look at the brochure of the **Universidad Autónoma de Madrid** and identify the courses taught there. Does your university offer the same courses? Are you taking any of those courses? Would you be interested in studying at the UAM? Why?

mejor *best*
derecho *law*
facultad *school*
aplicada *applied*
antigua *ancient*
carretera *highway*

For an additional reading, go to **aventuras.vhlcentral.com.**

La clase y la universidad

el borrador	*eraser*
la clase	*class*
el/la compañero/a de clase	*classmate*
de cuarto	*roommate*
el escritorio	*desk*
el/la estudiante	*student*
el libro	*book*
el mapa	*map*
la mesa	*table*
el papel	*paper*
la pizarra	*blackboard*
la pluma	*pen*
el/la profesor(a)	*teacher; professor*
la puerta	*door*
el reloj	*clock; watch*
la silla	*chair*
la tiza	*chalk*
la ventana	*window*
la biblioteca	*library*
la cafetería	*cafeteria*
el estadio	*stadium*
el laboratorio	*laboratory*
la librería	*bookstore*
la residencia estudiantil	*dormitory*
la universidad	*university*
el curso	*course*
el examen	*test; exam*
el horario	*schedule*
la prueba	*test; quiz*
el semestre	*semester*
la tarea	*homework*
el trimestre	*trimester; quarter*

Verbos

bailar	*to dance*
buscar	*to look for*
caminar	*to walk*
cantar	*to sing*
comprar	*to buy*
contestar	*to answer*
conversar	*to talk; to chat*
descansar	*to rest*
desear	*to want; to wish*
dibujar	*to draw*
enseñar	*to teach*
escuchar	*to listen*
esperar	*to wait (for); to hope*
estar	*to be*
estudiar	*to study*
explicar	*to explain*
gustar	*to be pleasing to; to like*
hablar	*to talk; to speak*
llegar	*to arrive*
llevar	*to carry*
mirar	*to look (at); to watch*
necesitar	*to need*
practicar	*to practice*
preguntar	*to ask (a question)*
preparar	*to prepare*
regresar	*to return*
terminar	*to end; to finish*
tomar	*to take; to drink*
trabajar	*to work*
viajar	*to travel*

Palabras adicionales

porque	*because*

Los cursos

la administración de empresas	*business administration*
el arte	*art*
la biología	*biology*
la computación	*computer science*
la contabilidad	*accounting*
el español	*Spanish*
la física	*physics*
la geografía	*geography*
la historia	*history*
el inglés	*English*
las lenguas extranjeras	*foreign languages*
las matemáticas	*mathematics*
el periodismo	*journalism*
la psicología	*psychology*
la química	*chemistry*
la sociología	*sociology*

Los días de la semana	*See page 29.*
Expresiones útiles	*See page 35.*
Interrogative words	*See page 41.*
Prepositions of location	*See page 43.*
Numbers 31-100	*See page 44.*

recursos

SUPERSITE
aventuras.vhlcentral.com
Lección 2

AVENTURAS EN LOS PAÍSES HISPANOS

Todos los años *(Every year)*, en el mes de junio, Nueva York organiza un gran desfile *(great parade)* en honor a los puertorriqueños.

ESTADOS UNIDOS Y CANADÁ

Estados Unidos

Población de EE.UU.: 302.000.000

Población de origen hispano: 43.000.000

País de origen de hispanos en los EE.UU.:

19,8% **otros**
3,5% **Cuba**
9,6% **Puerto Rico**
8,6% **Centroamérica y Suramérica**
58,5% México

Estados con mayor población hispana:
California, Texas, Florida y Nueva York

SOURCE: U.S. Census Bureau

Canadá

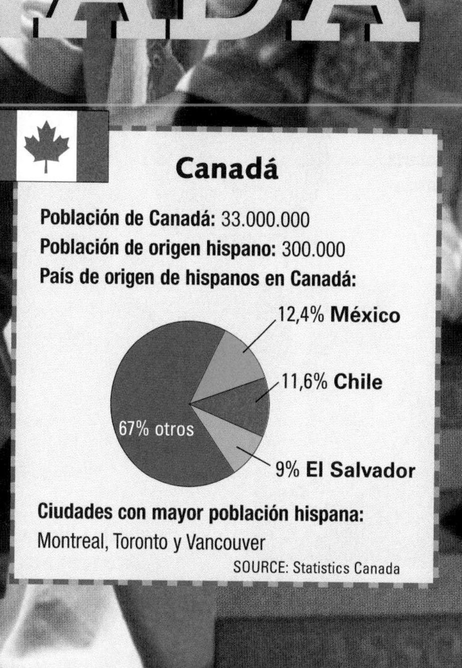

Población de Canadá: 33.000.000

Población de origen hispano: 300.000

País de origen de hispanos en Canadá:

12,4% **México**
11,6% **Chile**
67% otros
9% **El Salvador**

Ciudades con mayor población hispana:
Montreal, Toronto y Vancouver

SOURCE: Statistics Canada

Lugares

La Pequeña Habana

La Pequeña Habana *(Little Havana)* es un barrio *(neighborhood)* de Miami, Florida, donde viven *(live)* muchos cubanoamericanos. Es un lugar donde se encuentran *(are found)* las costumbres *(customs)* de la cultura cubana, los aromas y sabores *(flavors)* de su *(their)* comida y la música salsa. La Pequeña Habana es una parte de Cuba en los Estados Unidos.

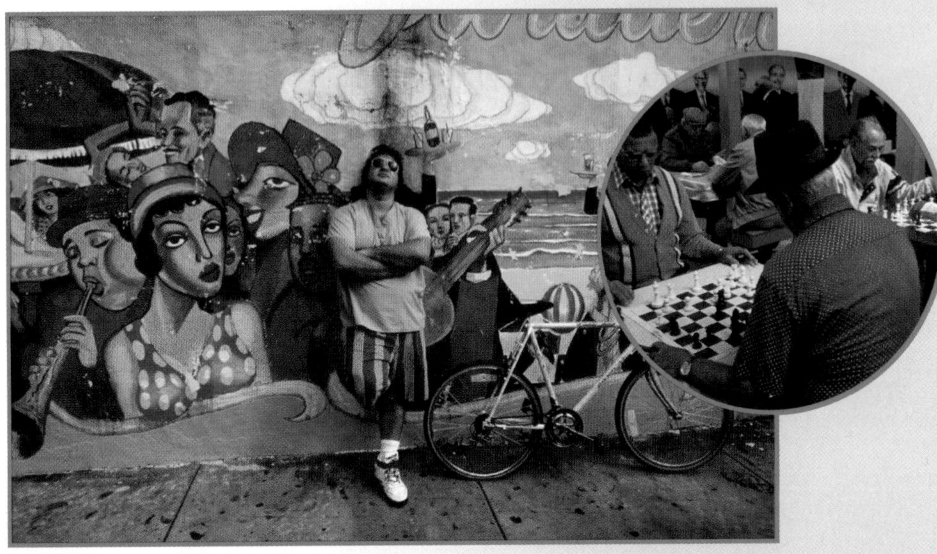

Personalidades

Latinos famosos

Los estadounidenses de origen hispanoamericano contribuyen *(contribute)* en todos los niveles *(at all levels)* a la cultura y a la economía de los Estados Unidos.

América Ferrera, actriz, de origen hondureño

Bill Richardson, político, de origen mexicano

Geraldo Rivera, periodista, de origen puertorriqueño

Ellen Ochoa, astronauta, de origen mexicano

CANADÁ
Vancouver
Calgary
EE.UU.
San Francisco
Las Vegas
Los Ángeles
San Diego
MÉXICO

Ottawa
Toronto
Chicago
Ciudad de Nueva York
Washington D.C.
Océano Atlántico
Miami
Golfo de México
Mar Caribe

Comida

La comida mexicana

La comida *(food)* mexicana es muy popular en los Estados Unidos. Los tacos, las enchiladas y las quesadillas son platos *(dishes)* mexicanos que frecuentemente forman parte de las comidas (*meals*) de muchos norteamericanos. También *(Also)* son populares las variaciones de la comida mexicana en los Estados Unidos... el tex-mex y el cali-mex.

Comunidad

Hispanos en Canadá

La población hispana en Canadá crece *(grows)* cada año *(year)*. Casi *(Almost)* el 50% de los hispanos está en Toronto y en Montreal. La mayoría de ellos tiene *(have)* estudios universitarios y habla una de las lenguas oficiales: inglés o francés *(French)*. Esto les permite *(This allows them)* participar activamente en la vida cotidiana *(daily life)* y profesional.

Familia colombiana en Mississauga, Ontario

recursos

WB pp. 19–20	VM pp. 199–200	SUPERSITE aventuras.vhlcentral.com Lección 2

¿Qué aprendiste?

1 ¿Cierto o falso? Indicate whether these statements are **cierto** or **falso**, based on what you have learned about Hispanics in the USA and Canada.

Cierto	Falso	
_____	_____	1. Los mexicanos son el grupo hispano más grande *(biggest)* de los EE.UU.
_____	_____	2. En Florida no hay muchas personas de origen hispano.
_____	_____	3. En Texas hay muchos hispanos.
_____	_____	4. La Pequeña Habana está en la isla de Cuba.
_____	_____	5. América Ferrera es de origen mexicano.
_____	_____	6. Geraldo Rivera es de origen hispano.
_____	_____	7. Los tacos y las quesadillas son los platos más populares en los restaurantes hispanos de los Estados Unidos.
_____	_____	8. A los estadounidenses, no les gustan los tacos.
_____	_____	9. Los chilenos son el grupo hispano más grande de Canadá.
_____	_____	10. Muchos hispanos en Canadá tienen estudios universitarios.

2 Preguntas Answer these questions in complete sentences.

1. ¿Quién es Ellen Ochoa?
2. ¿En qué estados de los Estados Unidos hay más habitantes hispanos?
3. ¿En qué ciudades de Canadá hay muchos hispanos?
4. ¿Cuál es el origen de los hispanos en Canadá?
5. ¿Hay muchos hispanos en tu *(your)* comunidad? ¿De dónde son?
6. ¿Te gustan los restaurantes mexicanos? ¿Por qué?

CONEXIÓN INTERNET

Busca más información sobre estos temas en el sitio aventuras.vhlcentral.com. Presenta la información a tus compañeros/as de clase.

- El desfile de los puertorriqueños
- La Pequeña Habana
- América Ferrera
- Geraldo Rivera
- Bill Richardson

3 La familia

Communicative Goals

You will learn how to:

- talk about your family and friends
- describe people and things
- express ownership

PARA EMPEZAR

- ¿Cuántas personas hay en la fotografía?
- ¿Son compañeros de clase o son una familia?
- ¿Cuántos años tiene el chico: doce, veinte o treinta y cuatro?
- ¿Ellos conversan, descansan o bailan?

LA FAMILIA

LA FAMILIA

el/la esposo/a *husband/wife*
el/la hermanastro/a *stepbrother/stepsister*
el/la hermano/a *brother/sister*
el/la hijastro/a *stepson/stepdaughter*
la madrastra *stepmother*
el/la medio/a hermano/a *half-brother/half-sister*
el padrastro *stepfather*
los padres *parents*

Variación léxica

madre ⟷ mamá, mami (*colloquial*)
padre ⟷ papá, papi (*colloquial*)
padres ⟷ papás, papis (*colloquial*)

el abuelo
grandfather

la abuela
grandmother

el padre
father

la madre
mother

los hijos
sons; children

la hija
daughter

LA FAMILIA EXTENDIDA

el/la cuñado/a *brother-in-law/sister-in-law*
el/la nieto/a *grandson/granddaughter*
la nuera *daughter-in-law*
los parientes *relatives*
el/la primo/a *cousin*
el/la sobrino/a *nephew/niece*
el/la suegro/a *father-in-law/mother-in-law*
el/la tío/a *uncle/aunt*
el yerno *son-in-law*

recursos

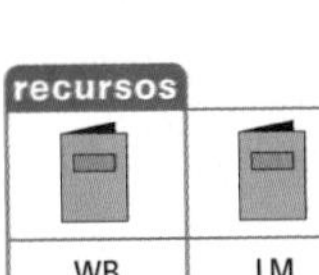

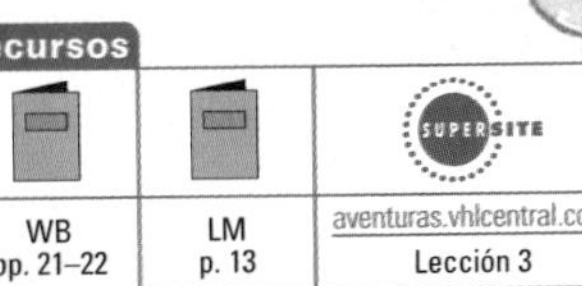

WB pp. 21–22	LM p. 13	aventuras.vhlcentral.com Lección 3

el artista
artist

LAS PROFESIONES

el/la ingeniero/a *engineer*
el/la médico/a *doctor*
el/la periodista *journalist*
el/la programador(a) *computer programmer*

la doctora
doctor

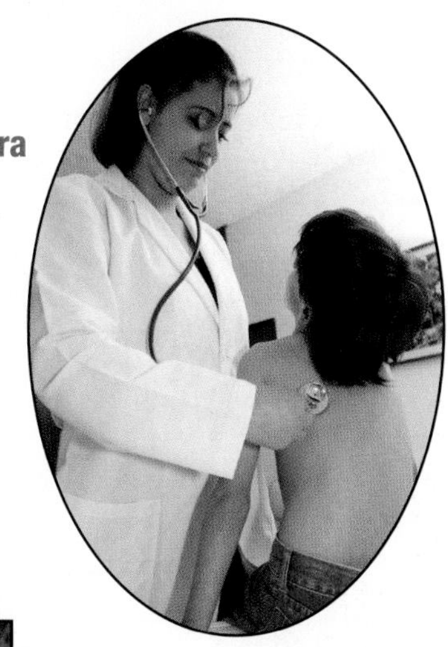

OTRAS PALABRAS

el/la amigo/a *friend*
el/la gato/a *cat*
la gente *people*
el/la muchacho/a *boy/girl*
la persona *person*
el/la perro/a *dog*

mi *my (sing.)*
mis *my (pl.)*

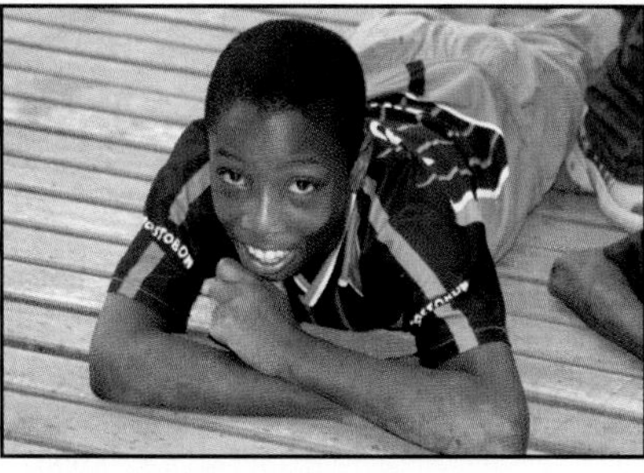

el niño
boy; child

el novio
boyfriend

la novia
girlfriend

la niña
girl

A escuchar 

1 Escuchar Find Luisa Moya Sánchez on the family tree. Then listen to her statements and indicate whether they are **cierto** (*true*) or **falso** (*false*), based on her family tree.

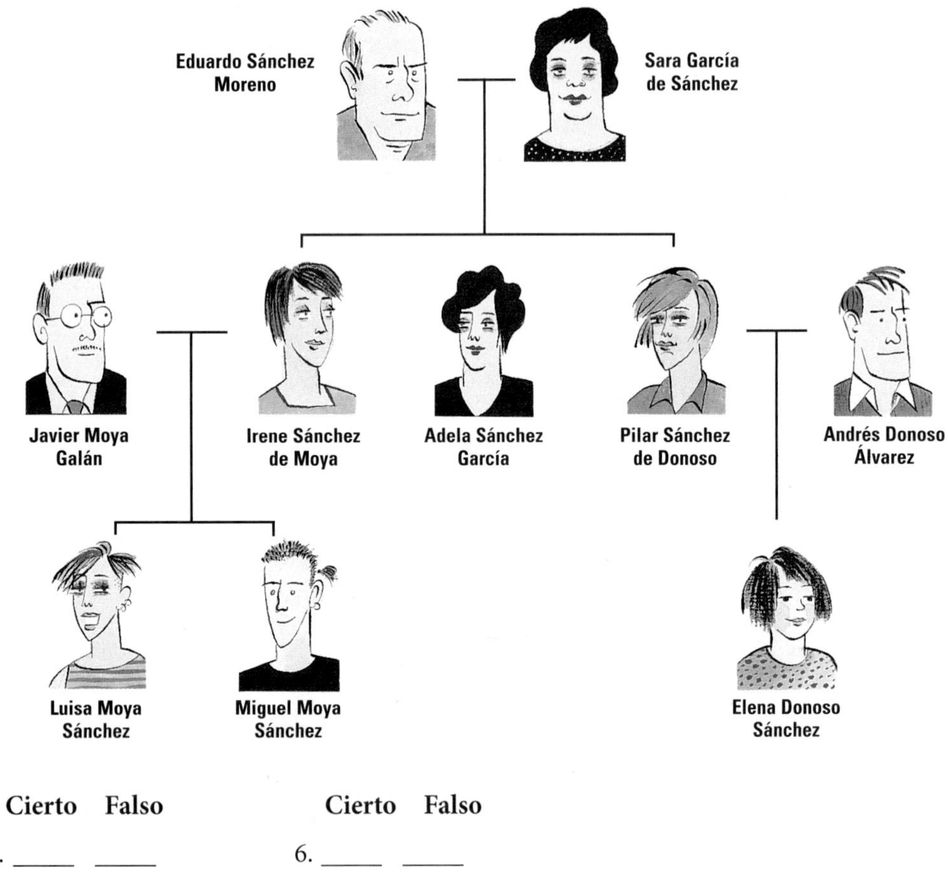

	Cierto	Falso		Cierto	Falso
1.	_____	_____	6.	_____	_____
2.	_____	_____	7.	_____	_____
3.	_____	_____	8.	_____	_____
4.	_____	_____	9.	_____	_____
5.	_____	_____	10.	_____	_____

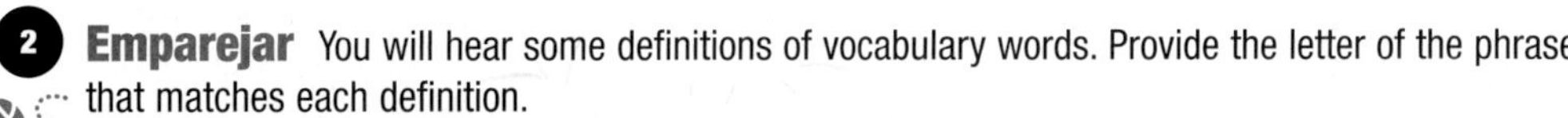

2 Emparejar You will hear some definitions of vocabulary words. Provide the letter of the phrase that matches each definition.

1. a. Son mis padres. b. Son mis abuelos. c. Son mis suegros.
2. a. Es mi yerno. b. Es mi sobrino. c. Es mi cuñado.
3. a. Es un ingeniero. b. Es una programadora. c. Es una artista.
4. a. Es mi prima. b. Es mi sobrina. c. Es mi abuela.
5. a. Son mis perros. b. Son mis primos. c. Son mis abuelos.
6. a. Es mi nieto. b. Es mi tío. c. Es mi gato.

A practicar

3 **Completar** Complete these sentences with the correct words.

1. Mi madre y mi padre son mis ____________.
2. El padre de mi madre es mi ____________.
3. Yo soy el ____________ del hijo de mi hermana.
4. La esposa de mi hijo es mi ____________.
5. Yo soy el ____________ de los padres de mi esposa.
6. La hija de mi hermana es mi ____________.
7. El segundo esposo de mi madre es mi ____________.
8. La hija de mi padre y de mi madrastra es mi ____________.

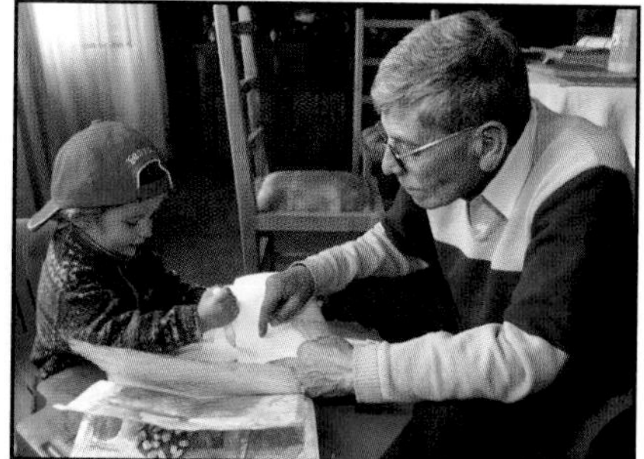

4 **Profesiones** Complete the description of each photo.

1. Juanita Fuertes es ____________________.

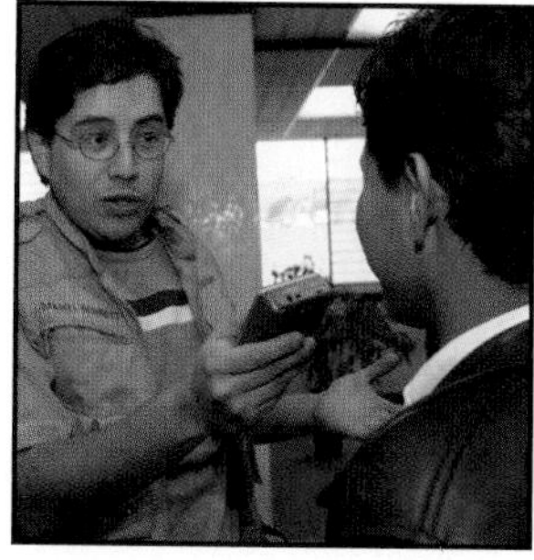

2. Héctor Ibarra es ____________________.

3. Alberto Díaz es ____________________.

4. Elena Vargas Soto es ____________________.

5. Carlota López es ____________________.

6. Irene González es ____________________.

A conversar

5 La familia Vargas With a classmate, identify the members in the family tree by asking questions about how each family member is related to Graciela Vargas García.

Estudiante 1: *¿Quién es Beatriz Pardo de Vargas?*
Estudiante 2: *Es la abuela de Graciela.*

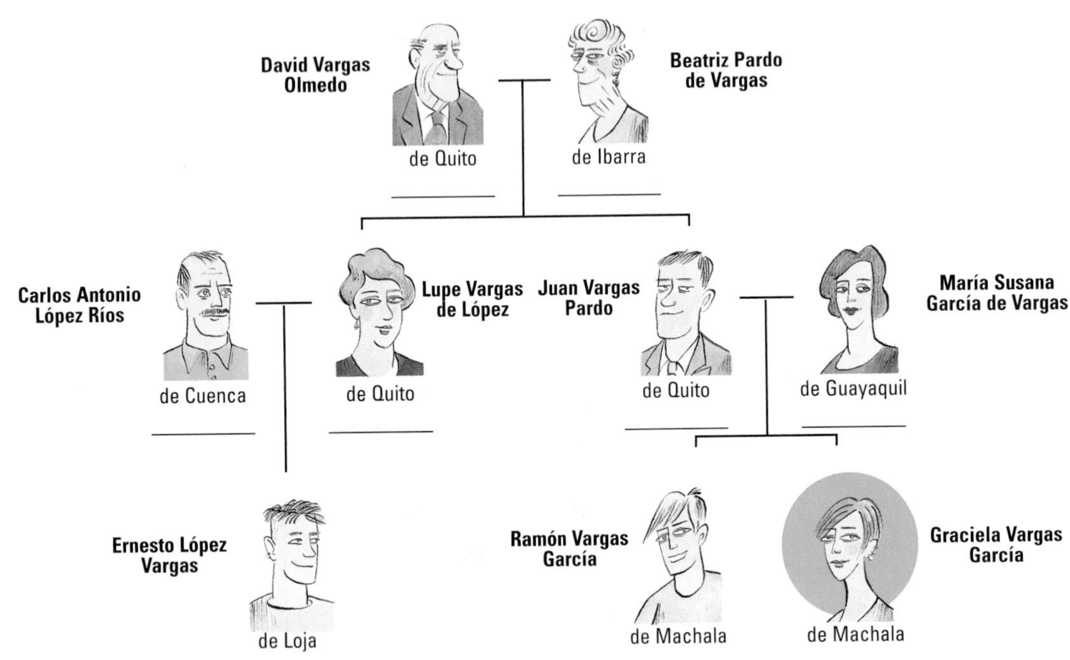

Now take turns asking each other these questions.

1. ¿Cómo se llama la tía de Ernesto?
2. ¿De dónde es María Susana?
3. ¿Cómo se llama la hermana de Juan?
4. ¿De dónde es el yerno de David y Beatriz?
5. ¿Cómo se llama el sobrino de Lupe?
6. ¿De dónde es la abuela de Ernesto?

6 ¿Y tú? With a classmate, take turns asking each other these questions.

tengo *I have*	**tu** *your (sing.)*
tienes *you have*	**tus** *your (pl.)*

1. ¿Cuántas personas hay en tu familia?
2. ¿Cómo se llaman tus padres? ¿De dónde son?
3. ¿Cuántos hermanos tienes? ¿Cómo se llaman?
4. ¿Cuántos primos tienes? ¿Cuántos son niños y cuántos son adultos?
5. ¿Eres tío/a? ¿Cómo se llaman tus sobrinos/as? ¿Dónde estudian o trabajan?
6. ¿Tienes novio/a? ¿Tienes esposo/a? ¿Cómo se llama?

Pronunciación

Diphthongs and linking

herman**o** **niña** **cuña**d**o**

In Spanish, **a**, **e**, and **o** are considered strong vowels. The weak vowels are **i** and **u**.

ruido **parientes** **periodista**

A diphthong is a combination of two weak vowels or of a strong vowel and a weak vowel. Diphthongs are pronounced as a single syllable.

la abuela **mi hijo** **una clase excelente**

Two identical vowel sounds that appear together are pronounced like one long vowel.

con Natalia **sus sobrinos** **las sillas**

Two identical consonants together sound like a single consonant.

es ingeniera **mis abuelos** **sus hijos**

A consonant at the end of a word is linked with the vowel at the beginning of the next word.

mi hermano **su esposa** **nuestro amigo**

A vowel at the end of a word is linked with the vowel at the beginning of the next word.

Práctica Say these words aloud, focusing on the diphthongs.

1. historia
2. nieto
3. parientes
4. novia
5. residencia
6. prueba
7. puerta
8. ciencias
9. lenguas
10. estudiar
11. izquierda
12. ecuatoriano

Oraciones Read these sentences aloud to practice diphthongs and linking words.

1. Hola. Me llamo Anita Amaral. Soy del Ecuador.
2. Somos seis en mi familia.
3. Tengo dos hermanos y una hermana.
4. Mi papá es del Ecuador y mi mamá es de España.

Refranes Read these sayings aloud to practice diphthongs and linking sounds.

Hablando del rey de Roma, por la puerta se asoma.[2]

Cuando una puerta se cierra, otra se abre.[1]

1 When one door closes, another opens.
2 Speak of the devil and he will appear.

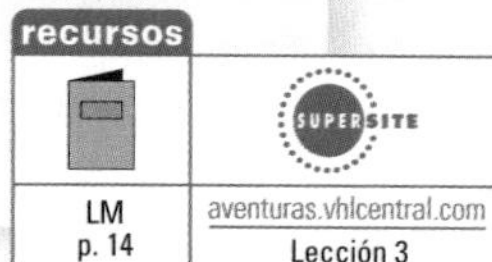

¿Es grande tu familia?

SUPERSITE

Los viajeros hablan de sus familias en el autobús.

PERSONAJES

DON FRANCISCO

JAVIER

INÉS

ÁLEX

MAITE

MAITE Inés, ¿tienes una familia grande?
INÉS Pues, sí… mis papás, mis abuelos, cuatro hermanas y muchos tíos y primos.

INÉS Sólo tengo un hermano mayor, Pablo. Su esposa, Francesca, es médica. No es ecuatoriana, es italiana. Sus papás viven en Roma, creo. Vienen de visita cada año. Ah… y Pablo es periodista.
MAITE ¡Qué interesante!

INÉS ¿Y tú, Javier? ¿Tienes hermanos?
JAVIER No, pero aquí tengo unas fotos de mi familia.
INÉS ¡Ah! ¡Qué bien! ¡A ver!

INÉS ¿Y cómo es él?
JAVIER Es muy simpático. Él es viejo, pero es un hombre muy trabajador.

MAITE Oye, Javier, ¿qué dibujas?
JAVIER ¿Eh? ¿Quién? ¿Yo? ¡Nada!
MAITE ¡Venga! ¡No seas tonto!

MAITE Jaaavieeer… Oye, pero ¡qué bien dibujas!
JAVIER Este… pues…¡Sí! ¡Gracias!

ACTIVIDADES

1 **¿Cierto o falso?** Indicate whether each sentence is **cierto** or **falso.** Correct the false statements.

1. Maite habla sobre su familia.
2. Inés tiene una familia grande.
3. Pablo, el hermano de Inés, es médico.
4. La cuñada de Inés es italiana.
5. Javier no tiene hermanos.
6. El padre de Javier es muy trabajador.
7. Javier habla del padre de su padre.
8. Javier dibuja a Inés.
9. A Maite no le gusta cómo dibuja Javier.
10. Inés tiene cinco hermanos y muchos tíos y primos.
11. La cuñada de Inés es periodista.
12. Álex tiene unas fotos de su familia.

Para recordar **Before watching this episode of *Fotonovela*, review the previous one. What do you remember?**

1. ¿Quién estudia periodismo?
2. ¿Quién estudia mucho?
3. ¿Dónde estudian los chicos?
4. ¿Qué le gusta a Álex?

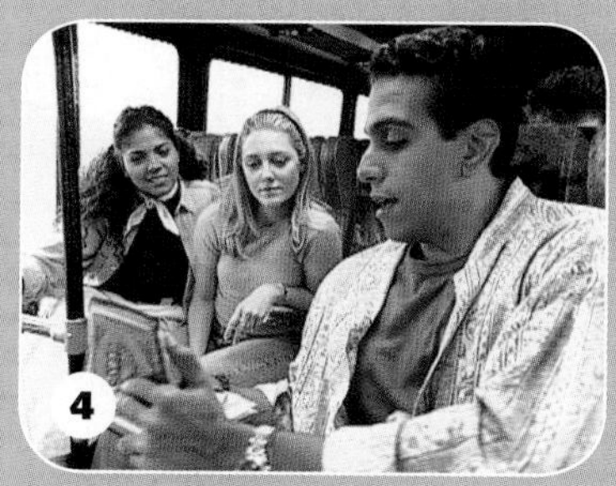

JAVIER ¡Aquí están!
INÉS ¡Qué alto es tu papá! Y tu mamá, ¡qué bonita!

JAVIER Mira, aquí estoy yo. Y éste es mi abuelo. Es el padre de mi mamá.
INÉS ¿Cuántos años tiene tu abuelo?
JAVIER Noventa y dos.

MAITE Álex, mira, ¿te gusta?
ÁLEX Sí, mucho. ¡Es muy bonito!

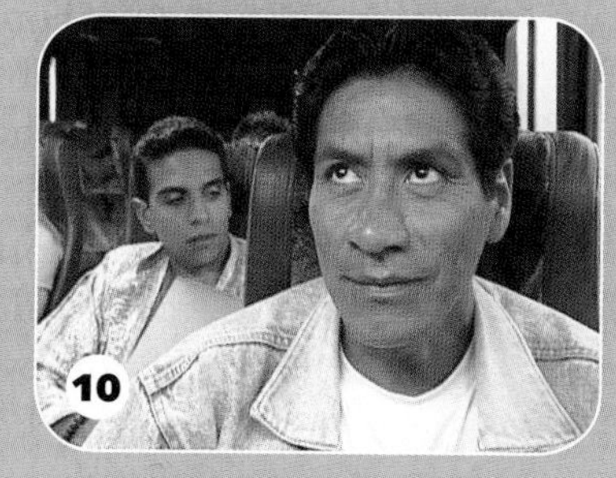

DON FRANCISCO Epa, ¿qué pasa con Inés y Javier?

Expresiones útiles

Talking about your family

¿Tienes una familia grande?
Do you have a large family?
Sí… mis papás, mis abuelos, cuatro hermanas y muchos tíos.
Yes, my parents, my grandparents, four sisters, and many (aunts and) uncles.
Sólo tengo un hermano mayor/menor.
I only have one older/younger brother.
—¿Tienes hermanos? —No, soy hijo único.
—Do you have siblings?
—No, I'm an only (male) child.
Su esposa, Francesca, es médica.
His wife, Francesca, is a doctor.
No es ecuatoriana, es italiana.
She's not Ecuadorian, she's Italian.
Pablo es periodista.
Pablo is a journalist.
Es el padre de mi mamá.
He is my mother's father.

Describing people

¡Qué alto es tu papá! Y tu mamá, ¡qué bonita!
Your father is so tall! And your mother, how pretty!
¿Cómo es tu abuelo?
What is your grandfather like?
Es simpático./Es viejo.
He's nice./He's old.
Es un hombre muy trabajador.
He's a very hard-working man.

Saying how old people are

¿Cuántos años tienes/tiene?
How old are you (fam./form.)?
Noventa y dos.
Ninety-two.

2 Adivinar Read these sentences and guess which character is being described: **Javier, Inés** or **Maite.**

1. Tiene cuatro hermanas y muchos tíos y primos.
2. Su abuelo tiene noventa y dos años, pero es muy trabajador.
3. Ella dice que (*says that*) Javier dibuja muy bien.
4. Ella hace (*does*) muchas preguntas a sus amigos.
5. Su mamá es muy bonita.
6. Su cuñada es médica.

3 Tu familia Write a description of your family, including members of your extended family. Be sure to identify their names, place of origin, and your relationship to them. Conclude by saying who your favorite relative is.

recursos
VM
pp. 173–174
SUPERSITE
aventuras.vhlcentral.com
Lección 3

BAJO LA LUPA

¿Cómo te llamas?

In the Spanish-speaking world, it is common to have two last names: one paternal and one maternal. In some cases, the conjunctions **de** or **y** are used to connect the two. For example, in the name **Juan Martínez de Velasco**, *Martínez* is the paternal surname (**el apellido paterno**), and *Velasco* is the maternal surname (**el apellido materno**); **de** simply links the two. This convention of using two last names (**doble apellido**) is a European tradition that Spaniards brought to the Americas. It continues to be practiced in many countries, including Chile, Colombia, Mexico, Peru, and Venezuela. There are exceptions, however; in Argentina, the prevailing custom is for children to inherit only the father's last name.

Gabriel García Márquez

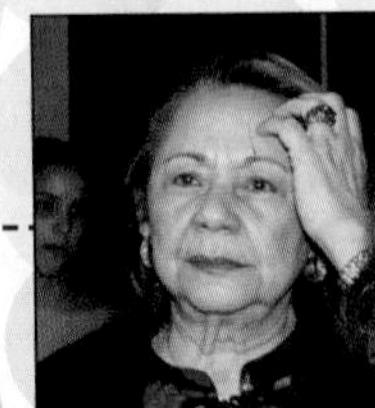

Mercedes Barcha Pardo

Rodrigo García Barcha

When a woman marries in a country where two last names are used, legally she retains her two maiden surnames. However, socially she may take her husband's paternal surname in place of her inherited maternal surname. For example, **Mercedes Barcha Pardo**, wife of Colombian writer **Gabriel García Márquez**, might use the names **Mercedes Barcha García** or **Mercedes Barcha de García** in social situations (although officially her name remains **Mercedes Barcha Pardo**). Adopting a husband's last name for social purposes, though widespread, is only legally recognized in Ecuador and Peru.

Most parents do not break tradition upon naming their children; regardless of the surnames the mother uses, they use the father's first surname followed by the mother's first surname, as in the name **Rodrigo García Barcha**. However, one should note that both surnames come from the grandfathers, and therefore all **apellidos** are effectively paternal.

Hijos en la casa

In Spanish-speaking countries, family and society place very little pressure on young adults to live on their own (**independizarse**), and children often live with their parents well into their thirties. For example, about 60% of Spaniards under 34 years of age live at home with their parents. This delay in moving out is both cultural and economic—lack of job security or low wages coupled with a high cost of living may make it impractical for young adults to live independently before they marry.

ACTIVIDADES

1 **¿Cierto o falso?** Indicate whether these statements are **cierto** or **falso**. Correct the false statements.

1. Most Spanish-speaking people have three last names.
2. Hispanic last names generally consist of the paternal last name followed by the maternal last name.
3. It is common to see **de** or **y** used in a Hispanic last name.
4. Someone from Argentina would most likely have two last names.
5. Generally, married women legally retain two maiden surnames.
6. In social situations, a married woman often uses her husband's last name in place of her inherited paternal surname.
7. Adopting a husband's surname is only legally recognized in Peru and Ecuador.
8. Hispanic last names are effectively a combination of the maternal surnames from the previous generation.

ASÍ SE DICE

Familia y amigos

el/la bisnieto/a	*great-grandson/daughter*
el/la chamaco/a (Méx.); el/la chamo/a (Ven.); el/la chaval(a) (Esp.)	**el/la muchacho/a**
mi cuate (Méx.); mi llave (Col.); mi pana (Ven., P. Rico, Rep. Dom.)	*my pal; my buddy*
la madrina; el padrino	*godmother; godfather*
el/la tatarabuelo/a	*great-great-grandfather/ great-great-grandmother*

CONEXIÓN INTERNET

What do a family in Ecuador and **El último emperador Inca** have in common? Go to **aventuras.vhlcentral.com** to find out and to access these components.

- the **Flash Cultura** video
- more activities
- additional reading: **El último emperador Inca**

2 **Una familia famosa** Create a genealogical tree of a famous family, using photos or drawings labeled with names and origins. Present the family tree to a classmate and explain who the people are and their relationships to each other.

recursos
VM
pp. 231–232
aventuras.vhlcentral.com
Lección 3

La familia

1 **Preparación** What is a "typical family" like where you live? Is there such a thing? What members of a family usually live together?

2 **El video** Watch this **Flash Cultura** episode.

Vocabulario

familia grande y feliz	*a big, happy family*
familia numerosa	*a large family*
hacer (algo) juntos	*to do (something) together*
reuniones familiares	*family gatherings, reunions*

¡Qué familia tan° grande tiene°!

Te presento a la familia Bolaños.

tan *so* **tiene** *have*

3 **Completar** Complete this paragraph with the correct options.

Los Valdivieso y los Bolaños son dos ejemplos de familias en Ecuador. Los Valdivieso son una familia (1) __________ (difícil/numerosa). Viven *(They live)* en una casa (2) __________ (grande/buena). En el patio, hacen *(they do)* muchas reuniones (3) __________ (familiares/con amigos). Los Bolaños son una familia pequeña *(small)*. Ellos comen *(eat)* (4) __________ (separados/juntos) y preparan canelazo, una bebida *(drink)* típica ecuatoriana.

3.1 Descriptive adjectives

- Descriptive adjectives describe nouns. In Spanish, most adjectives agree in gender and number with the nouns or pronouns they describe.
- Adjectives that end in **–o** and **–or** have four forms.

Masculine	Feminine
el chico alto	la chica alta
los chicos altos	las chicas altas
el hombre trabajador	la mujer trabajadora
los hombres trabajadores	las mujeres trabajadoras

- Adjectives that end in **–e** or a consonant have the same masculine and feminine forms.

Masculine	Feminine
el chico inteligente	la chica inteligente
los chicos inteligentes	las chicas inteligentes
el profesor difícil	la profesora difícil
los profesores difíciles	las profesoras difíciles

- Adjectives describing different genders use the masculine plural form.

¿Cómo son Paco y Ana? Paco es alto. Ana es alta. → Paco y Ana son altos.

Common adjectives

alto/a	*tall*	gordo/a	*fat*	moreno/a	*dark-haired*
antipático/a	*unpleasant*	grande	*big, large; great*	mucho/a	*much; many; a lot of*
bajo/a	*short (in height)*	guapo/a	*handsome; good-looking*	pelirrojo/a	*red-haired*
bonito/a	*pretty*	importante	*important*	pequeño/a	*small*
bueno/a	*good*	inteligente	*intelligent*	rubio/a	*blond(e)*
delgado/a	*thin; slender*	interesante	*interesting*	simpático/a	*nice; likeable*
difícil	*hard, difficult*	joven	*young*	tonto/a	*silly; foolish*
fácil	*easy*	malo/a	*bad*	trabajador(a)	*hard-working*
feo/a	*ugly*	mismo/a	*same*	viejo/a	*old*

¡ojo! Note that **joven** takes an accent in the plural: **joven / jóvenes**. Also, note that **mayor** is the polite way to refer to a person's age.

Adjectives of nationality

- Adjectives of nationality are formed like other adjectives. Adjectives of nationality that end in a consonant add **–a** to form the feminine.

Masculine	Feminine
Toño es mexicano.	Gloria es mexicana.
Ellos son mexicanos.	Ellas son mexicanas.
Héctor es español.	Sara es española.
Ellos son españoles.	Ellas son españolas.

Práctica

1 Emparejar Read the descriptions and match them with the photos.

1. __ Mateo es moreno.
2. __ Hideki es japonés.
3. __ Luisa es rubia.
4. __ Andrés se hace (*acts*) el tonto.
5. __ César es muy pequeño.
6. __ Raquel es pelirroja.

2 Completar Look at the portrait of Amanda's family and imagine their personalities. Complete the sentences with appropriate adjectives.

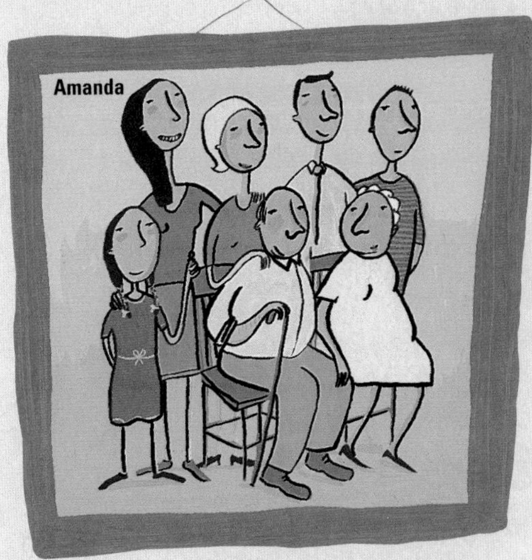

1. Mi familia es __________.
2. Mis abuelos son __________. Mi abuelo es __________ y mi abuela es __________.
3. Mi padre se llama Julio. Él es __________.
4. Mi madre se llama Victoria. Ella es __________.
5. Mi hermana se llama Rosa. Ella es __________.
6. Y mi hermano Tomás es muy __________.

Conversación

3 **Describir** With a partner, take turns describing each photo. Tell your partner whether you agree **(Estoy de acuerdo)** or disagree **(No estoy de acuerdo)** with the descriptions.

modelo

Estudiante 1: *Los Ángeles es muy bonita.*
Estudiante 2: *Estoy de acuerdo. ¡Es muy interesante!/ No estoy de acuerdo. Es muy fea.*

Los Ángeles

1. **Príncipe y Princesa de España**

2. **La Torre (*Tower*) Sears**

3. **Plácido Domingo**

4. **Enrique Iglesias**

5. **Santa Fe, Nuevo México**

6. **Nelly Furtado**

4 **Anuncio personal** Write a personal ad that describes yourself and your ideal boyfriend, girlfriend, or mate. Compare your ad with a classmate's.

SOY ALTA, morena y bonita. Soy estadounidense, de Texas. Estudio arte en la universidad. Busco un chico similar a mí (*to me*). Mi novio ideal es alto, moreno, inteligente y muy simpático.

5 **Diferencias** Your instructor will give you and your partner handouts so that you may complete this information gap activity.

Some adjectives of nationality

alemán, alemana	*German*	francés, francesa	*French*
canadiense	*Canadian*	japonés, japonesa	*Japanese*
ecuatoriano/a	*Ecuadorian*	inglés, inglesa	*English*
español(a)	*Spanish*	mexicano/a	*Mexican*
estadounidense	*from the United States*	norteamericano/a	*(North) American*
		puertorriqueño/a	*Puerto Rican*

The position of adjectives

- Adjectives generally follow the nouns they modify.

La mujer **rubia** es de España.
The blond woman is from Spain.

¿Cómo se llama la mujer **ecuatoriana**?
What is the Ecuadorian woman's name?

¡ojo! Unlike descriptive adjectives, adjectives of quantity are placed before the modified noun.

Hay **muchos** estudiantes.
There are many students.

Hablo con **dos** turistas.
I am talking with two tourists.

- **Bueno/a** and **malo/a** can be placed before or after a noun. Before a masculine singular noun, the forms are shortened: **bueno → buen; malo → mal.**

José es un **buen** amigo.
José es un amigo **bueno**.
José is a good friend.

Hoy es un **mal** día.
Hoy es un día **malo**.
Today is a bad day.

- When **grande** appears before a singular noun, it is shortened to **gran**.

¡ojo! The adjective **grande** also changes its definition depending on its position: **gran** = *great*, but **grande** = *big, large*.

Manuel es un **gran** hombre.
Manuel is a great man.

La familia de Inés es **grande.**
Inés' family is large.

¡Manos a la obra!

Give the appropriate forms of the adjectives provided.

1. Eres simpático/a.
2. Yolanda es ________.
3. Nosotros somos ________.
4. Dolores y Pilar son ________.
5. Diego es ________.
6. Tomás y yo somos trabajadores.
7. Ellas son ________.
8. La médica es ________.
9. Los niños son ________.
10. Él es ________.

1. Soy español(a).
2. Ángela es ________.
3. Los turistas son ________.
4. Nosotros somos ________.
5. El periodista es ________.
6. Ellos son norteamericanos.
7. Clara y Bárbara son ________.
8. Ella es ________.
9. Rafael y yo somos ________.
10. Luis es ________.

3.2 Possessive adjectives

- Possessive adjectives express ownership or possession.

Forms of possessive adjectives

Singular forms	Plural forms	
mi	mis	*my*
tu	tus	*your (fam.)*
su	sus	*his, her, its, your (form.)*
nuestro/a	nuestros/as	*our*
vuestro/a	vuestros/as	*your (fam.)*
su	sus	*their, its, your (form.)*

¡ojo! Spanish possessive adjectives agree in number with the nouns they modify. **Nuestro** and **vuestro** agree in gender and number.

mi primo	mis primos
nuestro tío	nuestros tíos

mi tía	mis tías
nuestra tía	nuestras tías

- Possessive adjectives are placed before the nouns they modify.

¡Qué alto es tu papá! Y tu mamá, ¡qué bonita!

Éste es mi abuelo. Es el padre de mi mamá.

- **Su** and **sus** have multiple meanings (*your, his, her, their, its*). To avoid confusion, use this construction instead: [*article*] + [*noun*] + **de** + [*subject pronoun*].

sus parientes	los parientes de él/ella	*his/her relatives*
	los parientes de Ud./Uds.	*your relatives*
	los parientes de ellos/ellas	*their relatives*

¡Manos a la obra!

Provide the appropriate form of each possessive adjective.

1. Es __mi__ (*my*) perro.
2. ________ (*my*) familia es ecuatoriana.
3. ________ (*your, fam.*) tío Marcelo es italiano.
4. ________ (*our*) profesor es español.
5. Es ________ (*her*) reloj.
6. Es ________ (*your, fam.*) mochila.
7. Es ________ (*your, form.*) maleta.
8. ________ (*their*) sobrina es alemana.
9. ________ (*her*) primos son franceses.
10. ________ (*our*) hermanastros son canadienses.
11. Son ________ (*their*) gatos.
12. ________ (*their*) nietos son japoneses.

Práctica

1 Completar Marta just took a photo of her family. Complete her description of the photo.

Ésta es una foto de (1) ______ familia. Aquí están (2) ______ abuelos. Son los padres de (3) ______ papá. (4) ______ casa (*home*) está en Valparaíso, Chile. ¡Es muy bonita!

Este (*This*) hombre es (5) ______ papá. Se llama David y es doctor. (6) ______ mamá se llama Rebeca; es periodista. (7) ______ hermana, (8) ______ tía Silvia, es una gran artista.

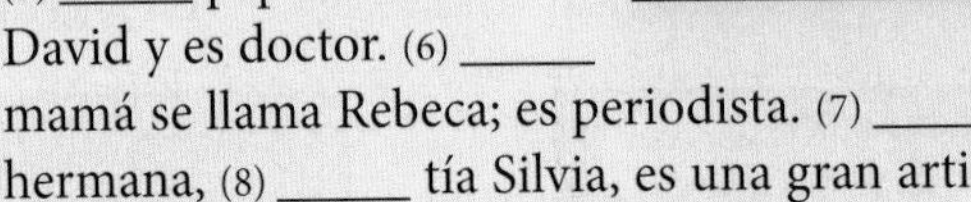

Y aquí está (9) ______ hermano Ramón. (10) ______ esposa se llama Sonia. (11) ______ hijos Javier y Laura son (12) ______ sobrinos. Son muy simpáticos.

2 ¿Dónde está? Imagine that you can't remember where you put some of your belongings (pictured below). Your partner will help you by reminding you where things are. Take turns playing each role.

modelo

Estudiante 1: ¿Dónde está mi pluma?
Estudiante 2: Tu pluma está al lado de la computadora.

1.

2.

3.

4.

5.

6.

Conversación

3 **Describir** With a partner, take turns describing these people and places.

modelo La biblioteca de su universidad

La biblioteca de nuestra universidad es muy grande. Hay muchos libros en la biblioteca. Mis amigos y yo estudiamos allí (there).

1. Tus padres
2. Tus abuelos
3. Tu mejor (*best*) amigo/a
4. Tu novio/a ideal
5. Su universidad
6. La librería de su universidad
7. Tu profesor(a) favorito/a
8. Su clase de español

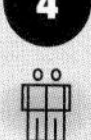

4 **Tres fotos** Choose one of the three family photos and describe the family as if it were your own. Your partner will guess which photo you are describing. Then switch roles.

Familia 1

Familia 2

Familia 3

Español en vivo

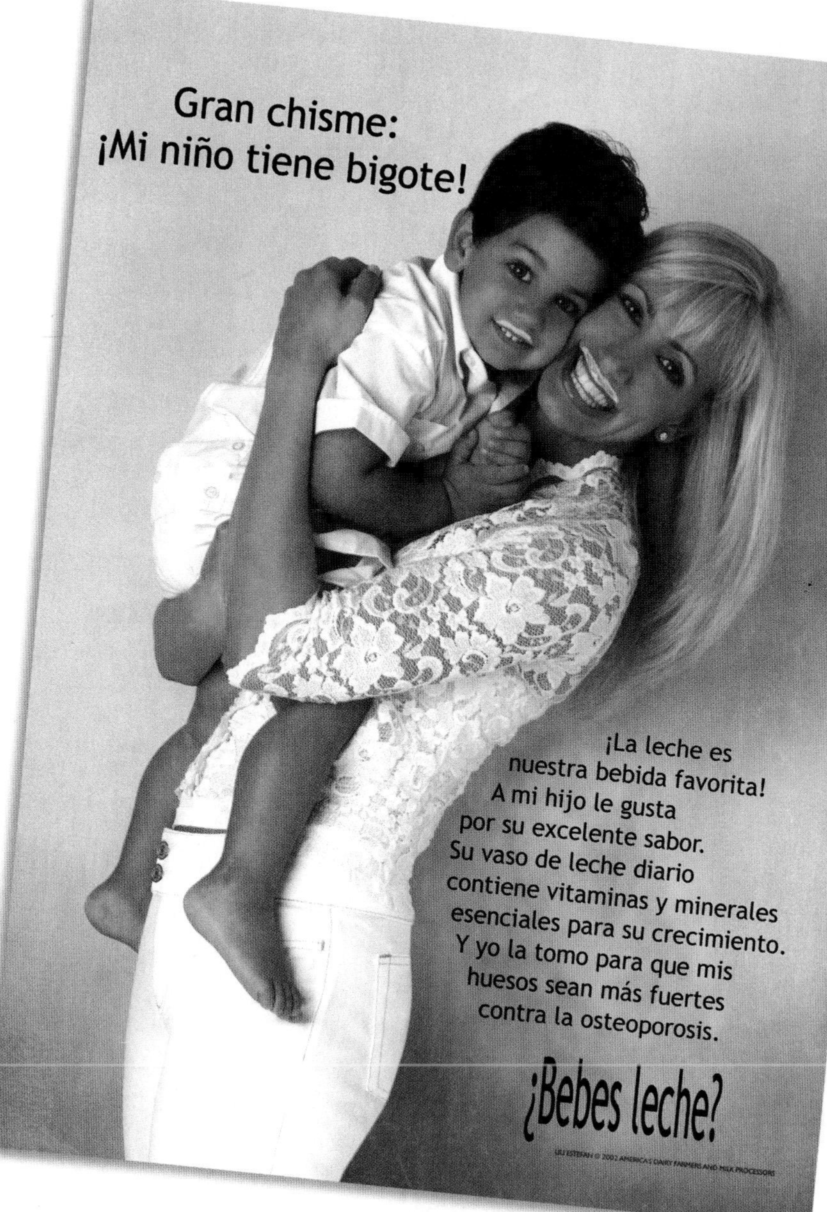

Gran chisme:
¡Mi niño tiene bigote!
¡La leche es nuestra bebida favorita! A mi hijo le gusta por su excelente sabor. Su vaso de leche diario contiene vitaminas y minerales esenciales para su crecimiento. Y yo la tomo para que mis huesos sean más fuertes contra la osteoporosis.
¿Bebes leche?

Identificar

Scan the advertisement above, and identify the instances where possessive adjectives are used.

Preguntas

1. ¿Quiénes son las personas del anuncio (*advertisement*)?
2. ¿Cuál es su bebida favorita?
3. ¿Por qué la mujer toma leche?

3.3 Present tense of regular –er and –ir verbs

- In Lesson 2, you learned how to form the present tense of regular **–ar** verbs. The chart below contains the forms of the regular **–ar** verb **trabajar**, which is conjugated just like other **–ar** verbs you have learned. There are other regular verbs in Spanish: regular **–er** and **–ir** verbs. The chart also shows the forms of an **–er** verb and an **–ir** verb.

Inés y Javier comen.

Maite escribe.

- **–Ar, –er,** and **–ir** verbs have very similar endings. Study this chart to detect the patterns that make it easier for you to use them to communicate in Spanish.

Present tense of *–ar, –er,* and *–ir* verbs

	trabajar	comer	escribir
	to work	*to eat*	*to write*
yo	trabajo	como	escribo
tú	trabajas	comes	escribes
Ud./él/ella	trabaja	come	escribe
nosotros/as	trabajamos	comemos	escribimos
vosotros/as	trabajáis	coméis	escribís
Uds./ellos/ellas	trabajan	comen	escriben

- Like **–ar** verbs, the **yo** forms of **–er** and **–ir** verbs end in **–o**.

trabajo como escribo

- The endings for **–ar** verbs begin with **–a**, except for the **yo** form.

hablo habla habláis
hablas hablamos hablan

- The endings for **–er** verbs begin with **–e**, except for the **yo** form.

como come coméis
comes comemos comen

- **–Er** and **–ir** verbs have the exact same endings, except in the **nosotros/as** and **vosotros/as** forms.

nosotros: comemos, escribimos
vosotros: coméis, escribís

Práctica

1 **Mi familia** Susana is describing her family. Complete each sentence with the correct verb form.

1. Mi familia y yo ____________ [vivir] en la ciudad de Montevideo, Uruguay.
2. Mi hermano Alfredo es muy inteligente. Él ____________ [asistir] a clases de lunes a viernes.
3. Los martes Alfredo y yo ____________ [correr] en el parque.
4. Mis padres ____________ [comer] mucho; son un poco gordos.
5. Yo ____________ [creer] que (*that*) mis padres ____________ [deber] comer menos (*less*).

2 **Completar** Juan is talking about what he and his friends do after school. Complete his sentences.

modelo

Yo *corro* por (*for*) una hora.

1. Nosotros ________ en el restaurante.

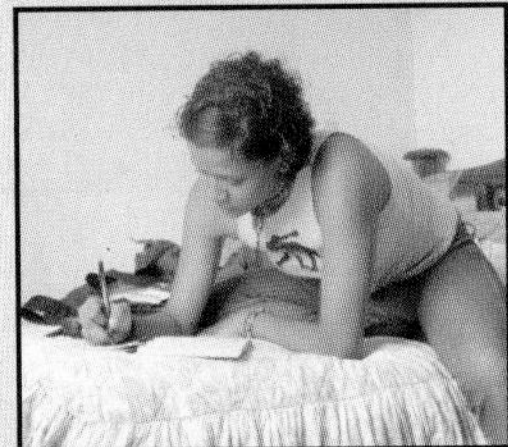

2. Elena ________ en su diario.

3. Sofía y Eugenio ________ café.

4. Ana y Lía ________ el almuerzo (*lunch*).

5. Carlos ________ en la biblioteca.

Conversación

3 Entrevista Use these questions to interview a classmate. Then report the results of your interview to the class.

1. ¿Dónde vives?
2. ¿Con quién vives? ¿Compartes tu cuarto?
3. ¿Dónde comes al mediodía? ¿Comes mucho?
4. ¿Debes comer más (*more*) o menos (*less*)?
5. ¿Bebes leche (*milk*) todos los días?
6. ¿Qué días asistes a clases?
7. ¿Qué cursos debes tomar el próximo (*next*) semestre?
8. ¿Lees el periódico (*newspaper*)? ¿Qué periódico lees y cuándo?
9. ¿Recibes muchos mensajes electrónicos (*e-mails*)? ¿De quién(es)?
10. ¿Escribes poemas o cuentos (*short stories*)?

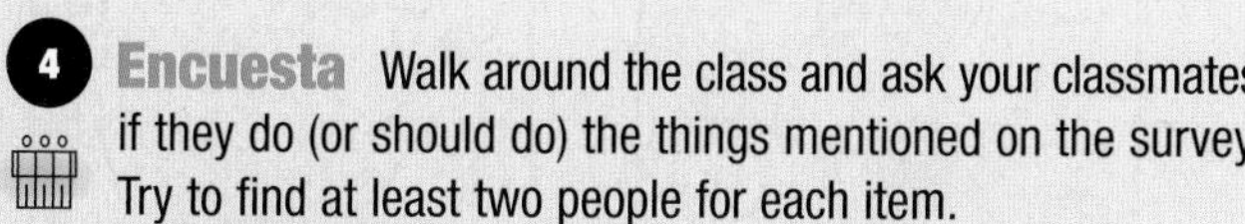

4 Encuesta Walk around the class and ask your classmates if they do (or should do) the things mentioned on the survey. Try to find at least two people for each item.

modelo

Estudiante 1: ¿Asistes a la clase de español siempre (*always*)?
Estudiante 2: No, no asisto a la clase de español siempre, pero (*but*) debo asistir.
Estudiante 1: ¿Asistes a la clase de español siempre?
Estudiante 3: Sí, asisto a la clase de español siempre.

Actividades	Nombres
1. Asistir a clase de español siempre (*always*)	________
2. Correr todos los días (*every day*)	________
3. Aprender japonés	________
4. Ser más (*more*) trabajador(a)	________
5. Leer mucho para (*for*) un examen	________
6. Compartir sus cosas	________
7. Abrir las ventanas del cuarto en invierno (*winter*)	________
8. Escribir en un blog	________
9. Vivir en una residencia estudiantil	________
10. Comer en la escuela	________

Common –er and –ir verbs

Common *–er* and *–ir* verbs

–er verbs		–ir verbs	
aprender	*to learn*	abrir	*to open*
beber	*to drink*	asistir (a)	*to attend*
comer	*to eat*	compartir	*to share*
comprender	*to understand*	decidir	*to decide*
correr	*to run*	describir	*to describe*
creer (en)	*to believe (in)*	escribir	*to write*
deber (+ inf.)	*should, ought to; must*	recibir	*to receive*
leer	*to read*	vivir	*to live*

Eugenio y Lilia **corren** en el parque.

Ramón **escribe** una carta.

¡Manos a la obra!

Provide the correct forms of these verbs.

correr

1. Graciela ___corre___ en el parque.
2. Tú ________ en el campus.
3. Mi primo y yo ________.
4. Yo ________ los domingos.
5. Mis hermanos ________.
6. Ud. ________ en la plaza.
7. Uds. ________ los lunes.
8. La familia ________.
9. Marcos y yo ________.

abrir

1. Ellos ___abren___ la puerta.
2. Carolina ________ la maleta.
3. Yo ________ las ventanas.
4. Nosotras ________ los libros.
5. Ud. ________ el cuaderno.
6. Tú ________ la ventana.
7. Uds. ________ las maletas.
8. Él ________ el libro.
9. Los muchachos ________ los cuadernos.

aprender

1. Él ___aprende___ español.
2. Uds. ________ español.
3. Maribel y yo ________ inglés.
4. Tú ________ japonés.
5. Uds. ________ francés.
6. Mi hijo ________ chino.
7. Yo ________ alemán.
8. Ud. ________ inglés.
9. Nosotros ________ italiano.

3.4 Present tense of tener and venir

▸ The verbs **tener** (*to have*) and **venir** (*to come*) are frequently used. Since most of their forms are irregular, you will have to learn each one individually.

Present tense of *tener* and *venir*

	tener *to have*	venir *to come*
yo	tengo	vengo
tú	tienes	vienes
Ud./él/ella	tiene	viene
nosotros/as	tenemos	venimos
vosotros/as	tenéis	venís
Uds./ellos/ellas	tienen	vienen

¿Tienes hermanos?

Sí, tengo cuatro hermanas y un hermano mayor.

▸ Note that the **yo** forms are irregular:

tengo vengo

▸ The **nosotros** and **vosotros** forms are regular:

tenemos venimos
tenéis venís

▸ In the **tú, Ud./él/ella** and **Uds./ellos/ellas** forms, the **e** of the stem changes to **ie** as shown below.

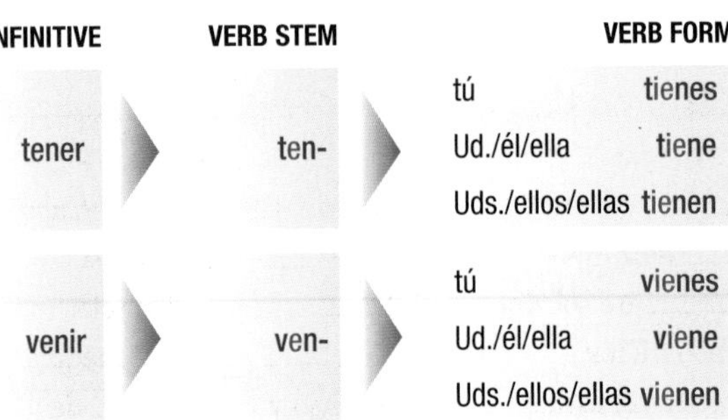

INFINITIVE	VERB STEM	VERB FORM	
tener	ten-	tú	tienes
		Ud./él/ella	tiene
		Uds./ellos/ellas	tienen
venir	ven-	tú	vienes
		Ud./él/ella	viene
		Uds./ellos/ellas	vienen

Práctica

1 Completar Complete each sentence with the appropriate form of **tener** or **venir**.

1. Hoy nosotros __________ una reunión familiar.
2. Todos (*all*) mis parientes __________, excepto mi tío Ricardo.
3. Él no __________ porque vive lejos, en Guayaquil.
4. Mi prima Inés y su novio no __________ hasta (*until*) las ocho porque ella __________ que trabajar.
5. En las fiestas, mis sobrinos siempre (*always*) __________ ganas de cantar y bailar.
6. Mi madre cree que mis sobrinos son muy simpáticos. Creo que ella __________ razón.

2 Describir Describe these people using **tener** expressions.

1. __________

2. __________

3. __________

4. __________

5. __________

6. __________

Conversación

3 **¿Sí o no?** Decide if these statements apply to you. Then interview a classmate by transforming each statement into a question. Report your results to the class.

modelo

Estudiante 1: *¿Tiene tu madre cincuenta años?*
Estudiante 2: *No, tiene cuarenta y dos años.*

	Yo	Mi amigo/a
1. Mi madre tiene cincuenta años.	Sí	No
2. Mi padre siempre (*always*) tiene razón.	____	____
3. Mis padres vienen a la universidad con frecuencia (*frequently*).	____	____
4. Vengo a clase los jueves.	____	____
5. Tengo dos pruebas hoy.	____	____
6. Mis amigos vienen a mi casa (*house*) los días de semana.	____	____
7. Hoy tengo ganas de comer en un restaurante.	____	____
8. Tengo sed.	____	____
9. Tengo miedo de comer sushi.	____	____
10. Tengo que estudiar los domingos.	____	____
11. Tengo una familia grande.	____	____

4 **Entrevista** Use these questions to interview a classmate.

1. ¿Cuántos años tienes? ¿Y tus hermanos/as?
2. ¿Cuándo vienes a la clase de español?
3. ¿Tienes que estudiar hoy? ¿Por qué?
4. ¿Tienes hambre a la medianoche con frecuencia (*frequently*)?
5. ¿Tienes sueño ahora (*now*)? ¿Por qué?
6. ¿Qué tienes ganas de hacer (*doing*) el sábado?
7. ¿De qué tienes miedo? ¿Por qué?
8. ¿Cuándo vienen tus amigos a tu casa, apartamento o residencia estudiantil?

Expressions with **tener**

- In certain expressions, Spanish uses the construction **tener** + [*noun*] instead of **ser** or **estar** to express the English equivalent *to be* + [*adjective*].

Expressions with *tener*

tener... años	*to be . . . years old*
tener (mucho) calor	*to be (very) hot*
tener (mucho) cuidado	*to be (very) careful*
tener (mucho) frío	*to be (very) cold*
tener (mucha) hambre	*to be (very) hungry*
tener (mucho) miedo	*to be (very) afraid/scared*
tener (mucha) prisa	*to be in a (big) hurry*
tener razón	*to be right*
no tener razón	*to be wrong*
tener (mucha) sed	*to be (very) thirsty*
tener (mucho) sueño	*to be (very) sleepy*
tener (mucha) suerte	*to be (very) lucky*

- To express an obligation, use **tener que** (*to have to*) + [*infinitive*].

—**¿Tienes que** estudiar hoy?
Do you have to study today?

—**Sí, tengo que** estudiar física.
Yes, I have to study physics.

- To ask people if they feel like doing something, use **tener ganas de** (*to feel like*) + [*infinitive*].

—**¿Tienes ganas de** comer?
Do you feel like eating?

—No, **tengo ganas de** dormir.
No, I feel like sleeping.

¡Manos a la obra!

Provide the appropriate forms of **tener** and **venir**.

tener

1. Ellos __tienen__ dos hermanos.
2. Yo ________ una hermana.
3. El artista ________ tres primos.
4. Nosotros ________ diez tíos.
5. Eva y Diana ________ un sobrino.
6. Ud. ________ cinco nietos.
7. Tú ________ dos hermanastras.
8. Uds. ________ cuatro hijos.
9. Ella ________ una hija.

venir

1. Mis padres __vienen__ de México.
2. Tú ________ de España.
3. Nosotras ________ de Cuba.
4. Pepe ________ de Italia.
5. Yo ________ de Francia.
6. Uds. ________ de Canadá.
7. Alfonso y yo ________ de Portugal.
8. Ellos ________ de Alemania.
9. Ud. ________ de Venezuela.

Repaso

For more practice, go to **aventuras.vhlcentral.com.**

3.1 Descriptive adjectives

1 Corregir All of these statements are false. Change the adjectives of nationality to make them true.

1. Antonio Banderas y Penélope Cruz son norteamericanos.
2. Una persona de Ecuador es estadounidense.
3. Celine Dion y Mike Myers son franceses.
4. Salma Hayek es japonesa.
5. Los habitantes de Puerto Rico son chinos.
6. Tony Blair es alemán.

2 Oraciones Combine elements from each column to form complete sentences about yourself and the people you know.

modelo *Mi familia no es grande.*

A		B	C	
Yo	Mis hijos/as	(no) ser	alto/a	moreno/a
Mi abuelo/a	Mi padre/ madre		bajo/a	pelirrojo/a
Mi novio/a	Mis padres		bonito/a	rubio/a
Mi familia	Mis primos		grande	simpático/a
Mi familia y yo	Mis tíos		inteligente	tonto/a
Mi hermano/a	Mi(s) ¿?		interesante	trabajador(a)
			joven	¿?

3.2 Possessive adjectives

3 Una familia Complete each sentence with the correct possessive adjective. Use the subject of each sentence as a guide.

1. Me llamo Carmen. _____ hermano es Javier.
   a. nuestro b. sus c. mi
2. _____ madre es médica y trabaja en un hospital.
   a. Nuestra b. Sus c. Mis
3. _____ padre es profesor y enseña biología.
   a. Tus b. Nuestro c. Nuestros
4. Él admira mucho a _____ estudiantes porque trabajan mucho.
   a. mis b. su c. sus
5. Yo estudio en la misma universidad, pero no tomo clases con _____ padre.
   a. nuestras b. mi c. tus
6. Y dime (*tell me*), ¿cómo es _____ familia?
   a. tu b. mi c. su

4 Entrevista Get together with a classmate and take turns asking each other these questions.

1. ¿Cómo se llaman los miembros (*members*) de tu familia?
2. ¿Cómo es tu familia?
3. ¿Cómo son tus amigos/as?
4. ¿Cómo son tus profesores/as?

3.3 Present tense of regular –er and –ir verbs

5 Oraciones Form sentences using the cues provided.

1. Yo / asistir / la clase de arte
2. Miguel / abrir / su correo electrónico (*e-mail*)
3. Cristóbal y yo / comer / cafetería / universidad
4. Tomás y Luca / aprender / alemán
5. Tú / leer / biblioteca
6. Lisa y Cristina / correr / por el parque (*through the park*)

6 Describir Look at the drawing and describe what these people are doing using **–er** and **–ir** verbs.

Diego _______________________________.

Marta y Susana _______________________________.

Yo _______________________________.

Paco _______________________________.

3.4 Present tense of tener and venir

8 **Completar** Complete Juan's e-mail to David with the appropriate forms of **tener** or **venir**.

Juan:
¿Qué (1) _______ ganas de hacer (**doing**) el sábado? Mis hermanos César y Beatriz (2) _______ a visitarme de Madrid. César (3) _______ 15 años y Beatriz (4) _______ 17 años. Yo (5) _______ suerte porque ellos son muy simpáticos y (6) _______ a visitarme a la universidad con mucha frecuencia (**frecuently**). El domingo vamos al cine y después a un restaurante puertorriqueño. ¿(7) _______ (tú) con nosotros?

Bueno, hasta pronto. Ahora voy (**Now I go**) a la cafetería porque (8) _______ mucha hambre.
David

7 **Tener** React to these statements logically using expressions with **tener**.

Estamos en el Polo Norte.
Tenemos frío.

1. Mi hermana come mucho.
2. Estoy en una sauna.
3. ¡Mis primos ganaron (*won*) la lotería!
4. Luisa y Marta terminan de estudiar a las dos de la mañana y están cansadas (*tired*).
5. Estás en *La casa del terror.*
6. Mi clase es en cinco minutos y todavía (*still*) estoy en mi cuarto.

Síntesis

9 **Describe a tu familia** In groups of three, describe your families.

- Describe your family to your classmates in several sentences. **(Mi padre es alto y moreno. Mi madre es delgada y muy inteligente. Mis hermanos son...)**
- Your classmates will work together to try to repeat your description. **(Su padre es alto y moreno. Su madre...)**
- If they forget any details, they will ask you questions. **(¿Cuántos años tiene tu abuelo?)**
- Take turns until all of you have described your families.

Videoclip

1 **Preparación** Have you or anyone in your family ever experienced a situation that seemed supernatural? What happened?

2 **El clip** Watch the American short film **Tears and Tortillas.**

Vocabulario			
se aparece en	*appears in*	la lágrima	*tear*
la canción	*song*	el milagro	*miracle*

Ay, Carlos. Nuestra canción.

Abuelita... ¿me llamaste?°

¿me llamaste? *you called me?*

3 **Preguntas** Choose the correct answer for each question.

1. ¿Qué hace (*is she doing*) la abuela? (Prepara tortillas./Come tortillas.)
2. ¿Quién escucha una canción? (la abuela/el nieto)
3. ¿Quién se aparece en la tortilla? (el nieto/el abuelo)
4. ¿Qué tiene el nieto? (sed/hambre)

4 **Los personajes** Choose one of the characters and write a description of him or her. Use as many adjectives as you can and mention the person's likes and dislikes. Be creative! Then, in pairs, read your description to a partner.

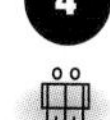

CONEXIÓN INTERNET

Go to **aventuras.vhlcentral.com** to watch the television clip featured in this section.

Ampliación

1 Escuchar

A Listen to Cristina and Laura's conversation. Then indicate who would make each statement.

TIP Ask for repetition. During a conversation, you can ask someone to repeat by saying **¿Cómo?** (*What?*) or **¿Perdón?** (*Pardon me?*) In class, you can ask your teacher to repeat by saying **Repítalo, por favor** (*Repeat it, please*). If you don't understand a recorded activity, you can simply replay it.

	Cristina	Laura
1. Mi novio habla sólo (*only*) del fútbol y del béisbol.	☐	☐
2. Tengo un novio muy interesante y simpático.	☐	☐
3. Mi novio es alto y moreno.	☐	☐
4. Mi novio trabaja mucho.	☐	☐
5. Mi amiga no tiene buena suerte con los muchachos.	☐	☐
6. Mi novio es un poco gordo, pero guapo.	☐	☐

B ¿Cómo son Laura y Cristina? ¿Cómo son sus novios? ¿Tienes novio/a? ¿Cómo es?

2 Conversar

You are taking a friend to a reunion of your extended family. So that there will not be any surprises for your friend, you have a conversation with him or her to talk about your relatives. During the conversation, your friend should find out about the following:

- *Which family members are coming, including their names and their relationship to you*
- *What each family member is like*
- *How old each person is*
- *Where each person is from*
- *Where each person lives*

recursos

WB pp. 23–30	LM p. 15–17	SUPERSITE aventuras.vhlcentral.com Lección 3

Ampliación

3 Escribir

One of your online friends wants to know about your family. Write an e-mail describing your family or an imaginary family.

TIP Use idea maps. Idea maps help you group your information.

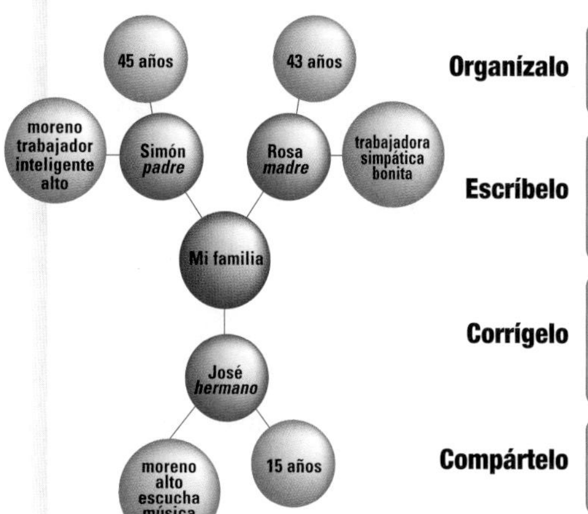

Organízalo	Use an idea map to help you list and organize information about your family. See the example.
Escríbelo	Using the material you have compiled, write the first draft of your e-mail. Use an appropriate greeting, such as **Querido/a** (*Dear*), and an appropriate closing, such as **Un abrazo** (*A hug*).
Corrígelo	Exchange papers with a classmate and comment on the organization, style, and grammatical accuracy of each other's work. Then revise your first draft, keeping your classmate's comments in mind.
Compártelo	Read your e-mail aloud to a small group of classmates. Discuss how your families are similar (**semejantes**) and how they are different (**distintas**).

4 Un paso más

Create an illustrated family tree for your family and share it with the class. Your family tree might include these elements:

- A simple title
- A format that clearly shows the relationships between family members
- Photos of family members and their names, following Hispanic naming conventions
- A few adjectives that describe each family member

SUPERSITE **CONEXIÓN INTERNET**

Investiga estos temas en el sitio aventuras.vhlcentral.com.

- La familia en las culturas hispanas
- La amistad (*friendship*) en las culturas hispanas

Antes de leer

You don't need to understand every word you read in Spanish. When you come across words you haven't learned, try to guess what they mean by looking at the context—the surrounding words and sentences. Look at this article about families and find a few words or phrases you don't know. Then guess what they mean, using the context as your guide.

Familias de todo tipo

◀ Hermana dedicada

Me llamo Isabel y tengo dieciocho años. Vivo con mi hermanito Daniel, mi padre Carlos y mi madre Estela. Estudio programación de computadoras en la universidad. Soy muy buena para las computadoras. Por las tardes, le ayudo a Daniel a usar la computadora para hacer sus tareas. ¡Soy una hermana muy dedicada!

Primas futbolistas ▶

Me llamo Roberto Sandoval. Mi hija se llama Mónica y es una aficionada al fútbol. Los sábados y domingos ella juega° al fútbol con su prima Carolina y juntas° ven° todos los partidos° de fútbol en la televisión. Mónica y Carolina desean jugar° en el equipo° nacional. ¡Qué honor... una hija y una sobrina en el equipo nacional!

Una madre orgullosa ▶

Me llamo Ángela. Tengo dos hijos. Estoy muy orgullosa de ellos. La mayor se llama Lourdes y el menor José María. Lourdes tiene 18 años y José María tiene 15 años. Mis dos hijos son unos excelentes estudiantes. Lourdes toma clases de arquitectura y José María toma clases de italiano.

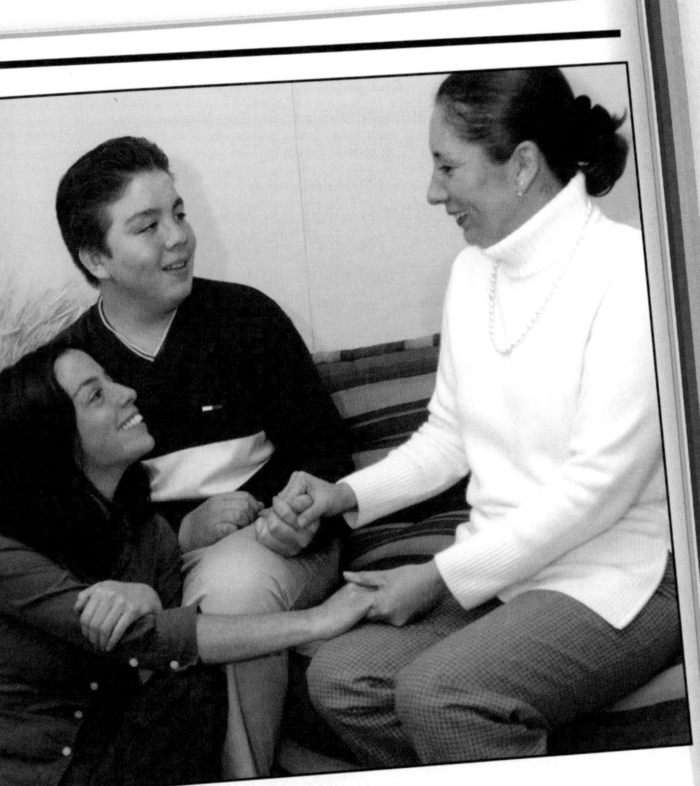

◀ Nieto único

Me llamo Luis y vivo con mi abuelo Artemio y mi abuela María. Soy su único nieto. No tengo hermanos ni° primos. Mis abuelos trabajan mucho. Los fines de semana comemos con mis tías Carmen y Beatriz. Mis tías son muy simpáticas.

Después de leer

¿Comprendiste? 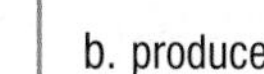

Look at the magazine article and see how the words and phrases in the first column are used in context. Then find their translations in the second column.

1. ayudo ____
2. aficionada ____
3. la mayor ____
4. el menor ____
5. orgullosa ____
6. único ____

a. the oldest
b. producer
c. proud
d. they watch
e. I help
f. the youngest
g. only
h. fan

Preguntas

Answer these questions using complete sentences.

1. ¿Cuántas personas hay en la familia de Isabel?
____
2. ¿Con quién vive Luis?
____
3. ¿Cómo se llaman los abuelos de Luis?
____
4. ¿Quiénes desean jugar en el equipo nacional?
____
5. ¿Mónica y Carolina son hermanas?
____
6. ¿Cuántos hijos tiene Ángela?
____

Coméntalo

¿Es similar tu familia a las familias del artículo? En tu opinión, ¿son ideales las familias del artículo? ¿Cómo es la familia ideal?

juega *plays*
juntas *together*
ven *they watch*
partidos *games*
jugar *to play*
equipo *team*
ni *nor*

For an additional reading, go to **aventuras.vhlcentral.com.**

La familia

el/la abuelo/a	*grandfather/ grandmother*
el/la cuñado/a	*brother-in-law/ sister-in-law*
el/la esposo/a	*husband/wife; spouse*
la familia	*family*
el/la hermanastro/a	*stepbrother/stepsister*
el/la hermano/a	*brother/sister*
el/la hijastro/a	*stepson/stepdaughter*
el/la hijo/a	*son/daughter*
los hijos	*children; sons*
la madrastra	*stepmother*
la madre	*mother*
el/la medio/a hermano/a	*half-brother/ half-sister*
el/la nieto/a	*grandson/ granddaughter*
la nuera	*daughter-in-law*
el padrastro	*stepfather*
el padre	*father*
los padres	*parents*
los parientes	*relatives*
el/la primo/a	*cousin*
el/la sobrino/a	*nephew/niece*
el/la suegro/a	*father-in-law/ mother-in-law*
el/la tío/a	*uncle/aunt*
el yerno	*son-in-law*

Otras palabras

el/la amigo/a	*friend*
el/la gato/a	*cat*
la gente	*people*
el/la muchacho/a	*boy/girl*
el/la niño/a	*child; boy/girl*
el/la novio/a	*boyfriend/girlfriend*
la persona	*person*
el/la perro/a	*dog*

Adjetivos

alto/a	*tall*
antipático/a	*unpleasant*
bajo/a	*short (in height)*
bonito/a	*pretty*
buen, bueno/a	*good*
delgado/a	*thin; slender*
difícil	*difficult, hard*
fácil	*easy*
feo/a	*ugly*
gordo/a	*fat*
gran, grande	*big, large; great*
guapo/a	*handsome; good-looking*
importante	*important*
inteligente	*intelligent*
interesante	*interesting*
joven	*young*
mal, malo/a	*bad*
mismo/a	*same*
moreno/a	*dark-haired*
mucho/a	*much; many; a lot of*
pelirrojo/a	*red-haired*
pequeño/a	*small*
rubio/a	*blond(e)*
simpático/a	*nice; likeable*
tonto/a	*silly; foolish*
trabajador(a)	*hard-working*
viejo/a	*old*

Las profesiones

el/la artista	*artist*
el/la doctor(a)	*doctor; physician*
el/la ingeniero/a	*engineer*
el/la médico/a	*doctor; physician*
el/la periodista	*journalist*
el/la programador(a)	*computer programmer*

Verbos

abrir	*to open*
aprender	*to learn*
asistir (a)	*to attend*
beber	*to drink*
comer	*to eat*
compartir	*to share*
comprender	*to understand*
correr	*to run*
creer (en)	*to believe (in)*
deber (+ inf.)	*to have to; should*
decidir	*to decide*
describir	*to describe*
escribir	*to write*
leer	*to read*
recibir	*to receive*
tener	*to have*
venir	*to come*
vivir	*to live*

Expresiones con *tener*

tener… años	*to be… years old*
tener (mucho) calor	*to be (very) hot*
tener (mucho) cuidado	*to be (very) careful*
tener (mucho) frío	*to be (very) cold*
tener ganas de (+ inf.)	*to feel like (doing something)*
tener (mucha) hambre	*to be (very) hungry*
tener (mucho) miedo	*to be (very) afraid/ scared*
tener (mucha) prisa	*to be in a (big) hurry*
tener que (+ inf.)	*to have to (do something)*
tener razón	*to be right*
no tener razón	*to be wrong*
tener (mucha) sed	*to be (very) thirsty*
tener (mucho) sueño	*to be (very) sleepy*
tener (mucha) suerte	*to be (very) lucky*

Expresiones útiles	*See page 65.*
Nationalities	*See page 69.*
Possessive adjectives	*See page 70.*

4 El fin de semana

Communicative Goals

You will learn how to:

- talk about pastimes, weekend activities, and sports
- make plans and invitations
- say what you are going to do

PARA EMPEZAR

- ¿Cómo son estas personas? ¿Gordas o delgadas?
- ¿Son jóvenes o viejas?
- ¿En qué tienen interés: en el fútbol o en el ciclismo?
- ¿Tienen calor o frío?

EL FIN DE SEMANA

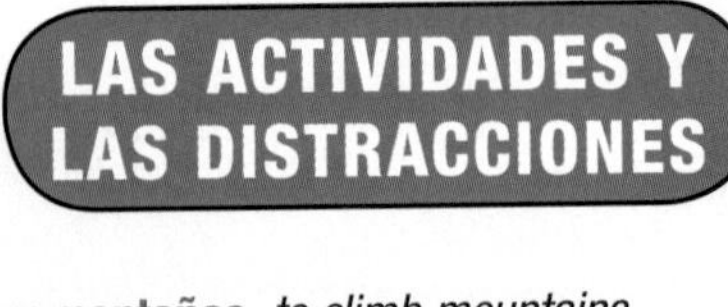

escalar montañas *to climb mountains*
escribir una carta *to write a letter*
un mensaje electrónico *to write an e-mail*
esquiar *to ski*
ir de excursión (a las montañas) *to go on a hike (in the mountains)*
leer el periódico *to read the newspaper*
el correo electrónico *to read e-mail*
una revista *to read a magazine*
nadar en la piscina *to swim in the pool*
pasear por la ciudad/el pueblo *to walk around the city/town*
practicar deportes (m. pl.) *to practice sports*
ver películas *to see movies*
visitar un monumento *to visit a monument*

pasear en bicicleta
to ride a bicycle

tomar el sol
to sunbathe

patinar (en línea)
to skate (in-line)

una (tarjeta) postal
a postcard

bucear
to scuba dive

recursos		
WB pp. 31–32	LM p. 19	SUPERSITE aventuras.vhlcentral.com Lección 4

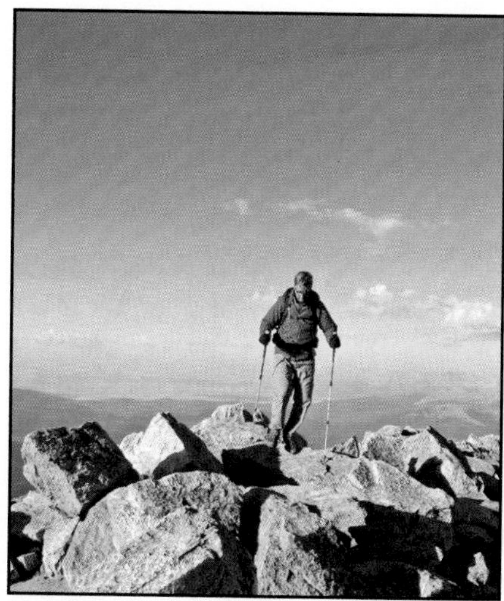

el/la excursionista
hiker

LOS DEPORTES

el baloncesto *basketball*
el ciclismo *cycling*
el esquí (acuático) *(water) skiing*
el fútbol americano *football*
el golf *golf*
el hockey *hockey*
la natación *swimming*
el tenis *tennis*
el vóleibol *volleyball*

el equipo *team*
el/la jugador(a) *player*
el partido *game*
la pelota *ball*
ganar *to win*
ser aficionado/a (a) *to be a fan (of)*

deportivo/a *sports-related*

el fútbol
soccer

el béisbol
baseball

Variación léxica
piscina ⟷ pileta (*Arg.*), alberca (*Méx.*)
baloncesto ⟷ básquetbol (*Amér. L.*)
béisbol ⟷ pelota (*P. Rico, Rep. Dom.*)

LOS LUGARES

la casa *house*
el centro *downtown*
el cine *movie theater*
el gimnasio *gym, gymnasium*
el museo *museum*
el parque *park*
el restaurante *restaurant*

la iglesia
church

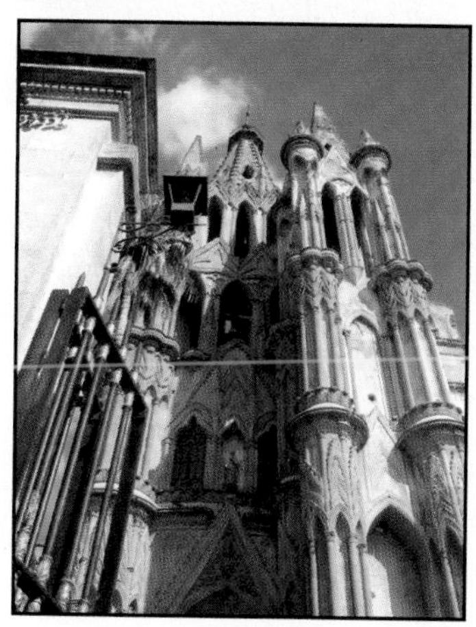

el café
café

la piscina
pool

OTRAS PALABRAS

la diversión *entertainment; fun activity*
el fin de semana *weekend*
el lugar *place*
el pasatiempo *pastime, hobby*
los ratos libres *spare time*
el tiempo libre *free time*
favorito/a *favorite*
pasar el tiempo *to spend time*

A escuchar

1 **Una estudiante muy activa** Every day Laura does many things. Number the drawings in the order in which you hear Laura mention them.

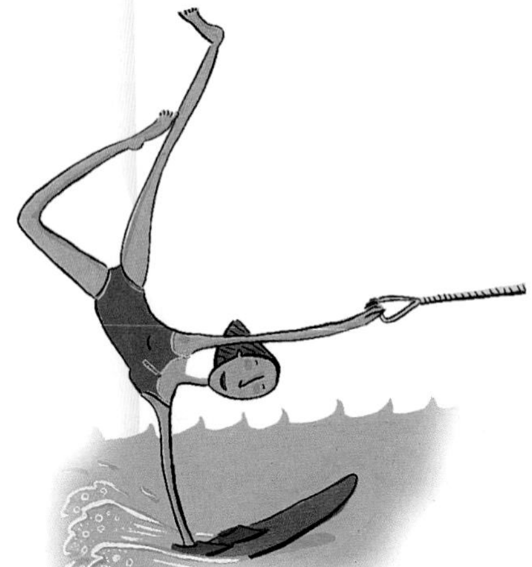

a. ______

b. ______

c. ______

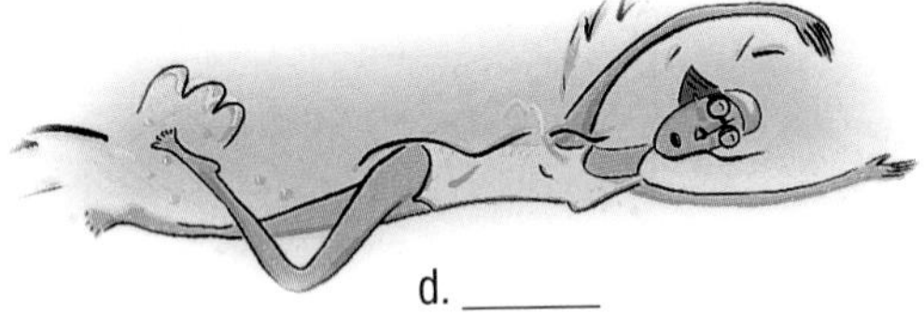

d. ______

e. ______

2 **¿Qué haces?** Berta and Julio are discussing their plans for this weekend. Listen to their conversation and mark the activities that correspond to each person.

	Berta	Julio
1. El domingo voy a la piscina con mis amigas.	☐	☐
2. El sábado voy a jugar un partido de fútbol.	☐	☐
3. Voy a ver una película.	☐	☐
4. Practico el fútbol todos los días.	☐	☐
5. El sábado por la tarde trabajo en el café de mis padres.	☐	☐

recursos
SUPERSITE
aventuras.vhlcentral.com
Lección 4

A practicar

3 **Los pasatiempos** Indicate which word or phrase doesn't belong.

1. bucear • ir de excursión • leer una revista • esquiar
2. el baloncesto • el ciclismo • el vóleibol • el fútbol
3. la natación • el cine • el café • la iglesia
4. el golf • la aficionada • el jugador • el excursionista
5. el periódico • el pasatiempo • la revista • el correo
6. ver películas • ir al museo • practicar el hockey • leer un periódico

4 **¿Cierto o falso?** Indicate whether each statement is **cierto** or **falso**.

Gustavo y Simón

los chicos

José

don Fernando

Maribel

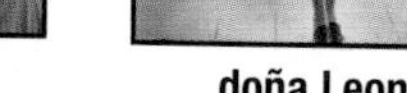

doña Leonor

1. _______ Gustavo y Simón pasean por la ciudad en bicicleta.
2. _______ Los chicos juegan al fútbol.
3. _______ José hace una excursión a las montañas.
4. _______ Don Fernando lee el periódico en el parque.
5. _______ Maribel patina en línea.
6. _______ Doña Leonor pasea por la ciudad.

5 **Dos amigos** Complete the conversation with the words given.

centro	**pasar**	**semana**
cine	**pasatiempos**	**tiempo**
gimnasio	**piscina**	**vóleibol**

LUISA ¿Cómo te gusta (1) __________ los ratos libres, Manuel?

MANUEL Bueno, Luisa, no tengo mucho (2) __________ libre, pero los fines de (3) __________ me gusta ver películas. Y tú, Luisa, ¿cuáles son tus (4) __________ favoritos?

LUISA Voy al (5) __________. Nado en la (6) __________. Y los sábados juego al (7) __________.

MANUEL ¡Uf! ¿Y qué haces para descansar?

LUISA Pues… veo películas.

MANUEL ¡Excelente! Hay una buena película en un (8) __________ del (9) __________. ¿Quieres ir?

LUISA Sí, Manuel. Buena idea.

A conversar

6 **¿Y tú?** Interview your partner using these questions.

1. ¿Te gustan los deportes?
2. ¿Qué deportes practicas?
3. ¿Cuál es tu deporte favorito? ¿Por qué te gusta?
4. ¿Te gusta pasear en bicicleta? ¿Dónde paseas y con quién?
5. ¿Escribes muchos mensajes electrónicos? ¿A quién escribes los mensajes?
6. ¿Qué periódicos y revistas lees? ¿Por qué?

7 **En el campus** With a partner, describe what the people in the illustration are doing.

8 **¿Quién soy?** Using **yo** forms, write a description of a famous athlete and read it to the class, mentioning the athlete's initials (**iniciales**). The class will guess who you described.

modelo

Estudiante: *Soy muy famosa. Vivo en la Florida con mi familia. Practico el tenis. Soy una jugadora profesional. Mi hermana practica el tenis también. Mis iniciales son V. W. ¿Quién soy?*
Clase: *¿Eres Venus Williams?*
Estudiante: *¡Sí!*

Pronunciación

SUPERSITE

Word stress and accent marks

pe-lí-cu-la **e-di-fi-cio** **ver** **yo**

Every Spanish syllable contains at least one vowel. When two vowels are joined in the same syllable, they form a **diphthong***. A **monosyllable** is a word formed by a single syllable.

bi-blio-te-ca **vi-si-tar** **par-que** **fút-bol**

The syllable of a Spanish word that is pronounced most emphatically is the "stressed" syllable.

pe-lo-ta **pis-ci-na** **ra-tos** **ha-blan**

Words that end in **n, s,** or a **vowel** are usually stressed on the next-to-last syllable.

na-ta-ción **pa-pá** **in-glés** **Jo-sé**

If words that end in **n, s,** or a **vowel** are stressed on the last syllable, they must carry an accent mark on the stressed syllable.

bai-lar **es-pa-ñol** **u-ni-ver-si-dad** **tra-ba-ja-dor**

Words that do **not** end in **n, s,** or a **vowel** are usually stressed on the last syllable.

béis-bol **lá-piz** **ár-bol** **Gó-mez**

If words that do **not** end in **n, s,** or a **vowel** are stressed on the next-to-last syllable, they must carry an accent mark on the stressed syllable.

**The two vowels that form a diphthong are either both weak or one is weak and the other is strong.*

Práctica Pronounce each word, stressing the correct syllable. Then give the word stress rule for each word.

1. profesor
2. Puebla
3. ¿Cuántos?
4. Mazatlán
5. examen
6. ¿Cómo?
7. niños
8. Guadalajara
9. programador
10. México
11. están
12. geografía

Oraciones Read the conversation aloud to practice word stress.

MARINA Hola, Carlos. ¿Qué tal?
CARLOS Bien. Oye, ¿a qué hora es el partido de fútbol?
MARINA Creo que es a las siete.
CARLOS ¿Quieres ir?
MARINA Lo siento, pero no puedo. Tengo que estudiar biología.

Refranes Read these sayings aloud to practice word stress.

En la unión está la fuerza.[2]

Quien ríe de último, ríe mejor.[1]

1 He who laughs last laughs loudest.
2 In unity, there is strength.

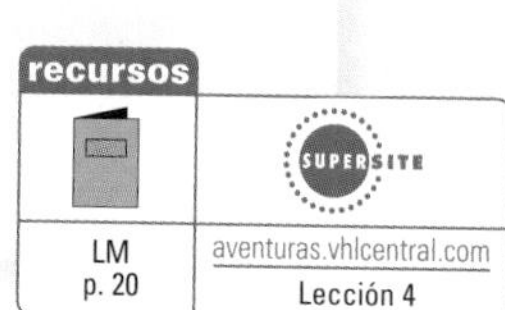

¡Vamos al parque!

Los estudiantes pasean por la ciudad y hablan de sus pasatiempos.

PERSONAJES

DON FRANCISCO

JAVIER

INÉS

ÁLEX

MAITE

JOVEN

1

DON FRANCISCO Tienen una hora libre. Pueden explorar la ciudad, si quieren.

2

JAVIER Inés, ¿quieres ir a pasear por la ciudad?
INÉS Sí, vamos.

3

ÁLEX ¿Por qué no vamos al parque, Maite? Podemos hablar y tomar el sol.
MAITE ¡Buena idea! También quiero escribir unas postales.

6

ÁLEX ¡Maite!
MAITE ¡Dios mío!

7

JOVEN Mil perdones. Lo siento muchísimo.
MAITE ¡No es nada! Estoy bien.

8

ÁLEX Ya son las dos y treinta. Debemos regresar al autobús, ¿no?
MAITE Tienes razón.
ÁLEX Oye, Maite, ¿qué vas a hacer esta noche?
MAITE No tengo planes. ¿Por qué?

ACTIVIDADES

1 Ordenar Put the following events in order from 1 to 5.

_____ a. Álex y Maite van al parque.
_____ b. Álex y el muchacho juegan al fútbol.
_____ c. Maite y Álex regresan al autobús.
_____ d. Maite decide escribir unas postales.
_____ e. El muchacho tira (*throws*) la pelota a Maite sin querer (*by accident*).

2 Pasatiempos Scan **Aventuras** and indicate which pastimes the characters mention. Then indicate whether you participate in each pastime.

ÁLEX _______________________________
____

MAITE _______________________________
____

Para recordar Before watching this episode of the **Fotonovela**, review the previous one. What do you remember?

1. ______ tiene una familia grande.
2. El ______ de Javier es viejo y trabajador.
3. ______ no tiene hermanos.
4. Inés tiene ______ hermanas.

MAITE ¿Eres aficionado a los deportes, Álex?
ÁLEX Sí, me gusta mucho el fútbol. Me gusta también nadar, correr e ir de excursión a las montañas.
MAITE Yo también corro mucho.

ÁLEX Oye, Maite, ¿por qué no jugamos al fútbol con él?
MAITE Mmm... No quiero. Voy a terminar de escribir unas postales.

ÁLEX Eh, este... A veces salgo a correr por la noche. ¿Quieres venir a correr conmigo?
MAITE Sí, vamos. ¿A qué hora?
ÁLEX ¿A las seis?
MAITE Perfecto.

DON FRANCISCO Esta noche van a correr. ¡Y yo no tengo energía para pasear!

Expresiones útiles

Making invitations

¿Por qué no vamos al parque?
Why don't we go to the park?
¡Buena idea!
Good idea!
¿Por qué no jugamos al fútbol?
Why don't we play soccer?
Mmm... no quiero.
Hmm... I don't want to.
Lo siento, pero no puedo.
I'm sorry, but I can't.
¿Quieres pasear por la ciudad conmigo?
Do you want to walk around the city with me?
Sí, vamos.
Yes, let's go.

Making plans

¿Qué vas a hacer esta noche?
What are you going to do tonight?
No tengo planes.
I don't have any plans.

Talking about pastimes

¿Eres aficionado/a a los deportes?
Are you a sports fan?
Sí, me gustan todos los deportes.
Yes, I like all sports.
Sí, me gusta mucho el fútbol.
Yes, I like soccer a lot.

Apologizing

Mil perdones./Lo siento muchísimo.
I'm so sorry.

Preguntas Get together with a partner and take turns asking each other these questions.

1. ¿Por dónde pasean Inés y Javier?
2. ¿Cuáles son los deportes favoritos de Álex?
3. ¿Qué tiene ganas de hacer Maite en el parque? ¿Y Álex?
4. ¿Qué deciden hacer Álex y Maite esta noche?

Conversación In pairs, talk about pastimes and plan an activity together. Use the **Expresiones útiles** on this page.

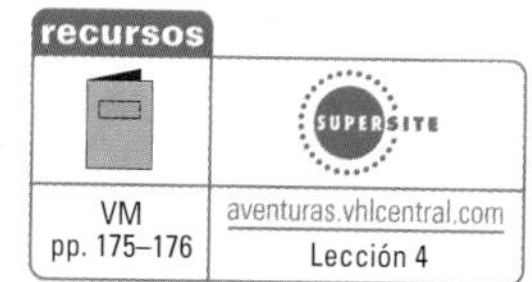

BAJO LA LUPA

Real Madrid y el Barça: rivalidad total

Soccer in Spain is a force to be reckoned with, and no two teams draw more attention than **Real Madrid** and the **Fútbol Club Barcelona.** Whether the venue is Madrid's **Santiago Bernabéu** or Barcelona's **Camp Nou**, the two cities shut down for the showdown, paralyzed by **fútbol** fever. A ticket to the actual game is always the hottest ticket in town.

The rivalry between **Real Madrid** and **Barça** is about more than soccer. As the two biggest, most powerful cities in Spain, Barcelona and Madrid are constantly compared to one another and have a natural rivalry. There is also a political component to the dynamic. Barcelona, with its distinct language and culture, has long struggled for increased autonomy from Madrid's centralized government. Under Francisco Franco's rule (1939–1975), when repression of the Catalan identity was at its height, a game between **Real Madrid** and **FC Barcelona** was wrapped up with all the symbolism of the regime versus the resistance, even though both teams suffered casualties in Spain's civil war and the subsequent Franco dictatorship.

Although the dictatorship is far behind, the momentum of all those decades of competition still transforms both cities into a frenzied, tense panic leading up to the game. Once the final score is announced, one of those cities is transformed again, this time into the best party in the country.

Rivalidades del fútbol

Argentina: Boca Juniors vs River Plate
México: Águilas del América vs Chivas del Guadalajara
Chile: Colo Colo vs Universidad de Chile
Guatemala: Comunicaciones vs Municipal
Uruguay: Peñarol vs Nacional
Colombia: Millonarios vs Independiente Santa Fe

ACTIVIDADES

1 **¿Cierto o falso?** Indicate whether each statement is **cierto** or **falso**. Correct the false statements.

1. People from Spain don't like soccer.
2. Madrid and Barcelona are the most important cities in Spain.
3. Santiago Bernabéu is a stadium in Barcelona.
4. The rivalry between Real Madrid and FC Barcelona is not only in soccer.
5. Barcelona has resisted Madrid's centralized government.
6. Only the FC Barcelona team was affected by the civil war.
7. During Franco's regime, the Catalan culture thrived.
8. There are many famous rivalries between soccer teams in the Spanish-speaking world.
9. River Plate is a popular team from Argentina.
10. Comunicaciones and Peñarol are famous rivalries in Guatemala.

ASÍ SE DICE

Los deportes

el/la árbitro/a	*referee*
el/la atleta	*athlete*
el campeón/ la campeona	*champion*
la cancha (de fútbol)	*soccer field*
competir	*to compete*
empatar	*to draw; to tie*
entrenar	*to train*
el/la mejor	*the best*
mundial	*worldwide*
el torneo	*tournament*

CONEXIÓN INTERNET

What do soccer and dominos have in common? Go to **aventuras.vhlcentral.com** to find out and to access these components.

- the **Flash Cultura** video
- more activities
- additional reading: **El dominó: el pasatiempo favorito de los caribeños hispanos.**

2 **Comparación** Compare soccer in Spain with a popular sport where you live. What are some famous rivalries? What is the source of their rivalries? How would you describe the different sets of fans?

recursos

VM pp. 233–234 | aventuras.vhlcentral.com Lección 4

¡Fútbol en España!

1 **Preparación** What is the most popular sport at your school? What teams are your rivals? How do students celebrate a win?

2 **El video** Watch this **Flash Cultura** episode.

Vocabulario

afición *fans*	**pierde** *loses*
celebran *they celebrate*	**rivalidad** *rivalry*

1 *(Hay mucha afición al fútbol en España.)*

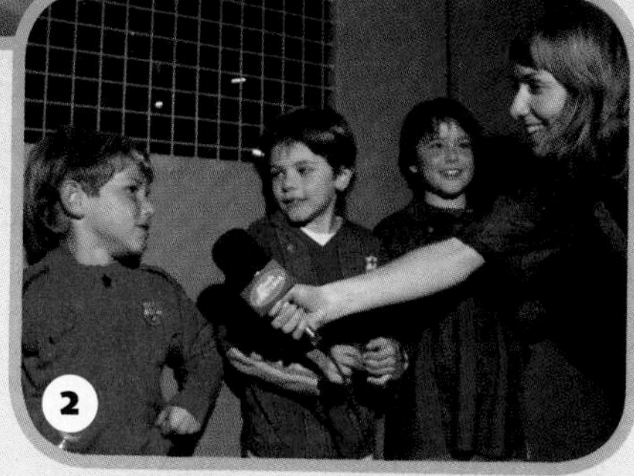

2 ¿Y cuál es vuestro jugador favorito?

3 **Escoger** Select the correct answer.

1. Un partido entre el Barça y el Real Madrid es __________ (un deporte/un evento) importante en toda España.
2. Ronaldinho es el futbolista estrella (*soccer star*) del __________ (Barça/Real Madrid).
3. Los aficionados __________ (miran/celebran) las victorias de sus equipos en las calles (*streets*).
4. La rivalidad entre el Real Madrid y el Barça está relacionada con la __________ (religión/política).

4.1 The present tense of ir

ir (to go)

Singular forms		Plural forms	
yo	voy	nosotros/as	vamos
tú	vas	vosotros/as	vais
Ud./él/ella	va	Uds./ellos/ellas	van

- The verb **ir** (*to go*) is irregular in the present tense.
- **Ir** is often used with the preposition **a** (*to*). When **a** is followed by the article **el,** they form the contraction **al**. There is no contraction when **a** is followed by **la**, **las**, and **los**.

a + el = al

Voy al cine con María.
I'm going to the movies with María.

Ellos **van a** las montañas.
They are going to the mountains.

- The construction **ir a** + [*infinitive*] expresses actions that are going to happen in the future. It is equivalent to the English *to be going to* + [*infinitive*].

Voy a escribir unas postales.

Álex y Maite van a volver al autobús.

- **Vamos a** + [*infinitive*] can also express the idea of *let's (do something).*

Vamos a pasear.
Let's take a stroll.

¡Vamos a ver!
Let's see!

¡ojo! Use **adónde** instead of **dónde** when asking a question with **ir**.

¿Adónde vas?
Where are you going?

¿Dónde estás?
Where are you?

¡Manos a la obra!

Provide the present tense forms of **ir.**

1. Ellos _van_.
2. Yo ______.
3. Tu novio ______.
4. Adela ______.
5. Mi prima y yo ______.
6. Tú ______.
7. Ustedes ______.
8. Nosotros ______.
9. Usted ______.
10. Nosotras ______.
11. Miguel ______.
12. Ellos ______.

Práctica

1 Adivina Roberto has gone to see Doña Imelda, a fortune teller. Using **ir a** + [*infinitive*], say what Doña Imelda predicts.

modelo

Tu hermano Gabriel _va a_ ir a Europa.

1. Tú ______ correr en el Maratón de Boston.
2. Tú y tu familia ______ escalar el monte Everest.
3. Tu hermano Pablo ______ jugar en la Liga Nacional de Fútbol.
4. Tu hermana Tina ______ recibir una carta misteriosa.
5. Tu hermana Rosario ______ patinar en los Juegos Olímpicos.
6. Tus padres ______ tomar el sol en Acapulco.
7. Tú ______ ver las pinturas *(paintings)* de tu amiga en el Museo Nacional de Arte.
8. ¡Y yo ______ ser muy, muy rica!

2 ¿Adónde vas? You and some friends are visiting Madrid. Work with a partner and ask each other which sites you will visit today. Use the cues provided in the map.

modelo

Estudiante 1: *¿Adónde vamos nosotros?*
Estudiante 2: *Nosotros vamos a la Plaza de Santo Domingo.*

Conversación

3 Situaciones With a partner, say where you and your friends go in these situations.

1. Cuando deseo descansar…
2. Cuando mi novio/a tiene que estudiar…
3. Si mis amigos necesitan practicar el español…
4. Si deseo hablar con unos amigos…
5. Cuando tengo dinero (*money*)…
6. Cuando mis amigos y yo tenemos hambre…
7. Si tengo tiempo libre…
8. Cuando mis amigos desean esquiar…
9. Si estoy de vacaciones (*on vacation*)…
10. Si quiero leer…

4 Encuesta Walk around the class and ask your classmates if they are going to do these activities today. Try to find at least two people for each item and write their names on the worksheet. Report your findings to the class.

Actividades	Nombres
1. Comer en un restaurante	______
2. Mirar la televisión	______
3. Leer una revista	______
4. Escribir un mensaje electrónico	______
5. Correr	______
6. Ver una película	______
7. Pasear en bicicleta	______
8. Estudiar en la biblioteca	______

5 Entrevista Talk to two classmates to find out what they are going to do this weekend.

modelo

Estudiante 1: *¿Adónde vas este (this) fin de semana?*
Estudiante 2: *Voy a Guadalajara con mis amigos.*
Estudiante 3: *¿Y qué van a hacer (to do) ustedes en Guadalajara?*
Estudiante 2: *Vamos a visitar unos monumentos y unos museos. ¿Y ustedes?*

Español en vivo

Esta familia siempre va a estar unida,
porque el Banco Atlantis siempre va a estar con ellos.
Luis va a trabajar lejos de su familia, pero ellos van a estar tranquilos. Luis va a depositar su sueldo en el Banco Atlantis y así, él va a ayudar a su familia.
BANCO ATLANTIS
Vamos a ganarle dinero

Identificar

Scan the advertisement above and identify the instances where the **ir a** + [*infinitive*] construction is used.

Preguntas

1. ¿Quiénes son las personas de la familia?
2. ¿Cómo va a estar la familia?
3. ¿Qué va a hacer (*to do*) el hijo?
4. ¿Por qué el hijo escoge (*does he choose*) el Banco Atlantis?

4.2 Stem-changing verbs: e → ie, o → ue

- In stem-changing verbs, the stressed vowel of the stem changes when the verb is conjugated.

INFINITIVE	VERB STEM	STEM CHANGE	CONJUGATED FORM
empezar	empez-	empiez-	empiezo
volver	volv-	vuelv-	vuelvo

- In many verbs, such as **empezar** (*to begin*), the stem vowel changes from **e** to **ie**. Note that the **nosotros/as** and **vosotros/as** forms don't have a stem change.

empezar (e:ie)

Singular forms		Plural forms	
yo	empiezo	nosotros/as	empezamos
tú	empiezas	vosotros/as	empezáis
Ud./él/ella	empieza	Uds./ellos/ellas	empiezan

Álex y Maite vuelven al autobús.

Álex empieza a enviar mensajes.

- In many other verbs, such as **volver** (*to return*), the stem vowel changes from **o** to **ue**. The **nosotros/as** and **vosotros/as** forms have no stem change.

volver (o:ue)

Singular forms		Plural forms	
yo	vuelvo	nosotros/as	volvemos
tú	vuelves	vosotros/as	volvéis
Ud./él/ella	vuelve	Uds./ellos/ellas	vuelven

- To help you identify stem-changing verbs, they will appear as follows throughout the text:

empezar (e:ie) volver (o:ue)

Práctica

1 El día del partido Complete this pre-game conversation between two friends with the appropriate verb forms.

PABLO Óscar, voy al centro ahora. (1) ¿_____ [querer] venir?

ÓSCAR No, yo (2) _____ [preferir] descansar un poco y ver la televisión.

PABLO ¡Qué perezoso (*how lazy*) eres!

ÓSCAR No, hombre. Es que estoy muy cansado.

PABLO Todos los días la misma cosa…

ÓSCAR Vas a ver, vas a ver... Oye, ¿a qué hora (3) _____ [pensar] regresar? El partido de fútbol (4) _____ [empezar] a las dos.

PABLO A la una. (5) _____ [querer] ver el partido también.

ÓSCAR (6) ¿_____ [pensar] que (*that*) nuestro equipo (7) _____ [poder] ganar?

PABLO No, (8) _____ [pensar] que vamos a (9) _____ [perder]. Los jugadores del Guadalajara (10) _____ [jugar] muy bien.

2 Preferencias With a partner, take turns asking and answering questions about what these people want to do.

Guillermo: estudiar / pasear en bicicleta
Estudiante 1: *¿Quiere estudiar Guillermo?*
Estudiante 2: *No, prefiere pasear en bicicleta.*

1. **tú**: trabajar / dormir
____
2. **ustedes**: mirar la televisión / ir al cine
____
3. **tus amigos**: ir de excursión / descansar
____
4. **tú**: comer en la cafetería / ir a un restaurante
____
5. **Elisa**: ver una película / leer una revista
____
6. **María y su prima**: tomar el sol / practicar el esquí
____

Conversación

3 **En la televisión** Read the listing of sports events to be televised this weekend and choose the programs you want to watch. Compare your choices with a classmate and explain why you made them. Then agree on one program you will watch together on each day.

sábado

13:30 NATACIÓN
1 Copa Mundial *(World Cup)* de Natación
15:00 TENIS
8 Abierto *(Open)* Mexicano de Tenis: Cecilia Montero (México) vs. Sandra de la Paz (España) Semifinales
16:00 FÚTBOL NACIONAL
3 Chivas vs. Monterrey
16:30 FÚTBOL AMERICANO
21 Jaguares vs. Costeños
20:00 BALONCESTO PROFESIONAL
16 Knicks de Nueva York vs. Toros de Chicago

domingo

13:00 GOLF
40 Campeonato *(Championship)* ADT: Lorena Ochoa, Natalie Gulbis, Paula Creamer
14:30 VÓLEIBOL
1 Campeonato Nacional de México
16:00 BALONCESTO
3 Campeonato de Cimeba: Correcaminos de Tampico vs. Santos de San Luis Final
17:00 ESQUÍ ALPINO
19 Eslálom
18:30 FÚTBOL INTERNACIONAL
30 Copa América: México vs. Argentina. Ronda final
20:00 PATINAJE ARTÍSTICO
16 Exhibición mundial

4 **Turistas** You are taking two friends on a trip to your hometown. Talk about the things you want to do, then fill in the day-planner with the things you plan to do each day. Use **querer** and **pensar**.

5 **Situación** Your instructor will give you and your partner handouts so that you complete this information gap activity.

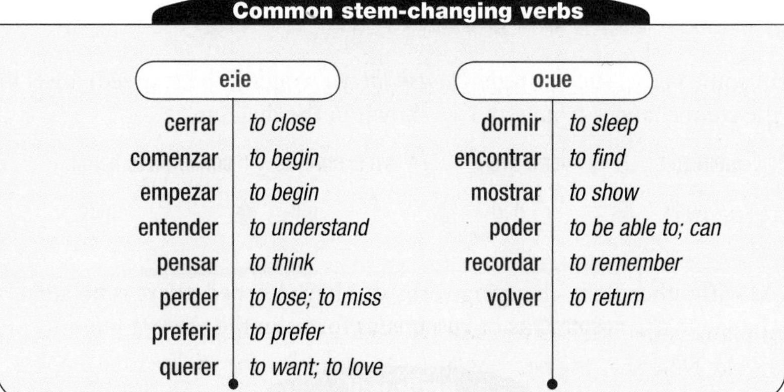

Common stem-changing verbs

e:ie		o:ue	
cerrar	*to close*	dormir	*to sleep*
comenzar	*to begin*	encontrar	*to find*
empezar	*to begin*	mostrar	*to show*
entender	*to understand*	poder	*to be able to; can*
pensar	*to think*	recordar	*to remember*
perder	*to lose; to miss*	volver	*to return*
preferir	*to prefer*		
querer	*to want; to love*		

- **Jugar** (*to play* a sport or a game) is the only Spanish verb that has a **u:ue** stem change. **Jugar** is followed by **a** + [*definite article*] when the name of a sport or game is mentioned.

Me gusta mucho jugar al fútbol.

Álex y el joven juegan al fútbol.

- **Comenzar** and **empezar** require the preposition **a** when they are followed by an infinitive.

Comienzan a jugar a las siete.
They begin playing at seven.

Ana **empieza a** escribir una postal.
Ana starts to write a postcard.

- **Pensar** + [*infinitive*] means *to plan* or *to intend to do something.* **Pensar en** means *to think about someone or something.*

¿Piensan ir al gimnasio?
Are you planning to go to the gym?

¿En qué **piensas?**
What are you thinking about?

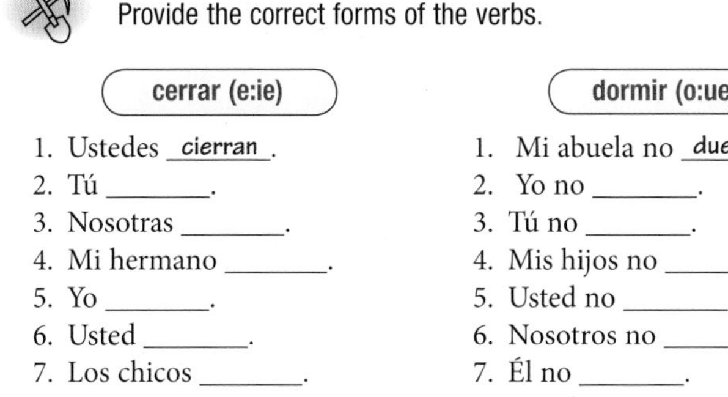

¡Manos a la obra!

Provide the correct forms of the verbs.

cerrar (e:ie)

1. Ustedes cierran.
2. Tú ______.
3. Nosotras ______.
4. Mi hermano ______.
5. Yo ______.
6. Usted ______.
7. Los chicos ______.
8. Ella ______.

dormir (o:ue)

1. Mi abuela no duerme.
2. Yo no ______.
3. Tú no ______.
4. Mis hijos no ______.
5. Usted no ______.
6. Nosotros no ______.
7. Él no ______.
8. Ustedes no ______.

4.3 Stem-changing verbs: e → i

- In some verbs, such as **pedir** (*to ask for; to request*), the stressed vowel in the stem changes from **e** to **i**, as shown in the diagram.

INFINITIVE	VERB STEM	STEM CHANGE	CONJUGATED FORM
pedir	ped-	pid-	pido

- As with other stem-changing verbs you have learned, there is no stem change in the **nosotros/as** or **vosotros/as** forms in the present tense.

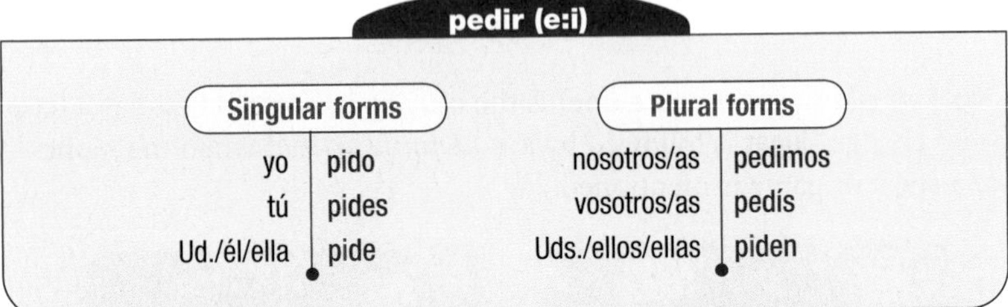

pedir (e:i)

Singular forms		Plural forms	
yo	pido	nosotros/as	pedimos
tú	pides	vosotros/as	pedís
Ud./él/ella	pide	Uds./ellos/ellas	piden

- To help you identify verbs with the **e:i** stem change, they will appear as follows throughout the text:

pedir (e:i)

- The following are the most common **e:i** stem-changing verbs:

conseguir	repetir	seguir
to get; to obtain	*to repeat*	*to follow; to continue; to keep (doing something)*

Le pido un favor a un amigo.
I'm asking a friend for a favor.

Consiguen ver buenas películas.
They get to see good movies.

Repito la pregunta.
I repeat the question.

Sigue esperando.
He keeps waiting.

¡ojo! The **yo** forms of **seguir** and **conseguir** have a spelling change as well as a stem change.

Sigo su plan.
I'm following their plan.

Consigo novelas en la librería.
I get novels at the bookstore.

¡Manos a la obra!

Provide the correct forms of the verbs.

repetir (e:i)

1. Arturo y Eva repiten.
2. Yo ________.
3. Nosotros ________.
4. Julia ________.
5. Sofía y yo ________.
6. Tú ________.

pedir (e:i)

1. Yo pido.
2. Él ________.
3. Tú ________.
4. Usted ________.
5. Ellas ________.
6. Nosotros ________.

seguir (e:i)

1. Yo sigo.
2. Nosotros ________.
3. Tú ________.
4. Los chicos ________.
5. Usted ________.
6. Anita ________.

Práctica

1 En la clase You're teaching Spanish at an elementary school. Fill in the blanks to describe a typical day in your class. Use stem-changing verbs (**e:ie**), (**o:ue**), and (**e:i**).

1. Yo entro en la clase y ______ [cerrar] la puerta.
2. La clase ________ [comenzar] a las nueve en punto.
3. Yo ______ [pedir] la tarea del día anterior (*previous*).
4. Los estudiantes ______ [repetir] la lista.
5. Pablo no ______ [seguir] mis instrucciones.
6. Pedro ______ [perder] su lápiz.
7. Algunos estudiantes ______ [dormir] en sus escritorios.
8. Yo ______ [volver] a casa muy cansado/a.

2 Combinar Combine words from the columns to create sentences about yourself and people you know.

Yo	pedir muchos favores
Mi compañero/a de cuarto	dormir hasta el mediodía
Mi mejor (*best*) amigo/a	nunca (*never*) pedir perdón
Mi familia	nunca seguir las instrucciones del profesor
Mis amigos/as	siempre seguir las instrucciones del profesor
Mis amigos/as y yo	conseguir libros en la biblioteca
Mis padres	poder hablar dos lenguas extranjeras
Mi hermano/a	repetir el vocabulario
Mi profesor(a) de español	siempre perder sus libros

Conversación

3 **¿Quién?** Talk to your classmates until you find one person who does each of these activities. Use **e:ie**, **o:ue**, and **e:i** stem-changing verbs.

modelo

Tú: *¿Pides consejos con frecuencia?*
Maite: *No, no pido consejos con frecuencia.*
Tú: *¿Pides consejos con frecuencia?*
Lucas: *Sí, pido consejos con frecuencia.*

Actividades	¿Quién?
1. Conseguir entradas gratis (*free*) para conciertos	
2. Pedir consejos (*advice*) con frecuencia	Lucas
3. Volver tarde a casa	
4. Preferir leer en el gimnasio	
5. Seguir las instrucciones de un manual	
6. Perder el teléfono celular (*cell phone*)	

4 **Las películas** Use these questions to interview a classmate.

1. ¿Dónde consigues información sobre (*about*) cine y televisión?
2. ¿Prefieres las películas románticas, las películas de acción o las películas de terror? ¿Por qué?
3. ¿Dónde consigues las entradas (*tickets*) para ver una película?
4. Para decidir qué películas vas a ver, ¿sigues las recomendaciones de los críticos de cine?
5. ¿Qué cines en tu comunidad muestran las mejores (*best*) películas?
6. ¿Vas a ver una película esta semana? ¿A qué hora empieza la película?

Español en vivo

NOMINADA POR LA ACADEMIA CHECA A LOS OSCAR
JUGAR CON EL AMOR PUEDE RESULTAR PELIGROSO.
ALGUIEN PUEDE PERDERLO TODO
Y VOLVER A EMPEZAR DE NUEVO.
DEL PRODUCTOR Y DIRECTOR GANADOR DEL OSCAR POR "KOLYA"
UN MUNDO AZUL OSCURO
DARK BLUE WORLD
CONSEGUIR LO QUE QUIERES PUEDE COSTARTE
MUCHO MÁS DE LO QUE PIENSAS

Identificar

Scan the movie poster above and identify the stem-changing verbs.

Preguntas

1. ¿Qué palabras indican que *Un mundo azul oscuro* (*Dark Blue World*) es una película dramática?
2. ¿Cuántas personas hay en el póster? ¿Cómo son? ¿Qué relación tienen?
3. ¿Cuál de los personajes "consigue lo que quiere"? ¿Cómo?
4. ¿Te gustan las películas como ésta (*this one*)? ¿Por qué?

4.4 Verbs with irregular yo forms 

- In Spanish, several verbs have irregular **yo** forms in the present tense.
- The verbs **hacer** (*to do, to make*), **poner** (*to put, to place*), **salir** (*to leave*), **suponer** (*to suppose*), and **traer** (*to bring*) have **yo** forms that end in **-go**. The other forms are regular.

Verbs with irregular yo forms

	hacer	poner	salir	suponer	traer
yo	hago	pongo	salgo	supongo	traigo
tú	haces	pones	sales	supones	traes
Ud./él/ella	hace	pone	sale	supone	trae
nosotros/as	hacemos	ponemos	salimos	suponemos	traemos
vosotros/as	hacéis	ponéis	salís	suponéis	traéis
Uds./ellos/ellas	hacen	ponen	salen	suponen	traen

A veces salgo a correr por la noche.

Nunca salgo a correr, no hago ejercicio, pero sí tengo energía... ¡para leer el periódico y tomar un café!

- **Poner** can mean *to turn on* a household appliance.

Carlos **pone** la radio.
Carlos turns on the radio.

María **pone** la televisión.
María turns on the television.

- **Salir de** is used to indicate that someone is leaving a particular place.

Hoy **salgo del** hospital.
Today I leave the hospital.

Sale de la clase a las cuatro.
He leaves class at four.

- **Salir para** is used to indicate someone's destination.

Mañana **salgo para** México.
Tomorrow I leave for Mexico.

Hoy **salen para** España.
Today they leave for Spain.

- **Salir con** means *to leave with someone or something*, or *to date someone.*

Alberto **sale con** su amigo.
Alberto is leaving with his friend.

Margarita **sale con** Guillermo.
Margarita is going out with Guillermo.

Hoy voy a **salir con** mi hermana.
Today I'm going out with my sister.

Mi primo **sale con** una chica muy bonita.
My cousin is going out with a very pretty girl.

Práctica

1 Completar Complete this conversation with the appropriate verb forms.

ERNESTO David, ¿qué (1) ______ [hacer] hoy?

DAVID Ahora estudio biología, pero esta noche (2) ______ [salir] con Luisa. Vamos al cine. Queremos (3) ______ [ver] la nueva (*new*) película de Almodóvar.

ERNESTO ¿Y Diana? ¿Qué (4) ______ [hacer] ella?

DAVID (5) ______ [salir] a comer con sus padres.

ERNESTO ¿Qué (6) ______ [hacer] Andrés y Javier?

DAVID Tienen que (7) ______ [hacer] las maletas. (8) ______ [salir] para Monterrey mañana.

ERNESTO Pues, ¿qué (9) ______ [hacer] yo?

DAVID (10) ________ [suponer] que puedes estudiar o (11) ______ [ver] la televisión.

ERNESTO No quiero estudiar. Mejor (12) ______ [poner] la televisión.

2 Oraciones Form sentences using the cues given.

modelo Tú / ? / los libros / debajo de / escritorio
Tú pones los libros debajo del escritorio.

1. Nosotros / ? / mucha / tarea
2. ¿Tú / ? / la radio?
3. Yo / no / ? / el problema
4. Marta / ? / una grabadora / clase
5. Los señores Marín / ? / su casa / siete
6. Yo / ? / que (*that*) / tú / ir / cine / ¿no?

3 Describir In pairs, complete sentences with the cues provided.

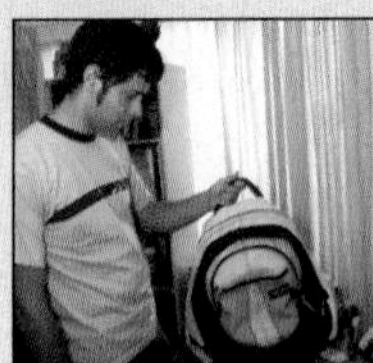
1. Fernán/poner

2. Yo/traer

3. Nosotras/ver

4. El estudiante/hacer

Conversación

4 Preguntas Get together with a classmate and ask each other these questions.

1. ¿A qué hora sales de tu residencia o de tu casa por la mañana? ¿A qué hora llegas a la universidad?
2. ¿A qué hora comienza la clase de español?
3. ¿Traes un diccionario a la clase de español? ¿Por qué? ¿Qué más traes?
4. ¿A qué hora salimos de la clase de español?
5. Cuando vuelves a casa, ¿dónde pones tus libros? ¿Siempre (*always*) pones tus cosas en su lugar?
6. ¿Oyes la radio o prefieres ver la televisión?
7. ¿Oyes la radio cuando estudias?
8. ¿Cuándo estudias? ¿Haces la tarea cada (*each*) noche o prefieres encontrarte con amigos?
9. ¿Qué vas a hacer mañana?
10. ¿Qué haces los fines de semana? ¿Sales con amigos? ¿Adónde van?

5 Charadas In groups, play a game of charades. Each person should think of a phrase using **hacer, poner, salir, oír, traer,** or **ver** and act out the phrase. The first person to guess correctly acts out the next charade.

6 Situación Ask a classmate if he or she wants to go out. He or she will accept. Then find out what activities your classmate prefers so you can decide where you want to go. Finally, negotiate the place and the time for your date with your classmate.

The verbs ver and oír

- The verb **ver** (*to see*) has an irregular **yo** form. The other forms of **ver** are regular but note that the **vosotros/as** forms do not carry an accent.

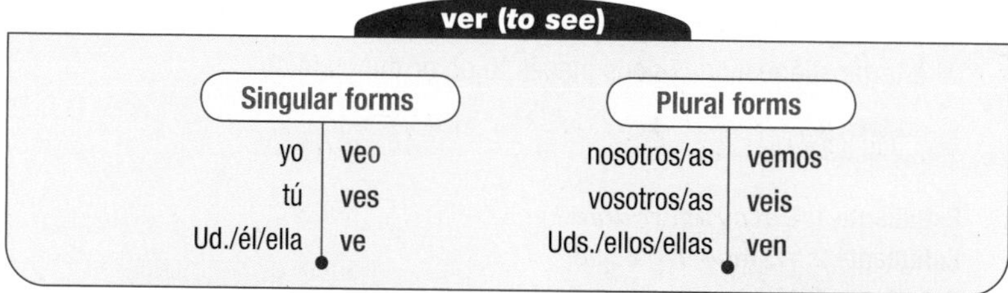

ver (*to see*)

Singular forms		Plural forms	
yo	veo	nosotros/as	vemos
tú	ves	vosotros/as	veis
Ud./él/ella	ve	Uds./ellos/ellas	ven

Oye, ¿por qué no jugamos al fútbol?
Maite ve la pelota.

- The verb **oír** (*to hear*) has an irregular **yo** form and a spelling change in the **tú, usted, él, ella, ustedes, ellos,** and **ellas** forms. The **nosotros/as** and **vosotros/as** forms have an accent mark.

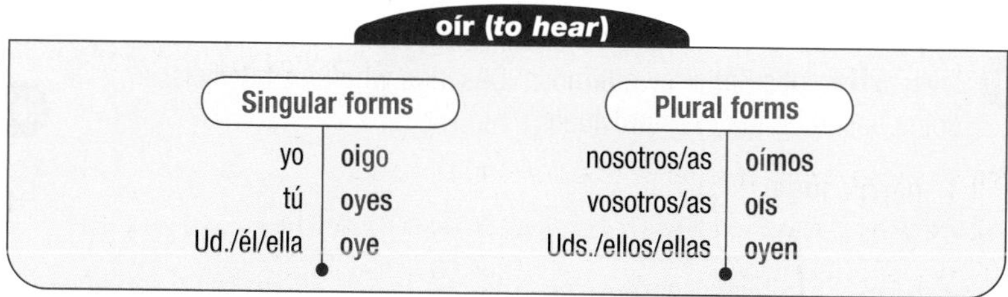

oír (*to hear*)

Singular forms		Plural forms	
yo	oigo	nosotros/as	oímos
tú	oyes	vosotros/as	oís
Ud./él/ella	oye	Uds./ellos/ellas	oyen

Oigo a unas personas en la otra sala.
I hear some people in the other room.

¿**Oyes** la música latina?
Do you hear the Latin music?

¡Manos a la obra!

Provide the correct forms of the verbs.

1. **salir**	Isabel *sale*.	Nosotros *salimos*.	Yo *salgo*.
2. **ver**	Yo ______.	Ustedes ______.	Tú ______.
3. **poner**	Rita y yo ______.	Yo ______.	Los niños ______.
4. **hacer**	Yo ______.	Tú ______.	Usted ______.
5. **oír**	Él ______.	Nosotros ______.	Yo ______.
6. **traer**	Ellas ______.	Yo ______.	Tú ______.
7. **suponer**	Yo ______.	Mi amigo ______.	Nosotras ______.

Repaso

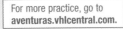

For more practice, go to **aventuras.vhlcentral.com.**

4.1 The present tense of ir

1 **Estoy aburrido/a (*bored*)** You are bored. With a partner, take turns suggesting various places to go or things to do.

modelo

Estudiante 1: *Estoy aburrido/a.*
Estudiante 2: *¡Vamos al parque!*
Estudiante 1: *No, no deseo ir al parque ahora. Vamos . . .*

2 **Agendas para la semana** Make a schedule listing your activities for this week. Write at least one or two activities for each day. Then in groups of three compare what you are going to do.

modelo

domingo: jugar al tenis, terminar la tarea
Estudiante 1: *El domingo voy a jugar al tenis. ¿Van ustedes a jugar al tenis también?*
Estudiante 2: *No, no voy a jugar al tenis el domingo. Voy a terminar la tarea.*
Estudiante 3: *Sí, voy a jugar al tenis también.*

4.2 Stem-changing verbs: e → ie, o → ue

3 **Describir** It's Saturday afternoon. Describe what this family is doing based on the cues provided.

1. papá / jugar / golf
 ____
2. niños / preferir / nadar / piscina
 ____
3. yo / pensar / jugar / béisbol
 ____
4. mamá / querer / leer / revista
 ____
5. Los gatos Fritz y Mauricio / dormir / casa
 ____
6. El perro Maximiliano / encontrar / pelota
 ____

4 **Entrevista** Use these questions to interview a classmate.

1. ¿A qué hora vuelves a casa o a la residencia hoy?
2. ¿Recuerdas la dirección de correo electrónico del/de la profesor(a)? ¿Cuál es?
3. ¿Qué piensas del/de la profesor(a) de español?
4. ¿A qué hora empiezas a estudiar por la noche?
5. ¿Duermes mucho? ¿Cuántas horas duermes?
6. ¿Pierdes tus cosas constantemente (*constantly*)?

4.3 Stem-changing verbs: e → i

5 **Completar** Complete these sentences with the appropriate forms of the verbs provided.

1. Tú ________ [pedir] dinero prestado (*borrowed money*) a tus padres.
2. Elena no ________ [conseguir] boletos para el partido de mañana.
3. Los estudiantes ________ [repetir] las palabras que dice el profesor.
4. Mis amigos y yo ________ [seguir] todos los partidos de béisbol de los Rockies.
5. Yo ________ [seguir] el camino (*the path*) para llegar a la cima (*summit*) de la montaña.
6. Mi hermana siempre me ________ [pedir] muchos favores.

6 **Los videojuegos (*video games*)** Use these questions to interview a classmate.

1. ¿Te gusta jugar videojuegos? ¿Con qué frecuencia juegas?
2. ¿Qué piensas sobre los videojuegos en línea (*online*)?
3. ¿Prefieres los videojuegos de deportes o (*or*) los de acción?
4. ¿Sigues las aventuras de Super Mario, Lara Croft o los Sims?
5. ¿Cómo consigues videojuegos?
6. Antes de (*Before*) comprar un videojuego, ¿pides recomendaciones a tus amigos?

7 **Mis pasatiempos** Write a brief paragraph about a pastime that you like, using at least four of the verbs provided.

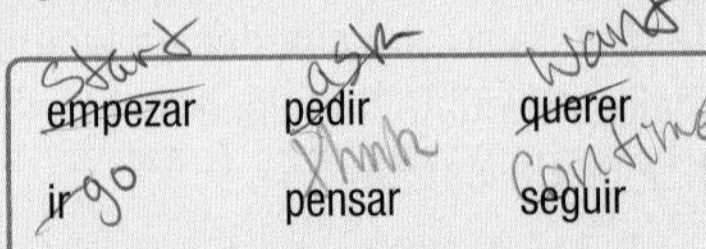

empezar	pedir	querer
ir	pensar	seguir

4.4 Verbs with irregular yo forms

8 **Las diversiones** Complete Jorge's description of what he and his friends do on Saturday nights.

Me encanta mi grupo de amigos. ¡Nosotros (1) ______ [hacer] cosas divertidas todo el tiempo! Por ejemplo, los sábados por la noche, yo generalmente (2) ______ [salir] con ellos a la discoteca. A veces, también nos juntamos todos en una casa: (3) ______ [traer] algo para comer y (4) ______ [ver] una película, o yo (5) ______ [poner] música y bailamos. Y tú, ¿qué (6) ______ [hacer] con tus amigos?

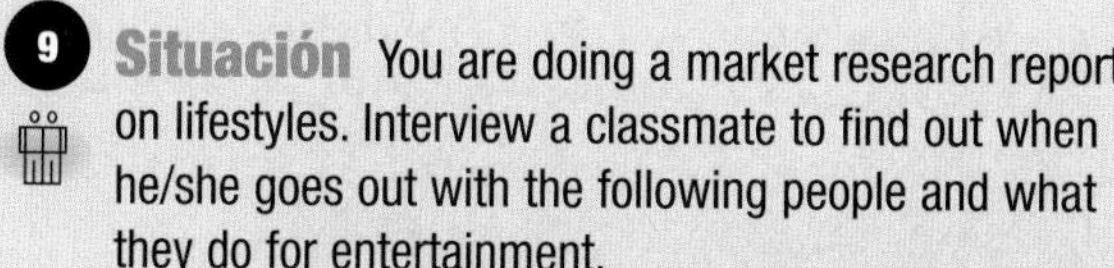

9 **Situación** You are doing a market research report on lifestyles. Interview a classmate to find out when he/she goes out with the following people and what they do for entertainment.

- la familia
- los amigos
- el/la novio/a
- compañeros/as

Síntesis

10 **Situación** Imagine that you are speaking with your roommate. With a partner, prepare a conversation using these cues.

Estudiante 1

1. Ask your partner what he or she is doing.
2. Ask what he or she is watching.
3. Say no, because you are going out with friends.
4. Say what you are going to do, and ask your partner whether he or she wants to come along.

Estudiante 2

1. Say that you are watching TV.
2. Say what show you are watching. Ask if he or she wants to join you.
3. Ask what your partner and his/her friends are going to do.
4. Say no and tell your partner what you prefer to do instead.

Videoclip

1 **Preparación** Does your family have expectations about you? What are they? Do you think you will be able to meet them? Why?

2 **El clip** Watch the ad for **Totofútbol** from Peru.

Vocabulario

cracks	*stars, aces (sports)*	**patito feo**	*ugly duckling*
jugaba	*used to play*	**plata**	*money (S. America)*

Mi hermano mayor jugaba desde la cuna°.

Por eso esperaban que yo fuera° el mejor de todos°.

cuna *crib* **esperaban que yo fuera** *they expected that I be* **el mejor de todos** *the best of all*

3 **Comprensión** Select the option that best summarizes the ad.

- Todos los miembros (*members*) de la familia juegan al fútbol profesionalmente. El padre tiene muchos trofeos (*trophies*) de fútbol.
- El padre y los hermanos del protagonista prefieren jugar al fútbol, pero él quiere dedicarse a la música. Por eso, lo llaman patito feo.

4 **Conversación** With a partner, discuss these questions in Spanish: **¿Hay un patito feo en tu familia o entre tus amigos? ¿Quién es? ¿Qué actividades hacen tu familia o tus amigos? ¿Qué prefiere hacer él/ella?**

CONEXIÓN INTERNET

Go to **aventuras.vhlcentral.com** to watch the television clip featured in this section.

Ampliación

1 Escuchar

A First you will hear José talking, then Anabela. Which person does each statement best describe?

TIP Listen for general meaning. When you listen for the gist, you simply try to capture the essence of what you hear without focusing on individual words. You will be surprised at how much you can understand!

Descripción	José	Anabela
1. Es muy aficionado/a a los deportes.	☐	☐
2. Usa mucho la computadora.	☐	☐
3. Va mucho al cine.	☐	☐
4. Es una persona muy activa.	☐	☐
5. Le gusta descansar por la tarde.	☐	☐
6. Es una persona estudiosa.	☐	☐
7. Su deporte favorito es el ciclismo.	☐	☐
8. A veces va a ver un partido de béisbol.	☐	☐

B ¿Tienes más cosas en común (*more in common*) con José o con Anabela? Explica tu respuesta.

2 Conversar

You and a friend haven't seen each other in a long time and plan to get together in a new city. Role-play a phone conversation to discuss your plans. Include this information.

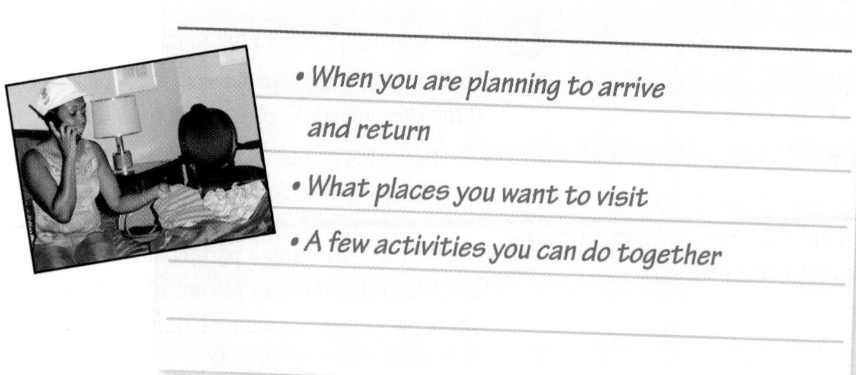
• When you are planning to arrive and return
• What places you want to visit
• A few activities you can do together

recursos

WB	LM	SUPERSITE
pp. 33–40	pp. 21–24	aventuras.vhlcentral.com Lección 4

Ampliación

3 Escribir

Write a flyer describing the sports and recreational activities offered at your school.

TIP Use bilingual dictionaries carefully. Use a Spanish-English dictionary to look up words you don't know, but consider each option carefully in order to find the best word for your needs.

Organízalo	List the activities you could include in the flyer. Use an idea map to organize them.
Escríbelo	Using your idea map, write the first draft of your flyer.
Corrígelo	Exchange papers with a classmate and comment on the organization, style, and grammatical correctness of each other's work. Then revise your first draft, keeping your classmate's comments in mind.
Compártelo	Exchange papers with a new partner. Note any words that are new to you, so you can look them up later. Then turn your paper in to your teacher.

4 Un paso más

Prepare a radio broadcast of weekend sports events for a major city in the Spanish-speaking world. Include this information in your broadcast:

- An introduction of yourself and your program
- A list of local sports events
- The location and time of each event
- A brief sign-off

CONEXIÓN INTERNET

Investiga estos temas en el sitio aventuras.vhlcentral.com.

- Los deportes más (*most*) populares del mundo hispano
- Los pasatiempos más populares del mundo hispano

Antes de leer

The following article appeared in one of Mexico City's daily newspapers. Scan the headings and the visual elements of the article. Based on what you see, what do you think the reading is about?

Can you guess the meaning of the following cognates that appear in the article?

baladas	**misticismo**
concierto	**naturaleza**
exposición	**realista**
festival	**recomendar**
isla	**romántico/a**
majestuosidad	**pintor**
misterio	**serenidad**

GUÍA para el fin

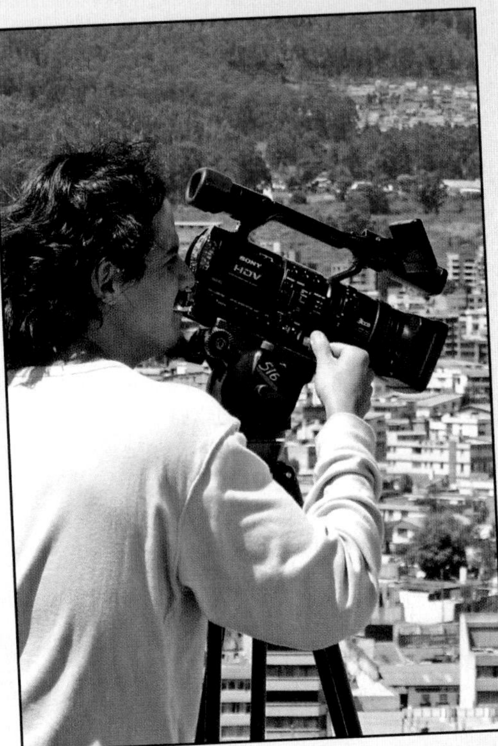

CINE

Festival de cine argentino

Para los aficionados al cine este fin de semana comienza el Festival de Cine Argentino en el cine Rex. Se muestran las últimas° películas de directores como Juan José Campanella, Fito Páez, Gabriela Tagliavini y Aníbal Di Salvo. Recomendamos especialmente *El hijo de la novia* del director Juan José Campanella. *El hijo de la novia* fue nominada para° el Óscar como mejor película extranjera°.

Fechas: 10-14 de marzo
Hora: 8:00 p.m.
Lugar: Cine Rex
Dirección: Calle del Espanto, 152

CONCIERTO

Canta Maribel Puértolas

Si quiere escuchar buena música, la cantante° Maribel Puértolas va a ofrecer° un concierto en el Café Los Amigos. De origen puertorriqueño, esta joven cantante ha conquistado° a románticos con *Verano° de amor*, su último CD de baladas. "Va a ser un concierto para recordar", dice Puértolas.

Fecha: 15 de marzo
Hora: 7:00 p.m.
Lugar: Café Los Amigos
Dirección: Avenida Bolívar, 345

de semana

EXPOSICIÓN

El pintor Tomás Sánchez

El Museo de Arte Moderno ofrece una exposición del pintor cubano Tomás Sánchez. Las obras de Sánchez son paisajes° realistas de la naturaleza de la isla de Cuba. Las pinturas expresan la serenidad y majestuosidad de la selva° tropical cubana, en una atmósfera de misterio y misticismo. Tomás Sánchez es tal vez uno de los pintores cubanos contemporáneos más conocidos.

Fechas: 12 de marzo – 8 de abril
Lugar: Museo de Arte Moderno
Dirección: Avenida Juárez, 248

Después de leer

¿Comprendiste?

Based on the reading, are these statements **cierto** or **falso**?

Cierto	Falso	
_____	_____	1. La guía presenta noticias sobre eventos deportivos.
_____	_____	2. La película *El hijo de la novia* fue nominada para un Óscar.
_____	_____	3. Maribel Puértolas es una cantante de baladas.
_____	_____	4. Las pinturas de Tomás Sánchez se exhiben en el cine Rex.
_____	_____	5. Juan José Campanella es un director de cine argentino.
_____	_____	6. En el café Los Amigos hay una exposición de arte.

Preguntas

Answer these questions.

1. ¿De dónde es Maribel Puértolas?
____

2. ¿Qué clase de canciones (*songs*) canta ella?
____

3. ¿Cómo son las pinturas de Tomás Sánchez?
____

4. ¿Dónde está la exposición de Tomás Sánchez?
____

5 ¿Qué películas están dirigidas por Juan José Campanella?
____

6 ¿Dónde es el festival de cine?
____

Coméntalo

Get together with several classmates. Discuss which of the activities in the article you would each prefer to do on a weekend and why.

últimas *latest*
fue nominada para *was nominated for*
extranjera *foreign*
cantante *singer*
ofrecer *to offer*
ha conquistado *has won over*
verano *summer*
paisajes *landscapes*
selva *jungle*

For an additional reading, go to **aventuras.vhlcentral.com.**

recursos

aventuras.vhlcentral.com
Lección 4

4 VOCABULARIO

Las actividades

bucear	*to scuba dive*
escalar montañas (f. pl.)	*to climb mountains*
escribir una carta	*to write a letter*
un mensaje electrónico	*an e-mail message*
una (tarjeta) postal	*a postcard*
esquiar	*to ski*
ganar	*to win*
ir de excursión (a las montañas)	*to go for a hike (in the mountains)*
leer el correo electrónico	*to read e-mail*
un periódico	*a newspaper*
una revista	*a magazine*
nadar	*to swim*
pasar el tiempo	*to spend time*
pasear en bicicleta	*to ride a bicycle*
pasear por la ciudad/el pueblo	*to walk around the city/town*
patinar (en línea)	*to skate (in-line)*
practicar deportes (m. pl.)	*to play sports*
ser aficionado/a (a)	*to be a fan (of)*
tomar el sol	*to sunbathe*
ver películas (f. pl.)	*to see movies*
visitar un monumento	*to visit a monument*
la diversión	*entertainment; fun activity*
el/la excursionista	*hiker*
el fin de semana	*weekend*
el pasatiempo	*pastime, hobby*
los ratos libres	*spare time*
el tiempo libre	*free time*

Los deportes

el baloncesto	*basketball*
el béisbol	*baseball*
el ciclismo	*cycling*
el equipo	*team*
el esquí (acuático)	*(water) skiing*
el fútbol	*soccer*
el fútbol americano	*football*
el golf	*golf*
el hockey	*hockey*
el/la jugador(a)	*player*
la natación	*swimming*
el partido	*game*
la pelota	*ball*
el tenis	*tennis*
el vóleibol	*volleyball*

Verbos

cerrar (e:ie)	*to close*
comenzar (e:ie)	*to begin*
conseguir (e:i)	*to get; to obtain*
dormir (o:ue)	*to sleep*
empezar (e:ie)	*to begin*
encontrar (o:ue)	*to find*
entender (e:ie)	*to understand*
hacer	*to do, to make*
ir	*to go*
ir a (+ inf.)	*to be going to do something*
jugar (u:ue)	*to play*
mostrar (o:ue)	*to show*
oír	*to hear*
pedir (e:i)	*to ask for; to request*
pensar (e:ie)	*to think*
pensar (+ inf.)	*to intend; to plan*
pensar en	*to think about*
perder (e:ie)	*to lose; to miss*
poder (o:ue)	*to be able to, can*
poner	*to put; to place*
preferir (e:ie)	*to prefer*
querer (e:ie)	*to want; to love*
recordar (o:ue)	*to remember*
repetir (e:i)	*to repeat*
salir	*to leave*
seguir (e:i)	*to follow; to continue; to keep (doing something)*
suponer	*to suppose*
traer	*to bring*
ver	*to see*
volver (o:ue)	*to return*

Adjetivos

deportivo/a	*sports-related*
favorito/a	*favorite*

Los lugares

el café	*café*
la casa	*house*
el centro	*downtown*
el cine	*movie theater*
el gimnasio	*gym, gymnasium*
la iglesia	*church*
el lugar	*place*
el museo	*museum*
el parque	*park*
la piscina	*swimming pool*
el restaurante	*restaurant*

Expresiones útiles	*See page 91.*

INSTRUCTIONAL RESOURCES Supersite: Text MP3s; IRCD/Supersite: Additional Vocabulary, Testing Program

AVENTURAS EN LOS PAÍSES HISPANOS

En Acapulco, un clavadista *(diver)* salta desde un acantilado *(cliff)* frente al océano Pacífico. El lugar se llama La Quebrada y miles de turistas lo visitan cada *(each)* día. ¿Te gustaría *(would you like)* visitarlo algún *(some)* día?

MÉXICO

MÉXICO

Área: 1.972.550 km² (761.603 millas²)
Población: 113.271.000
Capital: México, D.F. – 20.688.000
Ciudades importantes: Guadalajara, Monterrey, Ciudad Juárez, Puebla
Moneda: peso mexicano

SOURCE: Population Division, UN Secretariat

Celebraciones

La independencia de México

El 16 de septiembre los mexicanos celebran la independencia de su país. En todas las ciudades se ponen decoraciones con los colores de la bandera *(flag)* mexicana y se hacen fiestas con mariachis, comida típica y bailes *(dances)* tradicionales. A estas celebraciones se les llaman las fiestas patrias.

ESTADOS UNIDOS
Ciudad Juárez
Golfo de California
Baja California
Río Bravo
MÉXICO
Océano Pacífico
Puerto Vallarta
Guadalajara

Historia

Los mayas

Los pueblos mayas habitaron *(inhabited)* el sur de México y algunos países de Centroamérica. Los mayas crearon *(created)* formidables ciudades con templos religiosos en forma de pirámide, que hoy día son visitados *(are visited)* por millones de turistas.

Pirámide de Uxmal

Arte

Diego Rivera y Frida Kahlo

Frida Kahlo y Diego Rivera son los pintores mexicanos más famosos. Se casaron *(They got married)* en 1929. Los dos se interesaron *(became interested)* en las condiciones sociales de la gente indígena y de los campesinos *(farmers)* de su país. Puedes ver algunas de sus obras *(works)* en el Museo de Arte Moderno de la Ciudad de México.

Detalle de un mural de Diego Rivera

Río Grande

Monterrey

Golfo de México

Península de Yucatán

ad de
ico

Uxmal

Cancún

Bahía de Campeche

bla

Veracruz

BELICE

Istmo de Tehuantepec

ulco

GUATEMALA

Economía

La plata

México es el mayor productor de plata *(silver)* del mundo *(world)*. Estados como Zacatecas y Durango tienen ciudades fundadas cerca de los más grandes yacimientos *(deposits)* de plata del país. Estas ciudades fueron *(were)* en la época colonial unas de las más ricas e importantes. Hoy en día, aún *(still)* conservan mucho de su encanto *(charm)* y esplendor.

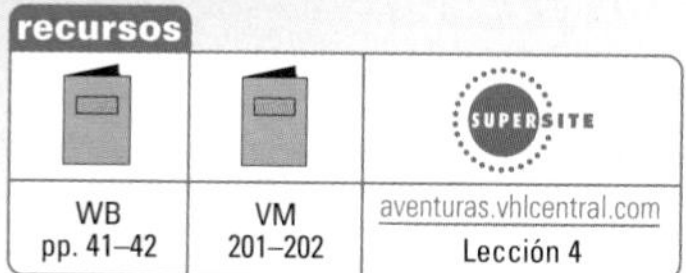

¿Qué aprendiste? 

1 ¿Cierto o falso? Indicate if these statements are **cierto** or **falso**.

Cierto	Falso	
_____	_____	1. La Quebrada está en México D.F.
_____	_____	2. Frida Kahlo es una pintora.
_____	_____	3. El 16 de septiembre en México organizan una celebración religiosa.
_____	_____	4. México es el mayor productor de pinturas *(paintings)* del mundo *(world)*.
_____	_____	5. Los mexicanos celebran la independencia con las fiestas patrias.
_____	_____	6. En México no hay ciudades fundadas cerca de los yacimientos *(deposits)* de plata.
_____	_____	7. Diego Rivera fue *(was)* el esposo de Frida Kahlo.
_____	_____	8. Puebla es la capital de México.
_____	_____	9. Pocos turistas visitan los templos mayas.
_____	_____	10. La moneda mexicana es el dólar mexicano.

2 Preguntas Answer the following questions, based on what you've learned about Mexico.

1. ¿Qué aspecto cultural te interesa más (*interests you most*) de México: el arte, la historia o la economía? Explica tu respuesta.
2. ¿Cómo celebran los mexicanos la independencia de su país?
3. ¿Te gustan los cuadros de Diego Rivera y Frida Kahlo? Explica por qué.
4. ¿Por qué piensas que los mayas son importantes en la historia de México?
5. ¿Qué estados de México tienen grandes yacimientos de plata? ¿Te gustaría (*Would you like to*) visitarlos?
6. ¿Por qué Diego Rivera y Frida Kahlo decidieron pintar (*decided to paint*) gente indígena y campesinos?

CONEXIÓN INTERNET

Busca más información sobre estos temas en aventuras.vhlcentral.com. Presenta la información a tus compañeros/as de clase.

- El 16 de septiembre en México
- Frida Kahlo y Diego Rivera
- Los mayas
- La plata mexicana

5 Las vacaciones

Communicative Goals

You will learn how to:

- talk about vacations
- describe a hotel
- talk about seasons and the weather
- talk about how you feel

PARA EMPEZAR

- ¿Son viejas o jóvenes las personas en la foto?
- ¿Son ellos guapos o feos?
- ¿Qué hacen: nadan, bucean o toman el sol?
- ¿Dónde están ellos, en el mar o en una piscina?
- ¿Están en su casa o de vacaciones?

SUPERSITE

LAS VACACIONES

la estación del tren
train station

el pasaporte
passport

LAS VACACIONES Y LOS VIAJES

- el aeropuerto *airport*
- la agencia de viajes *travel agency*
- el/la agente de viajes *travel agent*
- la estación de autobuses *bus station*
- del metro *subway station*
- el/la inspector(a) de aduanas *customs officer*
- el pasaje (de ida y vuelta) *(round-trip) ticket*
- la tienda de campaña *tent*
- el/la viajero/a *traveler*

¿QUÉ TIEMPO HACE?

- ¿Qué tiempo hace? *How's the weather?; What's the weather like?*
- Está despejado. *It's clear.*
- (muy) nublado. *It's (very) cloudy.*
- Hace buen/mal tiempo. *The weather is nice/bad.*
- (mucho) calor. *It's (very) hot.*
- fresco. *It's cool.*
- (mucho) frío. *It's (very) cold.*
- (mucho) sol. *It's (very) sunny.*
- (mucho) viento. *It's (very) windy.*
- Hay (mucha) niebla. *It's (very) foggy.*

- llover (o:ue) *to rain*
- Llueve. *It's raining.*
- nevar (e:ie) *to snow*
- Nieva. *It's snowing.*

el botones
bellhop

EN EL HOTEL

- el alojamiento *lodging*
- el ascensor *elevator*
- la cama *bed*
- el/la empleado/a *employee*
- el equipaje *luggage*
- la habitación individual *single room*
- doble *double room*
- el hotel *hotel*
- el/la huésped *guest*
- la pensión *boarding house*
- el piso *floor (of a building)*
- la planta baja *ground floor*

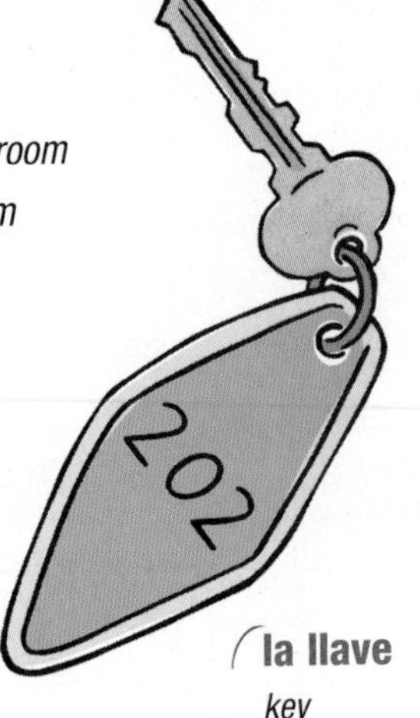

la llave
key

recursos

WB pp. 45–46	LM p. 25	SUPERSITE aventuras.vhlcentral.com Lección 5

LAS ACTIVIDADES

acampar *to camp*
confirmar una reservación *to confirm a reservation*
estar de vacaciones *to be on vacation*
hacer turismo (m.) *to go sightseeing*
un viaje *to take a trip*
una excursión *to go on a hike; to go on a tour*
ir a la playa *to go to the beach*
ir de pesca *to go fishing*
de vacaciones *to go on vacation*
ir en autobús (m.) *to go by bus*
en auto(móvil) (m.) *to go by car*
en avión (m.) *to go by plane*
en barco (m.) *to go by boat*
en taxi (m.) *to go by taxi*
pasar por la aduana *to go through customs*
pescar *to fish*

Variación léxica
automóvil ⟷ coche (*Esp.*), carro (*Amér. L.*)
autobús ⟷ camión (*Méx.*), guagua (*P. Rico*)
motocicleta ⟷ moto (*colloquial*)

ir en motocicleta (f.)
to go by motorcycle

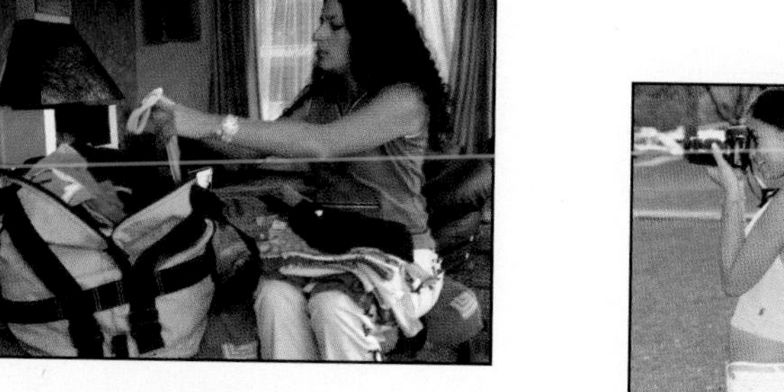

hacer las maletas
to pack (one's suitcases)

sacar fotos (f. pl.)
to take pictures

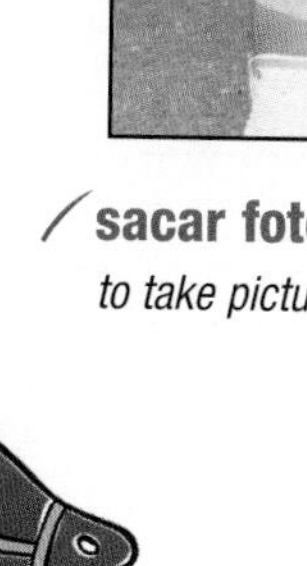

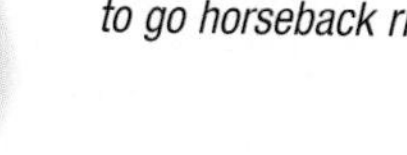

montar a caballo
to go horseback riding

LAS ESTACIONES Y LOS MESES

el invierno *winter*
la primavera *spring*
el verano *summer*
el otoño *fall, autumn*

el año *year*
la estación *season*
el mes *month*

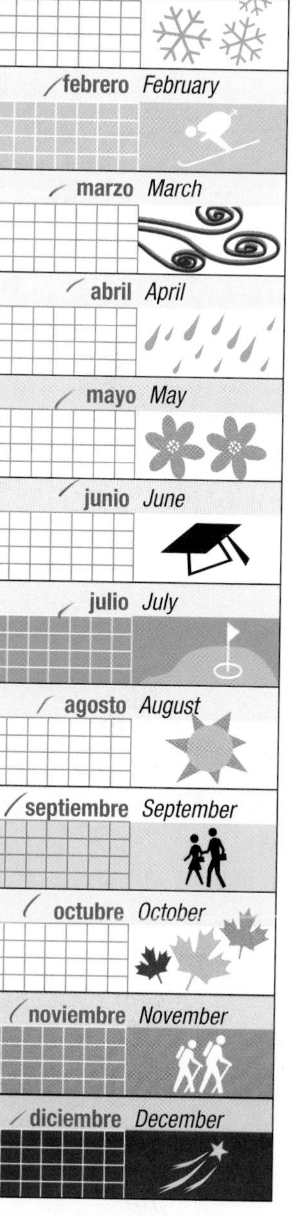

LOS NÚMEROS ORDINALES

primer, primero/a *first*
segundo/a *second*
tercer, tercero/a *third*
cuarto/a *fourth*
quinto/a *fifth*
sexto/a *sixth*
séptimo/a *seventh*
octavo/a *eighth*
noveno/a *ninth*
décimo/a *tenth*

OTRAS PALABRAS Y EXPRESIONES

la cabaña *cabin*
el campo *countryside*
la llegada *arrival*
el mar *ocean, sea*
la salida *departure; exit*

¿Cuál es la fecha de hoy? *What is today's date?*
Hoy es el primero (dos, tres,...) de marzo. *Today is March first (second, third,...).*

A escuchar

1 Escuchar Indicate who would probably make each statement you hear. Each answer is used twice.

El agente de viajes

1. ________
2. ________
3. ________
4. ________
5. ________
6. ________

La inspectora de aduanas

1. ________
2. ________
3. ________
4. ________
5. ________
6. ________

El empleado del hotel

1. ________
2. ________
3. ________
4. ________
5. ________
6. ________

2 ¿Cierto o falso? Listen to each sentence and indicate whether it is **cierto** or **falso**. Correct the false statements.

Cierto	Falso	
____	____	1. ________________________
____	____	2. ________________________
____	____	3. ________________________
____	____	4. ________________________
____	____	5. ________________________
____	____	6. ________________________
____	____	7. ________________________
____	____	8. ________________________

recursos

aventuras.vhlcentral.com
Lección 5

A practicar

3 Analogías Complete the analogies using the words from the list.

equipaje	huésped	sacar
inspector	habitación	mar
febrero	llover	viajar
otoño	mayo	piso

1. primero → segundo = enero → ________________
2. aeropuerto → viajero = hotel → ________________
3. invierno → nevar = primavera → ________________
4. mes → año = maleta → ________________
5. hotel → botones = aduana → ________________
6. pasaje → avión = llave → ________________
7. acampar → campo = pescar → ________________
8. agosto → verano = noviembre → ________________
9. llave → abrir = pasaje → ________________
10. maleta → hacer = foto → ________________

4 Describir With a partner, take turns describing what these people are doing.

1. Enrique y Juan
2. Yo
3. Tú

4. Don Luis

5. Amalia

6. Juan y yo

A conversar

5 Contestar With a classmate, take turns asking each other these questions.

modelo

¿Cuál es el primer mes de la primavera?
Estudiante 1: *¿Cuál es el primer mes de la primavera?*
Estudiante 2: *Es marzo.*

1. ¿Cuál es la fecha de hoy?
2. ¿Qué estación es? ¿Te gusta esta (*this*) estación?
3. ¿Cuál es el segundo mes del verano?
4. ¿Cuál es el primer mes del invierno?
5. ¿Cuál es la cuarta estación del año?
6. ¿Prefieres el otoño o la primavera? ¿Por qué?
7. ¿Prefieres el mar o las montañas? ¿Por qué?
8. ¿Te gusta más el campo o la ciudad? ¿Por qué?
9. Cuando vas de vacaciones, ¿qué haces?
10. ¿Piensas ir de vacaciones este año? ¿Adónde quieres ir? ¿Por qué?
11. ¿Cómo prefieres viajar: en barco, en motocicleta…?
12. ¿Prefieres comprar el pasaje en una agencia de viajes o en Internet?

6 Minidrama With two or three classmates, prepare and act out a skit about people who are on or are going on vacation. The skit should take place in one of these areas.

1. Una agencia de viajes
2. Una casa
3. Una estación del tren
4. Un aeropuerto
5. Un hotel
6. Una playa

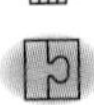

7 Un viaje Your instructor will give you and your partner handouts so that you may complete this information gap activity.

Pronunciación

Spanish **b** and **v**

bueno **vóleibol** **biblioteca** **vivir**

There is no difference in pronunciation between the Spanish letters **b** and **v**. However, each letter can be pronounced two different ways, depending on which letters appear next to them.

bonito **viajar** **también** **investigar**

B and **v** are pronounced like the English hard *b* when they appear either as the first letter of a word, at the beginning of a phrase, or after **m** or **n**.

deber **novio** **abril** **cerveza**

In all other positions, **b** and **v** have a softer pronunciation, which has no equivalent in English. Unlike the hard **b**, which is produced by tightly closing the lips and stopping the flow of air, the soft **b** is produced by keeping the lips slightly open.

bola **vela** **Caribe** **declive**

In both pronunciations, there is no difference between **b** and **v**. The English *v* sound, produced by friction between the upper teeth and lower lip, does not exist in Spanish. Instead, the soft **b** comes from friction between the two lips.

Verónica y su esposo cantan boleros.

When **b** or **v** begins a word, its pronunciation depends on the previous word. At the beginning of a phrase or after a word that ends in **m** or **n**, it is pronounced as a hard **b**.

Benito es de Boquerón pero vive en Victoria.

Words that begin with **b** or **v** are pronounced with a soft **b** if they appear immediately after a word that ends in a vowel or any consonant other than **m** or **n**.

Práctica Read these words aloud to practice the **b** and the **v**.

1. hablamos
2. trabajar
3. botones
4. van
5. contabilidad
6. bien
7. doble
8. novia
9. béisbol
10. cabaña
11. llave
12. invierno

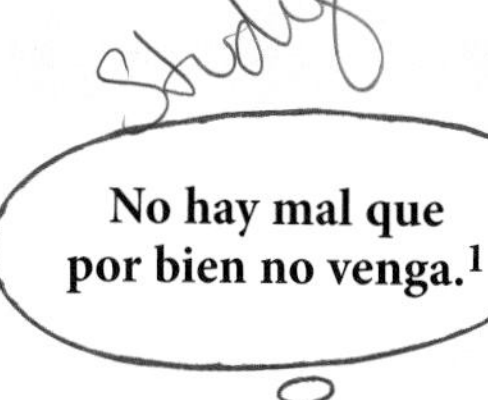

No hay mal que por bien no venga.[1]

Oraciones Read these sentences aloud to practice the **b** and the **v**.

1. Vamos a Guaynabo en autobús.
2. Voy de vacaciones a la Isla Culebra.
3. Tengo una habitación individual en el octavo piso.
4. Víctor y Eva van en avión al Caribe.
5. La planta baja es bonita también.

Refranes Read these sayings aloud to practice the **b** and the **v**.

Hombre prevenido vale por dos.[2]

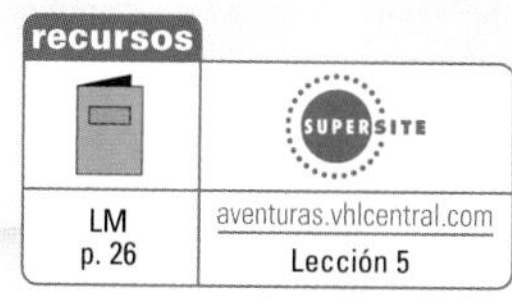

recursos
LM
p. 26
aventuras.vhlcentral.com
Lección 5

1 Every cloud has a silver lining.
2 Forewarned is forearmed.

Tenemos una reservación.

Don Francisco y los estudiantes llegan al hotel.

PERSONAJES

DON FRANCISCO

JAVIER

INÉS

ÁLEX

MAITE

EMPLEADA

BOTONES

1

EMPLEADA ¿En qué puedo servirles?
DON FRANCISCO Mire, yo soy Francisco Castillo Moreno y tenemos una reservación a mi nombre.
EMPLEADA Mmm… No veo su nombre aquí. No está.

DON FRANCISCO ¿Está segura, señorita? Quizás la reservación está a nombre de la agencia de viajes, Ecuatur.
EMPLEADA Pues sí, aquí está... dos habitaciones dobles y una individual.
DON FRANCISCO Gracias, señorita. Muy amable.

BOTONES Bueno, la habitación ciento dos… Por favor.

INÉS Oigan, yo estoy aburrida. ¿Quieren hacer algo?
JAVIER ¿Por qué no vamos a explorar la ciudad un poco más?
INÉS ¡Excelente idea! ¡Vamos!

MAITE No, yo no voy. Estoy cansada y quiero descansar un poco porque a las seis voy a correr con Álex.
ÁLEX Y yo quiero escribir un mensaje electrónico antes de ir a correr.

JAVIER Pues nosotros estamos listos, ¿verdad, Inés?
INÉS Sí, vamos.
MAITE Adiós.
INÉS Y JAVIER ¡Chau!

ACTIVIDADES

1 Ordenar Put these events in the correct order.

3 a. Las chicas descansan en su habitación.
5 b. Javier e Inés deciden ir a explorar la ciudad.
1 c. Don Francisco habla con la empleada del hotel.
4 d. Javier, Maite, Inés y Álex conversan en la habitación de las chicas.

2 e. El botones pone las maletas en la cama.

2 Completar Complete each statement with the correct option.

1. La reservación está a nombre de ______________.
2. Los estudiantes tienen dos habitaciones ______________.
3. Don Francisco tiene una habitación ______________.
4. Maite va a __________ porque está __________.
5. El botones lleva ______________ a las habitaciones.
6. ______________ de las habitaciones son cómodas.

Para recordar **Before watching this episode of the Fotonovela, review the previous one. What do you remember?**

1. ¿Qué van a hacer Inés y Javier?
2. ¿Adónde van Maite y Álex?
3. ¿Por qué no quiere Maite jugar al fútbol?
4. ¿Qué van a hacer Maite y Álex a las seis?

ÁLEX Hola, chicas. ¿Qué están haciendo?
MAITE Estamos descansando.

JAVIER Oigan, no están nada mal las cabañas, ¿verdad?
INÉS Y todo está muy limpio y ordenado.
ÁLEX Sí, es excelente.
MAITE Y las camas son tan cómodas.

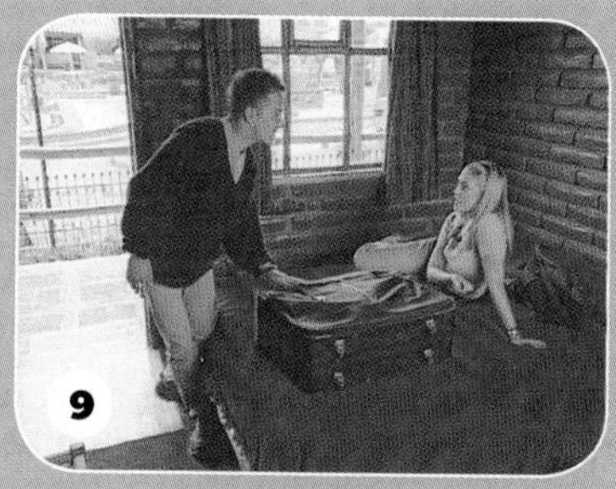

ÁLEX Bueno, nos vemos a las seis.
MAITE Sí, hasta luego.
ÁLEX Adiós.

MAITE ¿Inés y Javier? Juntos otra vez.

Expresiones útiles

Talking to hotel personnel

¿En qué puedo servirles?
How can I help you?
Tenemos una reservación a mi nombre.
We have a reservation in my name.
Mmm… No veo su nombre. No está.
I don't see your name. It's not here.
Quizás/Tal vez está a nombre de Ecuatur.
Maybe it's under the name of Ecuatur.
Aquí está… dos habitaciones dobles y una individual.
Here it is, two double rooms and one single.
Gracias, señorita. Muy amable.
Thank you, miss. You're very kind.
¿Dónde pongo las maletas?
Where do I put the suitcases?
Allí, encima de la cama.
There, on the bed.

Describing a hotel

No están nada mal las cabañas.
The cabins aren't bad at all.
Todo está muy limpio y ordenado.
Everything is very clean and orderly.
Es excelente/estupendo/fabuloso/fenomenal.
It's excellent/wonderful/fabulous/great.
Es increíble/magnífico/maravilloso/perfecto.
It's incredible/magnificent/marvelous/perfect.
Las camas son tan cómodas.
The beds are so comfortable.

Talking about how you feel

Estoy un poco aburrido/a/cansado/a.
I'm a little bored/tired.

3 **Minidrama** With two or three classmates, prepare and act out a skit containing these scenes.

Scene 1: You call your travel agent and make a hotel reservation for a specific date.

Scene 2: You go to the front desk at the hotel to check in and find out that there are problems with your reservation. Solve the problem.

Scene 3: You find a bellhop to take your bags to your room.

Scene 4: Your bellhop shows you to your room and asks you where to put your bags. You tell the bellhop where to put them and thank him or her.

BAJO LA LUPA

El Camino Inca

Early in the morning, Larry rises, packs up his campsite, fills his water bottle in a stream, eats a quick breakfast, and begins his day. By tonight, the seven miles he and his group hiked yesterday to a height of 9,700 feet will seem easy; today the hikers will cover seven miles to a height of almost 14,000 feet, all the while carrying fifty-pound backpacks.

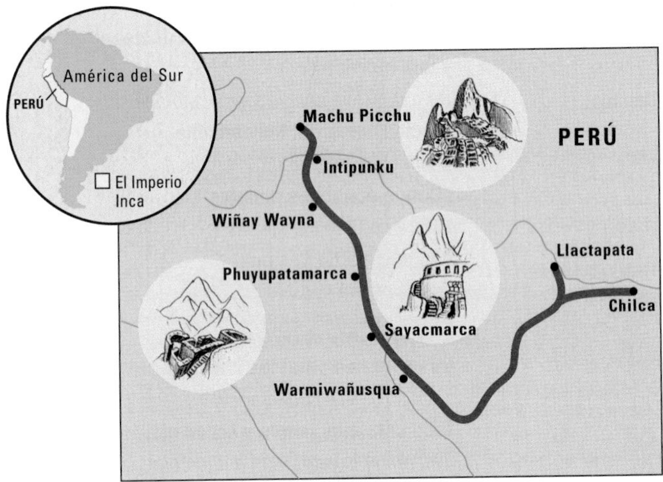

Ruta de cuatro días

While not everyone is cut out for such a rigorous trip, Larry is on the journey of a lifetime: **el Camino Inca.** Between 1438 and 1533, when the vast and powerful **Imperio Incaico** (*Incan Empire*) was at its height, the Incas built an elaborate network of **caminos** (*trails*) that traversed the Andes Mountains and converged on the empire's capital, Cuzco. Today, hundreds of thousands of tourists come to Peru annually to walk the surviving **caminos** and enjoy the spectacular landscapes. The most popular trail, **el Camino Inca,** leads from Cuzco to the ancient mountain city of Machu Picchu. Many trekkers opt for a guided four-day itinerary, starting at a suspension bridge over the Urubamba River, and ending at **Intipunku** (*Sun Gate*), the entrance to Machu Picchu. Guides organize campsites and meals for travelers, as well as one night in a hostel en route.

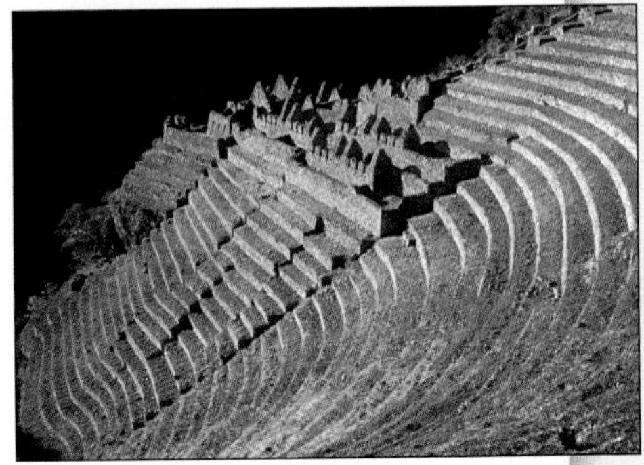

Wiñay Wayna

To preserve **el Camino Inca,** the National Cultural Institute of Peru limits the number of hikers to five hundred per day. Those that make the trip must book in advance and should be in good physical condition in order to endure the high altitude and difficult terrain.

Sitios en el Camino Inca

Highlights of a four-day hike along the Inca Trail:

Warmiwañusqua (*Dead Woman's Pass*), at 13,800 feet, hiker's first taste of the Andes' extreme sun and wind

Sayacmarca (*Inaccessible Town*), fortress ruins set on a sheer cliff

Phuyupatamarca (*Town in the Clouds*), an ancient town with stone baths, probably used for water worship

Wiñay Wayna (*Forever Young*), a town named for the pink orchid native to the area, famous for its innovative agricultural terraces which transformed the mountainside into arable land

ACTIVIDADES

1 ¿Cierto o falso? Indicate whether these statements are **cierto** or **falso**. Correct the false statements.

1. **El Imperio Incaico** reached its height between 1438 and 1533.
2. Lima was the capital of the Incan Empire.
3. Hikers on **el Camino Inca** must camp out every night.
4. The Incas invented a series of terraces to make the rough mountain landscape suitable for farming.
5. Along **el Camino Inca**, one can see village ruins, native orchids, and agricultural terraces.
6. High altitude is one of the challenges faced by hikers on **el Camino Inca**.
7. At Sayacmarca, hikers can see Incan pyramids set on a sheer cliff.
8. Travelers can complete **el Camino Inca** on their own at any time.

ASÍ SE DICE

Viajes y turismo

el albergue (juvenil)	*(youth) hostel*
alojarse	*to stay*
el asiento del medio, del pasillo, de la ventanilla	*center, aisle, window seat*
media pensión	*breakfast and one meal included*
el/la mochilero/a	*backpacker*
pensión completa	*all meals included*
el puente	*long weekend (lit., bridge)*

CONEXIÓN INTERNET

What do **Peru** and **Honduras** have in common? Go to **aventuras.vhlcentral.com** to find out and to access these components.

- the **Flash Cultura** video
- more activities
- additional reading: **El geoturismo en Honduras**

2  **De vacaciones** Spring break is coming up, and you want to hike **el Camino Inca** with some friends. In groups, decide how you will get there, where you prefer to stay and for how long, and what each of you will do during free time. Present your trip to the class.

recursos

VM pp. 235–236	aventuras.vhlcentral.com Lección 5

¡Vacaciones en Perú!

1 Preparación Have you ever visited an archeological or historic site? Where? Why did you go there?

2 El video Watch this **Flash Cultura** episode.

Vocabulario

ciudadela	*citadel*	**quechua**	*Quechua (indigenous Peruvian)*
el/la guía	*guide*	**sector (urbano)**	*(urban) sector*

Machu Picchu se salvó° de la invasión española [...] se encuentra aislada sobre° esta montaña...

... siempre he querido° venir [...] Me encantan° las civilizaciones antiguas°.

se salvó *was saved* **se encuentra aislada sobre** *it is isolated on* **siempre he querido** *I have always wanted* **Me encantan** *I love* **antiguas** *ancient*

3 Completar Complete these sentences. Make the necessary changes.

1. Las ruinas de Machu Picchu son una antigua ________ inca.
2. La ciudadela estaba (*was*) dividida en tres sectores: ________, religioso y de cultivo (*farming*).
3. Cada año los ________ reciben a cientos (*hundreds*) de turistas de diferentes países.
4. Hoy en día, la cultura ________ está presente en las comunidades andinas (*Andean*) del Perú.

5.1 Estar with conditions and emotions

- In Spanish, the verb **estar** is used to talk about how people feel and to say where people, places, and things are located. (See page 42.)

Estoy bien, gracias.
I'm fine, thanks.

Juan **está** en la biblioteca.
Juan is at the library.

- **Estar** is used with adjectives to describe the physical condition of nouns.

La puerta **está** cerrada.
The door is closed.

Todo **está** muy limpio.
Everything is very clean.

- Use **estar** with adjectives to describe how people feel.

Adjectives that describe emotions and conditions

abierto/a	*open*	equivocado/a	*wrong; mistaken*
aburrido/a	*bored; boring*	feliz	*happy*
alegre	*happy, joyful*	limpio/a	*clean*
avergonzado/a	*embarrassed*	nervioso/a	*nervous*
cansado/a	*tired*	ocupado/a	*busy*
cerrado/a	*closed*	ordenado/a	*orderly*
cómodo/a	*comfortable*	preocupado/a (por)	*worried (about)*
contento/a	*happy, content*	seguro/a	*sure; safe; confident*
desordenado/a	*disorderly; messy*	sucio/a	*dirty*
enamorado/a (de)	*in love (with)*	triste	*sad*
enojado/a	*mad, angry*		

- Note that the plural of **feliz** is **felices**. Also, note that when referring to an object, **ser seguro** means *to be safe*.

¡Manos a la obra!

Provide the correct forms of **estar.**

1. La biblioteca *está* cerrada los domingos por la noche.
2. Nosotros _______ muy ocupados todos los lunes.
3. Ellas _______ alegres porque tienen tiempo libre.
4. Javier _______ enamorado de Maribel.
5. La habitación del hotel _______ ordenada y limpia.
6. Ustedes _______ equivocados.

Práctica

1 Un viaje Tere is going to take a trip. Say how she, her family, and her friends are feeling. In the first blank, fill in the correct form of **estar**. In the second blank, fill in the adjective that best fits the context. Make the necessary changes.

contento	**nervioso**	**preocupado**
enojado	**ocupado**	**triste**

Tere

1. ¡Qué bueno! Hoy yo _______ muy _______ porque mañana voy a hacer un viaje a Chicago.
2. ¡Qué nervios! También _______ un poco _______ porque voy en avión y no me gusta mucho volar (*fly*).
3. Mis papás _______ _______ porque voy sola (*alone*).
4. Mi amiga Patricia y yo _______ muy _______ porque ella no puede ir. Ella tiene que estudiar para un examen.
5. Es que Patricia _______ muy _______ porque este semestre toma muchas clases.
6. Mi novio César _______ muy _______ porque él piensa que yo voy a ir a bailar todas las noches.

2 ¿Cómo están? Describe these people and places.

La habitación de Teresa
1. _______________

La habitación de César
2. _______________

Yo
3. _______________

El profesor Olmos
4. _______________

Conversación

3 **Situaciones** With a partner, use **estar** to talk about how you feel in these situations.

1. Cuando estoy de vacaciones...
2. Cuando tomo un examen...
3. Cuando estoy con mi familia...
4. Cuando estoy en la clase de español...
5. Cuando llueve...
6. Cuando asisto a un funeral...
7. Cuando mi novio/a sale con otro/a chico/a...
8. Cuando llega el invierno...

4 **Describir** With a partner, say how these people are and explain why. Use your imagination.

1. Anabela

2. Juan y Luisa

3. Sebastián

4. Olivia y Marco

5 **Preguntas** Use these questions to interview your partner.

1. ¿Estás ocupado/a este fin de semana? ¿Qué vas a hacer?
2. ¿Estás enamorado/a? ¿De quién?
3. ¿Qué haces cuando estás preocupado por algo (*something*)?
4. ¿Qué haces cuando estás aburrido/a?
5. ¿Cómo estás cuando recibes una mala noticia (*news*)?
6. ¿Cómo estás ahora? ¿Por qué?

Español en vivo

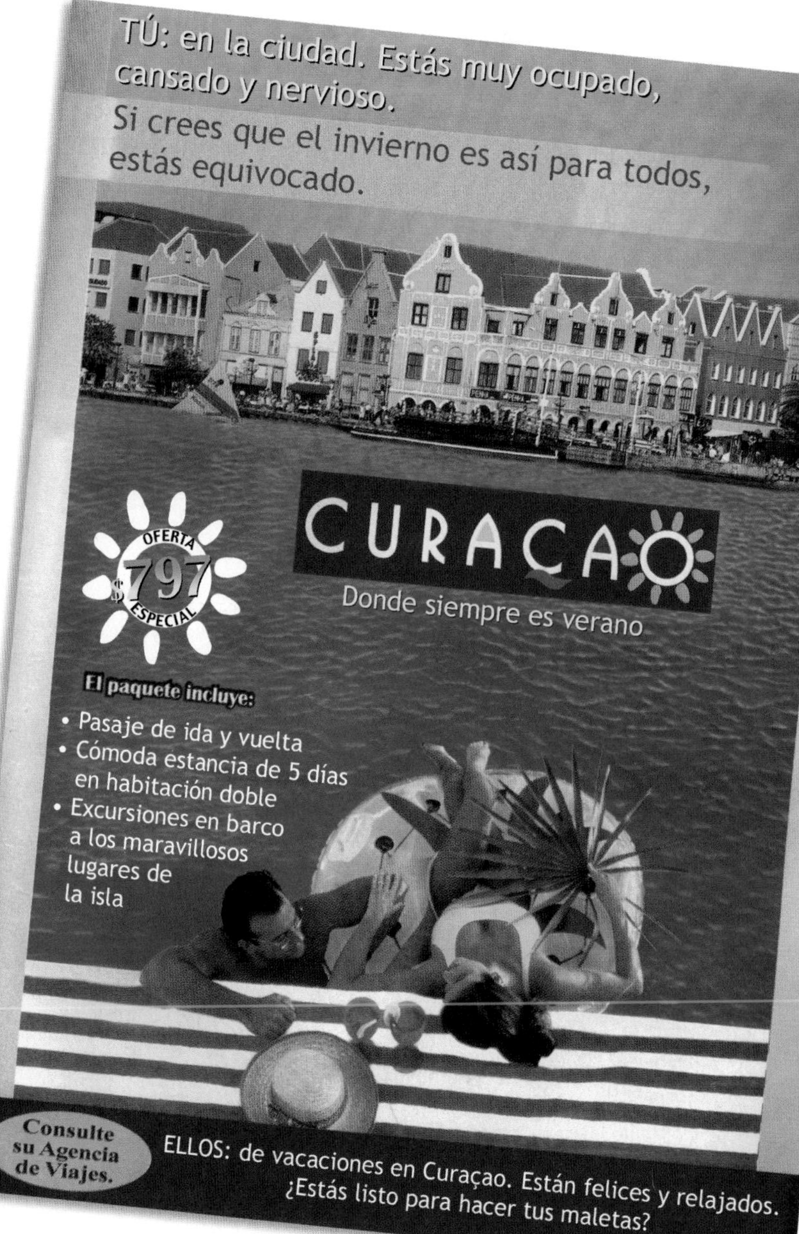

TÚ: en la ciudad. Estás muy ocupado, cansado y nervioso.
Si crees que el invierno es así para todos, estás equivocado.
OFERTA $797 ESPECIAL
CURAÇAO
Donde siempre es verano
El paquete incluye:
• Pasaje de ida y vuelta
• Cómoda estancia de 5 días en habitación doble
• Excursiones en barco a los maravillosos lugares de la isla
Consulte su Agencia de Viajes.
ELLOS: de vacaciones en Curaçao. Están felices y relajados. ¿Estás listo para hacer tus maletas?

Identificar

Scan the above advertisement and identify the adjectives that take the verb **estar**.

Preguntas

1. ¿Dónde están las personas del anuncio (*ad*)?
2. ¿Cómo están ellos?
3. ¿Te identificas (*do you identify*) con la descripción de la vida (*life*) en la ciudad? ¿Por qué?

5.2 The present progressive

- Both Spanish and English use the present progressive, which consists of the present tense of the verb *to be* and the present participle (the *-ing* form in English).

Los chicos **están jugando.** *The kids are playing.*	**Estoy escribiendo** una postal. *I am writing a postcard.*
Los turistas **están viajando.** *The tourists are traveling.*	**Estás mirando** la televisión. *You are watching television.*

- Form the present progressive with the present tense of **estar** and a present participle.

ESTAR + PRESENT PARTICIPLE	ESTAR + PRESENT PARTICIPLE
Están cantando. *They are singing.*	**Estoy comiendo.** *I am eating.*
Estamos esperando. *We are waiting.*	Ella **está trabajando.** *She is working.*

- The present participle of regular verbs is formed as follows:

INFINITIVE	STEM	ENDING	PRESENT PARTICIPLE
hablar	habl-	-ando	**habl**ando
comer	com-	-iendo	**com**iendo
escribir	escrib-	-iendo	**escrib**iendo

- When the stem of an **-er** or **-ir** verb ends in a vowel, the present participle ends in **-yendo**.

INFINITIVE	STEM	ENDING	PRESENT PARTICIPLE
leer	le-	-yendo	**le**yendo
oír	o-	-yendo	**o**yendo
traer	tra-	-yendo	**tra**yendo

Práctica

1 De vacaciones Mauricio and his family are vacationing in Mazatlán, Mexico. Complete his description of what everyone is doing right now.

1. Yo ______________
2. Mi mamá ______________

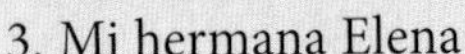

3. Mi hermana Elena ______________
4. Mis hermanos ______________

5. Mi papá ______________
6. Mi abuela ______________

2 Un amigo preguntón You are on summer vacation. A nosy friend calls you at all hours to see what you are doing. Look at the clocks and tell him.

modelo

6:30 PM

Estoy descansando.

1. ______________
2. ______________

3. ______________
4. ______________

Conversación

3 **Describir** With a partner, use the present progressive to describe what is going on in this beach scene.

4 **Conversar** You and a classmate are each babysitting a group of children. In pairs, prepare a telephone conversation using these cues. Be creative!

Estudiante 1	Estudiante 2
1. Say hello and ask what the kids are doing.	2. Say hello and tell your partner that two of your kids are doing their homework. Then ask what the kids at his/her house are doing.
3. Tell your partner that two of your kids are running and dancing in the house.	4. Tell your partner that one of the kids is reading.
5. Tell your partner that you are tired and that two of your kids are watching TV and eating pizza.	6. Tell your partner that one of the kids is sleeping.
7. Tell your partner you have to go; the kids are playing soccer in the house.	8. Say goodbye and good luck (**¡Buena suerte!**).

5 **¿Qué están haciendo?** Your instructor will give you and your partner handouts so that you may complete this information gap activity.

Irregular present participles

- The verbs **ir, poder,** and **venir** have irregular present participles (**yendo, pudiendo, viniendo**). Several other verbs have irregular present participles.

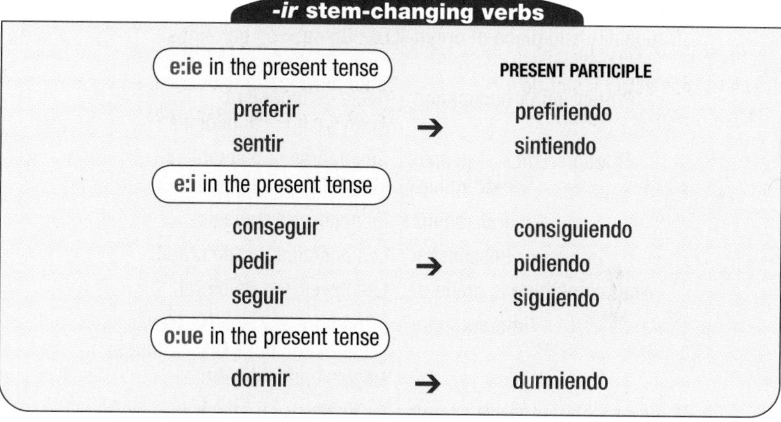

-ir stem-changing verbs

		PRESENT PARTICIPLE
e:ie in the present tense		
preferir	→	prefiriendo
sentir		sintiendo
e:i in the present tense		
conseguir		consiguiendo
pedir	→	pidiendo
seguir		siguiendo
o:ue in the present tense		
dormir	→	durmiendo

Using the present progressive

- The present progressive is used less in Spanish than in English. In Spanish, the present progressive emphasizes that an action is *in progress*.

Ella todavía **está escuchando** música.
She is still listening to music.

Javier **está dibujando** ahora mismo.
Javier is drawing right now.

- In English, the present progressive is used with actions that occur over time or in the future. In Spanish, the simple present tense is used.

Practican fútbol este verano.
They're playing soccer this summer.

Salgo hoy a las tres.
I'm leaving today at three.

¡Manos a la obra!

Create complete sentences using the present progressive.

1. Mis amigos / descansar en la playa Mis amigos están descansando en la playa.
2. Nosotros / practicar deportes ____________
3. Carmen / comer en casa ____________
4. Nuestro equipo / ganar el partido ____________
5. Yo / traer el periódico ____________
6. Él / pensar en comprar una bicicleta ____________
7. Ustedes / explicar la lección ____________
8. José y Francisco / pedir café ____________
9. Marisa / leer el correo electrónico ____________
10. Yo / preparar sándwiches ____________
11. Carlos / tomar fotos ____________
12. ¿Tú / dormir? ____________

5.3 Comparing ser and estar

▸ **Ser** and **estar** both mean *to be,* but are used for different purposes.

Uses of *ser*

Nationality and place of origin	Los Gómez son peruanos. Luisa es de Cuzco.
Profession or occupation	Adela es ingeniera. Ana y yo somos médicos.
Characteristics of people and things	Sus padres son amables. El hotel es muy grande.
Generalizations	Es necesario trabajar.
Possession	Las postales son de Maite.
What something is made of	Las llaves son de metal.
Time and date	¿Qué hora es? Son las tres. ¿Qué día es hoy? Hoy es lunes. Hoy es el dos de abril.
Where or when an event occurs	La fiesta es en mi casa. El concierto es a las ocho.

Soy Francisco Castillo Moreno. Yo soy de la agencia Ecuatur.

Horario CHECK
Su nombre no está en mi lista.

Uses of *estar*

Location or spatial relationships	El hotel no está lejos. Álex está en el cine.
Health	¿Cómo estás? Estoy enfermo.
Physical states and conditions	El conductor está cansado. Las puertas están cerradas.
Emotional states	Silvio está aburrido. Estoy contenta con el viaje.
Certain weather expressions	Está despejado. Está nublado.
On-going actions (progressive tenses)	Estamos buscando el museo. Chela está durmiendo.

Práctica

1 Completar Complete this conversation with the correct forms of **ser** and **estar**.

TINA ¡Hola, Ricardo! ¿Cómo (1) ______ ?

RICARDO Bien, gracias. Oye... ¡Qué guapa (2) ______ hoy!

TINA Gracias. (3) ______ muy amable. Oye, ¿qué (4) ______ haciendo? (5) ¿ ______ ocupado?

RICARDO No, sólo (6) ______ escribiendo un mensaje electrónico a mi amigo Sancho.

TINA ¿De dónde (7) ______ él?

RICARDO Sancho (8) ______ de Ponce, pero ahora él y su familia (9) ______ de vacaciones en Miami.

TINA Y... ¿cómo (10) ______ Sancho?

RICARDO (11) ______ moreno y un poco bajo. También (12) ______ muy listo. ¿Lo quieres conocer?

2 En el aeropuerto Use **ser** and **estar** to describe this scene at an airport in Spain. Say what these people look like, how they are feeling, and what they are doing.

modelo

Anita es una niña pequeña, delgada y morena. Ella está triste y ahora está llorando (crying).

Conversación

3 **Describir** With a partner, take turns describing the people in the drawing without saying their names. Use these questions to guide your descriptions. Your partner has to guess who the person is.

- ¿Quiénes son las personas?
- ¿Dónde están?
- ¿Cómo son?
- ¿Cómo están?
- ¿Qué están haciendo?
- ¿Qué estación es?
- ¿Qué tiempo hace?

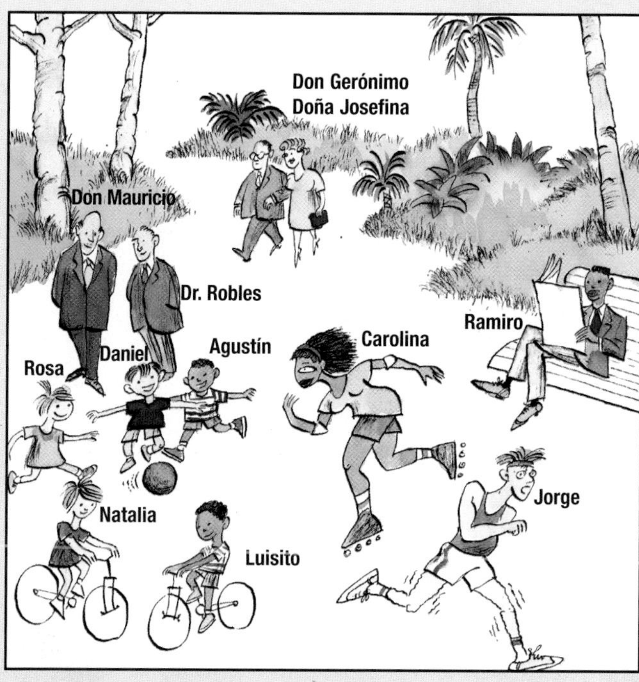

4 **Adivinar** Using these questions as a guide, describe one classmate and one celebrity to your partner. Don't mention their names. Your partner will guess whom you are describing.

- ¿Cómo es?
- ¿Cómo está?
- ¿De dónde es?
- ¿Dónde está?
- ¿Qué está haciendo?

Ser and estar with adjectives

- With many adjectives, both **ser** and **estar** can be used, but the meaning changes. Statements with **ser** describe inherent qualities. **Estar** describes temporary and changeable conditions.

Juan **es** nervioso. *Juan is a nervous person.*	Juan **está** nervioso hoy. *Juan is nervous today.*
Ana **es** elegante. *Ana is an elegant person.*	Ana **está** elegante hoy. *Ana looks elegant today.*

- Some adjectives change in meaning depending on whether they are used with **ser** or **estar**.

With *ser*	With *estar*
El chico **es listo.** *The boy is **smart.***	El chico **está listo.** *The boy is **ready.***
La profesora **es mala.** *The professor is **bad.***	La profesora **está mala.** *The professor is **sick.***
Jaime **es aburrido.** *Jaime is **boring.***	Jaime **está aburrido.** *Jaime is **bored.***
Las peras **son verdes.** *The pears are **green.***	Las peras **están verdes.** *The pears are **not ripe.***
El gato **es muy vivo.** *The cat is very **lively.***	El gato **está vivo.** *The cat is **alive.***
Él **es seguro.** *He's **confident.***	Él no **está seguro.** *He's not **sure.***

¡Manos a la obra!

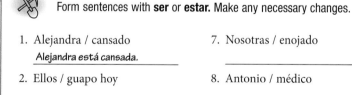

Form sentences with **ser** or **estar.** Make any necessary changes.

1. Alejandra / cansado
   Alejandra está cansada.
2. Ellos / guapo hoy
   ____
3. Carmen / alto
   ____
4. Yo / la clase de español
   ____
5. Película / a las once
   ____
6. Hoy / viernes
   ____
7. Nosotras / enojado
   ____
8. Antonio / médico
   ____
9. Romeo y Julieta / enamorado
   ____
10. Libros / de Ana
    ____
11. Marisa y Juan / estudiando
    ____
12. Fiesta / gimnasio
    ____

5.4 Direct object nouns and pronouns

- A direct object noun receives the action of the verb directly and generally follows the verb. In the example below, the direct object noun answers the question *What is Maite writing?*

SUBJECT	VERB	DIRECT OBJECT NOUN
Maite *Maite*	está escribiendo *is writing*	unas postales. *some postcards.*

¿Dónde pongo las maletas?

Puede ponerlas encima de la cama.

Hay muchos lugares interesantes por aquí. ¿Quieren ir a verlos?

- When a direct object noun is a person or a pet, it is preceded by the word **a**. This is called the "personal **a**" and it has no English equivalent.

Marta busca **a** su perro Lucas.
Marta looks for her dog, Lucas.

Escucho **al** profesor.
I listen to the professor.

Direct object pronouns

Singular forms		Plural forms	
me	*me*	nos	*us*
te	*you (fam.)*	os	*you (fam.)*
lo	*you (m., form.); him; it (m.)*	los	*you (m.); them (m.)*
la	*you (f., form.); her; it (f.)*	las	*you (f.); them (f.)*

- Direct object pronouns replace direct object nouns. Like English, Spanish sometimes uses a direct object pronoun to avoid repetition.

DIRECT OBJECT	DIRECT OBJECT PRONOUN	
Maribel hace las maletas.	Maribel las hace.	*Maribel packs them.*
Felipe compra el pasaje.	Felipe lo compra.	*Felipe buys it.*
Vicky tiene la llave.	Vicky la tiene.	*Vicky has it.*

- It is common to use the direct object pronoun when the direct object noun has been mentioned before.

¿Quieres a tu madre?
Do you love your mother?

Sí, la quiero mucho.
Yes, I love her very much.

Práctica

1 Sustitución Professor Vega's class is planning a trip to Costa Rica. Describe their preparations by changing the direct object nouns to direct object pronouns.

modelo

La profesora Vega tiene su pasaporte.
La profesora Vega lo tiene.

1. Gustavo y Héctor confirman las reservaciones.
2. Nosotros leemos los folletos (*brochures*).
3. Ana María estudia el mapa.
4. Yo aprendo los nombres de los monumentos de San José.
5. Alicia escucha a la profesora.
6. Miguel escribe las instrucciones para llegar al hotel.

2 Vacaciones Ramón is going to San Juan, Puerto Rico, with his friends, Javier and Marcos. Express his thoughts more succinctly using direct object pronouns.

modelo

Quiero hacer una excursión.
Quiero hacerla./La quiero hacer.

1. Voy a hacer mi maleta.
2. Necesitamos llevar los pasaportes.
3. Marcos está pidiendo el folleto turístico.
4. Javier debe llamar a sus padres.
5. Ellos esperan visitar el Viejo San Juan.
6. Puedo llamar a Javier por la mañana.

3 ¿Qué estás haciendo? A classmate has called to find out what you are doing to prepare for your trip to Cancún. Answer your partner's questions. Follow the model.

modelo

preparar el itinerario de viaje

Estudiante 1: *¿Estás preparando el itinerario de viaje?*
Estudiante 2: *No, no lo estoy preparando.*
Estudiante 1: *¿Cuándo lo vas a preparar?*
Estudiante 2: *Voy a prepararlo mañana (el lunes, a las dos, etc.).*

1. preparar los documentos de viaje
2. buscar información de hoteles en Internet
3. practicar español
4. pensar en actividades para hacer
5. hacer las maletas

Conversación

4 **En un café** Get together with a partner and take turns asking each other questions about the drawing.

modelo

Estudiante 1: *¿Quién está leyendo el mapa?*
Estudiante 2: *El Sr. Torres está leyéndolo.*

5 **Entrevista** Use these questions to interview a classmate. Your partner should respond using direct object pronouns.

1. ¿Quién prepara la comida (*food*) en tu casa?
2. ¿Visitas a tus parientes con frecuencia (*frequently*)?
3. ¿Cuándo ves a tus amigos/as?
4. ¿Estudias español todos los días?
5. ¿Traes tu libro a clase? ¿Y tu cuaderno?
6. ¿Cuándo vas a hacer la tarea de la clase de español?
7. ¿Ves mucho la televisión? ¿Cuándo vas a ver tu programa favorito?
8. ¿Quieres visitar otro país? ¿Por qué?

- In affirmative sentences and affirmative questions, direct object pronouns generally appear before the conjugated verb. In negative sentences and negative questions, the pronoun is placed between the word **no** and the verb.

Armando me **escucha.**	**Armando** no me **escucha.**
Katia las **tiene.**	**Katia** no las **tiene.**
¿Lo **quieres?**	**¿No** lo **quieres?**

- In the present progressive and in infinitive constructions, such as **ir a** + [*infinitive*], the direct object pronoun can be placed before the conjugated form, or attached to the present participle or infinitive.

Laura las **está escribiendo.**	**Laura está escribiéndo**las**.**
Lo **vamos a hacer.**	**Vamos a hacer**lo**.**
Las **va a confirmar.**	**Va a confirmar**las**.**

- When a pronoun is attached to the present participle, an accent mark is added to maintain the proper stress.

Te **están llamando.**	**Están llamándo**te**.**
Los **estás mirando.**	**Estás mirándo**los**.**
Nos **estamos durmiendo.**	**Estamos durmiéndo**nos**.**

¡Manos a la obra!

Choose the correct response.

1. ¿Me puedes llevar al partido de fútbol?
   a. Sí, los puedo llevar. b. Sí, te puedo llevar.
2. ¿Quién tiene los pasajes?
   a. Yo lo tengo. b. Mónica los tiene.
3. ¿Vas a llevar a tu hermana a la playa?
   a. No, no voy a llevarla. b. No, no voy a llevarte.
4. ¿Vas a hacer las maletas?
   a. Sí, voy a hacerla. b. Sí, voy a hacerlas.
5. ¿Quién tiene la llave de nuestra habitación?
   a. Yo no la tengo. b. Yo lo tengo.
6. ¿Quién revisa los documentos?
   a. El inspector de aduana te revisa. b. El inspector de aduana los revisa.
7. ¿Vamos a confirmar los pasajes en la agencia de viajes?
   a. Sí, la vamos a confirmar. b. No, no los vamos a confirmar.
8. ¿Puedes ayudarme a hacer las maletas?
   a. Sí, puedo ayudarte a hacerlas. b. No, no puedo ayudarte a hacernos.

For more practice, go to **aventuras.vhlcentral.com.**

5.1 Estar with conditions and emotions

1 Cuando... Describe how you feel in these situations.

1. Cuando hace sol...
2. Cuando tienes mucho trabajo...
3. Cuando viajas en avión...
4. Cuando vas al partido de tu equipo favorito...
5. Cuando tu habitación está desordenada...
6. Cuando pierdes algo...

2 Describir In pairs, take turns describing these people. Say where they are from, what they are like, and how they are feeling.

1. tu mejor (*best*) amigo/a
2. tus padres
3. tu profesor(a) favorito/a
4. tu compañero/a de cuarto
5. tu primo/a favorito/a
6. tus abuelos

5.2 The present progressive

3 De vacaciones Karla and her family are on a Caribbean cruise and the ship has stopped in San Juan. Complete her e-mail with the correct forms of the present progressive.

Nora:

Por fin (*Finally*), tengo unos minutos libres. Mateo (1) ______________ [comprar] tarjetas postales y la niña (2) ______________ [dormir] una siesta. Nuestros amigos César y Ángela (3) ______________ [comer] en el café Zaguán. Los señores Villalobos (4) ______________ [pasear] por el centro. Nosotros (5) ______________ [pensar] hacer una excursión con ellos mañana a El Yunque o el Viejo San Juan. Y tú, ¿cómo (6) ______________ [pasar] las vacaciones?

Karla

4 Situaciones With a partner, describe what these people are doing in these situations. Write at least two activities for each item. Then get together with another pair and compare your ideas.

modelo

yo / en las montañas
Yo estoy acampando en las montañas. Yo estoy durmiendo en una tienda de campaña.

1. el agente de viajes / en la agencia de viajes
2. mi familia / en el parque
3. los turistas / en el hotel
4. los pasajeros / en un crucero (*cruise ship*)
5. mis padres / en la agencia de viajes
6. yo / en la playa
7. mis amigos y yo / en el campo
8. mi compañero/a de cuarto / en la habitación

5.3 Comparing ser and estar

5 Completar Complete each sentence with the correct form of **ser** o **estar**.

1. Carolina _____ mala. Ella no me quiere ayudar con la tarea.
2. El ascensor _____ seguro.
3. Nosotros _____ listos para ir de pesca.
4. Las bananas _____ verdes. Necesitan dos días para madurar (*to ripen*).
5. Ellos _____ aburridos porque el programa _____ aburrido.
6. Ernesto _____ muy listo. Él saca buenas notas (*grades*) en los exámenes.

6 Combinar Combine elements from each column to form sentences about a hotel and the people there.

modelo *Mi amiga es simpática.*

A	B	C
Yo	(no) ser	bonito/a
Tú	(no) estar	grande
Mi amigo/a		norteamericano/a
El hotel		ocupado/a
El botones		trabajador(a)
Nosotros/as		de vacaciones
Los huéspedes		en el tercer piso
Las habitaciones		en la habitación
El equipaje		cómodo/a
		simpático/a

5.4 Direct object nouns and pronouns

7 **Emparejar** Match the video characters with the direct object pronouns in the sentences. Then form the questions that correspond to these answers.

A — INÉS Y MAITE; B — DON FRANCISCO; C — INÉS Y JAVIER; D — SEÑORA RAMOS

1. Sí, la veo. _____
2. Sí, los vemos. _____
3. Sí, las vemos. _____
4. Sí, lo veo. _____

8 **Entrevista** Use these questions to interview a classmate. Your partner should respond using direct object pronouns.

1. ¿Te llama tu novio/a con frecuencia (*frequently*)?
2. ¿Cuándo te visitan tus padres?
3. ¿Por qué estudias español?
4. ¿Ahora mismo te están esperando tus amigos/as? ¿Dónde?
5. ¿Me estás escuchando?
6. Cuando vienes a la universidad, ¿dónde llevas los libros?
7. ¿Nos está mirando el/la profesor(a)?
8. ¿Por qué me estás mirando?
9. ¿Te vienen a visitar tus padres este fin de semana?
10. ¿Me puedes llevar al aeropuerto el sábado?

Síntesis

9 **Nuestras vacaciones** Work in groups of three. Each person will describe his or her ideal vacation at one of these places: **un centro turístico** (*resort*) **en las montañas o cerca del mar, un campamento** (*campground*) **o una ciudad.**

- Describe the location and who is with you.
- Describe the weather.
- Describe your accommodations.
- Describe what activities you are doing right now, using the present progressive. Then use **ir a** + infinitive to state what you are going to do tomorrow.

SUPERSITE

Videoclip

1 **Preparación** Some areas attract tourists because of their unusual sports and activities. Do you know of any such destinations? Where?

2 **El clip** Watch the news clip ***Down Taxco*** for **Univisión** from Mexico.

Vocabulario

carrera de bicicleta	*bicycle race*	descender (escaleras)	*to descend (stairs)*
competidores	*competitors*	reto, desafío	*challenge*

1 El reto es descender en el menor° tiempo posible...

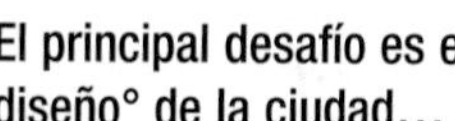

2 El principal desafío es el diseño° de la ciudad...

menor *least* diseño *layout*

3 **Preguntas** Answer these questions in complete sentences.

1. ¿Por qué viajan ciclistas (*cyclists*) a Taxco?
2. ¿Es Taxco una ciudad turística moderna o colonial?
3. ¿Hay competidores de otros (*other*) países en la carrera de bicicleta?
4. ¿Cómo está el reportero (*reporter*) después (*after*) de descender las escaleras, aburrido o cansado?

4 **Deportes extremos** In pairs, discuss these questions: **¿Cómo son las personas que hacen deportes extremos? ¿Por qué crees que los practican? ¿Viajarías (*Would you travel*) a un destino para practicarlos?**

CONEXIÓN INTERNET

Go to **aventuras.vhlcentral.com** to watch the television clip featured in this section.

INSTRUCTIONAL RESOURCES Supersite: Videos; IRCD/Supersite: Video Script, Translation

Ampliación

1 Escuchar

A Listen to the weather report by Hernán Jiménez and indicate which of these phrases are correct.

TIP Listen for key words. Listening for key words and phrases will help you identify the subject and main ideas of what you hear, as well as some of the details.

Santo Domingo

___ 1. hace sol
___ 2. va a hacer frío
___ 3. una mañana de mal tiempo
___ 4. va a estar nublado
___ 5. buena tarde para tomar el sol
___ 6. buena mañana para ir a la playa

San Francisco de Macorís

___ 1. hace frío
___ 2. hace sol
___ 3. va a nevar
___ 4. va a llover
___ 5. hay niebla
___ 6. buen día para excursiones

B ¿Qué tiempo hace en tu ciudad?

2 Conversar

Get together with a classmate and ask each other questions using **ser, estar**, and other verbs. Be sure to cover these topics.

- *Las clases*
- *La familia*
- *Los amigos*
- *Los pasatiempos*
- *Las vacaciones*
- *Los deportes*
- *El tiempo*
- *Los compañeros de clase*

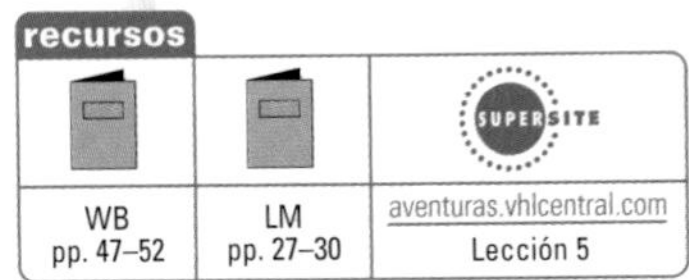

Ampliación

Descripción del sitio (con foto)
A. Playa Grande
1. Playas seguras y limpias
2. Ideal para tomar el sol y descansar
B. El hotel
1. Abierto los 365 días del año
2. Piscina grande

3 Escribir

Write a tourist brochure for a hotel or resort.

TIP Make an outline. Identify topics and subtopics in order to provide a framework for the information you want to present.

Organízalo Jot down the most attractive aspects of your hotel or resort. Then, organize your ideas into an outline.

Escríbelo Using your outline, write the first draft of your brochure.

Corrígelo Exchange papers with a classmate and comment on the brochure's completeness, organization, grammatical accuracy, and level of interest. Then revise your first draft, keeping your classmate's comments in mind.

Compártelo Swap brochures with a classmate. After you have read the brochure, name the three aspects of the hotel or resort that appeal to you most or least.

4 Un paso más

Create a real or simulated website to promote a travel package to a resort in a Spanish-speaking country. Include images whenever possible. Your website should include these pages:

- A home page with a general description of the tour and links to the other pages
- A page describing the means of transportation
- A page describing hotels and accommodations
- A page about the nearby sites to visit
- A page detailing activities available to travelers

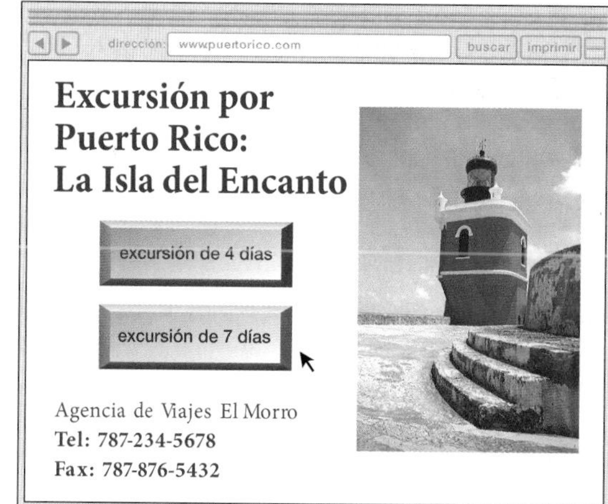

dirección: wwwpuertorico.com
buscar
imprimir
Excursión por Puerto Rico: La Isla del Encanto
excursión de 4 días
excursión de 7 días
Agencia de Viajes El Morro
Tel: 787-234-5678
Fax: 787-876-5432

SUPERSITE

CONEXIÓN INTERNET

Investiga estos temas en el sitio aventuras.vhlcentral.com.

- Balnearios (*resorts*) de España
- Balnearios de América del Sur
- Balnearios de México, Centroamérica y el Caribe

Antes de leer

By scanning for specific information, you can learn a great deal about a text without reading it word for word. For example, you can scan a document to identify its format, to find cognates, or to find specific facts.

Examinar el texto

Scan the reading selection for cognates and write a few of them down.

1. ______________
2. ______________
3. ______________
4. ______________
5. ______________

Based on the cognates you found, what do you think this document is about?

____

____

Preguntas

Read these questions. Then scan the document again to look for answers to the questions.

1. What is the format of the reading?

____

2. What place is the document about?

____

3. What are some of the visual cues this document provides? What do they tell you about the content of the document?

____

____

4. Who produced the document, and what do you think it is for?

____

____

¡Descubre el Viejo San Juan!

El Morro

El Morro es una fortaleza que defendió la bahía de San Juan entre los años 1500 y 1900. La arquitectura del lugar es extraordinaria. El Morro tiene numerosos túneles secretos, oscuras mazmorras° y fantásticas vistas de la bahía. Además°, en su interior hay un museo donde se explica° la historia de la fortaleza.

La Iglesia de San José

La Iglesia de San José está en el norte de la ciudad, en la famosa plaza del mismo nombre. Esta iglesia es una construcción de 1532. De hecho°, es la iglesia más antigua° de la isla y un excelente ejemplo de la arquitectura gótica española del siglo° XVI.

El Museo Pablo Casals

Pablo Casals es un famoso violonchelista español, que vivió los últimos años de su vida, de 1956 a 1973, en la isla de Puerto Rico. El Museo Pablo Casals es un interesante edificio° del siglo XVIII. En su interior hay muchos objetos personales del músico, como su chelo, su piano y una gran cantidad de manuscritos y fotografías.

Hermosos hoteles y cafés

El Viejo San Juan ofrece unos hoteles impresionantes, con habitaciones lujosas° y vistas increíbles de la ciudad y del mar. Cerca de los hoteles hay cafés muy agradables, donde los viajeros pueden conversar y escuchar diferentes estilos de música.

Después de leer

¿Comprendiste?

Indicate whether each statement is **cierto** or **falso**.

Cierto	Falso	
______	______	1. El Morro es una fortaleza en la bahía de San Juan.
______	______	2. Las habitaciones de los hoteles en El Viejo San Juan no son buenas.
______	______	3. El Museo Pablo Casals tiene artículos personales del famoso violonchelista.
______	______	4. La Iglesia de San José tiene un museo donde se explica la historia de Puerto Rico.
______	______	5. El Museo Pablo Casals es un edificio del siglo XVIII.
______	______	6. La Iglesia de San José es la más (*most*) moderna de la isla.

Preguntas

Answer these questions.

1. ¿Dónde pasa Pablo Casals los últimos años de su vida?
   ____
2. Describe la arquitectura de la Iglesia de San José.
   ____
3. ¿Qué podemos hacer en los cafés del Viejo San Juan?
   ____
4. ¿Qué hay en el interior de El Morro?
   ____
5. ¿Dónde está la Iglesia de San José?
   ____

Coméntalo

Imagina que vas de vacaciones al Viejo San Juan. ¿En qué mes del año deseas ir? ¿Por qué? ¿Cómo prefieres viajar, en avión o en barco? ¿Quieres visitar los lugares mencionados aquí? ¿Por qué?

mazmorras *dungeons*
además *besides*
se explica *they explain; (something) is explained*
De hecho *In fact*
más antigua *oldest*
siglo *century*
edificio *building*
lujosas *luxurious*

For an additional reading, go to **aventuras.vhlcentral.com.**

Las vacaciones y los viajes

el aeropuerto	*airport*
la agencia de viajes	*travel agency*
el/la agente de viajes	*travel agent*
la estación de autobuses	*bus station*
del metro	*subway station*
del tren	*train station*
el/la inspector(a) de aduanas	*customs inspector*
el pasaje (de ida y vuelta)	*(round-trip) ticket*
el pasaporte	*passport*
la tienda de campaña	*tent*
el/la viajero/a	*traveler*
acampar	*to camp*
confirmar una reservación	*to confirm a reservation*
estar de vacaciones	*to be on vacation*
hacer las maletas	*to pack (one's suitcases)*
hacer turismo (m.)	*to go sightseeing*
hacer un viaje	*to take a trip*
una excursión	*to go on a hike; to go on a tour*
ir a la playa	*to go to the beach*
ir de pesca	*to go fishing*
ir de vacaciones	*to go on vacation*
ir en autobús (m.)	*to go by bus*
en auto(móvil) (m.)	*to go by car*
en avión (m.)	*to go by plane*
en barco (m.)	*to go by boat*
en motocicleta (f.)	*to go by motorcycle*
en taxi (m.)	*to go by taxi*
montar a caballo	*to ride a horse*
pasar por la aduana	*to go through customs*
pescar	*to fish*
sacar fotos (f. pl.)	*to take pictures*

En el hotel

el alojamiento	*lodging*
el/la botones	*bellhop*
la cama	*bed*
el/la empleado/a	*employee*
la habitación individual	*single room*
doble	*double room*
el hotel	*hotel*
el/la huésped	*guest*
la llave	*key*
la pensión	*boarding house*
el piso	*floor (of a building)*
la planta baja	*ground floor*

Adjetivos

abierto/a	*open*
aburrido/a	*bored; boring*
alegre	*happy; joyful*
amable	*nice; friendly*
avergonzado/a	*embarrassed*
cansado/a	*tired*
cerrado/a	*closed*
cómodo/a	*comfortable*
contento/a	*happy; content*
desordenado/a	*disorderly; messy*
enamorado/a (de)	*in love (with)*
enojado/a	*mad, angry*
equivocado/a	*wrong; mistaken*
feliz	*happy*
limpio/a	*clean*
listo/a	*ready; smart*
malo/a	*bad; sick*
nervioso/a	*nervous*
ocupado/a	*busy*
ordenado/a	*orderly*
preocupado/a (por)	*worried (about)*
seguro/a	*sure; safe; confident*
sucio/a	*dirty*
triste	*sad*
verde	*green; not ripe*
vivo/a	*lively; alive*

¿Qué tiempo hace?

¿Qué tiempo hace?	*How's the weather?; What's the weather like?*
Está despejado.	*It's clear.*
Está (muy) nublado.	*It's (very) cloudy.*
Hace buen/mal tiempo.	*The weather is nice/bad.*
(mucho) calor.	*It's (very) hot.*
fresco.	*It's cool.*
(mucho) frío.	*It's (very) cold.*
(mucho) sol.	*It's (very) sunny.*
(mucho) viento.	*It's (very) windy.*
Hay (mucha) niebla.	*It's (very) foggy.*
llover (o:ue)	*to rain*
Llueve.	*It's raining.*
nevar (e:ie)	*to snow*
Nieva.	*It's snowing.*

Palabras y expresiones adicionales

el ascensor	*elevator*
la cabaña	*cabin*
el campo	*countryside*
el equipaje	*luggage*
la llegada	*arrival*
el mar	*ocean, sea*
la salida	*departure; exit*
ahora mismo	*right now*
todavía	*yet; still*
¿Cuál es la fecha de hoy?	*What is today's date?*
Hoy es el primero (dos, tres,...) de marzo.	*Today is March first (second, third,...).*

Las estaciones y los meses	*See page 115.*
Los números ordinales	*See page 115.*
Expresiones útiles	*See page 121.*
Direct object pronouns	*See page 130.*

INSTRUCTIONAL RESOURCES Supersite: Text MP3s; IRCD/Supersite: Additional Vocabulary, Testing Program

6 ¡De compras!

Communicative Goals

You will learn how to:

- talk about clothing
- negotiate and pay for items
- express preferences while shopping

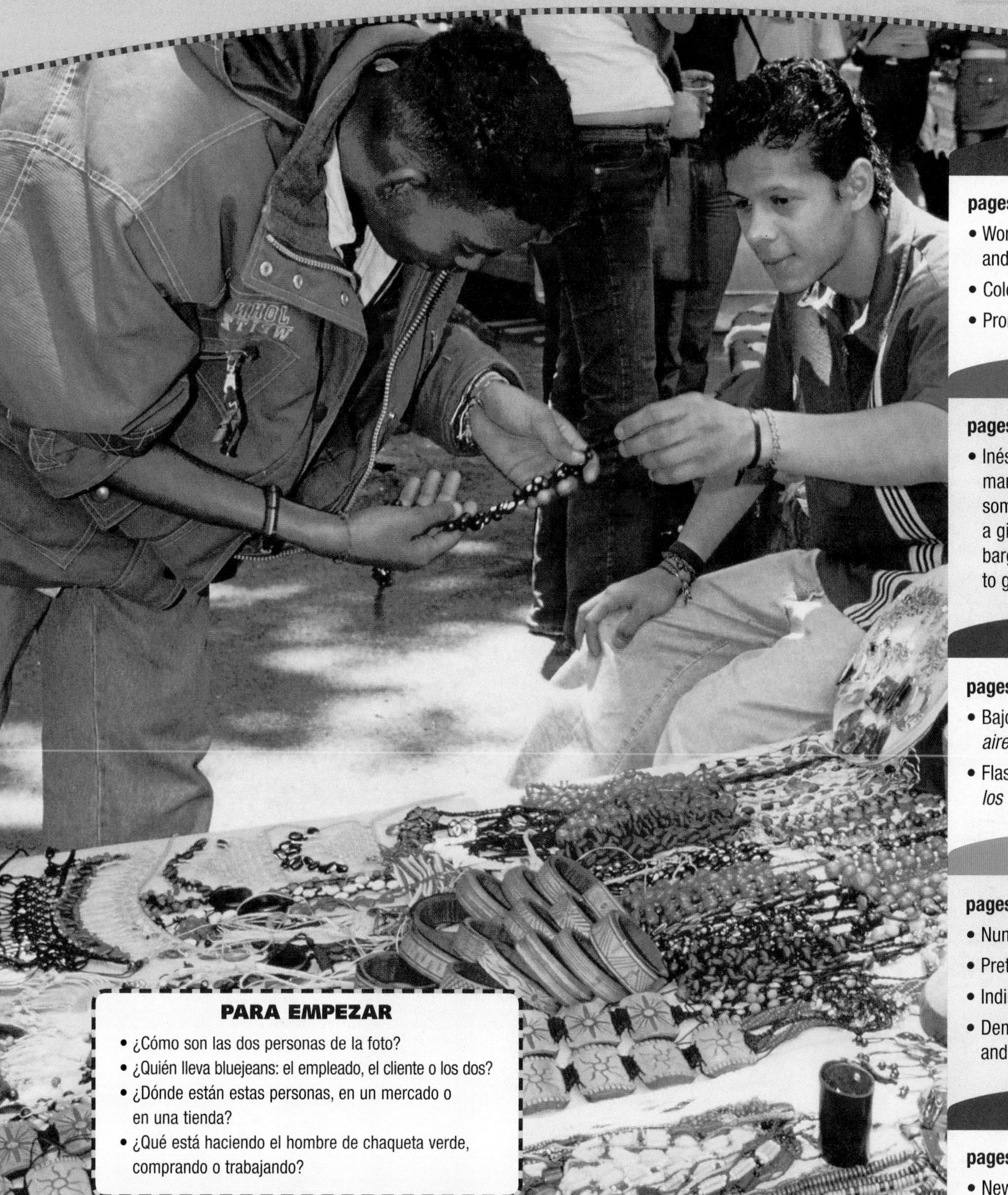

PARA EMPEZAR

- ¿Cómo son las dos personas de la foto?
- ¿Quién lleva bluejeans: el empleado, el cliente o los dos?
- ¿Dónde están estas personas, en un mercado o en una tienda?
- ¿Qué está haciendo el hombre de chaqueta verde, comprando o trabajando?

¡DE COMPRAS!

DE COMPRAS

- **el almacén** *department store*
- **la caja** *cash register*
- **el centro comercial** *shopping mall*
- **el/la cliente/a** *client*
- **el/la dependiente/a** *clerk*
- **el mercado (al aire libre)** *(open-air) market*
- **la rebaja** *sale*
- **la tienda** *shop, store*
- **el/la vendedor(a)** *salesperson*

- **costar (o:ue)** *to cost*
- **gastar** *to spend (money)*
- **hacer juego (con)** *to match*
- **ir de compras** *to go shopping*
- **llevar** *to wear; to take*
- **pagar (con)** *to pay (with)*
- **regatear** *to bargain*
- **usar** *to wear; to use*
- **vender** *to sell*

el precio (fijo)
(fixed, set) price

la tarjeta de crédito
credit card

el dinero
money

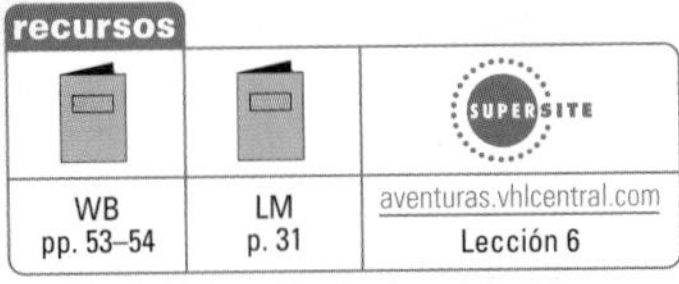

la corbata *tie*

LA ROPA Y LOS ACCESORIOS

- **el abrigo** *coat*
- **los bluejeans** *jeans*
- **la blusa** *blouse*
- **la bolsa** *bag; purse*
- **las botas** *boots*
- **los calcetines** *socks*
- **la camisa** *shirt*
- **la camiseta** *t-shirt*
- **la cartera** *wallet*
- **la chaqueta** *jacket*
- **el cinturón** *belt*
- **la falda** *skirt*
- **los guantes** *gloves*
- **el impermeable** *raincoat*
- **las medias** *pantyhose; stockings*
- **los pantalones** *pants*
  - **cortos** *shorts*
- **la ropa** *clothing, clothes*
  - **interior** *underwear*
- **las sandalias** *sandals*
- **el sombrero** *hat*
- **el suéter** *sweater*
- **el traje** *suit*
  - **de baño** *bathing suit*
- **el vestido** *dress*
- **los zapatos de tenis** *sneakers*

Variación léxica

calcetines ⟷ medias (*Amér. L.*)
cinturón ⟷ correa (*Col., Venez.*)
gafas de sol ⟷ lentes oscuros, lentes negros (*Amér. L.*)
zapatos de tenis ⟷ zapatillas de deporte (*Esp.*), zapatillas (*Arg., Perú*)
bluejeans ⟷ pantalones de mezclilla (*Méx.*), vaqueros, tejanos (*Esp.*)

las gafas (de sol) *(sun)glasses*

el par de zapatos *pair of shoes*

LOS COLORES

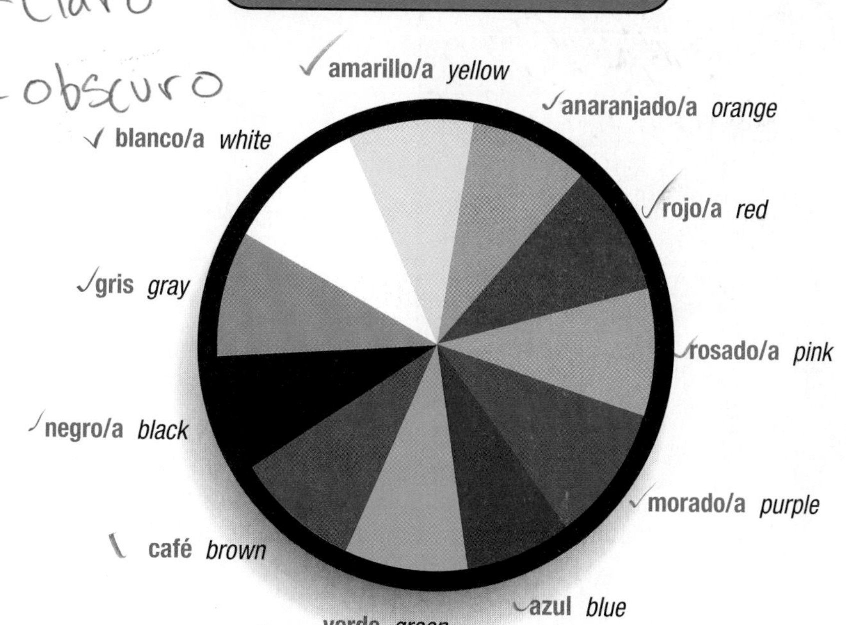

- **amarillo/a** *yellow*
- **anaranjado/a** *orange*
- **blanco/a** *white*
- **rojo/a** *red*
- **gris** *gray*
- **rosado/a** *pink*
- **negro/a** *black*
- **morado/a** *purple*
- **café** *brown*
- **azul** *blue*
- **verde** *green*

ADJETIVOS

- **barato/a** *cheap*
- **bueno/a** *good*
- **cada** *each*
- **caro/a** *expensive*
- **corto/a** *short (in length)*
- **elegante** *elegant*
- **hermoso/a** *beautiful*
- **largo/a** *long*
- **loco/a** *crazy*
- **nuevo/a** *new*
- **otro/a** *other; another*
- **pobre** *poor*
- **rico/a** *rich*

A escuchar

1 **Escuchar** Listen to Juanita and Vicente talk about what they're packing for their vacations. Indicate who is packing each item. If neither is packing an item, write an **X**.

Juanita

Vicente

	Juanita	Vicente		Juanita	Vicente
1. abrigo	_____	_____	7. gafas de sol	_____	_____
2. zapatos de tenis	_____	_____	8. camisetas	_____	_____
3. impermeable	_____	_____	9. traje de baño	_____	_____
4. chaqueta	_____	_____	10. botas	_____	_____
5. sandalias	_____	_____	11. pantalones cortos	_____	_____
6. bluejeans	_____	_____	12. suéter	_____	_____

2 **¿Cierto o falso?** Look at the drawing and indicate whether each statement you hear is **cierto** or **falso**.

	Cierto	Falso
1.	_____	_____
2.	_____	_____
3.	_____	_____
4.	_____	_____
5.	_____	_____
6.	_____	_____
7.	_____	_____
8.	_____	_____

recursos

A practicar

3 **Escoger** Indicate the item in each group that does not belong.

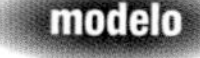

1. bolsa • camiseta • blusa • suéter
2. medias • calcetines • sombrero • zapatos de tenis
3. chaqueta • falda • abrigo • impermeable
4. almacén • vendedora • tienda • mercado
5. regatear • gastar • llevar • costar
6. vestido • dinero • caja • tarjeta de crédito

4 **Anita la contraria** Your friend Anita always contradicts you. Indicate how she would respond to each sentence.

modelo

El suéter nuevo de Tina es muy grande.

No, su suéter es muy pequeño.

1. El cinturón de Amalia es caro. ______________________________
2. El impermeable de don José es muy feo. ______________________________
3. La corbata del señor Garza es larga. ______________________________
4. Los trajes de Mauricio son bonitos. ______________________________
5. Los zapatos de tenis de Noelia son viejos. ______________________________
6. Las sandalias de Rufino están sucias. ______________________________

5 **Preguntas** Answer these questions with a classmate.

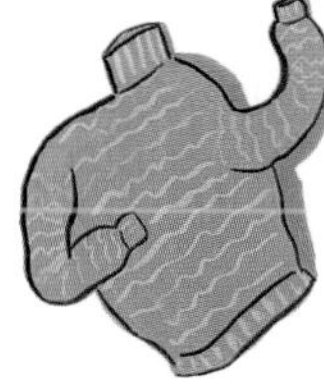

1. ¿De qué color es el suéter?

2. ¿De qué color es la corbata?

3. ¿De qué color es la planta?

4. ¿De qué color es la rosa de Texas?

5. ¿De qué color es la casa donde vive el presidente de EE.UU.?

6. ¿De qué color es una cebra?

A conversar

6 **Marta y el señor Vega** With a classmate, answer the questions about the drawing.

Marta **El señor Vega**

1. ¿Qué lleva Marta?
2. ¿De qué color es su vestido?
3. ¿De qué color son sus zapatos?
4. ¿De qué color son su sombrero y su bolsa?
5. ¿Qué lleva el señor Vega?
6. ¿De qué color es su camisa?
7. ¿De qué color son sus pantalones?
8. ¿Hacen juego la chaqueta, la camisa y los pantalones del señor Vega?

7 **Entrevista** Use these questions to interview a classmate. Then report your findings to the class.

1. ¿Cuál es tu artículo de ropa preferido? ¿Cuándo lo usas?
2. ¿Cuál es tu marca (*brand*) de ropa preferida? ¿Es cara o barata?
3. ¿Adónde vas para (*in order to*) comprar ropa? ¿Por qué?
4. ¿Cuánto dinero gastas en ropa cada mes? ¿Cada año?
5. Cuando vas de compras, ¿buscas rebajas? ¿Regateas?

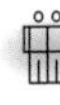

8 **El Almacén Gigante** Your instructor will give you and your partner handouts so that you may complete this information gap activity.

Pronunciación

SUPERSITE

The consonants d and t

¿Dónde? **vender** **nadar** **verdad**

Like **b** and **v**, the Spanish **d** can also have a hard sound or a soft sound, depending on which letters appear next to it.

Don **dinero** **tienda** **falda**

At the beginning of a phrase and after **n** or **l**, the letter **d** is pronounced with a hard sound. This sound is similar to the English *d* in *dog,* but a little softer and duller. The tongue should touch the back of the upper teeth, not the roof of the mouth.

medias **verde** **vestido** **huésped**

In all other positions, **d** has a soft sound. It is similar to the English *th* in *there,* but a little softer.

Don Diego no tiene el diccionario.

When **d** begins a word, its pronunciation depends on the previous word. At the beginning of a phrase or after a word that ends in **n** or **l,** it is pronounced as a hard **d**.

Doña Dolores es de la capital.

Words that begin with **d** are pronounced with a soft **d** if they appear immediately after a word that ends in a vowel or any consonant other than **n** or **l**.

traje **pantalones** **tarjeta** **tienda**

When pronouncing the Spanish **t,** the tongue should touch the back of the upper teeth, not the roof of the mouth. Unlike the English *t,* no air is expelled from the mouth.

Práctica Read these phrases aloud to practice the **d** and the **t**.

1. Hasta pronto.
2. De nada.
3. Mucho gusto.
4. Lo siento.
5. No hay de qué.
6. ¿De dónde es usted?
7. ¡Todos a bordo!
8. No puedo.
9. Es estupendo.
10. No tengo computadora.
11. ¿Cuándo vienen?
12. Son las tres y media.

Oraciones Read these sentences aloud to practice the **d** and the **t**.

1. Don Teodoro tiene una tienda en un almacén en La Habana.
2. Don Teodoro vende muchos trajes, vestidos y zapatos todos los días.
3. Un día un turista, Federico Machado, entra en la tienda para comprar un par de botas.
4. Federico regatea con don Teodoro y compra las botas y también un par de sandalias.

Refranes Read these sayings aloud to practice the **d** and the **t**.

En la variedad está el gusto.[1]

Aunque la mona se vista de seda, mona se queda.[2]

1 Variety is the spice of life.
2 You can't make a silk purse out of a sow's ear.

recursos

LM p. 32

SUPERSITE aventuras.vhlcentral.com Lección 6

¡Qué ropa más bonita! SUPERSITE

Javier e Inés van de compras al mercado.

PERSONAJES

JAVIER

INÉS

EL VENDEDOR

INÉS Javier, ¡qué ropa más bonita! A mí me gusta esa camisa blanca y azul. Debe ser de algodón. ¿Te gusta?
JAVIER Yo prefiero la camisa de la izquierda, la gris con rayas rojas. Hace juego con mis botas marrones.

INÉS Está bien, Javier. Mira, necesito comprarle un regalo a mi hermana Graciela. Acaba de empezar un nuevo trabajo...
JAVIER ¿Tal vez una bolsa?

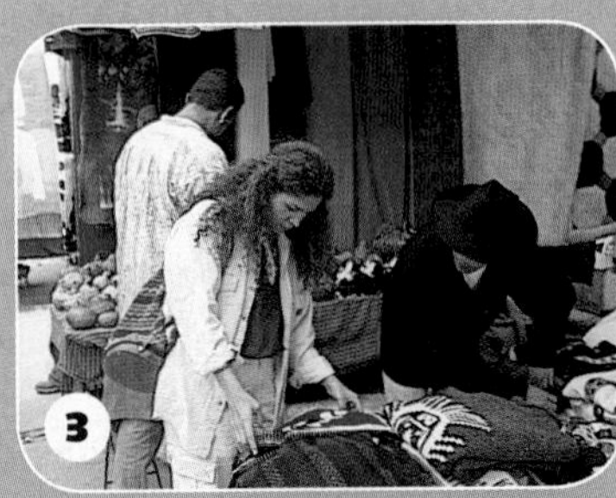

VENDEDOR Esas bolsas son típicas de las montañas. ¿Le gustan?
INÉS Sí. Quiero comprarle una a mi hermana.

VENDEDOR Buenas tardes, joven. ¿Le puedo servir en algo?
JAVIER Sí. Voy a ir de excursión a las montañas y necesito un buen suéter.
VENDEDOR ¿Qué talla usa usted?
JAVIER Uso talla grande.

VENDEDOR Éstos son de talla grande.
JAVIER ¿Qué precio tiene ése?
VENDEDOR ¿Le gusta este suéter? Le cuesta ciento cincuenta mil sucres.
JAVIER Quiero comprarlo. Pero, señor, no soy rico. ¿Ciento veinte mil sucres?

VENDEDOR Bueno, para usted... sólo ciento treinta mil sucres.
JAVIER Está bien, señor.

ACTIVIDADES

1 **¿Cierto o falso?** Indicate whether each sentence is **cierto** or **falso**. Correct the false statements.

1. A Inés le gusta la camisa verde y amarilla.
2. Javier necesita comprarle un regalo a su hermana.
3. Las bolsas del mercado son típicas de las montañas.
4. Inés piensa que la bolsa es muy cara.
5. Javier busca un traje de baño en el mercado.
6. Javier compra el suéter para la escuela.
7. Inés compró un sombrero, un suéter y una bolsa.
8. Javier regatea con el vendedor.
9. Javier va a comprar unas postales.
10. A Javier no le gusta cómo se ve Inés con el sombrero.

Para recordar **Before watching this episode of Fotonovela, review the previous one. What do you remember?**

1. ¿A qué alojamiento van los viajeros?
2. ¿Qué piensan los chicos de las cabañas?
3. ¿Por qué quiere descansar Maite?
4. Al final, ¿qué piensa Maite de Inés y Javier?

INÉS Me gusta aquélla. ¿Cuánto cuesta?

VENDEDOR Ésa cuesta ciento sesenta mil sucres. ¡Es de muy buena calidad!
INÉS Uy, demasiado cara. Quizás otro día.

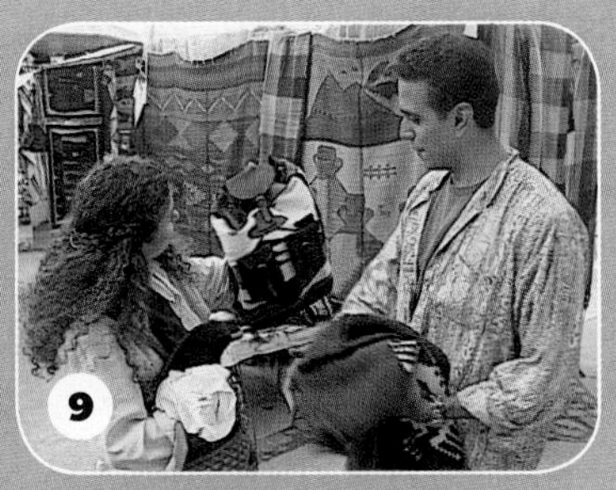

JAVIER Acabo de comprarme un suéter. Y tú, ¿qué compraste?
INÉS Compré esta bolsa para mi hermana.

INÉS También compré una camisa y un sombrero. ¿Qué tal me veo?
JAVIER ¡Guapa, muy guapa!

Expresiones útiles

Talking about clothing

¡Qué ropa más bonita! Es de muy buena calidad.
What nice clothing! It's very good quality.
Me gusta esta/esa camisa blanca de rayas.
I like this/that white shirt with stripes.
Está de moda.
It's in fashion.
Debe ser de algodón/lana/seda.
It must be cotton/wool/silk.
Me gusta este/ese suéter de cuadros/lunares.
I like this/that plaid/polka-dotted sweater.
¿Qué talla lleva/usa usted?
What size do you (form.) wear?
Llevo/Uso talla grande.
I wear a large.
¿Qué número calza usted?
What (shoe) size do you wear?
Calzo el treinta y seis.
I wear a size thirty-six.

Talking about how much things cost

¿Cuánto cuesta?
How much does it cost?
Sólo cuesta noventa mil sucres.
It only costs ninety thousand sucres.
Demasiado caro/a./Es una ganga.
Too expensive./It's a bargain.

Saying what you bought

¿Qué compró usted/él/ella?
What did you (form.)/he/she buy?
Compré esta bolsa para mi hermana.
I bought this bag for my sister.
¿Qué compraste?
What did you (fam.) buy?
Acabo de comprarme un sombrero.
I have just bought myself a hat.

2 **Contestar** Answer these questions about this episode.

1. Inés le compra un regalo a su hermana. ¿Por qué?
2. ¿Cuánto cuesta la bolsa típica de las montañas?
3. ¿Por qué necesita Javier un buen suéter?
4. ¿Cuál es el precio final del suéter que compra Javier?
5. ¿Qué compra Inés en el mercado?
6. ¿Qué talla usa Javier?

3 **Conversar** With a classmate, role-play a conversation in which the salesperson greets a customer in an open-air market and offers assistance. The customer is looking for a particular item of clothing. The salesperson and the customer discuss colors, sizes, and negotiate a price.

recursos
VM
pp. 179-180
SUPERSITE
aventuras.vhlcentral.com
Lección 6

BAJO LA LUPA

Los mercados al aire libre

El Rastro

Mercados al aire libre are an integral part of commerce and culture in the Spanish-speaking world. Whether they take place daily or weekly, these markets are an important forum where tourists, locals, and vendors interact. People come to the marketplace to shop, socialize, taste local foods, and watch street performers. Wandering from one **puesto** (*stand*) to the next, one can browse fresh fruits and vegetables, clothing, CDs and DVDs, and **artesanías** (*crafts*). Some markets offer a mix of products, while others specialize in food, fashion, or used merchandise, such as antiques and books.

When shoppers see an item they like, they can bargain with the vendor. Friendly bargaining is an expected ritual and may result in a significantly lower price. When selling food, vendors may give the customer a little extra of what they purchase; this free addition is known as **la ñapa.**

Many open-air markets are also tourist attractions. The market in Otavalo, Ecuador, is world-famous and has taken place every Saturday since pre-Incan times. This market is well-known for the colorful textiles woven by the **otavaleños**, the indigenous people of the area. One can also find leather goods and wood carvings from nearby towns. Another popular market is **El Rastro**, held every Sunday in Madrid, Spain. Sellers set up **puestos** along the streets to display their wares, which range from local artwork and antiques to inexpensive clothing and electronics.

Mercado de Otavalo

Otros mercados famosos

Mercado	Lugar	Productos
Feria Artesanal de Recoleta	Buenos Aires, Argentina	artesanías
Mercado Central	Santiago, Chile	mariscos°, pescado°, frutas, verduras°
Tianguis Cultural del Chopo	Ciudad de México, México	ropa, música, revistas, libros, arte, artesanías
El mercado de Chichicastenango	Chichicastenango, Guatemala	frutas y verduras, flores°, cerámica, textiles

mariscos *seafood* pescado *fish* verduras *vegetables* flores *flowers*

ACTIVIDADES

1 **¿Cierto o falso?** Indicate whether these statements are **cierto** or **falso**. Correct the false statements.

1. In the Hispanic world, markets are vital centers of commerce and culture.
2. Generally, open-air markets specialize in one type of goods.
3. Bargaining is commonplace at outdoor markets.
4. Only new goods can be found at open-air markets.
5. A **ñapa** is a tax on open-air market goods.
6. The **otavaleños** weave colorful textiles to sell on Saturdays.
7. The market in Otavalo opened recently.
8. A Spaniard in search of antiques could search at **El Rastro**.
9. Santiago's **Mercado Central** is known for books and music.
10. If you are in Guatemala and want to buy ceramics, you can go to Chichicastenango.

flash cards

ASÍ SE DICE

La ropa

la chamarra (Méx.)	la chaqueta
✓de manga corta/larga	*short/long-sleeved*
los mahones (P. Rico); el pantalón de mezclilla (Méx.); los tejanos (Esp.); los vaqueros (Arg., Cuba, Esp., Uru.)	los bluejeans
✓la marca	*brand*
la playera (Méx.); la remera (Arg.)	la camiseta
✓ la sudadera	*sweatshirt*

CONEXIÓN INTERNET

What do fashion from **España** and from **Cuba** have in common? Go to **aventuras.vhlcentral.com** to find out and to access these components.

- the **Flash Cultura** video
- more activities
- additional reading: **La moda en Cuba**

2 **Comparación** Compare a market in the Hispanic world with a market where you live. How popular are markets? What items can you typically find there? How do customers negotiate prices?

Comprar en los mercados

1 **Preparación** Have you ever been to an open-air market? What did you buy? Have you ever negotiated a price? What did you say?

2 **El video** Watch this **Flash Cultura** episode.

Vocabulario			
colones (pl.)	*currency from Costa Rica*	descuento	*discount*
¿Cuánto vale?	**¿Cuánto cuesta?**	el regateo	*bargaining*

...pero me hace un buen descuento.

¿Qué compran en el Mercado Central?

3 **Comprensión** Select the option that best summarizes this episode.

A. Randy Cruz va al mercado al aire libre para comprar papayas. Luego va al Mercado Central. Él les pregunta a clientes qué compran, prueba (*tastes*) platos típicos y busca la heladería.

B. Randy Cruz va al mercado al aire libre para comprar papayas y pedir un descuento. Luego va al Mercado Central para preguntarles a los clientes qué compran en los mercados.

6.1 Numbers 101 and higher

- Spanish uses a period, rather than a comma, to indicate thousands and millions.

Numbers 101 and higher

101	ciento uno	1.000	mil
200	doscientos/as	1.100	mil cien
300	trescientos/as	2.000	dos mil
400	cuatrocientos/as	5.000	cinco mil
500	quinientos/as	100.000	cien mil
600	seiscientos/as	200.000	doscientos mil
700	setecientos/as	550.000	quinientos cincuenta mil
800	ochocientos/as	1.000.000	un millón (de)
900	novecientos/as	8.000.000	ocho millones (de)

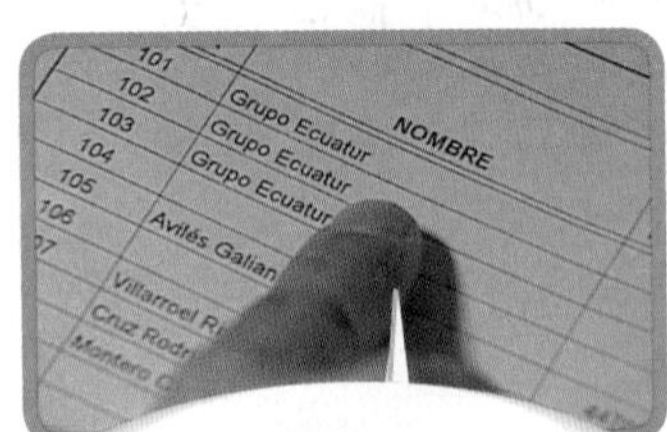

NOMBRE
Grupo Ecuatur
Aquí está la reservación... dos habitaciones dobles y una individual, de la ciento uno a la ciento tres.

- Use **ciento uno** if used for counting. Use **ciento un(a)** when describing quantity.

cien, ciento uno, ciento dos... **ciento una noches**

- The numbers **200** through **999** agree in gender with the nouns they modify.

324 tiendas
trescient**as** veinticuatro tiendas

605 clientes
seiscient**os** cinco clientes

873 habitaciones
ochocient**as** setenta y tres habitaciones

990 euros
novecient**os** noventa euros

500 mujeres
quinient**as** mujeres

257 estudiantes
doscient**os** cincuenta y siete estudiantes

- **Mil** can mean *a thousand* or *one thousand*. The plural form of **un millón** *(a million* or *one million)* is **millones**, which has no accent.

1.000 dólares
mil dólares

2.000.000 de pesos
dos millones de pesos

5.000 bicicletas
cinco mil bicicletas

1.000.000 de aficionados
un millón de aficionados

Práctica

1 Completar Complete these sequences in Spanish.

1. 100, 120, 140, ... 200
2. 5.000, 10.000, 15.000, ... 30.000
3. 50.000, 100.000, 150.000, ... 300.000
4. 100.000.000, 200.000.000, 300.000.000, ... 900.000.000

2 Resolver Read these math problems aloud and solve them.

modelo

300
+400
700

Trescientos más cuatrocientos son setecientos.

+ más − menos = es (singular)/son (plural)

1. 150 +150
2. 3.000 + 753
3. 43.000 − 10.000
4. 200.000 +350.000
5. 20.000 + 555
6. 1.000.000 − 75.000
7. 32.000 − 30.000
8. 800.000 + 175.000

Conversación

3 **¿Cuánto cuesta?** Ask your partner how much each item costs.

modelo

40.000 pesos

Estudiante 1: ¿Cuánto cuestan las gafas de sol?
Estudiante 2: Cuarenta mil pesos.

1. 

2. 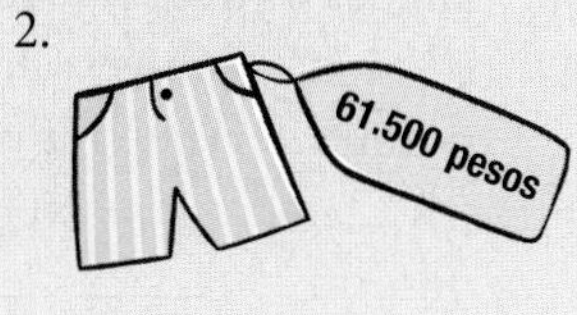

3. 160.150 pesos

4. 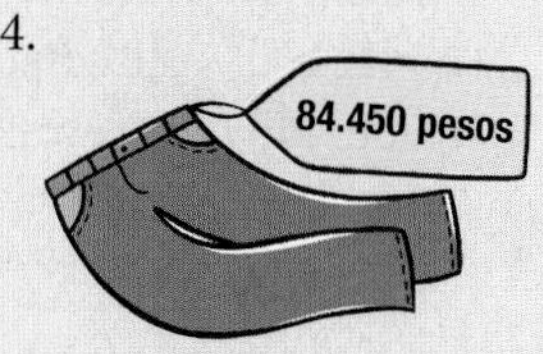

5. 

6. 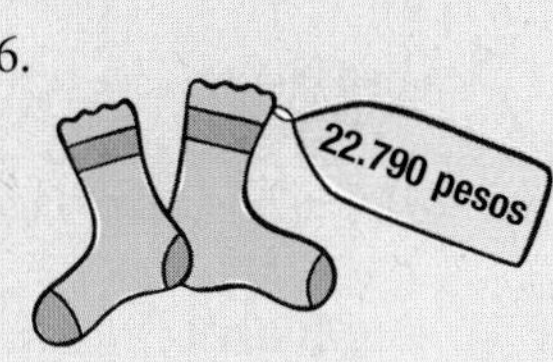

4 **¿En qué año?** Take turns with a classmate asking and answering these questions. Follow the model.

modelo

Estudiante 1: ¿En qué año terminaste (*did you finish*) la escuela secundaria?
Estudiante 2: En el año 2009.

1. ¿En qué año llegó (*arrived*) tu familia a los Estados Unidos?
2. ¿Cuál es el año de tu nacimiento (*birth*)?
3. ¿En qué año empezaste (*started*) a estudiar en la universidad?
4. ¿En qué año te vas a graduar?
5. ¿Cuándo te quieres jubilar (*retire*)?
6. ¿Cuál es hasta ahora (*so far*) el año en que has sido (*you have been*) más feliz?

- The plural forms **cientos** and **miles (de)** refer to *hundreds* or *thousands of (people or things)*.

Cientos de personas	**Miles de** dólares
Hundreds of people	*Thousands of dollars*

- In Spanish, years are never expressed as pairs of 2-digit numbers as they sometimes are in English (*1979, nineteen seventy-nine*).

1945	**2005**
mil novecientos cuarenta y cinco	dos mil cinco
1898	**1220**
mil ochocientos noventa y ocho	mil doscientos veinte

- In Spanish, street numbers follow the same pattern.

¿Cuál es tu dirección?	Mi dirección es Balcarce mil doscientos ochenta y tres.
What's your address?	*My address is Balcarce twelve hundred eighty-three.*

- When **millón** or **millones** are used before a noun, place **de** between the two.

1.000.000 **de** hombres = un **millón de** hombres
12.000.000 **de** aviones = doce **millones de** aviones
15.000.000 **de** personas = quince **millones de** personas

¡ojo! Note this difference between Spanish and English:

mil millones	**un billón**
a billion (1.000.000.000)	*a trillion (1.000.000.000.000)*
Hay **mil millones** de personas en China.	Hay un **billón** de planetas en el universo.
There are a billion people in China.	*There are a trillion planets in the universe.*

¡Manos a la obra!

Give the Spanish equivalent of each number.

a. 102 ciento dos
b. 935 ______
c. 5.000.000 ______
d. 2001 ______
e. 1776 ______
f. 345 ______
g. 550.300 ______
h. 232 ______
i. 1999 ______
j. 113 ______
k. 204 ______
l. 2.108 ______
ll. 17.123 ______
m. 497 ______
n. 30.201 ______
ñ. 57.507 ______

6.2 The preterite tense of regular verbs

- In order to talk about events in the past, Spanish uses two simple tenses: the preterite and the imperfect. In this lesson, you will learn about the preterite tense.
- The preterite is used to talk about actions or states completed in the past.

Preterite of regular *-ar*, *-er*, and *-ir* verbs

	comprar	vender	escribir
yo	compré *I bought*	vendí *I sold*	escribí *I wrote*
tú	compraste	vendiste	escribiste
Ud./él/ella	compró	vendió	escribió
nosotros/as	compramos	vendimos	escribimos
vosotros/as	comprasteis	vendisteis	escribisteis
Uds./ellos/ellas	compraron	vendieron	escribieron

- The preterite endings for regular **-er** and **-ir** verbs are identical. Also, note that the **yo** and **Ud./él/ella** forms of all three conjugations have written accents on the last syllable.

¿Qué compraste?

Compré esta bolsa.

- Note that the **nosotros/as** forms of regular **-ar** and **-ir** verbs in the preterite are identical to the present-tense forms. Context will help you determine which tense is being used.

En invierno **compramos** suéteres.
In the winter we buy sweaters.

Anoche **compramos** unas sandalias.
Last night we bought some sandals.

Escribimos poemas en clase.
We write poems in class.

Ya **escribimos** dos veces al presidente.
We already wrote to the president twice.

- **-Ar** and **-er** verbs that have a stem change in the present tense do *not* have a stem change in the preterite.

INFINITIVE	PRESENT	PRETERITE
cerrar (e:ie)	Ana cierra la puerta.	Ana cerró la puerta.
volver (o:ue)	Memo vuelve a las dos.	Memo volvió a las dos.
jugar (u:ue)	Él juega al fútbol.	Él jugó al fútbol.
pensar (e:ie)	Pienso mucho.	Pensé mucho.

Práctica

1 Fin de semana Complete what Isabel says about her weekend with the appropriate verb forms.

(1) _______ (Pasar) un fin de semana fantástico. El sábado (2) _______ (estudiar) por la mañana y luego (3) _______ (salir) de compras con mis amigas al nuevo centro comercial. (4) _______ (Comprar) un vestido y un suéter muy baratos porque el vendedor me hizo un buen descuento. ¡(5) _______ (Gastar) sólo 40 dólares! Más tarde, nosotras (6) _______ (comer) en un restaurante mexicano. Mi amiga Estela (7) _______ (gastar) mucho dinero porque pidió platos (*dishes*) muy caros. Por la noche, nosotras (8) _______ (salir) a bailar a una discoteca y (9) _______ (regresar) muy tarde. Hoy me levanté muy temprano porque tengo que estudiar para la clase de español. ¡Uy! ¡Qué cansada estoy!

2 ¿Qué hicieron? Combine words from each list to talk about things you and others did.

modelo

Yo leí un buen libro la semana pasada.

¿Quién?	¿Qué?	¿Cuándo?
yo	ver la televisión	anoche
mi compañero/a de cuarto	hablar con un(a) chico/a guapo/a	anteayer
mis amigos/as y yo	estudiar español	ayer
mis padres	comprar ropa nueva	la semana pasada
mi abuelo/a	leer un buen libro	el año pasado
el/la profesor(a) de español	bailar en una discoteca latina	una vez
el presidente de los Estados Unidos	viajar a la Luna (*moon*)	dos veces
mi perro	llegar tarde a clase	
	viajar a Europa	
	escribir una carta	
	llevar ropa muy fea	
	comer siete hamburguesas	

Conversación

3 **Encuesta** Find out if your partner just did these activities today before coming to class. Report the results to the class.

modelo

tomar el desayuno (*breakfast*)
Estudiante 1: *¿Tomaste el desayuno?*
Estudiante 2: *Sí, acabo de tomar el desayuno./ No, no tomé el desayuno.*

Actividades	**Sí/No**
1. Ver la televisión	________
2. Escuchar la radio	________
3. Hablar con un(a) compañero/a de clase	________
4. Leer para una clase	________
5. Comprar un café	________
6. Recibir una buena noticia (*news*)	________

4 **Nuestras vacaciones** Imagine that you took these photos on a vacation with friends. Use the pictures to tell your partner about the trip.

1.

2.

3.

4.

5 **¿Qué hiciste?** Get together with a partner and take turns asking each other what you did yesterday, the day before yesterday, and last week.

Verbs with spelling changes

- Verbs that end in **–car**, **–gar**, and **–zar** have a spelling change in the **yo** form of the preterite. All the other forms are regular.

  buscar → busqué llegar → llegué empezar → empecé

- **Creer**, **leer**, and **oír** have spelling changes in the preterite.

  creer: creí, creíste, creyó, creímos, creísteis, creyeron
  leer: leí, leíste, leyó, leímos, leísteis, leyeron
  oír: oí, oíste, oyó, oímos, oísteis, oyeron

- **Ver** is regular in the preterite, but none of its forms has an accent.

  ver → vi, viste, vio, vimos, visteis, vieron

Words commonly used with the preterite

anoche	*last night*	desde… hasta…	*from… until…*
anteayer	*the day before yesterday*	pasado/a	*(adj.) last; past*
		la semana pasada	*last week*
el año pasado	*last year*	una vez	*once; one time*
ayer	*yesterday*	dos veces	*twice; two times*
de repente	*suddenly*	ya	*already*

Ayer compré una camisa.
Yesterday I bought a shirt.

Miré la televisión **anoche**.
I watched TV last night.

Useful phrases

¿Qué hiciste?	*What did you (fam., sing.) do?*
¿Qué hizo usted?	*What did you (form., sing.) do?*
¿Qué hicieron ustedes?	*What did you (form., pl.) do?*
¿Qué hizo él/ella?	*What did he/she do?*
¿Qué hicieron ellos/ellas?	*What did they do?*

¡ojo! Use **acabar de** + [*infinitive*] to say that something *has just occurred.* Note that **acabar** is in the present tense in this construction.

Acabo de comprar un suéter.
I just bought a sweater.

Acabas de ir de compras.
You just went shopping.

¡Manos a la obra!

Give the preterite form of each verb.

1. Elena *celebró* [celebrar].
2. Ellos ________ [oír].
3. Emilio y yo ________ [comprar].
4. Los niños ________ [comer].
5. Usted ________ [salir].
6. Yo ________ [llegar].
7. Yo ________ [empezar].
8. Tú ________ [vender].
9. Ustedes ________ [escribir].
10. Juan ________ [ver].

…object pronouns

… object is the noun or pronoun that answers the question …or *for whom* an action is done. In this example, the indirect …answers this question: **¿A quién le prestó Roberto cien pesos?** *To …n did Roberto loan 100 pesos?*

SUBJECT	INDIRECT OBJECT PRONOUN	VERB	DIRECT OBJECT	INDIRECT OBJECT
Roberto *Roberto*	le	prestó *loaned*	cien pesos *100 pesos*	a Luisa. *to Luisa.*

Indirect object pronouns

Singular forms		Plural forms	
me	*(to, for) me*	nos	*(to, for) us*
te	*(to, for) you (fam.)*	os	*(to, for) you (fam.)*
le	*(to, for) you (form.); (to, for) him; (to, for) her*	les	*(to, for) you (form.); (to, for) them*

¿Le puedo servir en algo?

Sí, necesito comprarme un buen suéter.

- Spanish speakers often use the object pronoun and the noun to which it refers in the same sentence to emphasize or clarify *to whom* the pronoun refers. The indirect object pronoun is often used without the indirect object noun when the person for whom the action is being done is known.

Iván **le** prestó un lápiz **a Juan**.
Iván loaned a pencil to Juan.

También **le** prestó papel.
He also loaned him paper.

Sabrina **le** compró un café **a Sarah**.
Sabrina bought Sarah a coffee.

También **le** compró un sándwich.
She also bought her a sandwich.

¡ojo! Since **le** and **les** have multiple meanings, **a** + [*noun*] or **a** + [*pronoun*] is often used to clarify to whom the pronouns refer.

Unclear	Clearer
Ella **les** vendió ropa. *She sold clothing (to them or to you all).*	Ella **les** vendió ropa **a ellos**. *She sold clothing to them.*
Yo **le** presté una camisa. *I loaned a shirt (to you or to him or to her).*	Yo **le** presté una camisa **a Luis**. *I loaned a shirt to Luis.*

Práctica

1 Completar Fill in the correct indirect object pronouns to complete Emilio's description of his family's holiday shopping.

1. Yo ______ compré una cartera a mi padre.
2. Mi tía ______ compró una corbata muy fea (a mí).
3. Mis dos hermanos ______ compraron a mis padres dos pares de pantalones.
4. Yo ______ compré un suéter azul a mi mamá.
5. Mi abuelo ______ compró muchos regalos a nosotros.
6. Y yo ______ compré una camiseta bonita a mi novia.

2 Describir Describe what happened in these photos based on the cues provided. Use indirect object pronouns and the preterite tense.

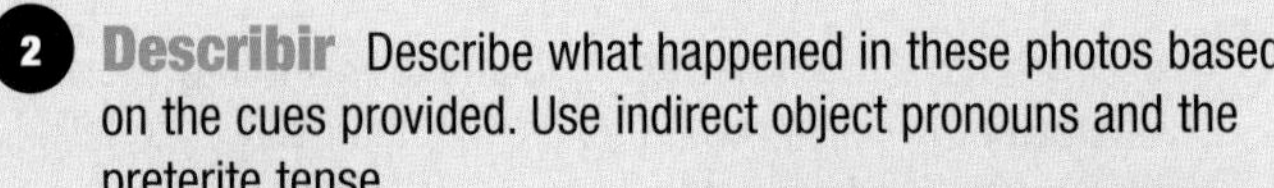

modelo

mostrar/bolsa
Inés le mostró la bolsa a Javier.

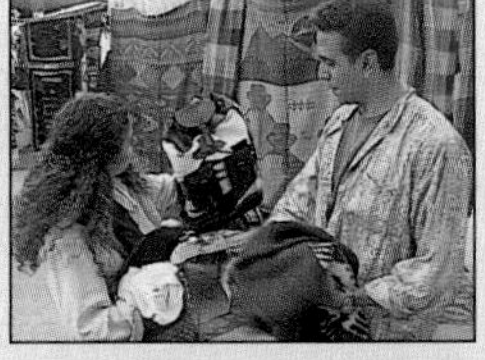

1. escribir / mensaje electrónico

2. mostrar / fotos

3. preguntar / número de las habitaciones

4. vender / suéter

Conversación

3 Entrevista Take turns with a classmate asking and answering questions using the cues provided.

modelo

escribir mensajes electrónicos

Estudiante 1: *¿A quién le escribes mensajes electrónicos?*
Estudiante 2: *Le escribo mensajes electrónicos a mi hermano.*

1. Cantar canciones de amor (*love songs*)
2. Dar una fiesta
3. Decir mentiras
4. Escribir mensajes electrónicos
5. Hablar por teléfono
6. Mostrar fotos de un viaje

4 Entrevista Use these questions to interview a classmate.

1. Cuando vas de compras, ¿te dan tus padres su tarjeta de crédito?
2. Si tu amigo te pide dinero para ir de compras, ¿cuánto dinero le prestas?
3. ¿Pagas el dinero que les debes (*money you owe*) a tus amigos?
4. ¿A quiénes les compras regalos?
5. ¿Qué vas a darles a tus padres este año?
6. ¿Les dices mentiras a tus padres o a tus amigos? ¿Cuándo?

5 ¡Somos ricos! You and your classmates won the lottery! Now you want to spend money on your loved ones. In groups of three, discuss what each person is buying.

modelo

Estudiante 1: *Quiero comprarle un vestido nuevo a mi mamá y una camiseta a mi novio.*
Estudiante 2: *Y yo voy a darles un auto nuevo a mis padres. A mis compañeras de cuarto les voy a comprar blusas y faldas nuevas.*
Estudiante 3: *Voy a comprarles una casa a mis padres, pero a mis amigos no les voy a dar nada.*

6 El fin de semana Your instructor will give you and your partner handouts so that you may complete this information gap activity.

Using indirect object pronouns

- Indirect object pronouns usually precede the conjugated verb. In negative sentences, place the pronoun between **no** and the conjugated verb.

Te compré un abrigo.	**No te compré** nada.
I bought you a coat.	*I didn't buy you anything.*

- When an infinitive or present participle is present, there are two options for indirect object pronoun placement: before the conjugated verb, or attached to the infinitive or present participle. When a pronoun is attached to a present participle, an accent mark is added.

¿Vas a compra**rle** un regalo a Lía?	Estoy mostrándo**les** las fotos a ellos.
¿**Le** vas a comprar un regalo a Lía?	**Les** estoy mostrando las fotos a ellos.
Are you going to buy a gift for Lía?	*I'm showing them the photos.*

- The irregular verbs **dar** (*to give*) and **decir** (*to say; to tell*) are often used with indirect object pronouns.

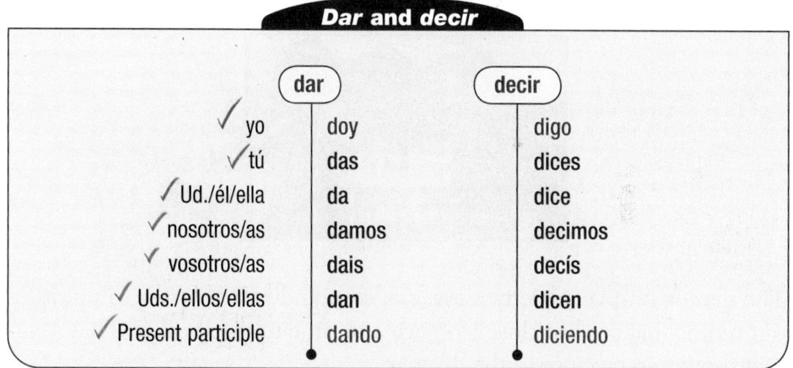

Dar and decir

	dar	decir
yo	doy	digo
tú	das	dices
Ud./él/ella	da	dice
nosotros/as	damos	decimos
vosotros/as	dais	decís
Uds./ellos/ellas	dan	dicen
Present participle	dando	diciendo

Mi abuela **me da** muchos regalos.	**Te digo** la verdad.
My grandmother gives me lots of gifts.	*I'm telling you the truth.*
Voy a **darle** un beso.	No les **estoy diciendo** mentiras a mis padres.
I'm going to give her a kiss.	*I am not telling lies to my parents.*

- You will learn how to use these pronouns with direct object pronouns in Lesson 8.

¡Manos a la obra!

Use the cues in parentheses to provide the indirect object pronoun for the sentence. The first item has been done for you.

1. Martha __le__ quiere dar un regalo. (*to Elena*)
2. Alfonso ______ prepara un café. (*for us*)
3. Guillermo y Alejandra ______ escriben desde Cuba. (*to me*)
4. Francisco y yo ______ compramos unos guantes. (*for them*)
5. Los vendedores ______ venden ropa. (*to you, fam. sing.*)

6.4 Demonstrative adjectives and pronouns

Demonstrative adjectives

- Demonstrative adjectives demonstrate or point out nouns. They precede the nouns they modify and agree with them in gender and number.

este vestido	**esos** zapatos	**aquella** tienda
this dress	*those shoes*	*that store (over there)*

Demonstrative adjectives

Singular forms		Plural forms		
MASCULINE	FEMININE	MASCULINE	FEMININE	
este	esta	estos	estas	*this; these*
ese	esa	esos	esas	*that; those*
aquel	aquella	aquellos	aquellas	*that; those (over there)*

- The demonstrative adjectives **este**, **esta**, **estos**, and **estas** are used to point out nouns that are close to the speaker and the listener.

Me gusta este vestido.

- The demonstrative adjectives **ese**, **esa**, **esos**, and **esas** are used to point out nouns that are not close in space and time to the speaker. They may, however, be close to the listener.

¡Pero esos zapatos son horrendos!

- The demonstrative adjectives **aquel**, **aquella**, **aquellos**, and **aquellas** are used to point out nouns that are far away from the speaker and the listener.

Aquella tienda es mi favorita.

Práctica

1 En un almacén Gabriel and María are shopping. Complete their conversation with the appropriate demonstrative adjectives and pronouns.

MARÍA No me gustan (1) ________ (*those*) pantalones. Voy a comprar (2) ________ (*these*).

GABRIEL Yo prefiero (3) ________ (*those over there*).

MARÍA Sí, me gustan a mí también. ¿Qué piensas de (4) ________ (*these*) cinturones?

GABRIEL (5) ________ (*These*) cuestan demasiado.

MARÍA También busco un vestido elegante. ¿Te gusta (6) ________ (*this one*)?

GABRIEL No, es muy feo. ¿Necesitas una falda nueva? (7) ________ (*This one*) es bonita.

MARÍA No, no necesito una falda. Vamos, Gabriel. Me gusta (8) ________ (*this*) almacén, pero (9) ________ (*that one over there*) es mejor (*better*).

2 Oraciones Form sentences using the words provided and the appropriate forms of the preterite. Make all the necessary changes.

modelo

Este / clientes / gastar / mucho dinero
Estos clientes gastaron mucho dinero.

1. aquel / mujer / comprar / chaqueta
2. cliente / pagar / muy caro / ese / abrigos
3. tú / salir/ de compras / este / centro comercial
4. yo / buscar / aquel / sombreros / por mucho tiempo
5. empleados / vender / este / corbatas / en rebaja

Conversación

3 **¿De qué color es?** In pairs, use demonstrative adjectives and pronouns to discuss the colors of items in your classroom.

modelo

Estudiante 1: ¿Esos zapatos son azules?
Estudiante 2: No, ésos son verdes. Aquéllos son azules.
Estudiante 1: Y esa mochila, ¿es roja?
Estudiante 2: No, ésa es blanca. Aquélla es roja.

4 **En una tienda** Imagine that you and a classmate are in a small clothing store. Look at the illustration, then talk about what you see around you.

modelo

Estudiante 1: ¿Te gusta esa chaqueta de mujer que está debajo de las camisas?
Estudiante 2: No, prefiero aquélla que está al lado de los pantalones. ¿Dónde están los zapatos?
Estudiante 1: Están en el centro de la tienda.

Demonstrative pronouns

- Demonstrative pronouns are identical to demonstrative adjectives, except that they traditionally carry an accent mark on the stressed vowel. They agree in number and gender with the corresponding noun.

No me gusta **este** suéter. Prefiero **ése**.
I don't like this sweater. I prefer that one.

Ella quiere comprar **esa** bolsa, no **aquélla**.
She wants to buy that purse, not that one over there.

No voy a comprar **estos** zapatos. Quiero **aquéllos**.
I'm not going to buy these shoes. I want those ones over there.

¿Qué precio tienen **esos** pantalones? **Ésos** cuestan quince dólares.
How much do those pants cost? Those cost fifteen dollars.

Demonstrative pronouns

Singular forms		Plural forms		
MASCULINE	FEMININE	MASCULINE	FEMININE	
éste	ésta	éstos	éstas	this one; these
ése	ésa	ésos	ésas	that one; those
aquél	aquélla	aquéllos	aquéllas	that one; those (over there)

- There are three neuter forms: **esto**, **eso**, and **aquello**. These forms refer to unidentified or unspecified nouns, situations, and ideas. They do not change in gender or number and never carry an accent mark.

¿Qué es **esto**?
What's this?

Eso es interesante.
That's interesting.

Aquello es bonito.
That's pretty.

¡Manos a la obra!

Provide the correct form of the demonstrative adjective and demonstrative pronoun for these nouns. The first item has been done for you.

1. la falda / este
   esta falda; ésta
2. los estudiantes / este
3. los países / aquel
4. la ventana / ese
5. los periodistas / ese
6. las empleadas / ese
7. el chico / aquel
8. las sandalias / este
9. el autobús / ese
10. las chicas / aquel
11. el abrigo / aquel
12. los pantalones / este
13. las medias / ese
14. la bolsa / aquel

Repaso

For more practice, go to **aventuras.vhlcentral.com.**

6.1 Numbers 101 and higher

1 **La tienda** In pairs, imagine that you are store employees taking inventory. Take turns asking and telling how many items there are.

modelo cinturones: 274

Estudiante 1: *¿Cuántos cinturones hay?*
Estudiante 2: *Hay doscientos setenta y cuatro cinturones.*

1. abrigos: 190
2. chaquetas: 351
3. pares de botas: 436
4. camisas: 912
5. faldas: 685
6. vestidos: 562
7. suéteres: 829
8. corbatas: 743

2 **Estadísticas** With a partner, take turns asking each other what the populations of these countries are.

modelo Colombia: 45.600.000

Estudiante 1: *¿Cuál es la población (population) de Colombia?*
Estudiante 2: *Colombia tiene cuarenta y cinco millones seiscientos mil habitantes (inhabitants).*

Poblaciones

1. México: 113.271.000
2. España: 43.993.000
3. Venezuela: 29.076.000
4. Cuba: 11.379.000
5. República Dominicana: 9.522.000
6. Puerto Rico: 4.060.000

6.2 The preterite tense of regular verbs

3 **Completar** Fill in each blank with the appropriate preterite form of the verb provided.

OMAR Pedro, ¿(1) ___________ [asistir] al partido de fútbol anoche? Yo te (2) ___________ [llamar], pero tú no (3) ___________ [contestar].

PEDRO Dora y yo (4) ___________ [decidir] no ir. (Nosotros) (5) ___________ [mirar] un video.

OMAR Entonces, (6) ¿ ___________ [oír] (tú) que *(that)* los Dorados (7) ___________ [ganar]? (Tú) Te (8) ___________ [perder] un partido fenomenal. Todos (9) ___________ [jugar] muy bien y Álvarez hizo dos goles *(goals)*. Después *(After)*, nosotros (10) ___________ [celebrar] en El Reloj hasta la medianoche.

4 **Entrevista** Interview a partner about the last time he or she went out. Then switch roles. Use **fui** to say *I went*.

- Find out when and where your partner went out, with whom, and at what time.
- Ask what he/she wore.
- Find out what your partner did and what time he/she returned home.

6.3 Indirect object pronouns

5 **Combinar** Create sentences by combining elements from each column. Add indirect object pronouns and make any necessary changes.

modelo *El profesor les explicó la tarea a ellos.*

Yo	(no) explicar la tarea	mí
Tú	(no) pedir ayuda (*help*)	ti
Mi amigo/a	(no) contestar un email	el/la novio/a
Mi hermano/a	(no) enseñar español	mi compañero/a
El/La profesor(a)	(no) buscar un libro	nosotros/as
Él/Ella	(no) explicar el problema	los padres
Nosotros	(no) vender la motocicleta	ellos/as
Mis padres	(no) prestar 20 dólares	el/la profesor(a)
Los chicos	(no) comprar un abrigo	tu primo/a

6 **Encuesta** Find out to or for whom your partner usually does these things. Use indirect object pronouns.

modelo abrir la puerta

Estudiante 1: *¿A quién le abres la puerta?*
Estudiante 2: *Les abro la puerta a mis abuelos.*

Actividades	¿A quiénes?
1. Dar regalos	___________
2. Mostrar las compras	___________
3. Prestar ropa	___________
4. Pedir favores	___________
5. Dar un beso	___________
6. Decir mentiras	___________
7. Hablar en español	___________

6.4 Demonstrative adjectives and pronouns

7 **¿De quién es?** In pairs, imagine that you are on a tour bus and some passengers left these items behind. Take turns asking each other what belongs to whom, using the cues provided.

modelo Daniel 

Estudiante 1: *¿De quién es esta chaqueta?*
Estudiante 2: *¿Ésa? Es de Daniel.*

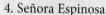

1. Raquel 
2. Miguel 
3. Señor Romero 
4. Señora Espinosa 
5. yo 
6. Señora Cifuentes 

Síntesis

8 **Las compras en Internet** In groups of three, discuss online shopping.

- Explain why you like or don't like to shop on the Internet.
- Describe the items you bought on the Internet in the past year, for whom you bought each item, how much each item cost, and where you bought it. If you have one or more of the items with you, show it to the group as you talk about it.
- Explain how you paid for your purchases.

Videoclip

1 **Preparación** When you go clothes shopping, is quality important to you? Do you prefer trendy clothing or pieces that will last a long time?

2 **El clip** Watch the ad for **Galerías** from Spain.

Vocabulario

anchas *loose-fitting*	**resiste** *withstands*
lavables *washable*	**tanto como** *as much as*

Presentamos la moda para el próximo° curso.

Formas geométricas y colores vivos.

próximo *next*

3 **Identificar** Check off each word that you hear in the ad.

_____ 1. camisetas
_____ 2. hijos
_____ 3. zapatos
_____ 4. algodón
_____ 5. chaquetas
_____ 6. clientas
_____ 7. lana
_____ 8. precio

4 **Conversar** Work with a classmate to ask each other these questions. Use as much Spanish as you can.

1. ¿Qué ropa llevas normalmente cuando vienes a la universidad?
2. ¿Y los fines de semana?
3. ¿Tienes una prenda (*garment*) favorita? ¿Cómo es?
4. ¿Qué tipo de ropa no te gusta usar? ¿Por qué?

CONEXIÓN INTERNET
Go to **aventuras.vhlcentral.com** to watch the television clip featured in this section.

INSTRUCTIONAL RESOURCES Supersite: Videos; IRCD/Supersite: Video Script, Translation

Ampliación

SUPERSITE

1 Escuchar

A Listen to Marisol and Alicia's conversation. Make a list of the clothing items that each person mentions, then note if she actually purchased it.

TIP **Listen for linguistic cues.** By listening for the endings of conjugated verbs, you can identify whether an event already took place, is taking place now, or will take place in the future. Verb endings also give clues about who is participating in the action.

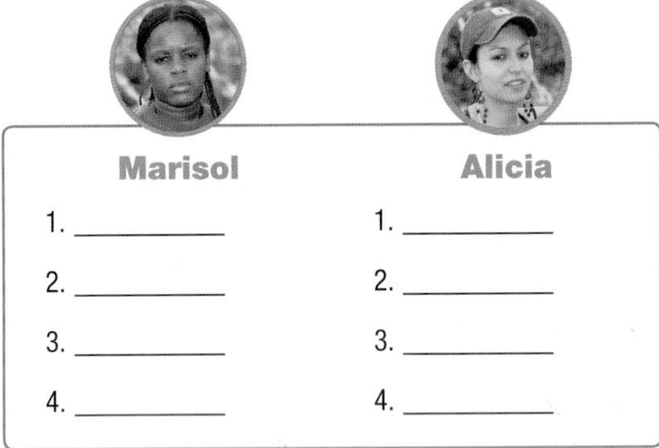

Marisol	Alicia
1. ________	1. ________
2. ________	2. ________
3. ________	3. ________
4. ________	4. ________

B ¿Crees que la moda es importante para Alicia? ¿Y para Marisol? ¿Por qué? En tu opinión, ¿es importante estar a la moda?

2 Conversar

With a classmate, take turns playing the roles of a shopper and a clerk in a clothing store. Use these guidelines.

- *The shopper talks about the clothing he/she is looking for as a gift, mentions for whom the clothes are intended, and says what he/she bought for the same person last year*
- *The clerk recommends items, based on the shopper's descriptions*
- *The shopper asks how much items cost, and the clerk answers*

recursos

WB pp. 55–62	LM pp. 33–36	SUPERSITE aventuras.vhlcentral.com Lección 6

Ampliación

3 Escribir

Write a report for the school newspaper about an interview you conducted with a student concerning his or her opinion on the latest fashion trends at your school.

TIP Reporting an interview. You may transcribe the interview verbatim, or simply summarize it with occasional quotes from the speaker. Your report should begin with an interesting title and a brief introduction, include some examples or a brief quote, and end with a conclusion.

Organízalo	Use an idea map to organize the interview questions and develop an outline for your report. Then brainstorm a title for your report.
Escríbelo	Using your outline as a guide, write the first draft of your report.
Corrígelo	Exchange papers with a classmate and comment on the report's title, introduction, organization, level of interest, grammatical accuracy, and conclusion. Then revise your first draft, with your classmate's comments in mind.
Compártelo	Exchange reports in groups of four. Give a superlative title to each report on the basis of its strongest points, for example, "best use of Spanish" or "most interesting questions."

4 Un paso más

Develop a business plan to open a store in a Spanish-speaking country.

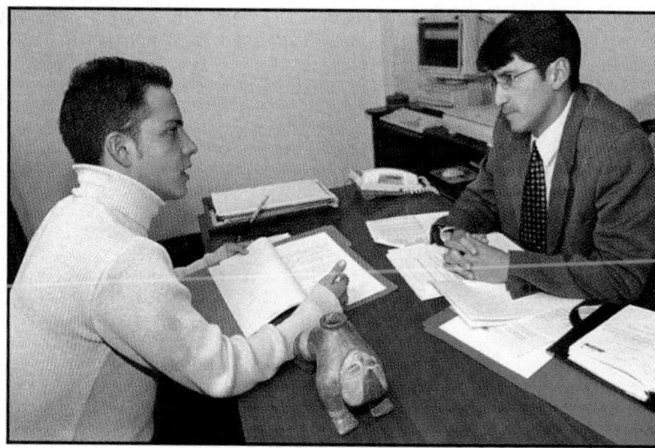

- Choose a location for your store
- Decide which products you are going to sell and select an appealing name for your store
- Include a visual presentation of your products
- Itemize your prices and your expected profits
- Explain why you think your store will be successful **(va a tener éxito)**

CONEXIÓN INTERNET

Investiga estos temas en el sitio aventuras.vhlcentral.com.

- Tiendas y almacenes famosos
- Las monedas de los países hispanos

Antes de leer

Skimming involves quickly reading through a document to absorb its general meaning. This strategy allows you to understand the main ideas without having to read word for word.

Examinar el texto

Look at the format of the reading selection. How is it organized? What does the organization of the document tell you about its content?

Buscar cognados

Scan the reading selection to locate at least five cognates. Based on the cognates, what do you think the reading selection is about?

1. ____________
2. ____________
3. ____________
4. ____________
5. ____________
6. The reading selection is about __________.

Impresiones generales

Now skim the reading selection to understand its general meaning. Jot down your impressions. What new information did you learn about the document by skimming it? Based on all the information you now have, answer these question in Spanish.

1. Who created this document?
2. What is its purpose?
3. Who is its intended audience?

El Palacio° de la
¡DONDE LA REBAJA ES LA REINA°!
¡APROVECHE° NUESTRAS OFERTAS!

Cárdigan de algodón para mujer/todas las tallas rebajados de **3.450,00** pesos a sólo **2.760,00** pesos
Hermosas blusas de seda para dama°/tallas rebajadas de **2.030,00** pesos al increíble precio de **1.450,00** pesos
Faldas largas para mujer/colores café, morado, azul y gris rebajadas de **2.468,00** pesos a sólo **1.974,00** pesos
Nuevo modelo de **zapatos** para mujer números 35 a 38 rebajados de **3.370,00** pesos a sólo **2.596,00** pesos

Ganga

Abierto de lunes a viernes de 10 a 21 horas sábado de 12 a 20 horas
Aceptamos todas las tarjetas de crédito.

Elegantes chaquetas para caballero/colores café, negro, azul y verde con rebaja del **25%**, de **5.370,00** pesos a sólo **4.027,50** pesos

Corbatas baratas para hombre en variados colores con rebaja del **40%**, de **1.384,00** pesos a sólo **830,40** pesos

Pantalones formales para caballero°/colores verde, caqui, negro y azul con el **30%** de rebaja, de **5.200,00** pesos a sólo **3.640,00** pesos

Zapatos formales para hombre números 40 a 45 rebajados de **2.976,00** pesos a sólo **2.315,00** pesos

Después de leer

¿Comprendiste?

Indicate whether each statement is **cierto** or **falso.** Correct the false statements.

Cierto	Falso	
____	____	1. Con 4.000 pesos, un cliente puede comprar un pantalón formal para hombre.
____	____	2. Normalmente las blusas de seda cuestan más de 2.000 pesos.
____	____	3. El Palacio de la Ganga abre a las diez de la mañana los domingos.
____	____	4. Una elegante chaqueta café cuesta 4.027,50 pesos.
____	____	5. Las corbatas para hombre tienen una rebaja del veinticinco por ciento.
____	____	6. Hay rebaja de suéteres de algodón para hombre.
____	____	7. El Palacio de la Ganga acepta tarjetas de crédito.
____	____	8. El Palacio de la Ganga está abierto los sábados.

Preguntas

1. ¿Cuánto cuestan los zapatos formales de hombre?
____
2. ¿Hay rebaja de blusas de algodón?
____
3. ¿Hay rebaja de ropa para niños en el Palacio de la Ganga? _______________
4. ¿Hay rebaja de minifaldas? _______________

Coméntalo

Imagina que vas a ir al Palacio de la Ganga. ¿Qué ropa vas a comprar? ¿Hay tiendas similares al Palacio de la Ganga en tu comunidad? ¿Cómo se llaman? ¿Tienen muchas rebajas?

el palacio *palace*
la reina *queen*
aproveche *take advantage of*
caballero *gentleman*
dama *lady*

For an additional reading, go to **aventuras.vhlcentral.com.**

recursos

6 VOCABULARIO

La ropa y los accesorios

el abrigo	*coat*
los bluejeans	*jeans*
la blusa	*blouse*
la bolsa	*bag; purse*
las botas	*boots*
los calcetines	*socks*
la camisa	*shirt*
la camiseta	*t-shirt*
la cartera	*wallet*
la chaqueta	*jacket*
el cinturón	*belt*
la corbata	*tie*
la falda	*skirt*
las gafas (de sol)	*(sun)glasses*
los guantes	*gloves*
el impermeable	*raincoat*
las medias	*pantyhose; stockings*
los pantalones	*pants*
los pantalones cortos	*shorts*
el par de zapatos	*pair of shoes*
la ropa	*clothing, clothes*
la ropa interior	*underwear*
las sandalias	*sandals*
el sombrero	*hat*
el suéter	*sweater*
el traje	*suit*
el traje de baño	*bathing suit*
el vestido	*dress*
los zapatos de tenis	*sneakers*

Adjetivos

barato/a	*cheap*
bueno/a	*good*
cada	*each*
caro/a	*expensive*
corto/a	*short (in length)*
elegante	*elegant*
hermoso/a	*beautiful*
largo/a	*long*
loco/a	*crazy*
nuevo/a	*new*
otro/a	*other; another*
pobre	*poor*
rico/a	*rich*

De compras

el almacén	*department store*
la caja	*cash register*
el centro comercial	*shopping mall*
el/la cliente/a	*client*
el/la dependiente/a	*clerk*
el dinero	*money*
el mercado (al aire libre)	*(open-air) market*
el precio (fijo)	*(fixed, set) price*
la rebaja	*sale*
la tarjeta de crédito	*credit card*
la tienda	*shop, store*
el/la vendedor(a)	*salesperson*
costar (o:ue)	*to cost*
gastar	*to spend (money)*
hacer juego (con)	*to match*
ir de compras	*to go shopping*
llevar	*to wear; to take*
pagar (con)	*to pay (with)*
regatear	*to bargain*
usar	*to wear; to use*
vender	*to sell*

Palabras y expresiones

anoche	*last night*
anteayer	*the day before yesterday*
el año pasado	*last year*
ayer	*yesterday*
de repente	*suddenly*
desde	*from*
hasta	*until*
pasado/a	*(adj.) last; past*
la semana pasada	*last week*
una vez	*once; one time*
dos veces	*twice; two times*
ya	*already*
el beso	*kiss*
la mentira	*lie*
el regalo	*gift*
la verdad	*truth*
¿Qué hiciste?	*What did you (fam., sing.) do?*
¿Qué hizo usted?	*What did you (form., sing.) do?*
¿Qué hizo él/ella?	*What did he/she do?*
¿Qué hicieron ustedes?	*What did you (form., pl.) do?*
¿Qué hicieron ellos/ellas?	*What did they do?*
acabar de (+ inf.)	*to have just done something*
dar	*to give*
decir	*to say; to tell*
prestar	*to loan*

Los colores	*See page 141.*
Expresiones útiles	*See page 147.*
Numbers 101 and higher	*See page 150.*
Indirect object pronouns	*See page 154.*
Demonstrative adjectives and pronouns	*See pages 156–157.*

recursos

INSTRUCTIONAL RESOURCES Supersite: Text MP3s; IRCD/Supersite: Additional Vocabulary, Testing Program

AVENTURAS EN LOS PAÍSES HISPANOS

Cada año miles de personas de todo el mundo *(world)* llegan al Caribe para disfrutar *(to enjoy)* de sus encantos. De aguas cálidas *(warm)* y transparentes, el mar caribeño rodea *(surrounds)* las costas *(coasts)* de Cuba, Puerto Rico y la República Dominicana. Además de sus increíbles playas, el Caribe goza de *(enjoys)* un clima tropical todo el año y posee una enorme variedad de plantas y animales exóticos. ¿Te gustaría *(Would you like)* ir al Caribe algún *(some)* día?

Puerto Rico

Área: 8.959 km^2 (3.459 millas^2)
Población: 4.060.000
Capital: San Juan – 2.758.000
Ciudades principales: Caguas, Mayagüez, Ponce
Moneda: dólar estadounidense

SOURCE: Population Division, UN Secretariat

Cuba

Área: 110.860 km^2 (42.803 millas^2)
Población: 11.379.000
Capital: La Habana – 2.159.000
Ciudades principales: Santiago de Cuba, Camagüey, Holguín, Guantánamo
Moneda: peso cubano

SOURCE: Population Division, UN Secretariat

República Dominicana

Área: 48.730 km^2 (18.815 millas^2)
Población: 9.522.000
Capital: Santo Domingo – 2.240.000
Ciudades principales: Santiago de los Caballeros, La Vega
Moneda: peso dominicano

SOURCE: Population Division, UN Secretariat

SUPERSITE

ESTADOS UNIDOS

Lugares

La Habana Vieja

La Habana Vieja es uno de los lugares más maravillosos de Cuba. Este distrito fue declarado *(was declared)* Patrimonio *(Heritage)* Cultural de la Humanidad por la UNESCO en 1982. En la Plaza de Armas, se puede visitar el majestuoso Palacio de Capitanes Generales, que ahora es un museo. En la calle *(street)* Obispo, frecuentada por el escritor Ernest Hemingway, hay hermosos cafés, clubes nocturnos y tiendas elegantes.

Plaza de la Catedral en La Habana

Estrecho de la Florida

ISLAS BAHAMAS

La Habana

Cordillera de los Órganos

CUBA

Isla de la Juventud

Mar de las Antillas

Camagüey

Holguín

Sierra Maestra

Santiago de Cuba

Guantánamo

JAMAICA

Deportes

El béisbol

Para algunos latinoamericanos, el béisbol es más que un deporte. Los primeros países hispanos en tener una liga fueron Cuba y México, donde se empezó a jugar al béisbol en el siglo *(century)* XIX. Hoy día este deporte es una afición nacional en la República Dominicana. Pedro Martínez y David Ortiz son sólo dos de los muchísimos beisbolistas dominicanos que han alcanzado *(have reached)* gran éxito e inmensa popularidad entre los aficionados.

Océano Atlántico

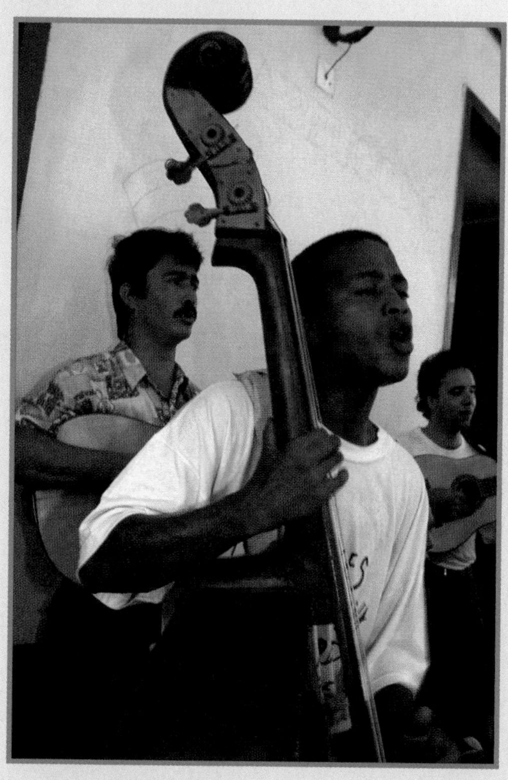

Música

La salsa y el merengue

Hoy día Puerto Rico es el centro internacional de la salsa. El Gran Combo de Puerto Rico, por ejemplo, es una de las orquestas de salsa más famosas del mundo *(world)*. Sin embargo *(Nevertheless)*, este género musical, que comúnmente *(commonly)* se asocia con el Caribe, nació *(was born)* en barrios latinos de Nueva York como resultado de una mezcla *(mix)* de influencias puertorriqueñas, cubanas, africanas, españolas y de Estados Unidos.

El merengue, un ritmo de la República Dominicana, tiene sus raíces *(roots)* en el campo. Tradicionalmente las canciones hablaban de los problemas sociales de los campesinos *(farmers)*. Entre 1930 y 1960, el merengue se popularizó en las ciudades y adoptó un tono más urbano. Uno de los cantantes y compositores de merengue más famosos es Juan Luis Guerra.

Monumentos

El Morro

El Morro, el gran tesoro *(treasure)* de Puerto Rico, es un fuerte *(fort)* que está en la bahía *(bay)* de San Juan. Lo construyeron *(built)* los españoles en el siglo *(century)* XVI para defenderse de los piratas. Desde mil novecientos sesenta y uno, El Morro es un museo que atrae *(attracts)* a miles de turistas. También es el sitio más fotografiado de Puerto Rico. La arquitectura del fuerte es impresionante: Tiene túneles misteriosos, mazmorras *(dungeons)* y vistas *(views)* fabulosas de la bahía.

Puerto Plata
Santiago
Río Yuna
HAITÍ
LA REPÚBLICA DOMINICANA
Sierra de Neiba
Sierra de Baoruco
Santo Domingo
San Pedro de Macorís
Arecibo
San Juan
Fajardo
Isla Culebra
Mayagüez
Ponce
Isla de Vieques
PUERTO RICO

recursos

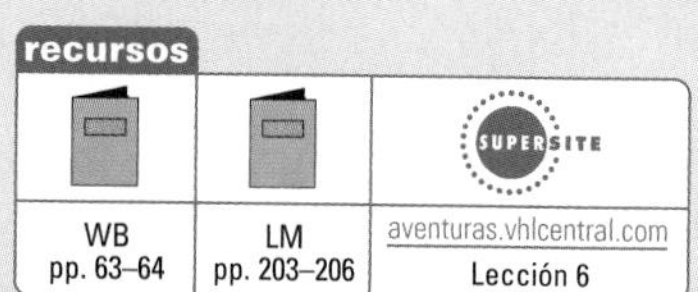

¿Qué aprendiste?

1 **¿Cierto o falso?** Indica si estas oraciones son **ciertas** o **falsas**.

	Cierto	Falso
1. El mar Caribe está al oeste de América Central.	______	______
2. El área de Cuba es mayor que el área de Puerto Rico.	______	______
3. San Juan es la capital de Puerto Rico.	______	______
4. La Habana Vieja es Patrimonio Cultural de la Humanidad.	______	______
5. La Habana Vieja es la parte nueva de la capital de Cuba.	______	______
6. Los primeros países hispanos en tener una liga de béisbol fueron Cuba y Puerto Rico.	______	______
7. El béisbol es el deporte nacional de la República Dominicana.	______	______
8. La salsa nació en Nueva York.	______	______
9. El merengue tiene sus raíces en la ciudad.	______	______
10. Juan Luis Guerra es un cantante de merengue.	______	______
11. El Morro fue construido (*was built*) por piratas en el siglo XVI.	______	______
12. El Morro es actualmente un museo.	______	______

2 **Preguntas** Contesta estas preguntas con oraciones completas.

1. ¿Cuál de los países del Caribe te parece interesante visitar? ¿Por qué?
2. ¿Por qué crees que la Habana Vieja fue declarada Patrimonio Cultural de la Humanidad?
3. ¿En qué países del Caribe es popular el béisbol? ¿En qué otros países es popular?
4. ¿Te gusta la salsa y el merengue? ¿Conoces (*Do you know*) bandas o artistas famosos de estos géneros musicales?
5. ¿Qué país del Caribe quieres visitar en tus próximas vacaciones? ¿Por qué?

Investiga estos temas en el sitio aventuras.vhlcentral.com. Presenta la información a tus compañeros/as de clase.

- El Morro
- La Habana Vieja
- El béisbol
- La salsa y el merengue

7 La vida diaria

Communicative Goals

You will learn how to:

- talk about daily routines and personal hygiene
- reassure someone
- tell where you went

PARA EMPEZAR

- ¿Dónde está ella: en su cuarto o en el baño?
- ¿Crees que es de día o de noche? ¿Por qué?
- ¿Va a salir o acaba de llegar?
- ¿Crees que a ella le gusta estar a la moda? ¿Por qué?

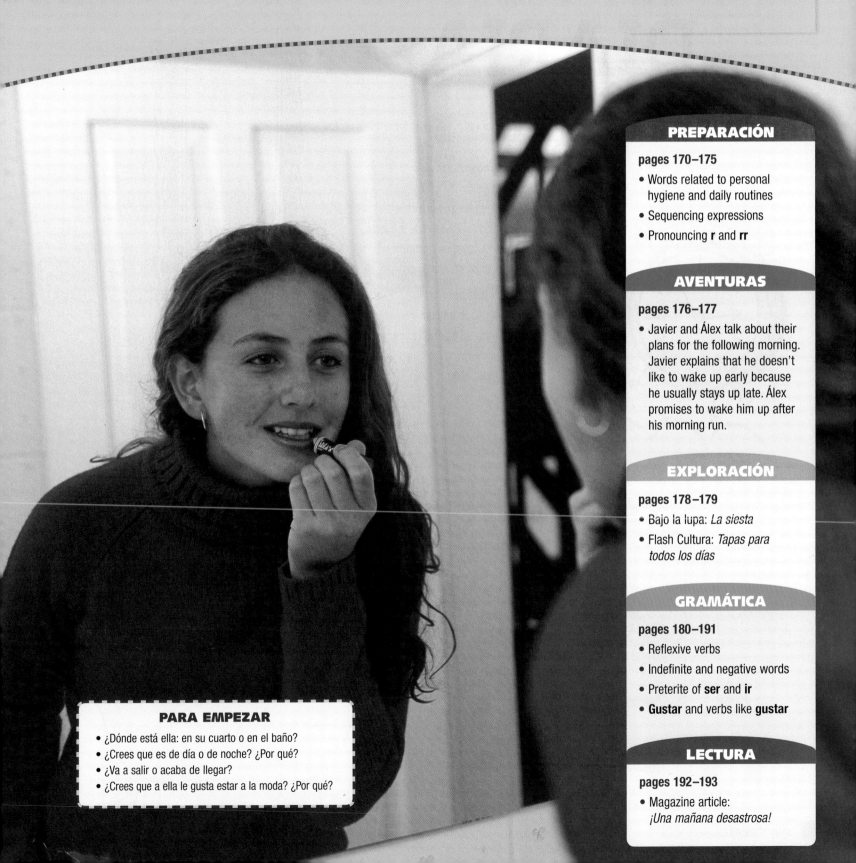

LA VIDA DIARIA

LA HIGIENE PERSONAL

cepillarse el pelo *to brush one's hair*
ducharse *to shower*
lavarse la cara *to wash one's face*
las manos *to wash one's hands*
maquillarse *to put on makeup*
peinarse *to comb one's hair*

el baño *bathroom*
el champú *shampoo*
la crema de afeitar *shaving cream*
el maquillaje *makeup*
la toalla *towel*

el espejo
mirror

el despertador
alarm clock

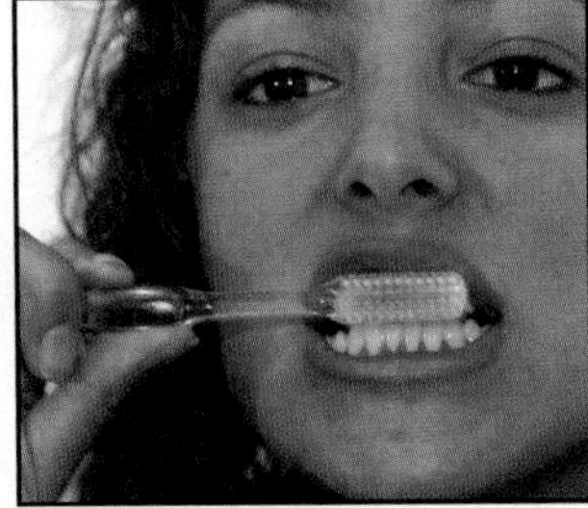

cepillarse los dientes
to brush one's teeth

el jabón
soap

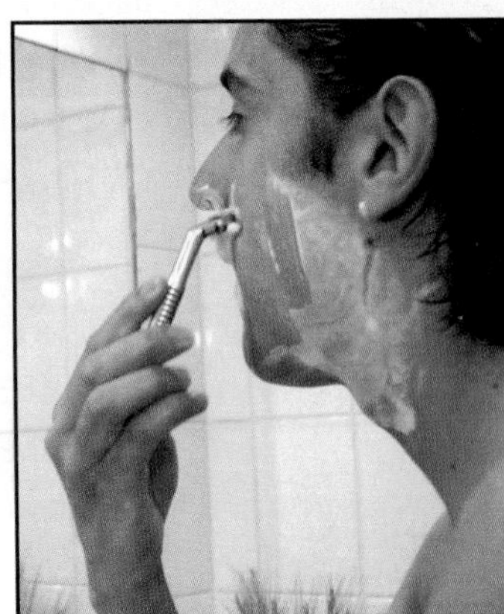

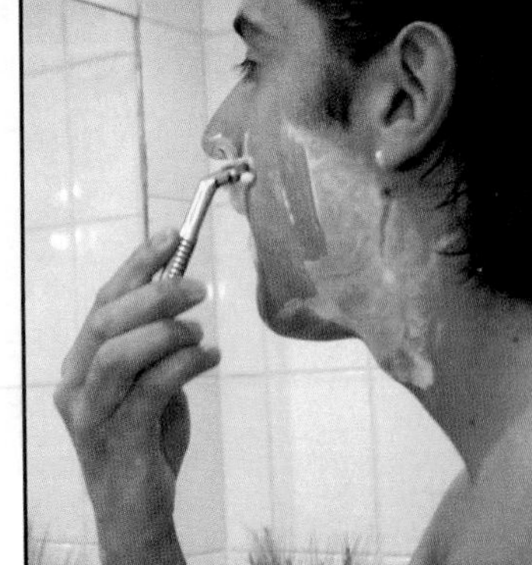

afeitarse
to shave

bañarse
to bathe; to take a bath

recursos

WB pp. 65–66	LM p. 37	aventuras.vhlcentral.com Lección 7

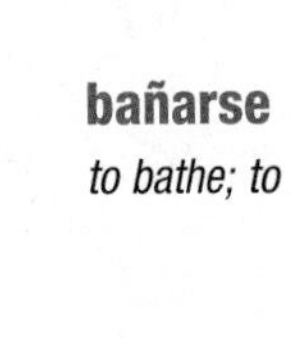

POR LA MAÑANA Y POR LA NOCHE

la rutina diaria *daily routine*

acostarse (o:ue) *to lie down; to go to bed*
despertarse (e:ie) *to wake up*
vestirse (e:i) *to get dressed*

> **Variación léxica**
> afeitarse ⟷ rasurarse (*Méx., Amér. C.*)
> ducha ⟷ regadera (*Col., Méx., Venez.*)
> ducharse ⟷ bañarse (*Amér. L.*)

dormirse (o:ue)
to go to sleep; to fall asleep

levantarse
to get up

OTRAS PALABRAS Y EXPRESIONES

Se acuesta. *He/she goes to bed; you (form.) go to bed.*
Se afeita. *He/she shaves; you shave.*
Se cepilla los dientes. *He/she brushes his/her teeth; you brush your teeth.*
Se despierta. *He/she wakes up; you wake up.*
Se peina. *He/she combs his/her hair; you comb your hair.*
Se viste. *He/she gets dressed; you get dressed.*

ADVERBIOS Y PREPOSICIONES DE TIEMPO

antes (de) *before*
después *afterwards; then*
después de *after*
durante *during*
entonces *then*
luego *afterwards; then*
más tarde *later (on)*
por la mañana *in the morning*
por la noche *at night*
por la tarde *in the afternoon; in the (early) evening*
por último *finally*

Se lava las manos.
She washes her hands.

Se ducha.
He takes a shower.

A escuchar

1 ¿Cierto o falso? Escucha las frases, mira las fotos e indica si cada frase es **cierta** o **falsa**.

	Cierto	Falso
1.	______	______
2.	______	______
3.	______	______
4.	______	______
5.	______	______
6.	______	______
7.	______	______
8.	______	______

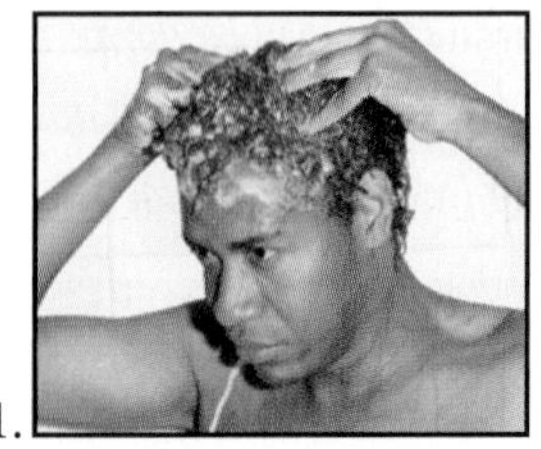
1.

2.

3.

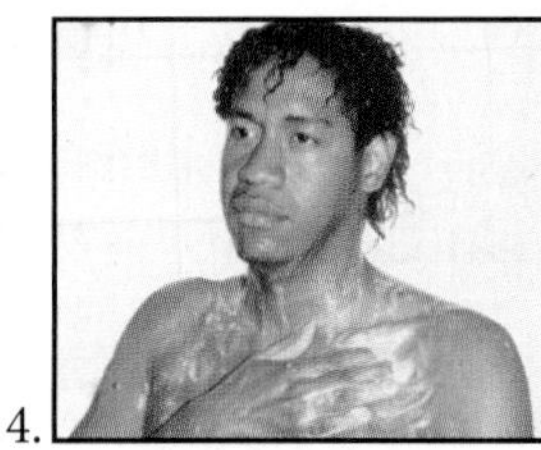
4.

5.

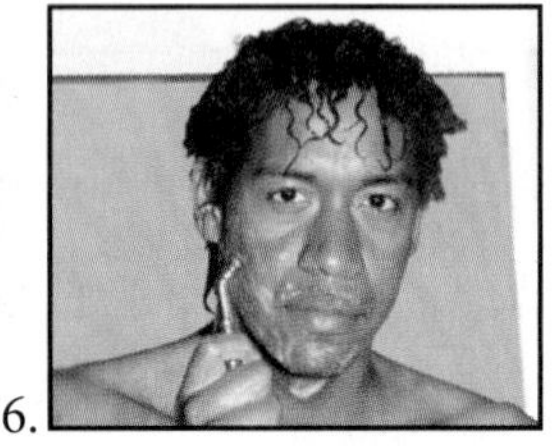
6.

7.

8.

2 Escuchar Escucha las frases e indica si cada frase es **lógica** o **ilógica**.

	Lógico	Ilógico
1.	______	______
2.	______	______
3.	______	______
4.	______	______
5.	______	______
6.	______	______

recursos

A practicar

3 Ordenar Ordena la rutina de Fabio de manera lógica.

_______ a. Después de afeitarse, cepillarse los dientes y vestirse, sale para las clases.
_______ b. Por último, se acuesta a las once y media de la noche.
_______ c. Se ducha y luego se afeita.
_______ d. Por la noche come un poco. Luego estudia antes de acostarse.
_______ e. Asiste a todas sus clases y vuelve a casa por la tarde.
_______ f. Por la mañana, Fabio se despierta a las seis y media.

4 Identificar Con un(a) compañero/a, indica qué necesitan estas personas para realizar (*to perform*) estas acciones.

modelo

Manuel / vestirse
Estudiante 1: *¿Qué necesita Manuel para (in order to) vestirse?*
Estudiante 2: *Necesita una camiseta y unos pantalones.*

1. **Daniel / acostarse**
2. **Raúl / despertarse**
3. **Mercedes / lavarse la cara**
4. **Leonardo / afeitarse**
5. **Sofía / lavarse el pelo**
6. **Yolanda / maquillarse**

A conversar

5 La rutina diaria Con un(a) compañero/a, mira las fotos y describe qué hace cada persona.

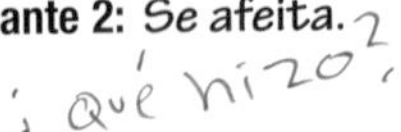

Estudiante 1: *¿Qué hace Armando?*
Estudiante 2: *Se afeita.*

¿Qué hizo?

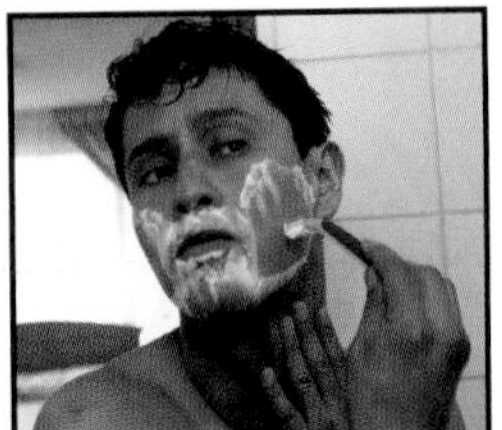

Armando

1. 

Rocío

2. 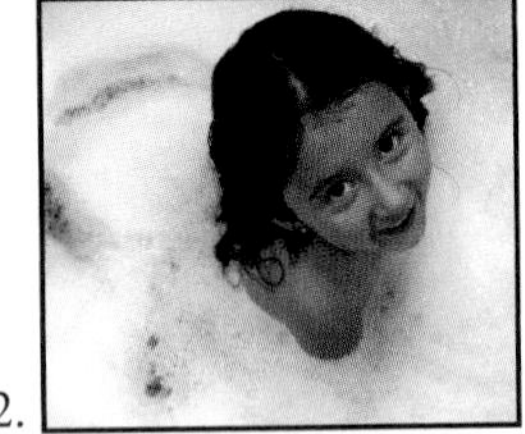

Noelia

3. 

Carlos

4. 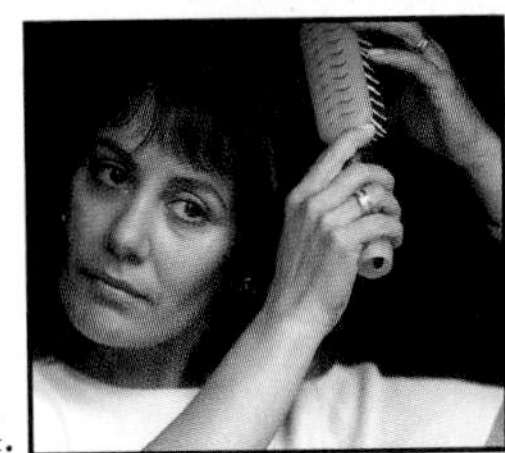

Juana

5. 

Marisela

6. 

Néstor

6 Describir Trabajen en parejas (*pairs*) para describir la rutina diaria de dos o tres de estas personas. Usen las palabras de la lista.

1. mi mejor (*best*) amigo/a
2. nuestro/a profesor(a) de español
3. mi padre/madre
4. mi compañero/a de cuarto

primero	**durante el día**	**después**
luego	**antes**	**después de**
entonces	**antes de**	**por último**

7 Diferencias Su profesor(a) les va a dar a ti y a tu compañero/a la información necesaria para completar esta actividad.

Pronunciación

The consonant r

ropa **rutina** **rico** **Ramón**

In Spanish, **r** has a strong trilled sound at the beginning of a word. No English words have a trill, but English speakers often produce a trill when they imitate the sound of a motor.

gustar **durante** **primero** **crema**

In any other position, **r** has a weak sound similar to the English *tt* in *better* or the English *dd* in *ladder.* In contrast to English, the tongue touches the roof of the mouth behind the teeth.

pizarra **corro** **marrón** **aburrido**

The letter combination **rr**, which only appears between vowels, always has a strong trilled sound.

caro **carro** **pero** **perro**

Between vowels, the difference between the strong trilled **rr** and the weak **r** is very important, as a mispronunciation could lead to confusion between two different words.

Práctica Lee las palabras en voz alta, prestando (*paying*) atención a la pronunciación de la **r** y la **rr**.

1. Perú
2. Rosa
3. borrador
4. madre
5. comprar
6. favor
7. rubio
8. reloj
9. Arequipa
10. tarde
11. cerrar
12. despertador

Oraciones Lee las oraciones en voz alta, prestando atención a la pronunciación de la **r** y la **rr**.

1. Ramón Robles Ruiz es programador. Su esposa Rosaura es artista.
2. A Rosaura Robles le encanta regatear en el mercado.
3. Ramón nunca regatea... le aburre regatear.
4. Rosaura siempre compra cosas baratas.
5. Ramón no es rico, pero prefiere comprar cosas muy caras.
6. ¡El martes Ramón compró un carro nuevo!

Refranes Lee en voz alta los refranes, prestando atención a la **r** y a la **rr**.

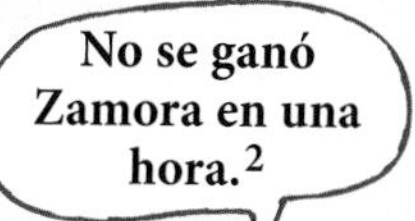

Perro que ladra no muerde.[1]

1 The dog's bark is worse than its bite.
2 Rome wasn't built in a day.

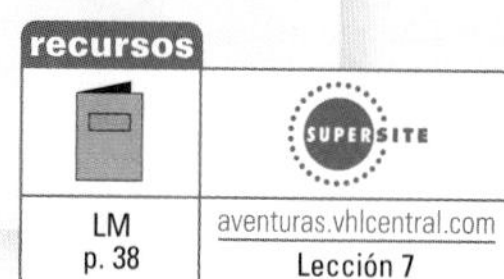

¡Jamás me levanto temprano!

Álex y Javier hablan de sus rutinas diarias.

PERSONAJES

DON FRANCISCO

ÁLEX

JAVIER

JAVIER Hola, Álex. ¿Qué estás haciendo?
ÁLEX Nada... Sólo estoy leyendo mi correo electrónico. ¿Adónde fueron?

JAVIER Inés y yo fuimos a un mercado. Fue muy divertido. Mira, compré este suéter. Me encanta. No fue barato, pero es chévere, ¿no?
ÁLEX Sí, es ideal para las montañas.

JAVIER ¡Qué interesantes son los mercados al aire libre! Me gustaría volver, pero ya es tarde. Oye, Álex, sabes que mañana tenemos que levantarnos temprano.
ÁLEX Ningún problema.

JAVIER ¡Increíble! ¡Álex, el superhombre!
ÁLEX Oye, Javier, ¿por qué no puedes levantarte temprano?
JAVIER Es que por la noche no quiero dormir, sino dibujar y escuchar música. Por eso es difícil despertarme por la mañana.

JAVIER El autobús no sale hasta las ocho y media. ¿Vas a levantarte mañana a las seis también?
ÁLEX No, pero tengo que levantarme a las siete menos cuarto porque voy a correr.

JAVIER Ah, ya... ¿Puedes despertarme después de correr?
ÁLEX Éste es el plan para mañana. Me levanto a las siete menos cuarto y corro por treinta minutos. Vuelvo, me ducho, me visto y a las siete y media te despierto. ¿De acuerdo?
JAVIER ¡Absolutamente ninguna objeción!

ACTIVIDADES

1 ¿Cierto o falso? Indica si las frases son **ciertas** o **falsas.** Corrige (*correct*) las falsas.

1. Álex siempre se despierta a las seis cuando está en casa.
2. Álex está mirando la televisión.
3. El suéter que Javier acaba de comprar es caro, pero es muy bonito.
4. A Javier le gusta mucho dibujar y escuchar música por la noche.
5. Javier cree que los mercados al aire libre son aburridos.
6. El autobús va a salir hoy a las siete y media en punto.
7. Álex va a nadar por la mañana.
8. Álex se va a duchar por la mañana.
9. Javier siempre oye el despertador cuando está en casa.
10. Álex va a despertar a Javier por la mañana después de salir a correr.

Para recordar **Antes de mirar este episodio repasa el anterior.**

1. ¿Para quién busca un regalo Inés?
2. ¿Qué necesita Javier para su excursión?
3. ¿Por qué le da el vendedor un buen precio a Javier?
4. ¿Qué compra Inés?

JAVIER ¿Seguro? Pues yo jamás me levanto temprano. Nunca oigo el despertador cuando estoy en casa y mi mamá se enoja mucho.

ÁLEX Tranquilo, Javier. Yo tengo una solución.

ÁLEX Cuando estoy en casa en la Ciudad de México, siempre me despierto a las seis en punto. Me ducho en cinco minutos y luego me cepillo los dientes. Después me afeito, me visto y ¡listo! ¡Me voy!

DON FRANCISCO Hola, chicos. Mañana salimos temprano, a las ocho y media… ni un minuto antes ni un minuto después.

ÁLEX No se preocupe, don Francisco. Todo está bajo control.

DON FRANCISCO Bueno, pues, hasta mañana.

DON FRANCISCO ¡Ay, los estudiantes! Siempre se acuestan tarde. ¡Qué vida!

Expresiones útiles

Telling where you went

¿Adónde fuiste/fue usted?
Where did you go?
Fui a un mercado.
I went to a market.
¿Adónde fueron ustedes?
Where did you go?
Fuimos a un mercado. Fue muy divertido.
We went to a market. It was a lot of fun.

Talking about morning routines

(Jamás) me levanto temprano/tarde.
I (never) get up early/late.
Nunca oigo el despertador.
I never hear the alarm clock.
Es difícil/fácil despertarme.
It's hard/easy for me to wake up.
Cuando estoy en casa, siempre me despierto a las seis en punto.
When I'm at home, I always wake up at six on the dot.
Me ducho y luego me cepillo los dientes.
I take a shower and then I brush my teeth.
Después me afeito y me visto.
Afterwards, I shave and get dressed.

Reassuring someone

Ningún problema.
No problem.
No te preocupes. / No se preocupe.
Don't worry.

Additional vocabulary

sino
but (rather)
Es chévere.
It's cool.

2 **Los planes de Álex** Ordena los planes de Álex para mañana. Indica con una **X** lo que no corresponde.

_______ a. Voy a correr por media hora.
_______ b. Voy a acostarme temprano.
_______ c. Voy a despertar a mi amigo a las siete y media.
_______ d. Voy a levantarme a las siete menos cuarto.
_______ e. Voy a ducharme y luego vestirme.

3 **Conversación** En parejas, conversen sobre la rutina de los domingos. Cada uno debe hacer cinco preguntas a su compañero/a y debe anotar las tres respuestas más interesantes.

recursos

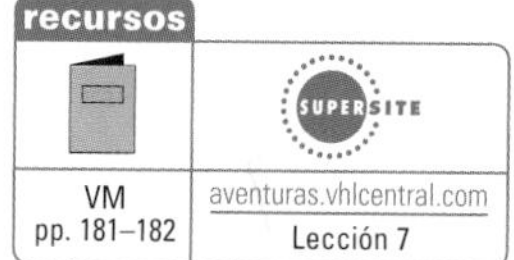

VM pp. 181–182 | aventuras.vhlcentral.com Lección 7

BAJO LA LUPA

La siesta

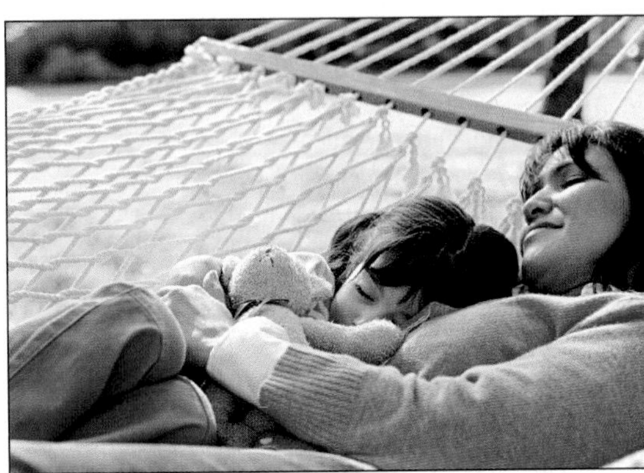

¿Sientes cansancio° después de comer?

¿Te cuesta° volver al trabajo° o a clase después del almuerzo? Estas sensaciones son normales. A muchas personas les gusta relajarse° después de almorzar. Este momento de descanso es **la siesta**. La siesta es popular en los países hispanos y viene de una antigua costumbre° del área del Mediterráneo. La palabra *siesta* viene del latín, es una forma corta de decir "sexta hora". La sexta hora del día es después del mediodía, el momento de más calor. Debido al° calor y al cansancio, los habitantes de España, Italia, Grecia e incluso Portugal, tienen la costumbre de dormir la siesta desde hace° más de° dos mil años. Los españoles y los portugueses llevaron la costumbre a los países americanos.

Aunque hoy día esta costumbre está desapareciendo en las grandes ciudades, la siesta todavía es importante en la cultura hispana. En pueblos pequeños, por ejemplo, muchas oficinas° y tiendas tienen la costumbre de cerrar por dos o tres horas después del mediodía. Los empleados van a su casa, almuerzan con sus familias, duermen la siesta o hacen actividades, como ir al gimnasio, y luego regresan al trabajo entre las 2:30 y las 4:30 de la tarde.

Los estudios científicos explican que una siesta corta después de almorzar ayuda° a trabajar más y mejor° durante la tarde. Pero ¡cuidado! Esta siesta debe durar° sólo entre veinte y cuarenta minutos. Si dormimos más, entramos en la fase de sueño profundo y es difícil despertarse.

Hoy, algunas empresas° de los EE.UU., Canadá, Japón, Inglaterra y Alemania tienen salas° especiales donde los empleados pueden dormir la siesta.

¿Dónde duermen la siesta?

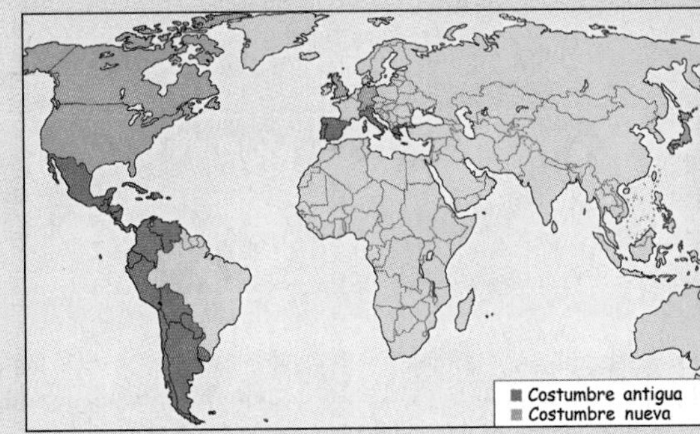

En los lugares donde la siesta es una costumbre antigua, las personas la duermen en su casa. En los países donde la siesta es una costumbre nueva, la gente duerme en sus lugares de trabajo o en centros de siesta.

Sientes cansancio *Do you feel tired* **Te cuesta** *Is it hard for you* **trabajo** *work* **relajarse** *to relax* **antigua costumbre** *old custom* **Debido al** *Because (of)* **desde hace** *for* **más de** *more than* **aunque** *although* **está desapareciendo** *is disappearing* **oficinas** *offices* **ayuda** *helps* **mejor** *better* **durar** *last* **algunas empresas** *some businesses* **salas** *rooms*

ACTIVIDADES

1 

¿Cierto o falso? Indica si lo que dicen las oraciones es **cierto** o **falso**. Corrige la información falsa.

1. La costumbre de la siesta empezó en Asia.
2. La palabra *siesta* está relacionada con la sexta hora del día.
3. Los españoles y los portugueses llevaron la costumbre de la siesta a Latinoamérica.
4. La siesta ayuda a trabajar más y mejor durante la tarde.
5. Los horarios de trabajo de las grandes ciudades hispanas son los mismos que los pueblos pequeños.
6. Una siesta larga siempre es mejor que una siesta corta.
7. En los Estados Unidos, los empleados de algunas empresas pueden dormir la siesta en el trabajo.
8. Es fácil despertar de un sueño profundo.

ASÍ SE DICE

El cuidado personal

el acondicionador; la crema de enjuage	*conditioner*
el aseo; el excusado; el servicio; el váter (Esp.)	el baño
la crema humectante	*moisturizer*
el cortaúñas	*nail clippers*
el desodorante	*deodorant*
el enjuague bucal	*mouthwash*
el hilo dental; la seda dental	*dental floss*
la máquina de afeitar; de rasurar (Méx.)	*electric razor*

CONEXIÓN INTERNET

What do **la siesta** and **el café** have in common? Go to **aventuras.vhlcentral.com** to find out and to access these components:

- the **Flash Cultura** video
- more activities
- additional reading: **La hora del café en el mundo hispano**

2 **Una nueva costumbre** En parejas, imaginen que las tiendas y comercios en donde viven deciden adoptar la costumbre de la hora de la siesta. ¿Es una buena idea? ¿Cómo va a afectar esta nueva costumbre a su vida diaria? ¿Qué deben hacer ustedes para adaptarse?

Tapas para todos los días

1 **Preparación** En el área donde vives, ¿qué hacen las personas normalmente después del trabajo (*work*)? ¿Van a sus casas? ¿Salen con amigos? ¿Comen?

2 **El video** Mira el episodio de **Flash Cultura**.

Vocabulario

económicas *inexpensive*
montaditos *bread slices with assorted toppings*
pagar propinas *to tip*
tapar el hambre *to take the edge off (lit. putting the lid on one's hunger)*

– ¿Cuándo sueles° venir a tomar tapas?
– Generalmente después del trabajo.

– Estos son los montaditos, o también llamados pinchos. ¿Te gustan?

°**sueles** *do you tend*

3 **Ordenar** Ordena estos eventos de manera lógica.

_____ 1. El empleado cuenta los palillos (*counts the toothpicks*) de los montaditos que Mari Carmen comió.
_____ 2. Mari Carmen va al barrio de la Ribera.
_____ 3. Un hombre en un bar explica cuándo sale a tomar tapas.
_____ 4. Un hombre explica la tradición de los montaditos o pinchos.
_____ 5. Carmen le pregunta a la chica si los montaditos son buenos para la salud.

7.1 Reflexive verbs

▸ A reflexive verb is used to indicate that the subject does something to or for himself or herself. Reflexive verbs always use reflexive pronouns.

SUBJECT	REFLEXIVE VERB
Carlos	**se afeita** todos los días.

Reflexive verbs

	lavarse	*to wash oneself*
yo	me lavo	*I wash (myself)*
tú	te lavas	*you wash (yourself)*
Ud.	se lava	*you wash (yourself)*
él/ella	se lava	*he/she washes (himself/herself)*
nosotros/as	nos lavamos	*we wash (ourselves)*
vosotros/as	os laváis	*you wash (yourselves)*
Uds.	se lavan	*you wash (yourselves)*
ellos/ellas	se lavan	*they wash (themselves)*

▸ The pronoun **se** attached to an infinitive identifies the verb as reflexive, as in **lavarse**. When a reflexive verb is conjugated, the reflexive pronoun agrees with the subject: **Me peino**. ¡Siempre!

Me ducho, me cepillo los dientes, me visto y ¡listo!

▸ Reflexive pronouns follow the same rules for placement as object pronouns. They are placed before the conjugated verb, or attached to the infinitive or present participle. When a pronoun is attached to the participle, an accent mark is added.

José **se** levanta temprano.
José gets up early.

José **se** va a levantar temprano.
José va a levantar**se** temprano.
José is going to get up early.

Carlos **se** afeita.
Carlos shaves.

Carlos está afeitándo**se**.
Carlos **se** está afeitando.
Carlos is shaving.

¡ojo! Unlike English, Spanish uses the definite article, not a possessive adjective, when referring to clothing or parts of the body.

La niña se quitó **los** zapatos. Me cepillé **los** dientes.

Práctica

1 Conversaciones Completa las conversaciones.

MARIO Tú (1) ________ [lavar / lavarse] los platos ayer, ¿no?
TOMÁS Sí, los (2) ________ [lavar / lavarse] después de las clases.

• • •

BEATRIZ ¿Normalmente (tú) (3) ________ [duchar / ducharse] antes de ir a clase?
DAVID Sí, (4) ________ [duchar / ducharse] por la mañana después de despertarme.

• • •

MAMÁ Niños, ¿a qué hora (5) ________ [acostar / acostarse] ustedes anoche?
PACO Daniela (6) ________ [acostar / acostarse] a las nueve, pero nosotros (7) ________ [acostar / acostarse] a las ocho.

• • •

ANA Yo (8) ________ [sentir / sentirse] nerviosa hoy.
PATRICIA Bueno… tú siempre (9) ________ [sentir / sentirse] nerviosa antes de un examen.

2 Emparejar Empareja cada foto con la oración correspondiente. Luego, indica qué oraciones tienen verbos reflexivos.

1. 
2. 
3. 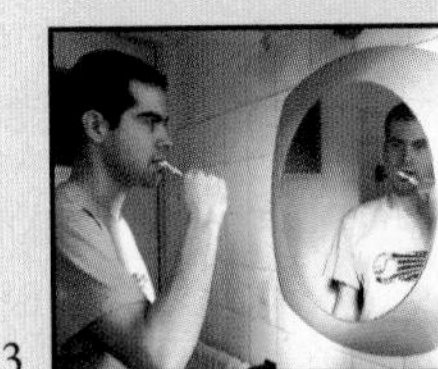
4. 
5. 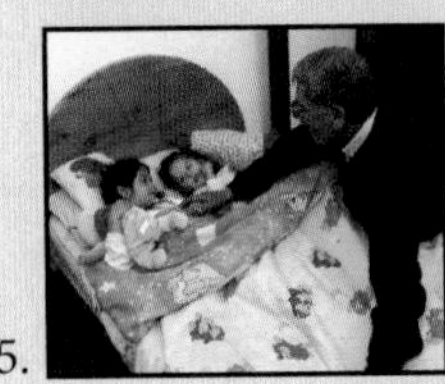
6. 

¿Reflexivo?

_____ a. Julia se enoja. _____
_____ b. Juan y Enrique se despiden. _____
_____ c. Manuela baña a su hija. _____
_____ d. Estela se pone los calcetines. _____
_____ e. El abuelo despierta a sus nietas. _____
_____ f. Ramón se cepilla los dientes. _____

Conversación

3 Preguntas En parejas, túrnense para hacerse estas preguntas.

1. ¿Cuándo te enojas?
2. ¿Cuándo te sientes feliz?
3. ¿A qué hora te despertaste ayer?
4. ¿A qué hora te levantaste hoy?
5. ¿Te cepillaste los dientes esta mañana?
6. ¿Te lavas las manos antes de comer?
7. ¿Te duermes antes o después de la medianoche?
8. ¿A qué hora te vas a acostar esta noche?

4 Charadas En grupos, jueguen a las charadas. Cada persona debe pensar en dos frases con verbos reflexivos. La primera persona que adivina la charada dramatiza la siguiente (*next one*).

5 Entrevista Primero, prepara una lista con las actividades que hiciste (*you did*) anoche. Luego, compara con un(a) compañero/a las actividades y toma apuntes (*notes*) de lo que hizo él/ella (*what he/she did*). Sigue el modelo para el primer paso (*step*).

6:00 p.m.	En el Centro Comercial. Me probé un vestido.
7:30 p.m.	Cine con Javier. Muy aburrido. Casi (*Almost*) me dormí.
9:00 p.m.	En el restaurante Cangrejo. Me enojé con Ana.
11:00 p.m.	Fiesta en casa de Antonio. Me acosté tarde.

6 La familia ocupada Su profesor(a) les va a dar a ti y a tu compañero/a la información necesaria para completar esta actividad.

Common reflexive verbs

Common reflexive verbs

acordarse (de) (o:ue)	*to remember*	levantarse	*to get up*
acostarse (o:ue)	*to go to bed*	llamarse	*to be called; to be named*
afeitarse	*to shave*	maquillarse	*to put on makeup*
bañarse	*to bathe; to take a bath*	peinarse	*to comb one's hair*
cepillarse	*to brush*	ponerse	*to put on*
despedirse (de) (e:i)	*to say goodbye (to)*	ponerse (+ adj.)	*to become (+ adj.)*
despertarse (e:ie)	*to wake up*	preocuparse (por)	*to worry (about)*
dormirse (o:ue)	*to go to sleep*	probarse (o:ue)	*to try on*
ducharse	*to shower*	quedarse	*to stay; to remain*
enojarse (con)	*to get angry (with)*	quitarse	*to take off*
irse	*to go away; to leave*	sentarse (e:ie)	*to sit down*
		sentirse (e:ie)	*to feel*
lavarse	*to wash oneself*	vestirse (e:i)	*to get dressed*

- Many Spanish verbs can be reflexive. If the verb acts upon the subject, use the reflexive form. If the verb acts upon something else, use the non-reflexive form.

Lola **lava** los platos.

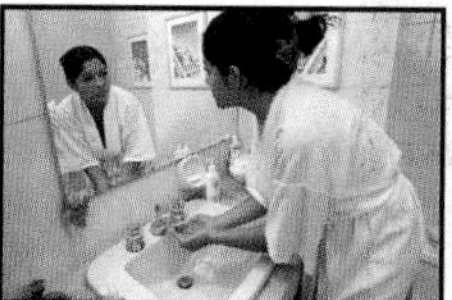
Lola **se lava** la cara.

¡ojo! Reflexive verbs and their non-reflexive counterparts sometimes have different meanings.

acordar *to agree* — **acordarse** *to remember*
levantar *to lift* — **levantarse** *to get up*

¡Manos a la obra!

Indica el presente de estos verbos reflexivos.

despertarse

1. Ellos se despiertan tarde.
2. Tú ______ tarde.
3. Nosotros ______ tarde.
4. Benito ______ tarde.
5. Yo ______ tarde.
6. Ustedes ______ tarde.

ponerse

1. Ella se pone los pantalones.
2. Yo ______ los pantalones.
3. Usted ______ los pantalones.
4. Nosotros ______ los pantalones.
5. Las niñas ______ los pantalones.
6. Tú ______ los pantalones.

7.2 Indefinite and negative words

SUPERSITE

- Indefinite words, such as *someone* or *something*, refer to people and things that are not specific. Negative words, like *no one* or *nothing*, deny the existence of people and things or contradict statements.

Indefinite and negative words

Indefinite words		Negative words	
algo	*something; anything*	nada	*nothing; not anything*
alguien	*someone; somebody; anyone*	nadie	*no one; nobody; not anyone*
alguno/a(s), algún	*some; any*	ninguno/a, ningún	*no; none; not any*
o... o	*either... or*	ni... ni	*neither... nor*
siempre	*always*	nunca, jamás	*never, not ever*
también	*also; too*	tampoco	*neither; not either*

- There are two ways to form negative sentences in Spanish. You can place the negative word before the verb, or you can place **no** before the verb and the negative word after the verb.

Nadie está en casa.
No está **nadie** en casa.
Nobody is home.

Ninguno me gusta.
No me gusta **ninguno**.
I don't like any.

Ellos **nunca** se enojan.
Ellos **no** se enojan **nunca**.
They never get angry.

Nada me despierta.
No me despierta **nada**.
Nothing wakes me.

Yo siempre me despierto a las seis.

Yo jamás me levanto temprano. Nunca oigo el despertador.

- In Spanish, sentences frequently contain two or more negative words. Once a sentence is negative, all indefinite ideas must be expressed in the negative.

Ella **no** tiene **ninguna** idea.
She doesn't have any idea.

Jamás me preocupo por **nada**.
I never worry about anything.

Nunca te pido **nada**.
I never ask you for anything.

Tampoco me despido de **nadie**.
I don't say goodbye to anyone either.

Práctica

1 La familia de Claudia Completa las frases con **pero** o **sino**.

modelo

Mi abuela es aburrida, ___pero___ amable.

1. No me ducho por la mañana, __________ por la noche.
2. A mí no me gusta nadar, __________ correr.
3. Mi hermana María Luisa es alta, __________ delgada.
4. Mi hermano Emilio no es moreno, __________ rubio.
5. Mis padres no se acuestan temprano, __________ tarde.
6. Mi primo Manuel es inteligente, __________ no es interesante.
7. Mi madre y yo siempre nos despertamos temprano, __________ nunca estamos cansadas.
8. Mi amiga Mariana es pequeña, __________ fuerte.

2 Completar Completa esta conversación con oraciones que tengan (*have*) palabras negativas.

AURELIO Ana María, ¿encontraste algún regalo para Eliana?
ANA MARÍA (1) No, no encontré ningún regalo/nada para Eliana.
AURELIO ¿Viste a alguna amiga en el centro comercial?
ANA MARÍA (2) ______________________________
AURELIO Ana María, ¿quieres ir al teatro o al cine esta noche?
ANA MARÍA (3) ______________________________
AURELIO ¿Quieres salir a comer?
ANA MARÍA (4) ______________________________
AURELIO ¿Hay algo interesante en la televisión esta noche?
ANA MARÍA (5) ______________________________
AURELIO ¿Tienes algún problema?
ANA MARÍA (6) ______________________________
AURELIO ¿Eres siempre antipática?
ANA MARÍA (7) ______________________________

Conversación

3 **Quejas** Con un(a) compañero/a, prepara una lista de cinco quejas (*complaints*) comunes que tienen los estudiantes universitarios. Usen expresiones negativas.

modelo
Nadie me entiende.
¡Jamás puedo levantarme tarde!

Ahora preparen una lista de cinco quejas que los padres tienen de sus hijos.

modelo
Nunca limpian sus habitaciones.
¡No se lavan las manos tampoco!

4 **Anuncios** En parejas, lean el anuncio (*ad*) y preparen otro anuncio similar, sobre algún producto de higiene personal, usando expresiones afirmativas y negativas.

¿Buscas algún producto especial?
¡No vas a poder resistirte jamás a las ofertas de las tiendas García!

Using indefinite words

- **Alguien** and **nadie** are often used with the personal **a**. The personal **a** is also used before **alguno/a**, **algunos/as**, and **ninguno/a** when these words refer to people and are the direct object of a verb.

—Carlos, ¿ves **a alguien** allí?
—No, no veo **a nadie**.

—¿Oyes **a alguno** de los chicos?
—No, no oigo **a ninguno**.

¡ojo! Before a masculine singular noun, **alguno** and **ninguno** are shortened to **algún** and **ningún**. Note that the personal **a** is not used with these words when they function as adjectives.

—¿Tienen ustedes **algún** amigo peruano?
—No, no tenemos **ningún** amigo peruano.

—¿Visitaste **algún** museo?
—No, no visité **ningún** museo.

Pero and sino

- Although **pero** and **sino** both mean *but*, they are not interchangeable. **Sino** is used when the first part of a sentence is negative and the second part contradicts it. In this context, **sino** means *but rather* or *on the contrary*. In all other cases, **pero** is used to mean *but*.

No se acuesta temprano, **sino** tarde.
He doesn't go to bed early, ***but rather*** *late.*

Canto, **pero** nunca en público.
I sing, ***but*** *never in public.*

No queremos irnos, **sino** quedarnos.
We don't want to leave, ***but rather*** *stay.*

Me desperté a las once, **pero** estoy cansada.
I woke up at eleven, ***but*** *I'm tired.*

¡Manos a la obra!

Cambia las frases para que sean negativas. Sigue el modelo.

1. Siempre se viste bien. Nunca se viste bien.
2. Alguien se ducha. ______ se ducha ______.
3. Ellas van también. Ellas ______ van.
4. Juan también se afeita. Juan ______ se afeita.
5. Alguien se pone nervioso. ______ se pone nervioso ______.
6. Tú siempre te lavas las manos. Tú ______ te lavas las manos.
7. Voy a traer algo. ______ voy a traer ______.
8. La profesora hace algo en su escritorio. La profesora ______ hace ______ en su escritorio.
9. Mis amigos viven en una residencia o en una casa. Mis amigos ______ viven ______ en una residencia ______ en una casa.
10. Tú y yo vamos al mercado. ______ tú ______ yo vamos al mercado.
11. Tienen un espejo en su casa. ______ tienen ______ espejo en su casa.
12. Algunos niños se ponen el abrigo. ______ niño se pone el abrigo.

7.3 Preterite of ser and ir

▸ The preterite forms of **ser** (*to be*) and **ir** (*to go*) are irregular, so you will need to memorize them. None of these forms has an accent mark.

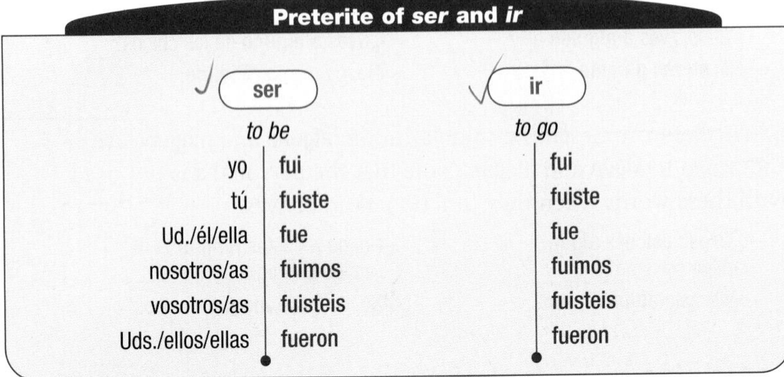

Preterite of *ser* and *ir*

	ser *to be*	ir *to go*
yo	fui	fui
tú	fuiste	fuiste
Ud./él/ella	fue	fue
nosotros/as	fuimos	fuimos
vosotros/as	fuisteis	fuisteis
Uds./ellos/ellas	fueron	fueron

▸ Since the preterite forms of **ser** and **ir** are identical, the context clarifies which verb is being used.

Lina **fue** a ver una película.
Lina went to see a film.

Fui a Barcelona el año pasado.
I went to Barcelona last year.

La película **fue** muy interesante.
The film was very interesting.

Fue un viaje maravilloso.
It was a wonderful trip.

¿Adónde fueron Uds.?

Fuimos a un mercado. Fue muy divertido.

¡Manos a la obra!

Completa las siguientes frases usando el pretérito de **ir** y **ser**.

ir

1. Los viajeros fueron a Perú.
2. Patricia ________ a Cuzco.
3. Tú ________ a Iquitos.
4. Gregorio y yo ________ a Lima.
5. Yo ________ a Trujillo.
6. Ustedes ________ a Arequipa.
7. Mi padre ________ a Lima.
8. Nosotras ________ a Cuzco.

ser

1. Usted fue muy amable.
2. Yo ________ muy cordial.
3. Ellos ________ muy buenos.
4. Nosotros ________ muy impacientes.
5. Ella ________ muy antipática.
6. Tú ________ muy listo.
7. Ustedes ________ muy cordiales.
8. La gente ________ muy paciente.

Práctica

1 Conversación Completa esta conversación con la forma correcta del pretérito de **ser** o **ir.**

ANDRÉS Cristina y Vicente (1) ________ novios, ¿no?

LAURA Sí, pero ahora Cristina sale con Luis. Anoche ella (2) ________ a comer con él y la semana pasada ellos (3) ________ al partido de fútbol.

ANDRÉS ¿Ah, sí? Mercedes y yo (4) ________ al partido y no los vimos.

LAURA ¿(5) ________ tú con Mercedes? Y, ¿cómo (6) ________ el partido?

ANDRÉS (7) ________ muy divertido. ¡Lo pasamos genial! Pero... ¡qué extraño! Nosotros (8) ________ al café Paraíso y vimos a Vicente con la hermana de Cristina.

LAURA ¿Él (9) ________ al café Paraíso con su hermana? ¡Qué horror!

2 Frases Forma frases con los siguientes elementos. Usa el pretérito.

Sujetos	Verbos	Actividades
yo	(no) ir	a un restaurante
tú	(no) ser	en autobús a Nueva York
mis amigos/as		estudiante(s)
nosotros/as		a una discoteca en Buenos Aires
ustedes		muy amable
Antonio Banderas		a casa muy tarde
Gloria Estefan		a la playa con su novio/a
		dependiente/a en una tienda

Conversación

3 **Preguntas** En parejas, túrnense para hacerse las siguientes preguntas.

1. ¿Adónde fuiste de vacaciones el año pasado?
2. ¿Con quién fuiste?
3. ¿Cómo fueron tus vacaciones?
4. ¿Fuiste de compras esta semana? ¿Qué compraste?
5. ¿Cómo se llama la última película que viste?
6. ¿Cuándo fuiste a ver la película?
7. ¿Cómo fue la película?
8. ¿Adónde fuiste durante el fin de semana? ¿Por qué?

4 **El fin de semana pasado** En parejas, hablen de lo que hicieron (*what you did*) ustedes el fin de semana pasado por la mañana, por la tarde y por la noche. Luego compartan la información con la clase.

	Yo	Mi compañero/a
Por la mañana	______	______
	______	______
	______	______
Por la tarde	______	______
	______	______
	______	______
Por la noche	______	______
	______	______
	______	______

5 **20 preguntas** En grupos pequeños, jueguen a las veinte preguntas. Una persona elige un personaje famoso. El resto del grupo hace preguntas hasta adivinar quién es. Los estudiantes deben hacer preguntas afirmativas o negativas con los verbos en el pretérito que conocen.

- Barack Obama
- Oprah Winfrey
- Donald Trump
- Jennifer Aniston
- Álex Rodriguez

Español en vivo

Fue una experiencia increíble.
Cuando fui a Caldea, me olvidé de todo. Fui para despedirme de todas mis preocupaciones y descubrir los efectos calmantes del agua de las lagunas. Después de bañarme en las aguas termales, se me fueron el cansancio y el estrés. Fueron unas vacaciones extraordinarias.
caldea
SIEMPRE TE ESTAMOS ESPERANDO.

Identificar

Lee el anuncio (*advertisement*) y busca ejemplos del pretérito de los verbos **ser** e **ir**.

Preguntas

1. ¿Cómo se siente el hombre del anuncio?
2. ¿Por qué fue a Caldea? ¿Cómo fue su visita?
3. En tu opinión, ¿se acuerda este hombre de sus responsabilidades diarias mientras (*while*) está en Caldea?
4. En tu opinión, ¿va a volver a Caldea este hombre? ¿Por qué?

7.4 Gustar and verbs like gustar

- **Me gusta(n)** and **te gusta(n)** express the concepts of *I like* and *you* (fam.) *like*. The literal meaning of **gustar** is *to be pleasing to* (*someone*).

Me gusta ese champú.	¿**Te gustan** los deportes?
That shampoo is pleasing to me.	*Are sports pleasing to you?*
I like that shampoo.	*Do you like sports?*

- **Me gusta(n)** and similar constructions require an indirect object pronoun. In Spanish, the object or thing being liked (**el champú**) is the subject of the sentence. The person who likes the object is an indirect object that answers the question *to whom is the object pleasing?*

I.O. PRONOUN	SUBJECT	SUBJECT		DIRECT OBJECT
Me gusta	ese champú.	I	like	that shampoo.

Me gusta
el suéter que
compraste.

Me gustan
el arte y
la música.

- **Gustar** and similar verbs are usually used in the third-person singular and plural. When the object or person liked is singular, the form **gusta** is used. When two or more objects or persons are liked, **gustan** is used.

Me gustan el mar y la montaña.	¿**Les gusta** la ciudad?
I like the ocean and the mountains.	*Do they like the city?*

SINGULAR	me, te, le	gusta gustó	la película el concierto
PLURAL	nos, os, les	gustan gustaron	las computadoras los libros

- To express what someone likes or does not like to do, the singular form **gusta** is used, followed by one or more infinitives.

Me gusta levantarme tarde.	**Me gusta comer** y **dormir.**
I like to get up late.	*I like to eat and sleep.*

- To express the English equivalent of *would like* (*something* or *to do something*), use the construction [*i.o. pronoun*] + **gustaría(n).**

¿**Te gustaría** ver esa película?	**Me gustarían** unos días sin clases.
Would you like to see that movie?	*I would like a few days without class.*

Práctica

1 Completar Completa estas oraciones con los elementos necesarios.

1. _______ Adela _______ [encantar] las canciones (*songs*) de Enrique Iglesias.
2. A _______ me _______ [gustar] más la música de Ricky Martin.
3. A mis amigos _______ [molestar] la música de Gloria Estefan.
4. _______ Juan y _______ Rafael les _______ [fascinar] la música de Shakira.
5. _______ nosotros _______ [importar] los grupos de pop latino.
6. Creo que al señor Gómez _______ [interesar] más la música clásica.
7. A _______ me _______ [aburrir] la música clásica.
8. ¿A _______ te _______ [faltar] dinero para el concierto de Carlos Santana?
9. Sí. Sólo _______ [quedar] cinco dólares.
10. ¿Cuánto dinero te _______ [quedar] a _______?

2 Describir Describe los dibujos con uno de los siguientes verbos.

aburrir	**interesar**
encantar	**molestar**
faltar	**quedar**

1. A Mauricio / libros _______________

2. A Lorena / despertador _______________

3. A nosotros / bailar _______________

4. A ti / camisa _______________

Conversación

3 Preguntas En parejas, túrnense para hacer y contestar estas preguntas.

1. ¿Te gusta levantarte temprano o tarde? ¿Por qué?
2. ¿Te molesta cuando tu compañero/a de cuarto se levanta muy temprano?
3. ¿Te gustaría poder dormir la siesta todos los días? ¿Por qué?
4. ¿Te gusta ducharte por la mañana o por la noche?
5. ¿Te gustaría ir de tapas todos los días después de las clases?
6. ¿Te aburren los fines de semana que no sales con amigos?
7. ¿Qué te gusta de esta universidad? ¿Qué te molesta? ¿Hay algo que le falta a esta universidad?
8. ¿Te interesan más las ciencias o las humanidades? ¿Por qué?

4 Conversar En parejas, representen una conversación entre un(a) cliente/a y un(a) dependiente/a en una tienda de ropa. Sigan las instrucciones.

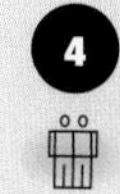

Dependiente/a	Cliente/a
1. Saluda al/a la cliente/a y pregúntale en qué le puedes servir.	2. Saluda al/a la dependiente/a y dile (*tell him/her*) qué quieres comprar.
3. Pregúntale qué estilos le interesan y empieza a mostrarle la ropa.	4. Explícale que te interesan los estilos modernos. Escoge las cosas que te interesan.
5. Habla de las preferencias de la temporada (*trends*).	6. Habla de la ropa (me queda(n) bien/mal, me encanta(n)...).
7. Da opiniones favorables al/a la cliente/a (las botas te quedan fantásticas...).	8. Decide qué cosas te gustan y qué vas a comprar.

Using the verb gustar

- The construction **a** + [*personal pronoun*] (**a mí, a ti, a usted, a él, a ella, a nosotros/as, a vosotros/as, a ellos, a ellas, a ustedes**) clarifies or emphasizes the people who are pleased. **A** + [*noun*] can also be used.

A mí me gusta levantarme temprano. ¿Y **a ti**?
I like to get up early. How about you?

Al profesor le gustó el libro.
The teacher liked the book.

- Here is a list of common verbs used in the same way as **gustar.**

Verbs like *gustar*

aburrir	*to bore*	importar	*to be important to; to matter*
encantar	*to like very much; to love (objects)*	interesar	*to be interesting to; to interest*
faltar	*to lack; to need*	molestar	*to bother; to annoy*
fascinar	*to fascinate; to like very much*	quedar	*to be left over; to fit (clothing)*

- **Faltar** expresses what is lacking or missing. **Quedar** expresses how much of something is left. Also, **quedar** is used to talk about how clothing fits or looks on someone.

Le falta dinero.
He/she is short of money.

Me faltan dos pesos.
I need two pesos.

Nos quedan cinco libros.
We have five books left.

La falda **te queda** bien.
The skirt looks good on you.

¡Manos a la obra!

Indica el pronombre de objeto indirecto y la forma del tiempo presente adecuados en cada frase.

gustar

1. A él le gusta la música pop.
2. A mí _______ bailar.
3. A nosotras _______ cantar.
4. A ustedes _______ el dibujo.
5. A ti _______ correr, ¿no?
6. A Elena _______ bucear.
7. A mis padres _______ los chocolates.
8. A usted _______ jugar al tenis.
9. A mi esposo y a mí _______ las novelas de terror.
10. A Pinto _______ estudiar.
11. A nosotros _______ la clase.
12. A Pili no _______ los exámenes.

aburrir

1. A ellos les aburren los deportes.
2. A ti _________ las películas, ¿no?
3. A usted _________ los viajes.
4. A mí _________ las revistas de celebridades de Hollywood.
5. A ellas _________ los deportes.
6. A nosotros _________ las clases.
7. A ustedes _________ las fiestas.
8. A Marcela _________ leer y correr.
9. A ellos _________ los museos.
10. A ella _________ la televisión.
11. A Pedro _________ ir de compras.
12. A ti y a mí _________ bailar.

Repaso

SUPERSITE

For more practice, go to **aventuras.vhlcentral.com.**

7.1 Reflexive verbs

1 **De vacaciones** Imagina que estás de vacaciones con tus amigos en la playa. Forma oraciones en tiempo presente con estos elementos.

1. Martín y Mónica / sentarse / en la cafetería del hotel
____
2. yo / ponerse / bloqueador *(sun block)* / antes de tomar el sol ______________________
3. ustedes / quedarse / en el cuarto del hotel / durante la noche ______________________
4. Josefina y yo / probarse / trajes de baño / en la tienda
____
5. tú / ducharse / después / nadar en el mar
____
6. Lucía / quitarse / las sandalias / antes / entrar en la piscina ______________________

2 **Una pareja singular** Angélica y Mauricio son una pareja muy estructurada (*methodical*) que siempre sigue la misma rutina antes de ir al trabajo. Lee el horario de cada uno y contesta las preguntas.

modelo ¿Qué hace Mauricio a las seis de la mañana?
Mauricio se afeita a las seis de la mañana.

Hora	Angélica	Mauricio
5:50 a.m.	levantarse	levantarse
6:00 a.m.	bañarse	afeitarse
6:30 a.m.	peinarse	ducharse
7:00 a.m.	maquillarse	peinarse
7:30 a.m.	vestirse	vestirse
8:00 a.m.	irse al trabajo	irse al trabajo

1. ¿A qué hora se levantan Angélica y Mauricio?
2. ¿Qué hace Mauricio después de levantarse?
3. ¿Qué hace Angélica antes de maquillarse?
4. ¿Qué hacen Angélica y Mauricio a las siete de la mañana?
5. ¿Qué hace Mauricio después de afeitarse?
6. ¿Qué hace Angélica antes de peinarse?
7. ¿Qué hacen Mauricio y Angélica a las siete y media?
8. ¿Qué hacen Angélica y Mauricio a las ocho de la mañana?

7.2 Indefinite and negative words

3 **La rutina diaria** Cambia las oraciones para que sean negativas.

modelo Algunas personas se duchan por la noche.
Ninguna persona se ducha por la noche.

1. Siempre nos acostamos a las diez en punto.
____
2. Mis padres se levantan a las seis o a las seis y media.
____
3. Alguien se baña antes de ir a la escuela.
____
4. Yo también trabajo por la tarde.
____
5. Ustedes comen algo. ______________________
6. Tú te lavas el pelo con algún champú caro.
____

4 **Tu novio/a ideal** En parejas, describan a su novio/a ideal usando expresiones afirmativas.

modelo *Es alguien que siempre dice la verdad.*

7.3 Preterite of ser and ir

5 **Un mensaje** Completa el mensaje con el pretérito de **ser** o **ir**.

Hola, Lulú:
Perdón porque no te escribí antes pero ayer (1)_______ un día con muchas cosas. Mi hermano y yo nos levantamos muy temprano y (2)_______ a correr al parque. Después me duché y (3)_______ a trabajar. Por la tarde, mis primos (4)_______ a buscarme al trabajo (*work*) para ir a tomar unas tapas. Quiero decirte que tú (5)_______ muy amable en contestar mi mensaje rápidamente y que tu familia y tú (6)_______ muy cordiales conmigo cuando los visité en Chile.

A propósito, ¿cuándo vienes a España?
Esteban

6 **Ayer** En parejas, describan las actividades que hicieron (*you did*) ayer, usando el pretérito de **ir** y **ser**.

modelo *Por la mañana, yo fui a hacer ejercicio.*

1. Por la mañana, . . .
2. Por la tarde, . . .
3. Por la noche, . . .
4. Antes de acostarme, . . .

7.4 Gustar and verbs like gustar

7 Combinar Combina elementos de cada columna para formar oraciones lógicas.

A	B	C
Al empleado del hotel	aburrir	ducharse con agua fría
A mí	encantar	despertarse temprano
A nosotros	faltar	el gel fijador (*hair gel*) para pelo
A Elena y a ti	fascinar	la pasta de dientes con sabor a chocolate
A ti	importar	la ropa de marca (*brand-name*)
A los estudiantes	molestar	mirarse al espejo con mucha frecuencia

8 Encuesta Pregúntales a dos o tres compañeros/as qué cosas o actividades les encantan, les aburren o les molestan.

Nombre	Le encanta(n)	Le aburre(n)	Le molesta(n)
______	______	______	______
______	______	______	______
______	______	______	______
______	______	______	______
______	______	______	______
______	______	______	______
______	______	______	______
______	______	______	______

Síntesis

9 Un día típico En parejas, describan la rutina diaria de dos o tres de estas personas. Usen como mínimo tres verbos reflexivos, una expresión afirmativa y una negativa y dos expresiones con verbos como **gustar**.

- Shakira
- Álex Rodríguez
- El presidente de los Estados Unidos
- Dos de tus profesores
- Oprah Winfrey

Videoclip

1 Preparación Nombra un lugar insólito (*unusual*) para conocer (*to meet*) a alguien. Comparte anécdotas personales o de tus amigos/as con la clase.

2 El clip Mira el anuncio (*ad*) de **Sedal** de Argentina.

Vocabulario

rehacé *redo (in voseo)*	**¿Salís? ¿Sales?** *(in voseo)*
romper *to break*	**volvete** *become (in voseo)*

Acá hay que romper°...

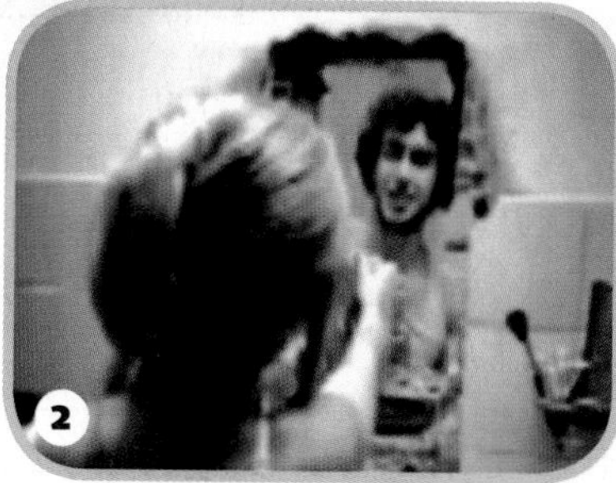

—Soledad
—Mariano

°**Acá hay que romper** *We need to break it here*

3 Escoger Escoge la opción correcta para cada oración.

1. El plomero (*plumber*) va a romper el __________ (cepillo/espejo) del chico.
2. El chico y la chica __________ (bailan/se peinan) la primera vez que se ven.
3. Al chico le __________ (interesa/aburre) conocer a la chica.
4. Al final __________ (la chica/el chico) rompe el espejo.

4 La cita En parejas, imaginen que los chicos del anuncio tienen una primera cita (*date*). Escriban una conversación entre ellos donde hablen sobre lo que les encanta y lo que les molesta. Dramatícenla para la clase y entre todos decidan si son compatibles o no.

CONEXIÓN INTERNET

Go to **aventuras.vhlcentral.com** to watch the television clip featured in this section.

Ampliación 

1 Escuchar

A Escucha la entrevista entre Carolina y Julián, teniendo en cuenta (*taking into account*) lo que ya sabes sobre este tipo de situación. Elige la opción que completa correctamente cada oración.

TIP Use background information. Use what you already know about a topic to help you guess the meaning of unknown words or linguistic structures.

1. Julián es...
   a. político. b. deportista profesional.
   c. artista de cine.
2. El público (*audience*) de Julián quiere saber de...
   a. sus películas. b. su vida (*life*).
   c. su novia.
3. Julián habla de...
   a. sus viajes y sus rutinas. b. sus parientes y amigos.
   c. sus comidas (*foods*) favoritas.
4. Julián...
   a. se levanta y se acuesta a horas diferentes todos los días.
   b. tiene una rutina diaria. c. no quiere hablar de su vida.

B ¿Crees que Julián siempre fue rico? ¿Por qué? ¿Qué piensas de Julián como persona?

2 Conversar

En parejas, túrnense para hacerse estas preguntas.

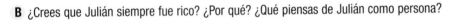

- *¿A qué hora te levantaste ayer? ¿Usaste un despertador?*
- *¿Cuántas veces te cepillaste los dientes ayer?*
- *¿Adónde fuiste ayer después de las clases?*
- *¿Te gusta mirar la televisión antes de acostarte?*
- *¿A qué hora te acostaste anoche?*

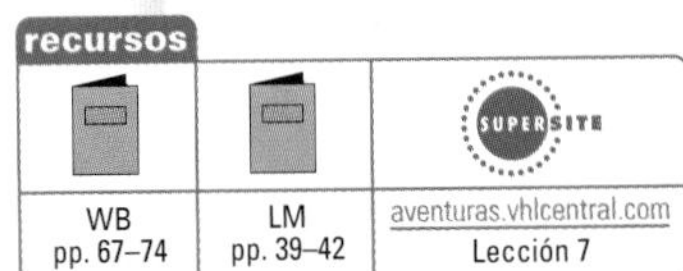

recursos
WB
pp. 67–74
LM
pp. 39–42
SUPERSITE
aventuras.vhlcentral.com
Lección 7

Ampliación

3 Escribir

Escribe una composición en la que describes tu rutina diaria en algún lugar interesante (una isla desierta, el Polo Norte, el desierto, etc.). Considera cómo pueden cambiar los elementos básicos de tu rutina: ¿Dónde te acuestas? ¿Cómo te bañas?

TIP Use adverbs to sequence events. You can use adverbs and adverbial phrases as transitions between the introduction, the body, and the conclusion of a narrative.

Organízalo	Utiliza estos adverbios para organizar la secuencia de tu composición: **primero, después, luego, más tarde** y **al final.** Anota ideas que respondan a estas preguntas: **¿qué?, ¿quién?, ¿cuándo?, ¿dónde?, ¿cómo?** y **¿por qué?**
Escríbelo	Utiliza tus notas para escribir el primer borrador (*draft*) de la composición.
Corrígelo	Intercambia tu composición con un(a) compañero/a. Comenta sobre la introducción, la secuencia de eventos, el nivel (*level*) de interés y los errores de gramática o de ortografía. Revisa el primer borrador según las indicaciones de tu compañero/a.
Compártelo	Intercambia tu composición con otro/a compañero/a. Lee su trabajo y comparte con la clase tres ideas que te gustaron (*you liked*) de su composición.

4 Un paso más

Planea un viaje a un lugar famoso del mundo hispano. Haz un folleto (*brochure*) con elementos visuales y esta información:

- Presenta el itinerario de cada día del viaje e indica la hora para cada actividad.
- Describe el país, la historia del lugar y también las actividades programadas para el viaje.
- Comenta sobre los restaurantes, el transporte y los hoteles.
- Describe la rutina diaria de un viajero típico.

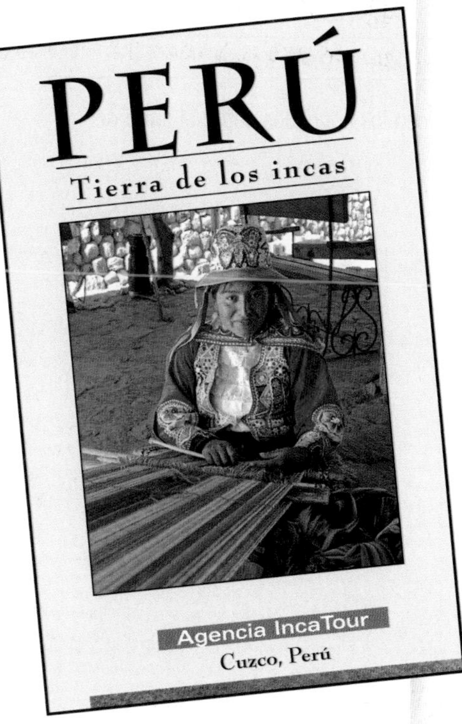

SUPERSITE **CONEXIÓN INTERNET**

Investiga estos temas en el sitio aventuras.vhlcentral.com.

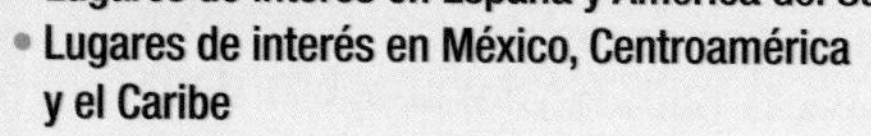

- Lugares de interés en España y América del Sur
- Lugares de interés en México, Centroamérica y el Caribe

Antes de leer

Predicting content from the title will help you increase your reading comprehension in Spanish. We can usually predict the content of a newspaper article in English from its headline, for example.

Examinar el texto

Lee el título de la lectura y haz tres predicciones sobre el contenido. Escribe tus predicciones en una hoja de papel.

Compartir

Comparte tus ideas con un(a) compañero/a.

Cognados

Escribe una lista de cuatro cognados que encuentres en la lectura.

1. ________________
2. ________________
3. ________________
4. ________________

¿Qué te dicen los cognados sobre el tema de la lectura?

15 de octubre

¡Una mañana desastrosa!

—Me levanté de la cama a las seis y media.

Esta mañana me levanté de la cama a las seis y media y corrí a despertar a mis dos hijas. –Yolanda, Dolores, van a perder el autobús de la escuela, –les grité°. Pero ellas no se despertaron. Jamás se despiertan temprano. Siempre se sientan a ver la televisión por la noche y se acuestan muy tarde.

—Corrimos para llegar a la parada del autobús.

Yolanda y Dolores salieron de la casa sin° cepillarse los dientes, pero eso no importa. Por lo menos se acordaron de ponerse las botas y el abrigo antes de irse. Corrimos para llegar a la parada° del autobús de la escuela, que pasa a las siete de la mañana.

—Nunca llegó el autobús.

Esperamos media hora, pero nunca llegó el autobús. Regresamos a casa. Llamamos por teléfono° a la escuela, pero nadie contestó. Tomamos el automóvil y salimos de casa.

—¡Por fin se despertaron mis hijas!

¡Por fin se despertaron! Medio dormidas y medio enojadas°, ellas entraron al baño para lavarse la cara y peinarse. Luego volvieron a su habitación para vestirse. Yo fui a la cocina para prepararles el desayuno°. A mis hijas les encanta comer un buen desayuno, pero hoy les di° cereales y les preparé dos sándwiches para el almuerzo°.

—¡Hoy es sábado!
Llegamos a la escuela antes de las ocho y entonces me di cuenta de que° hoy es sábado. ¡Y los sábados no hay clases!

Después de leer

¿Comprendiste?

Selecciona la respuesta correcta.

1. ¿Quién es el/la narrador(a)?
   a. el padre de las chicas b. Yolanda
   c. Dolores
2. ¿A qué hora se despertó el papá?
   a. a las seis de la mañana b. a las seis y media
   c. a las siete y media
3. ¿Qué comieron las chicas antes de salir de la casa?
   a. un sándwich b. cereales
   c. dos sándwiches
4. ¿Cómo fueron las chicas a la escuela?
   a. Corrieron. b. Fueron en autobús.
   c. Fueron en automóvil.

Preguntas

Responde a estas preguntas con oraciones completas.

1. ¿Por qué nunca se despiertan temprano las chicas?
   ____
2. ¿Se bañaron las chicas esta mañana?
   ____
3. ¿A qué hora llega generalmente el autobús?
   ____
4. ¿A qué hora llegó el autobús hoy?
   ____
5. ¿Por qué no contestó nadie cuando llamaron a la escuela?
   ____

Coméntalo

¿Qué crees que le dicen Yolanda y Dolores a su papá después de volver de la escuela? Imagina que eres el papá, ¿cómo responderías (*would you respond*) a lo que te dicen las chicas?

grité	*I shouted*
medio dormidas y medio enojadas	*half asleep and half mad*
desayuno	*breakfast*
almuerzo	*lunch*
di	*I gave*
sin	*without*
parada	*stop*
llamamos por teléfono	*we called on the phone*
me di cuenta de que	*I realized that*

For an additional reading, go to **aventuras.vhlcentral.com.**

Los verbos reflexivos

acordarse (de) (o:ue)	*to remember*
acostarse (o:ue)	*to lie down; to go to bed*
afeitarse	*to shave*
bañarse	*to bathe; to take a bath*
cepillarse el pelo	*to brush one's hair*
cepillarse los dientes	*to brush one's teeth*
despedirse (de) (e:i)	*to say goodbye (to)*
despertarse (e:ie)	*to wake up*
dormirse (o:ue)	*to go to sleep; to fall asleep*
ducharse	*to shower, to take a shower*
enojarse (con)	*to get angry (with)*
irse	*to go away; to leave*
lavarse la cara	*to wash one's face*
lavarse las manos	*to wash one's hands*
levantarse	*to get up*
llamarse	*to be called; to be named*
maquillarse	*to put on makeup*
peinarse	*to comb one's hair*
ponerse	*to put on*
ponerse (+ adj.)	*to become (+ adj.)*
preocuparse (por)	*to worry (about)*
probarse (o:ue)	*to try on*
quedarse	*to stay, to remain*
quitarse	*to take off*
sentarse (e:ie)	*to sit down*
sentirse (e:ie)	*to feel*
vestirse (e:i)	*to get dressed*

En el baño

el baño	*bathroom*
el champú	*shampoo*
la crema de afeitar	*shaving cream*
el espejo	*mirror*
el jabón	*soap*
el maquillaje	*makeup*
la toalla	*towel*

Adverbios y preposiciones de tiempo

antes (de)	*before*
después	*afterwards; then*
después de	*after*
durante	*during*
entonces	*then*
luego	*afterwards; then*
más tarde	*later (on)*
por último	*finally*

Verbos como *gustar*

aburrir	*to bore*
encantar	*to like very much; to love (inanimate objects)*
faltar	*to lack; to need*
fascinar	*to fascinate; to like very much*
gustar	*to be pleasing to; to like*
importar	*to be important to; to matter*
interesar	*to be interesting to; to interest*
me gustaría(n)…	*I would like…*
molestar	*to bother; to annoy*
quedar	*to be left over; to fit (clothing)*

Otras palabras y expresiones

el despertador	*alarm clock*
la rutina diaria	*daily routine*
por la mañana	*in the morning*
por la noche	*at night*
por la tarde	*in the afternoon; in the evening*

Expresiones útiles	*See page 177.*
Indefinite and negative words	*See page 182.*

recursos

aventuras.vhlcentral.com
Lección 7

8 ¡A comer!

Communicative Goals

You will learn how to:

- talk about food
- order at a restaurant
- discuss familiar people and places

PREPARACIÓN

pages 196–201

- Words related to restaurants and meals
- Adjectives that describe food
- The letters **ll, ñ, c,** and **z**

AVENTURAS

pages 202–203

- Don Francisco takes the travelers to **Restaurante El Cráter** for lunch. The owner, Doña Rita, makes recommendations about what to order. After the food is served, Don Francisco and Doña Rita plan a surprise birthday party for Maite.

EXPLORACIÓN

pages 204–205

- Bajo la lupa: *Frutas y verduras de América*
- Flash Cultura: *La comida latina*

GRAMÁTICA

pages 206–217

- Preterite of stem-changing verbs
- Double object pronouns
- **Saber** and **conocer**
- Comparatives and superlatives

LECTURA

pages 218–219

- Newspaper restaurant review: *Cinco estrellas para El Palmito*

PARA EMPEZAR

- ¿Dónde están los muchachos?
- ¿De qué colores son las frutas?
- ¿Qué compra el cliente: bananas o tomates?
- ¿Crees que el cliente está contento?

¡A COMER!

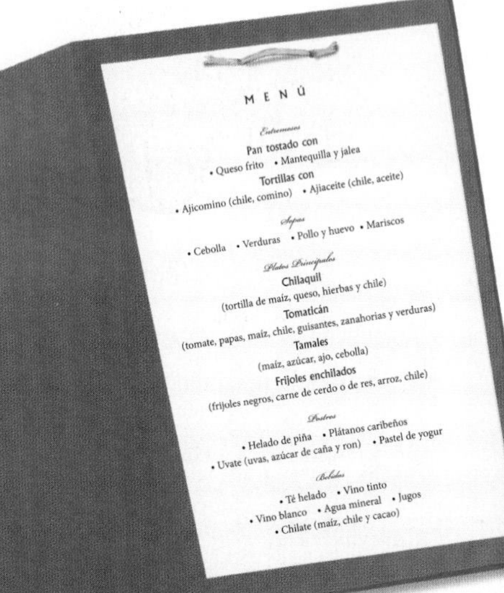
MENÚ

Entremeses
Pan tostado con
• Queso frito • Mantequilla y jalea
Tortillas con
• Ajicomino (chile, comino) • Ajiaceite (chile, aceite)

Sopas
• Cebolla • Verduras • Pollo y huevo • Mariscos

Platos Principales
Chilaquil
(tortilla de maíz, queso, hierbas y chile)
Tomaticán
(tomate, papas, maíz, chile, guisantes, zanahorias y verduras)
Tamales
(maíz, azúcar, ajo, cebolla)
Frijoles enchilados
(frijoles negros, carne de cerdo o de res, arroz, chile)

Postres
• Helado de piña • Plátanos caribeños
• Uvate (uvas, azúcar de caña y ron) • Pastel de yogur

Bebidas
• Té helado • Vino tinto
• Vino blanco • Agua mineral • Jugos
• Chilate (maíz, chile y cacao)

el menú
menu

EN UN RESTAURANTE

el plato (principal) *(main) dish*
la sección de (no) fumadores *(non)smoking section*
el almuerzo *lunch*
la cena *dinner*
la comida *food; meal*
el desayuno *breakfast*

almorzar (o:ue) *to have lunch*
cenar *to have dinner*
desayunar *to have breakfast*
pedir (e:i) *to order (food)*
probar (o:ue) *to taste; to try*
recomendar (e:ie) *to recommend*
servir (e:i) *to serve*

el camarero
waiter

los entremeses
hors d'oeuvres

LOS SABORES

agrio/a *sour*
delicioso/a *delicious*
dulce *sweet*
picante *hot, spicy*
rico/a *tasty; delicious*
sabroso/a *tasty; delicious*
salado/a *salty*

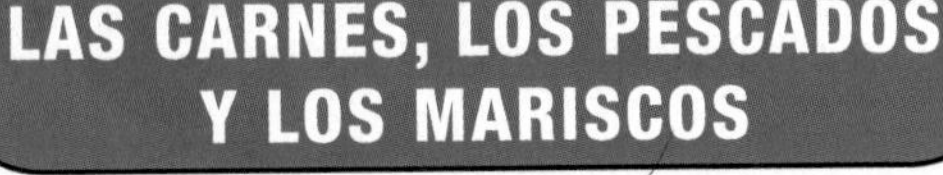

LAS CARNES, LOS PESCADOS Y LOS MARISCOS

el atún *tuna*
los camarones *shrimp*
la carne *meat*
la carne de res *beef*
la chuleta de cerdo *pork chop*
la hamburguesa *hamburger*
el jamón *ham*
la langosta *lobster*
el pavo *turkey*
el pescado *fish*
la salchicha *sausage*
el salmón *salmon*

el pollo (asado)
(roast) chicken

el bistec
steak

los mariscos
seafood

recursos

WB	LM	SUPERSITE
pp. 75–76	p. 43	aventuras.vhlcentral.com Lección 8

LAS FRUTAS

la banana *banana*
el limón *lemon*
la manzana *apple*
la naranja *orange*
las uvas *grapes*

las frutas
fruit

> **Variación léxica**
> camarones ⟷ gambas (*Esp.*)
> refresco ⟷ gaseosa (*Amér. L.*)
> sándwich ⟷ bocadillo (*Esp.*), torta (*Méx.*)
> arveja ⟷ guisante (*Esp.*), chícharo (*Méx.*)
> papa ⟷ patata (*Esp.*)

LOS GRANOS Y LAS VERDURAS

el ajo *garlic*
el arroz *rice*
las arvejas *peas*
la cebolla *onion*
los cereales *cereal; grain*
los frijoles *beans*
la lechuga *lettuce*
el maíz *corn*
la papa/patata *potato*
el tomate *tomato*
las verduras *vegetables*
la zanahoria *carrot*

los champiñones
mushrooms

la ensalada
salad

LOS CONDIMENTOS Y OTRAS COMIDAS

el aceite *oil*
el azúcar *sugar*
el huevo *egg*
la mantequilla *butter*
la margarina *margarine*
la mayonesa *mayonnaise*
el pan (tostado) *(toasted) bread*
las papas/patatas fritas *French fries*
el queso *cheese*
la sal *salt*
la sopa *soup*
el vinagre *vinegar*

la pimienta
pepper

el sándwich
sandwich

LAS BEBIDAS

la bebida *drink*
la cerveza *beer*
el jugo (de fruta) *(fruit) juice*
la leche *milk*
el refresco *soft drink*
el té (helado) *(iced) tea*
el vino (blanco/tinto) *(white/red) wine*

el agua (f.) (mineral)
(mineral) water

el café
coffee

A escuchar 

  **1** **¿Lógico o ilógico?** Escucha las frases e indica si son **lógicas** o **ilógicas**.

	Lógico	Ilógico
1.	______	______
2.	______	______
3.	______	______
4.	______	______
5.	______	______
6.	______	______
7.	______	______
8.	______	______

 **2** **¿Qué pide Nora?** Escucha la conversación entre Nora y el camarero en un restaurante. Luego indica las comidas y las bebidas que Nora pide.

Avenida Las Lomas, 22

ENTREMESES
___ papas fritas
___ cóctel de frutas con queso
___ sopa de verduras
___ sopa de pollo
___ pan con mantequilla

PLATOS PRINCIPALES
___ sándwich de jamón y queso
___ pollo asado
___ hamburguesa
___ hamburguesa con queso
___ enchiladas de res
___ enchiladas de queso

BEBIDAS
___ agua mineral
___ té helado
___ leche
___ café
___ jugo de naranja

A practicar

3 La comida Indica la palabra que no está relacionada.

1. sabroso • manzana • banana • naranja
2. salmón • cereales • camarones • mariscos
3. frijoles • champiñón • naranja • cebolla
4. mantequilla • salchicha • carne de res • jamón
5. arvejas • lechuga • zanahoria • dulce
6. refresco • sopa • agua mineral • leche

4 Completar Completa las frases con las palabras correctas.

1. La persona que sirve la comida en un restaurante es el ________.
2. Camarero, ¿puedo ver el ________, por favor?
3. El bistec y el jamón son dos tipos de________.
4. El té helado, el café y los refrescos son ________.
5. Algo de color blanco que pongo en el café es el __________.
6. Las tres comidas principales del día son el _________, el almuerzo y la cena.

5 ¿Qué es? Describe cada uno de estos alimentos con alguna característica. Puedes decir de qué color es, qué sabor tiene o cuándo lo comes o lo tomas.

modelo

El limón es una fruta de color amarillo./Es una fruta agria./Le pongo limón a la ensalada.

1. ____________________
2. ____________________
3. ____________________
4. ____________________
5. ____________________
6. ____________________
7. ____________________
8. ____________________

A conversar

6 **¿Te gusta?** Lee la lista e indica si te gusta o no cada comida o bebida.

¿Te gusta(n)?	Me gusta(n)	No me gusta(n)
1. el vino tinto	________	________
2. la hamburguesa	________	________
3. el queso	________	________
4. los camarones	________	________
5. el tomate	________	________
6. los champiñones	________	________
7. los huevos	________	________
8. los limones	________	________

Ahora compara tus opiniones con las de un(a) compañero/a.

modelo

la carne de res
Estudiante 1: *A mí me gusta mucho la carne de res.*
Estudiante 2: *A mí no. Prefiero el pollo./A mí me encanta la carne de res.*

7 **Conversación** En grupos, contesten las preguntas.

1. ¿Desayunas? ¿Qué comes y bebes por la mañana?
2. ¿Qué comes generalmente a la hora del almuerzo?
3. ¿Qué comidas prefieres para la cena?
4. ¿Qué tipos de comidas te gustan más: las dulces o las saladas?
5. ¿Te gustan las comidas picantes?¿Cuáles?
6. ¿Te importa pagar más dinero por comer alimentos orgánicos?
7. ¿Te gusta cocinar (*to cook*)? ¿Qué comidas preparas para tus amigos? ¿Y para tu familia?
8. ¿Qué comida les recomiendas a tus amigos? ¿Por qué?
9. ¿Qué comidas te gustaría probar?
10. ¿Eres vegetariano/a? ¿Crees que ser vegetariano/a es una buena idea? ¿Por qué?

8 **Crucigrama** Su profesor(a) va a darles a ti y a tu compañero/a la información necesaria para completar esta actividad.

Pronunciación

ll, ñ, c, and z

pollo **llave** **ella** **cebolla**

Most Spanish speakers pronounce the letter **ll** like the *y* in *yes.*

mañana **señor** **baño** **niña**

The letter **ñ** is pronounced much like the *ny* in *canyon.*

café **colombiano** **cuando** **rico**

Before **a, o,** or **u,** the Spanish **c** is pronounced like the *c* in *car.*

cereales **delicioso** **conducir** **conocer**

Before **e** or **i**, the Spanish **c** is pronounced like the *s* in *sit.* (In parts of Spain, **c** before **e** or **i** is pronounced like the *th* in *think.)*

zeta **zanahoria** **almuerzo** **cerveza**

The Spanish **z** is pronounced like the *s* in *sit.* (In parts of Spain, **z** is pronounced like the *th* in *think.*)

Práctica Lee las palabras en voz alta.

1. mantequilla
2. cuñado
3. aceite
4. manzana
5. español
6. cepillo
7. zapato
8. azúcar
9. quince
10. compañera
11. almorzar
12. calle

Oraciones Lee las oraciones en voz alta.

1. Mi compañero de cuarto se llama Toño Núñez. Su familia es de la Ciudad de Guatemala y de Quetzaltenango.
2. Dice que la comida de su mamá es deliciosa, especialmente su pollo al champiñón y sus tortillas de maíz.
3. Creo que Toño tiene razón porque hoy cené en su casa y quiero volver mañana para cenar allí otra vez.

Refranes Lee los refranes en voz alta.

Panza llena, corazón contento.[2]

Las apariencias engañan.[1]

1 Looks can be deceiving.
2 The way to a man's heart is through his stomach.

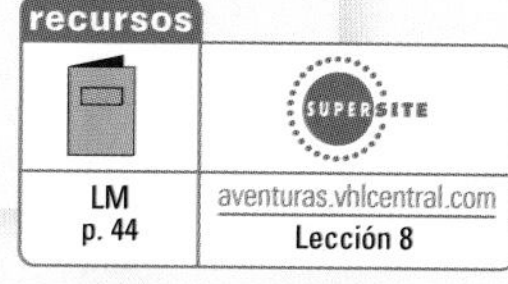

recursos
LM
p. 44
SUPERSITE
aventuras.vhlcentral.com
Lección 8

¿Qué tal la comida?

SUPERSITE

Don Francisco y los estudiantes van al Restaurante El Cráter.

PERSONAJES

DON FRANCISCO

JAVIER

INÉS

ÁLEX

MAITE

DOÑA RITA

CAMARERO

JAVIER ¿Sabes dónde estamos?
INÉS Mmm, no sé. Oiga, don Francisco, ¿sabe usted dónde estamos?
DON FRANCISCO Estamos cerca de Cotacachi.

ÁLEX ¿Dónde vamos a almorzar, don Francisco? ¿Conoce un buen restaurante en Cotacachi?
DON FRANCISCO Pues, conozco a doña Rita Perales, la dueña del mejor restaurante de la ciudad, el restaurante El Cráter.

DOÑA RITA Hombre, don Paco, ¿usted por aquí?
DON FRANCISCO Sí, doña Rita... y hoy le traigo clientes. Le presento a Maite, Inés, Álex y Javier. Los llevo a las montañas para ir de excursión.

MAITE Voy a tomar un caldo de patas y un lomo a la plancha.
JAVIER Para mí las tortillas de maíz y el ceviche de camarón.
ÁLEX Yo también quisiera las tortillas de maíz y el ceviche de camarón.
INÉS Voy a pedir caldo de patas y lomo a la plancha.

DON FRANCISCO Yo quiero tortillas de maíz y una fuente de fritada, por favor.
DOÑA RITA Y de tomar, les recomiendo el jugo de piña, frutilla y mora. ¿Se lo traigo a todos?
TODOS Sí, perfecto.

CAMARERO ¿Qué plato pidió usted?
MAITE Un caldo de patas y lomo a la plancha.

ACTIVIDADES

1 En el restaurante Escoge la respuesta (*answer*) que completa cada oración.

1. Don Francisco lleva a los estudiantes a (cenar / almorzar).
2. Doña Rita es (la dueña / una camarera).
3. Doña Rita les recomienda a los viajeros (el caldo de patas y el lomo a la plancha / las verduras y el té helado).
4. Inés va a pedir (las tortillas de maíz y la fuente de fritada (*mixed grill*) / el caldo de patas y el lomo a la plancha).

2 Preguntas Contesta las preguntas.

1. ¿Por qué doña Rita dice que los viajeros deben comer bien?
2. ¿Cuál es la especialidad del restaurante?
3. ¿Qué pidió Maite?
4. ¿Qué pidió Álex?
5. ¿Qué tomaron todos?
6. ¿Cuándo es el cumpleaños (*birthday*) de Maite?

Para recordar **Antes de mirar este episodio de la Fotonovela, repasa el anterior. ¿Qué puedes recordar?**

1. ¿Por qué Javier no se levanta temprano?
2. ¿Qué hace Javier por la noche?
3. ¿Quién va a despertar a Javier?
4. ¿Qué hace Álex por la mañana?

DOÑA RITA ¡Bienvenidos al Restaurante El Cráter! Están en muy buenas manos… don Francisco es el mejor conductor del país. Y no hay nada más bonito que nuestras montañas. Pero, si van a ir de excursión, deben comer bien. Vengan, chicos, por aquí.

JAVIER ¿Qué nos recomienda usted?
DOÑA RITA Bueno, las tortillas de maíz son riquísimas. La especialidad de la casa es el caldo de patas… ¡tienen que probarlo! El lomo a la plancha es un poquito más caro que el caldo, pero es sabrosísimo. También les recomiendo el ceviche de camarón y la fuente de fritada.

DOÑA RITA ¿Qué tal la comida? ¿Rica?
JAVIER Rica, no. ¡Riquísima!
ÁLEX Sí, y nos la sirvieron tan rápidamente.
MAITE Una comida deliciosa, gracias.

DON FRANCISCO Hoy es el cumpleaños de Maite…
DOÑA RITA ¡Ah! Tenemos unos pasteles que están como para chuparse los dedos…

Expresiones útiles

Finding out where you are

¿Sabe usted/Sabes dónde estamos?
Do you know where we are?
Estamos cerca de Cotacachi.
We're near Cotacachi.

People/places you are familiar with

¿Conoce usted/Conoces un buen restaurante?
Do you know a good restaurant?
Sí, conozco varios.
Yes, I know several.
¿Conoce/Conoces a Don Manuel?
Do you know Don Manuel?
Sí, es el dueño del mejor café de la ciudad.
Yes, he's the owner of the best café in the city.

Ordering food

¿Qué le puedo traer?
What can I bring you?
Voy a tomar/pedir un caldo de patas y un lomo a la plancha, por favor.
I am going to have/to order the beef soup and grilled flank steak, please.
Para mí las tortillas de maíz y el ceviche de camarón.
Corn tortillas and lime-marinated shrimp for me.
Yo también quisiera… *I would also like…*
Y de tomar, el jugo de piña, frutilla y mora.
And to drink, pineapple-strawberry-blackberry juice.
—¿Qué plato pidió usted? **—Yo pedí...**
—What dish did you order? *—I ordered...*

Talking about food at a restaurant

¿Qué tal la comida?	*How is the food?*
Muy rica, gracias.	*Very tasty, thanks.*
¡Riquísima!	*Extremely delicious!*

3 **Dos situaciones** En parejas, preparen uno de estos diálogos.

Situación A

- Tú preguntas a tu compañero/a si conoce un buen restaurante cerca.
- Él/ella responde que sí conoce un restaurante fantástico y da el nombre.
- Tú lo/la invitas a cenar y él/ella acepta.
- Entre los/las dos, determinan la hora para verse en el restaurante y se despiden.

Situación B

- Un(a) cliente/a llega a un restaurante.
- El/La camarero/a le pregunta qué le puede servir.
- El/la cliente/a pregunta cuál es la especialidad del restaurante.
- El/La camarero/a dice la especialidad y recomienda algunos platos del menú.
- El/la cliente/a pide entremeses, un plato principal y una bebida.
- El/La camarero/a le sirve la comida.

recursos

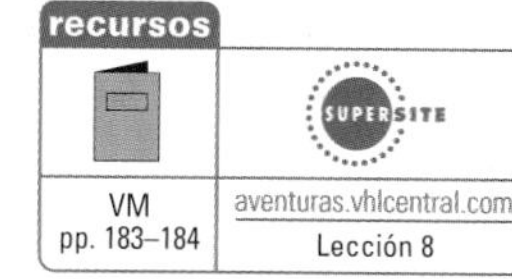

BAJO LA LUPA

Frutas y verduras de América

Imagínate una pizza sin salsa° de tomate o una hamburguesa sin papas fritas. Ahora piensa que quieres ver una película, pero las palomitas de maíz° y el chocolate no existen. ¡Qué mundo° tan insípido°! Muchas de las comidas más populares del mundo tienen ingredientes esenciales que son originarios del continente llamado Nuevo Mundo. Estas frutas y verduras no fueron introducidas en Europa sino hasta° el siglo° XVI.

El tomate, por ejemplo, era° usado como planta ornamental cuando llegó por primera vez a Europa porque pensaron que era venenoso°. El maíz, por su parte, era ya la base de la comida de muchos países latinoamericanos muchos siglos antes de la llegada de los españoles.

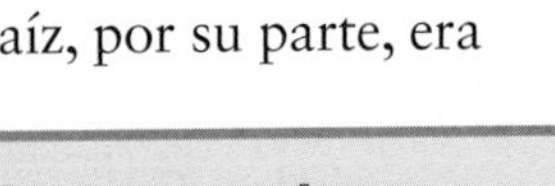

La papa fue un alimento° básico para los incas. Incluso consiguieron deshidratarla para almacenarla° por largos períodos de tiempo. El cacao (planta con la que se hace el chocolate) fue muy importante para los aztecas y los mayas. Ellos usaban sus semillas° como moneda° y como ingrediente de diversas salsas. También las molían° para preparar una bebida, mezclándolas° con agua ¡y con chile!

El aguacate°, la guayaba°, la papaya, la piña y el maracuyá (o fruta de la pasión) son otros ejemplos de frutas originarias de América que son hoy día conocidas en todo el mundo.

Mole

¿En qué alimentos encontramos estas frutas y verduras?

Tomate: pizza, ketchup, salsa de tomate, sopa de tomate

Maíz: palomitas de maíz, tamales, tortillas, arepas (Colombia y Venezuela), pan

Papa: papas fritas, frituras de papa°, puré de papas°, sopa de papas, tortilla de patatas (España)

Cacao: mole (México), chocolatinas°, cereales, helados°, tartas°

Aguacate: guacamole (México), coctel de camarones, sopa de aguacate, nachos, enchiladas hondureñas

salsa *sauce* **palomitas de maíz** *popcorn* **mundo** *world* **insípido** *flavorless* **hasta** *until* **siglo** *century* **era** *was* **venenoso** *poisonous* **alimento** *food* **almacenarla** *to store it* **semillas** *seeds* **moneda** *currency* **las molían** *they used to grind them* **mezclándolas** *mixing them* **aguacate** *avocado* **guayaba** *guava* **frituras de papa** *chips* **puré de papas** *mashed potatoes* **chocolatinas** *chocolate bars* **helados** *ice cream* **tartas** *cakes*

ACTIVIDADES

1 **¿Cierto o falso?** Indica si lo que dicen las oraciones es **cierto** o **falso**. Corrige la información falsa.

1. El tomate se introdujo a Europa como planta ornamental.
2. Los incas sólo consiguieron almacenar las papas por poco tiempo.
3. Los aztecas y los mayas usaron las papas como moneda.
4. El maíz era una comida poco popular en Latinoamérica.
5. El aguacate era el alimento básico de los incas.
6. En México se hace una salsa con chocolate.
7. El aguacate, la guayaba, la papaya, la piña y el maracuyá son originarios de América.
8. Las arepas se hacen con cacao.
9. El aguacate es un ingrediente del cóctel de camarones.
10. En España hacen una tortilla con papas.

ASÍ SE DICE

La comida

el banano (Col.), el cambur (Ven.), el guineo (Nic.), el plátano (Amér. L., Esp.)	**la banana**
el choclo (Amér. S.), el elote (Méx.), el jojoto (Ven.), la mazorca (Esp.)	*corncob*
las caraotas (Ven.), los porotos (Amér. S.), las habichuelas	**los frijoles**
el jitomate (Méx.)	**el tomate**

CONEXIÓN INTERNET

What do foods in the US and Latin America have in common? Go to **aventuras.vhlcentral.com** to find out, and to access these components:

- the **Flash Cultura** video
- more activities
- additional reading: **Frutas exóticas de Latinoamérica: la pitahaya, la lúcuma y el membrillo**

2 **¿Qué te gusta?** Describe tres de tus comidas favoritas que tengan como ingredientes alguna fruta o verdura de América. ¿Qué ingredientes tiene? ¿Cuándo la comes? ¿Cómo se sirve?

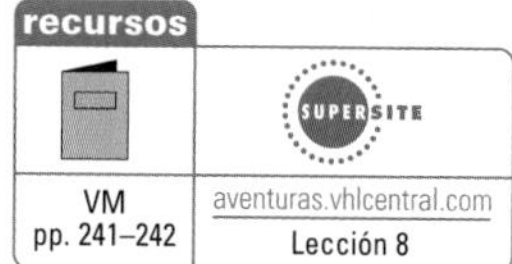

La comida latina

1 **Preparación** ¿Probaste alguna vez comida latina? ¿Qué plato? ¿La compraste en un supermercado o fuiste a un restaurante? ¿Te gustó?

2 **El video** Mira el episodio de **Flash Cultura**.

Vocabulario

cocinar *to cook*	**el plato** *dish (in a meal)*
¿Está lista para ordenar? *Are you ready to order?*	**pruébala** *try it, taste it*

Marta nos mostrará° algunos de los platos de la comida mexicana.

... hay más lugares donde podemos comprar productos hispanos.

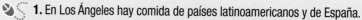

°**mostrará** *will show*

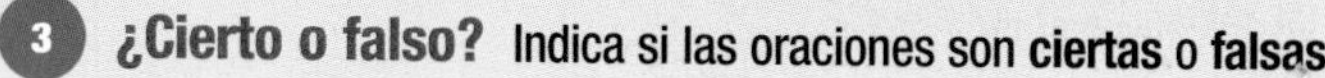

3 **¿Cierto o falso?** Indica si las oraciones son **ciertas** o **falsas**.

1. En Los Ángeles hay comida de países latinoamericanos y de España.
2. Leticia explica que la tortilla del taco americano es blanda *(soft)* y la del taco mexicano es dura *(hard)*.
3. Las ventas *(sales)* de salsa son bajas en los Estados Unidos.
4. Leticia fue a un restaurante ecuatoriano.
5. Leticia probó Inca Kola en un supermercado.

8.1 Preterite of stem-changing verbs

▶ As you know, **–ar** and **–er** stem-changing verbs have no stem change in the preterite. **–Ir** stem-changing verbs, however, do have a stem change.

Preterite of *-ir* stem-changing verbs

	servir (e→i)	morir (*to die*) (o→u)
yo	serví *I served*	morí *I died*
tú	serviste	moriste
Ud./él/ella	sirvió	murió
nosotros/as	servimos	morimos
vosotros/as	servisteis	moristeis
Uds./ellos/ellas	sirvieron	murieron

▶ In the preterite, stem-changing **–ir** verbs have an **e** to **i** or **o** to **u** stem change in the **Ud./él/ella** and **Uds./ellos/ellas** forms.

INFINITIVE	VERB STEM	STEM CHANGE	PRETERITE
pedir	ped-	pid-	pidió, pidieron
dormir	dor-	dur-	durmió, durmieron

Perdón, ¿quiénes pidieron las tortillas de maíz?

¿Y qué plato pidió usted?

¡Manos a la obra!

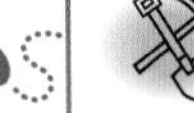

Cambia los infinitivos al pretérito.

1. yo [servir, dormir, pedir, preferir, repetir, seguir] *serví, dormí, pedí, preferí, repetí, seguí*
2. usted [morir, conseguir, pedir, sentirse, despedirse, vestirse] ________
3. tú [conseguir, servir, morir, pedir, dormir, repetir] ________
4. ellas [repetir, dormir, seguir, preferir, morir, servir] ________
5. nosotros [seguir, preferir, servir, vestirse, despedirse, dormirse] ________
6. ustedes [sentirse, vestirse, conseguir, pedir, despedirse, dormirse] ________

Práctica

1 ¡Pobre señor Suárez! Completa las frases.

1. Los señores Suárez llegaron al restaurante a las ocho y ________ [seguir] al camarero a una mesa.
2. El señor Suárez ________ [pedir] una chuleta de cerdo. La señora Suárez decidió probar los camarones.
3. Para tomar, los dos ________ [pedir] vino.
4. El camarero ________ [repetir] el pedido (*the order*) para confirmarlo.
5. La comida tardó mucho (*took a long time*) en llegar y los señores Suárez casi (*almost*) ________ [dormirse] esperándola.
6. A las nueve, el camarero les ________ [servir] la comida.
7. Después de comer la chuleta de cerdo, el señor Suárez ________ [sentirse] muy mal.
8. ¡Pobre señor Suárez! ¿Por qué no ________ [pedir] los camarones?

2 El camarero distraído Indica lo que los clientes pidieron y lo que un camarero distraído les sirvió.

modelo

Claudia / hamburguesa

Claudia pidió una hamburguesa, pero el camarero le sirvió zanahorias.

1. Juan y Rafael / té helado

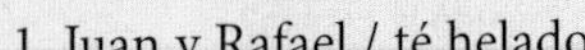

2. Laura / arroz

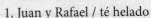

3. Nosotros / papas fritas

4. Tú / salmón

Conversación

3 **Preguntas** Averigua *(find out)* si tu compañero/a hizo estas actividades la semana pasada. Comparte los resultados con la clase.

Actividades	Respuestas
1. pedir una pizza con salame	___________
2. dormir más de diez horas	___________
3. quedarse dormido en clase	___________
4. pedir un plato muy caro en un restaurante elegante	___________
5. preferir quedarse en casa en lugar de *(instead of)* salir con amigos	___________
6. ir a una fiesta y vestirse con ropa muy formal	___________

4  **Una cena romántica** En grupos, describan la cena de Eduardo y Rosa. Usen la foto y las preguntas como guía (*as a guide*).

- ¿Adónde salieron a cenar?
- ¿Qué pidieron?
- ¿Les sirvieron la comida rápidamente (*quickly*)?
- ¿Les gustó la comida?
- ¿Cuánto costó? ¿Quién pagó?
- ¿Van a volver a ese restaurante en el futuro? ¿Van a salir juntos otra vez? ¿Por qué?

Español en vivo

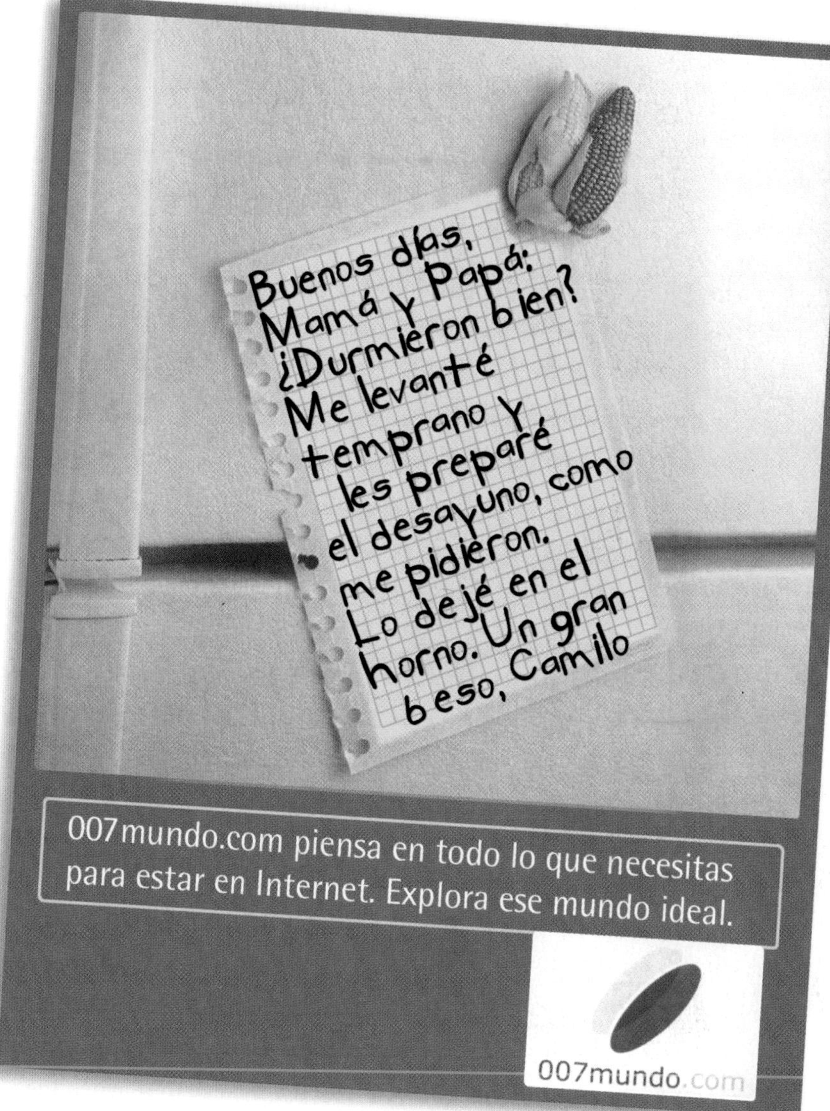

Buenos días,
Mamá y Papá:
¿Durmieron bien?
Me levanté
temprano y
les preparé
el desayuno, como
me pidieron.
Lo dejé en el
horno. Un gran
beso, Camilo
007mundo.com piensa en todo lo que necesitas para estar en Internet. Explora ese mundo ideal.
007mundo.com

Identificar

Lee el anuncio (*advertisement*) e identifica los verbos que tienen cambios en la raíz (*stem*) en el pretérito.

Preguntas

1. ¿Quién escribió la nota del anuncio?
2. ¿Qué les preguntó Camilo a sus padres?
3. ¿Cómo se sintieron los padres cuando se despertaron?

8.2 Double object pronouns

- You have already learned that direct and indirect object pronouns replace nouns. You'll now learn how to use these pronouns together.

INDIRECT OBJECT PRONOUNS

me te le (se) nos os les (se)

+

DIRECT OBJECT PRONOUNS

lo la los las

- When object pronouns are used together, the indirect object pronoun precedes the direct object pronoun.

I.O. D.O.		DOUBLE OBJECT PRONOUNS
El camarero me muestra el menú. *The waiter shows me the menu.*	▶	**El camarero me** lo **muestra.** *The waiter shows it to me.*
Nos sirven los platos. *They serve us the dishes.*	▶	**Nos** los **sirven.** *They serve them to us.*
Maribel te pidió una hamburguesa. *Maribel ordered a hamburger for you.*	▶	**Maribel te** la **pidió.** *Maribel ordered it for you.*

Les recomiendo el jugo de piña... ¿Se lo traigo a todos?

Sí, perfecto.

- The indirect object pronouns **le** and **les** always change to **se** when they are used with **lo, los, la,** and **las**.

I.O. D.O.		DOUBLE OBJECT PRONOUNS
Le escribí la carta. *I wrote him/her the letter.*	▶	**Se** la **escribí.** *I wrote it to him/her.*
Les sirvió los entremeses. *He served them the hors d'oeuvres.*	▶	**Se** los **sirvió.** *He served them to them.*
Le pedimos un café. *We ordered him/her a coffee.*	▶	**Se** lo **pedimos.** *We ordered it for him/her.*

Práctica

1 ¿Quién? Cambia los sustantivos subrayados (*underlined nouns*) por pronombres de objeto directo.

modelo ¿Quién va a traerme la carne del supermercado? [Mi esposo]
Mi *esposo va a traérmela./Mi esposo me la va a traer.*

1. ¿Quién les mandó las invitaciones a los invitados (*guests*)? [Mi hija] ________________
2. ¿Quién me puede comprar el pan? [Mi hijo] ________________
3. ¿Quién puede prestarme los platos que necesito? [Mi mamá] ________________
4. Nos falta mantequilla. ¿Quién nos trae la mantequilla? [Mi cuñada] ________________
5. ¡Los postres (*desserts*)! ¿Quién está preparándonos los postres? [Silvia y Renata] ________________
6. ¿Quién puede pedirle el azúcar a Mónica? [Mi hijo] ________________

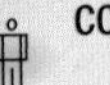

2 En un restaurante En parejas, representen las conversaciones entre un(a) camarero/a y los clientes.

modelo

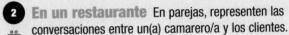

señora Guzmán

señora Guzmán: Una hamburguesa, por favor.
camarero/a: Enseguida (*right away*) se la traigo.

1. tus compañeros/as de cuarto

2. tus padres

3. tu profesor(a) de español

4. señorita Salas

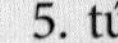
5. tú

6. doctor Cifuentes

Conversación

3 **Contestar** En parejas, háganse preguntas usando las palabras interrogativas **¿Quién?** o **¿Cuándo?**

modelo

nos enseña español
Estudiante 1: *¿Quién nos enseña español?*
Estudiante 2: *La profesora Castro nos lo enseña.*

Preguntas	Respuestas
1. te escribe mensajes electrónicos	______
2. me vas a prestar tu computadora	______
3. les vende los libros de texto a los estudiantes	______
4. le enseñó español al/a la profesor(a)	______
5. te compró esa camiseta	______
6. me va a mostrar tu casa o apartamento	______

4 **Preguntas** En parejas, háganse estas preguntas. Usen pronombres de objeto directo e indirecto en cada respuesta.

modelo

Estudiante 1: *¿Quién te va a preparar el desayuno esta mañana?*
Estudiante 2: *Yo me lo voy a preparar.*

1. ¿Me prestas tu coche (*car*)? ¿Ya le prestaste tu coche a otro amigo?
2. ¿Me puedes comprar un auto nuevo?
3. ¿Quién te presta dinero cuando lo necesitas?
4. ¿Les prestas dinero a tus amigos? ¿Por qué?
5. ¿Les prestas tu casa o apartamento a tus amigos? ¿Por qué?
6. ¿Nos compras el almuerzo a mí y a los otros compañeros de clase?
7. ¿Me describes tu casa?
8. ¿Quién te va a preparar la cena esta noche?

5 **Regalos de Navidad** Su profesor(a) va a darles a ti y a tu compañero/a la información necesaria para completar esta actividad.

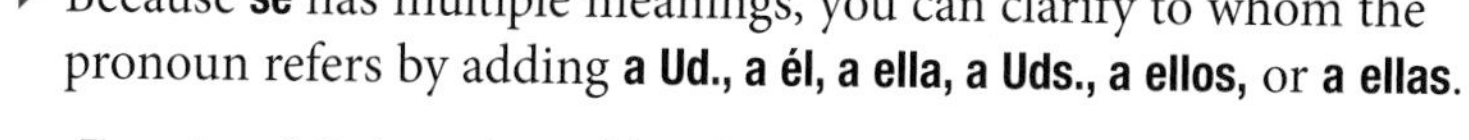

- Because **se** has multiple meanings, you can clarify to whom the pronoun refers by adding **a Ud., a él, a ella, a Uds., a ellos,** or **a ellas**.

¿El sombrero? Carlos **se** lo vendió **a ella.**
The hat? Carlos sold it to her.

¿Las llaves? Ya **se** las di **a ella.**
The keys? I gave them to her.

- Double object pronouns are placed before a conjugated verb. With infinitives and present participles, double object pronouns may be placed before the conjugated verb or attached to the end of the infinitive or present participle.

- When double object pronouns are attached to an infinitive or a present participle, an accent mark is added to maintain the original stress.

DOUBLE OBJECT PRONOUNS		DOUBLE OBJECT PRONOUNS
Te lo voy a mostrar.	▶	Voy a mostrártelo.
Nos las están sirviendo.		Están sirviéndonoslas.

Me lo estoy poniendo
Estoy poniéndo**melo.**
I am putting it on.

Se la van a traer.
Van a traér**sela.**
They are going to bring it to you.

Qué tal la comida, ¿rica?

Sí, ¡y nos la sirvieron tan rápidamente!

¡Manos a la obra!

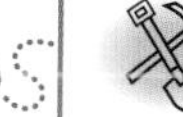

Escribe el pronombre que falta en cada frase.

Objeto directo

1. ¿La ensalada? El camarero nos __la__ sirvió.
2. ¿El salmón? La dueña me ______ recomienda.
3. ¿La comida? Voy a preparárte______.
4. ¿Las bebidas? Estamos pidiéndose______.
5. ¿Los refrescos? Te ______ puedo traer ahora.
6. ¿Los platos de arroz? Van a servírnos______ después.

Objeto indirecto

1. ¿Puedes traerme tu plato? No, no __te__ lo puedo traer.
2. ¿Quieres mostrarle la carta? Sí, voy a mostrár______la ahora.
3. ¿Les serviste la carne? No, no ______ la serví.
4. ¿Vas a leerle el menú? No, no ______ lo voy a leer.
5. ¿Me recomiendas la langosta? Sí, ______ la recomiendo.
6. ¿Cuándo vas a prepararnos la cena? ______ la voy a preparar en una hora.

8.3 Saber and conocer

- Spanish has two verbs that mean *to know*, **saber** and **conocer**, but they are used differently. Note that only the **yo** forms of **saber** and **conocer** are irregular in the present tense.

Saber and conocer

	saber	conocer
yo	sé	conozco
tú	sabes	conoces
Ud./él/ella	sabe	conoce
nosotros/as	sabemos	conocemos
vosotros/as	sabéis	conocéis
Uds./ellos/ellas	saben	conocen

- **Saber** means *to know a fact or piece(s) of information* or *to know how to do something.*

No **sé** tu número de teléfono.
I don't know your telephone number.

Mi hermana **sabe** hablar francés.
My sister knows how to speak French.

- **Conocer** means *to know or be familiar/acquainted with a person, place, or thing.*

¿**Conoces** la ciudad de Nueva York?
Do you know New York City?

No **conozco** a tu amigo Esteban.
I don't know your friend Esteban.

- As you learned in 5.4, when the direct object of **conocer** is a person or pet, the personal **a** is used. Compare these sentences.

¿**Conoces a** Rigoberta Menchú? ¿**Conoces** ese restaurante?

¡ojo! These verbs are conjugated like **conocer** in the **yo** form in the present. You will learn how to use **saber**, **conocer**, and related verbs in the preterite in Lesson 9.

ofrecer (*to offer*)	ofrezco, ofreces, ofrece, etc.
parecer (*to seem*)	parezco, pareces, parece, etc.
conducir (*to drive*)	conduzco, conduces, conduce, conducimos, conducís, conducen.
traducir (*to translate*)	traduzco, traduces, traduce, traducimos, traducís, traducen.

¡ojo! **Conducir** and **traducir** are **–ir** verbs, so they differ from **conocer** in their **nosotros/as** and **vosotros/as** forms.

¡Manos a la obra!

Escribe las formas apropiadas de **saber** y **conocer**.

saber

1. José no ___sabe___ la hora.
2. Mis padres ____________ hablar japonés.
3. ¿Por qué no ____________ tú estos verbos?
4. Yo ____________ qué hora es.

conocer

5. Usted y yo ____________ bien Miami.
6. Nadie me ____________ bien.
7. ¿ ____________ tú a la tía de Eduardo?
8. ¿ ____________ usted a Sara?

Práctica

1 Completar Completa las frases con la forma apropiada de **saber** o **conocer**.

1. —Nosotros no __________ Guatemala.
   —Ah, ¿no? Pues yo __________ bien las ciudades de Escuintla, Quetzaltenango y Antigua.
2. —¿__________ ustedes dónde vive Pilar?
   —No, nosotras no __________.
3. Mi amiga Carla __________ conducir, pero yo no __________.
4. —¿__________ tú a Mateo, mi hermano mayor?
   —No, no lo __________.
5. —Yo todavía no __________ a tu novio.
   —Sí, ya lo __________.
6. Tú __________ esquiar, pero Tino y Luis son pequeños y no __________.
7. Roberto __________ bien el *Popol Vuh*, el libro sagrado de los mayas; también __________ leer los jeroglíficos de los templos mayas.

2 Oraciones Combina las palabras de las tres columnas para formar oraciones.

modelo

No conozco a Celine Dion. Yo conozco a Angelina Jolie.

Sujetos	Verbos	Objetos directos
Katie Couric Celine Dion Ozzy Osbourne Brad Pitt Enrique Iglesias Manny Ramírez yo tú tu compañero/a tu profesor(a)	(no) conocer (no) saber	Cameron Díaz Angelina Jolie cantar la ciudad de Montreal en Canadá hablar dos lenguas extranjeras hacer reír (*laugh*) a la gente actuar (*perform*) muy bien escribir novelas de terror programar computadoras muchas personas importantes

Conversación

3 Deportes Pregúntale a un(a) compañero/a qué deportes practica y por qué. Usen los verbos **saber** y **conocer**.

modelo

Estudiante 1: *¿Sabes esquiar?*
Estudiante 2: *Sí, sé esquiar./ No, no sé esquiar.*
Estudiante 1: *¿Por qué?*
Estudiante 2: *Porque conozco a muchas personas que esquian./ Porque no me gusta el invierno.*

1.

2.

3.

4.

5.

6.

4 Preguntas Con un(a) compañero/a, contesten las siguientes preguntas.

1. ¿Qué restaurantes buenos conoces? ¿Cenas en los restaurantes frecuentemente (*frequently*)?
2. En tu familia, ¿quién sabe cocinar mejor (*best*)? ¿Por qué?
3. ¿Conoces algún mercado cerca que tenga productos orgánicos? ¿Vas allí con frecuencia?
4. ¿Sabes recetas de comidas latinas? ¿Cuáles?
5. ¿Conoces a algún/alguna chef famoso/a? ¿Qué tipo de comida prepara?
6. ¿Sabes preparar algún plato especial? ¿Cuál es?
7. ¿Sabes que el ajo es bueno para la salud (*health*)? ¿Qué otras comidas o condimentos saludables conoces?
8. ¿Conoces a alguna persona que coma solamente hamburguesas y papas fritas?

Español en vivo

Él sabe dónde comer lo que más le gusta
Él sabe cómo jugar cuatro horas seguidas
Él sabe dónde está su regalo de cumpleaños
Él sabe dónde divertirse
... y usted sabe dónde puede encontrar un poco de todo. ¿Conoce algún otro lugar como éste?
Oviedo
Centro Comercial
Sabe lo que te gusta.

Identificar

Lee el anuncio (*advertisement*) y busca ejemplos de los verbos **saber** y **conocer.**

Preguntas

1. Después de leer el anuncio, ¿qué sabes del Centro Comercial Oviedo?
2. ¿Qué puedes hacer en el Centro Comercial Oviedo?
3. ¿A quién está dirigido el anuncio?
4. ¿Conoces un centro comercial como éste? ¿Cómo se llama? ¿En qué ciudad está?

8.4 Comparatives and superlatives 

Comparisons of inequality

- Comparisons of inequality are formed by placing **más** (*more*) or **menos** (*less*) before adjectives, adverbs, and nouns and **que** (*than*) after them. When the comparison involves a numerical expression, use **de** before the number.

Tengo más hambre que un elefante.

El lomo a la plancha es un poquito más caro que el caldo.

El té es **más caro que** el jugo.
Tea is more expensive than juice.

Susana es **menos generosa que** su prima.
Susana is less generous than her cousin.

Luis se despierta **más temprano que** tú.
Luis gets up earlier than you (do).

Hay **más de cincuenta** naranjas.
There are more than fifty oranges.

- With verbs, use this construction to make comparisons of inequality: [*verb*] + **más/menos que**.

Mis hermanos **comen más que** yo.
My brothers eat more than I (do).

Antonio **viaja más que** tú.
Antonio travels more than you (do).

Arturo **duerme menos que** su padre.
Arturo sleeps less than his father (does).

Ana **habla menos que** yo.
Ana talks less than I (do).

Comparisons of equality

- The constructions **tan** + [*adverb, adjective*] + **como** and **tanto/a(s)** + [*singular noun, plural noun*] + **como** are used to make comparisons of equality.

Este plato es **tan delicioso como** aquél.
This dish is as delicious as that one.

Yo comí **tanta comida como** tú.
I ate as much food as you (did).

Tu amigo es **tan simpático como** tú.
Your friend is as nice as you (are).

Ustedes probaron **tantos platos como** ellos.
You tried as many dishes as they (did).

- Comparisons of equality with verbs are formed by placing **tanto como** after the verb. Note that **tanto** does not change in number or gender.

No **duermo tanto como** mi tía.
I don't sleep as much as my aunt (does).

Estudiamos tanto como ustedes.
We study as much as you (do).

Práctica

1 Lucila y Tita Escoge (*choose*) la palabra correcta para comparar a dos hermanas muy diferentes.

1. Lucila es más alta y más atractiva ________ [de, más, menos, que] Tita.
2. Tita es más delgada porque practica ________ [de, más, menos, que] deportes que su hermana.
3. Lucila es ________ [más, menos de, más que] simpática que Tita porque es alegre.
4. A Tita le gusta quedarse en casa. Va a ________ [de, más, menos, que] fiestas que su hermana.
5. Tita estudia más que Lucila. Ahora está tomando ________ [más de, más, menos, que] cinco clases.
6. Lucila se preocupa ________ [de, más, menos, que] que Tita por estudiar. ¡Son ________ [como, tan, tanto] diferentes!

2 Mario y Luis Completa las oraciones para formar comparaciones de igualdad sobre Mario y Luis, los novios de Lucila y Tita.

tan
tanto(s)
tanta(s)

1. Mario es ________ interesante como Luis.
2. Mario viaja ________ como Luis.
3. Luis habla ________ lenguas extranjeras como Mario.
4. Luis cocina carnes ________ bien como Mario.
5. Mario tiene ________ amigos como Luis.
6. ¡Qué casualidad (*coincidence*)! Mario y Luis también son hermanos, pero no hay ________ diferencia entre ellos como entre Lucila y Tita.

Conversación

3 **La familia García** En grupos, túrnense (*take turns*) para hacer comparaciones entre Rafael, Eva, Esteban y Lourdes García.

modelo

Estudiante 1: Esteban es el más activo de la familia.
Estudiante 2: Pues yo creo que Rafael es tan activo como Esteban.
Estudiante 1: Mmm, pero Esteban es mucho más delgado.

4 **Comparaciones** En parejas, conversen sobre estos temas y luego compartan tres datos interesantes con la clase.

modelo artistas de moda

Estudiante 1: Creo que Amy Winehouse es la mejor artista de estos tiempos.
Estudiante 2: ¡Pero qué dices! Esa artista es malísima. Missy Elliot y Snoop son los mejores. Además, Winehouse no se viste tan bien como Missy Elliot.
Estudiante 1: Estás loco. Winehouse siempre está a la moda. Además, te repito que es la mejor. Por ejemplo, ya tiene más de dos millones de copias vendidas (*sold copies*).

cafés y restaurantes	**personas famosas**
comidas favoritas	**los profesores**
los cursos que toman	**música de moda**
libros favoritos	**revistas favoritas**
periódicos	**tiendas en tu comunidad**

Superlatives

▸ Form superlative with this construction. Note that the noun is preceded by a definite article. **De** is equivalent to the English *in* or *of*.

el/la/los/las + [*noun*] + más/menos + [*adjective*] + de

Es **el café más rico del** país.
It's the most delicious coffee in the country.

Son **las tiendas menos caras de** la ciudad.
They are the least expensive stores in the city.

▸ The noun in a superlative construction can be omitted if it is clear to whom or what the superlative refers.

¿El restaurante El Cráter?
Es **el más elegante de** la ciudad.
The El Cráter restaurant?
It's the most elegant (one) in the city.

Recomiendo la ensalada de papa.
Es **la más sabrosa del** menú.
I recommend the potato salad.
It's the most delicious item on the menu.

¡ojo! The absolute superlative, which ends in **–ísimo/a(s)**, is equivalent to the English *extremely/very* + [*adjective/adverb*]. For example: **muchísimo/a(s)** (*very much*), **malísimo/a(s)** (*very bad*), **facilísimo/a(s)** (*extremely easy*).

▸ Note these spelling changes.

rico → ri**qu**ísimo   largo → lar**gu**ísimo   fácil → **fa**cilísimo
joven → joven**c**ísimo   trabajado**r** → trabajador**c**ísimo   feli**z** → feli**c**ísimo

Irregular comparatives and superlatives

Irregular comparative and superlative forms

Adjective		Comparative form		Superlative form	
bueno/a	*good*	mejor	*better*	el/la mejor	*(the) best*
malo/a	*bad*	peor	*worse*	el/la peor	*(the) worst*
grande	*big*	mayor	*bigger*	el/la mayor	*(the) biggest*
pequeño/a	*small*	menor	*smaller*	el/la menor	*(the) smallest*
joven	*young*	menor	*younger*	el/la menor	*(the) youngest*
viejo/a	*old*	mayor	*older*	el/la mayor	*(the) oldest*

▸ When **grande** and **pequeño/a** refer to age, use the irregular comparative and superlative forms, **mayor/menor**. However, when **grande** and **pequeño/a** refer to size, use the regular forms, **más grande/más pequeño/a**.

Isabel es **la mayor**.
Isabel is the eldest.

Tu ensalada es **más grande que** ésa.
Your salad is bigger than that one.

▸ **Bien** and **mal** have the same comparative forms as **bueno/a** and **malo/a**.

Julio nada **mejor que** los otros chicos.
Julio swims better than the other boys.

Ellas cantan **peor que** las otras chicas.
They sing worse than the other girls.

Repaso

For more practice, go to **aventuras.vhlcentral.com.**

8.1 Preterite of stem-changing verbs

1 Manuel y sus tíos Manuel y sus tíos fueron a cenar a un restaurante. Indica las diferencias entre las acciones de Manuel y las de sus tíos. Sigue el modelo.

modelo vestirse con ropa informal / ropa elegante

Manuel *se vistió con ropa informal.* Sus tíos *se vistieron con ropa elegante.*

1. pedir dos refrescos / vino tinto
2. preferir la carne de res con papas / el pescado con ajo
3. servirse entremeses picantes / ensalada de verduras
4. (no) despedirse del camarero / (sí) del camarero
5. sentirse mal en la noche / bien en la noche
6. dormirse tarde / temprano

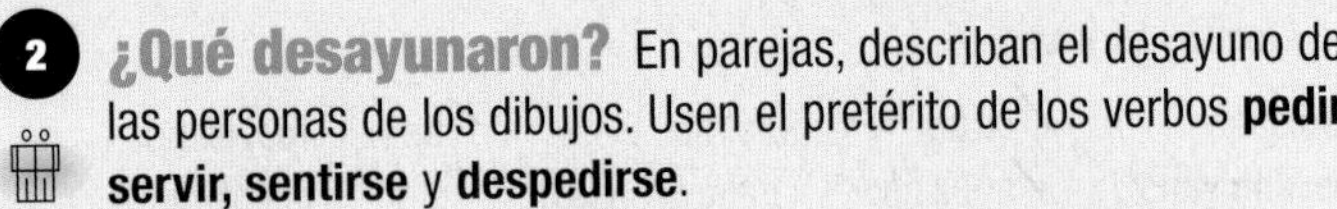

2 ¿Qué desayunaron? En parejas, describan el desayuno de las personas de los dibujos. Usen el pretérito de los verbos **pedir, servir, sentirse** y **despedirse**.

1. Elisa y Ana

2. Memo y Olga

8.2 Double object pronouns

3 En la cafetería Cambia los sustantivos *(nouns)* por pronombres de objeto directo e indirecto. Sigue el modelo.

modelo Me están sirviendo café.
Me lo están sirviendo. Están sirviéndomelo.

1. Nos van a dar las patatas fritas.
2. Te van a servir los refrescos.
3. Le están preparando la ensalada.
4. Les voy a recomendar unos postres.
5. Te están pidiendo las bebidas.
6. Me voy a comer los champiñones.

4 Camareros Genaro y Úrsula son camareros en un restaurante. Completa la conversación que tienen con su jefe usando pronombres.

JEFE Úrsula, ¿le ofreciste agua fría al cliente de la mesa 22?
ÚRSULA Sí, (1) ____________ de inmediato.
JEFE Genaro, ¿los clientes de la mesa 5 te pidieron ensaladas?
GENARO Sí, (2) ____________.
JEFE Úrsula, ¿le llevaste el pan a la señora de la mesa 10?
ÚRSULA Sí, (3) ____________ hace cinco minutos.
ÚRSULA Genaro, ¿recuerdas si ya me mostraste los vinos nuevos?
GENARO Sí, ya (4) ____________.
JEFE Genaro, ¿van a pagarte la cuenta (*bill*) los clientes de la mesa 5?
GENARO Sí, (5) ____________ ahora mismo.
JEFE ¿Les pagaron los clientes buenas propinas?
ÚRSULA Sí, (6) ____________. ¡Estamos muy contentos!

8.3 Saber and conocer

5 Completar Completa las oraciones con la forma correcta de los verbos.

1. Mis amigos y yo vamos a ir a Perú porque no ____________ (conocer) ese país.
2. En Lima, tengo un amigo que ____________ (conducir) un taxi y él nos ____________ (ofrecer) llevarnos a pasear por toda la ciudad.
3. Antonio y yo no ____________ (saber) dónde vive nuestro amigo taxista Carlos.
4. Mis amigos ____________ preocupados porque no hablan bien español.
5. Yo no estoy preocupado porque yo sí ____________ hablar español.

6 ¿Quién soy? Imagina que eres una persona famosa. Escribe tres oraciones con los verbos **saber** y **conocer** para dar pistas (*cues*) sobre quién eres. Luego, en grupos de tres, cada persona lee sus oraciones y los demás miembros del grupo adivinan *(guess)* quién es.

modelo
Estudiante 1: *Sé cantar canciones románticas en inglés y en español. Sé bailar muy bien. Conozco a Julio Iglesias porque es mi padre.*
Estudiante 2: *¡Enrique Iglesias!*

8.4 Comparatives and superlatives

7 **En el restaurante del señor Chávez** Cambia las oraciones omitiendo *(omitting)* el sujeto y usando los superlativos.

modelo Jorge es mal camarero. (el restaurante)
Es el peor camarero del restaurante.

1. La leche es nutritiva. (las bebidas)
2. El restaurante del señor Chávez no es elegante. (la ciudad)
3. Esta taquería es muy cara. (las taquerías)
4. El arroz con pollo es un buen plato. (el menú)
5. Juliana es una camarera muy joven. (las camareras)
6. El arroz con leche es sabroso. (los postres)

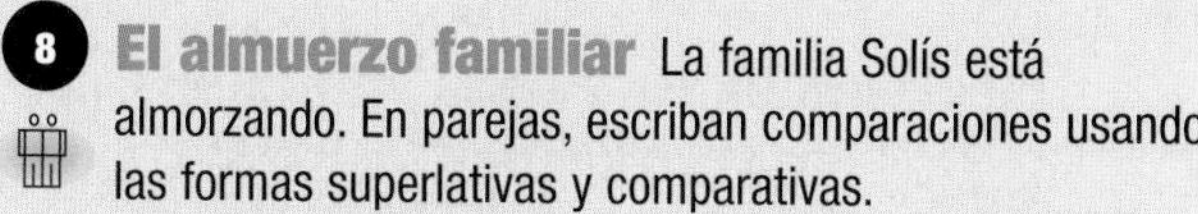

8 **El almuerzo familiar** La familia Solís está almorzando. En parejas, escriban comparaciones usando las formas superlativas y comparativas.

modelo *El sándwich de Sandra es grandísimo. La abuela Beatriz es la mayor de la familia.*

Síntesis

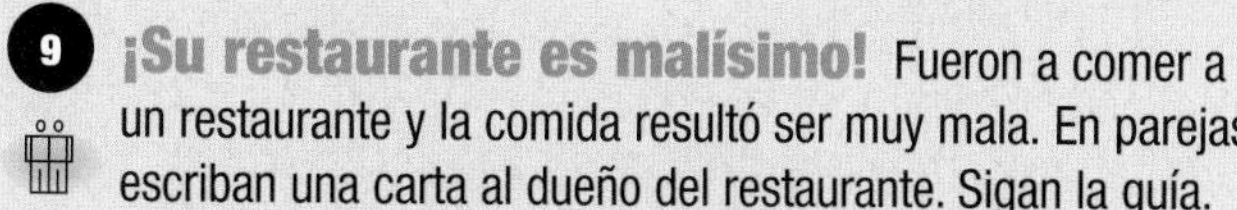

9 **¡Su restaurante es malísimo!** Fueron a comer a un restaurante y la comida resultó ser muy mala. En parejas, escriban una carta al dueño del restaurante. Sigan la guía.

- Mencionen lo que ustedes pidieron y lo que les sirvieron.
- Expliquen que ustedes saben cocinar muy bien y que la comida fue muy mala.
- Digan que conocen otros restaurantes mejores.
- Comparen el restaurante con otros restaurantes.
- Despídanse.

Videoclip

1 **Preparación** Si te gustan los dulces, ¿qué postres no puedes resistir? Y si en cambio (*instead*) te gustan muchísimo las comidas saladas, ¿cuáles no puedes resistir? Haz una lista y compárala con la de un compañero/a.

2 **El clip** Mira el anuncio (*ad*) de **Sopas Roa** de Colombia.

Vocabulario

resistirse *to resist*	**nutritivas** *nutricious*
está servida *it is served*	**hacer lo que yo quiera** *do whatever I want to do*

1 ¡Me voy de esta casa!

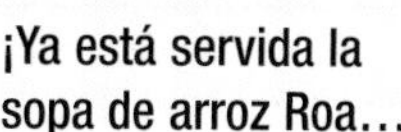

2 ¡Ya está servida la sopa de arroz Roa...!

3 **¿Cierto o falso?** Indica si las oraciones son **ciertas** o **falsas**.

1. El niño decidió irse de la casa porque estaba alegre.
2. La madre sirvió la sopa a la hora de la cena.
3. El niño no sabía cuál (*didn't know which*) era la comida para el almuerzo.
4. El niño puede resistirse a la comida que prepara su madre.

4 **Una cena especial** En parejas, dramaticen una conversación en la que uno/a de ustedes está enojado/a con su compañero/a porque éste/a hizo algo malo. Esta persona decide preparar una cena especial para convencer al/a la otro/a de que lo/la perdone (*forgive him/her*).

CONEXIÓN INTERNET

Go to **aventuras.vhlcentral.com** to watch the television clip featured in this section.

Ampliación SUPERSITE

1 Escuchar

A Rosa y Roberto están en un restaurante. Escucha la conversación entre ellos y la camarera y toma nota de cuáles son los especiales del día.

TIP Jot down notes as you listen. Jotting down notes while you listen can help you keep track of the important points or details. Focus actively on comprehension rather than on remembering what you have heard.

Los especiales del día

__________ __________ __________

B Usa tus notas para completar las oraciones con la opción correcta.

1. La camarera les dio información sobre __________ (dos / tres / cuatro) especiales del día.
2. Rosa pidió ________________ (el arroz con pollo / bistec a la criolla / cerdo con salsa de champiñones y papas).
3. Roberto pidió ________________ (los entremeses / bistec a la criolla / cerdo con salsa de champiñones y papas).
4. Roberto va a comer ________________ (más platos que / menos platos que / tantos platos como) Rosa.

2 Conversar

En parejas, túrnense (*take turns*) para contestar estas preguntas. Luego compartan las respuestas con la clase.

- ¿Con quién comiste la semana pasada?
- ¿A qué restaurante fueron?
- ¿Qué pidieron? ¿Les gustó la comida?
- ¿Se la sirvieron rápidamente (quickly)?
- ¿Fue mejor o peor que la comida que comes en casa? ¿Fue muy cara?
- ¿Van a volver a ese restaurante en el futuro?

recursos

WB pp. 77–84	LM pp. 45–48	SUPERSITE aventuras.vhlcentral.com Lección 8

Ampliación

3 Escribir

Escribe una crítica sobre un restaurante local.

TIP Expressing and supporting opinions Use details, facts, examples, and other forms of evidence to convince your readers to take your opinions seriously.

Organízalo	Usa un mapa de ideas para organizar comentarios sobre la comida, el servicio, el ambiente (*atmosphere*) y otros datos sobre el restaurante.
Escríbelo	Utiliza tus notas para escribir el primer borrador de la crítica.
Corrígelo	Intercambia (*exchange*) tu composición con la de un(a) compañero/a. Comenta sobre el título, la organización, los detalles específicos y los errores de gramática o de ortografía.
Compártelo	Revisa el primer borrador teniendo en cuenta los comentarios de tu compañero/a. Incorpora nuevas ideas o más información para reforzar (*support*) tu opinión. Luego entrégale (*hand in*) la crítica a tu profesor(a).

4 Un paso más

Diseña el menú de un nuevo restaurante en la capital de un país hispano.

- Decide en qué país y ciudad vas a abrir el restaurante.
- Investiga cuáles son las comidas típicas y los platos más populares del país.
- Elige el nombre del restaurante.
- Diseña el menú, incluyendo entremeses, platos principales, ensaladas, postres (*desserts*) y bebidas.
- Indica los precios de los platos en la moneda del país.
- Intercambia tu menú con los de tres o cuatro compañeros/as y comparen los platos que escogieron.

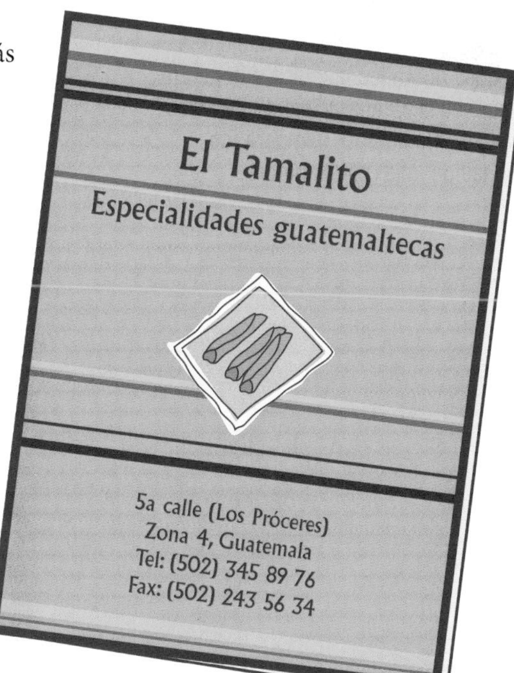

El Tamalito
Especialidades guatemaltecas
5a calle (Los Próceres)
Zona 4, Guatemala
Tel: (502) 345 89 76
Fax: (502) 243 56 34

SUPERSITE **CONEXIÓN INTERNET**

Investiga estos temas en el sitio aventuras.vhlcentral.com.
- Capitales de los países hispanos
- Comidas del mundo hispano

Antes de leer

Reading for the main idea is a useful strategy. Locate the topic sentences of each paragraph to determine the author's purpose for writing. In particular, the first sentence in each paragraph usually provides clues about its content, as well as impressions of how the entire reading selection is organized.

Examinar el texto

Aquí se presentan dos textos distintos. ¿Qué estrategias puedes usar para leer la crítica? ¿Cuáles son las apropiadas para familiarizarte con el menú? Utiliza las estrategias más eficaces para cada texto. Luego, identifica las estrategias similares que se aplican en los dos textos.

Identificar la idea principal

Lee la primera oración de cada párrafo de la crítica del restaurante **El Palmito**. Apunta el tema principal de cada párrafo. Luego lee el primer párrafo. ¿Crees que el restaurante le gustó a la autora? ¿Por qué? Ahora lee la crítica entera. En tu opinión, ¿cuál es la idea principal de la crítica? ¿Por qué la escribió la autora? Compara tus opiniones con las de un(a) compañero/a.

37E

El Tiempo de Guatemala

Restaurantes

Domingo 9 de mayo, Boston, Massachusetts

Cinco estrellas para El Palmito

Margarita Galán, crítica de restaurantes

El viernes pasado me sorprendí° cuando encontré un restaurante fantástico en el barrio donde vivo. Cené en el restaurante **El Palmito,** donde se mezclan° de una manera extraordinaria la comida tradicional de Centroamérica y la belleza arquitectónica de nuestra ciudad. Su propietario, Héctor Suárez, es uno de los chefs más respetados de Guatemala.

El exterior del restaurante refleja el estilo colonial de Nueva Inglaterra. Por dentro°, la decoración rústica crea un ambiente cálido°. Hay que° mencionar también el hermoso patio, lleno° de plantas y flores, donde muchas personas se reúnen para tomar un café en un ambiente° relajado° y cordial.

Uno no se puede quejar° del servicio de **El Palmito.** El personal del restaurante es muy amable y atento, desde los cocineros que preparan la comida hasta los camareros que la sirven.

La comida del restaurante es exquisita. Las tortillas, que se sirven con ajiaceite, son deliciosas. La sopa de pollo y huevo es excelente, y los frijoles enchilados, ricos. También recomiendo el tomaticán, cocinado con una gran variedad de verduras muy ricas. De postre°, don Héctor me preparó su especialidad, un rico pastel de yogur.

Les recomiendo que visiten **El Palmito** cuando tengan ocasión°.

El Palmito, Boston
de lunes a sábado 10:00a.m.-11:00p.m.
domingo 11:00a.m.-10:00p.m.

Comida *****
Servicio *****
Ambiente *****
Precio ****

MENÚ

Entremeses

Pan tostado con
• Queso frito • Huevos revueltos°

Tortillas con
• Ajicomino (chile, comino°) • Ajiaceite (chile, aceite)

Sopas

• Cebolla • Verduras • Pollo y huevo • Mariscos

Platos Principales

Chilaquil
(tortilla de maíz, queso y chile)

Tomaticán
(tomate, papas, maíz, chile, arvejas y zanahorias)

Tamales
(maíz, azúcar, ajo, cebolla)

Frijoles enchilados
(frijoles negros, carne de cerdo o de res, arroz, chile)

Postres

• Helado° de limón • Plátanos° caribeños
• Uvate (uvas, azúcar y ron°) • Pastel de yogur

Bebidas

• Té helado • Vino tinto
• Vino blanco • Agua mineral • Jugos
• Chilate (maíz, chile y cacao)

Después de leer

¿Comprendiste?

Completa cada oración con la opción correcta.

1. La arquitectura del restaurante es __________ [moderna, colonial, fea].
2. A muchos clientes les gusta tomar el café en __________ [las mesas, el bar, el patio].
3. El dueño del restaurante es uno de los__________ [peores, menores, mejores] chefs de Guatemala.
4. La comida en este restaurante, según la autora, es__________ [muy buena, mala, regular].
5. La crítica _________ [no da información, habla bien, se queja] del restaurante.

Preguntas

Responde a estas preguntas con oraciones completas.

1. ¿Cómo se llama el dueño del restaurante?
____
2. ¿Qué tipo de comida se sirve en El Palmito?
____
3. ¿Cómo es el ambiente del restaurante?
____
4. ¿Quién escribió este artículo?
____
5. ¿Cuál es la profesión de la autora del artículo?
____
6. ¿Cuántos platos probó la autora del artículo?
____

Coméntalo

¿Te interesan las comidas y bebidas que sirven en El Palmito? ¿Cuáles te parecen más interesantes? ¿Por qué? ¿Se sirven platos y bebidas similares a éstos en donde vives?

sorprendí	*was surprised*
mezclan	*mix*
por dentro	*inside*
cálido	*warm*
hay que	*one must*
lleno	*full*
ambiente	*atmosphere*
relajado	*relaxed*
uno no se puede quejar	*one can't complain*
postres	*desserts*
cuando tengan ocasión	*when you have the opportunity*
huevos revueltos	*scrambled eggs*
comino	*cumin*
helado	*ice cream*
plátanos	*plantains*
ron	*rum*

For an additional reading, go to **aventuras.vhlcentral.com.**

recursos
SUPERSITE
aventuras.vhlcentral.com
Lección 8

Las comidas

el/la camarero/a	*waiter*
el/la dueño/a	*owner*
el menú	*menu*
la sección de (no) fumadores	*(non)smoking section*
el almuerzo	*lunch*
la cena	*dinner*
la comida	*food; meal*
el desayuno	*breakfast*
los entremeses	*hors d'oeuvres* appetizers
el plato (principal)	*(main) dish*
agrio/a	*sour*
delicioso/a	*delicious*
dulce	*sweet*
picante	*hot, spicy*
rico/a	*tasty; delicious*
sabroso/a	*tasty; delicious*
salado/a	*salty*
almorzar (o:ue)	*to have lunch*
cenar	*to have dinner*
desayunar	*to have breakfast*
pedir (e:i)	*to order (food)*
probar (o:ue)	*to taste; to try*
recomendar (e:ie)	*to recommend*
servir (e:i)	*to serve*

Las bebidas

el agua (f.) (mineral)	*(mineral) water*
la bebida	*drink*
el café	*coffee*
la cerveza	*beer*
el jugo (de fruta)	*(fruit) juice*
la leche	*milk*
el refresco	*soft drink*
el té (helado)	*(iced) tea*
el vino (blanco/tinto)	*(white/red) wine*

Los granos y las verduras

el ajo	*garlic*
el arroz	*rice*
las arvejas	*peas*
la cebolla	*onion*
los cereales	*cereals; grains*
el champiñón	*mushroom*
la ensalada	*salad*
los frijoles	*beans*
la lechuga	*lettuce*
el maíz	*corn*
la papa/patata	*potato*
el tomate	*tomato*
las verduras	*vegetables*
la zanahoria	*carrot*

Las carnes, los pescados y los mariscos

el atún	*tuna*
el bistec	*steak*
los camarones	*shrimp*
la carne	*meat*
la carne de res	*beef*
la chuleta de cerdo	*pork chop*
la hamburguesa	*hamburger*
el jamón	*ham*
la langosta	*lobster*
los mariscos	*seafood*
el pavo	*turkey*
el pescado	*fish*
el pollo (asado)	*(roast) chicken*
la salchicha	*sausage*
el salmón	*salmon*

Las frutas

la banana	*banana*
las frutas	*fruit*
el limón	*lemon*
la manzana	*apple*
la naranja	*orange*
las uvas	*grapes*

Los condimentos y otras comidas

el aceite	*oil*
el azúcar	*sugar*
el huevo	*egg*
la mantequilla	*butter*
la margarina	*margarine*
la mayonesa	*mayonnaise*
el pan (tostado)	*(toasted) bread*
las papas/patatas fritas	*French fries*
la pimienta	*pepper*
el queso	*cheese*
la sal	*salt*
el sándwich	*sandwich*
la sopa	*soup*
el vinagre	*vinegar*

Verbos

conocer	*to know; to be acquainted with*
conducir	*to drive*
morir (o:ue)	*to die*
ofrecer	*to offer*
parecer	*to seem*
saber	*to know; to know how*
servir (e:i)	*to serve*
traducir	*to translate*

Expresiones útiles	*See page 203.*
Comparatives and superlatives	*See pages 212–213.*

recursos
SUPERSITE
aventuras.vhlcentral.com
Lección 8

AVENTURAS EN LOS PAÍSES HISPANOS

El Amazonas es el río más caudaloso *(the most vast)* del mundo. Por ser muy profundo *(deep)* y ancho *(wide)*, tiene otro nombre: "río océano". Desde barcos muy grandes hasta barcos pequeños, como la canoa que vemos en la foto, navegan en él. Alrededor *(around)* del río Amazonas hay una gran selva *(jungle)* y muy poca gente vive allí.

SURAMÉRICA I

Venezuela

Área: 912.050 km^2 (352.144 millas^2)
Población: 29.076.000
Capital: Caracas–2.988.000
Ciudades principales: Maracaibo, Valencia, Maracay, Barquisimeto
Moneda: bolívar

SOURCE: Population Division, UN Secretariat

Colombia

Área: 1.138.910 km^2 (439.734 millas^2)
Población: 48.930.000
Capital: Bogotá–8.416.000
Ciudades principales: Cali, Medellín, Barranquilla, Cartagena
Moneda: peso colombiano

SOURCE: Population Division, UN Secretariat

Ecuador

Área: 283.560 km^2 (109.483 millas^2)
Población: 14.192.000
Capital: Quito–1.680.000
Ciudades principales: Guayaquil, Cuenca, Machala, Portoviejo
Moneda: dólar estadounidense

SOURCE: Population Division, UN Secretariat

Perú

Área: 1.285.220 km^2 (496.224 millas^2)
Población: 30.063.000
Capital: Lima–7.590.000
Ciudades principales: Arequipa, Trujillo, Chiclayo, Iquitos
Moneda: nuevo sol

SOURCE: Population Division, UN Secretariat

Gente

Indígenas de Ecuador

Ecuador tiene una gran población indígena *(native)*. La lengua oficial de Ecuador es el español, pero hoy día también se hablan *(are spoken)* otras lenguas. Aproximadamente unos 4.000.000 de ecuatorianos hablan lenguas indígenas; la mayoría de ellos habla quechua. Las comunidades indígenas de Ecuador son excelentes tejedores *(weavers)*; sus tejidos son famosos en todo el mundo por sus colores vivos y sus hermosos diseños *(designs)*. En el mercado de Otavalo se venden mantas *(blankets)*, ropas tradicionales y tapices *(tapestries)* hechos por estas comunidades.

Lugares

El Salto Ángel

El Salto Ángel, en el sureste de Venezuela, es la catarata *(waterfall)* más alta del mundo. Tiene 979 m (3.212 pies) de altura *(height)*. Es diecisiete veces más alta que las cataratas del Niágara. James C. Angel descubrió esta catarata en 1937 y por eso lleva su nombre. Está en el Parque Nacional Canaima y los indígenas lo llaman *Churún Merú*, que significa catarata.

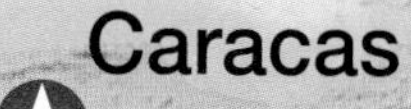

Literatura

Gabriel García Márquez

Gabriel García Márquez es uno de los escritores contemporáneos más importantes del mundo. Publicó su primer cuento *(short story)* en 1947, cuando era estudiante universitario. Su libro más conocido, *Cien años de soledad*, está escrito en el estilo *(style)* literario llamado "realismo mágico", un estilo que mezcla *(mixes)* la realidad con lo irreal y lo mítico *(mythical)*. García Márquez recibió el Premio Nobel de Literatura en 1982.

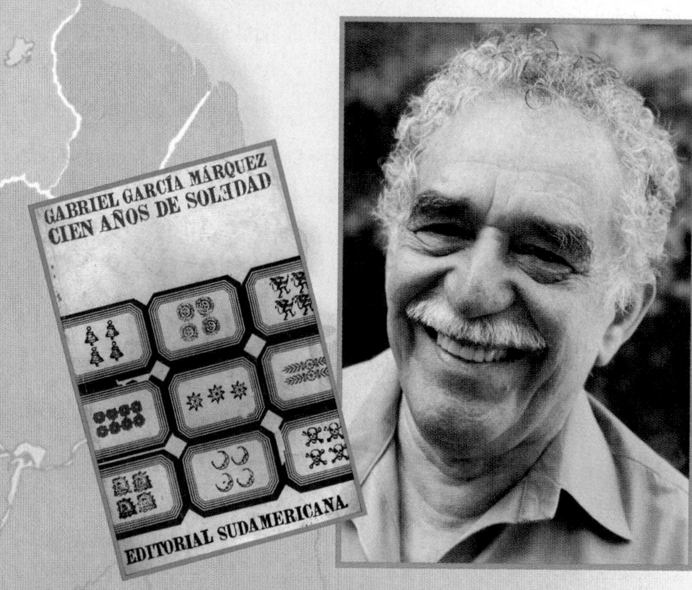

Economía

Las alpacas del Perú

La alpaca es un animal sudamericano de la familia de la llama y la vicuña. Vive en rebaños *(herds)* en los Andes del Perú. Es un animal muy importante para la economía del país, ya que da una lana muy buena que los peruanos utilizan para hacer ropa, mantas y bolsas de alta calidad *(quality)*. Pero cuidado: ¡Las alpacas escupen *(spit)* para defenderse!

Familia peruana esquilando *(shearing)* una alpaca.

recursos

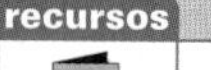

WB pp. 85–86	VM pp. 207–210	SUPERSITE aventuras.vhlcentral.com Lección 8

¿Qué aprendiste? SUPERSITE

1 ¿Cierto o falso? Indica si las oraciones son **ciertas** o **falsas**.

	Cierto	Falso
1. El río Amazonas es el más caudaloso del mundo.	______	______
2. Alrededor del río Amazonas hay una gran playa.	______	______
3. La moneda de Ecuador es el dólar estadounidense.	______	______
4. Arequipa es una de las ciudades principales de Venezuela.	______	______
5. La lengua oficial de Ecuador es el quechua.	______	______
6. Los tejidos de Ecuador son famosos en todo el mundo.	______	______
7. Las cataratas del Niágara son más altas que el Salto Ángel.	______	______
8. Los indígenas llaman *Churún Merú* al Salto Ángel.	______	______
9. García Márquez ganó el Premio Nobel en 1982.	______	______
10. García Márquez publicó su primer cuento en 1999.	______	______
11. La alpaca es de la familia de la llama y la vicuña.	______	______
12. La alpaca escupe para defenderse.	______	______

2 Preguntas Contesta las siguientes preguntas.

1. ¿Qué otro nombre tiene el río Amazonas? ¿Por qué?
2. ¿Qué se vende en el mercado de Otavalo? ¿Qué te gustaría comprar allí?
3. ¿Conoces alguna catarata similar a la de Salto Ángel? ¿Dónde está? ¿Cómo es comparada con la de Salto Ángel?
4. ¿ Leíste alguna obra de García Márquez? ¿Cuál? Si no, ¿crees que te gustaría leer algo de él?
5. ¿Qué haces si ves una alpaca? ¿Te acercas o te alejas? ¿Por qué?

SUPERSITE **CONEXIÓN INTERNET**

Busca más información sobre estos temas en aventuras.vhlcentral.com. Presenta la información a tus compañeros/as de clase.

- Indígenas de Ecuador
- El Salto Ángel
- Gabriel García Márquez
- Las alpacas del Perú

9 Las celebraciones

Communicative Goals

You will learn how to:

- talk about celebrations and personal relationships
- express congratulations
- ask for the bill in a restaurant
- express gratitude

PARA EMPEZAR

- ¿Cómo se sienten estas personas, alegres o tristes?
- ¿Celebran un matrimonio o un divorcio?
- ¿Crees que los jóvenes hicieron una fiesta?

LAS CELEBRACIONES

la boda
wedding

LAS FIESTAS

el aniversario (de bodas) *(wedding) anniversary*
el día de fiesta *holiday*
la fiesta *party*
el/la invitado/a *guest*
la Navidad *Christmas*
la quinceañera *young woman celebrating her fifteenth birthday*
la sorpresa *surprise*

el cumpleaños
birthday

graduarse (de)
to graduate (from)

celebrar *to celebrate*
cumplir años *to have a birthday*
dejar una propina *to leave a tip*
divertirse (e:ie) *to have fun*
invitar *to invite; to treat*
pagar la cuenta *to pay the bill*
pasarlo bien/mal *to have a good/bad time*
regalar *to give (a gift)*
reírse (e:i) *to laugh*
relajarse *to relax*
sonreír (e:i) *to smile*
sorprender *to surprise*

brindar
to toast

LOS POSTRES Y OTRAS COMIDAS

las galletas
cookies

la botella de vino *bottle of wine*
los dulces *sweets; candy*
el helado *ice cream*
el pastel *cake*
de cumpleaños *birthday cake*
los postres *desserts*

el flan
baked custard

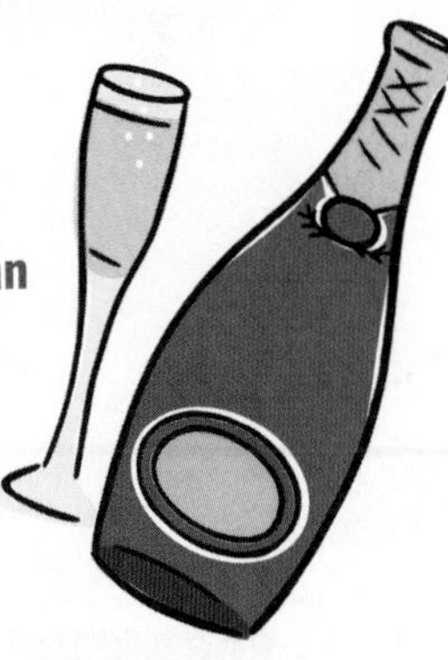

el champán
champagne

recursos

WB pp. 89–90	LM p. 49	SUPERSITE aventuras.vhlcentral.com Lección 9

LAS ETAPAS DE LA VIDA

- la etapa *stage*
- la juventud *youth*
- el nacimiento *birth*
- la vida *life*

- jubilarse *to retire (from work)*
- nacer *to be born*

la niñez
childhood

Variación léxica

comprometerse ⟷ prometerse (*Esp.*)
pastel ⟷ torta (*Arg., Venez.*), queque (*C. Rica*)

la adolescencia
adolescence

la madurez
maturity; middle age

la vejez
old age

la muerte
death

LAS RELACIONES PERSONALES

- la alegría *happiness*
- la amistad *friendship*
- el amor *love*
- el divorcio *divorce*
- el estado civil *marital status*
- el matrimonio *marriage; married couple*
- la pareja *couple; partner*
- el/la recién casado/a *newlywed*

luna de miel - honeymoon

- casado/a *married*
- divorciado/a *divorced*
- juntos/as *together*
- separado/a *separated*
- soltero/a *single*
- viudo/a *widowed*

- cambiar (de) *to change*
- casarse (con) *to get married (to)*
- comprometerse (con) *to get engaged (to)*
- divorciarse (de) *to get divorced (from)*
- enamorarse (de) *to fall in love (with)*
- llevarse bien/mal (con) *to get along well/badly (with)*
- odiar *to hate*
- romper (con) *to break up (with)*
- salir (con) *to go out (with); to date*
- separarse (de) *to separate (from)*
- tener una cita *to have a date; to have an appointment*

cita romántica

OTRAS PALABRAS

- el apellido *last name*
- el consejo *advice*
- la respuesta *answer*

A escuchar

1 ¿Lógico o ilógico? Escucha las oraciones e indica si son **lógicas** o **ilógicas**.

	Lógico	Ilógico
1.	______	______
2.	______	______
3.	______	______
4.	______	______
5.	______	______
6.	______	______

2 ¡Feliz cumpleaños! Los amigos de Silvia están preparándole una fiesta de cumpleaños. Escucha la conversación y contesta las preguntas.

1. ¿Sabe Silvia que sus amigos le van a dar una fiesta? ______
2. ¿Qué van a comer los amigos en la fiesta? ______
3. ¿A Silvia le gusta el chocolate? ______
4. ¿Dónde compraron el helado? ______
5. ¿Por qué no quieren comer el helado de la cafetería? ______
6. ¿Cuántos años cumple Silvia? ______
7. ¿Con qué brindan los amigos? ______
8. ¿Silvia es mayor o menor que sus amigos? ______

A practicar

3 **Completar** Completa las oraciones.

dejó una propina	**se jubiló**
nació	**se llevan bien**
nos divertimos	**sonrió**
lo pasaron mal	**tenemos una cita**
se casaron	**pagó la cuenta**

1. Nelson y Mildred ______ el septiembre pasado. La boda fue maravillosa.
2. Mi tía le ________ muy grande al camarero.
3. Mi padrastro ________ hace un año.
4. A Alejandra le gustan las galletas. Ella se puso contenta y ______ después de comérselas todas.
5. Luis y yo ________ en la fiesta. Bailamos y comimos mucho.
6. ¡Tengo una nueva sobrina! Ella ______ ayer por la mañana y se llama Sofía.
7. Irene y su esposo ______. Ellos casi nunca se pelean y disfrutan haciendo actividades juntos.
8. Isabel y yo ________ esta noche. Vamos a ir a un restaurante muy elegante.

4 **La fiesta de Susana** Completa las oraciones de manera lógica.

1. Susana siempre ______ su cumpleaños con su familia y sus amigos.
2. Su mamá invitó a mucha gente; todos los ______ llegaron tarde.
3. Su papá contó chistes (*told jokes*) y todos ______ porque eran (*were*) muy graciosos.
4. A Susana le ______ muchos regalos.
5. Su amiga Anabela trajo una botella de ______ para brindar después de comer el pastel.
6. El hermano de Susana comió muchos trozos (*pieces*) de______ de chocolate.
7. Susana está un poco triste porque ayer ________ su novio y él no vino a su fiesta de cumpleaños ni la llamó por teléfono.
8. Pero Susana ______ el próximo viernes con su amigo Jorge.

5 **Cambiar** En parejas, túrnense para decir que las afirmaciones son falsas y corríjanlas (*correct them*) cambiando las expresiones subrayadas.

modelo Nuestros amigos <u>lo pasaron mal</u> en la playa.
Estudiante 1: *Nuestros amigos lo pasaron mal en la playa.*
Estudiante 2: *No, te equivocas (you're wrong). Ellos lo pasaron bien.*

1. <u>El nacimiento</u> es el fin de la vida.
2. A los sesenta y cinco años muchas personas <u>comienzan a trabajar.</u>
3. Francisco y Gloria <u>se divorcian</u> mañana.
4. Pancho <u>se comprometió</u> con Yolanda.
5. Marcela <u>lo pasa bien con</u> Ramón.
6. El abuelo murió, por eso, la abuela es <u>separada</u>.

A conversar

6 **Planes para una fiesta** Trabaja con dos compañeros/as para planear una fiesta. Recuerda incluir la siguiente información.

1. ¿Qué tipo de fiesta es?
2. ¿Dónde va a ser? ¿Cuándo va a ser?
3. ¿A quiénes van a invitar?
4. ¿Qué van a comer? ¿Quiénes van a llevar o a preparar la comida?
5. ¿Qué van a beber? ¿Quiénes van a traer las bebidas?
6. ¿Cómo planean entretener a los invitados? ¿Van a bailar o a jugar algún juego?
7. Después de la fiesta, ¿quiénes van a limpiar (*clean*)?

7 **Encuesta** Entrevista a dos o tres compañeros/as para saber qué actitudes (*attitudes*) tienen en sus relaciones personales. Comparte los resultados con la clase.

Preguntas	Nombres	Actitudes
1. ¿Te importa la amistad? ¿Por qué?	________	________
2. ¿Es mejor tener un(a) buen(a) amigo/a o muchos amigos?	________	________
3. ¿Cuáles son las características que buscas en tus amigos/as?	________	________
4. ¿Tienes novio/a? ¿A qué edad (*age*) es posible enamorarse?	________	________
5. ¿Deben las parejas hacer todo juntos?	________	________
6. ¿Deben las parejas compartir las mismas opiniones? ¿Por qué?	________	________

8 **Una fiesta inolvidable** Cuéntale a un(a) compañero/a cómo fue la fiesta más divertida que tuviste (*had*). Usa estas preguntas como guía.

- ¿Qué?
- ¿Cómo?
- ¿Por qué?
- ¿Quién(es)?
- ¿Cuándo?
- ¿Cuántos?
- ¿Dónde?
- ¿A qué hora?

9 **La historia de Ana** Su profesor(a) va a darles a ti y a tu compañero/a la información necesaria para completar esta actividad.

Pronunciación

The letters h, j, and g

helado **hombre** **hola** **hermosa**

The Spanish **h** is always silent.

José **jubilarse** **dejar** **pareja**

The letter **j** is pronounced much like the English *h* in *his*.

agencia **general** **Gil** **Gisela**

The letter **g** can be pronounced three different ways. Before **e** or **i**, the letter **g** is pronounced much like the English *h*.

Gustavo, gracias por llamar el domingo.

At the beginning of a phrase or after the letter **n**, the Spanish **g** is pronounced like the English *g* in *girl*.

Me gradué en agosto.

In any other position, the Spanish **g** has a somewhat softer sound.

Guerra **conseguir** **guantes** **agua**

In the combinations **gue** and **gui**, the **g** has a hard sound and the **u** is silent. In the combination **gua**, the **g** has a hard sound and the **u** is pronounced like the English *w*.

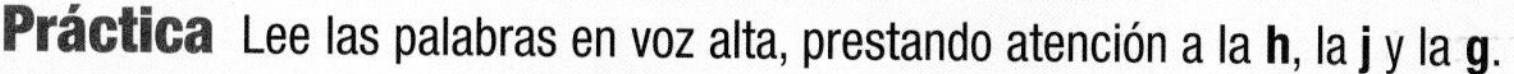

Práctica Lee las palabras en voz alta, prestando atención a la **h**, la **j** y la **g**.

1. hamburguesa
2. jugar
3. oreja
4. guapa
5. geografía
6. magnífico
7. espejo
8. hago
9. seguir
10. gracias
11. hijo
12. galleta
13. Jorge
14. tengo
15. ahora
16. guantes

Oraciones Lee las oraciones en voz alta, prestando atención a la **h**, la **j** y la **g**.

1. Hola. Me llamo Gustavo Hinojosa Lugones y vivo en Santiago de Chile.
2. Tengo una familia grande; somos tres hermanos y tres hermanas.
3. Voy a graduarme en mayo.
4. Para celebrar mi graduación mis padres van a regalarme un viaje a Egipto.
5. ¡Qué generosos son!

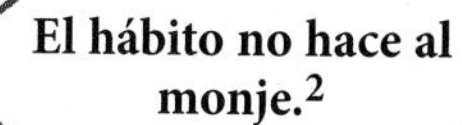

Refranes Lee los refranes en voz alta, prestando atención a la **h**, la **j** y la **g**.

A la larga, lo más dulce amarga.[1]

1 Too much of a good thing.
2 The clothes don't make the man.

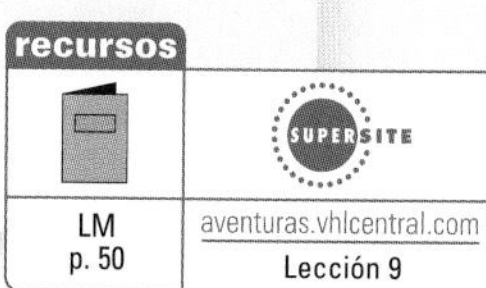

¡Feliz cumpleaños, Maite!

Don Francisco y los estudiantes celebran el cumpleaños de Maite en el Restaurante El Cráter.

PERSONAJES

DON FRANCISCO

JAVIER

INÉS

ÁLEX

MAITE

DOÑA RITA

CAMARERO

1

INÉS A mí me encantan los dulces. Maite, ¿tú qué vas a pedir?

MAITE Ay, no sé. Todo parece tan delicioso. Quizás el pastel de chocolate.

2

JAVIER Para mí el pastel de chocolate con helado. Me encanta el chocolate. Y tú, Álex, ¿qué vas a pedir?

ÁLEX Generalmente prefiero la fruta, pero hoy creo que voy a probar el pastel de chocolate.

DON FRANCISCO Yo siempre tomo un flan y un café.

3

DOÑA RITA ¡Feliz cumpleaños, Maite!

INÉS ¿Hoy es tu cumpleaños, Maite?

MAITE Sí, el 22 de junio. Y parece que vamos a celebrarlo.

TODOS MENOS MAITE ¡Felicidades!

6

ÁLEX Yo también acabo de cumplir los veintitrés años.

MAITE ¿Cuándo?

ÁLEX El cuatro de mayo.

7

DOÑA RITA Aquí tienen un flan, pastel de chocolate con helado... y una botella de vino para dar alegría.

MAITE ¡Qué sorpresa! ¡No sé qué decir! Muchísimas gracias.

8

DON FRANCISCO El conductor no puede tomar vino. Doña Rita, gracias por todo. ¿Puede traernos la cuenta?

DOÑA RITA Enseguida, Paco.

ACTIVIDADES

1 Preguntas Contesta estas preguntas.

1. ¿Por qué Maite no sabe que le van a celebrar su cumpleaños?
2. ¿Qué postre pide siempre don Francisco?
3. ¿Qué le encanta a Javier?
4. ¿Cuántos años cumplió Álex? ¿Cuándo?
5. ¿Cuál postre va a pedir Álex?
6. ¿Por qué don Francisco no puede tomar vino?

2 Identificar Identifica quién puede decir estas oraciones.

1. Gracias, doña Rita, pero no puedo tomar vino.
2. ¡Qué simpática es doña Rita! Fue tan amable conmigo.
3. A mí me gustan mucho los postres de chocolate.
4. Mi amigo acaba de informarme que hoy es el cumpleaños de Maite.
5. ¿Tienen algún postre de fruta? Los postres de fruta son los mejores.
6. Me parece una buena idea dejarle una buena propina a la dueña. ¿Qué piensan ustedes?

Para recordar **Antes de mirar este episodio, repasa el anterior.**

1. ¿Quién es doña Rita Perales?
2. ¿Qué platos sirven en El Cráter?
3. ¿Les gusta a los estudiantes la comida?
4. ¿Cuál es la ocasión especial ese día?

MAITE ¡Gracias! Pero, ¿quién le dijo que es mi cumpleaños?
DOÑA RITA Lo supe por don Francisco.

ÁLEX Ayer te lo pregunté, ¡y no quisiste decírmelo! ¿Eh? ¡Qué mala eres!
JAVIER ¿Cuántos años cumples?
MAITE Veintitrés.

INÉS Creo que debemos dejar una buena propina. ¿Qué les parece?
MAITE Sí, vamos a darle una buena propina a la señora Perales. Es simpatiquísima.

DON FRANCISCO Gracias una vez más. Siempre lo paso muy bien aquí.
MAITE Muchísimas gracias, señora Perales. Por la comida, por la sorpresa y por ser tan amable con nosotros.

Expresiones útiles

Celebrating a birthday party

¡Feliz cumpleaños!
Happy birthday!
¡Felicidades!/¡Felicitaciones!
Congratulations!
¿Quién le dijo que es mi cumpleaños?
Who told you (form.) that it's my birthday?
Lo supe por don Francisco.
I found out from Don Francisco.
¿Cuántos años cumples/cumple usted?
How old are you now?
Veintitrés.
Twenty-three.

Asking for the bill

¿Puede traernos la cuenta?
Can you bring us the bill?
La cuenta, por favor.
The bill, please.
Enseguida, señor/señora/señorita.
Right away, sir/ma'am/miss.

Expressing gratitude

¡(Muchas) gracias!
Thank you (very much)!
Muchísimas gracias.
Thank you very, very much.
Gracias por todo./Gracias una vez más.
Thanks for everything./Thanks once again.

Leaving a tip

Creo que debemos dejar una buena propina. ¿Qué les parece?
I think we should leave a good tip. What do you guys think?
Sí, vamos a darle una buena propina.
Yes, let's give him/her a good tip.

3  **Un cumpleaños** En grupos, imaginen que celebran el cumpleaños de un(a) amigo/a en un restaurante. Usen la guía para representar la situación.

- Todos le desean feliz cumpleaños a la persona que cumple años y uno le pregunta cuántos años cumple.
- Cada uno le pide al/a la camarero/a un postre y algo de beber.
- Después una persona pide la cuenta.
- Otra persona habla de dejar una propina.
- Los amigos dicen que quieren pagar la cuenta.
- El/La que cumple años les da las gracias por todo.

recursos

BAJO LA LUPA

Semana Santa: vacaciones y tradición

¿Te imaginas pasar veinticuatro horas tocando un tambor° entre miles de personas? Así es como mucha gente celebra el Viernes Santo° en el pequeño pueblo de **Calanda**, España. De todas las celebraciones hispanas, la **Semana Santa°** es una de las más espectaculares y únicas.

Semana Santa es la semana antes de Pascua°, una celebración religiosa que conmemora la Pasión de Jesucristo. Generalmente, la gente tiene unos días de vacaciones en esta semana. Algunas personas aprovechan° estos días para viajar, pero otras prefieren participar en las tradicionales celebraciones religiosas en las calles. En **Antigua**, Guatemala, hacen alfombras° de flores° y altares; también organizan Vía Crucis° y danzas. En las famosas procesiones y desfiles° religiosos de **Sevilla**, España, los fieles° sacan a las calles imágenes religiosas. Las imágenes van encima de plataformas ricamente decoradas con abundantes flores y velas°. En la procesión, los penitentes llevan túnicas y unos sombreros cónicos que les cubren° la cara°. En sus manos llevan faroles° o velas encendidas.

Procesión en Sevilla, España

Si visitas algún país hispano durante la Semana Santa, debes asistir a un desfile. Las playas y las discotecas pueden esperar hasta la semana siguiente.

Alfombra de flores en Antigua, Guatemala

Otras celebraciones famosas

Ayacucho, Perú: Además de alfombras de flores y procesiones, aquí hay una antigua tradición llamada "quema de la chamiza"°.

Iztapalapa, Ciudad de México: Es famoso el Vía Crucis del cerro° de la Estrella. Es una representación del recorrido° de Jesucristo con la cruz°.

Popayán, Colombia: En las procesiones "chiquitas" los niños llevan imágenes que son copias pequeñas de las que llevan los mayores.

tocando un tambor *playing a drum* **Viernes Santo** *Good Friday* **Semana Santa** *Holy Week* **Pascua** *Easter Sunday* **aprovechan** *take advantage of* **alfombras** *carpets* **flores** *flowers* **Vía Crucis** *Stations of the Cross* **desfiles** *parades* **fieles** *faithful* **velas** *candles* **cubren** *cover* **cara** *face* **faroles** *lamps* **quema de la chamiza** *burning of brushwood* **cerro** *hill* **recorrido** *route* **cruz** *cross*

ACTIVIDADES

1  **¿Cierto o falso?** Indica si lo que dicen las oraciones sobre Semana Santa en países hispanos es **cierto** o **falso**. Corrige las falsas.

1. La Semana Santa se celebra después de Pascua.
2. Las personas tienen días libres durante la Semana Santa.
3. Todas las personas asisten a las celebraciones religiosas.
4. En los países hispanos, las celebraciones se hacen en las calles.
5. En Antigua y en Ayacucho es típico hacer alfombras de flores.
6. En Sevilla, sacan imágenes religiosas a las calles.
7. En Sevilla, las túnicas cubren la cara.
8. En la procesión en Sevilla algunas personas llevan flores en sus manos.
9. El Vía Crucis de Iztapalapa es en el interior de una iglesia.
10. Las procesiones "chiquitas" son famosas en Sevilla, España.

ASÍ SE DICE

Fiestas y celebraciones

la despedida de soltero/a	*bachelor(ette) party*
el día feriado/festivo	el día de fiesta
disfrutar	*to enjoy*
festejar	celebrar
los fuegos artificiales	*fireworks*
pasarlo en grande	divertirse mucho
salir de parranda, rumbear (Ven.), farandulear (Col.)	*to go out and have fun*
la vela	*candle*

CONEXIÓN INTERNET

What do **Semana Santa** and **la Fiesta de San Fermín** have in common? Go to **aventuras.vhlcentral.com** to find out and to access these components:

- the **Flash Cultura** video
- more activities
- additional reading: **Una celebración única**

2 **Comparación** Compara una celebración del mundo hispano con una celebración importante de tu país. ¿Cómo celebra la gente? ¿Cuáles son actividades típicas? ¿En qué se parecen? ¿En qué se diferencian? Comparte tus ideas con la clase.

Las fiestas

1 **Preparación** ¿Se celebra la Navidad en tu país? ¿Qué otras fiestas importantes se celebran? En cada caso, ¿cuánto tiempo dura? ¿Cuáles son las tradiciones y actividades típicas?

2 **El video** Mira el episodio de **Flash Cultura**.

Vocabulario

los cabezudos *carnival figures with large heads*
los carteles *posters*
fiesta de pueblo *local celebration*
santos de palo *wooden saints*

1 Los cabezudos son una tradición [...] de España.

2 Es una fiesta de pueblo… una tradición. Vengo todos los años.

3 **Elegir** Indica cuál de las dos opciones resume mejor este episodio.

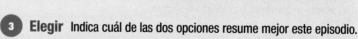

- Las Navidades puertorriqueñas son las más largas y terminan después de las fiestas de la calle San Sebastián. Esta fiesta de pueblo se celebra con baile, música y distintas expresiones artísticas típicas.
- En la celebración de las Navidades puertorriqueñas, los cabezudos son una tradición de España y son el elemento más importante de la fiesta. A la gente le gusta bailar y hacer procesiones por la noche.

9.1 Irregular preterites 

- You already know that **ir** and **ser** are irregular in the preterite. Here are some other verbs that are irregular in the preterite.

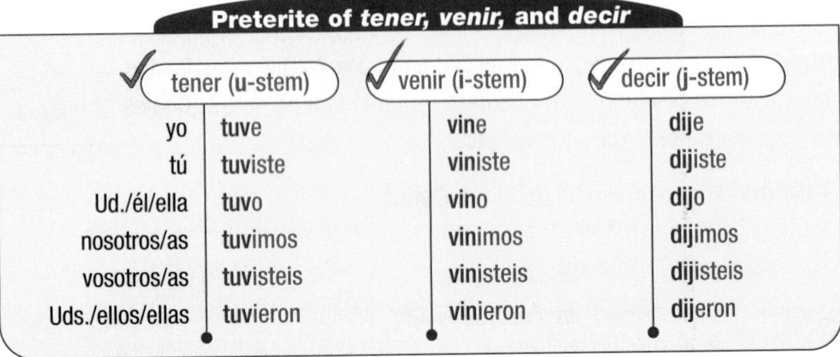

Preterite of *tener, venir,* and *decir*

	tener (u-stem)	venir (i-stem)	decir (j-stem)
yo	tuve	vine	dije
tú	tuviste	viniste	dijiste
Ud./él/ella	tuvo	vino	dijo
nosotros/as	tuvimos	vinimos	dijimos
vosotros/as	tuvisteis	vinisteis	dijisteis
Uds./ellos/ellas	tuvieron	vinieron	dijeron

- Observe the stem changes in the chart: the **e** in **tener** changes to **u**, and the **e** in **venir** and **decir** changes to **i**. Note also that the **c** in **decir** changes to **j**. None of these verbs have written accents in the **yo** or **Ud./él/ella** forms.
- These verbs have similar stem changes to **tener**, **venir**, and **decir**.

INFINITIVE	U-STEM	PRETERITE FORMS
poder	pud-	pude, pudiste, pudo, pudimos, pudisteis, pudieron
poner	pus-	puse, pusiste, puso, pusimos, pusisteis, pusieron
saber	sup-	supe, supiste, supo, supimos, supisteis, supieron
estar	estuv-	estuve, estuviste, estuvo, estuvimos, estuvisteis, estuvieron
INFINITIVE	**I-STEM**	**PRETERITE FORMS**
querer	quis-	quise, quisiste, quiso, quisimos, quisisteis, quisieron
hacer	hic-	hice, hiciste, hizo, hicimos, hicisteis, hicieron
INFINITIVE	**J-STEM**	**PRETERITE FORMS**
traer	traj-	traje, trajiste, trajo, trajimos, trajisteis, trajeron
conducir	conduj-	conduje, condujiste, condujo, condujimos, condujisteis, condujeron
traducir	traduj-	traduje, tradujiste, tradujo, tradujimos, tradujisteis tradujeron

¡ojo! Verbs with **j**-stems omit the letter **i** in the **Uds./ellos/ellas** endings. For example, **tener → tuvieron,** but **decir → dijeron.**

- Most verbs that end in **–cir** are **j**-stem verbs in the preterite. For example, **producir → produje, produjiste**, etc.

ORBITEL
$5.000
$10.000
$20.000
¿Dijiste larga distancia?
Compra Orbitel, la tarjeta que te da más minutos para hablar.

Práctica

1 **Una fiesta sorpresa** Completa estas frases con el pretérito de los verbos indicados.

1. El sábado ________ [haber] una fiesta sorpresa para Elsa en mi casa.
2. Sofía ________ [hacer] un pastel para la fiesta y Miguel ________ [traer] un flan.
3. Los amigos y parientes de Elsa ________ [venir] y ________ [traer] regalos.
4. El hermano de Elsa no ________ [venir] porque ________ [tener] que trabajar.
5. Su tía María tampoco ________ [poder] venir.
6. Cuando Elsa abrió la puerta, todos gritaron (*shouted*): "¡Feliz cumpleaños!" y su esposo le ________ [dar] un beso.
7. Al final de la fiesta, todos ________ [decir] que se divirtieron mucho.
8. La fiesta le ________ [dar] a Elsa tanta alegría que no ________ [poder] dormir esa noche.

2 **¿Qué hicieron?** Usa los verbos de la lista para describir lo que hicieron estas personas.

dar	poner	traer
estar	tener	venir

1. El señor López/dinero ________
2. Nosotros/fiesta ________

3. Norma/pavo ________

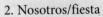

4. Roberto y Elena/regalo ________

Conversación

3 **Preguntas** En parejas, túrnense para contestar estas preguntas.

1. ¿Qué hiciste anoche?
2. ¿Quiénes no estuvieron en clase la semana pasada?
3. ¿Qué trajiste a clase ayer?
4. ¿Qué trajiste a clase hoy?
5. ¿Hiciste la tarea para esta clase?
6. ¿Cuándo hiciste la tarea? ¿Se la diste al/a la profesor(a)?
7. ¿Hubo una fiesta en tu casa o residencia el sábado pasado?
8. ¿Alguien dio una fiesta por tu cumpleaños el año pasado? ¿Quién?
9. ¿Cuándo fue la última (*last*) vez que tus parientes vinieron a visitarte? ¿Te trajeron algo? ¿Qué te trajeron?
10. ¿Les diste a tus padres un regalo para su aniversario de bodas? ¿Qué les regalaste?

4 **Encuesta** Averigua (*Find out*) quién de tus compañeros/as hizo cada una de estas actividades. Luego, comparte los resultados con la clase.

modelo

Fue a una fiesta la semana pasada

Estudiante 1: *¿Fuiste a una fiesta la semana pasada?*
Estudiante 2: *No, no fui a ninguna fiesta.*
Estudiante 1: *¿Fuiste a una fiesta la semana pasada?*
Estudiante 3: *Sí, fui a una fiesta muy buena.*

Descripciones	Nombres
1. Tuvo un examen ayer.	________
2. Trajo dulces a clase.	________
3. Condujo su auto a clase.	________
4. Estuvo en la biblioteca ayer.	________
5. Le dio consejos a alguien ayer.	________
6. Tuvo que levantarse temprano ayer.	________
7. Hizo un viaje por más de dos semanas el verano pasado.	________
8. Tuvo una cita anoche.	________
9. Dijo una mentira ayer.	________
10. Tuvo que trabajar el sábado pasado.	________

The preterite of dar

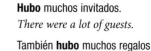

The preterite of *dar*

yo	di	nosotros/as	dimos
tú	diste	vosotros/as	disteis
Ud./él/ella	dio	Uds./ellos/ellas	dieron

▶ The endings for **dar** are the same as the regular preterite endings for **–er** and **–ir** verbs, but there are no written accent marks.

La camarera me **dio** el menú.
The waitress gave me the menu.

Le **di** a Juan algunos consejos.
I gave Juan some advice.

Los invitados le **dieron** un regalo.
The guests gave him/her a gift.

Nosotros **dimos** una gran fiesta.
We gave a great party.

▶ The preterite of **hay** (*inf.* **haber**) is **hubo** (*there was/were*).

Hubo una fiesta el sábado pasado.
There was a party last Saturday.

Hubo muchos invitados.
There were a lot of guests.

Hubo una sorpresa especial para mi hermana.
There was a special surprise for my sister.

También **hubo** muchos regalos y champán.
There were also a lot of gifts and champagne.

Doña Rita les dio una botella de vino a los viajeros.

Hubo una fiesta en el restaurante El Cráter.

¡Manos a la obra!

Escribe la forma correcta del pretérito de cada verbo.

1. Tú ___quisiste___ [querer].
2. Usted ____________ [decir].
3. Nosotras ____________ [hacer].
4. Yo ____________ [traer].
5. Ellas ____________ [conducir].
6. Ella ____________ [estar].
7. Tú ____________ [tener].
8. Ella y yo ____________ [dar].
9. Yo ____________ [traducir].
10. Ayer ____________ [haber].
11. Usted ____________ [saber].
12. Ellos ____________ [poner].
13. Yo ____________ [venir].
14. Tú ____________ [poder].
15. Ustedes ____________ [querer].
16. Nosotras ____________ [estar].
17. Tú ____________ [decir].
18. Ellos ____________ [saber].
19. Él ____________ [hacer].
20. Yo ____________ [poner].
21. Nosotras ____________ [traer].
22. Yo ____________ [tener].
23. Tú ____________ [dar].
24. Ustedes ____________ [poder].

9.2 Verbs that change meaning in the preterite

▸ **Conocer, saber, poder,** and **querer** change meanings in the preterite.

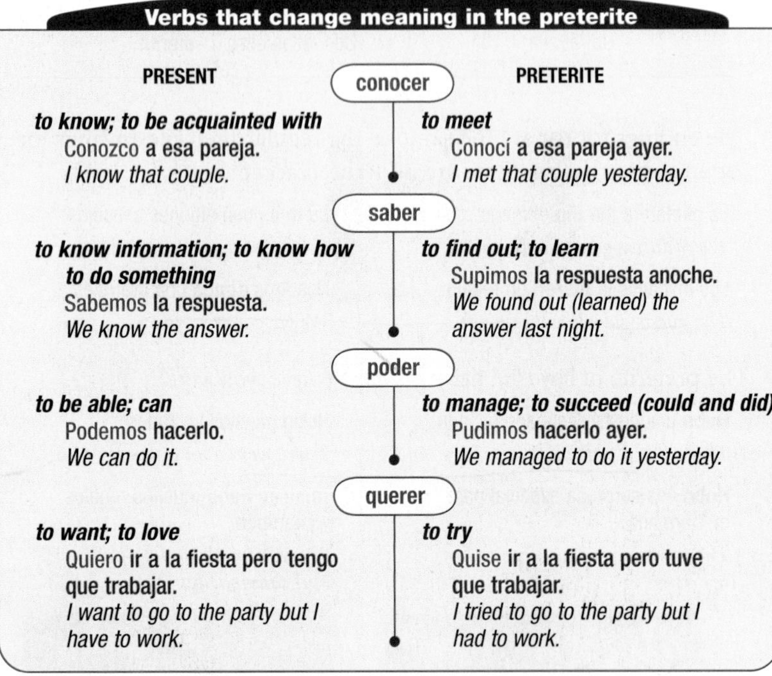

Verbs that change meaning in the preterite

	PRESENT		PRETERITE
conocer	***to know; to be acquainted with*** **Conozco** a esa pareja. *I know that couple.*		***to meet*** **Conocí** a esa pareja ayer. *I met that couple yesterday.*
saber	***to know information; to know how to do something*** **Sabemos** la respuesta. *We know the answer.*		***to find out; to learn*** **Supimos** la respuesta anoche. *We found out (learned) the answer last night.*
poder	***to be able; can*** **Podemos** hacerlo. *We can do it.*		***to manage; to succeed (could and did)*** **Pudimos** hacerlo ayer. *We managed to do it yesterday.*
querer	***to want; to love*** **Quiero** ir a la fiesta pero tengo que trabajar. *I want to go to the party but I have to work.*		***to try*** **Quise** ir a la fiesta pero tuve que trabajar. *I tried to go to the party but I had to work.*

▸ In the preterite, **poder** and **querer** have different meanings, depending on whether they are used in affirmative or negative sentences.

Affirmative		Negative	
pude	*I was able (to)/succeeded*	**no pude**	*I failed (to)*
quise	*I tried (to)*	**no quise**	*I refused (to)*

¡Manos a la obra!

Cambia los verbos del presente al pretérito.

1. No quiero hacerlo. No ___quise___ hacerlo.
2. ¿Sabes la respuesta? ¿ ____________ la respuesta?
3. Las chicas pueden divertirse. Las chicas ____________ divertirse.
4. ¿Conoces a los recién casados? ¿ ____________ a los recién casados?
5. No puedo encontrar a Patricia. No ____________ encontrar a Patricia.
6. Josefina quiere descansar. Josefina ____________ descansar.
7. Conocemos a Julio. ____________ a Julio el año pasado.
8. Ella no puede venir a la fiesta. Ella no ____________ venir a la fiesta.
9. Queremos pasarlo bien. ____________ pasarlo bien.
10. Ustedes saben del problema, ¿verdad? Ustedes ____________ del problema, ¿verdad?
11. No queremos ir a la fiesta. No ____________ ir a la fiesta.
12. Puedes venir conmigo. ____________ venir conmigo.

Práctica

1 Oraciones Forma oraciones con estos elementos. Usa el pretérito.

modelo

Mis padres / no querer / venir / fiesta
Mis padres no quisieron venir a la fiesta.

1. Anoche / nosotros / saber / que / Carlos y Eva / divorciarse ____________
2. Tú / conocer / Nora / clase / historia / ¿no? ____________
3. ¿Poder / ustedes / visitar / la Isla de Pascua? ____________
4. Ayer / yo / saber / que / Paco / querer / romper / Olivia ____________
5. El señor Navarro / querer / jubilarse / pero / no poder ____________
6. Gustavo y Elena / conocer / mi esposo / fiesta de Ana ____________
7. Yolanda / no poder / dormir / anoche ____________
8. Irma / saber / que / nosotros / traer / galletas ____________
9. Ayer / yo / no poder / llamar / tú ____________
10. Nosotros / querer / pagar la cuenta ____________

2 Completar Completa estas frases de manera lógica.

1. La semana pasada yo supe…
2. Ayer mi compañero/a de cuarto supo…
3. Esta mañana no pude…
4. El fin de semana pasado mis amigos y yo no pudimos…
5. Conocí a mi mejor amigo/a en…
6. Mis padres no quisieron…
7. Mi mejor amigo/a no pudo…
8. Mi novio/a y yo nos conocimos en…
9. La semana pasada supe…
10. Ayer mis amigos quisieron…
11. Mis abuelos pudieron…

Conversación

3 **El fin de semana** Prepara dos listas: una con las actividades que hiciste el fin de semana pasado y la otra lista con las actividades que quisiste hacer, pero no pudiste hacer. Luego, compara tu lista con la de un(a) compañero/a, y expliquen por qué no pudieron hacer esas cosas.

Cosas que hice	Cosas que quise hacer
1. ________	1. ________
2. ________	2. ________
3. ________	3. ________
4. ________	4. ________
5. ________	5. ________
6. ________	6. ________
7. ________	7. ________
8. ________	8. ________
9. ________	9. ________
10. ________	10. ________

4 **Telenovela** En grupos de tres, escriban el guión (*script*) de una escena amorosa entre los tres personajes de la telenovela (*soap opera*) llamada **La mujer doble**. Usen el pretérito de **conocer, poder, querer** y **saber**. ¡Sean creativos!

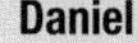

Daniel

Mirta

Raúl

PASIÓN
HECHICERÍA
AVENTURA
VENGANZA
LA MUJER DOBLE

Español en vivo

Hubo un día en el que la humanidad quiso ir más allá de sus límites.
Pudo conocer un mundo increíble.
Supo asegurar su futuro.
Ahora todos lo pueden hacer.
BANCO DAVIVIENDA

Identificar

Lee el anuncio e identifica los verbos en el pretérito.

Preguntas

1. ¿Qué quiso hacer la humanidad? ¿Qué pudo conocer?
2. ¿Cuándo llegó el hombre a la Luna (*Moon*)?
3. ¿Qué tipo de compañía es la del anuncio?
4. ¿Es eficaz (*effective*) la conexión entre el viaje a la Luna y los servicios bancarios?

9.3 Relative pronouns 

- Relative pronouns are used to combine two sentences or clauses that share a common element, such as a noun or pronoun. Study these diagrams.

Éste es el flan.
This is the flan.

Manuela preparó el flan.
Manuela made the flan.

Éste es el flan que Manuela preparó.
This is the flan that Manuela made.

Lourdes es muy inteligente.
Lourdes is very intelligent.

Lourdes estudia español.
Lourdes studies Spanish.

Lourdes, quien estudia español, es muy inteligente.
Lourdes, who studies Spanish, is very intelligent.

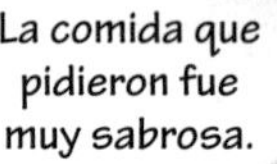

La comida que pidieron fue muy sabrosa.

Doña Rita, quien les sirve el vino, es la dueña del restaurante.

- Spanish has three commonly used relative pronouns. Note that relative pronouns never carry an accent, unlike interrogative words (**qué, quién,** etc.).

Common relative pronouns

✓que	*that; which; who*
✓quien(es)	*who; whom; that*
✓lo que	*that which; what*

- **Que**, the most frequently used relative pronoun, can refer to things or to people. Unlike the English *that*, **que** is never omitted.

¿Dónde está el pastel **que** pedí?
Where is the cake (that) I ordered?

El hombre **que** sirve la comida se llama Diego.
The man who serves the food is named Diego.

Práctica

1 **Una fiesta de aniversario** Amparo está hablando de la fiesta de aniversario de sus abuelos. Completa las oraciones con las expresiones de la lista. 

a quien conozco muy bien	que se graduó
de quienes te hablé	quien es la novia
que saqué	quien se jubiló

1. El sábado fui a la fiesta de aniversario de mis abuelos, ________ la semana pasada.
2. Éstas son las fotos ________ durante la fiesta.
3. Éste es Ramón, mi primo. Es el chico ________ de la universidad en junio.
4. Éste es mi abuelo, ________ el año pasado.
5. Esta mujer, ________, se llama Ana.
6. Y ésta es Lucita, ________ de Ramón.

2 **Una fiesta de cumpleaños** Describe la fiesta sorpresa que van a dar Jaime y Tina, usando los pronombres relativos **que, quien, quienes** y **lo que**.

1. Manuela, __quien__ cumple veintiún años mañana, no sabe que sus amigos están planeando una fiesta.
2. Jaime y Tina son los amigos __que__ planean la fiesta.
3. Éstas son las personas __que__ van a invitar.
4. Juan y Luz, __quienes__ son los hermanos de Manuela, van a venir.
5. Marco, __quien__ es el novio de Manuela, va a venir también.
6. __Lo que__ Jaime y Tina van a servir de postre es un pastel.
7. Todos van a bailar salsa y rock hasta la una de la mañana, __lo que__ va a ser muy divertido.

Conversación

3 Entrevista En parejas, túrnense para hacerse las siguientes preguntas.

1. ¿Qué es lo que más te gusta de las fiestas familiares? ¿Por qué?
2. ¿Qué es lo que menos te gusta de las fiestas familiares? ¿Por qué?
3. ¿Quiénes son las personas con quienes celebras tu cumpleaños?
4. ¿Quién es el/la pariente o amigo/a a quien más le gustan los cumpleaños? ¿Por qué le gustan tanto?
5. ¿Dónde compras los regalos que le regalas a tu mejor amigo/a?
6. ¿Tienes hermanos/as o amigos/as que están casados/as? ¿Dónde viven?
7. ¿Quién es la persona que más te importa?
8. ¿Quiénes son las personas con quienes te diviertes más? ¿Por qué lo pasas bien con ellos/ellas?

4 Definiciones En parejas, túrnense para definir estas palabras, usando **que, quien(es)** y **lo que.** Luego compartan sus definiciones con la clase.

modelo

un pastel de cumpleaños

Estudiante 1: *¿Qué es un pastel de cumpleaños?*
Estudiante 2: *Es un postre que comes en tu cumpleaños./Es lo que comes en tu cumpleaños.*

1. el helado
2. el champán
3. una propina
4. una boda
5. un invitado
6. la Navidad
7. una recién casada
8. los dulces
9. la camarera
10. la leche
11. una viuda
12. una fiesta de quince años

Uses of quien(es) and lo que

- **Quien** (singular) and **quienes** (plural) refer only to people and are often used after a preposition or the personal **a**.

Eva, **a quien** vi anoche, cumple veinticinco años hoy.
Eva, whom I saw last night, turns twenty-five today.

¿Son ésas las chicas **de quienes** me hablaste la semana pasada?
Are those the girls you told me about last week?

- **Quien(es)** is occasionally used instead of **que** in clauses set off by commas.

Lola, **quien** es cubana, es médica.
Lola, who is Cuban, is a doctor.

Mi hermana, **quien** vive en Madrid, me llamó por teléfono.
My sister, who lives in Madrid, called me on the phone.

Su tía, **que** es alemana, ya llegó.
Her aunt, who is German, already arrived.

Juan, **que** estuvo muy contento, brindó conmigo.
Juan, who was very happy, toasted with me.

- **Lo que** refers to an idea, a situation, or a past event and means *what* or *the thing that.*

Juana tiene todo **lo que** necesitamos.
Juana has everything we need.

Lo que quiero es verte.
What I want is to see you.

Lo que me molesta es el calor.
The thing that bothers me is the heat.

Lo que más te gusta es divertirte.
What you like most is to have fun.

Maite, a quien le compramos un pastel, cumple años hoy.

Lo que le gusta a Inés son los dulces.

¡Manos a la obra!

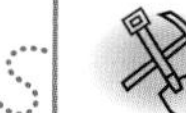

Completa las siguientes oraciones con pronombres relativos.

1. La chica ___que___ me invitó a la fiesta se llama Anabel.
2. Ese mercado tiene todo __________ necesitamos.
3. Úrsula, __________ es la dueña del restaurante, es de Uruguay.
4. Donaldo, a __________ viste en la fiesta, es chileno.
5. A Cecilia no le gusta el regalo __________ le compré.
6. No me gusta hablar con personas a __________ no conozco.
7. Rosana es la chica de __________ te hablé.
8. El chico __________ está a la izquierda es mi primo.
9. Ana, con __________ voy a la fiesta, es muy simpática.
10. __________ me sorprendió fue ver a tantos invitados.

9.4 ¿Qué? and ¿cuál?

- As you know, **¿qué?** and **¿cuál?** or **¿cuáles?** mean *what?* or *which?* However, they are not interchangeable.
- **¿Qué?** is used to ask for a definition or explanation.

¿Qué es el flan?	**¿Qué** estudias?
What is flan?	*What do you study?*

- **¿Cuál(es)?** is used when there is a choice among several possibilities.

¿Cuáles quieres, éstos o ésos?	**¿Cuál** es tu apellido, Martínez o Vilanova?
Which (ones) do you want, these ones or those ones?	*What is your last name, Martínez or Vilanova?*

- **¿Cuál(es)?** cannot be used before a noun; **¿qué?** is used instead.

¿Cuál es tu color favorito?	**¿Qué colores** te gustan?
What is your favorite color?	*What colors do you like?*

- **¿Qué?** used before a noun has the same meaning as **¿cuál?**

Qué + noun	**Cuál + verb**
¿Qué regalo te gusta?	**¿Cuál** te gusta?
¿Qué dulces quieren ustedes?	**¿Cuáles** quieren ustedes?

Review of interrogative words and phrases

¿a qué hora?	*at what time?*	¿cuántos/as?	*how many?*
¿adónde?	*(to) where?*	¿de dónde?	*from where?*
¿cómo?	*how?*	¿dónde?	*where?*
¿cuál(es)?	*what?; which?*	¿por qué?	*why?*
¿cuándo?	*when?*	¿qué?	*what?; which?*
¿cuánto/a?	*how much?*	¿quién(es)?	*who?*

¡Manos a la obra!

Completa las preguntas con **¿qué?** o **¿cuál(es)?**, según el contexto.

1. ¿ Cuál te gusta más?
2. ¿_____ es tu teléfono?
3. ¿_____ tipo de pastel pediste?
4. ¿_____ es una boda?
5. ¿_____ haces ahora?
6. ¿_____ son tus platos favoritos?
7. ¿_____ bebidas te gustan más?
8. ¿_____ es esto?
9. ¿_____ es el mejor?
10. ¿_____ es tu opinión?
11. ¿_____ fiestas celebras tú?
12. ¿_____ vino prefieres?
13. ¿_____ es tu clase favorita?
14. ¿_____ pones en la mesa?
15. ¿_____ restaurante prefieres?
16. ¿_____ es tu dirección?
17. ¿_____ quieres comer ahora?
18. ¿_____ es la tarea para mañana?
19. ¿_____ color prefieres?
20. ¿_____ opinas?

Práctica

1 Minidiálogos Completa los minidiálogos con las palabras interrogativas correctas.

SORAYA ¿ (1) _________ es la fiesta de aniversario de tus padres?
ERNESTO El sábado por la noche.

• • •

MICAELA ¿ (2) _________ va a ser la fiesta de cumpleaños?
TIMOTEO En casa de mi primo.

• • •

MARCIA ¿ (3) _________ es tu clase favorita?
CARLOS La clase de arte es mi favorita.

• • •

TOMÁS ¿ (4) _________ dinero te van a dar tus abuelos para tu graduación de la universidad?
MERCEDES Dicen que van a darme dos mil dólares.

• • •

LIDIA ¿ (5) _________ compraste para tu sobrino?
MARTA Una raqueta de tenis.

• • •

BLAS ¿ (6) _________ vas después de la boda?
GIL Mi novia y yo vamos al cine. ¿Quieres venir?

2 Completar Completa estas preguntas con una palabra interrogativa. En algunos casos se puede usar más de una palabra interrogativa.

1. ¿En _______ país nacieron tus padres?
2. ¿_______ es la fecha de tu cumpleaños?
3. ¿_______ naciste?
4. ¿_______ es tu estado civil?
5. ¿_____________ te relajas?
6. ¿_____________ son tus programas de televisión favoritos?
7. ¿_______ es tu mejor amigo?
8. ¿_______ van tus amigos para divertirse?
9. ¿_______ postres te gustan? ¿_______ te gusta más?
10. ¿_______ problemas tuviste el primer día de clase?
11. ¿_______ primos tienes?

Conversación

3 **Una invitación** En parejas, lean esta invitación. Luego, cada estudiante debe pensar en tres preguntas sobre el texto que su compañero/a debe responder.

Estudiante 1: *¿Quiénes se casan?*
Estudiante 2: *María Luisa y José Antonio*

FERNANDO SANDOVAL VALERA — LORENZO VÁSQUEZ AMARAL
ISABEL ARZIPE DE SANDOVAL — ELENA SOTO DE VÁSQUEZ

TIENEN EL AGRADO DE INVITARLOS
A LA BODA DE SUS HIJOS

MARÍA LUISA Y JOSÉ ANTONIO

LA CEREMONIA RELIGIOSA TENDRÁ LUGAR
EL SÁBADO 10 DE JUNIO A LAS DOS DE LA TARDE
EN EL TEMPLO DE SANTO DOMINGO
(CALLE SANTO DOMINGO, 961).

DESPUÉS DE LA CEREMONIA, SÍRVANSE PASAR A LA RECEPCIÓN EN EL SALÓN DE BAILE DEL HOTEL METRÓPOLI (SOTERO DEL RÍO, 465).

4 **Fotos** En parejas, túrnense para hacerse preguntas sobre estas personas.

modelo

Estudiante 1: *¿Quién es esta mujer?*
Estudiante 2: *Es una estudiante.*
Estudiante 1: *¿Dónde está?*
Estudiante 2: *Está en la biblioteca.*
Estudiante 1: *¿Qué está haciendo?*
Estudiante 2: *Está estudiando para un examen.*

1. 
2. 
3. 
4. 

5 **Quinceañera** Su profesor(a) va a darles a ti y a tu compañero/a la información necesaria para completar esta actividad.

Español en vivo

¿Con quién quieres compartir momentos mágicos?
¿Cuáles son tus prioridades en la vida?
¿Qué es para ti la libertad?
Tú eliges cómo vivir.
BMW
¿Te gusta conducir?

Identificar

Lee el anuncio e identifica las palabras interrogativas.

Preguntas

1. ¿Qué puedes hacer con un auto como éste?
2. ¿Te gustaría (*Would you like*) comprar un auto como éste? ¿Por qué?
3. ¿Te gusta este anuncio? ¿Por qué?

Repaso

For more practice, go to **aventuras.vhlcentral.com.**

9.1 Irregular preterites

1 **La graduación** Imagina que el fin de semana pasado fue tu fiesta de graduación y tus parientes de Colombia vinieron a la celebración. Usa las frases de la lista para describir qué pasó en la fiesta.

conducir el automóvil	traducir del inglés
decir el discurso (*speech*)	traer un regalo
producir un video	venir desde Colombia

2 **Una fiesta importante** En parejas, túrnense para describir una fiesta importante que celebraron el año pasado. Comenten qué regalos dieron y qué regalos les dieron. También comenten qué hubo de cenar, de beber y de postre.

modelo

Estudiante 1: *¿Cuál fue la fiesta más importante para ti el año pasado?*

Estudiante 2: *Para mí, fue la Navidad. Celebré esta fiesta con toda mi familia. Mis padres me dieron una computadora. De beber, hubo vino tinto, champán y refrescos...*

9.2 Verbs that change meaning in the preterite

3 **¡Qué mala suerte!** Completa el párrafo del diario (*journal*) de Romeo con el pretérito de los verbos **conocer, saber, poder** y **querer.**

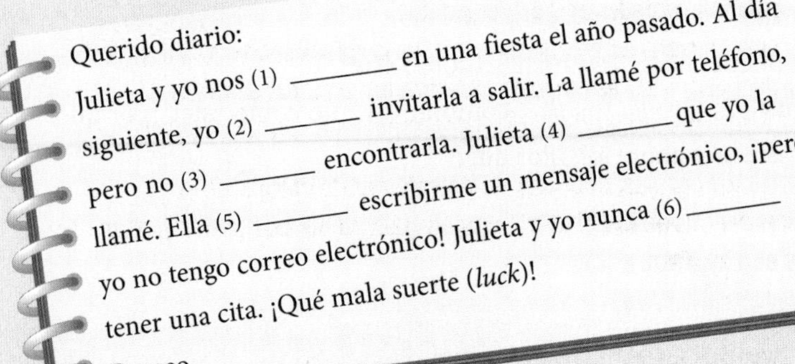
Querido diario:
Julieta y yo nos (1) ________ en una fiesta el año pasado. Al día siguiente, yo (2) ________ invitarla a salir. La llamé por teléfono, pero no (3) ________ encontrarla. Julieta (4) ________ que yo la llamé. Ella (5) ________ escribirme un mensaje electrónico, ¡pero yo no tengo correo electrónico! Julieta y yo nunca (6) ________ tener una cita. ¡Qué mala suerte (*luck*)!
Romeo

4 **De joven...** En grupos de tres, imaginen que tienen ochenta años de edad. Escriban un párrafo diciendo las cosas que quisieron hacer de jóvenes, las cosas que no quisieron hacer, las actividades que pudieron hacer y las que no pudieron hacer.

modelo *De joven, siempre quise tener una cita con una actriz de cine, pero no pude conocer a ninguna.*

9.3 Relative pronouns

5 **Combinar** Combina los oraciones para formar una sola oración con los pronombres relativos **que, quien(es)** y **lo que.**

modelo Mi hermano y mi novia se llevan bien. Ellos planearon una fiesta sorpresa para mí.
Mi hermano y mi novia, quienes se llevan bien, planearon una fiesta sorpresa para mí.

1. La fiesta fue en un restaurante peruano. Mi novia lo eligió *(chose)*.
2. Mi amigo Hernán es colombiano. Él vino desde Bogotá.
3. Los camareros trajeron un pastel de cumpleaños. El pastel fue de chocolate.
4. Mis tíos fueron a la fiesta. La situación fue incómoda *(uncomfortable)* porque están separados.
5. Mis hermanos son mayores que yo. Ellos le dejaron una propina al camarero.
6. Los invitados bailaron mucho. Fue bueno porque se divirtieron.

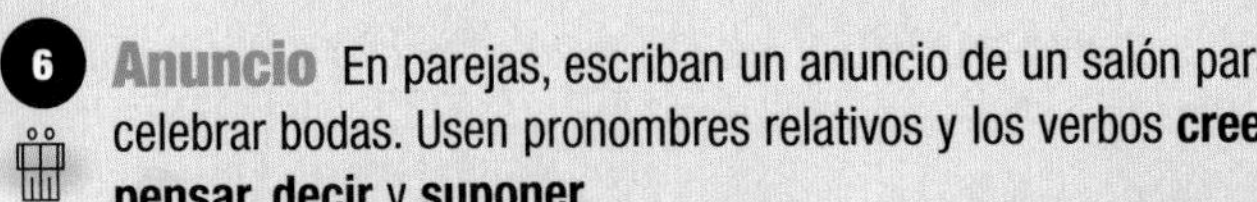

6 **Anuncio** En parejas, escriban un anuncio de un salón para celebrar bodas. Usen pronombres relativos y los verbos **creer, pensar, decir** y **suponer**.

modelo *¡Creemos que este salón es perfecto para su boda! Suponemos que usted quiere una boda divertidísima.*

9.4 ¿Qué? and ¿cuál?

7 **Las etapas de la vida** Completa las preguntas con **qué** o **cuáles**. Después responde a las preguntas.

1. ¿_______ etapa de la vida ocurre después de la niñez?
2. ¿_______ es la etapa en la que nos jubilamos?
3. ¿_______ son las mejores etapas de la vida?
4. ¿_______ son las etapas que ocurren antes de la vejez?
5. ¿_______ es la etapa de la vida después de la madurez?
6. ¿_______ celebraciones son las favoritas de los niños?

8 **La quinceañera** En parejas, escriban preguntas para entrevistar a Ana, quien celebró su fiesta de quince años. Usen todas las palabras interrogativas. Después, túrnense para hacer y responder a las preguntas.

Síntesis

9 **Conversar** Tu amigo y tú están conversando sobre la vida de artistas famosos. En parejas, escriban una conversación donde comenten los últimos chismes (*pieces of gossip*) de estas celebridades.

modelo

Estudiante 1: *¿Supiste que Brad Pitt rompió con Angelina Jolie?*
Estudiante 2: *Sí, lo supe. Creo que ella se enamoró de otro actor de cine.*
Estudiante 1: *¿Quién te dijo eso?*
Estudiante 2: *Lo dijeron en el programa de entrevistas de las seis de la tarde. ¿No lo viste?*
Estudiante 1: *No. Quise mirar la televisión, pero no pude porque tuve que ir a la biblioteca.*

Videoclip

1 **Preparación** ¿Conoces alguna fiesta donde se celebre la muerte? ¿Cuál(es)? ¿Qué opinas de esta celebración?

2 **El clip** Mira el reportaje sobre **el Día de los Muertos** de Estados Unidos.

Vocabulario

altares *altars*	**homenaje** *homage*
espíritus *spirits*	**ofrenda** *offering*

1 ... para celebrar el Día de los Muertos...

2 Cada veladora° que es prendida representa un alma°...

veladora *candle* **alma** *soul*

3 **Ordenar** Ordena las oraciones según aparecen en el video.

_______ a. Algunas tribus creían que la muerte era la continuación de la vida.
_______ b. Tradicionalmente, los altares son conformados por fotos de seres queridos y sus recuerdos.
_______ c. Para ellos, la vida era solamente un sueño y sólo en la muerte estarían verdaderamente despiertos.
_______ d. Los animales no se quedan atrás, ya que también son recordados.
_______ e. Comida y fruta es proveída para que los espíritus se regocijen.
_______ f. La flor de cempasúchil atrae a los espíritus hacia las ofrendas.

4 **Comparar** En parejas, escriban un párrafo donde comparen la celebración del Día de los Muertos y la de Halloween. Luego compartan sus ideas con la clase.

CONEXIÓN INTERNET

Go to **aventuras.vhlcentral.com** to watch the television clip featured in this section.

Ampliación 

1 Escuchar

A Escucha la conversación entre Josefina y Rosa. Cuando oigas una de las palabras de la **columna A**, usa el contexto para identificar un sinónimo en la **columna B**.

 **TIP Guess the meaning of the words through context.** Listen to the words and phrases around an unfamiliar word to guess its meaning.

A	B
______ 1. festejar	a. conmemoración religiosa de una muerte
______ 2. te divertiste	b. tolera
______ 3. dicha	c. suerte
______ 4. bien parecido	d. celebrar
______ 5. finge (fingir)	e. lo pasaste bien
______ 6. soporta (soportar)	f. horror
	g. pretende ser algo que no es
	h. guapo

Margarita Robles de García
y Roberto García Olmos

Piden su presencia en la celebración
del segundo aniversario de bodas
el día 13 de marzo de 2010
con una misa en la Iglesia Virgen del Coromoto
a las 6:30 p.m.

Seguida por cena y baile
en el restaurante El Campanero,
Calle Principal, Las Mercedes
a las 8:30 p.m.

B ¿Son solteras Rosa y Josefina? ¿Cómo lo sabes?

2 Conversar

En parejas, comparen cómo celebraron ustedes el Día de Acción de Gracias (*Thanksgiving*) el año pasado. Incluyan esta información.

- ¿Dónde celebraron el día de fiesta? ¿Lo pasaron bien?
- ¿Cuál fue el menú? ¿Quiénes hicieron la comida?
- ¿Trajeron ustedes algo? ¿Qué trajeron?
- ¿Quiénes vinieron a comer? ¿Conocieron a alguien?

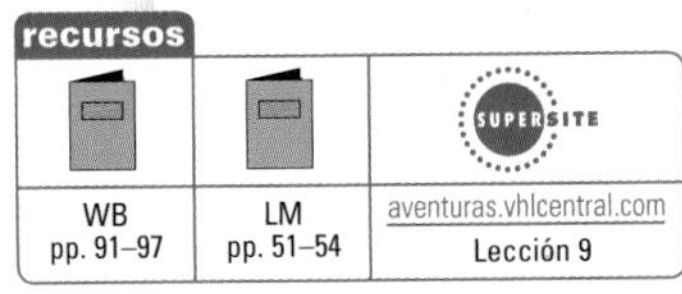

recursos
WB pp. 91–97
LM pp. 51–54
SUPERSITE
aventuras.vhlcentral.com
Lección 9

Ampliación

3 Escribir

En una composición, compara dos celebraciones a las que tú asististe recientemente.

TIP Use Venn diagrams. Use Venn diagrams to organize your ideas visually before comparing and contrasting people, places, objects, events, or issues. Differences are listed in the outer rings of the two circles; similarities appear where the circles overlap.

Boda de Silvia Reyes y Carlos Espinoza
Diferencias:
1. Primero hay una celebración religiosa.
2. Se celebra el matrimonio de dos personas.
Similitudes:
1. Las dos fiestas se celebran por la noche.
2. Hay música y baile.
Fiesta de quince años de Ana Ester Larenas Vera
Diferencias:
1. Se celebra en un club.
2. Vienen invitados especiales.

Organízalo	Utiliza un diagrama de Venn para anotar las similitudes y las diferencias entre las dos celebraciones.
Escríbelo	Utiliza tus notas para escribir el primer borrador de la composición.
Corrígelo	Intercambia tu composición con la de un(a) compañero/a. Dale sugerencias para mejorar su borrador y si ves errores gramaticales u ortográficos, coméntaselos.
Compártelo	Revisa el primer borrador según las indicaciones de tu compañero/a. Incorpora nuevas ideas o más información para ampliar la comparación. Luego comparte tu composición con otro/a compañero/a.

4 Un paso más

Imagina que eres periodista en un país hispano. Escribe un artículo sobre un día de fiesta o una celebración que viste.

- Investiga las fiestas, las celebraciones y los festivales de ese país. Elige (*Choose*) la celebración que más te interese.
- Explica el nombre de la celebración, cuándo fue y cómo la celebraron.
- Incluye información sobre la ropa especial que llevaron, la comida, la música y el baile.
- Indica qué hiciste tú durante la celebración.
- Presenta el artículo a la clase. Es importante explicar los detalles y mostrar fotos.

SUPERSITE

CONEXIÓN INTERNET

Investiga estos temas en el sitio aventuras.vhlcentral.com.
- Festivales nacionales del mundo hispano
- Fiestas religiosas del mundo hispano

SUPERSITE

Antes de leer

Recognizing root words and word families can help you guess the meaning of words in context, ensuring better comprehension of a reading selection. Using this strategy will enrich your Spanish vocabulary as well.

Look through the reading selection and find words related to these terms. Give the meanings of both sets of words, based on context and on your knowledge of these words or similar words.

Related word	Root word	Meaning
________	1. amar	________
________	2. éxito	________
________	3. invitar	________
________	4. diversión	________
________	5. sabroso	________
________	6. oficial	________

SOCIEDAD

Fiesta de cumpleaños

Marisa Castillo Solís

Marisa Castillo Solís cumplió 21 años el martes pasado. Para celebrarlo, sus amigos Cristina Montes Vallejo y Tomás Méndez Esquivel le organizaron una fiesta sorpresa en casa de Cristina. Marisa estudia periodismo en la Universidad de Buenos Aires y es una gran amante del cine°.

A la fiesta acudió° un grupo de amigos de Marisa y su hermano mayor Martín, que viajó desde Mendoza para traerle un regalo muy especial: una colección de las mejores películas argentinas de las últimas° décadas. La fiesta fue un gran éxito°. Todos los invitados disfrutaron de° la comida y se divirtieron bailando al son° de diferentes ritmos musicales. De postre, Tomás preparó un delicioso pastel. ¡Felicidades, Marisa!

Aniversario

Lola Navarro de Ibáñez y Bernardo Ibáñez Narváez

Lola Navarro de Ibáñez y Bernardo Ibáñez Narváez celebraron sus cincuenta años de matrimonio en compañía de sus hijos y nietos. La celebración tuvo lugar en el restaurante El Tulipán, donde los invitados saborearon° un delicioso banquete. Después de la cena, la Orquesta Armonía animó° la fiesta con canciones para todas las edades. Como regalo de aniversario de bodas, los hijos de Lola y Bernardo les organizaron un viaje a Cádiz, ciudad de la costa andaluza española donde se conocieron de niños.

Boda

José Luis Pastor Gómez y Elena Limón Ávila

El pasado 10 de agosto, a las 19 horas, se celebró la boda entre José Luis y Elena en Buenos Aires. La ceremonia fue muy emotiva al ser oficiada por un amigo de la pareja. Tras la breve e íntima ceremonia religiosa, los novios se reunieron con sus invitados en la casa de los padres de José Luis. Allí tuvo lugar° el banquete nupcial, que comenzó a las 22:15 de la noche y terminó la mañana siguiente.

Después de leer

¿Comprendiste?

Indica si lo que se dice en cada oración es **cierto** o **falso**. Corrige las oraciones falsas.

Cierto	Falso	
_____	_____	1. Martín no pudo asistir a la fiesta de cumpleaños de su hermana.
_____	_____	2. A Marisa le encantan las películas.
_____	_____	3. Bernardo Ibáñez Narváez y Lola Navarro de Ibáñez tuvieron una fiesta en su casa para celebrar su aniversario de bodas.
_____	_____	4. José Luis Pastor Gómez y Elena Limón Ávila se casaron en una ceremonia religiosa.
_____	_____	5. Después de la boda de José Luis Pastor Gómez y Elena Limón Ávila, los invitados no comieron nada.

Preguntas

Responde a estas preguntas con oraciones completas.

1. ¿Qué les regalaron a Bernardo y Lola sus hijos?
2. ¿Cuántos años cumplió Marisa?
3. ¿Dónde tuvo lugar el banquete después de la boda?
4. ¿Qué le regaló Martín a su hermana Marisa?
5. ¿Cuántos años de matrimonio celebran Lola y Bernardo?

Coméntalo

¿Hay una sección de notas sociales en el periódico de tu universidad, comunidad o región? ¿Qué tipo de información encuentras en la sección de notas sociales? ¿La lees normalmente? ¿Por qué?

amante del cine *film lover*
acudió *attended*
últimas *last few*
éxito *success*
disfrutaron de *enjoyed*
son *sound*
saborearon *enjoyed (with respect to food)*
animó *livened up*
tuvo lugar *took place*

For an additional reading, go to **aventuras.vhlcentral.com.**

recursos

Las celebraciones

el aniversario (de bodas)	*(wedding) anniversary*
la boda	*wedding*
el cumpleaños	*birthday*
el día de fiesta	*holiday*
la fiesta	*party*
el/la invitado/a	*guest*
la Navidad	*Christmas*
la quinceañera	*young woman celebrating her fifteenth birthday*
la sorpresa	*surprise*
brindar	*to toast (drink)*
celebrar	*to celebrate*
cumplir años	*to have a birthday*
dejar una propina	*to leave a tip*
divertirse (e:ie)	*to have fun*
graduarse (de)	*to graduate (from)*
invitar	*to invite*
pagar la cuenta	*to pay the bill*
pasarlo bien/mal	*to have a good/bad time*
regalar	*to give (a gift)*
reírse (e:i)	*to laugh*
relajarse	*to relax*
sonreír (e:i)	*to smile*
sorprender	*to surprise*

Los postres y otras comidas

la botella de vino	*bottle of wine*
el champán	*champagne*
los dulces	*sweets; candy*
el flan	*baked custard*
las galletas	*cookies*
el helado	*ice cream*
el pastel	*cake*
el pastel de cumpleaños	*birthday cake*
los postres	*desserts*

Las relaciones personales

la alegría	*happiness*
la amistad	*friendship*
el amor	*love*
el divorcio	*divorce*
el estado civil	*marital status*
el matrimonio	*marriage; married couple*
la pareja	*couple; partner*
el/la recién casado/a	*newlywed*
casado/a	*married*
divorciado/a	*divorced*
juntos/as	*together*
separado/a	*separated*
soltero/a	*single*
viudo/a	*widowed*
cambiar (de)	*to change*
casarse (con)	*to get married (to)*
comprometerse (con)	*to get engaged (to)*
divorciarse (de)	*to get divorced (from)*
enamorarse (de)	*to fall in love (with)*
llevarse bien/mal (con)	*to get along well/badly (with)*
odiar	*to hate*
romper (con)	*to break up (with)*
salir (con)	*to go out (with); to date*
separarse (de)	*to separate (from)*
tener una cita	*to have a date; to have an appointment*

Palabras adicionales

el apellido	*last name*
el consejo	*advice*
la respuesta	*answer*

Las etapas de la vida

la adolescencia	*adolescence*
la etapa	*stage*
la juventud	*youth*
la madurez	*maturity; middle age*
la muerte	*death*
el nacimiento	*birth*
la niñez	*childhood*
la vejez	*old age*
la vida	*life*
jubilarse	*to retire (from work)*
nacer	*to be born*

Expresiones útiles	*See page 233.*
Relative pronouns	*See page 240.*
Interrogative words and phrases	*See page 242.*

traer

10 En el consultorio

Communicative Goals

You will learn how to:

- discuss medical conditions
- talk about parts of the body
- talk about health and medical conditions

PARA EMPEZAR

- ¿Están en una farmacia o en un hospital?
- ¿La mujer es médica o dentista?
- ¿Qué hace ella, una operación o un examen médico?
- ¿Crees que la paciente está nerviosa?

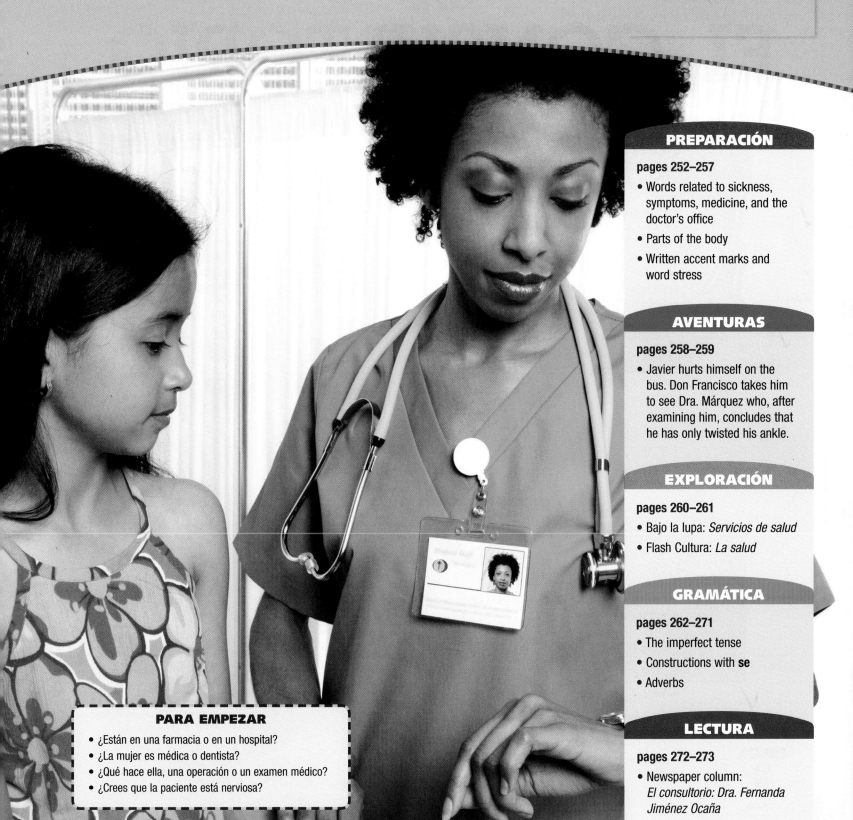

EN EL CONSULTORIO

EL CUERPO

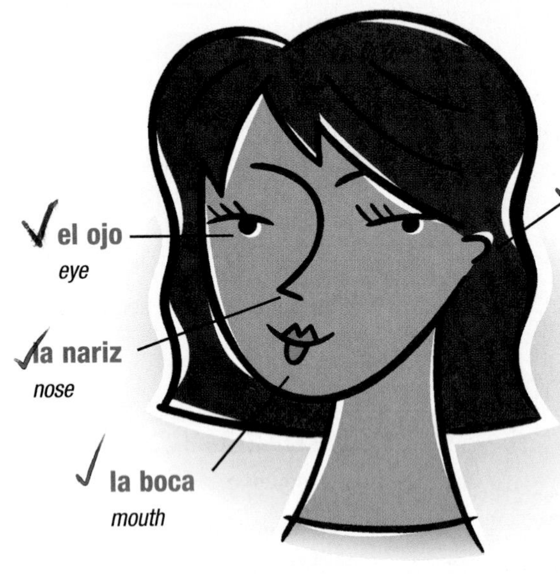

- el corazón *heart*
- el cuerpo *body*
- el estómago *stomach*
- el hueso *bone*
- la rodilla *knee*
- el tobillo *ankle*

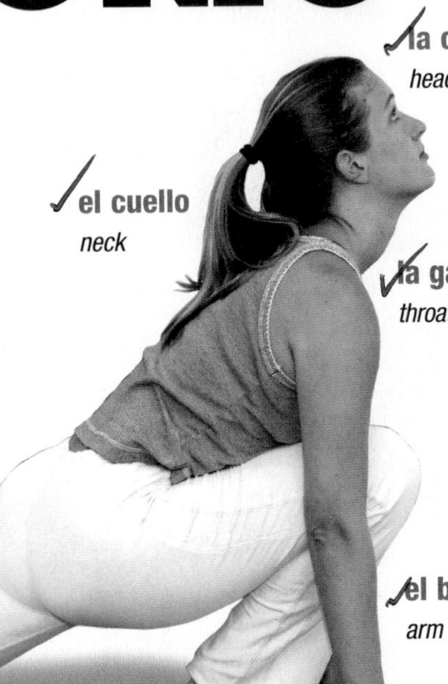

LA SALUD

- el accidente *accident*
- la clínica *clinic*
- el consultorio *doctor's office*
- el/la doctor(a) *doctor*
- el/la enfermero/a *nurse*
- el examen médico *physical exam*
- el hospital *hospital*
- el/la paciente *patient*
- la operación *operation*
- la radiografía *X-ray*
- la sala de emergencia(s) *emergency room*
- la salud *health*

la farmacia
pharmacy

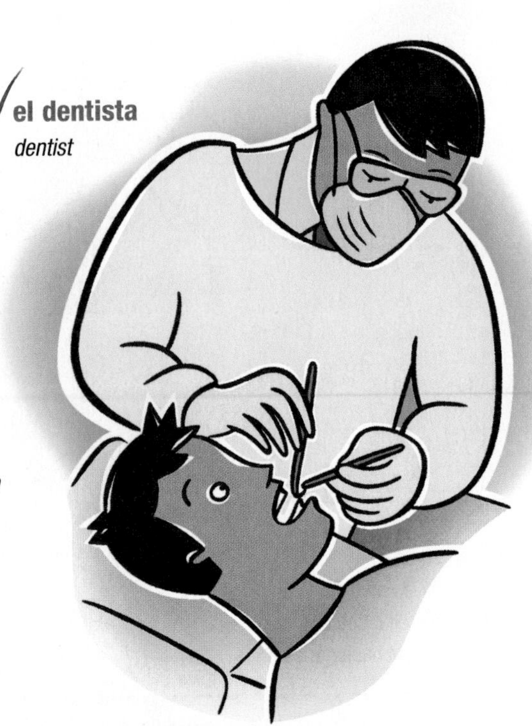

el dentista
dentist

recursos

WB pp. 99–100	LM p. 55	SUPERSITE aventuras.vhlcentral.com Lección 10

tomar(le) la temperatura (a alguien)
to take (someone's) temperature

VERBOS

- **caerse** *to fall (down)*
- **doler (o:ue)** *to hurt*
- **enfermarse** *to get sick*
- **estar enfermo/a** *to be sick*
- **lastimarse (el pie)** *to injure (one's foot)*
- **poner una inyección** *to give an injection*
- **recetar** *to prescribe*
- **romperse (la pierna)** *to break (one's leg)*
- **sacar(se) una muela** *to have a tooth pulled*
- **ser alérgico/a (a)** *to be allergic (to)*
- **tener fiebre (f.)** *to have a fever*
- **torcerse (el tobillo)** *to sprain (one's ankle)*
- **toser** *to cough*

Variación léxica

resfriado ⟷ resfrío (*Cono Sur*), catarro (*Méx.*)
sala de emergencia(s) ⟷ sala de urgencias (*Amér. L.*)
romperse ⟷ quebrarse (*Amér. L.*)

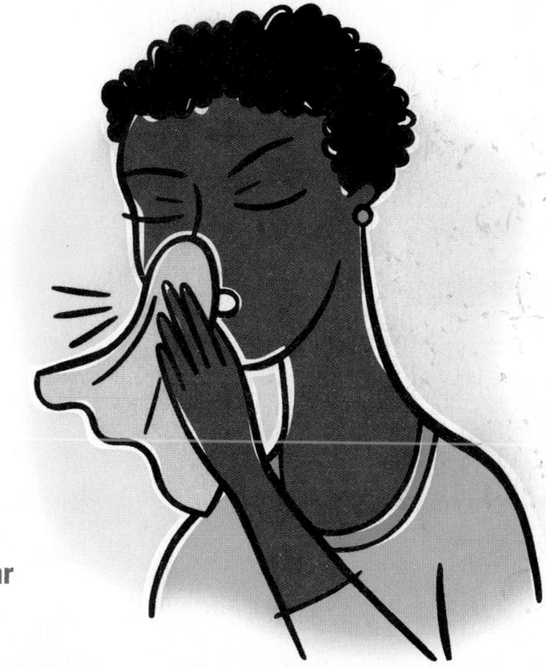

estornudar
to sneeze

LAS ENFERMEDADES Y LOS SÍNTOMAS

- **el dolor (de cabeza)** *(head)ache; pain*
- **la enfermedad** *illness; sickness*
- **la gripe** *flu*
- **la infección** *infection*
- **el resfriado** *cold*
- **el síntoma** *symptom*
- **la tos** *cough*

- **congestionado/a** *congested; stuffed-up*
- **mareado/a** *dizzy; nauseated*

LOS MEDICAMENTOS

- **el antibiótico** *antibiotic*
- **el medicamento** *medication*
- **la medicina** *medicine*
- **las pastillas** *pills; tablets*
- **la receta** *prescription*

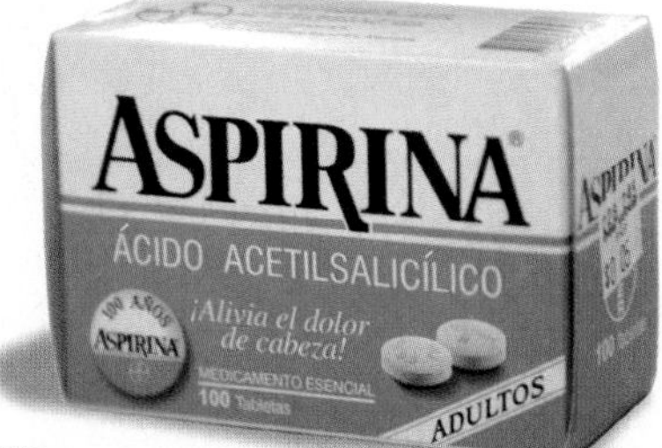

la aspirina
aspirin

ADJETIVOS

- **embarazada** *pregnant*
- **grave** *grave; serious*
- **médico/a** *medical*
- **saludable** *healthy*
- **sano/a** *healthy*

A escuchar

1 Escuchar Escucha las preguntas y selecciona la respuesta más adecuada.

1. ______
2. ______
3. ______
4. ______
5. ______
6. ______
7. ______
8. ______

a. Tengo dolor de cabeza y fiebre.
b. No fui a la clase porque estaba (*I was*) enfermo.
c. Me caí ayer jugando al tenis.
d. Debes ir a la farmacia.
e. Porque tengo gripe.
f. Sí, tengo mucha tos por las noches.
g. Lo llevaron directamente a la sala de emergencia.
h. No sé. Todavía tienen que tomarme la temperatura.

2 Me duele Escucha la conversación entre Virginia Cubillos y el doctor Dávila. Luego indica las frases que resumen (*sum up*) la conversación.

______ 1. Virginia le dice a la enfermera que le duelen las rodillas.
______ 2. Virginia dice que tomó una aspirina anoche.
______ 3. El médico le pregunta a Virginia si se cayó o tuvo un accidente.
______ 4. Virginia dice que ayer corrió cinco kilómetros con un amigo.
______ 5. El doctor Dávila le receta un antibiótico a Virginia.
______ 6. El médico le dice a Virginia que puede correr mañana si se toma las pastillas.
______ 7. El médico le recomienda tomar dos pastillas al día.
______ 8. El doctor Dávila le dice a Virginia que no debe correr por siete días.

recursos
SUPERSITE
aventuras.vhlcentral.com
Lección 10

A practicar

3 Actividades En parejas, identifiquen las partes del cuerpo que asocian con estas actividades.

nadar
Estudiante 1: *Usamos los brazos para nadar.*
Estudiante 2: *También usamos las piernas.*

1. conducir
2. caminar
3. toser
4. comer arroz con pollo
5. comprar un perfume
6. ver una película
7. hablar por teléfono
8. correr en el parque
9. tocar el piano
10. escuchar música
11. levantar pesas
12. tomar unas pastillas

4 Cuestionario Selecciona las respuestas que mejor reflejen tu estado de salud. Suma (*add*) los puntos de cada respuesta y anota el resultado. Después, compara los resultados con el resto de la clase.

¿Tienes buena salud?

27-30 puntos	Salud y hábitos excelentes
23-26 puntos	Salud y hábitos buenos
22 puntos o menos	Salud y hábitos problemáticos

1. ¿Con qué frecuencia te enfermas (resfriados, gripe, etc.)?
   - Cuatro veces por año o más. (1 punto)
   - Dos o tres veces por año. (2 puntos)
   - Casi nunca. (3 puntos)
2. ¿Con qué frecuencia tienes dolor de estómago o problemas digestivos?
   - Con mucha frecuencia. (1 punto)
   - A veces. (2 puntos)
   - Casi nunca. (3 puntos)
3. ¿Con qué frecuencia tienes dolor de cabeza?
   - Frecuentemente. (1 punto)
   - A veces. (2 puntos)
   - Casi nunca. (3 puntos)
4. ¿Comes verduras y frutas?
   - No, casi nunca. (1 punto)
   - Sí, a veces. (2 puntos)
   - Sí, todos los días. (3 puntos)
5. ¿Eres alérgico/a a algo?
   - Sí, a muchas cosas. (1 punto)
   - Sí, a algunas cosas. (2 puntos)
   - No. (3 puntos)
6. ¿Haces ejercicios aeróbicos?
   - No, casi nunca hago ejercicios aeróbicos. (1 punto)
   - Sí, a veces. (2 puntos)
   - Sí, con frecuencia. (3 puntos)
7. ¿Con qué frecuencia te haces un examen médico?
   - Nunca o casi nunca. (1 punto)
   - Cada dos años. (2 puntos)
   - Cada año o antes de practicar un deporte. (3 puntos)
8. ¿Con qué frecuencia vas al dentista?
   - Nunca voy al dentista. (1 punto)
   - Sólo cuando me duele una muela. (2 puntos)
   - Por lo menos una vez por año. (3 puntos)
9. ¿Qué desayunas normalmente por la mañana?
   - No como nada. (1 punto)
   - Tomo una bebida dietética. (2 puntos)
   - Como cereales y fruta. (3 puntos)
10. ¿Con qué frecuencia te sientes mareado/a?
    - Frecuentemente. (1 punto)
    - A veces. (2 puntos)
    - Casi nunca. (3 puntos)

A conversar

5 **¿Qué le pasó?** En un grupo de dos o tres, hablen de lo que les pasó y de cómo se sienten estas personas.

1. Víctor

2. La señora Naranjo

3. Gabriela

4. El señor Ayala

6 **¿Cuáles son sus síntomas?** En parejas, túrnense para representar los papeles (*roles*) de un(a) médico/a y su paciente.

Estudiante 1: *¿Cuáles son sus síntomas?*
Estudiante 2: *Me duele la garganta y toso.*
Estudiante 1: *Creo que usted tiene una infección de la garganta. Voy a recetarle un antibiótico.*

7 **Un accidente** En grupos, conversen sobre un accidente que ustedes, un(a) amigo/a o un miembro de la familia tuvo. Usen estas preguntas de guía.

- ¿Qué ocurrió?
- ¿Dónde y cuándo ocurrió?
- ¿Cómo ocurrió?
- ¿Quién te ayudó y cómo?

8 **Crucigrama** Tu profesor(a) va a darles a ti y a tu compañero/a la información necesaria para completar esta actividad.

El acento y las sílabas fuertes

In Spanish, written accent marks are used on many words. Here is a review of some of the principles governing word stress and the use of written accents.

as-pi-ri-na **gri-pe** **to-man** **an-tes**

In Spanish, when a word ends in a vowel, **-n**, or **-s**, the spoken stress usually falls on the next-to-last syllable. Words of this type are very common and do not need a written accent.

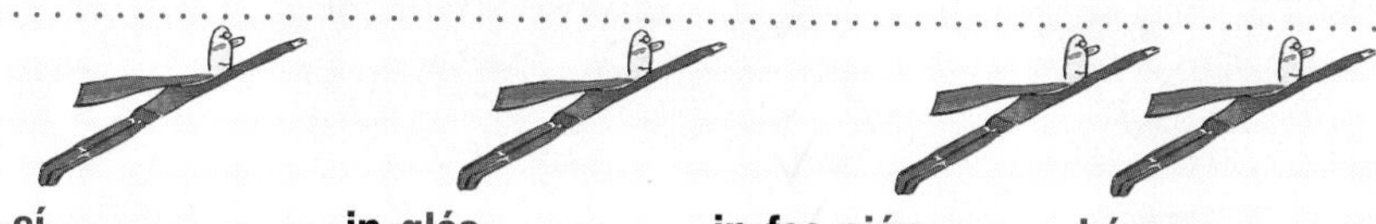

a-sí **in-glés** **in-fec-ción** **hé-ro-e**

When a word ends in a vowel, **-n**, or **-s**, and the spoken stress does *not* fall on the next-to-last syllable, then a written accent is needed.

hos-pi-tal **na-riz** **re-ce-tar** **to-ser**

When a word ends in any consonant *other* than **-n** or **-s**, the spoken stress usually falls on the last syllable. Words of this type are very common and do not need a written accent.

lá-piz **fút-bol** **hués-ped** **sué-ter**

When a word ends in any consonant *other* than **-n** or **-s,** and the spoken stress does *not* fall on the last syllable, then a written accent is needed.

far-ma-cia **bio-lo-gí-a** **su-cio** **frí-o**

Diphthongs (two weak vowels or a strong and weak vowel together) are normally pronounced as a single syllable. A written accent is needed when a diphthong is broken into two syllables.

sol **pan** **mar** **tos**

Spanish words of only one syllable do not usually carry a written accent.

Práctica Busca las palabras que necesitan acento y escribe su forma correcta.

1. sal-mon
2. ins-pec-tor
3. nu-me-ro
4. fa-cil
5. ju-go
6. a-bri-go
7. ra-pi-do
8. sa-ba-do
9. vez
10. me-nu
11. o-pe-ra-cion
12. im-per-me-a-ble
13. a-de-mas
14. re-ga-te-ar
15. an-ti-pa-ti-co
16. far-ma-cia
17. es-qui
18. pen-sion
19. pa-is
20. per-don

El ahorcado Juega al ahorcado (*hangman*) para adivinar las palabras.

1. __ l __ __ __ __ a — Vas allí cuando estás enfermo.
2. __ __ __ e __ c __ __ n — Se usa para poner una vacuna (*vaccination*).
3. __ __ d __ o __ __ __ __ __ a — Se usa para ver los huesos.
4. __ __ __ i __ o — Trabaja en un hospital.
5. a __ __ __ b __ __ __ __ __ __ — Es una medicina.

recursos
LM
p. 56
aventuras.vhlcentral.com
Lección 10

¡Uf! ¡Qué dolor!

SUPERSITE

Don Francisco y Javier van a la clínica de la doctora Márquez.

PERSONAJES

DON FRANCISCO

JAVIER

INÉS

DRA. MÁRQUEZ

JAVIER Estoy aburrido... tengo ganas de dibujar. Con permiso.

INÉS ¡Javier! ¿Qué te pasó?
JAVIER ¡Ay! ¡Uf! ¡Qué dolor! ¡Creo que me rompí el tobillo!

DON FRANCISCO No te preocupes, Javier. Estamos cerca de la clínica donde trabaja la doctora Márquez, mi amiga.

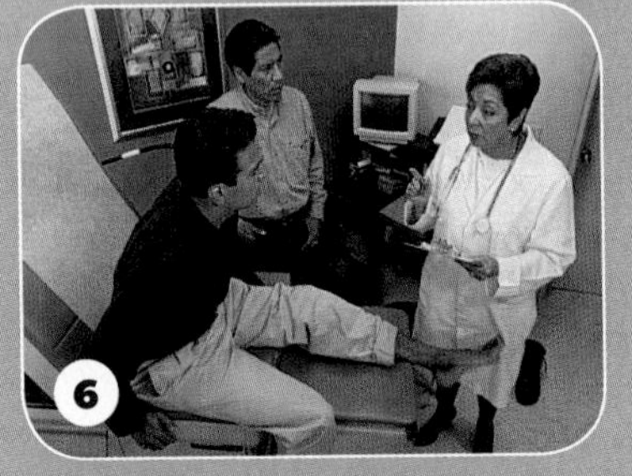

DRA. MÁRQUEZ ¿Cuánto tiempo hace que se cayó?
JAVIER Ya se me olvidó... déjeme ver... este... eran más o menos las dos o dos y media cuando me caí... o sea, hace más de una hora. ¡Me duele mucho!
DRA. MÁRQUEZ Bueno, vamos a sacarle una radiografía. Queremos ver si se rompió uno de los huesos del pie.

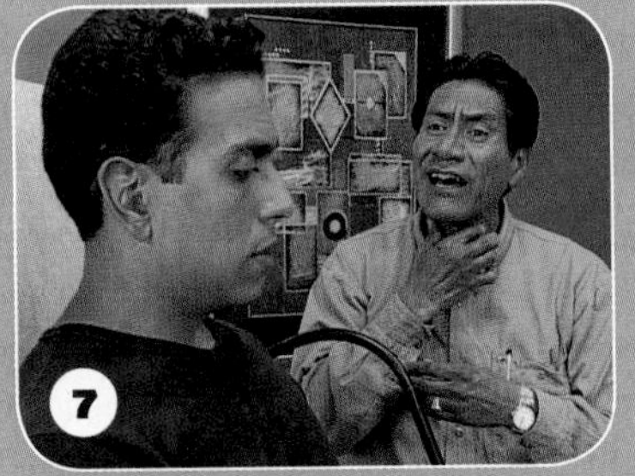

DON FRANCISCO Sabes, Javier, cuando era chico, yo les tenía mucho miedo a los médicos. Visitaba mucho al doctor porque me enfermaba con mucha frecuencia... Tenía muchas infecciones de la garganta. No me gustaban las inyecciones ni las pastillas. Una vez me rompí la pierna jugando al fútbol...

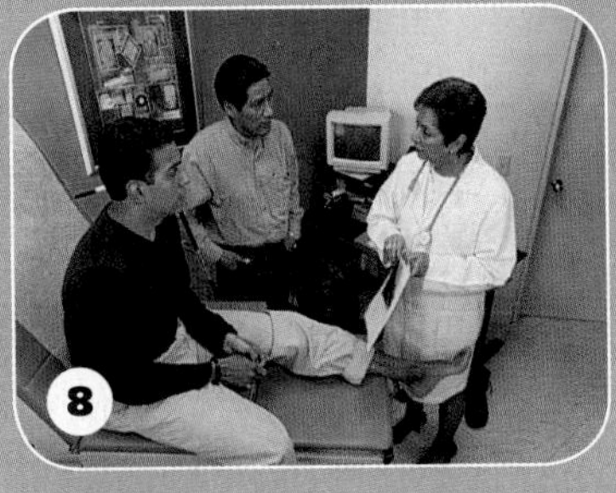

JAVIER ¡Doctora! ¿Qué dice? ¿Está roto el tobillo?
DRA. MÁRQUEZ Tranquilo, le tengo buenas noticias, Javier. No está roto el tobillo. Apenas está torcido.

ACTIVIDADES

1 **¿Cierto o falso?** Decide si estas oraciones son **ciertas** o **falsas**. Corrige las falsas.

1. Javier está aburrido y tiene ganas de hacer algo creativo.
2. Javier cree que se rompió la rodilla.
3. Se lastimó cuando se cayó en el autobús.
4. Es alérgico a dos medicamentos.
5. Hace menos de una hora que se cayó.
6. No está mareado pero sí tiene un poco de fiebre.
7. La doctora Márquez le sacó una radiografía.
8. Javier tiene el tobillo roto.
9. La doctora Márquez le receta penicilina.
10. Don Francisco se rompió la pierna una vez.

Para recordar **Antes de mirar este episodio de la Fotonovela, repasa el anterior. ¿Qué puedes recordar?**

1. ¿De quién fue el cumpleaños?
2. ¿Dónde lo celebraron?
3. ¿Qué trajo doña Rita de postre?
4. ¿Quién no tomó vino?

Canela - cinnamon
miel - honey
terco - ~~[illegible]~~ Stubborn

JAVIER ¿Tengo dolor? Sí, mucho. ¿Dónde? En el tobillo. ¿Tengo fiebre? No lo creo. ¿Estoy mareado? Un poco. ¿Soy alérgico a algún medicamento? No. ¿Embarazada? Definitivamente NO.

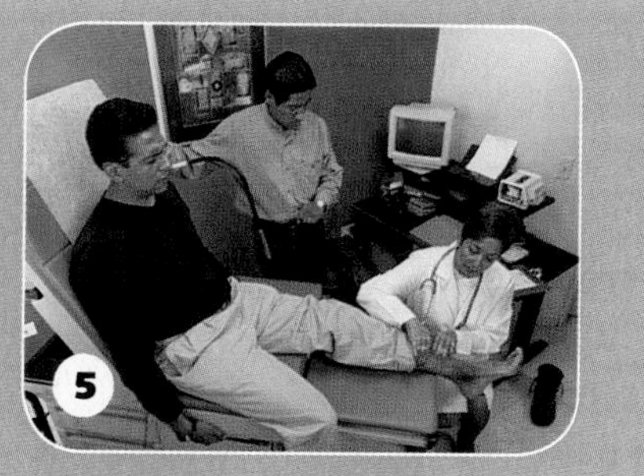

DRA. MÁRQUEZ ¿Cómo se lastimó el pie?
JAVIER Me caí cuando estaba en el autobús.

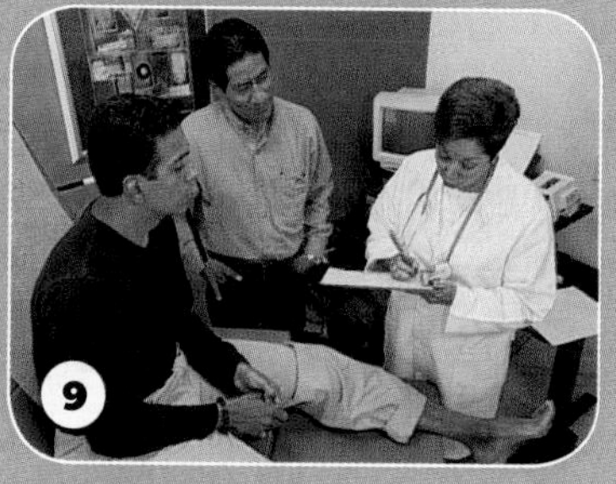

JAVIER Pero, ¿voy a poder ir de excursión con mis amigos?
DRA. MÁRQUEZ Creo que sí. Pero debe descansar y no caminar mucho durante un par de días. Le receto unas pastillas para el dolor.

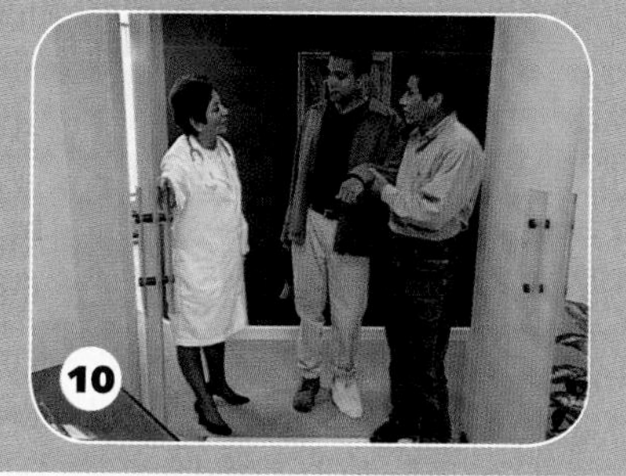

DRA. MÁRQUEZ Adiós, Francisco. Adiós, Javier. ¡Cuidado! ¡Buena suerte en las montañas!

Expresiones útiles

Discussing medical conditions

¿Cómo se lastimó el pie?
How did you hurt your foot?
¿Te duele el tobillo?/¿Le duele el tobillo?
Does your ankle hurt? (*fam./form.*)
Sí, (me duele) mucho.
Yes, (it hurts) a lot.
¿Es usted alérgico/a a algún medicamento?
Are you allergic to any medication?
Sí, soy alérgico/a a la penicilina.
Yes, I'm allergic to penicillin.
¿Está roto el tobillo?
Is my ankle broken?
No está roto. Apenas está torcido.
It's not broken. It's just twisted.
¿Te enfermabas frecuentemente?
Did you use to get sick frequently? (*fam.*)
Sí, me enfermaba frecuentemente.
Yes, I used to get sick frequently.
Tenía muchas infecciones.
I used to get a lot of infections.

Other expressions

hace + [*period of time*] + **que** + [*present tense*]:
¿Cuánto tiempo hace que te duele?
How long has it been hurting?
Hace una hora que me duele.
It's been hurting for an hour.

hace + [*period of time*] + **que** + [*preterite*]:
¿Cuánto tiempo hace que se cayó?
How long ago did you fall?
Me caí hace más de una hora./Hace más de una hora que me caí.
I fell more than an hour ago.

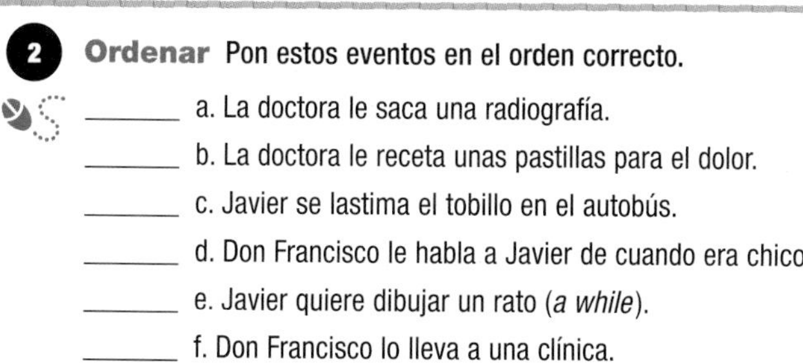

2 Ordenar Pon estos eventos en el orden correcto.

_______ a. La doctora le saca una radiografía.
_______ b. La doctora le receta unas pastillas para el dolor.
_______ c. Javier se lastima el tobillo en el autobús.
_______ d. Don Francisco le habla a Javier de cuando era chico.
_______ e. Javier quiere dibujar un rato (*a while*).
_______ f. Don Francisco lo lleva a una clínica.

3 En el consultorio En parejas, preparen una conversación entre un(a) médico/a y su paciente. Sigan la guía.

- El/La paciente se cayó en su casa y piensa que se rompió un dedo.
- El/La médico/a le pregunta al/a la paciente si le duele y cuánto tiempo hace que se cayó.
- El/La paciente describe el dolor.
- El/la médico/a le recomienda un tratamiento (*treatment*).

BAJO LA LUPA

SUPERSITE

Servicios de salud

¿Sabías que en los países hispanos no necesitas pagar por los servicios de salud? Ésta es una de las diferencias que hay entre países como los Estados Unidos y los países hispanos.

En la mayor parte de estos países, el gobierno ofrece servicios médicos muy baratos o gratuitos° a sus ciudadanos°. Los turistas y extranjeros también pueden tener acceso a los servicios médicos a bajo° costo. La Seguridad Social y organizaciones similares son las responsables de gestionar° estos servicios.

Naturalmente, esto no funciona igual° en todos los países. En Ecuador, México y Perú, la situación varía según las regiones. Los habitantes de las ciudades y pueblos grandes tienen acceso a más servicios médicos, mientras que quienes viven en pueblos remotos sólo cuentan con° pequeñas clínicas.

Por su parte, Costa Rica, Colombia, Cuba y España tienen sistemas de salud muy desarrollados°. En España, por ejemplo, todas las personas tienen acceso a ellos y en muchos casos son completamente gratuitos. Según un informe de la Organización Mundial de la Salud, el sistema de salud español ocupa el séptimo° lugar del mundo. Esto se debe no sólo al buen funcionamiento° del sistema, sino también al nivel de salud general de la población. Impresionante, ¿no?

Cruz verde de farmacia en Madrid, España

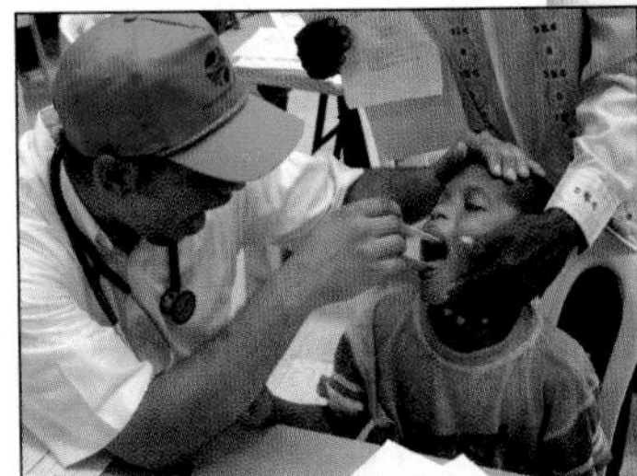
Consulta médica en la República Dominicana

Las farmacias

Farmacia de guardia: Las farmacias generalmente tienen un horario comercial. Sin embargo°, en cada barrio° hay una farmacia de guardia que abre las veinticuatro horas del día.

Productos farmacéuticos: Todavía hay muchas farmacias tradicionales que están más especializadas en medicinas y productos farmacéuticos. No venden productos de otro tipo.

Recetas: Muchos medicamentos se venden sin receta. Los farmacéuticos aconsejan° a las personas sobre problemas de salud y les dan las medicinas.

Cruz° verde: En muchos países, las farmacias tienen el signo de una cruz verde. Cuando la cruz verde está encendida°, la farmacia está abierta.

gratuitos *free (of charge)* ciudadanos *citizens* bajo *low* gestionar *to manage* igual *in the same way* cuentan con *have* desarrollados *developed* séptimo *seventh* funcionamiento *operation* Sin embargo *However* barrio *neighborhood* aconsejan *advise* Cruz *Cross* encendida *lit (up)*

ACTIVIDADES

1 **¿Cierto o falso?** Indica si lo que dicen las oraciones es **cierto** o **falso**. Corrige la información falsa.

1. En los países hispanos los gobiernos ofrecen servicios de salud accesibles a sus ciudadanos.
2. En los países hispanos los extranjeros tienen que pagar mucho dinero por los servicios médicos.
3. El sistema de salud español es uno de los mejores del mundo.
4. Las farmacias de guardia abren sólo los sábados y domingos.
5. En los países hispanos las farmacias venden una gran variedad de productos.
6. Los farmacéuticos de los países hispanos aconsejan a los enfermos y venden algunas medicinas sin necesidad de receta.
7. En México y otros países, los pueblos remotos cuentan con grandes centros médicos.
8. Muchas farmacias usan una cruz verde como símbolo.

ASÍ SE DICE

La salud

la ambulancia	*ambulance*
el chequeo (Esp., Méx.)	**el examen médico**
la cirugía	*surgery*
la droguería (Col.)	**la farmacia**
la herida	*injury; wound*
el jarabe para la tos	*cough syrup*
los primeros auxilios	*first aid*
la sala de espera	*waiting room*
la sangre	*blood*

CONEXIÓN INTERNET

What do health care systems in Cuba and in Spain have in common? Go to **aventuras.vhlcentral.com** to find out and to access these components:

- the **Flash Cultura** video
- more activities
- additional reading: **Una contribución importante a la medicina**

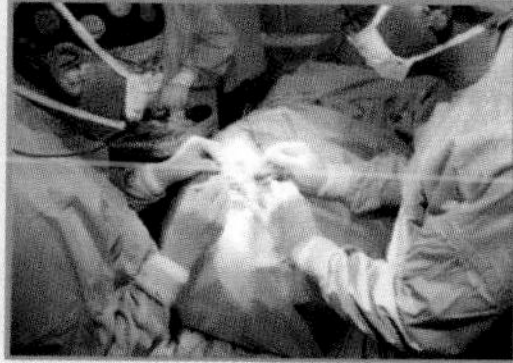

2  **Comparación** En parejas, comparen el sistema de salud de los países hispanos con el de su país. ¿En qué se parecen? ¿En qué se diferencian? ¿Cuál prefieren ustedes? ¿Por qué?

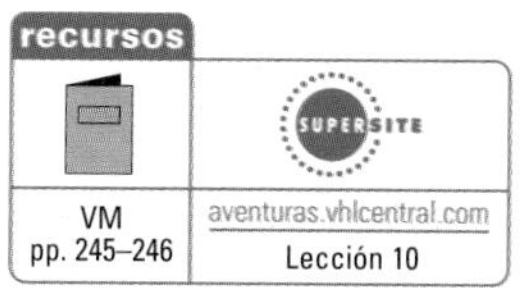

La salud

1 **Preparación** ¿Qué haces si tienes un pequeño accidente o quieres hacer una consulta? ¿Visitas a tu médico general o vas al hospital? ¿Debes pedir un turno (*appointment*)?

2 **El video** Mira el episodio de **Flash Cultura.**

Vocabulario

la cita previa *previous appointment*	**Me di un golpe.** *I got bumped.*
la guardia *emergency room*	**la práctica** *rotation (hands-on medical experience)*

1 ¿Le podría° pedir que me explique qué es la guardia?

2 Nuestro hospital público es gratuito para todas las personas.

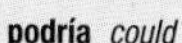
podría *could*

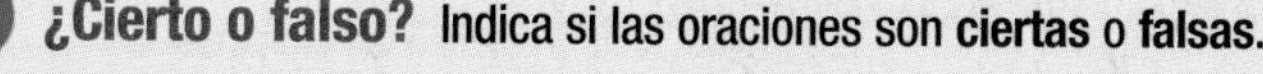

3 **¿Cierto o falso?** Indica si las oraciones son **ciertas** o **falsas**.

1. Silvina tuvo un accidente en su automóvil.
2. Silvina fue a la guardia del hospital.
3. La guardia del hospital está abierta sólo durante el día y es necesario tener cita previa.
4. Los entrevistados (*interviewees*) tienen enfermedades graves.
5. En Argentina, los médicos reciben la certificación cuando terminan la práctica.

10.1 The imperfect tense

- In Lessons 6–9, you learned the preterite tense. Now you will learn the imperfect tense, which describes past activities in a different way.

The imperfect of regular verbs

	cantar	beber	escribir
yo	cantaba	bebía	escribía
tú	cantabas	bebías	escribías
Ud./él/ella	cantaba	bebía	escribía
nosotros/as	cantábamos	bebíamos	escribíamos
vosotros/as	cantabais	bebíais	escribíais
Uds./ellos/ellas	cantaban	bebían	escribían

¡ojo! The imperfect endings of **–er** and **–ir** verbs are the same. The **nosotros** form of **–ar** verbs has an accent on the first **a** of the ending. **–Er** and **–ir** verb forms carry an accent on the first **i** of the ending.

Cuando era chico, yo les tenía mucho miedo a los médicos.

Tenía que ir mucho a una clínica. ¡No me gustaban nada las inyecciones!

- There are no stem changes in the imperfect tense.

Me **duelen** los pies.
My feet hurt.

Me **dolían** los pies.
My feet were hurting.

- The imperfect form of **hay** is **había** (*there was/were/used to be*).

Había sólo un médico.
There was only one doctor.

Había dos pacientes allí.
There were two patients there.

¡ojo! **Ir, ser,** and **ver** are the only irregular verbs in the imperfect.

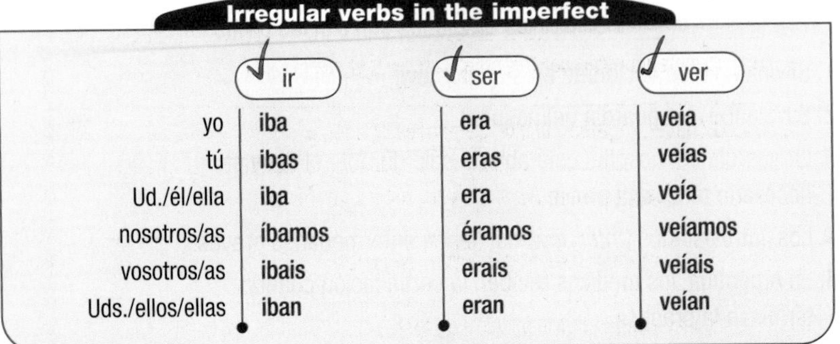

Irregular verbs in the imperfect

	ir	ser	ver
yo	iba	era	veía
tú	ibas	eras	veías
Ud./él/ella	iba	era	veía
nosotros/as	íbamos	éramos	veíamos
vosotros/as	ibais	erais	veíais
Uds./ellos/ellas	iban	eran	veían

Práctica

1 La salud Completa las frases con el imperfecto. Algunos verbos se repiten. Hay dos verbos que no vas a usar.

caerse	esperar	mirar	sentirse
doler	estar	poder	tener
enfermarse	estornudar	querer	toser

1. Después de correr, a Dora le ________ los pies.
2. Ana ________ el termómetro; con tanta fiebre no ________ leerlo.
3. El paciente ________, porque la enfermera ________ muy ocupada atendiendo a otros pacientes.
4. Lorenzo ________ dolor de muelas, pero no ________ ir al dentista porque tenía miedo.
5. Paco y Luis ________ dolor de estómago y ________ unas pastillas para el dolor.
6. Le ________ la cabeza y ________ mareado.
7. Luisa ________ porque es alérgica al polen.
8. Antes de la operación, le ________ todo el cuerpo y se sentía muy débil (*weak*).
9. De niño, nunca ________ estudiar por muchas horas porque me daba dolor de cabeza.
10. Juan Carlos siempre ________ de la bicicleta.

2 ¡Pobre Miguelito! Completa las frases con el imperfecto. Luego, pon las oraciones en un orden lógico.

_____ a. Finalmente, Miguelito no ________ [ir] a jugar más. Ahora quería ir a casa a descansar.

_____ b. El doctor dijo que no ________ [ser] nada grave.

_____ c. El niño le dijo a la enfermera que ________ [dolerle] la nariz.

_____ d. ________ [ser] las dos de la tarde y los niños ________ [jugar] en el patio.

_____ e. Su mamá ________ [estar] dibujando cuando Miguelito entró llorando.

_____ f. Miguelito ________ [tener] mucho dolor. Fueron a la sala de emergencias.

_____ g. El doctor ________ [querer] examinar la nariz del niño.

Conversación

3 **Entrevista** En parejas, un(a) estudiante debe entrevistar a su compañero/a. Luego compartan los resultados con la clase.

1. ¿Cuántos años tenías en 1998? ¿Y en 2007?
2. ¿Veías mucha televisión cuando eras niño/a?
3. Cuando eras niño/a, ¿qué hacías durante las vacaciones?
4. Cuando eras estudiante de primaria, ¿te gustaban tus maestros/as?
5. Cuando tenías diez años, ¿cuál era tu programa de televisión favorito?
6. Cuando tenías quince años, ¿cuál era tu grupo musical favorito?
7. Cuando eras estudiante de secundaria, ¿qué hacías con tus amigos/as después de la escuela?
8. Antes de tomar esta clase, ¿sabías hablar español?

4 **Describir** En parejas, túrnense para describir lo que hacían de niños. Elijan una de estas preguntas guía y compartan la anécdota con su compañero/a.

modelo

De niña, mi familia y yo siempre íbamos a Tortuguero. Tomábamos un barco desde Limón, y por las noches mirábamos las tortugas (turtles) en la playa. Algunas veces teníamos suerte, porque las tortugas venían a poner (lay) huevos. Otras veces, volvíamos al hotel sin ver ninguna tortuga.

- ¿Qué hacías durante las vacaciones cuando eras niño/a?
- ¿Qué hacían en ocasiones especiales?
- ¿Cómo eran las celebraciones con tus amigos/as o familia?
- ¿Cómo era tu escuela? ¿Te gustaban tus maestros/as y compañeros/as?
- ¿Cómo eran tus amigos/as? ¿A qué jugabas con ellos/as?

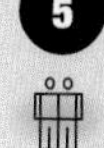

5 **En el consultorio** Tu profesor(a) va a darles a ti y a tu compañero/a la información necesaria para completar esta actividad.

Uses of the imperfect

- The imperfect is used to describe past events in a different way than the preterite. Generally, the imperfect describes actions which are seen by the speaker as incomplete or continuing, while the preterite describes actions which have been completed. The imperfect expresses what was happening at a certain time or how things used to be.

—¿Qué te **pasó**? *What happened to you?*	—Me **torcí** el tobillo. *I sprained my ankle.*
—¿Dónde **vivías** de niño? *Where did you live as a child?*	—**Vivía** en San José. *I lived in San José.*

- Use these expressions with the imperfect to express habitual or repeated actions: **de niño/a** (*as a child*), **todos los días** (*every day*), **mientras** (*while*).

Uses of the imperfect

Habitual or repeated actions	Íbamos al parque los domingos. *We used to go to the park on Sundays.*
Events or actions that were in progress	Yo leía mientras él estudiaba. *I was reading while he was studying.*
Telling time	Eran las tres y media. *It was 3:30.*
Age	Los niños tenían seis años. *The children were six years old.*
Physical characteristics	Era alto y guapo. *He was tall and handsome.*
Mental or emotional states	Quería mucho a su familia. *He loved his family very much.*

¡Manos a la obra!

Indica la forma correcta de cada verbo en el imperfecto.

1. Yo [hablar, bailar, descansar, correr, comer, decidir, vivir] *hablaba, bailaba, descansaba, corría, comía, decidía, vivía*
2. Tú [nadar, encontrar, comprender, venir, ir, ser, ver] ______
3. Usted [hacer, regatear, asistir, ser, pasear, poder, ir] ______
4. Nosotras [ser, tomar, ir, poner, seguir, ver, pensar] ______
5. Ellos [salir, viajar, ir, querer, ser, pedir, empezar] ______
6. Yo [ver, estornudar, sufrir, ir, dar, ser, toser] ______

10.2 Constructions with se

Impersonal constructions with se

- As you know, **se** can be used as a reflexive pronoun (**Él se despierta.**). **Se** is also used in other ways.
- Non-reflexive verbs can be used with **se** to form impersonal constructions. In impersonal constructions, the person performing the action is not defined. In English, the passive voice or indefinite subjects (*you, they, one*) are used.

Se habla español en Costa Rica. *Spanish is spoken in Costa Rica.*	**Se puede leer** en la sala de espera. *You can read in the waiting room.*

¡ojo! The third person singular verb form is used with singular nouns and the third person plural form is used with plural nouns.

Se vende ropa.	**Se venden camisas.**

- You often see the impersonal **se** in signs and advertisements.

SE PROHÍBE NADAR

ENTRADA

Se entra por la izquierda

Se for unplanned events

- **Se** can also be used to de-emphasize the person who performs an action, implying that the accident or event is not his or her direct responsibility. Use this construction:

se	+	INDIRECT OBJECT PRONOUN	+	VERB	+	SUBJECT
Se		me		cayó		la pluma.

I dropped the pen.

- In this construction, what would normally be the direct object of the sentence becomes the subject and agrees with the verb.

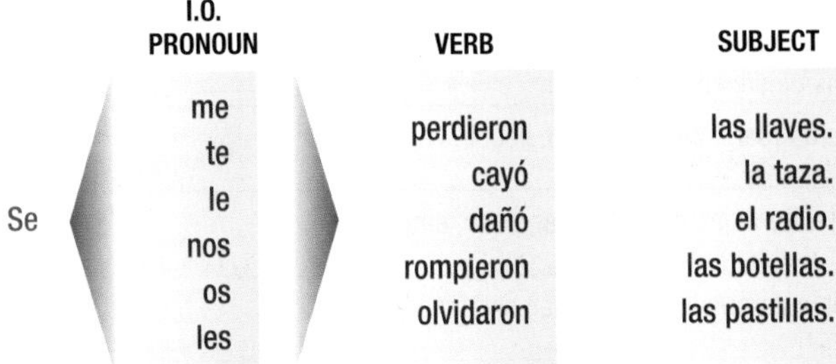

	I.O. PRONOUN	VERB	SUBJECT
Se	me	perdieron	las llaves.
	te	cayó	la taza.
	le	dañó	el radio.
	nos	rompieron	las botellas.
	os	olvidaron	las pastillas.
	les		

Práctica

1 **¿Cierto o falso?** Lee estas oraciones sobre la vida en 1901. Indica si lo que dice cada oración es **cierto** o **falso**. Luego corrige las oraciones falsas.

Cierto	Falso	
____	____	1. Se veía mucha televisión.
____	____	2. Se escribían muchos libros.
____	____	3. Se viajaba mucho en tren.
____	____	4. Se montaba a caballo.
____	____	5. Se mandaban correos electrónicos.
____	____	6. Se preparaban comidas en casa.
____	____	7. Se llevaban minifaldas.
____	____	8. Se pasaba mucho tiempo con la familia.

2 **Letreros** Traduce estos letreros (*signs*) al español con el **se** impersonal.

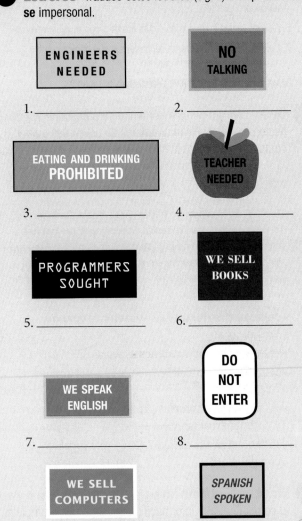

1. ____________________

2. ____________________

EATING AND DRINKING PROHIBITED

3. ____________________

4. ____________________

PROGRAMMERS SOUGHT

5. ____________________

6. ____________________

WE SPEAK ENGLISH

7. ____________________

DO NOT ENTER

8. ____________________

WE SELL COMPUTERS

9. ____________________

SPANISH SPOKEN

10. ____________________

Conversación

3 Preguntas Trabajen en parejas y usen estas preguntas para entrevistarse.

1. ¿Qué comidas se sirven en tu restaurante favorito?
2. ¿Se te olvidó invitar a alguien a tu última fiesta o cena? ¿A quién?
3. ¿A qué hora se abre la cafetería de tu universidad?
4. ¿Alguna vez se te quedó algo importante en casa?
5. ¿Alguna vez se te perdió algo importante durante un viaje? ¿Qué?
6. ¿Qué se vende en la librería de la universidad?
7. ¿Sabes si en la librería se aceptan cheques?
8. ¿Alguna vez se te rompió un plato o un vaso (*glass*)? ¿Dónde?

4 Minidiálogos En parejas, preparen estos minidiálogos. Luego preséntenlos a la clase.

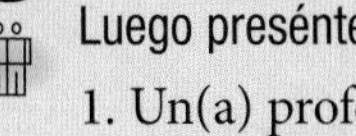

1. Un(a) profesor(a) de español le pide a un(a) estudiante su cuaderno de práctica (*workbook*). El/La estudiante le explica porqué él/ella no lo tiene.
2. Un(a) turista le pregunta al/a la botones dónde se sirve la mejor comida en la ciudad. El/La botones hace varias sugerencias.
3. Un(a) paciente le dice al/a la doctor(a) que él/ella no puede caminar. El/La doctor(a) examina al/a la paciente y le explica el problema.
4. Un padre le pregunta a su hijo/a qué le pasó al plato que está roto (*broken*) en el piso. El/La hijo/a se disculpa y le explica lo que sucedió.

5 Anuncios En grupos, preparen dos anuncios (*ads*) de televisión para presentar a la clase. Deben usar el imperfecto y dos construcciones con **se.**

modelo

Se me cayeron unos libros sobre el pie y me dolía mucho. Pero ahora no, gracias a Superaspirina 500. ¡Tomé dos pastillas y se me fue el dolor! Se puede comprar Superaspirina 500 en todas las farmacias Recetamax.

▸ These verbs are often used with **se** to describe unplanned events.

caer	*to fall; to drop*	perder (e:ie)	*to lose*
dañar	*to damage; to break down*	quedar	*to be left behind*
olvidar	*to forget*	romper	*to break*

¡ojo! **Dejar caer** (*to let fall*) is often used to mean *to drop*.

Elena **dejó caer** el libro.
Elena dropped the book.

El médico **dejó caer** la aspirina.
The doctor dropped the aspirin.

¿Cuánto tiempo hace que se cayó?
Ya se me olvidó.

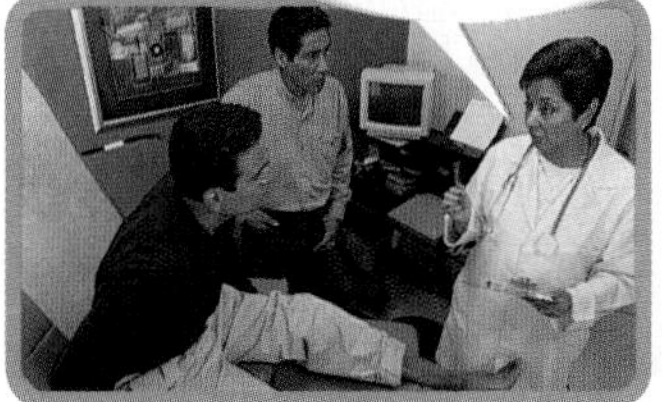

Bueno, vamos a sacarle una radiografía para ver si se le rompió un hueso.

▸ **A** + [*noun*] or **a** + [*prepositional pronoun*] is frequently used to clarify or emphasize who is involved in the action.

Al estudiante se le perdió la tarea.
The student lost his homework.

A mí se me olvidó ir a clase ayer.
I forgot to go to class yesterday.

¡Manos a la obra!

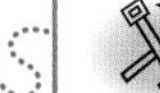

Completa las frases de la primera columna con **se** impersonal y los verbos en presente. Completa las frases de la segunda columna con **se** para sucesos imprevistos (*unplanned events*) y los verbos en pretérito.

Presente

1. Se enseñan [enseñar] cinco lenguas en esta universidad.
2. ____________ [comer] muy bien en El Cráter.
3. ____________ [vender] muchas camisetas allí.
4. ____________ [servir] platos exquisitos cada noche.
5. ____________ [necesitar] mucho dinero.
6. ____________ [buscar] secretaria.

Pretérito

1. Se me rompieron [*I broke*] las gafas.
2. ____________ [*you* (fam.) *dropped*] las pastillas.
3. ____________ [*they lost*] la receta.
4. ____________ [*you* (form.) *left*] aquí la radiografía.
5. ____________ [*we forgot*] pagar la medicina.
6. ____________ [*they left*] los cuadernos en casa.

10.3 Adverbs 

- Adverbs describe how, when, and where actions take place. They modify verbs, adjectives, and even other adverbs. The list below contains some adverbs you have already learned.

bien	**nunca**	**temprano**
mal	**hoy**	**ayer**
muy	**siempre**	**aquí**

- Most adverbs end in **–mente**. These are equivalent to the English adverbs which end in *-ly*.

lentamente *slowly* · **verdaderamente** *truly, really* · **generalmente** *generally* · **simplemente** *simply*

- To form adverbs which end in **–mente**, add **–mente** to the feminine form of the adjective. If the adjective does not have a feminine form, just add **–mente** to the standard form.

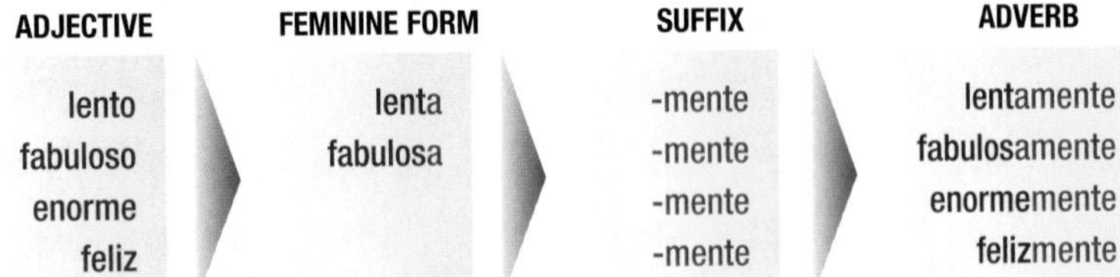

ADJECTIVE	FEMININE FORM	SUFFIX	ADVERB
lento	lenta	-mente	lentamente
fabuloso	fabulosa	-mente	fabulosamente
enorme		-mente	enormemente
feliz		-mente	felizmente

- Adverbs that end in **–mente** generally follow the verb, while adverbs that modify an adjective or another adverb precede the word they modify.

Javier dibuja **maravillosamente**.
Javier draws wonderfully.

Inés está **casi siempre** ocupada.
Inés is almost always busy.

Common adverbs and adverbial expressions

a menudo	*often*	así	*like this; so*	menos	*less*
a tiempo	*on time*	bastante	*enough; quite*	muchas veces	*a lot; many times*
a veces	*sometimes*	casi	*almost*	poco	*little*
además (de)	*furthermore; besides*	con frecuencia	*frequently*	por lo menos	*at least*
apenas	*hardly; scarcely*	de vez en cuando	*from time to time*	pronto	*soon*

¡Manos a la obra!

Transforma los adjetivos en adverbios.

1. alegre *alegremente*
2. constante ______
3. gradual ______
4. perfecto ______
5. real ______
6. frecuente ______
7. tranquilo ______
8. regular ______
9. maravilloso ______
10. normal ______
11. básico ______
12. afortunado ______

Práctica

1 En la clínica Completa las oraciones con los adverbios adecuados.

1. La cita era a las nueve, pero llegamos ______ [aquí, nunca, tarde].
2. El problema fue que ______ [aquí, ayer, así] se nos rompió el despertador.
3. La recepcionista no se enojó porque sabía que normalmente llegamos ______ [a veces, a tiempo, poco].
4. ______ [Por lo menos, Muchas veces, Poco] el doctor estaba listo.
5. ______ [Lentamente, Además, Apenas] tuvimos que esperar cinco minutos.
6. El doctor dijo que nuestra hija Irene necesitaba una operación ______ [temprano, menos, inmediatamente].
7. Cuando Irene salió de la operación, le preguntamos ______ [con frecuencia, nerviosamente, muchas veces] al doctor cómo estaba nuestra hija.
8. ______ [Bastante, Afortunadamente, A menudo] el médico nos contestó que Irene estaba bien.

2 Oraciones Combina palabras de las tres columnas para formar oraciones completas.

modelo

Mi mejor amigo se enferma frecuentemente.

Sujetos	Verbos	Adverbios
mi mejor amigo/a	caerse	bien
mi(s) padre(s)	casarse	fabulosamente
el/la profesor(a) de español	conducir	felizmente
yo	divertirse	mal
los jóvenes	enfermarse	frecuentemente
Tiger Woods	estornudar	muchas veces
Jennifer López	ir	poco
las celebridades	levantarse	rápidamente
todos nosotros	llevarse	pronto
	vestirse	tarde
		temprano
		tranquilamente

Conversación

3 **Preguntas** Usa estas preguntas para entrevistar a un(a) compañero/a.

1. ¿Qué sabes hacer muy bien?
2. ¿Qué estudias además de español?
3. ¿Hay compañeros/as de clase a quienes apenas conoces?
4. ¿Qué gustos (*treats*) te das de vez en cuando?
5. ¿Cenas bastante en restaurantes?
6. ¿Te enfermas a menudo?
7. ¿Con qué frecuencia vas al doctor?
8. ¿Qué haces si te sientes congestionado/a y estornudas muchas veces?

4 **¿Con qué frecuencia?** Averigua (*Find out*) con qué frecuencia tus compañeros/as hacen estas actividades. Comparte los resultados con la clase.

modelo pasear en bicicleta

Estudiante 1: *¿Paseas en bicicleta con mucha frecuencia?*
Estudiante 2: *Sí, paseo en bicicleta con mucha frecuencia./No, casi nunca paseo en bicicleta.*

Actividades	con mucha frecuencia	de vez en cuando	casi nunca	nunca
1. Nadar	______	______	______	______
2. Jugar al tenis	______	______	______	______
3. Hacer la tarea	______	______	______	______
4. Salir a bailar	______	______	______	______
5. Mirar la televisión	______	______	______	______
6. Dormir en clase	______	______	______	______
7. Perder las gafas	______	______	______	______
8. Tomar medicina	______	______	______	______
9. Ir al dentista	______	______	______	______

Español en vivo

No hay tiempo para el dolor de cabeza
Si tienes prisa, o simplemente si quieres que tu dolor de cabeza se vaya muy pronto, piensa en Bayer. Se asimila mejor y actúa rápidamente. Ya no se puede perder tiempo por un dolor de cabeza.
ASPIRINA
masticable
ASPIRINA
masticable
Bayer
Siempre a tu lado.

Identificar

Lee el anuncio e identifica los adverbios.

Preguntas

1. ¿Cuáles son las ventajas (*advantages*) de este tipo de aspirina?
2. ¿Qué tan a menudo te duele la cabeza? ¿Tomas aspirina cuando te duele la cabeza?
3. ¿Necesitas una receta del médico para comprar aspirina?

Repaso

For more practice, go to **aventuras.vhlcentral.com.**

10.1 The imperfect tense

1 Cuando éramos niños... Usa estas frases para contar los sucesos que le ocurrían a ti y a tus amigos cuando eran niños. Sigue el modelo.

modelo Rosalinda (estar enferma) / su mamá (llevarla al doctor)
Cuando Rosalinda estaba enferma, su mamá la llevaba al doctor.

1. Rosalinda (ir a la clínica) / ella (llorar (*cry*) mucho)
2. Gustavito (tener dolor de cabeza) / su abuela (no darle una aspirina)
3. Gustavito (tener temperatura alta) / él (sentirse mareado)
4. la enfermera (ponerle una inyección a Rosalinda) / ella (sentir mucho dolor)
5. Rosalinda y Gustavito (no tomarse las medicinas) / sus padres (enojarse)
6. nosotros (no hacer la tarea) / nuestros padres (no dejarnos ver la televisión)

2 El doctor Rodríguez Completa el párrafo con el imperfecto de los verbos **ir**, **ver** y **ser**.

Cuando nosotros (1) ________ niños, mi hermano y yo (2) ________ al doctor Rodríguez. Nosotros (3) ________ a su consultorio después de las clases. Mi madre (4) ________ con nosotros. El doctor Rodríguez (5) ________ muy simpático. El doctor y la enfermera (6) ________ muy amables con nosotros. ¿Ustedes (7) ________ al consultorio del doctor Rodríguez?

3 El dentista En parejas, describan sus visitas al dentista cuando eran niños, usando el imperfecto.

modelo *Iba al dentista cuando me dolía alguna muela. Siempre había muchos pacientes en el consultorio del dentista.*

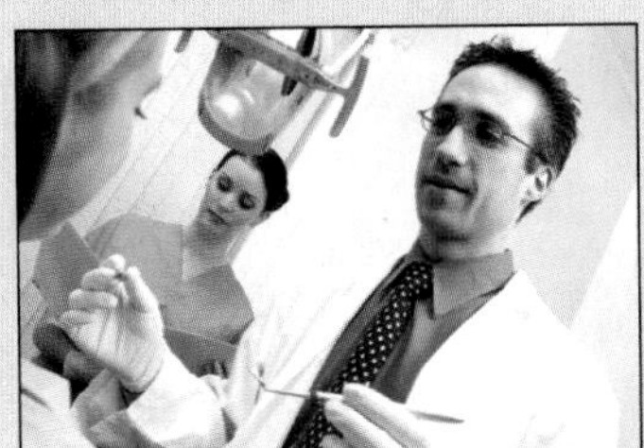

10.2 Constructions with se

4 Oraciones Forma oraciones con estos elementos. Usa **se** para sucesos imprevistos (*unplanned events*) y los verbos en pretérito.

modelo A Cecilia / olvidar / la medicina en la farmacia.
A Cecilia se le olvidó la medicina en la farmacia.

1. A ti / romper / el brazo y la pierna
2. A los enfermeros / dañar / las radiografías
3. Al paciente / perder / los antibióticos
4. A mí / quedar / la receta en el consultorio
5. A Hugo y a ti / caer / la bicicleta en los pies
6. A nosotros / olvidar / el teléfono del doctor Gómez

5 El enfermero La doctora Suárez tiene un enfermero nuevo. Escribe las preguntas que el enfermero le hace. Usa **se** y **cómo**, **dónde**, **cuándo**.

modelo Vamos a tomar la temperatura del paciente.
¿Cómo se toma la temperatura del paciente?

1. Vamos a poner una inyección.
   ____
2. Vamos a llevar a un enfermo a la sala de emergencia.
   ____
3. Vamos a sacar las radiografías.
   ____
4. Vamos a recetar dos medicamentos.
   ____
5. Vamos a hacer un examen médico.
   ____
6. Vamos a buscar un antibiótico nuevo.
   ____

6 ¿Qué se debe hacer? En parejas, escriban qué se debe hacer en estas situaciones. Después compartan sus respuestas con la clase.

modelo Para estar sanos
Se debe hacer ejercicio. No se debe fumar.

1. Para curarse de un resfriado
2. Para estar delgado/a
3. Para curarse de la gripe
4. Para tener dientes sanos
5. Para no estar estresado/a (*stressed*)
6. Para ser médico/a

10.3 Adverbs

7 **¡Tristemente!** Usando los adverbios necesarios, escribe seis oraciones describiendo lo que le pasó a Héctor.

Héctor paseaba felizmente en su bicicleta.

1.

2.

3.

8 **Consejos** Tu amiga Elsa está embarazada y no sabe cómo cuidarse (*to take care of herself*). En grupos de tres, escriban consejos para Elsa usando los adverbios adecuados.

además (de)	a veces	poco
a menudo	con frecuencia	por lo menos
así	muchas veces	pronto

modelo

Debes caminar por lo menos durante media hora cada día.
Si te sientes mal, debes ir pronto al doctor.

Síntesis

9 **La primera vez** En grupos, cuéntense cómo fue la primera vez que les pusieron una inyección, se rompieron un hueso, pasaron la noche en un hospital, estuvieron mareados/as, etc. Incluyan estos puntos en su conversación.

- una descripción del tiempo que hacía
- sus edades
- qué pasó
- cómo se sentían

Videoclip

1 **Preparación** ¿Conoces alguna persona temeraria (*reckless*) a quien le gusten las situaciones de riesgo (*risky*)? Comparte alguna de sus anécdotas con la clase.

2 **El clip** Mira el anuncio de **Anaflex** de Argentina.

Vocabulario

el bondi	*bus (Arg.)*	**se hace el duro**	*to act tough*
los hinchas	*sports fans (usually soccer; Arg.)*	**trepar**	*to climb*

1 Voy a treparme a arreglar la antena. ¡Sí, Miguel!

2 Cualquiera se hace el duro cuando tiene con qué.

3 **¿Cierto o falso?** Indica si las oraciones son **ciertas** o **falsas**. Corrige las falsas.

1. Bailaba en la bañadera y se cayó.
2. Se cayó del techo (*roof*) cuando quiso arreglar una ventana.
3. Se bajó del (*got off of*) tren en movimiento.
4. Se hizo el duro y saltó del escenario temerariamente.

4 **Un chico travieso** Sin duda, Miguel era un niño muy travieso (*mischievous*). En parejas, imaginen cómo fue su niñez: describan lo que hacía en su casa, en la escuela y con sus amigos. Usen el imperfecto.

CONEXIÓN INTERNET

Go to **aventuras.vhlcentral.com** to watch the television clip featured in this section.

Ampliación

1 Escuchar

A Escucha la conversación de la señorita Méndez y Carlos Peña. Marca las frases donde se mencionan los síntomas de Carlos.

TIP Listen for specific information. Identify the subject of a conversation and use your background knowledge to predict what kinds of information you might hear. For example, what would you expect to hear in a conversation between a sick person and a doctor's receptionist?

_____ 1. Tiene infección en los ojos.
_____ 2. Se lastimó el dedo.
_____ 3. Tiene tos.
_____ 4. Está congestionado.
_____ 5. Está mareado.
_____ 6. Le duele la cabeza.
_____ 7. Le duele el estómago.
_____ 8. No puede dormir.
_____ 9. Es alérgico a la aspirina.
_____ 10. Le duele la garganta.
_____ 11. Tiene frío.
_____ 12. Se rompió la pierna.
_____ 13. Le duele la rodilla.
_____ 14. Siente dolor en los huesos.

B En tu opinión, ¿qué tiene Carlos? ¿Gripe? ¿Un resfriado? ¿Alergia? Explica tu opinión.

2 Conversar

En parejas, preparen una conversación entre un(a) estudiante hipocondríaco/a y un(a) enfermero/a. Presenten la conversación a la clase.

- *Decidan qué síntomas tiene el/la estudiante y con qué frecuencia los tiene.*
- *Decidan qué preguntas le va a hacer el/la enfermero/a. Por ejemplo: ¿Cuánto tiempo hace que comenzaron los síntomas? ¿Tenía el mismo problema cuando era niño/a? ¿Lo tenía la semana pasada?*
- *Decidan qué consejos le va a dar el/la enfermero/a.*

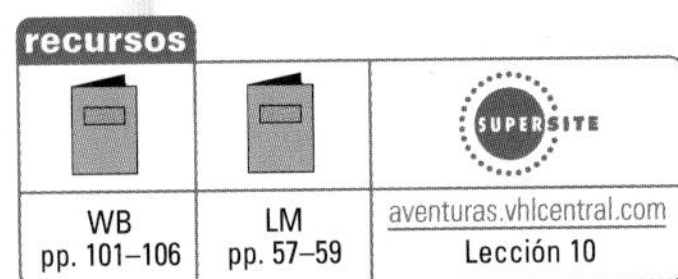

recursos
WB pp. 101–106
LM pp. 57–59
SUPERSITE
aventuras.vhlcentral.com
Lección 10

Ampliación

3 Escribir

Imagina que eres enfermero/a en la sala de emergencias de un hospital. Tienes que escribir cada día un parte (*report*) médico para tu supervisor(a).

TIP Avoid redundancies. To avoid repetition of verbs and nouns, consult a Spanish-language thesaurus. You can also use direct object pronouns, possessive adjectives, demonstrative adjectives and pronouns, and prepositional pronouns to streamline your writing.

Susana se lastimó la rodilla ayer. ~~Susana~~ Ella estaba corriendo por el parque cuando se cayó y se la lastimó la rodilla.

Organízalo	Utiliza un mapa de ideas para organizar tu parte médico. Incluye información sobre los pacientes, sus síntomas y el resultado de los tratamientos.
Escríbelo	Utiliza tus apuntes para escribir el primer borrador del parte médico.
Corrígelo	Intercambia tu composición con un(a) compañero/a. Lee su borrador y anota los aspectos mejor escritos (*written*). Ofrécele sugerencias para evitar (*avoid*) redundancias, y si ves algunos errores gramaticales u ortográficos, coméntaselos.
Compártelo	Revisa el primer borrador según las indicaciones de tu compañero/a. Incorpora nuevas ideas o más información si es necesario antes de escribir la versión final del parte médico.

4 Un paso más

Prepara una presentación sobre el sistema de servicios médicos de un país hispano. Tu presentación debe contestar estas preguntas.

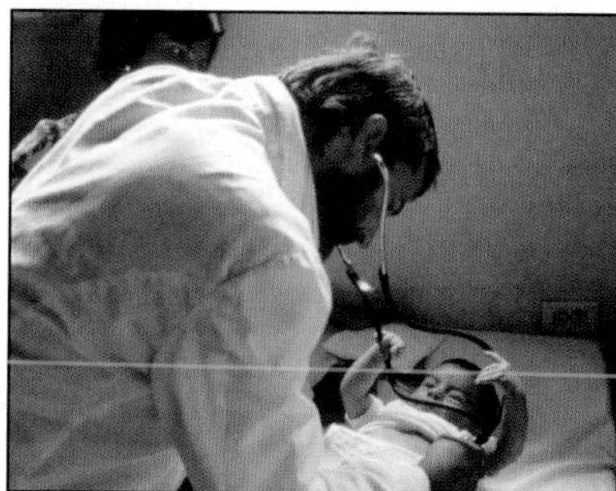

- ¿Qué servicios médicos públicos hay en el país?
- ¿Cuál es el papel (*role*) de las clínicas y los hospitales privados?
- ¿Cómo son los servicios médicos en las ciudades y en las áreas rurales?
- ¿Son populares los tratamientos alternativos?
- ¿Hay personas reconocidas por sus contribuciones a la medicina?

CONEXIÓN INTERNET

Investiga estos temas en el sitio aventuras.vhlcentral.com.

- Hospitales en el mundo hispano
- Clínicas en el mundo hispano
- Médicos famosos del mundo hispano

SUPERSITE

Antes de leer

Using what you already know about a particular subject will often help you better understand a reading selection. For example, if you read an article about a recent medical discovery, you might think about what you already know about health in order to understand unfamiliar words or concepts.

A primera vista, ¿cuál es el tema de esta lectura?

___

___

¿Qué tipo de documento es? ¿Cómo lo sabes?

___

___

Basándote en documentos similares que conoces, ¿qué tipo de información esperas encontrar en esta lectura?

___

___

El consultorio

Dra. Fernanda Jiménez Ocaña

P: Soy una madre española y le escribo para hacerle una consulta sobre mi hijo. Tiene ocho años y hace una semana que ni come ni duerme bien. Además, desde hace cuatro días° tose constantemente. Al no tomar la cantidad de alimentos° necesarios ni dormir lo suficiente, mi hijo no tiene energía para realizar sus actividades diarias. Estoy un poco preocupada porque es la primera vez que el niño presenta este tipo de síntomas. Todavía no hemos ido° al médico porque me interesa conocer primero su punto de vista°. Muchísimas gracias por su ayuda.

R: Querida° madre española: Gracias por escribir a mi columna. Cuando un niño de la edad de su hijo presenta este tipo de síntomas, puede ser señal° de que tiene una pequeña infección en las vías° respiratorias, producida por una bacteria o por un virus. Creo que debe llevar pronto a su hijo al consultorio de su médico, para evitar° la aparición de una enfermedad crónica como la bronquitis. Si tiene alguna pregunta más o si desea contarme cómo evoluciona su hijo, ya sabe que puede escribirme otra vez.

P: Hola, doctora. Soy un ciclista profesional de Colombia. Hace dos semanas tuve un accidente con mi bicicleta y me lastimé la rodilla. Fui a la sala de emergencias y el médico me hizo una radiografía para ver si tenía un hueso roto. Afortunadamente, los resultados de la radiografía fueron muy buenos y sólo me recetaron unas pastillas y mucho reposo. Le escribo porque, después de este tiempo, sigo sintiendo dolor en la zona de la rodilla. ¿Qué puedo hacer?

R: Querido amigo ciclista: Creo que, en su caso, necesita tener más paciencia. Hay que° comprender que algunas veces el cuerpo requiere más tiempo para recuperarse. Creo que tiene que esperar dos semanas más para ver si el dolor va desapareciendo o no. Si sigue las indicaciones de su médico y no nota ningún cambio, debe volver al hospital. En mi opinión, no debe hacer ningún movimiento con la pierna y debe seguir tomándose las pastillas que le recetaron.

P: Le escribo desde Puerto Rico para pedirle su opinión. Durante este mes y el anterior°, tengo los síntomas de un resfriado que no desaparece nunca. Toso, estoy congestionado y tengo la garganta y los ojos irritados. Mi novia opina que puedo ser alérgico a algo. ¿Cree usted que eso es posible?

R: Estimado° amigo puertorriqueño: Debe empezar por observar dónde y cuándo aparecen sus síntomas. El otoño y la primavera son las épocas del año en que suele haber° más reacciones alérgicas del tipo que usted presenta. Creo que debe ir al médico y esperar los resultados de las pruebas. Si le diagnostican un tipo de alergia, no debe preocuparse. En la actualidad, existen tratamientos excelentes, incluyendo antihistaminas e inyecciones, que calman los efectos de las reacciones alérgicas y lo ayudan a llevar una vida normal.

¡Salud! *Dra. Fernanda Jiménez Ocaña*

Después de leer

¿Comprendiste?

Indica si cada oración es **cierta** o **falsa**. Corrige las oraciones falsas.

Cierto	Falso	
____	____	1. La madre española no come bien.
____	____	2. La doctora piensa que el hijo de la española puede tener una infección.
____	____	3. La doctora piensa que el ciclista debe practicar más el ciclismo.
____	____	4. La radiografía indica que el ciclista colombiano tiene algunos huesos rotos.
____	____	5. La doctora cree que el chico puertorriqueño puede tener alergias.
____	____	6. Hace dos meses que el puertorriqueño tiene los síntomas de un resfriado.

Preguntas

Responde a estas preguntas con oraciones completas.

1. ¿Con qué frecuencia tose el hijo de la madre española?
2. ¿Cuánto tiempo hace que el colombiano se lastimó la rodilla?
3. ¿Qué debe hacer la madre española?
4. ¿Qué hizo el médico cuando el ciclista fue a la sala de emergencias?
5. ¿Por qué debe ser paciente el ciclista?
6. Según (*According to*) la doctora, ¿cuándo ocurren más frecuentemente las reacciones alérgicas?

Coméntalo

¿Hay una columna de consejos médicos en el periódico de tu ciudad? ¿La lees frecuentemente? ¿Por qué sí o por qué no? Imagina que tú escribes las respuestas de esta columna. ¿Qué deben hacer las tres personas que pidieron consejos?

desde hace cuatro días *for four days*
alimentos *foods*
hemos ido *have been*
punto de vista *point of view*
Querido/a *Dear*
señal *sign*
vías *passages*
evitar *avoid*
Hay que *It is necessary to*
el anterior *the previous one*
Estimado/a *Dear*
suele haber *there are customarily*

For an additional reading, go to **aventuras.vhlcentral.com.**

recursos

El cuerpo

la boca	*mouth*
el brazo	*arm*
la cabeza	*head*
el corazón	*heart*
el cuello	*neck*
el cuerpo	*body*
el dedo	*finger*
el estómago	*stomach*
la garganta	*throat*
el hueso	*bone*
la nariz	*nose*
el ojo	*eye*
la oreja	*(outer) ear*
el pie	*foot*
la pierna	*leg*
la rodilla	*knee*
el tobillo	*ankle*

Verbos

caer	*to fall, to drop*
caerse	*to fall (down)*
dañar	*to damage; to break down*
doler (o:ue)	*to hurt*
enfermarse	*to get sick*
estar enfermo/a	*to be sick*
estornudar	*to sneeze*
lastimarse (el pie)	*to injure (one's foot)*
olvidar	*to forget*
poner una inyección	*to give an injection*
prohibir	*to prohibit*
quedar	*to be left behind*
recetar	*to prescribe*
romper	*to break*
romperse (la pierna)	*to break (one's leg)*
sacar(se) una muela	*to have a tooth pulled*
ser alérgico/a (a)	*to be allergic (to)*
tener fiebre (f.)	*to have a fever*
tomar(le) la temperatura (a alguien)	*to take (someone's) temperature*
torcerse (el tobillo)	*to sprain (one's ankle)*
toser	*to cough*

La salud

el accidente	*accident*
el antibiótico	*antibiotic*
la aspirina	*aspirin*
la clínica	*clinic*
el consultorio	*doctor's office*
el/la dentista	*dentist*
el/la doctor(a)	*doctor*
el dolor (de cabeza)	*(head)ache; pain*
la enfermedad	*illness; sickness*
el/la enfermero/a	*nurse*
el examen médico	*physical exam*
la farmacia	*pharmacy*
la gripe	*flu*
el hospital	*hospital*
la infección	*infection*
el medicamento	*medication*
la medicina	*medicine*
la operación	*operation*
el/la paciente	*patient*
las pastillas	*pills; tablets*
la radiografía	*X-ray*
la receta	*prescription*
el resfriado	*cold*
la sala de emergencia(s)	*emergency room*
la salud	*health*
el síntoma	*symptom*
la tos	*cough*

Adjetivos

congestionado/a	*congested; stuffed-up*
embarazada	*pregnant*
grave	*grave; serious*
mareado/a	*dizzy; nauseated*
médico/a	*medical*
saludable	*healthy*
sano/a	*healthy*

Otras palabras y expresiones

Hace + *[time]* **+ que +** *[present]*	*to have been doing something for a period of time*
Hace + *[time]* **+ que +** *[preterite]*	*to have done something in the past (ago)*
de niño/a	*as a child*
mientras	*while*
todos los días	*every day*

Expresiones útiles	*See page 259.*
Adverbs	*See page 266.*

recursos

aventuras.vhlcentral.com
Lección 10

AVENTURAS EN LOS PAÍSES HISPANOS

Un *snowboarder* salta *(jumps)* en el centro de esquí Portillo, uno de los más famosos y antiguos *(old)* de Chile. El esquí y el *snowboard* se pueden practicar en las montañas nevadas *(snow-capped)* de la Cordillera de los Andes, que se extiende por todo el país. Gente de todo el mundo va a Chile a practicar los deportes de invierno. ¿Te gustaría esquiar en Chile?

SURAMÉRICA II

Argentina

Área: 2.780.400 km^2 (1.074.000 millas^2)

Población: 40.738.000

Capital: Buenos Aires – 13.067.000

Ciudades principales: Córdoba, Rosario, Mendoza

Moneda: peso argentino

SOURCE: Population Division, UN Secretariat

Chile

Área: 756.950 km^2 (292.259 millas^2)

Población: 17.134.000

Capital: Santiago de Chile – 5.982.000

Ciudades principales: Concepción, Viña del Mar, Valparaíso, Temuco

Moneda: peso chileno

SOURCE: Population Division, UN Secretariat

Uruguay

Área: 176.220 km^2 (68.039 millas^2)

Población: 3.575.000

Capital: Montevideo – 1.260.000

Ciudades principales: Salto, Paysandú, Las Piedras, Rivera

Moneda: peso uruguayo

SOURCE: Population Division, UN Secretariat

Paraguay

Área: 406.750 km^2 (157.046 millas^2)

Población: 6.882.000

Capital: Asunción – 2.264.000

Ciudades principales: Ciudad del Este, San Lorenzo, Lambaré, Fernando de la Mora

Moneda: guaraní

SOURCE: Population Division, UN Secretariat

Bolivia

Área: 1.098.580 km^2 (424.171 millas^2)

Población: 10.031.000

Capital: La Paz, sede del gobierno (*seat of government*), capital administrativa – 1.692.000; **Sucre,** capital constitucional y judicial

Ciudades principales: Santa Cruz de la Sierra, Cochabamba, Oruro, Potosí

Moneda: peso boliviano

SOURCE: Population Division, UN Secretariat

Artes

El tango argentino

El tango es un símbolo cultural muy importante de Argentina. Este género *(genre)* musical es una mezcla de ritmos de origen africano, italiano y español, y surgió a finales del siglo XIX entre los porteños *(people of Buenos Aires)*. Poco después se hizo popular entre el resto de los argentinos y su fama llegó hasta París. Como baile, el tango en un principio *(at first)* era provocativo y violento, pero se hizo más romántico durante los años 30. Hoy día, este estilo musical es popular en muchas partes del mundo *(world)*.

Lugares

El lago Titicaca

Situado en los Andes de Bolivia y Perú, éste es el lago navegable más alto del mundo, a una altitud de 3.815 metros (12.500 pies). Con un área de más de 8.000 kilómetros^2 (3.000 millas^2), también es el segundo lago más grande de Suramérica, después del lago de Maracaibo. La mitología inca cuenta que los hijos del dios *(god)* Sol emergieron de las profundas aguas del lago Titicaca para fundar su imperio *(empire)*.

PERÚ
BOLIVIA
La Paz
Océano Pacífico
Arica
Sucre
Iquique
Antofagasta
Salta
CHILE
ARGENTINA
Córdoba
Mendoza
Valparaíso
Santiago
Concepción
Bahía Blanca
Cordillera de los Andes
Puerto Montt
Estrecho de Magallanes
Punta Arenas
Tierra del Fuego

BRASIL

PARAGUAY

Asunción

Río Paraná

Rosario

URUGUAY

Montevideo

Buenos Aires

Islas Malvinas

Costumbres

La carne y el mate

En Chile, Uruguay y Argentina, la carne de res es un elemento esencial de la dieta diaria. Los platos más representativos de estas naciones son el asado *(barbecue)*, la parrillada *(grilled meat)* y el chivito *(goat)*.

El mate, una infusión similar al té, también es típico de la región. Esta bebida de origen indígena se bebe a diario y reemplaza al café. Tradicionalmente se toma en una calabaza *(gourd)* con una bombilla *(straw)* de metal.

Naturaleza

Los ríos Paraguay y Paraná

Los ríos Paraguay y Paraná sirven de frontera *(border)* natural entre Argentina y Paraguay, y son las principales rutas de transporte de este último *(last)* país. El río Paraguay divide el Gran Chaco de la meseta *(plateau)* Paraná, donde vive la mayoría de los paraguayos. El Paraná tiene unos 3.200 kilómetros navegables, y por esta ruta pasan barcos de más de 5.000 toneladas, los cuales viajan desde el estuario *(estuary)* del Río de la Plata hasta la ciudad de Asunción. El río Paraná confluye *(meets)* con el río Iguazú en la frontera entre Brasil, Argentina y Paraguay. Allí forman las cataratas *(waterfalls)* del Iguazú, uno de los sitios turísticos más visitados en Suramérica. Estas extensas cataratas miden unos 70 metros (230 pies) de altura *(height)*.

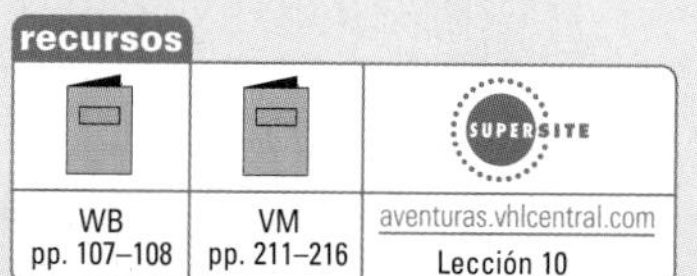

¿Qué aprendiste? SUPERSITE

1 ¿Cierto o falso? Decide si lo que dicen las siguientes oraciones es **cierto** o **falso**.

	Cierto	Falso
1. Portillo es un centro de esquí en Argentina.	____	____
2. Viña del Mar y Concepción son dos de las ciudades principales de Chile.	____	____
3. Asunción es la capital de Uruguay.	____	____
4. En un principio, el tango era un baile tranquilo.	____	____
5. El tango es uno de los símbolos culturales más importantes de Argentina.	____	____
6. El lago Titicaca es el más bajo del mundo.	____	____
7. El lago Titicaca es el lago más grande de Suramérica después del lago de Maracaibo.	____	____
8. La carne de res forma parte de la dieta diaria de Argentina y Uruguay.	____	____
9. El mate es una bebida similar al té.	____	____
10. El río Paraguay pasa entre Argentina y Chile.	____	____
11. En la meseta Paraná vive muy poca gente.	____	____
12. Las cataratas del Iguazú están en la frontera entre Brasil, Paraguay y Argentina.	____	____

2 Preguntas Contesta las siguientes preguntas.

1. ¿Qué país de Suramérica crees que es bueno para practicar los deportes de invierno?
2. ¿Viste gente bailando tango alguna vez? Si es así, ¿dónde la viste?
3. ¿Comiste asado alguna vez? Si no, ¿crees que te gustaría?
4. ¿Crees que sería fácil hacer ejercicio en el área del lago Titicaca? ¿Por qué sí o por qué no?
5. ¿Te gustaría visitar el lago Titicaca? ¿Por qué?
6. ¿Por qué crees que las cataratas del Iguazú es uno de los sitios turísticos más visitados de Suramérica?

CONEXIÓN INTERNET

Busca más información sobre estos temas en aventuras.vhlcentral.com. Presenta la información a tus compañeros/as de clase.

- El tango argentino
- El lago Titicaca
- La carne y el mate
- Los ríos Paraguay y Paraná

11 El carro y la tecnología

Communicative Goals

You will learn how to:

- talk about using technology and electronics
- talk about car trouble
- use common expressions on the telephone
- say how far away things are

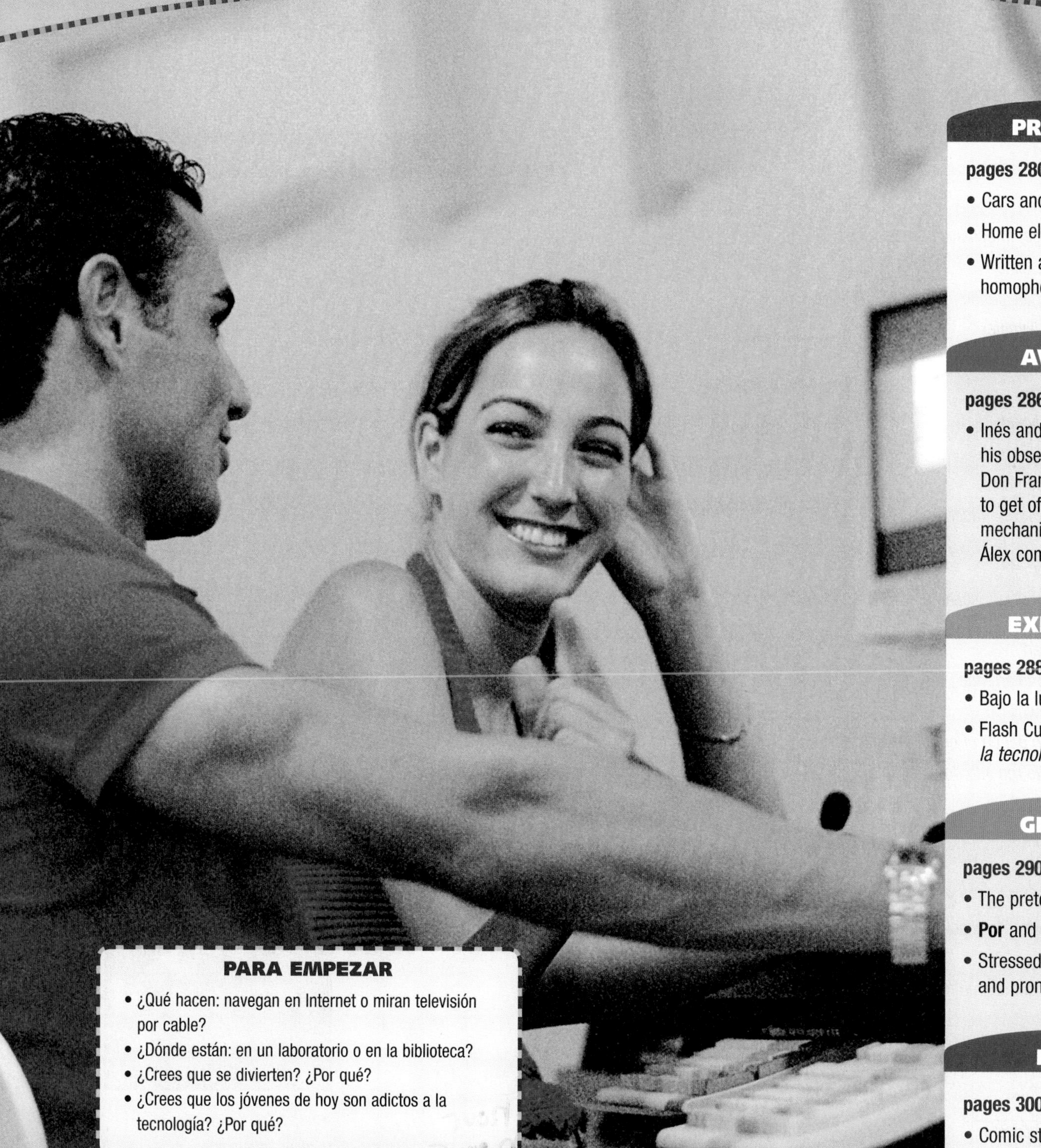

PARA EMPEZAR

- ¿Qué hacen: navegan en Internet o miran televisión por cable?
- ¿Dónde están: en un laboratorio o en la biblioteca?
- ¿Crees que se divierten? ¿Por qué?
- ¿Crees que los jóvenes de hoy son adictos a la tecnología? ¿Por qué?

SUPERSITE

EL CARRO Y LA TECNOLOGÍA

EN LA CALLE

la calle *street*
el camino *route*
el garaje *garage; (mechanic's) repair shop*
la gasolina *gasoline*
la gasolinera *gas station*
el kilómetro *kilometer*
el/la mecánico/a *mechanic*
la milla *mile*
la multa *fine; ticket*
el policía/la mujer policía *police officer*
la policía *police (force)*
el taller (mecánico) *(mechanic's) repair shop*
el tráfico *traffic*
la velocidad máxima *speed limit*

arrancar *to start*
arreglar *to fix; to arrange*
bajar *to go down*
bajar(se) de *to get off of/out of (a vehicle)*
chocar (con) *to run into; to crash into*
conducir *to drive*
estacionar *to park*
manejar *to drive*
parar *to stop*
revisar (el aceite) *to check (the oil)*
subir *to go up*
subir(se) a *to get on/into (a vehicle)*

el semáforo
traffic light

LAS PARTES DEL CARRO

el carro *car*
el coche *car*
los frenos *brakes*

el capó
hood

el parabrisas
windshield

el volante
steering wheel

el baúl
trunk

el motor
motor

la llanta
tire

la licencia de conducir
driver's license

llenar (el tanque)
to fill up (the tank)

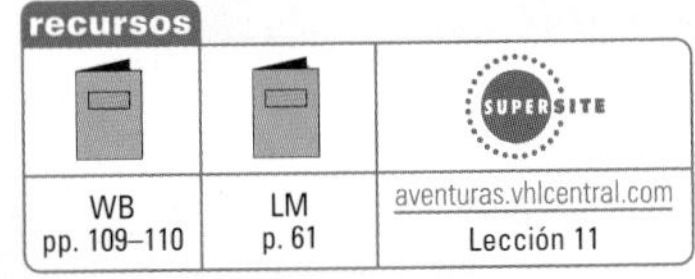

la hora pico - rush hour
peak hour

el televisor
television set

LA TECNOLOGÍA

la cámara digital *digital camera*
la contestadora *answering machine*
el control remoto *remote control*
el disco compacto *compact disc*
el estéreo *stereo*
el fax *fax (machine)*
el mensaje de texto *text message*
el navegador GPS *GPS*
el radio *radio (set)*
el reproductor de CD *CD player*
de DVD *DVD player*
de MP3 *MP3 player*
el teléfono celular *cellular phone*
la televisión por cable *cable television*
el videocasete *videocassette*
la videocasetera *VCR*

apagar *to turn off*
funcionar *to work*
llamar *to call*
poner *to turn on*
prender *to turn on*
sonar (o:ue) *to ring*

la cámara (de video)
(video) camera

la calculadora
calculator

Variación léxica

baúl ⟷ cajuela (*Méx.*), maletera (*Perú*)
computadora ⟷ ordenador (*Esp.*)
gasolinera ⟷ bencinera (*Chile*)

ADJETIVOS

descompuesto/a *not working; out of order*
lento/a *slow*
lleno/a *full*

INTERNET Y LA COMPUTADORA

el archivo *file*
la computadora portátil *laptop*
el disco *disk*
Internet *Internet*
el módem *modem*
la página principal *home page*
la pantalla *screen*
el programa de computación *software*
la red *network; Web*
el sitio web *website*

guardar *to save*
imprimir *to print*
navegar en Internet *to surf the Internet*

la computadora
computer

el monitor
monitor

el ratón
mouse

la impresora
printer

el teclado
keyboard

A escuchar

1 ¿Qué necesitas? Identifica oralmente los dibujos. Luego escucha las frases e indica el objeto que necesitas para cada actividad.

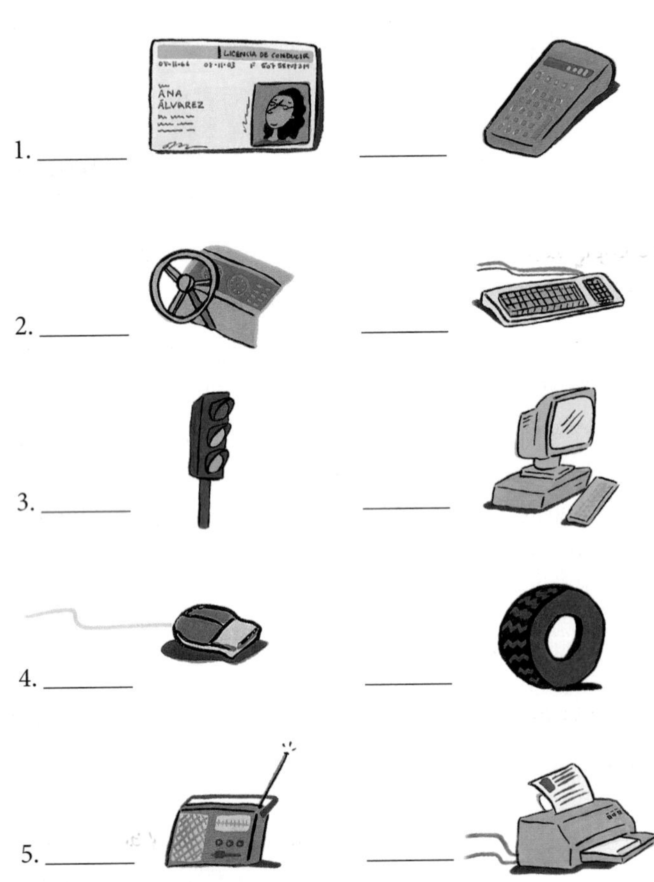

1. ________ ________
2. ________ ________
3. ________ ________
4. ________ ________
5. ________ ________

2 En una gasolinera Escucha la conversación entre un joven y el empleado de una gasolinera. Después completa las oraciones.

1. El empleado de la gasolinera llena el tanque, revisa el aceite y
   a. estaciona el carro. b. limpia el parabrisas. c. usa el navegador.
2. La próxima semana el joven tiene que
   a. manejar hasta Córdoba. b. llenar el tanque. c. revisar las llantas.
3. El joven va a volver mañana porque el empleado
   a. va a llenar el tanque. b. va a revisar los frenos. c. va a darle una multa.
4. Para revisar los frenos, el empleado necesita
   a. un par de minutos. b. un par de días. c. un par de horas.
5. Hoy el joven va
   a. a Córdoba. b. a las montañas. c. a la playa.
6. La gasolina cuesta
   a. 22 pesos. b. 32 pesos. c. 24 pesos.

A practicar

3 **Problemas con la computadora** Completa la conversación con las palabras de la lista.

arreglar	**la impresora**	**la pantalla**
descompuesto	**imprimir**	**prendiste**
el disco	**llamar**	**el ratón**
funciona	**navegar**	**el teléfono celular**

JUAN CARLOS Mariana, la computadora no (1) __________. No veo nada en (2) __________.

MARIANA Pues, ¿la (3) __________?

JUAN CARLOS Ah sí, tienes razón; no estaba prendida. Mariana, ahora no puedo conectarme a Internet. Parece que el módem está (4) __________. ¿Sabes cómo lo puedo (5) __________?

MARIANA ¡Ay, mi amor! No es eso. Es que estoy hablando por teléfono con Sara. Si quieres, la puedo (6) __________ por (7) __________.

JUAN CARLOS Sí, gracias… Bueno, ahora sí estoy conectado. Voy a (8) __________ en Internet un rato y después voy a (9) __________ el trabajo para mi clase de historia… Pero... ¡Mariana! ¿dónde está (10) __________?

MARIANA Lo siento, ésa sí que está descompuesta. Pablo la está arreglando. No sé cómo vas a imprimir tu trabajo ahora.

JUAN CARLOS No te preocupes. Puedo llevar (11) __________ a la universidad e imprimirlo allá.

MARIANA ¡Qué buena idea!

4 **Oraciones** Escribe oraciones usando los siguientes elementos. Usa el pretérito y añade (*add*) las palabras necesarias.

1. Jaime / comprar / reproductor de DVD / nuevo

____

2. Yo / apagar / radio / diez / noche

____

3. teléfono / sonar / pero / yo / no contestar

____

4. Sara y yo / ir / gasolinera / para / llenar / tanque

____

5. Sandra / perder / disco compacto

____

6. Marisa / poner / su / maletas / baúl

____

A conversar

5 Preguntas Trabajen en grupos para contestar las siguientes preguntas. Después compartan sus respuestas con la clase.

1. ¿Tienes carro? ¿Cómo es? ¿Para qué lo usas?
2. ¿Siempre paras cuando ves la luz amarilla del semáforo? ¿Manejas rápidamente? ¿A veces excedes la velocidad máxima?
3. ¿Cuáles de estas actividades haces tú normalmente: llenar el tanque, limpiar el parabrisas, lavar el coche, revisar el aceite, cambiar el aceite, revisar las llantas?
4. ¿Te pierdes con frecuencia cuando conduces? ¿Usas el navegador o los mapas interactivos en Internet?
5. ¿Cómo escuchas música: por radio, reproductor de MP3 o en Internet?
6. ¿Qué utilizas más: el teléfono celular, el correo electrónico o el *chat*? ¿Cuáles son las ventajas (*advantages*) y desventajas de los diferentes modos de comunicación?
7. ¿Cómo usas la tecnología para divertirte? ¿Y para comunicarte? ¿Y para trabajar?

6 En el taller En parejas, preparen una conversación entre un(a) mecánico/a y un(a) cliente/a cuyo (*whose*) coche se dañó en un accidente. El/La cliente/a le dice al/a la mecánico/a qué ocurrió en el accidente y los dos hablan de las partes dañadas.

7 Situación Con un(a) compañero/a de clase, elige un(a) cliente/a de la lista y prepara una conversación entre el/la director(a) de ventas (*sales*) de una tienda de computadoras y esta persona. El/La director(a) de ventas pregunta lo que el/la cliente/a desea hacer con la computadora y le muestra la computadora que éste/a necesita.

- *El padre o la madre de un niño de seis años*
- *Una jubilada* (retired woman) *que quiere aprender a navegar en Internet*
- *Una mujer que va a crear una nueva empresa* (business) *en su casa*
- *Un estudiante que no sabe nada de computadoras*
- *Un hombre de negocios* (businessman) *que viaja mucho*

8 Las rebajas Tu profesor(a) va a darles a ti y a tu compañero/a la información necesaria para completar esta actividad.

La acentuación de palabras similares

Although accent marks usually indicate which syllable in a word is stressed, they are also used to distinguish between words that have the same or similar spellings.

Él maneja el coche. **Sí, voy si quieres.**

Although one-syllable words do not usually carry written accents, some *do* have accent marks to distinguish them from words that have the same spelling but different meanings.

Sé cocinar. **Se baña.** **¿Tomas té?** **Te duermes.**

Sé (*I know*) and **té** (*tea*) have accent marks to distinguish them from the pronouns **se** and **te**.

para mí **mi cámara** **Tú lees.** **tu estéreo**

Mí (*me*) and **tú** (*you*) have accent marks to distinguish them from the possessive pronouns **mi** and **tu**.

¿Por qué vas? **Voy porque quiero.**

Several words of more than one syllable also have accent marks to distinguish them from words that have the same or similar spellings.

Éste es rápido. **Este módem es rápido.**

Demonstrative pronouns have accent marks to distinguish them from demonstrative adjectives.

¿Cuándo fuiste? **Fui cuando me llamó.**

¿Dónde trabajas? **Voy al taller donde trabajo.**

Adverbs have accent marks when they are used to convey a question.

Práctica Marca los acentos en las palabras que los necesitan.

ANA Hola, soy Ana. ¿Que tal?
JUAN Hola, pero… ¿por que me llamas tan tarde?
ANA Porque mañana tienes que llevarme a la universidad. Mi auto esta dañado.
JUAN ¿Como se daño?
ANA Se daño el sabado. Un vecino (*neighbor*) choco con el.

Crucigrama Utiliza las siguientes pistas (*clues*) para completar el crucigrama. ¡Ojo con los acentos!

Horizontales

1. Él __________ levanta.
4. No voy __________ no puedo.
7. Tú __________ acuestas.
9. ¿ __________ es el examen?
10. Quiero este video y __________.

Verticales

2. ¿Cómo __________ usted?
3. Eres __________ mi hermano.
5. ¿ __________ tal?
6. Me gusta __________ suéter.
8. Navego __________ la red.

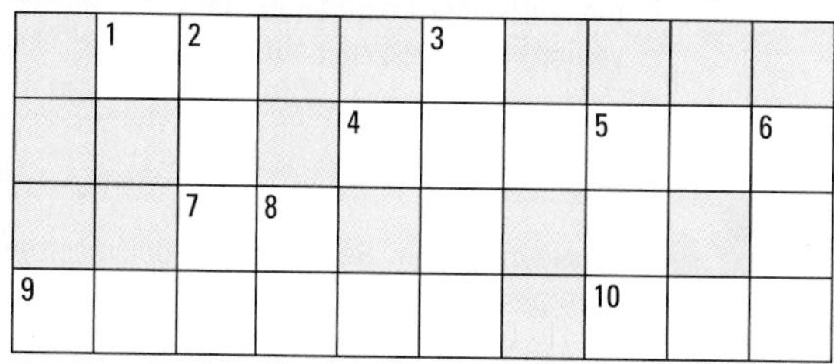
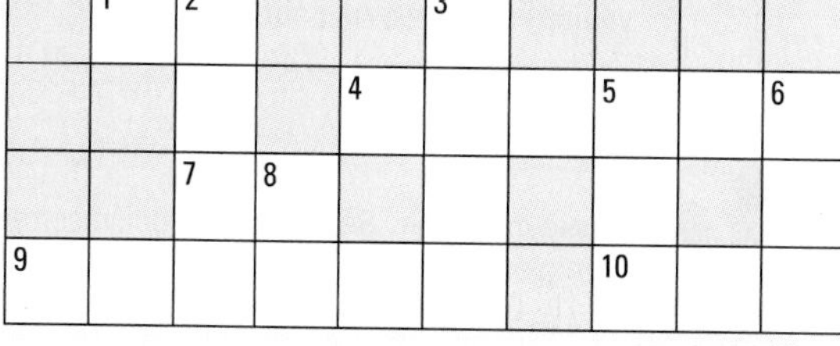

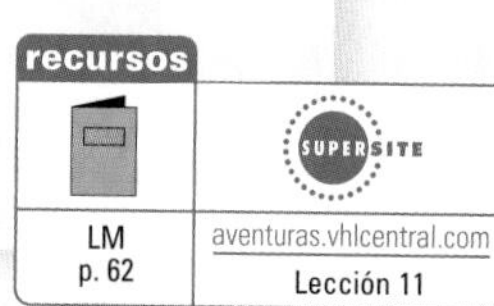

Tecnohombre, ¡mi héroe!

El autobús se daña.

PERSONAJES

DON FRANCISCO

JAVIER

INÉS

ÁLEX

MAITE

SR. FONSECA

ÁLEX ¿Bueno?… Con él habla… Ah, ¿cómo estás?… Aquí, yo muy bien. Vamos para Ibarra. ¿Sabes lo que pasó? Esta tarde íbamos para Ibarra cuando Javier tuvo un accidente en el autobús. Se cayó y tuvimos que llevarlo a una clínica.

JAVIER Episodio veintiuno: Tecnohombre y los superamigos suyos salvan el mundo una vez más.

INÉS Oh, Tecnohombre, ¡mi héroe!

MAITE ¡Qué cómicos! Un día de éstos, ya van a ver…

ÁLEX Van a ver quién es realmente Tecnohombre. Mis superamigos y yo nos hablamos todos los días por el teléfono Internet, trabajando para salvar el mundo. Pero ahora, con su permiso, quiero escribirle un mensaje electrónico a mi mamá y navegar en la red un ratito.

INÉS Pues… no sé… creo que es el alternador. A ver… sí… Mire, don Francisco… está quemado el alternador.

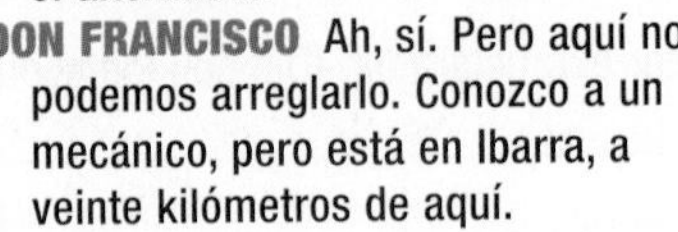

DON FRANCISCO Ah, sí. Pero aquí no podemos arreglarlo. Conozco a un mecánico, pero está en Ibarra, a veinte kilómetros de aquí.

ÁLEX ¡Tecnohombre, a sus órdenes!

DON FRANCISCO ¡Eres la salvación, Álex! Llama al señor Fonseca al cinco, treinta y dos, cuarenta y siete, noventa y uno. Nos conocemos muy bien. Seguro que nos ayuda.

ÁLEX Buenas tardes. ¿Con el señor Fonseca por favor?… Soy Álex Morales, cliente de Ecuatur. Le hablo de parte del señor Francisco Castillo… Es que íbamos para Ibarra y se nos dañó el autobús... Pensamos que es el… el alternador… Estamos a veinte kilómetros de la ciudad…

ACTIVIDADES

1 Seleccionar Selecciona la opción correcta para completar cada oración.

1. Álex quiere
   a. escuchar música. b. escribirle a su mamá y navegar en la red.
   c. hablar por el teléfono con amigos.
2. Se les dañó el autobús. Inés dice que
   a. el alternador está quemado. b. se pinchó una llanta.
   c. el taller está quemado.
3. Álex llama al mecánico, el señor
   a. Castillo. b. Ibarra.
   c. Fonseca.
4. Maite llama a Inés la "Mujer Mecánica" porque antes
   a. trabajaba en el taller de su tío. b. arreglaba computadoras.
   c. conocía a muchos mecánicos.
5. El grupo está a _______ de la ciudad.
   a. veinte millas b. veinte grados centígrados
   c. veinte kilómetros

Para recordar **Antes de mirar este episodio de la Fotonovela, repasa el anterior. ¿Qué puedes recordar?**

1. ¿Quién se lastimó el tobillo?
2. ¿Adónde llevó don Francisco a Javier?
3. ¿Qué mostró la radiografía?
4. ¿Qué le recetó la doctora a Javier?

DON FRANCISCO Chicos, creo que tenemos un problema con el autobús. ¿Por qué no se bajan?

DON FRANCISCO Mmm, no veo el problema.
INÉS Cuando estaba en la escuela secundaria, trabajé en el taller de mi tío. Me enseñó mucho sobre mecánica. Por suerte, arreglé unos autobuses como éste.
DON FRANCISCO ¡No me digas! Bueno, ¿qué piensas?

SR. FONSECA Creo que va a ser mejor arreglar el autobús allí mismo. Tranquilo, enseguida salgo.

ÁLEX Buenas noticias. El señor Fonseca viene enseguida. Piensa que puede arreglar el autobús aquí mismo.
MAITE ¡La Mujer Mecánica y Tecnohombre, mis héroes!
DON FRANCISCO ¡Y los míos también!

Expresiones útiles

Talking on the telephone

¿Aló?/¿Bueno?/¿Diga?
Hello?
¿Quién habla?
Who is speaking?
¿De parte de quién?
Who is calling?
Con él/ella habla.
This is he/she.
Le hablo de parte de Francisco Castillo.
I'm speaking to you on behalf of Francisco Castillo.
¿Puedo dejar un recado?
May I leave a message?
Está bien. Llamo más tarde.
That's fine. I'll call later.

Talking about bus or car problems

—¿Qué pasó? **—Se nos dañó el autobús.**
—What happened? *—The bus broke down.*
Se nos pinchó una llanta.
We got a flat tire.
Está quemado el alternador.
The alternator is burned out.

Saying how far away things are

Está a veinte kilómetros de aquí.
It's twenty kilometers from here.
Estamos a veinte kilómetros de la ciudad.
We're twenty kilometers from the city.

Expressing surprise

¡No me diga! (form.)/¡No me digas! (fam.)
You don't say!

Offering assistance

A sus órdenes. *At your service.*

Additional vocabulary

aquí mismo *right here*

2 **¿Quién?** Identifica a quién se refiere cada acción.

1. tiene un teléfono en el autobús
2. conoce a un mecánico en la ciudad
3. diagnostica el problema del autobús
4. llama al mecánico
5. dice que puede arreglar el autobús
6. dice que Inés y Álex son sus héroes

3 **Situación** En parejas, representen una conversación entre un(a) mecánico/a y un(a) cliente/a. Sigan la guía.

- El/La cliente/a llama al taller y explica el problema del carro.
- El/La mecánico/a le pregunta dónde está en relación con el taller.
- El cliente le pregunta cuánto dinero cuesta el servicio mecánico y si acepta tarjeta de crédito.
- El/La mecánico/a le dice que puede ir enseguida.

recursos

BAJO LA LUPA

Los cibercafés

¿Estás pensando pasar un semestre en Latinoamérica y no quieres llevar tu computadora portátil? ¡No te preocupes! En casi cualquier ciudad latinoamericana, grande o pequeña, te puedes encontrar con **el cibercafé**. Pagando una tarifa° muy barata (¡a veces menos de un dólar por hora!), uno puede disfrutar de° un refresco o un café mientras navega en Internet, escribe correo electrónico o chatea° en múltiples foros virtuales.

De hecho°, el negocio° del cibercafé está mucho más desarrollado° en Latinoamérica que en los Estados Unidos. En las grandes ciudades hispanas, es común ver varios cibercafés en una misma cuadra°. Muchos extranjeros piensan que no puede haber suficientes clientes para todos, pero los cibercafés ofrecen servicios especializados que permiten su coexistencia. Por ejemplo, algunos cibercafés informales atraen° a adolescentes y jóvenes con videojuegos en línea° o servicio de chat con cámara. Otros centros de Internet, como los centros telefónicos, atraen a estudiantes o profesionales, ya que generalmente son más tranquilos para hacer las tareas de la escuela o del trabajo.

Sin embargo, para los fanáticos que no se pueden despegar° de las computadoras portátiles, también hay bares, restaurantes y librerías que ofrecen el servicio inalámbrico de Internet como lo hace Starbucks en los Estados Unidos y en Canadá. Como ves, Internet está en cada esquina°. ¿Qué esperas para hacer tus maletas y salir para Latinoamérica?

Mensajes de texto en español

Al igual que otros idiomas, el chateo está cambiando la forma en que la gente escribe el español. Ésta es una lista de expresiones comunes en el chat.

¿K TL?	¿Qué tal?	**CONT, XFA**	Contesta, por favor.
Toy cansada	Estoy cansada.	**TB**	también
TQ MXO.	Te quiero mucho.	**1 BSO**	Un beso.
A2	Adiós.	**¿Q TE PARECE?**	¿Qué te parece?
¿XQ?	¿Por qué?	**T MANDO 1**	Te mando un
GNL	genial	**MSG DSPS**	mensaje después.

tarifa *fee* **disfrutar de** *enjoy* **chatea** *chat (from the English verb to chat)* **De hecho** *In fact* **negocio** *business* **desarrollado** *developed* **cuadra** *(city) block* **atraen** *attract* **en línea** *online* **despegar** *detach* **esquina** *corner*

ACTIVIDADES

1 **¿Cierto o falso?** Indica si estas oraciones son **ciertas** o **falsas**. Corrige las falsas.

1. Los cibercafés son más populares en las ciudades grandes que en las pequeñas.
2. El servicio de Internet es caro en los cibercafés.
3. Hay más cibercafés en Latinoamérica que en los Estados Unidos.
4. Todos los cibercafés ofrecen servicios similares.
5. Muchos turistas se quejan de que no hay suficientes cibercafés.
6. Hay cibercafés con videojuegos en línea.
7. Si eres estudiante, puedes hacer tus tareas en los centros de Internet.
8. En los países hispanos, no hay servicio inalámbrico de Internet.
9. La primera palabra de la expresión **Toy cansada** viene del verbo **ser**.
10. **TB** significa "también".

ASÍ SE DICE

La tecnología

los audífonos (Méx., Col.), los auriculares (Arg.), los cascos (Esp.)	*headset; earphones*
el móvil (Esp.)	**el celular**
el (teléfono) deslizable	*slider (phone)*
inalámbrico/a	*cordless; wireless*
el manos libres (Amér. S.)	*hands-free system*
el (teléfono) plegable	*flip (phone)*

CONEXIÓN INTERNET

What do technology in Argentina and in Peru have in common? Go to **aventuras.vhlcentral.com** to find out and to access these components:

- the **Flash Cultura** video
- more activities
- additional reading: **Los automóviles clásicos de Uruguay y Argentina**

2 **¿Cómo te comunicas?** Escribe un párrafo breve en donde expliques qué utilizas para comunicarte con tus amigos/as (correo electrónico, teléfono, chat, etc.) y de qué hablan cuando se comunican por chat.

Maravillas de la tecnología

1 **Preparación** ¿Con qué frecuencia navegas en Internet? ¿Dónde lo haces, en tu casa o en un lugar público?

2 **El video** Mira el episodio de **Flash Cultura.**

Vocabulario

chateando *chatting*
comunidad indígena *indigenous community*
inalámbrica *wireless*
usuarios *users*

1 … los cibercafés se conocen comúnmente como "cabinas de Internet" y están localizados° por todo el país.

2 … el primer *hotspot* de Cuzco, que permite a los usuarios navegar de manera inalámbrica…

localizados *located*

3 **Elegir** Indica cuál de las dos opciones resume mejor este episodio.

- En Cuzco, Internet es un elemento importante para las comunidades indígenas que quieren vender sus productos en otros países. Con Internet inalámbrica, estas comunidades chatean con clientes en otros países.
- En Cuzco, la comunidad y los turistas usan la tecnología de los celulares e Internet para comunicarse con sus familias o vender productos. Para navegar en Internet, se pueden visitar las cabinas de Internet o ir a la Plaza de Armas con una computadora portátil.

11.1 The preterite and the imperfect

- The preterite and the imperfect are not interchangeable. The choice between these two tenses depends on the context and on the point of view of the speaker.

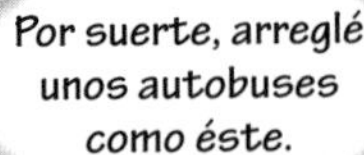

Íbamos para Ibarra y se nos dañó el autobús.

Uses of the preterite

To express actions that are viewed by the speaker as completed	**Don Francisco** estacionó **el autobús.** *Don Francisco parked the bus.*
	Fueron **a Valparaíso ayer.** *They went to Valparaíso yesterday.*
To express the beginning or end of a past action	**La película** empezó **a las nueve.** *The movie began at nine o'clock.*
	Ayer terminé **el proyecto.** *Yesterday I finished the project.*
To narrate a series of past actions or events	**Don Francisco** paró **el autobús,** abrió **la ventanilla y** saludó **a doña Rita.** *Don Francisco stopped the bus, opened the window, and greeted Doña Rita.*

Uses of the imperfect

To describe an ongoing past action with no reference to its beginning or end	**Maite** conducía **muy rápido en Madrid.** *Maite was driving very fast in Madrid.*
	Javier esperaba **en el garaje.** *Javier was waiting in the garage.*
To express habitual past actions and events	**Cuando** era **joven,** jugaba **al tenis.** *When I was young, I used to play tennis.*
	Álex siempre revisaba **su correo electrónico a las tres.** *Álex always checked his e-mail messages at three o'clock.*
To describe physical and emotional states or characteristics	**La chica** quería **descansar.** Se sentía **mal y** tenía **dolor de cabeza.** *The girl wanted to rest. She felt ill and had a headache.*
	Ellos eran **altos y** tenían **ojos verdes.** *They were tall and had green eyes.*
	Estábamos **felices de ver a la familia.** *We were happy to see the family.*

Práctica

1 Un accidente Completa este artículo de periódico con las formas correctas del pretérito o del imperfecto.

Un trágico accidente

Ayer temprano por la mañana (1) ________ [haber] un trágico accidente en el centro de Lima, cuando un autobús (2) ________ [chocar] con un carro. La mujer que (3) ________ [manejar] el carro (4) ________ [morir] al instante. Los paramédicos llevaron al conductor del autobús al hospital porque (5) ________ [tener] varias fracturas. Su estado de salud es todavía muy grave. El conductor del autobús (6) ________ [decir] que no (7) ________ [ver] el carro hasta el último momento porque (8) ________ [haber] mucha niebla y (9) ________ [llover]. Él (10) ________ [intentar] (*to attempt*) dar un viraje brusco (*to swerve*), pero (11) ________ [perder] el control del autobús y no (12) ________ [poder] evitar (*to avoid*) el accidente. Según nos informaron, no (13) ________ [lastimarse] ningún pasajero que (14) ________ [viajar] en el autobús.

2 Combinar Combina elementos de las tres columnas para hablar de lo que hicieron y lo que hacían las personas de la primera columna.

Sujetos	Verbos	Adverbios
el mecánico	arreglar	ayer
Manny Ramírez	caerse	bien
la mujer policía	chocar	con frecuencia
Bill Gates	conducir	de vez en cuando
mis padres	decir	fácilmente
mis amigos y yo	enamorarse	lentamente
Jennifer López	lastimarse	por aquí
yo	llamar	por fin
	navegar (en)	todos los días
	olvidar	una vez

Conversación

3 **Frases** En parejas, completen las frases usando el pretérito o el imperfecto. Luego comparen sus respuestas.

modelo De niño/a, yo...

Estudiante 1: *De niña, yo vivía con mis abuelos en un apartamento cerca de la escuela.*
Estudiante 2: *Pues mi mamá, mis hermanos y yo vivíamos en una casita con un jardín.*
Estudiante 1: *De niña, me lastimé una vez la rodilla. Mientras corría, me caí.*
Estudiante 2: *En cambio, yo nunca me lastimé la rodilla, pero me torcía constantemente el tobillo.*

1. El verano pasado...
2. Yo manejaba el coche mientras...
3. Anoche mi novio/a...
4. Ayer el/la profesor(a)...
5. La semana pasada un(a) amigo/a...
6. A menudo mi madre...
7. Esta mañana en la cafetería...
8. Navegábamos en la red cuando...

4 **Tu primer(a) novio/a** Entrevista a un(a) compañero/a acerca de su primer(a) novio/a. Si quieres, puedes añadir (*add*) otras preguntas.

1. ¿Quién fue tu primer(a) novio/a?
2. ¿Cuántos años tenías cuando lo/la conociste?
3. ¿Cómo era él/ella?
4. ¿Qué le gustaba hacer? ¿Tenían ustedes los mismos pasatiempos?
5. ¿Por cuánto tiempo salieron ustedes?
6. ¿Adónde iban ustedes cuando salían?
7. ¿Pensaban casarse?
8. ¿Cuándo y por qué rompieron ustedes?

5 **Un robo misterioso** Anoche alguien robó (*stole*) el examen de la Lección 11 de la oficina de tu profesor(a) y tú tienes que averiguar (*to find out*) quién lo hizo. Pregúntales a varios compañeros dónde estaban, con quién estaban y qué hicieron entre las ocho y las doce de la noche. Luego decide quién robó el examen.

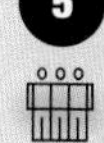

everywhere

donde sea, por todos lados, por todas partes

- When the preterite and the imperfect appear in the same sentence, the imperfect describes what was happening, while the preterite describes the action that "interrupted" the ongoing activity.

Navegaba en la red cuando **sonó** el teléfono.
I was surfing the Web when the phone rang.

Maite **leía** el periódico cuando **llegó** Álex.
Maite was reading the newspaper when Álex arrived.

- You will see the preterite and the imperfect together in narratives such as fiction, news, and retelling of events. The imperfect provides background information, such as time, weather, and location. The preterite indicates the specific events that occurred.

Eran las dos de la mañana y el detective ya no **podía** mantenerse despierto. **Se bajó** lentamente del coche, **estiró** las piernas y **levantó** los brazos hacia el cielo oscuro.
It was two in the morning, and the detective could no longer stay awake. He slowly stepped out of the car, stretched his legs, and raised his arms toward the dark sky.

La luna **estaba** llena y no **había** en el cielo ni una sola nube. De repente, el detective **escuchó** un grito espeluznante proveniente del parque.
The moon was full and there wasn't a single cloud in the sky. Suddenly, the detective heard a piercing scream coming from the park.

NASA • La sonda se estrelló antes de orbitar

Mars cayó en Marte

La agencia espacial estadounidense perdió la comunicación con la sonda *Mars Climate Orbiter*, justo en el momento en que se ponía en órbita alrededor de Marte. La nave se estrelló por un error de navegación importante. Se habían invertido 25 millones de dólares e iba a ser la primera estación meteorológica interplanetaria. PASE A LA A6

¡Manos a la obra!

Escribe la forma correcta de los verbos.

Pretérito

1. Tomás y yo ___fuimos___ [ir] al parque ayer.
2. ________ [nadar] por la tarde.
3. Después ________ [tomar] el sol.
4. ________ [regresar] a casa a las cinco.
5. Tomás preparó la cena. Yo ________ [leer] el periódico.
6. Mientras Tomás veía una película, yo ________ [dormirse].

Imperfecto

1. ___Eran___ [ser] las doce.
2. ________ [haber] mucha gente en la calle.
3. Los novios ________ [estar] en el café.
4. Todos los días ellos ________ [almorzar] juntos.
5. El camarero siempre les ________ [servir] ensaladas.
6. Cuando los novios salieron del café, ________ [llover].

11.2 Por and para 

- Both **por** and **para** mean *for*, but they are not interchangeable. Study their uses in the charts.

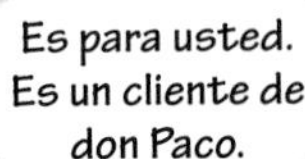

Es para usted. Es un cliente de don Paco.

Uses of *por*

Motion or a general location *(around, through, along, by)*	La excursión nos llevó por el centro. *The tour took us through downtown.*
	Pasamos por el parque y por el río. *We passed by the park and along the river.*
Duration of an action *(for, during, in)*	Estuve en Montevideo por un mes. *I was in Montevideo for a month.*
	Miguel estudió por la noche. *Miguel studied during the night.*
Object of a search *(for, in search of)*	Vengo por ti a las ocho. *I'm coming for you at eight.*
	Maite fue por su cámara. *Maite went in search of her camera.*
Means by which something is done *(by, by way of, by means of)*	Ellos viajan por la autopista. *They travel by (by way of) the highway.*
	¿Hablaste con la policía por teléfono? *Did you talk to the police by (on the) phone?*
Exchange or substitution *(for, in exchange for)*	Le di dinero por la videocasetera. *I gave him money for the VCR.*
	Cambiamos este carro por uno nuevo. *We exchanged this car for a new one.*
Unit of measure *(per, by)*	José manejaba a 120 kilómetros por hora. *José was driving 120 kilometers per hour.*

- **Por** is used in several idiomatic expressions.

por aquí	*around here*	**por eso**	*that's why; therefore*
por ejemplo	*for example*	**por fin**	*finally*

¡ojo! When giving an exact time, **de** is used instead of **por** before **la mañana, la tarde,** and **la noche.**

Llegué a las diez **de la noche.**
I arrived at ten p.m.

Me gusta estudiar **por la noche.**
I like to study at night.

Práctica

1 **Un viaje a Buenos Aires** Completa este párrafo con las preposiciones **por** o **para**.

El mes pasado, mi esposo y yo hicimos un viaje a Buenos Aires y sólo pagamos dos mil dólares (1) _____ los pasajes. Estuvimos en Buenos Aires (2) _____ una semana y exploramos toda la ciudad. Durante el día caminamos (3) _____ la plaza San Martín, el microcentro y el barrio de La Boca, donde viven muchos artistas. (4) _____ la noche fuimos a una tanguería, que es un tipo de teatro, (5) _____ ver a la gente bailar tango. Dos días después decidimos hacer una excursión (6) _____ las Pampas (7) _____ ver el paisaje y un rodeo con gauchos. (8) _____ eso, alquilamos (*we rented*) un carro y pasamos unos días muy agradables. El último día fuimos a Galerías Pacífico (9) _____ comprar recuerdos (*souvenirs*) (10) _____ nuestros hijos y nietos. Compramos tantos regalos que, al regresar, tuvimos que pagar impuestos (*duties*) cuando pasamos (11) _____ la aduana.

2 **¿Qué pasa aquí?** Usa **por** o **para** y el tiempo presente para describir estos dibujos.

1. ____________________

2. ____________________

3. ____________________

4. ____________________

5. ____________________

6. ____________________

Conversación

3 **Encuesta** Averigua (*Find out*) a cuáles de tus compañeros/as corresponde cada descripción. Luego presenta los resultados a la clase.

modelo

Estudiante 1: *¿Tienes televisión por cable?*
Estudiante 2: *No, no tengo televisión por cable.*
Estudiante 1: *¿Tienes televisión por cable?*
Estudiante 3: *Sí, tengo televisión por cable.*

	Nombres
1. En casa, tiene televisión por cable.	________
2. Anoche durmió por ocho horas.	________
3. Viajó por Europa.	________
4. Hoy pasó por la gasolinera.	________
5. Se preocupa por sus amigos.	________
6. Habla por teléfono celular.	________
7. Quiere estudiar para médico/a.	________
8. Las clases son fáciles para él/ella.	________

4 **Completar** Habla con un(a) compañero/a para completar estas frases sobre él/ella. Usa **por** y **para** en las respuestas.

1. El año pasado compró un regalo…
2. Ayer fue al taller…
3. Necesita hacer la tarea…
4. En casa, habla con sus amigos/as…
5. Los miércoles tiene clases…
6. A veces va a la biblioteca…
7. Necesita… dólares…
8. Su mejor amigo/a estudia…

5 **Una subasta** En grupos, dramaticen una subasta (*auction*). Cada estudiante debe traer a la clase un objeto o una foto del objeto para vender. Luego, un(a) estudiante es el/la vendedor(a) y los otros son los postores (*bidders*).

modelo

Vendedor(a): *Aquí tengo una cámara de video. ¿Quién ofrece $400,00 por ella?*
Postor(a) 1: *Te doy $175,00.*

Uses of *para*

Destination *(toward, in the direction of)*	Salimos para Mérida el sábado. *We are leaving for Mérida on Saturday.*
	Voy para el banco. *I'm going to the bank.*
Deadline or a specific time in the future *(by, for)*	Él va a arreglar el carro para el viernes. *He will fix the car by Friday.*
Purpose or goal + [*infinitive*] *(in order to)*	Juan estudia para (ser) mecánico. *Juan is studying to be a mechanic.*
Purpose + [*noun/verb*] *(for, used for)*	Es una llanta para el carro. *It's a tire for the car.*
	Un módem sirve para conectarse a la red. *A modem is used to connect to the Web.*
The recipient of something *(for)*	Compré una calculadora para mi hijo. *I bought a calculator for my son.*
Comparisons or opinions *(for, considering)*	Para ser joven, es demasiado serio. *For a young person, he is too serious.*
	Para mí, esta lección no es difícil. *For me, this lesson isn't difficult.*
Employment *(for)*	Sara trabaja para Telecom. *Sara works for Telecom.*

▸ Often, either **por** or **para** can be used in a sentence. The meaning of the sentence changes, depending on which one is used.

Caminé **por** el parque. *I walked through the park.*	Caminé **para** el parque. *I walked to (toward) the park.*
Trabajó **por** su padre. *He worked for (in place of) his father.*	Trabajó **para** su padre. *He worked for his father('s business).*
Se exhibió **por** todo el pueblo. *It was shown throughout (around) the whole town.*	Se exhibió **para** todo el pueblo. *It was shown for the whole town.*

¡Manos a la obra!

Completa las frases con **por** o **para**.

1. Dormimos _por_ la mañana.
2. Necesitas un módem ______ navegar en la red.
3. Entraron ______ la puerta.
4. Es un pasaje ______ Buenos Aires.
5. ______ arrancar el carro, necesito la llave.
6. Arreglé el televisor ______ ti.
7. Estuvieron nerviosos ______ el examen.
8. ¿Hay una gasolinera ______ aquí?
9. Esta computadora es ______ usted.
10. Juan está enfermo. Tengo que trabajar ______ él.
11. Estuvimos en Cancún ______ dos meses.
12. ______ mí, el español es difícil.
13. Tengo que estudiar la lección ______ el lunes.
14. Voy a ir ______ ese camino.
15. Compré dulces ______ mi novia.
16. Lo compró ______ un buen precio.

11.3 Stressed possessive adjectives and pronouns

- Spanish has two types of possessive adjectives: the unstressed (short) forms you learned in Lesson 3 and the stressed (long) forms. The stressed possessive adjectives are used for emphasis or to express *(of) mine, (of) yours, (of) his,* and so on.

Stressed possessive adjectives

Singular forms		Plural forms		
MASCULINE	FEMININE	MASCULINE	FEMININE	
mío	mía	míos	mías	*my; (of) mine*
tuyo	tuya	tuyos	tuyas	*your; (of) yours (fam.)*
suyo	suya	suyos	suyas	*your; (of) yours (form.); his; (of) his; her; (of) hers; its*
nuestro	nuestra	nuestros	nuestras	*our; (of) ours*
vuestro	vuestra	vuestros	vuestras	*your; (of) yours*
suyo	suya	suyos	suyas	*your; (of) yours their; (of) theirs*

- Stressed possessive adjectives must agree in gender and number with the nouns they modify.

mi **impresora** → la **impresora** mía
my printer → *my printer*

nuestros **televisores** → los **televisores** nuestros
our television sets → *our television sets*

- Stressed possessive adjectives are placed after the nouns they modify. Unstressed possessive adjectives are placed before the noun.

Son **mis** llaves. — Son las llaves **mías.**
They are my keys. — *They are my keys.*

- A definite article, an indefinite article, or a demonstrative adjective usually precedes a noun modified by a stressed possessive adjective.

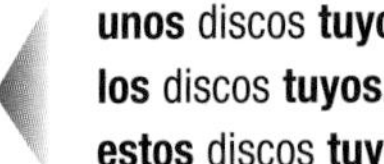

Alberto tenía
- **unos** discos **tuyos.** — *Alberto had some disks of yours.*
- **los** discos **tuyos.** — *Alberto had your disks.*
- **estos** discos **tuyos.** — *Alberto had these disks of yours.*

- Since **suyo, suya, suyos,** and **suyas** have more than one meaning, you can avoid confusion by using the construction: [*article*] + [*noun*] + **de** + [*subject pronoun* or *noun*].

el teclado **suyo**
- el teclado **de él/ella** — *his/her keyboard*
- el teclado **de Ud./Uds.** — *your keyboard*
- el teclado **de ellos/ellas** — *their keyboard*
- el teclado **de Ramón** — *Ramón's keyboard*

- **El** and **la** are usually omitted when a stressed possessive adjective follows the verb **ser**.

¿Es suya esta cámara? — No, no **es mía.**

Práctica

1 Oraciones Forma oraciones con estos elementos. Usa el presente y haz todos los cambios necesarios.

1. yo / necesitar / usar / impresora / de Miguel / porque / mío / no / funcionar
2. pero / él / no poder / ayudarme / porque / suyo / tampoco / funcionar
3. me gustaría / pedirle / a Juana / su ratón, / pero / suyo / estar / descompuesto
4. yo / no poder / usar / teclado / de Conchita / porque / suyo / estar descompuesto / también
5. y si / yo / pedirte / computadora, / estar / seguro/a de que / ir / decirme / que / no poder / usar / tuyo

2 ¿Es suyo? Un policía ha capturado (*has captured*) al hombre que robó (*robbed*) en tu casa. Ahora quiere saber qué cosas son tuyas. Túrnate con un(a) compañero/a para hacer el papel del policía y usa las pistas (*clues*) para contestar las preguntas.

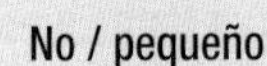

No / pequeño
Policía: Esta computadora, ¿es suya?
Estudiante: No, no es mía. La mía es más pequeña.

1. Sí

2. No / viejo

3. Sí

4. Sí

5. No / nuevo

6. No / caro

Conversación

3 **Identificar** Trabajen en grupos. Cada estudiante trae tres objetos. Pongan todos los objetos juntos. Luego, un(a) estudiante escoge uno o dos objetos y le pregunta a otro/a si esos objetos son suyos. Usen adjetivos posesivos.

modelo

Estudiante 1: *José Luis, ¿son tuyos estos ratones?*
Estudiante 2: *Sí, son míos. / No, no son míos. Son los ratones de Felipe.*

4 **Anuncios** Lee este anuncio con un(a) compañero/a. Luego, preparen su propio (*own*) anuncio usando adjetivos o pronombres posesivos. Después, conviértanlo en un anuncio de televisión y preséntenlo a la clase.

Esta computadora y esta impresora pueden ser suyas por sólo

Características de la computadora

- Procesador: Intel Dual Core a 3000 Mhz
- 3GB DDR2 de memoria
- Disco duro de 250 Gb
- Sistema operativo: Linux

Impresora

- Impresora, fotocopiadora y escáner
- Velocidad: 40 páginas por minuto a color

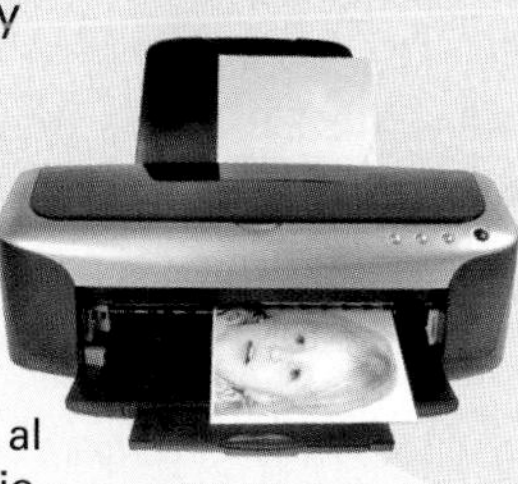

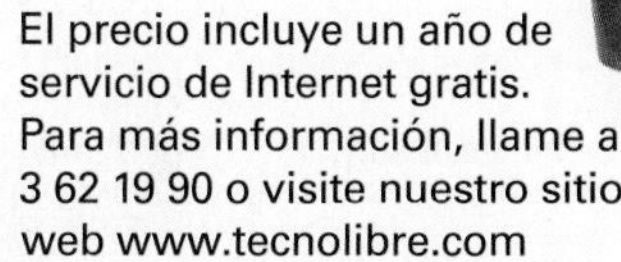

El precio incluye un año de servicio de Internet gratis. Para más información, llame al 3 62 19 90 o visite nuestro sitio web www.tecnolibre.com

5 **¿De quién es?** Tu profesor(a) va a darles a ti y a tu compañero/a la información necesaria para completar esta actividad.

Possessive pronouns

- Possessive pronouns are used to replace [*noun*] + [*possessive adjective*]. In Spanish, possessive pronouns have the same forms as stressed possessive adjectives, and they are preceded by a definite article.

la **calculadora** nuestra	la nuestra
el **fax** tuyo	el tuyo
los **archivos** suyos	los suyos

Episodio veintiuno: Tecnohombre y los superamigos suyos salvan el mundo una vez más.

La Mujer Mecánica y Tecnohombre, ¡mis héroes!
¡Y los míos también!

- Possessive pronouns agree in number and gender with the nouns they replace.

—Aquí está **mi coche.** ¿Dónde está **el tuyo**?
Here's my car. Where is yours?

—**El mío** está en el taller de mi hermano Armando.
Mine is at my brother Armando's garage.

—¿Tienes **los archivos** de Carlos?
Do you have Carlos's files?

—No, pero tengo **los nuestros**.
No, but I have ours.

¡Manos a la obra!

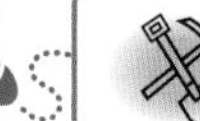

Indica las formas tónicas *(stressed)* de estos adjetivos posesivos y los pronombres posesivos correspondientes.

	adjetivos	pronombres
1. su videocasetera	la videocasetera suya	la suya
2. mi televisor		
3. nuestros discos		
4. tus teléfonos		
5. su módem		
6. mis videos		
7. nuestra impresora		
8. tu estéreo		
9. nuestro carro		
10. mi computadora		

Repaso

For more practice, go to **aventuras.vhlcentral.com.**

11.1 The preterite and the imperfect

1 **Seleccionar** Utiliza el tiempo verbal adecuado, según el contexto.

1. La semana pasada, Manolo y Aurora _______ (querer) dar una fiesta. _______ (Decidir) invitar a seis amigos y servirles mucha comida.
2. Manolo y Aurora _______ (estar) preparando la comida cuando Elena _______ (llamar). Como siempre, _______ (tener) que estudiar para un examen.
3. A las seis, _______ (volver) a sonar el teléfono. Su amigo Francisco tampoco _______ (poder) ir a la fiesta, porque _______ (tener) fiebre. Manolo y Aurora _________ (sentirse) muy tristes.
4. Después de otros quince minutos _______ (sonar) el teléfono. Sus amigos, los señores Vega, _______ (estar) en camino (*en route*) al hospital: a su hijo le _______ (doler) mucho el estómago. Sólo dos de los amigos _______ (poder) ir a la cena.
5. Por supuesto, _______ (ir) a tener demasiada comida. Finalmente, cinco minutos antes de las ocho, _______ (llamar) Ramón y Javier. Ellos _______ (pensar) que la fiesta _______ (ser) la próxima semana.
6. Tristes, Manolo y Aurora _______ (sentarse) a comer solos. Mientras _______ (comer), pronto _______ (llegar) a la conclusión de que _______ (ser) mejor estar solos. ¡La comida _______ (estar) malísima!

2 **La sala de emergencia** En parejas, miren la lista e inventen qué les pasó a estas personas que están en la sala de emergencia.

modelo *Eran las tres de la tarde. Como todos los días, Pablo jugaba al fútbol con sus amigos. Estaba muy contento. De repente, se cayó y se rompió el brazo. Después fue a la sala de emergencia.*

Paciente	Edad	Hora	Condición
1. Pablo	9 años	15:20	hueso roto (el brazo)
2. Estela	45 años	15:25	tobillo torcido
3. Lupe	29 años	15:37	embarazada, dolores
4. Marta	3 años	16:00	temperatura muy alta
5. Roberto	32 años	16:06	dolor de muelas
6. Ana	66 años	16:29	reacción alérgica

3 **La multa** Sergio Reyes tuvo un accidente y le dieron esta multa. En parejas, escriban un párrafo explicando cómo sucedió el accidente, usando el pretérito y el imperfecto.

Multa

Fecha: 05/05/09
Hora: 8:25 p.m.
Lugar: Calle Paz #12
Conductor: Sergio Reyes
Nº de licencia: 483 699
Infracciones
- Pasar el semáforo en rojo
- Exceder la velocidad máxima
- Chocar con un carro estacionado

Multa: $120.00 pesos

11.2 Por and para

4 **Para arreglar computadoras** Gerardo está hablando de su trabajo. Completa las oraciones con las expresiones de la lista.

de la mañana	para mañana	por aquí	por eso
de la noche	para mi padre	por ejemplo	por la tarde

Yo trabajo (1) _________. Él tiene un taller para arreglar computadoras. ¡Trabajamos mucho! (2) _________, entro a las siete (3) _________ y salgo a las ocho (4) _________. (5) _________, tomo un descanso (*break*) de una hora. (6) _________ no hay muchos talleres para arreglar computadoras. ¡(7) _________ tenemos tanto trabajo!

5 **Oraciones** Crea oraciones originales con los elementos de las columnas. Une los elementos usando **por** y **para**.

modelo *Fuimos a Mar del Plata por razones de salud para visitar a una especialista en alergias.*

(No) fuimos a la tienda	por/para	comprar un iPhone	por/para	¿?
(No) fuimos a las montañas	por/para	tres días	por/para	¿?
(No) fuiste a Medellín	por/para	razones de trabajo	por/para	¿?
(No) fueron a Buenos Aires	por/para	tomar el sol	por/para	¿?

6 **Lista de regalos** Imagina que es Navidad y quieres regalarles a tus amigos aparatos electrónicos. En parejas, escriban los nombres de cinco amigos y decidan qué regalo es el mejor para cada uno. Expliquen sus razones usando **por** y **para**.

modelo *El mejor regalo para Olga es una videocasetera. Puede usarla por las noches para grabar sus programas favoritos.*

11.3 Stressed possessive adjectives and pronouns

7 **Computación** Completa estas conversaciones con las formas adecuadas de los pronombres posesivos.

1. —Éste es mi sitio web. ¿Cómo es el de ustedes?
   —_______ tiene música y fotografías.
2. —Tu módem no funciona. ¿Necesitas uno nuevo?
   —Sí, mi papá me va a prestar _______.
3. —Grabé mis archivos en estos discos. Y tú, ¿dónde grabaste _______ ?
   —_______ los grabé en un disco compacto.
4. —¿Cómo es la pantalla de tu computadora?
   —_______ es pequeña y plana (*flat*).
5. —Las computadoras de nuestra escuela son lentísimas. ¿Y las de tu escuela?
   —_______ son muy rápidas.

8 **No es así** Contesta cada oración diciendo que las cosas no son como te dicen. Sigue el modelo.

modelo Mi impresora es lenta. (yo, rápida)
La impresora mía no es así.
La mía es rápida.

1. El reproductor de DVD de Julián es viejo. (tú, nuevo)
2. Nuestras cámaras son caras. (ellas, baratas)
3. Su contestadora está descompuesta. (yo, no descompuesta)
4. Tu control remoto es grande. (ustedes, pequeño)
5. Sus discos compactos son de música clásica. (Ana, música moderna)
6. El videocasete de Antonio es de ejercicios fáciles. (nosotros, ejercicios difíciles)

Síntesis

9 **¡No puedo imprimir!** Tu impresora está descompuesta. Vas a hablarle por teléfono a tu hermano para pedirle ayuda. En parejas, escriban la conversación.

- Expliquen qué pasaba con su impresora.
- Expliquen cuántas veces rompió alguna hoja (*sheet*) o cuántas veces dejó de funcionar.
- Expliquen para qué clase es el trabajo que tienen que imprimir.
- Indiquen adónde puede llevar la impresora a arreglar, dónde puede imprimir el trabajo y cómo puede llegar a esos lugares.

Videoclip

1 **Preparación** ¿Alguna vez le pediste a alguien que hiciera algo y te malinterpretó (*misunderstood*) o se lo pediste a la persona equivocada?

2 **El clip** Mira el anuncio de **Davivienda** de Colombia.

Vocabulario	
cuénteme *tell me*	**¿Cómo quedó?** *How does it look?*
la llama *flame; llama*	**veamos** *let's see*

Cuénteme. ¿Cómo quedó mi carro?

Quedó espectacular [...] Llamas por arriba, por los lados...

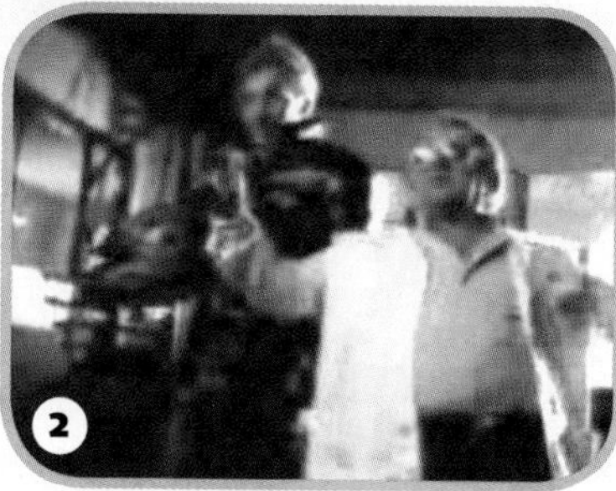

3 **Ordenar** Ordena cronológicamente estas oraciones.

a. El dueño del taller malinterpretó el pedido.
b. El cliente se sorprendió cuando lo vio y se le cayó el casco (*helmet*).
c. Pensó que el cliente no se refería (*didn't refer to*) a las llamas de fuego sino a los animales.
d. El cliente pidió que pintaran (*painted*) su carro con llamas.
e. El dueño estaba muy orgulloso (*proud*) cuando le mostró al cliente cómo quedó el carro.

4 **¿Cómo terminó?** En parejas, imaginen el fin de la historia. ¿Cómo se sentían el cliente y el dueño del taller? ¿Qué ocurrió después? ¿Encontraron una solución? Usen el pretérito y el imperfecto.

CONEXIÓN INTERNET
Go to **aventuras.vhlcentral.com** to watch the television clip featured in this section.

Ampliación

1 Escuchar

A Escucha a Ricardo Moreno y luego contesta las preguntas.

TIP Recognize the genre of spoken discourse. Identifying the genre (for example: political speech, radio interview, news broadcast) of what you hear can help you figure out what kinds of things you are likely to hear. It will also help you identify the speaker's motives and intentions.

1. ¿Qué tipo de género es?
   a. las noticias (*news*) por radio o televisión b. un anuncio comercial
   c. una reseña (*review*) de una película
2. ¿De qué habla?
   a. de su vida b. de un producto o servicio
   c. de algo que oyó o vio
3. ¿Cuál es el propósito?
   a. relacionarse con alguien b. informar
   c. vender

B ¿Qué pistas (*clues*) te ayudaron a identificar el género de la grabación (*recording*)?

2 Conversar

Con un(a) compañero/a, prepara una conversación sobre la primera vez que manejaste un carro o el día en que fuiste al Departamento de Tráfico para conseguir tu licencia de conducir.

modelo

Estudiante 1: *Conseguí la licencia de conducir cuando tenía dieciséis años. Hacía sol y mi mamá me acompañó al Departamento de Tráfico. ¿Tú también conseguiste la tuya a los dieciséis años?*

Estudiante 2: *No, todavía no tengo la mía. En mi estado no podemos conseguir una licencia de conducir hasta los dieciocho años. ¿Cómo fue la primera vez que manejaste?*

Estudiante 1: *Estaba despejado y hacía sol. Eran las tres y media de la tarde, después de clases. Tenía un poco de miedo, pero quería hacerlo. Después de conducir, me sentí muy bien.*

recursos

WB	LM	SUPERSITE
pp. 113–118	pp. 63–65	aventuras.vhlcentral.com Lección 11

Ampliación

3 Escribir

Escribe una historia acerca de una experiencia tuya con una máquina electrónica o con un carro.

TIP Master the simple past tenses. To write about events that occurred in the past, you will need to know when to use the preterite and the imperfect. The box on this page contains a summary of their uses.

Preterite
• Past actions viewed as completed
• Beginning or end of past actions
• Series of past actions
Imperfect
• Ongoing past actions
• Habitual past actions
• Physical and emotional states in the past

Organízalo	Prepara una lista de todos los detalles que quieres narrar (*narrate*). Identifica qué acciones fueron completadas (pretérito) y cuáles están incompletas o cuáles describen (imperfecto).
Escríbelo	Utiliza tu lista para escribir el primer borrador de tu historia.
Corrígelo	Intercambia tu historia con un(a) compañero/a. Lee su borrador y reflexiona sobre las partes mejor escritas. Da sugerencias sobre los detalles, la lógica de la secuencia de eventos y el uso del pretérito y del imperfecto.
Compártelo	Revisa el primer borrador según las indicaciones de tu compañero/a. Incorpora las nuevas ideas y prepara la versión final. Luego, comparte la historia con la clase.

4 Un paso más

Busca información sobre los cibercafés en los países hispanos e inventa un cibercafé nuevo. Crea un anuncio de revista para promocionarlo. El anuncio debe incluir estos elementos:

- Una descripción del lugar donde está ubicado (*located*) el cibercafé
- Una descripción de la tecnología y de los servicios que se ofrecen a los clientes
- Fotos o dibujos
- Por qué este cibercafé es mejor que otros
- Los precios

CONEXIÓN INTERNET

Investiga estos temas en el sitio aventuras.vhlcentral.com.

- Cibercafés en el mundo hispano
- Internet en el mundo hispano
- La tecnología en el mundo hispano

Antes de leer

One way languages grow is by borrowing words from each other. English words that relate to technology are often borrowed by Spanish and other languages throughout the world. Sometimes the words are modified slightly to fit the sounds of the languages that borrow them. When reading in Spanish, you can often increase your understanding by looking for words borrowed from English or other languages you know.

Examinar el texto

Observa la tira cómica (*comic strip*). ¿De qué trata (*is it about*)? ¿Cómo lo sabes?

Buscar

Esta lectura contiene una palabra tomada (*taken*) del inglés. Trabaja con un(a) compañero/a para encontrarla.

____

Repasa (*Review*) las nuevas palabras relacionadas con la tecnología que aprendiste en **Preparación** y expande la lista de palabras tomadas del inglés.

________________ ________________

________________ ________________

________________ ________________

Juan Matías Loiseau (1974). Más conocido como *Tute*, este artista nació en Buenos Aires, Argentina. Estudió diseño gráfico, humorismo y cine. Sus tiras cómicas se publican en Estados Unidos, Francia y toda Latinoamérica.

Sí, ahora con el celular te viene un tipo que te sigue a todos lados
...para que no te olvides el teléfono en ninguna parte
Además, te avisa si suena y no lo escuchás.
¿Y dónde duerme?
En el piso.
En una bolsa de dormir, al lado de mi cama
La verdad que sí, yo vine a descansar
Pero, por contrato, no puedo darle de baja al servicio por un año
Me tienen harto, el celular y el tipo
Listo
Bien hecho.

Después de leer

¿Comprendiste?

Indica si las frases son **ciertas** o **falsas**. Corrige las falsas.

Cierto	Falso	
_____	_____	1. Hay tres personajes en la tira cómica: un usuario de teléfono, un amigo y un empleado de la empresa (*company*) telefónica.
_____	_____	2. El nuevo servicio de teléfono incluye las llamadas telefónicas únicamente.
_____	_____	3. El empleado duerme en su casa.
_____	_____	4. El contrato de teléfono dura (*lasts*) un año.
_____	_____	5. El usuario y el amigo están trabajando (*working*).

Preguntas

Responde a estas preguntas con oraciones completas. Usa el pretérito y el imperfecto.

1. ¿Al usuario le gustaba usar el teléfono celular todo el tiempo?
   ____
2. ¿Por qué el usuario decidió tirar el teléfono al mar?
   ____
3. Según el amigo, ¿para qué tenía el usuario que tirar el teléfono celular al mar?
   ____
4. ¿Qué ocurrió cuando el usuario tiró el teléfono?
   ____
5. ¿Qué le dijo el empleado al usuario cuando salió del mar?
   ____

Coméntalo

¿Cuáles son los aspectos positivos y los negativos de tener teléfono celular? ¿Te sientes identificado/a con el usuario del teléfono? ¿Por qué?

te viene	*comes with*
tipo	*guy, dude*
te avisa	*alerts you*
escuchás	*hear (Arg.)*
distraídos	*careless*
piso	*floor*
bolsa de dormir	*sleeping bag*
darle de baja	*to cancel*
harto	*fed up*
revolear	*throw it away with energy (S. America)*
bien hecho	*well done*
llamada perdida	*missed call*

For an additional reading, go to **aventuras.vhlcentral.com.**

11 VOCABULARIO

El carro

el baúl	*trunk*
la calle	*street*
el camino	*route*
el capó	*(car) hood*
el carro	*car*
el coche	*car*
los frenos	*brakes*
el garaje	*garage; (mechanic's) repair shop*
la gasolina	*gasoline*
la gasolinera	*gas station*
el kilómetro	*kilometer*
la licencia de conducir	*driver's license*
la llanta	*tire*
el/la mecánico/a	*mechanic*
la milla	*mile*
el motor	*motor*
la multa	*fine; ticket*
el parabrisas	*windshield*
el policía/la mujer policía	*police officer*
la policía	*police (force)*
el semáforo	*traffic light*
el taller (mecánico)	*(mechanic's) repair shop*
el tráfico	*traffic*
la velocidad máxima	*speed limit*
el volante	*steering wheel*
arrancar	*to start*
arreglar	*to fix; to arrange*
bajar	*to go down*
bajar(se) de	*to get off of/out of (a vehicle)*
chocar (con)	*to run into; to crash*
conducir	*to drive*
estacionar	*to park*
llenar (el tanque)	*to fill up (the tank)*
manejar	*to drive*
parar	*to stop*
revisar (el aceite)	*to check (the oil)*
subir	*to go up*
subir(se) a	*to get on/into (a vehicle)*

La tecnología

la calculadora	*calculator*
la cámara (de video) digital	*(video) camera digital camera*
la contestadora	*answering machine*
el control remoto	*remote control*
el disco compacto	*compact disc*
el estéreo	*stereo*
el fax	*fax (machine)*
el mensaje de texto	*text message*
el navegador GPS	*GPS*
el radio	*radio (set)*
el reproductor de CD de DVD de MP3	*CD player DVD player MP3 player*
el teléfono celular	*cellular telephone*
la televisión por cable	*cable television*
el televisor	*television set*
el videocasete	*videocassette*
la videocasetera	*VCR*
apagar	*to turn off*
funcionar	*to work*
llamar	*to call*
poner	*to turn on*
prender	*to turn on*
sonar (o:ue)	*to ring*
descompuesto/a	*not working; out of order*
lento/a	*slow*
lleno/a	*full*

Internet y la computadora

el archivo	*file*
la computadora	*computer*
la computadora portátil	*laptop*
el disco	*disk*
la impresora	*printer*
Internet	*Internet*
el módem	*modem*
el monitor	*monitor*
la página principal	*home page*
la pantalla	*screen*
el programa de computación	*software*
el ratón	*mouse*
la red	*network, Web*
el sitio web	*website*
el teclado	*keyboard*
guardar	*to save*
imprimir	*to print*
navegar en Internet	*to surf the Internet*

Otras palabras y expresiones

para	*toward; in the direction of; by; for; in order to; used for; considering*
por	*around; through; along; by; for; during; in; in search of; by the way of; by means of; in exchange for; per*
por aquí	*around here*
por ejemplo	*for example*
por eso	*that's why; therefore*
por fin	*finally*

Expresiones útiles	*See page 287.*
Stressed possessive adjectives and pronouns	*See pages 294–295.*

12 Hogar, dulce hogar

Communicative Goals

You will learn how to:

- welcome people
- show people around the house
- give instructions

PREPARACIÓN

pages 304–309

- Words related to the home
- Household chores
- Capital and lowercase letters

AVENTURAS

pages 310–311

- The students arrive at the home where they will stay in Ibarra. After welcoming them, Sra. Vives, the housekeeper, shows them the house and assigns the bedrooms. Don Francisco reminds the students of their early start in the morning.

EXPLORACIÓN

pages 312–313

- Bajo la lupa: *El patio central*
- Flash Cultura: *La casa de Frida*

GRAMÁTICA

pages 314–323

- **Usted** and **ustedes** commands
- The present subjunctive
- Subjunctive with verbs of will and influence

LECTURA

pages 324–325

- Brochure: *¡Bienvenidos a la Casa Colorada!*

PARA EMPEZAR

- ¿Qué ves: una casa o una oficina?
- ¿Cómo es la arquitectura, moderna o vieja?
- ¿Tiene balcón? ¿Tiene garaje?
- ¿Dónde viven estas personas: en un lugar frío o tropical?

HOGAR, DULCE HOGAR

la escalera
stairs; stairway

LA CASA Y SUS CUARTOS

la alcoba *bedroom*
el altillo *attic*
el balcón *balcony*
la cocina *kitchen*
el comedor *dining room*
la entrada *entrance*
el garaje *garage*
la oficina *office*
el pasillo *hallway*
el patio *patio; yard*
la sala *living room*
el sótano *basement; cellar*

el jardín
garden; yard

LA MESA

la copa *wineglass; goblet*
la cuchara *spoon*
el cuchillo *knife*
el plato *plate*
la servilleta *napkin*
la taza *cup; mug*
el tenedor *fork*
el vaso *glass*

LOS ELECTRODOMÉSTICOS

la estufa *stove*
el horno (de microondas) *(microwave) oven*
la lavadora *washing machine*
el lavaplatos *dishwasher*
el refrigerador *refrigerator*
la secadora *clothes dryer*

los electrodomésticos
electrical appliances

recursos

WB	LM	SUPERSITE
pp. 119–120	p. 67	aventuras.vhlcentral.com Lección 12

LOS QUEHACERES DOMÉSTICOS

arreglar *to neaten; to straighten up*
cocinar *to cook*
hacer los quehaceres domésticos *to do household chores*
lavar (el suelo, los platos) *to wash (the floor, the dishes)*
limpiar la casa *to clean the house*
pasar la aspiradora *to vacuum*
poner la mesa *to set the table*
quitar la mesa *to clear the table*
sacar la basura *to take out the trash*
sacudir los muebles *to dust the furniture*

barrer el suelo
to sweep the floor

planchar la ropa
to iron clothes

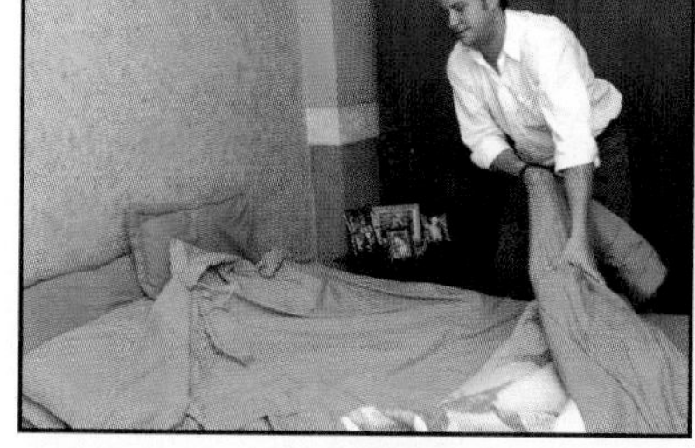

hacer la cama
to make the bed

LOS MUEBLES Y OTRAS COSAS

la alfombra *carpet; rug*
la almohada *pillow*
el armario *closet*
la cómoda *chest of drawers*
las cortinas *curtains*
el cuadro *picture*
el estante *bookcase; bookshelf*
la lámpara *lamp*
la luz *light; electricity*
la manta *blanket*
la mesita *end table*
la mesita de noche *nightstand*
la pared *wall*
la pintura *painting; picture*
el sillón *armchair*
el sofá *couch; sofa*

los muebles
furniture

Variación léxica

alcoba ⟷ aposento (*Rep. Dom.*), recámara (*Méx.*), habitación, dormitorio (*Esp.*), cuarto (*Amér. L.*), pieza (*Col., Arg.*)
apartamento ⟷ departamento (*Amér. L.*), piso (*Esp.*)
lavar los platos ⟷ fregar los trastes (*Amér. C.*)

OTRAS PALABRAS

las afueras *suburbs; outskirts*
la agencia de bienes raíces *real estate agency*
el alquiler *rent (payment)*
el ama (m., f.) de casa *homemaker; housekeeper*
el barrio *neighborhood*
el edificio de apartamentos *apartment building*
el hogar *home*
el/la vecino/a *neighbor*
la vivienda *housing*

alquilar *to rent*
ensuciar *to get (something) dirty*
mudarse *to move (residences)*

A escuchar 

1 Escoger Escucha las preguntas e indica la respuesta correcta.

1. ______ Al pasillo.
   ______ Al balcón.
2. ______ En el lavaplatos.
   ______ En la mesita de noche.
3. ______ Al edificio.
   ______ A las afueras.
4. ______ En la secadora.
   ______ En la basura.
5. ______ El balcón.
   ______ Las escaleras.
6. ______ En las paredes.
   ______ En el horno.
7. ______ La estufa.
   ______ La aspiradora.
8. ______ En la alfombra.
   ______ En la alcoba.

2 Escuchar Escucha la conversación y completa las frases.

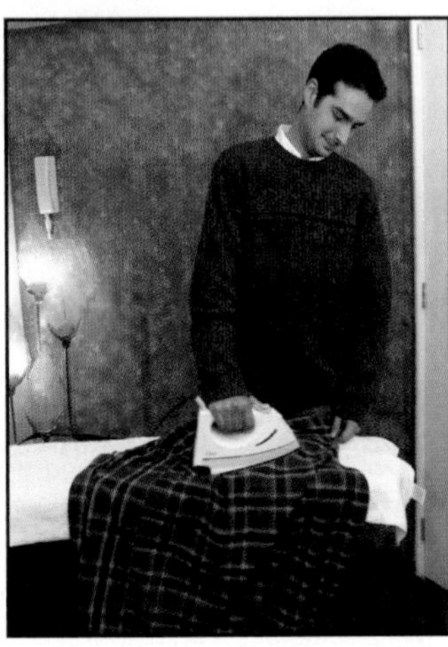

1. Paula va a comenzar por ____________.
2. Pedro va a limpiar ____________ primero.
3. Pedro también va a limpiar ____________.
4. Pedro le dice a Paula que debe ____________ en la alcoba de huéspedes.
5. Pedro va a ____________ en el sótano.
6. Ellos están limpiando la casa porque ______________ va a visitarlos.

recursos

aventuras.vhlcentral.com
Lección 12

A practicar

3 **Emparejar** Empareja cada dibujo con su descripción. Luego, nombra los dibujos.

_____ 1. Lo usas para tomar agua.

_____ 2. Lo necesitas para comer un bistec.

_____ 3. Necesitas este objeto para la sopa.

_____ 4. La necesitas para tomar café.

_____ 5. La necesitas para tomar vino.

_____ 6. Necesitas este objeto para limpiarte la boca después de comer.

a. ____________ b. ____________ c. ____________

d. ____________ e. ____________ f. ____________

4 **Definiciones** En parejas, túrnense para identificar cada elemento que se describe. Luego, cada uno/a debe agregar dos descripciones propias de palabras y expresiones de **Preparación**.

modelo

Si vives en un apartamento, lo tienes que pagar cada mes.
Estudiante 1: *Si vives en un apartamento, lo tienes que pagar cada mes.*
Estudiante 2: *el alquiler*
Estudiante 1: *Es el lugar donde estacionas el carro. Es donde pones...*

1. Es donde pones la cabeza cuando duermes.
2. Es el quehacer doméstico que haces después de comer.
3. Cubren (*they cover*) las ventanas y decoran la sala a la vez (*at the same time*).
4. Algunos ejemplos son las cómodas, las mesitas y los sillones.
5. Son las personas que viven en tu barrio.

5 **Los quehaceres domésticos** Trabajen en grupos para indicar quién hace los siguientes quehaceres domésticos en sus casas. Luego contesten las preguntas.

barrer el suelo	**lavar la ropa**	**planchar la ropa**
cocinar	**lavar los platos**	**sacar la basura**
hacer las camas	**pasar la aspiradora**	**sacudir los muebles**

- ¿Quién es la persona de mi grupo que hace más quehaceres?
- ¿Cúales son los quehaceres que más te molestan y los que más te gustan? ¿Por qué?
- ¿Piensas que debes hacer más quehaceres? ¿Por qué?

A conversar

6 **Dos habitaciones** En parejas, describan las habitaciones que ven en las fotos. Identifiquen y describan cuatro muebles o adornos (*decorative items*) de cada foto y luego indiquen tres quehaceres que se pueden hacer en cada habitación.

1.

2.

7 **¿Una casa o un apartamento?** En parejas, comparen las ventajas y desventajas de vivir en una casa o en un apartamento. Consideren el espacio, la comodidad, el precio del alquiler (*rent*), las reglas para las visitas, organizar fiestas, etc.

8 **Un(a) agente de bienes raíces** Trabajen en grupos para representar a un(a) agente de bienes raíces y a sus clientes. El/La agente tiene varias casas para vender; debe mostrarlas y hablar de los muebles y del barrio que más les convienen (*suit*) a estos clientes.

- Una pareja que está esperando su segundo hijo
- Una pareja de jubilados (retirees) que quiere tranquilidad
- Un grupo de estudiantes universitarios que quiere vivir fuera del campus (off-campus)
- Una familia con cinco niños

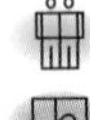

9 **¡Corre, corre!** Tu profesor(a) va a darles a ti y a tu compañero/a la información necesaria para completar esta actividad.

Las mayúsculas y las minúsculas

Here are some of the rules that govern the use of capital letters (**mayúsculas**) and lowercase letters (**minúsculas**) in Spanish.

Los estudiantes llegaron al aeropuerto a las dos. Luego fueron al hotel.

In both Spanish and English, the first letter of every sentence is capitalized.

Rubén Blades **Panamá** **Colón** **los Andes**

The first letter of all proper nouns (names of people, countries, cities, geographical features, etc.) is capitalized.

Cien años de soledad ***Don Quijote de la Mancha*** ***El País*** ***Muy Interesante***

The first letter of the first word in titles of books, films, and works of art is generally capitalized, as well as the first letter of any proper names. In newspaper and magazine titles, as well as other short titles, the initial letter of each word is often capitalized.

la señora Ramos **don Francisco** **el presidente** **Sra. Vives**

Titles associated with people are *not* capitalized unless they appear as the first word in a sentence. Note, however, that the first letter of an abbreviated title is capitalized.

Último **Álex** **MENÚ** **PERDÓN**

Accent marks should be retained on capital letters. In practice, however, this rule is often ignored.

lunes **viernes** **marzo** **primavera**

The first letter of days, months, and seasons is *not* capitalized.

español **estadounidense** **japonés** **panameños**

The first letter of nationalities and languages is *not* capitalized.

Práctica Corrige las mayúsculas y minúsculas incorrectas.

1. soy lourdes romero. Soy Colombiana.
2. éste Es mi Hermano álex.
3. somos De panamá.
4. ¿es ud. La sra. benavides?
5. ud. Llegó el Lunes, ¿no?

Oraciones Lee el diálogo de las serpientes. Ordena las letras para saber de qué palabras se trata. Después escribe las letras indicadas para descubrir por qué llora Pepito.

Profesor Herrera, ¿es cierto que somos venenosas°?

Sí, Pepito. ¿Por qué lloras?

m n a a P á _ _ _ _ _ _ y a U r u g u _ _ _ _ _ _ _
s t e m r a _ _ _ _ _ _ r o ñ e s a _ _ _ _ _ _
i g s l é n _ _ _ _ _ _

¡ _orque _e acabo de morder° la _en _u _!

venenosas *venomous*
morder *to bite*

Respuestas: Panamá, martes, inglés, Uruguay, señora. ¡Porque me acabo de morder la lengua!

recursos
LM p. 26
SUPERSITE aventuras.vhlcentral.com Lección 12

¡Les va a encantar la casa!

SUPERSITE

Don Francisco y los estudiantes llegan a Ibarra.

PERSONAJES

DON FRANCISCO

JAVIER

INÉS

ÁLEX

MAITE

SRA. VIVES

SRA. VIVES ¡Hola, bienvenidos!
DON FRANCISCO Sra. Vives, le presento a los chicos. Chicos, ésta es la Sra. Vives, el ama de casa.

SRA. VIVES Encantada. Síganme, que quiero mostrarles la casa. ¡Les va a encantar!

SRA. VIVES Esta alcoba es para los chicos. Tienen dos camas, una mesita de noche, una cómoda… En el armario hay más mantas y almohadas por si las necesitan.

SRA. VIVES Ésta es la sala. El sofá y los sillones son muy cómodos. Pero, por favor, ¡no los ensucien!

SRA. VIVES Allí están la cocina y el comedor. Al fondo del pasillo hay un baño.

DON FRANCISCO Chicos, a ver… ¡atención! La Sra. Vives les va a preparar las comidas. Pero quiero que ustedes la ayuden con los quehaceres domésticos. Quiero que arreglen sus alcobas, que hagan las camas, que pongan la mesa… ¿entendido?
JAVIER No se preocupe… La vamos a ayudar en todo lo posible.

ACTIVIDADES

1 ¿Cierto o falso? Indica si lo que dicen estas oraciones es **cierto** o **falso**. Corrige las falsas.

1. La señora Vives es el ama de casa.
2. Los chicos le muestran la casa a la señora Vives.
3. La alcoba de los chicos tiene dos camas, dos mesitas de noche y una cómoda.
4. La señora Vives no quiere que Javier ponga las maletas en la cama.
5. El sofá y los sillones están en la sala.
6. A la señora Vives le gusta tener toda la casa muy limpia y ordenada.
7. Los estudiantes tienen que sacudir los muebles y sacar la basura.
8. Los estudiantes van a preparar las comidas.

Para recordar **Antes de mirar este episodio, repasa el anterior.**

1. ¿Qué hace Álex con sus amigos todos los días?
2. ¿Por qué sabe Inés mucho de mecánica?
3. ¿Qué problema tiene el autobús?
4. ¿Quién es tecnohombre? ¿Por qué?

SRA. VIVES Javier, no ponga las maletas en la cama. Póngalas en el piso, por favor.

SRA. VIVES Tomen ustedes esta alcoba, chicas.

INÉS Insistimos en que nos deje ayudarla a preparar la comida.
SRA. VIVES No, chicos, no es para tanto, pero gracias por la oferta. Descansen un rato que seguramente están cansados.
ÁLEX Gracias. A mí me gustaría pasear por la ciudad.

INÉS Perdone, don Francisco, ¿a qué hora viene el guía mañana?
DON FRANCISCO ¿Martín? Viene temprano, a las siete de la mañana. Les aconsejo que se acuesten temprano esta noche. ¡Nada de televisión ni de conversaciones largas!
ESTUDIANTES ¡Ay, don Francisco!

Expresiones útiles

Welcoming people

¡Bienvenido(s)/a(s)!
Welcome!

Showing people around the house

Síganme, que quiero mostrarles la casa.
Follow me, I want to show you the house.
Allí están la cocina y el comedor.
The kitchen and dining room are over there.
Al fondo del pasillo hay un baño.
At the end of the hall there is a bathroom.

Telling people what to do

Quiero que la ayude(n) con los quehaceres domésticos.
I want you to help her with the household chores.
Quiero que arregle(n) su(s) alcoba(s).
I want you to straighten up your room(s).
Quiero que haga(n) las camas.
I want you to make the beds.
Quiero que ponga(n) la mesa.
I want you to set the table.
Cuente con nosotros.
You can count on us.
Insistimos en que nos deje ayudarla a preparar la comida.
We insist that you let us help you make the food.
Le(s) aconsejo que se acueste(n) temprano.
I recommend that you to go to bed early.

Other expressions

No es para tanto.
It's not a big deal.
Gracias por la oferta.
Thanks for the offer.

En la casa de Ibarra Contesta las preguntas.

1. ¿Quién les muestra la casa a los estudiantes?
2. Si Álex y Javier necesitan mantas y almohadas, ¿dónde deben buscarlas?
3. ¿Quién les dice a los estudiantes que deben ayudar a la señora Vives?
4. ¿Quién dice que los estudiantes quieren ayudar a preparar la comida?
5. ¿A qué hora va a llegar el guía mañana?

La casa Describe la casa de una celebridad o de alguien que conoces bien. Luego, comparte la descripción con la clase.

La mansión de 50 Cent es espectacular. Tiene una sala muy grande con muebles muy originales. En la cocina hay un estereo donde él escucha su música. Su mansión tiene 19 alcobas y 35 baños.

BAJO LA LUPA

El patio central

En las tardes cálidas° de Oaxaca, México; Córdoba, España, o Popayán, Colombia, es un placer sentarse en **el patio central** de una casa y tomar un refresco disfrutando de° una buena conversación. De influencia árabe, esta característica arquitectónica° fue traída° a las Américas por los españoles. En la época° colonial, se construyeron casas, palacios, monasterios, hospitales y escuelas con patio central. Éste es un espacio privado e íntimo en donde se puede disfrutar del sol y de la brisa° estando aislado° de la calle.

El centro del patio es un espacio abierto. Alrededor de° él, separado por columnas, hay un pasillo cubierto°. Así, en el patio hay zonas de sol y de sombra°. El patio es una parte importante de la vivienda familiar y su decoración se cuida° mucho. En el centro del patio muchas veces hay una fuente°, plantas e incluso árboles°. El agua es un elemento muy importante en la ideología islámica porque simboliza la purificación del cuerpo y del alma°. Por esta razón y para disminuir° la temperatura, el agua en estas construcciones es muy importante. El agua y la vegetación ayudan a mantener la temperatura fresca y el patio proporciona° luz y ventilación a todas las habitaciones.

La distribución

Las casas con patio central eran usualmente las viviendas de familias adineradas°. Son casas de dos o tres pisos. Los cuartos de la planta baja son las áreas comunes: cocina, comedor, sala, etc., y tienen puertas al patio. En los pisos superiores están las habitaciones privadas de la familia.

cálidas *hot* disfrutando de *enjoying* arquitectónica *architectural* traída *brought* época *era* brisa *breeze* aislado *isolated* Alrededor de *Surrounding* cubierto *covered* sombra *shade* se cuida *is looked after* fuente *fountain* árboles *trees* alma *soul* disminuir *lower* proporciona *provides* adineradas *wealthy*

1 **¿Cierto o falso?** Indica si lo que dicen las oraciones es **cierto** o **falso**. Corrige las falsas.

1. Los patios centrales de Latinoamérica tienen su origen en la tradición indígena.
2. Los españoles llevaron a América el concepto del patio.
3. En la época colonial las casas eran las únicas construcciones con patio central.
4. El patio es una parte importante en estas construcciones, y es por ello que se le presta atención a su decoración.
5. El patio central es un lugar de descanso que da luz y ventilación a las habitaciones.
6. Las fuentes en los patios tienen importancia por razones ideológicas y porque bajan la temperatura.
7. En la ideología española el agua simboliza salud y bienestar del cuerpo y del alma.
8. Las casas con patio central eran para personas adineradas.
9. Los cuartos de la planta baja son privados.
10. Las alcobas están en los pisos superiores.

ASÍ SE DICE

La vivienda

el ático, el desván	el altillo
la cobija (Méx.), la frazada (Arg., Cuba, Ven.)	la manta
el escaparate (Cuba, Ven.), el ropero (Méx.)	el armario
el fregadero	*kitchen sink*
el frigidaire (Perú), el frigorífico (Esp.), la nevera	el refrigerador
el lavavajillas (Arg., Esp., Méx.)	el lavaplatos

CONEXIÓN INTERNET

What do Frida Kahlo's and Pablo Neruda's houses have in common? Go to **aventuras.vhlcentral.com** to find out, and to access these components:

- the **Flash Cultura** video
- more activities
- additional reading: **Las casas de Pablo Neruda**

2 **Viviendas tradicionales** Escribe cuatro oraciones sobre una vivienda tradicional que conoces. Explica su origen, en qué lugar se encuentra, qué materiales tiene y cómo es.

La casa de Frida

1 **Preparación** Imagina que eres un(a) artista, ¿cómo sería (*would be*) tu casa? ¿Sería muy diferente de la casa en donde vives ahora?

2 **El video** Mira el episodio de **Flash Cultura.**

Vocabulario	
jardinero *gardener*	la silla de ruedas *wheelchair*
muros *walls*	las valiosas obras *valuable works*

El hogar en que nació la pintora Frida Kahlo en 1907 se caracteriza por su arquitectura típicamente mexicana…

Uno de los espacios más atractivos de esta casa es este estudio que Diego instaló…

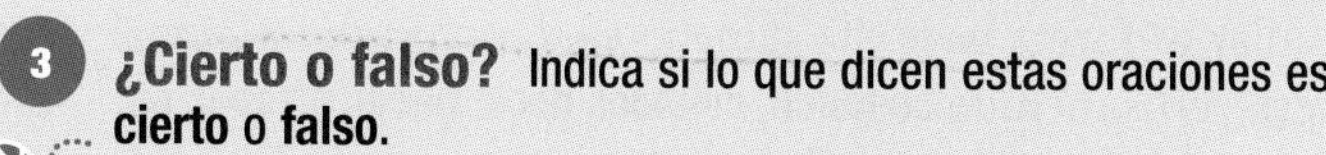

3 **¿Cierto o falso?** Indica si lo que dicen estas oraciones es **cierto** o **falso.**

1. La casa de Frida Kahlo está en el centro de México, D.F.
2. La casa de Frida se transformó en un museo en los años 50.
3. Frida Kahlo vivió sola en su casa.
4. Entre las obras que se exhiben está el cuadro (*painting*) de *Las dos Fridas.*
5. El jardinero actual (*current*) jamás conoció ni a Frida ni a Diego.
6. En el museo se exhiben la silla de ruedas y los aparatos ortopédicos de Frida.

12.1 Usted and ustedes commands

- Command forms are used to give orders or advice. **Usted** and **ustedes** can be used to refer to a group of people or in formal situations.

Hable con ellos, don Francisco. *Talk to them, Don Francisco.*	**Laven** los platos ahora mismo. *Wash the dishes right now.*
Coma frutas y verduras. *Eat fruits and vegetables.*	**Beban** menos té y café. *Drink less tea and coffee.*

- The **usted** and **ustedes** commands (**mandatos**) are formed by dropping the final **–o** of the **yo** form of the present tense. For **–ar** verbs, add **–e** or **–en**. For **–er** and **–ir** verbs, add **–a** or **–an**.

Formal commands (*Ud.* and *Uds.*)

Infinitive	Present tense *yo* form	*Ud.* command	*Uds.* command
limpiar	limpio	limpie	limpien
barrer	barro	barra	barran
sacudir	sacudo	sacuda	sacudan
decir (e:i)	digo	diga	digan
pensar (e:ie)	pienso	piense	piensen
volver (o:ue)	vuelvo	vuelva	vuelvan
servir (e:i)	sirvo	sirva	sirvan

No se preocupe...
La vamos a ayudar
en todo lo posible.

Sí, cuente
con nosotros.

- Verbs with irregular **yo** forms have the same irregularity in their formal commands. These verbs include **conducir, conocer, decir, hacer, ofrecer, oír, poner, salir, tener, traducir, traer, venir,** and **ver**.

Oiga, don Francisco… *Listen, Don Francisco…*	**Pongan** la mesa, por favor. *Set the table, please.*
¡Salga inmediatamente! *Leave immediately!*	**Hagan** la cama antes de salir. *Make the bed before leaving.*

- Stem-changing verbs maintain their stem changes in **usted** and **ustedes** commands.

e:ie	o:ue	e:i
No **pierda** la llave.	**Vuelva** temprano, joven.	**Sirva** la sopa, por favor.
Cierren la puerta.	**Duerman** bien, chicos.	**Repitan** las frases.

Práctica

1 ¡A mudarse! La señora González quiere mudarse. Ayúdala a organizarse, indicando el mandato (*command*) formal de cada verbo.

1. ________ [leer] los anuncios (*ads*) del periódico y ________ [guardarlos].
2. ________ [ir] personalmente y ________ [ver] las casas usted misma.
3. Decida qué casa quiere y ________ [llamar] al agente. ________ [pedirle] un contrato de alquiler.
4. ________ [alquilar] un camión (*truck*) para el día de la mudanza (*moving day*) y ________ [preguntarles] a los empleados la hora exacta de llegada.
5. ________ [decirles] a todos en casa que tienen que ayudar. No ________ [decirles] que usted va a hacerlo todo.
6. ________ [tomarse] su tiempo para hacer las maletas tranquilamente. ________ [sacar] toda la ropa que no use y ________ [dar] a alguien que la necesite.
7. El día de la mudanza no ________ [estar] nerviosa.
8. No ________ [preocuparse]. ________ [saber] que todo va a salir bien.

2 ¿Qué dicen? Mira los dibujos y escribe un mandato lógico para cada uno.

modelo

Arreglen estas cosas, por favor.

1. ______________________

2. ______________________

3. ______________________

4. ______________________

Conversación

3 **Consejos** En parejas, túrnense para representar a un(a) estudiante y a un(a) profesor(a). El/La estudiante cuenta sus problemas y el/la profesor(a) le da órdenes. Sigan el modelo.

Me torcí el tobillo jugando al tenis. Es la tercera vez.

Estudiante 1: *Me torcí el tobillo jugando al tenis. Es la tercera vez.*

Estudiante 2: *No juegue más al tenis. / Vaya a ver a un médico.*

1. Me enfermé después de volver de las vacaciones.
2. Mi compañero/a de cuarto y yo siempre llegamos tarde a la clase.
3. Nuestro cuarto es demasiado ruidoso para estudiar.
4. Me duele la cabeza y no puedo hacer la presentación para la clase hoy.
5. ¡Se me olvidó estudiar para el examen!

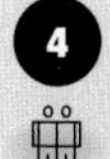

4 **Un programa de consejos** En parejas, túrnense para representar los papeles de una persona que da consejos en la radio y los radioyentes (*radio listeners*) que la llaman con estos problemas.

- problemas sentimentales o familiares
- problemas académicos
- problemas con los amigos
- problemas financieros
- problemas médicos
- problemas con la casa o el apartamento
- problemas con el coche

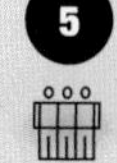

5 **Un anuncio de televisión** En grupos, presenten un anuncio de televisión a la clase. Debe tratar de (*be about*) un detergente, un electrodoméstico o una agencia de bienes raíces. Usen mandatos, los pronombres relativos (**que, quien(es)** o **lo que**) y el **se** impersonal.

modelo

Compre el lavaplatos Cristal. Tiene todo lo que usted desea. Es el lavaplatos que mejor funciona. Venga a verlo ahora mismo... No pierda ni un minuto más. Se aceptan tarjetas de crédito.

6 **Investigación** Tu profesor(a) va a darles a ti y a tu compañero/a la información necesaria para completar esta actividad.

Irregular commands

- Verbs ending in **-car, -gar,** and **-zar** have a spelling change in the command forms.

sacar	c → qu		saque, saquen
jugar	g → gu		juegue, jueguen
almorzar	z → c		almuerce, almuercen

- These verbs have irregular formal commands.

INFINITIVE	*Ud.* COMMAND	*Uds.* COMMAND
dar	dé	den
estar	esté	estén
ir	vaya	vayan
saber	sepa	sepan
ser	sea	sean

- To make a command negative, place **no** before the verb.

No ponga las maletas en la cama.
Don't put the suitcases on the bed.

No ensucien los sillones.
Don't get the armchairs dirty.

- In affirmative commands, reflexive and object pronouns are always attached to the end of the verb. Note that when a pronoun is attached to a verb that has two or more syllables, an accent mark is added.

Siénten**se**, por favor. Acuésten**se** ahora.
Díga**melo**. Póngan**las** en el suelo, por favor.

- In negative commands, the pronouns precede the verb.

No **se** preocupe. No **los** ensucien.
No **me lo** dé. No **nos las** traigan.

- **Usted** and **ustedes** can be used after command forms for a more formal, polite tone.

Muéstrele usted la foto a su amigo.
Show the photo to your friend.

Tomen ustedes esta alcoba.
Take this bedroom.

¡Manos a la obra!

Indica los mandatos (*commands*) afirmativos y negativos.

	Afirmativo	Negativo
1. escucharlo (Ud.)	Escúchelo.	No lo escuche.
2. decírmelo (Uds.)	______.	______.
3. salir (Ud.)	______.	______.
4. servírnoslo (Uds.)	______.	______.
5. barrerla (Ud.)	______.	______.
6. hacerlo (Ud.)	______.	______.
7. ir (Uds.)	______.	______.
8. sentarse (Uds.)	______.	______.

12.2 The present subjunctive

- The subjunctive mood expresses the speaker's attitude toward events, actions, or states that the speaker views as uncertain or hypothetical.

  Es bueno **que estudies** más.
  It is good that you study more.

  Es necesario **que** no **lleguemos** tarde.
  It is necessary that we don't arrive late.

- The subjunctive is mainly used to express: 1) will and influence; 2) emotion; 3) doubt, disbelief, and denial; and 4) indefiniteness and nonexistence.

- The subjunctive is most often used in sentences that consist of a main clause and a subordinate clause. The main clause contains a verb or expression that triggers the use of the subjunctive in the subordinate clause. The word **que** connects the subordinate clause to the main clause.

- Some expressions are always followed by clauses in the subjunctive. These include:

  Es bueno (malo, mejor) que...
  It's good (bad, better) that...

  Es importante (necesario, urgente) que...
  It's important (necessary, urgent) that...

  Es mejor que vayas con él.
  It's better that you go with him.

  Es urgente que sepa la verdad.
  It's urgent that she know the truth.

- Note the following endings for the subjunctive.

Present subjunctive of regular verbs

	hablar	comer	escribir
yo	hable	coma	escriba
tú	hables	comas	escribas
Ud./él/ella	hable	coma	escriba
nosotros/as	hablemos	comamos	escribamos
vosotros/as	habléis	comáis	escribáis
Uds./ellos/ellas	hablen	coman	escriban

- To form the present subjunctive of regular verbs, drop the **-o** ending from the **yo** form of the indicative, and replace it with the subjunctive endings.

INFINITIVE	PRESENT INDICATIVE	PRESENT SUBJUNCTIVE
hablar	hablo	hable
comer	como	coma
escribir	escribo	escriba

- Verbs ending in **-car, -gar,** and **-zar** have a spelling change in all forms.

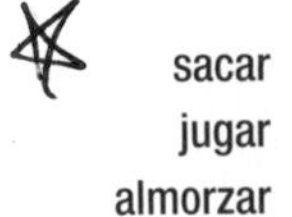

sacar	saque, saques, saque, saquemos, saquéis, saquen
jugar	juegue, juegues, juegue, juguemos, juguéis, jueguen
almorzar	almuerce, almuerces, almuerce, almorcemos, almorcéis, almuercen

Práctica

1 Emparejar Completa las oraciones con el subjuntivo de los verbos. Luego empareja las oraciones del grupo **A** con las del grupo **B**.

A

1. Es mejor que ________ [nosotros, cenar] en casa.
2. Es importante que ________ [yo, tomar] algo para el dolor de cabeza.
3. Señora, es urgente que le ________ [yo, sacar] la muela. Parece que tiene una infección.
4. Es malo que Ana les ________ [dar] tantos dulces a los niños.
5. Es necesario que ________ [Uds., llegar] a la una de la tarde.
6. Es importante que ________ [nosotros, acostarse] temprano.

B

a. Es importante que ________ [ellos, comer] más verduras.
b. No, es mejor que ________ [nosotros, salir] a comer a un restaurante.
c. Y yo creo que es urgente que ________ [tú, llamar] al médico.
d. En mi opinión, no es necesario que ________ [nosotros, dormir] tanto.
e. ¿Ah, sí? ¿Es necesario que me ________ [yo, tomar] un antibiótico también?
f. Para llegar a tiempo, es necesario que ________ [nosotros, almorzar] temprano.

2 Oraciones Combina los elementos de las tres columnas para formar oraciones. Usa el subjuntivo.

Expresiones	Sujetos	Actividades
Es bueno que	yo	hacer la cama
Es mejor que	mi hermano	levantarse
Es malo que	los padres	sacar la basura
Es importante que	Oprah Winfrey	mudarse
Es necesario que	mis amigos/as	lavar los platos
Es urgente que	Jennifer López	cocinar
	el/la profesor(a)	barrer el suelo
		despertarse
		ensuciar la casa
		comer

Conversación

3 Minidiálogos En parejas, completen los minidiálogos de una manera lógica usando el subjuntivo.

modelo

Miguelito: Mamá, no quiero arreglar mi cuarto.
Sra. Casas: *Es necesario que lo arregles. Y es importante que sacudas los muebles también.*

MIGUELITO Mamá, no quiero estudiar. Quiero salir a jugar con mis amigos.
SRA. CASAS (1) ______________________.

• • •

MIGUELITO Mamá, es que no me gustan las verduras. Prefiero comer pasteles.
SRA. CASAS (2) ______________________.

• • •

MIGUELITO ¿Tengo que poner la mesa, mamá?
SRA. CASAS (3) ______________________.

• • •

MIGUELITO No me siento bien, mamá. Me duele todo el cuerpo y tengo fiebre.
SRA. CASAS (4) ______________________.

4 Entrevista En parejas, usen estas preguntas para entrevistarse. Expliquen sus respuestas.

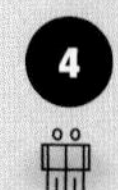

1. ¿Es importante que los niños ayuden con los quehaceres domésticos?
2. ¿Es urgente que los norteamericanos aprendan otras lenguas?
3. Si un(a) norteamericano/a quiere aprender francés, ¿es mejor que lo aprenda en Francia?
4. En tu universidad, ¿es necesario que los estudiantes vivan en residencias estudiantiles?
5. ¿Es bueno que todos los estudiantes practiquen algún deporte?
6. ¿Es importante que los estudiantes asistan a las clases?

- **-Ar** and **-er** stem-changing verbs have the same stem changes in the subjunctive as they do in the present indicative.

pensar (e:ie)	piense, pienses, piense, pensemos, penséis, piensen
mostrar (o:ue)	muestre, muestres, muestre, mostremos, mostréis, muestren
entender (e:ie)	entienda, entiendas, entienda, entendamos, entendáis, entiendan
volver (o:ue)	vuelva, vuelvas, vuelva, volvamos, volváis, vuelvan

- **-Ir** stem-changing verbs have the same stem changes in the subjunctive as in the present indicative. In addition, the **nosotros/as** and **vosotros/as** forms also undergo a stem change. The unstressed **e** changes to **i** and the unstressed **o** changes to **u**.

pedir (e:i)	pida, pidas, pida, pidamos, pidáis, pidan
sentir (e:ie)	sienta, sientas, sienta, sintamos, sintáis, sientan
dormir (o:ue)	duerma, duermas, duerma, durmamos, durmáis, duerman

- Verbs with irregular **yo** forms in the present indicative tense have the same irregularity in the present subjunctive.

INFINITIVE	PRESENT INDICATIVE	PRESENT SUBJUNCTIVE
conducir	conduzco	conduzca
conocer	conozco	conozca
decir	digo	diga
hacer	hago	haga
ofrecer	ofrezco	ofrezca
oír	oigo	oiga
parecer	parezco	parezca
poner	pongo	ponga
tener	tengo	tenga
traducir	traduzco	traduzca
traer	traigo	traiga
venir	vengo	venga
ver	veo	vea

- These five verbs are irregular in the present subjunctive.

Irregular verbs in the present subjunctive

	dar	estar	ir	saber	ser
yo	dé	esté	vaya	sepa	sea
tú	des	estés	vayas	sepas	seas
Ud./él/ella	dé	esté	vaya	sepa	sea
nosotros/as	demos	estemos	vayamos	sepamos	seamos
vosotros/as	deis	estéis	vayáis	sepáis	seáis
Uds./ellos/ellas	den	estén	vayan	sepan	sean

¡ojo! The subjunctive form of **hay** (*there is, there are*) is **haya**.

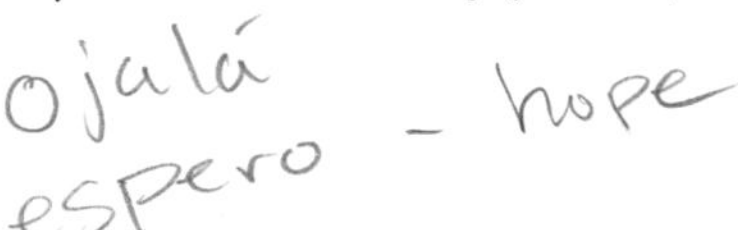

12.3 Subjunctive with verbs of will and influence

- The subjunctive is used with verbs and expressions of will and influence.

Quiero que tengas dientes más blancos.
Dentabrit
BLANQUEADOR
Dentabrit
BLANQUEADOR

- Verbs of will and influence are often used when someone wants to affect the actions or behavior of other people.

Enrique **quiere** que **salgamos** a cenar. *Enrique wants us to go out for dinner.*	Paola **prefiere** que **cenemos** en casa. *Paola prefers that we have dinner at home.*
Ana **insiste** en que la **llamemos.** *Ana insists that we call her.*	Mi madre nos **ruega** que **vayamos** a verla. *My mother begs us to come see her.*

- Here are some verbs of will and influence.

Verbs of will and influence

aconsejar	*to advise*	pedir (e:i)	*to ask (for)*
desear	*to wish; to desire*	preferir (e:ie)	*to prefer*
importar	*to be important; to matter*	prohibir	*to prohibit*
insistir (en)	*to insist (on)*	querer (e:ie)	*to want*
mandar	*to order*	recomendar (e:ie)	*to recommend*
necesitar	*to need*	rogar (o:ue)	*to beg; to plead*
		sugerir (e:ie)	*to suggest*

- Some impersonal expressions convey will or influence, such as **es necesario que, es importante que, es mejor que,** and **es urgente que.**

Es importante que duermas bien. *It's important that you sleep well.*	**Es urgente que** él lo **haga** hoy. *It's urgent that he do it today.*

- When the main clause contains an expression of will or influence and the subordinate clause has a different subject, the subjunctive is required.

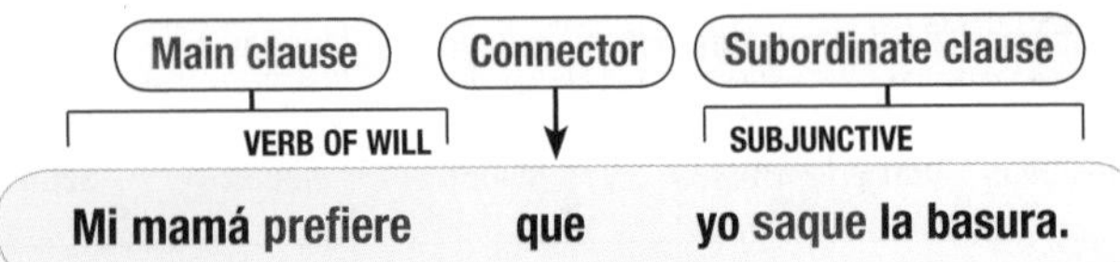

Connector

VERB OF WILL

Mi mamá prefiere

yo saque la basura.

Práctica

1 Entre amigas Completa el diálogo con las palabras de la lista.

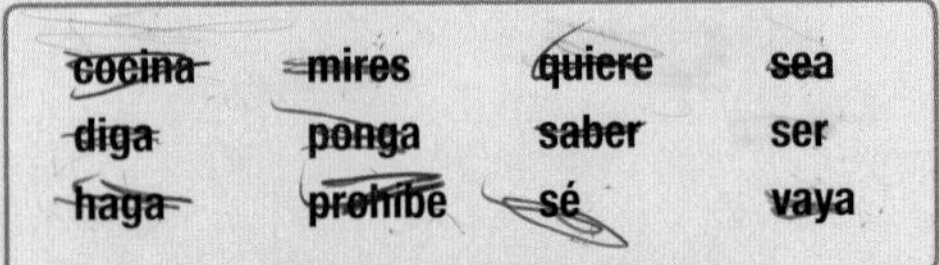

cocina	mires	quiere	sea
diga	ponga	saber	ser
haga	prohíbe	sé	vaya

IRENE Tengo problemas con Vilma. ¿Qué me recomiendas que le (1) ________?

JULIA Necesito (2) ________ más para aconsejarte.

IRENE Me (3) ________ que mire televisión cuando llego de la escuela.

JULIA Tiene razón. Es mejor que tú no (4) ________ tanta televisión.

IRENE Quiero que (5) ________ más flexible, pero insiste en que yo (6) ________ todo en la casa.

JULIA No es verdad. Yo (7) ________ que Vilma (8) ________ y hace los quehaceres todos los días.

IRENE Sí, pero siempre me pide que (9) ________ los cubiertos en la mesa y que (10) ________ al sótano por las servilletas.

JULIA ¡Vilma sólo (11) ________ que ayudes en la casa!

2 Unos consejos Lee lo que dice cada persona. Luego da consejos lógicos usando verbos como **aconsejar, recomendar** y **prohibir**. Sigue el modelo.

modelo
El presidente: Quiero comprar la Casa Blanca.
Le aconsejo que compre otra casa.

1. **Tu mamá:** Pienso poner la secadora en la entrada de la casa.
2. **Martha Stewart:** Voy a ir a la gasolinera para comprar unas elegantes copas de cristal.
3. **Tu profesor(a):** No voy a corregir los exámenes.
4. **Enrique Iglesias:** Pienso llevar todos mis muebles nuevos al altillo.
5. **Shakira:** Hay una fiesta en mi casa esta noche, pero no quiero arreglar la casa.
6. **Tu papá:** Hoy no tengo ganas de hacer las camas.

Conversación

3 **Preguntas** En parejas, túrnense para contestar las preguntas. Usen el subjuntivo.

1. ¿Te dan consejos tus amigos/as? ¿Qué te aconsejan? ¿Aceptas sus consejos? ¿Por qué?
2. ¿Qué te sugieren tus profesores que hagas antes de terminar los cursos que tomas?
3. ¿Insisten tus amigos/as en que salgas mucho con ellos/as?
4. ¿Qué quieres que te regalen tu familia y tus amigos/as para tu cumpleaños?
5. ¿Qué le recomiendas tú a un(a) amigo/a que no quiere salir los sábados con su novio/a?
6. ¿Qué les aconsejas a los nuevos estudiantes de tu universidad?

4 **Recomendaciones** En parejas, preparen una lista de seis personas famosas. Un(a) estudiante da el nombre de una persona famosa y el/la otro/a le da un consejo.

modelo

Estudiante 1: Judge Judy.
Estudiante 2: Le recomiendo que sea más simpática con la gente.
Estudiante 1: Leonardo DiCaprio.
Estudiante 2: Le aconsejo que haga más películas.

5 **El apartamento de Luisa** En parejas, miren la ilustración. Denle consejos a Luisa sobre cómo arreglar su apartamento. Usen expresiones impersonales y verbos como **aconsejar, sugerir** y **recomendar**.

modelo

Es mejor que arregles el apartamento más a menudo. Te aconsejo que guardes la tabla de planchar (*ironing board*).

Quiero que arreglen sus alcobas, que hagan las camas, que pongan la mesa...

...y les aconsejo que se acuesten temprano esta noche.

- Indirect object pronouns are often used with the verbs **aconsejar, mandar, pedir, recomendar, rogar,** and **sugerir**.

Te aconsejo que estudies.
I advise you to study.

Le sugiero que vaya a casa.
I suggest that he go home.

Les recomiendo que barran el suelo.
I recommend that you sweep the floor.

Les ruego que no vengan.
I beg you not to come.

- Note that all the forms of **prohibir** in the present tense carry a written accent, except for the **nosotros/as** form: **prohíbo, prohíbes, prohíbe, prohibimos, prohibís, prohíben.**

Ella les **prohíbe** que miren la televisión.
She prohibits them from watching television.

Nos **prohíben** que nademos en la piscina.
They prohibit us from swimming in the pool.

- The infinitive is used with expressions of will and influence if there is no change of subject.

No quiero **sacudir** los muebles.
I don't want to dust the furniture.

Paco prefiere **descansar**.
Paco prefers to rest.

Es importante **sacar** la basura.
It's important to take out the trash.

No es necesario **quitar** la mesa.
It's not necessary to clear the table.

¡Manos a la obra!

Completa cada oración con la forma correcta del verbo indicado.

1. Te sugiero que vayas [ir] con ella al supermercado.
2. Él necesita que yo le preste [prestar] dinero.
3. No queremos que tú hagas [hacer] nada especial para nosotros.
4. Mis papás quieren que yo limpie [limpiar] mi cuarto.
5. Nos piden que la ayude [ayudar] a preparar la comida.
6. Quieren que tú saques [sacar] la basura todos los días.
7. Quiero descansar [descansar] esta noche.
8. Es importante que ustedes limpien [limpiar] la casa.
9. Su tía les manda que ponga [poner] la mesa.
10. Te aconsejo que no salgas [salir] con él.
11. Mi tío insiste en que mi prima haga [hacer] la cama.
12. Prefiero ir [ir] al cine.
13. Es necesario estudiar [estudiar].
14. Recomiendo que ustedes pasen [pasar] la aspiradora.

Repaso

For more practice, go to **aventuras.vhlcentral.com.**

12.1 Usted and ustedes commands

1 Los consejos de la abuela La abuela les da muchos consejos a sus nietos. Completa los consejos con los mandatos de los verbos entre paréntesis.

modelo Planchen su ropa. (planchar)

1. No _______ el volumen del estéreo muy alto. (poner)
2. _______ sus camas después de levantarse. (hacer)
3. _______ su ropa del piso. (recoger)
4. _______ sus platos después de cenar. (lavar)
5. _______ la tarea antes de salir a la calle. (terminar)
6. No _______ la televisión hasta la medianoche. (ver)

2 Órdenes Don José se va de viaje y deja su casa al cuidado de su vecina, doña Lupe. Lee lo que dice doña Lupe y contesta dándole órdenes como si fueras (*as if you were*) don José. Usa la información entre paréntesis.

modelo
DOÑA LUPE Voy a descansar.
DON JOSÉ (comenzar a preparar la cena)
No descanse. Comience a preparar la cena.

DOÑA LUPE Voy a apagar la luz del garaje.
DON JOSÉ (Dejarla así) (1) _______________

DOÑA LUPE Voy a barrer el suelo de toda la casa.
DON JOSÉ (Barrer sólo el suelo de la cocina) (2) _______________

DOÑA LUPE Voy a lavar y secar los platos.
DON JOSÉ (Ponerlos en el lavaplatos) (3) _______________

DOÑA LUPE Voy a pasear el perro por la calle.
DON JOSÉ (Dejarlo adentro de la casa) (4) _______________

DOÑA LUPE Voy a sacar la basura por la noche.
DON JOSÉ (Sacarla por la mañana) (5) _______________

DOÑA LUPE Voy a quitar los libros del estante.
DON JOSÉ (No ser desordenada) (6) _______________

3 Josefina Josefina se va de viaje y les deja una lista a sus hijos de lo que (no) tienen que hacer. En parejas, escriban cinco mandatos formales con los verbos **dar, estar, ir, saber** y **ser**.

modelo *Miren solamente una hora de televisión por día.*

12.2 The present subjunctive

4 Es importante que... Forma oraciones con **es importante que...** y estos elementos.

modelo tú / ir / pagar / el alquiler
Es importante que tú vayas a pagar el alquiler.

1. nosotros / dormir / siesta / por la tarde
2. los adolescentes / saber / hacer / quehaceres domésticos
3. ustedes / conocer / vecinos
4. yo / ser / ordenado / la cocina
5. siempre / haber / comida / refrigerador
6. el vecino / estar / su apartamento / noche

5 El apartamento ideal En parejas, describan el apartamento ideal. Expliquen el número de habitaciones y los muebles que desean tener en cada habitación. Usen el subjuntivo con expresiones impersonales.

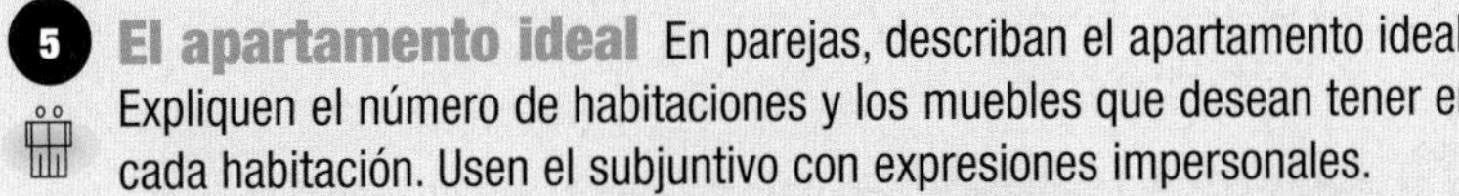

modelo *Es necesario que mi apartamento tenga tres alcobas y una oficina. Es importante que... También es necesario que...*

12.3 Subjunctive with verbs of will and influence

6 Los quehaceres domésticos Di lo que estas personas quieren que se haga.

modelo Los vecinos (pedir) / tú (barrer el patio)
Los vecinos piden que tú barras el patio. / Los vecinos te piden que barras el patio.

1. El ama de casa (mandar) / los chicos (sacudir los estantes)
2. Yo (recomendar) / nosotros (usar el lavaplatos)
3. Raúl (insistir) / yo (apagar la luz del pasillo)
4. Tú (sugerir) / Sandra (cocinar la cena)
5. Nosotros (necesitar) / José y tú (poner las copas en la mesa)
6. Ustedes (rogar) / Esteban (planchar la ropa)

7 **¿Dónde quieres que lo ponga?** Te estás mudando de casa y tus amigos deciden ayudarte. En parejas, túrnense para preguntarse dónde deben poner las cosas en la nueva casa. Usen el subjuntivo y los verbos **desear, preferir** y **querer** con los verbos **poner, colocar** (*to put*), **dejar** y **llevar**.

modelo

Estudiante 1: *¿Dónde deseas que pongamos estas pinturas?*
Estudiante 2: *Deseo que pongan las pinturas en el sótano. / Deseo que las pongan en el sótano.*

• alfombras	• platos	• vasos	• almohadas
• cortinas	• mesa	• cuadro	• lámparas
• mantas	• sillón	• cómoda	• mesita

8 **¡Por favor!** Tus padres van a visitar tu apartamento, por lo que necesitas ayuda para limpiarlo. En parejas, escriban qué les vas a pedir a tus compañeros/as de apartamento. Usen el subjuntivo y los verbos **necesitar, pedir** y **rogar**.

Por favor, necesito que hagan sus camas y arreglen sus cuartos.

Síntesis

9 **Una fiesta en la cuadra** En parejas, imaginen que son vecinos/as y están organizando una fiesta en su cuadra (*street block*). Preparen una conversación sobre los preparativos (*arrangements*) que tienen que hacer. Usen los mandatos formales y el subjuntivo.

modelo

Estudiante 1: *Para la fiesta del domingo, necesito que usted arregle las mesas en la calle.*
Estudiante 2: *Así lo voy a hacer. Compre usted la comida y vaya por el pastel.*

Videoclip

1 **Preparación** ¿Lavas tu ropa, cocinas, barres? ¿Te piden que hagas algunos quehaceres domésticos en casa?

2 **El clip** Mira el anuncio de **Comfort** de Argentina.

Vocabulario	
bajo precio *low price*	**un poco asustado** *a bit scared*
mascota *pet*	**suavizante** *(fabric) softener*

1

¡Hola! ¡Soy *Softy* y me encanta la ropa suave!

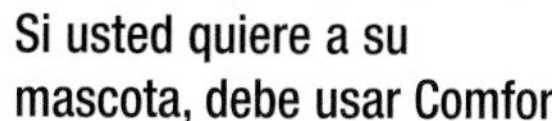

Si usted quiere a su mascota, debe usar Comfort.

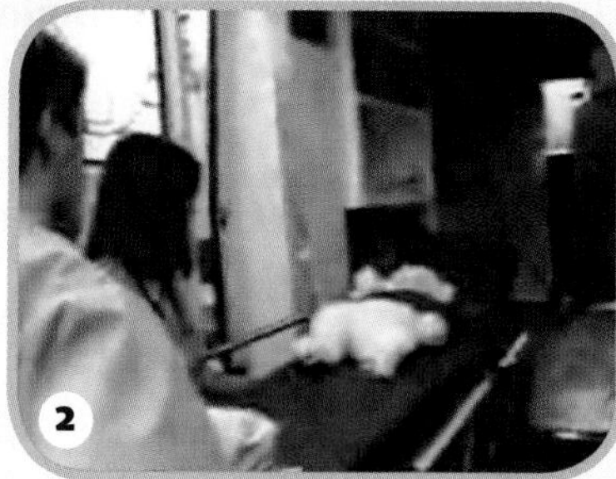

2

3 **Preguntas** Contesta estas preguntas.

1. ¿Qué le encanta al osito (*little bear*) *Softy*?
2. ¿Por qué se lastimó cuando se cayó sobre las toallas?
3. ¿Qué es lo que un suavizante de bajo precio no puede hacer?
4. ¿Cómo se siente *Softy* ahora: tranquilo o asustado?
5. ¿Qué le recomienda el médico que haga?

4 **Consejos** Cuando la mujer visita a *Softy* en el hospital, el médico le da consejos y órdenes sobre cómo tratar a su mascota. En parejas, preparen una lista de los consejos y órdenes que el médico le da. Usen el subjuntivo y el imperativo.

CONEXIÓN INTERNET

Go to **aventuras.vhlcentral.com** to watch the television clip featured in this section.

Ampliación

1 Escuchar

A Mira los anuncios en esta página y escucha la conversación entre el señor Núñez, Adriana y Felipe. Luego indica si cada descripción se refiere a la casa del anuncio o al apartamento del anuncio.

TIP Use visual cues. Visual cues, like illustrations and headings, provide useful clues about what you will hear.

18G

Bienes raíces

Se vende.
4 alcobas, 3 baños, cocina moderna, jardín con árboles frutales.
B/. 225.000

Se alquila.
2 alcobas, 1 baño.
Balcón. Urbanización Las Brisas. 525

Descripciones	La casa del anuncio	El apartamento del anuncio
1. Es barato.	☐	☐
2. Tiene cuatro alcobas.	☐	☐
3. Tiene oficina.	☐	☐
4. Tiene balcón.	☐	☐
5. Tiene una cocina moderna.	☐	☐
6. Tiene un jardín muy grande.	☐	☐
7. Tiene patio.	☐	☐

B Vuelve a escuchar la conversación e indica cómo es la casa ideal de Adriana y Felipe.

2 Conversar

En parejas, preparen una conversación entre un(a) psicólogo/a y un(a) paciente que lo/la consulta sobre un problema personal (la familia, el/la novio/a, etc.). Luego presenten la conversación a la clase.

Doctora: *Buenos días, Ana. ¿Cómo está usted hoy?*
Paciente: *Buenos días, doctora Rosas. La verdad es que no estoy muy bien. Tengo un problema con mi madre: Ella no quiere que yo vaya a ver a mis amigas. No le importa que me aburra. Me prohíbe conducir por la noche...*

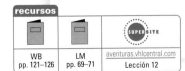

recursos

WB	LM	SUPERSITE
pp. 121–126	pp. 69–71	aventuras.vhlcentral.com Lección 12

Ampliación

Here are some technical terms that might help you in writing your contract:

el/la arrendatario/a *tenant*
el/la arrendador(a) *landlord*
el/la propietario/a *owner*
las estipulaciones *stipulations*
la parte *party*
de anticipación, de antelación *in advance*

3 Escribir

Eres el/la administrador(a) de un edificio de apartamentos. Prepara un contrato de arrendamiento (*lease*) para los nuevos inquilinos (*tenants*).

TIP Use linking words. To make your writing more cohesive, use linking words to connect simple sentences or ideas. Some common linking words are: **cuando, mientras, o, pero, porque, pues, que, quien(es), sino,** and **y.**

Organízalo	Utiliza un mapa de ideas para organizar la información sobre las fechas del contrato, el precio del alquiler y otros aspectos importantes.
Escríbelo	Escribe el primer borrador de tu contrato de arrendamiento.
Corrígelo	Intercambia el contrato con un(a) compañero/a. Anota los mejores aspectos, especialmente el uso de las palabras de enlace (*linking words*). Dale sugerencias y, si ves algunos errores, coméntaselos.
Compártelo	Revisa el primer borrador según las indicaciones de tu compañero/a. Incorpora nuevas ideas o más información si es necesario, antes de escribir la versión final.

4 Un paso más

Imagina que quieres construir (*to build*) una casa de vacaciones en un país hispano. Prepara una presentación sobre la casa. Considera estas preguntas.

- ¿Dónde quieres construir la casa? ¿Prefieres que esté en la selva (*jungle*), en una isla, en una montaña o en un lugar con vista al mar?
- ¿Cómo va a ser la casa? ¿Quieres que sea grande? ¿Cuántos pisos y cuántos cuartos va a tener?
- ¿Qué muebles quieres poner en cada cuarto?
- ¿Qué efectos visuales puedes usar para hacer más interesante la presentación? ¿Tienes mapas, fotos o planos (*blueprints*) de la casa?

CONEXIÓN INTERNET

Investiga estos temas en el sitio aventuras.vhlcentral.com.
- Lugares turísticos del mundo hispano
- Agencias de bienes raíces en el mundo hispano
- Mueblerías (*furniture stores*) en el mundo hispano

Antes de leer

Did you know that a text written in Spanish is often longer than the same text written in English? Because the Spanish language often uses more words to express ideas, you will often encounter long sentences when reading in Spanish. Of course, sentence length varies with genre and with authors' individual styles. To help you understand long sentences, identify the main parts of the sentence before trying to read it in its entirety. First, locate the main verb of the sentence, along with its subject, ignoring any words or phrases set off by commas. Then re-read the sentence, adding details like direct and indirect objects, transitional words, and prepositional phrases. Practice this strategy on a few sentences from this reading selection.

For example, locate the main subject and verb in the first sentence of this reading: ______________________

¡Bienvenidos a la Casa Colorada!

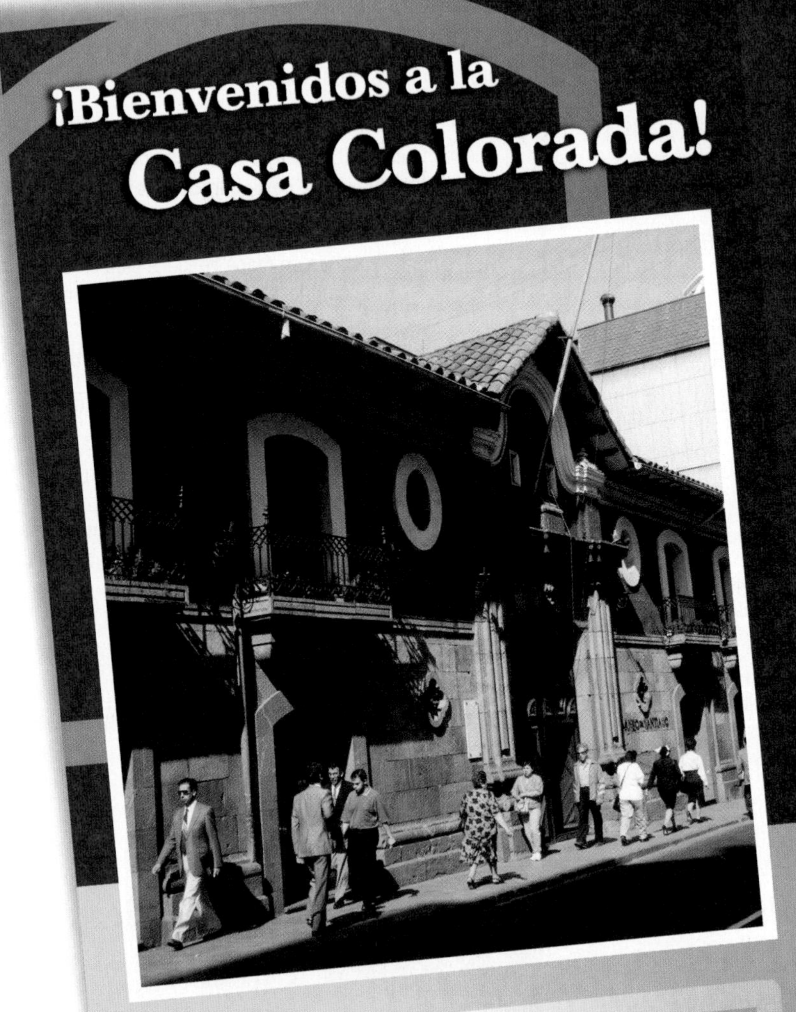

La Casa Colorada es un atractivo edificio de estilo colonial, construido° en 1769. Está situado en el centro de Santiago de Chile, en la calle Merced. En sus orígenes fue la vivienda de Mateo de Toro y Zambrano, un aristócrata chileno conocido por sus actividades en el ejército°, los negocios° y la administración de la ciudad. En la actualidad°, la Casa Colorada no está habitada por nadie.

El edificio se convirtió en un espacio público en el siglo° XX y en su interior están el Museo de Santiago, la Oficina de Turismo y la Fundación de Vicente Huidobro, donde se encuentra abundante información sobre la vida y la obra° de este escritor chileno. El Museo de Santiago ofrece una exhibición permanente sobre la historia de la ciudad, desde la época precolombina hasta nuestros días.

La Casa Colorada es una obra del arquitecto portugués Joseph de la Vega. Los materiales fundamentales que se utilizaron en su construcción fueron el adobe, la madera° y la cal°. Desde el primer momento, esta casa se convirtió en el centro de atención de la sociedad santiaguina° por la elegancia de su diseño°. Además, una característica que la diferenciaba de otras viviendas del mismo estilo arquitectónico es que su fachada estaba recubierta de piedra° hasta el primer piso. El edificio empezó a llamarse Casa Colorada en 1888, año en que pintaron su fachada° de color rojo.

La composición exterior del edificio es simétrica. En el centro de la fachada hay una gran puerta que sirve de acceso principal a la vivienda; a los lados se ven unos arcos que forman puertas adicionales en el primer piso y ventanas con balcones de hierro forjado° en el segundo. Otra característica interesante del exterior de la casa es la elevación triangular del tejado° sobre la puerta principal.

Después de leer

¿Comprendiste?

Completa las frases con las palabras adecuadas.

1. En el siglo XVIII, Mateo de Toro y Zambrano, un aristócrata de __________, vivió en la Casa Colorada.
2. Ahora __________ vive en la Casa Colorada.
3. El exterior de la casa es de color __________.
4. La __________ principal está en el centro de la fachada.
5. Los materiales que se utilizaron en su construcción fueron __________, la madera y la cal.
6. En el Museo de Santiago hay una exhibición sobre la __________ de la ciudad.

Preguntas

Responde a estas preguntas con oraciones completas.

1. ¿Cuándo se construyó la Casa Colorada?
2. ¿Cuándo se convirtió en lugar público?
3. ¿Dónde están el Museo de Santiago, la Oficina de Turismo y la Fundación de Vicente Huidobro?
4. ¿Cómo se llamaba el arquitecto de la Casa Colorada?
5. ¿Por qué la Casa Colorada se diferenciaba de otras viviendas del mismo estilo arquitectónico?
6. ¿Por qué este edificio se llama la Casa Colorada?

Coméntalo

¿Te gustaría visitar la Casa Colorada? ¿Por qué? ¿Te gustaría vivir en una casa similar a ésta? Explica tu respuesta. ¿Hay edificios históricos en tu ciudad o comunidad? Descríbelos.

construido *built*
ejército *army*
negocios *business*
En la actualidad *At the present time*
siglo *century*
obra *work*
madera *wood*
cal *lime*
santiaguina *of Santiago*
diseño *design*
recubierta de piedra *covered with stone*
fachada *façade*
hierro forjado *wrought iron*
tejado *roof*

For an additional reading, go to **aventuras.vhlcentral.com.**

La casa y sus cuartos

la alcoba	*bedroom*
el altillo	*attic*
el balcón	*balcony*
la cocina	*kitchen*
el comedor	*dining room*
la entrada	*entrance*
la escalera	*stairs; stairway*
el garaje	*garage*
el jardín	*garden; yard*
la oficina	*office*
el pasillo	*hallway*
el patio	*patio; yard*
la sala	*living room*
el sótano	*basement; cellar*

Los muebles y otras cosas

la alfombra	*carpet; rug*
la almohada	*pillow*
el armario	*closet*
la cómoda	*chest of drawers*
las cortinas	*curtains*
el cuadro	*picture*
el estante	*bookcase; bookshelf*
la lámpara	*lamp*
la luz	*light; electricity*
la manta	*blanket*
la mesita	*end table*
la mesita de noche	*nightstand*
los muebles	*furniture*
la pared	*wall*
la pintura	*painting; picture*
el sillón	*armchair*
el sofá	*sofa; couch*

Los quehaceres domésticos

arreglar	*to neaten; to straighten up*
barrer el suelo	*to sweep the floor*
cocinar	*to cook*
hacer la cama	*to make the bed*
hacer los quehaceres domésticos	*to do household chores*
lavar (el suelo, los platos)	*to wash (the floor, the dishes)*
limpiar la casa	*to clean the house*
pasar la aspiradora	*to vacuum*
planchar la ropa	*to iron clothes*
poner la mesa	*to set the table*
quitar la mesa	*to clear the table*
sacar la basura	*to take out the trash*
sacudir los muebles	*to dust the furniture*

Los electrodomésticos

la estufa	*stove*
el electrodoméstico	*electrical appliance*
el horno (de microondas)	*(microwave) oven*
la lavadora	*washing machine*
el lavaplatos	*dishwasher*
el refrigerador	*refrigerator*
la secadora	*clothes dryer*

La mesa

la copa	*wineglass; goblet*
la cuchara	*spoon*
el cuchillo	*knife*
el plato	*plate*
la servilleta	*napkin*
la taza	*cup; mug*
el tenedor	*fork*
el vaso	*glass*

Otras palabras

las afueras	*suburbs; outskirts*
la agencia de bienes raíces	*real estate agency*
el alquiler	*rent (payment)*
el ama (m., f.) de casa	*homemaker; housekeeper*
el barrio	*neighborhood*
el edificio de apartamentos	*apartment building*
el hogar	*home*
el/la vecino/a	*neighbor*
la vivienda	*housing*
alquilar	*to rent*
ensuciar	*to get (something) dirty*
mudarse	*to move (residences)*

Expresiones útiles	*See page 311.*
Verbs and expressions of will and influence	*See page 318.*

AVENTURAS EN LOS PAÍSES HISPANOS

La ropa tradicional de los guatemaltecos se llama *huipil* y en ella se puede observar el amor de la cultura maya por la naturaleza *(nature)*. El diseño *(design)* y los colores de cada *huipil* indican el pueblo de origen y a veces también el sexo y la edad *(age)* de la persona que lo lleva.

AMÉRICA CENTRAL I

Guatemala

Área: 108.890 km^2 (42.042 millas^2)
Población: 14.213.000
Capital: Ciudad de Guatemala – 1.103.000
Ciudades principales: Quetzaltenango, Escuintla, Mazatenango, Puerto Barrios
Moneda: quetzal

SOURCE: Population Division, UN Secretariat

Honduras

Área: 112.492 km^2 (43.870 millas^2)
Población: 7.997.000
Capital: Tegucigalpa – 1.075.000
Ciudades principales: San Pedro Sula, El Progreso
Moneda: lempira

SOURCE: Population Division, UN Secretariat

El Salvador

Área: 21.040 km^2 (8.124 millas^2)
Población: 7.461.000
Capital: San Salvador – 1.662.000
Ciudades principales: Soyapango, Santa Ana, San Miguel
Moneda: dólar estadounidense

SOURCE: Population Division, UN Secretariat

Deportes

El surfing

El Salvador es uno de los destinos favoritos en Latinoamérica para la práctica del surfing. Cuenta con 300 kilómetros de costa a lo largo del océano Pacífico y sus olas *(waves)* altas son ideales para quienes practican este deporte. De sus playas, La Libertad es la más visitada por surfistas de todo el mundo, gracias a que está muy cerca de la capital salvadoreña.

Ciudades

Antigua Guatemala

Antigua Guatemala fue fundada en 1543. Fue una capital de gran importancia hasta 1773, cuando un terremoto *(earthquake)* la destruyó. Hoy día, conserva el carácter original de su arquitectura y es un gran centro turístico. Su celebración de la Semana Santa es, para muchas personas, la más importante del hemisferio.

MÉXICO
Lago Petén Itza
BELICE
Río de la Pasión
Golfo de Honduras
Lago de Izabal
Puerto Barrios
La Ceiba
GUATEMALA
Río Motagua
Sierra Espíritu Santo
San Pedro Sula
El Progreso
Sierra Rijol
Lago de Atitlán
Ciudad de Guatemala
Quetzaltenango
Sierra Grita
Lago de Yojoa
Lago de Guija
Mazatenango
Antigua Guatemala
Tegucigalpa
Río Lempa
Escuintla
Río de la Paz
Santa Ana
San Salvador
San Miguel
Río Choluteca
La Libertad
Río Lempa
La Unión
EL SALVADOR
Océano Pacífico

Lugares

Copán

Copán es una zona arqueológica muy importante de Honduras. Fue construida por los mayas y se calcula que en el año 400 d.C. era una ciudad con más de 150 edificios y una gran cantidad de plazas, patios, templos y canchas *(courts)* para el juego de pelota *(ceremonial ball game)*. Las ruinas más famosas del lugar son los edificios adornados con esculturas pintadas a mano, los cetros *(scepters)* ceremoniales de piedra y el templo Rosalila. Una de las actividades más importantes de Copán era la astronomía. ¡Hasta se hacían congresos *(conventions)* de astrónomos!

Naturaleza

El Parque Nacional Montecristo

El Parque Nacional Montecristo se encuentra en la región norte de El Salvador. Se le conoce también como El Trifinio porque se ubica *(it is located)* en el punto donde se unen las fronteras de Guatemala, Honduras y El Salvador. Este bosque reúne muchas especies vegetales y animales, como orquídeas, monos araña *(spider monkeys)*, pumas, quetzales y tucanes. En este hermoso bosque, las copas de sus enormes árboles forman una bóveda que impide *(blocks)* el paso de la luz solar.

recursos
SUPERSITE
WB
pp. 127–128
VM
pp. 217–220
aventuras.vhlcentral.com
Lección 12

¿Qué aprendiste?

SUPERSITE

1 ¿Cierto o falso? Indica si lo que dicen estas oraciones es **cierto** o **falso**.

	Cierto	Falso
1. La ropa tradicional de los guatemaltecos se llama Quetzaltenango.	______	______
2. Los diseños del *huipil* indican el origen de la persona que lo lleva.	______	______
3. Tegucigalpa es la capital de Honduras.	______	______
4. La lempira es la moneda de Guatemala.	______	______
5. En Copán se hacían congresos de geografía.	______	______
6. Los mayas eran muy buenos astrónomos.	______	______
7. Antigua Guatemala es la capital de Guatemala.	______	______
8. Antigua Guatemala es muy famosa por su celebración de la Semana Santa.	______	______
9. El Parque Nacional Montecristo está en El Salvador, en el límite con Honduras y Guatemala.	______	______
10. La vegetación baja del bosque del Parque Nacional Montecristo recibe mucho sol.	______	______

2 Preguntas Contesta estas preguntas.

1. ¿Qué muestra el *huipil*? ¿Qué indican sus diseños?
2. ¿Crees que la civilización maya era avanzada? ¿Por qué?
3. ¿Por qué crees que Antigua Guatemala es un importante centro turístico?
4. ¿Qué plantas y animales se encuentran en el Parque Nacional Montecristo? ¿Te gustaría conocerlo? ¿Por qué?
5. ¿Cuál de estos tres países te gustaría *(would you like)* visitar? ¿Por qué?

Investiga estos temas en el sitio aventuras.vhlcentral.com. Presenta la información a tus compañeros/as de clase.

- Copán
- Antigua Guatemala
- El Parque Nacional Montecristo

13 La naturaleza

Communicative Goals

You will learn how to:

- talk about nature
- discuss environmental conditions
- express wishes, desires, and doubts

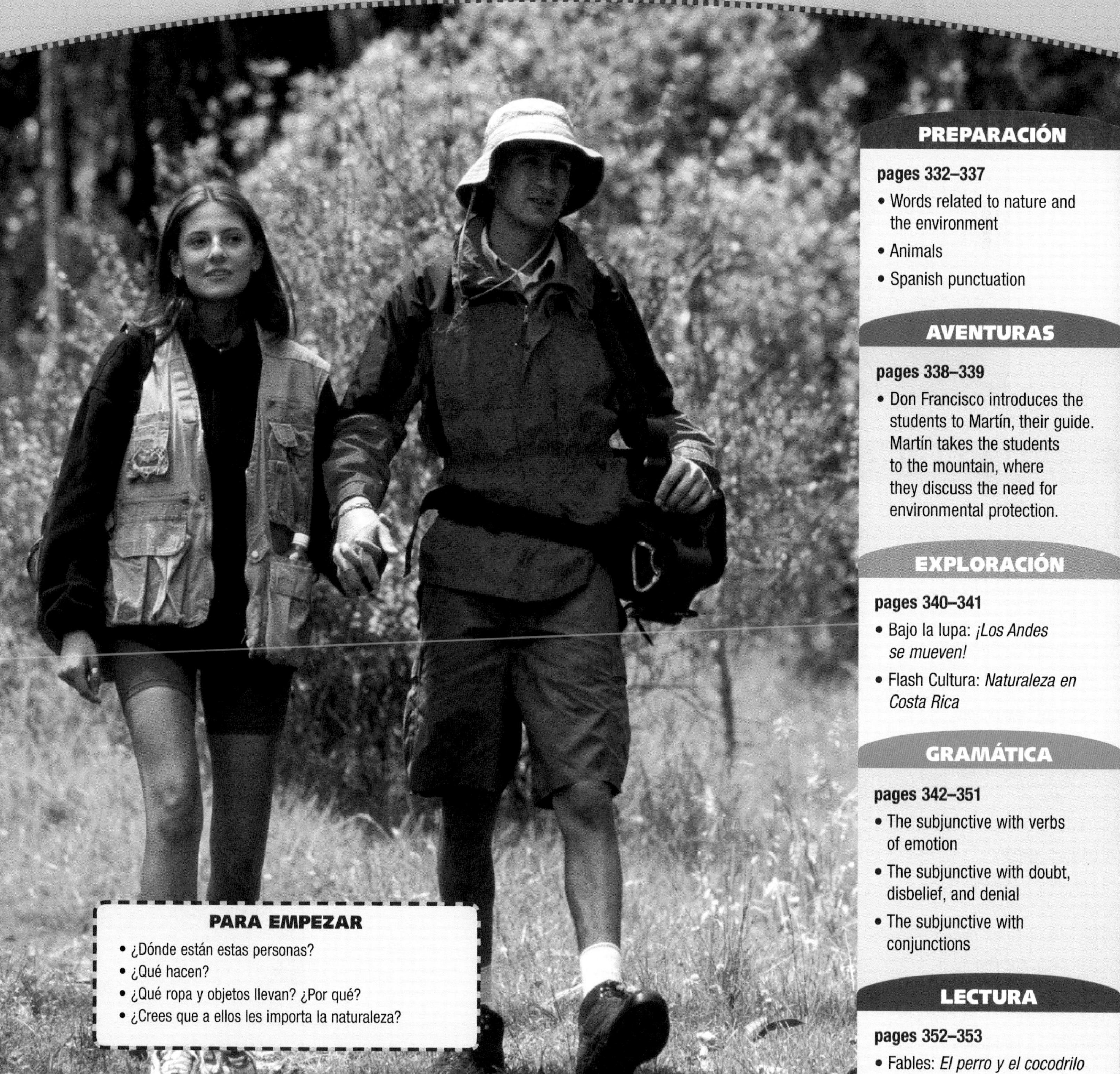

PARA EMPEZAR

- ¿Dónde están estas personas?
- ¿Qué hacen?
- ¿Qué ropa y objetos llevan? ¿Por qué?
- ¿Crees que a ellos les importa la naturaleza?

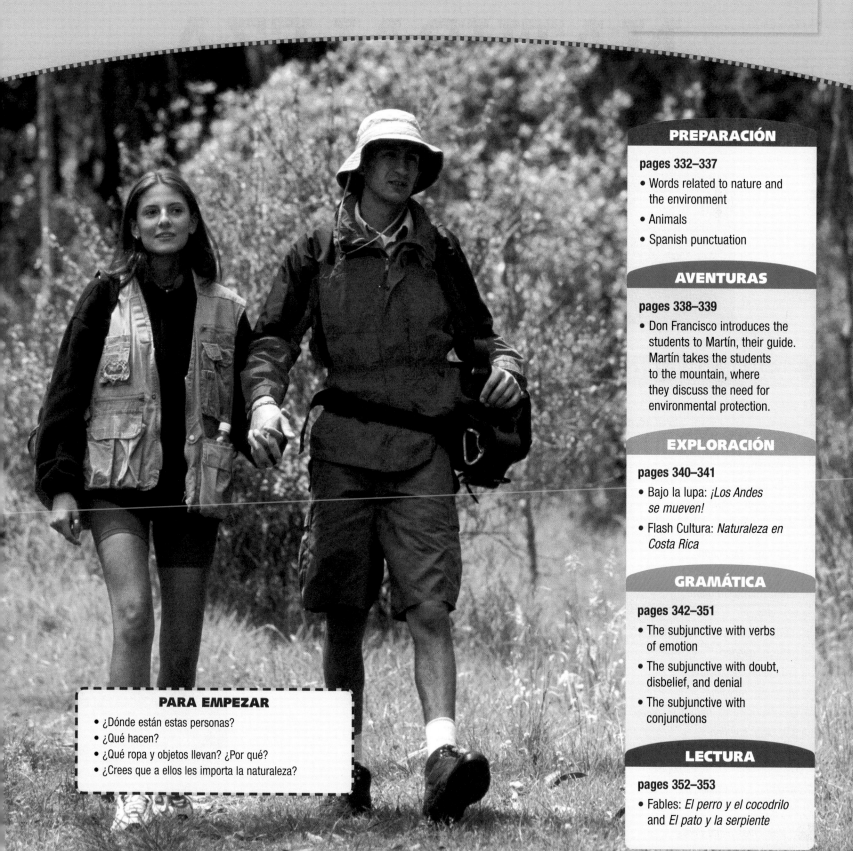

LA NATURALEZA

el volcán
volcano

EL MEDIO AMBIENTE

Variación léxica
césped/hierba ⟷ pasto (*Perú*), grama (*Venez.*), zacate (*Méx.*)

la caza *hunting*
el calentamiento global *global warming*
la conservación *conservation*
la contaminación (del aire; del agua) *(air; water) pollution*
la ecología *ecology*
el ecoturismo *ecotourism*
la energía (nuclear; solar) *(nuclear; solar) energy*
la extinción *extinction*
la fábrica *factory*
el gobierno *government*
la ley *law*
el medio ambiente *environment*
el peligro *danger*
la población *population*
el reciclaje *recycling*
el recurso natural *natural resource*
la solución *solution*

ecologista *ecological; ecologist*
renovable *renewable*

la energía nuclear
nuclear energy

recursos

WB pp. 131–132	LM p. 73	SUPERSITE aventuras.vhlcentral.com Lección 13

LA NATURALEZA

el árbol *tree*
el bosque (tropical) *(tropical; rain) forest*
el césped *grass*
el cielo *sky*
el cráter *crater*
el desierto *desert*
la estrella *star*
la hierba *grass*
el lago *lake*
la luna *moon*
el mundo *world*
la naturaleza *nature*
la nube *cloud*
el océano *ocean*
el paisaje *landscape*
la piedra *rock; stone*
la planta *plant*
la región *region; area*
el río *river*
la selva *jungle*
el sendero *trail*
el sol *sun*
la tierra *land; soil*
el valle *valley*

la flor
flower

la deforestación
deforestation

la tortuga marina
sea turtle

VERBOS

conservar *to conserve*
contaminar *to pollute*
controlar *to control*
cuidar *to take care of*
dejar de (+ *inf.*) *to stop (doing something)*
desarrollar *to develop*
descubrir *to discover*
destruir *to destroy*
estar afectado/a (por) *to be affected (by)*
evitar *to avoid*
mejorar *to improve*
proteger *to protect*
reciclar *to recycle*
recoger *to pick up*
reducir *to reduce*
resolver (o:ue) *to resolve; to solve*
respirar *to breathe*

estar contaminado/a
to be polluted

LOS ANIMALES

el animal *animal*
la ballena *whale*
el pez *fish*

el pájaro
bird

el mono
monkey

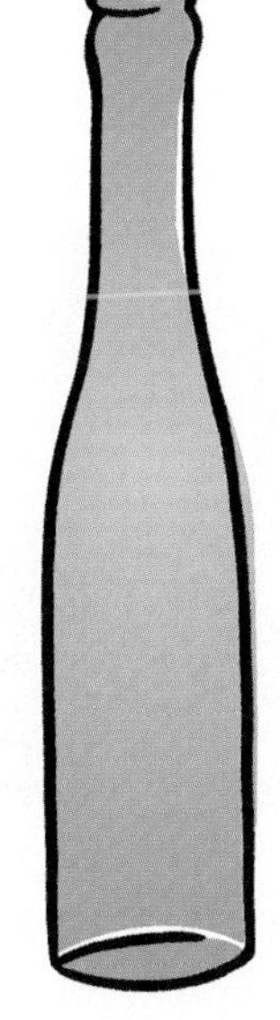
la botella de vidrio
glass bottle

OTRAS PALABRAS Y EXPRESIONES

el envase de plástico *plastic container*
puro/a *pure*

la lata de aluminio
aluminum can

A escuchar

1 Escuchar Escucha estas oraciones y anota los sustantivos (*nouns*) que se refieren a **las plantas**, **los animales**, **la tierra** y **el cielo**.

Plantas	Animales	Tierra	Cielo
________	________	________	________
________	________	________	________
________	________	________	________

2 Seleccionar Escucha las descripciones y escribe el número de la descripción que corresponda a cada foto.

a. ________

b. ________

c. ________

d. ________

A practicar

3 La naturaleza Selecciona la palabra que no pertenece al grupo.

1. sol • desierto • luna • estrella
2. océano • lluvia • sendero • río
3. naturaleza • paisaje • ecoturismo • mono
4. piedra • pájaro • pez • perro
5. volcán • ballena • cráter • piedra
6. recurso natural • caza • contaminación • deforestación
7. nube • aire • cielo • lago
8. solución • selva • bosque • desierto
9. lluvia • nube • peligro • cielo
10. tortuga • árbol • hierba • flor

4 Completar Completa las oraciones.

contaminar	destruyen	reciclamos
controlan	están afectadas	recoger
cuidan	mejoramos	resolver
descubrir	proteger	se desarrollaron

1. Si vemos basura en las calles, la debemos __________.
2. Los científicos trabajan para __________ nuevas soluciones.
3. Es necesario que todos trabajemos juntos para __________ los problemas del medio ambiente.
4. Debemos __________ el medio ambiente porque está en peligro.
5. Muchas leyes nuevas __________ el número de árboles que se pueden cortar (*cut down*).
6. Las primeras civilizaciones __________ cerca de los ríos, los lagos y los océanos.
7. Todas las personas del mundo __________ por la contaminación.
8. Los turistas deben tener cuidado de no __________ las regiones que visitan.
9. Podemos conservar los recursos si __________ el aluminio, el vidrio y el plástico.
10. La lluvia ácida, la contaminación y la deforestación __________ el medio ambiente.

5 Definir En parejas, definan cada palabra.

¿Qué es el calentamiento global?

El calentamiento global significa que la temperatura de la Tierra sube.

1. la población
2. una ballena
3. la lluvia
4. la naturaleza
5. un desierto
6. la caza
7. la ecología
8. un mono

A conversar

6 **¿Es importante?** Lee este párrafo y, en parejas, contesta las preguntas.

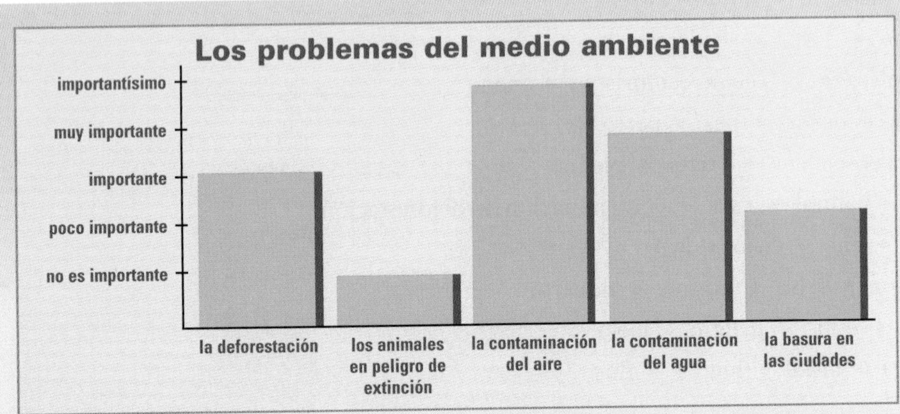

Para celebrar El día de la tierra, una estación de radio colombiana hizo una encuesta entre estudiantes universitarios sobre el medio ambiente. Se les preguntó cuáles creían que eran los cinco problemas más importantes del medio ambiente. Se les pidió decidir el orden de importancia de estos problemas, del uno al cinco. Los resultados probaron (*proved*) que la mayoría de los estudiantes están preocupados por la contaminación del aire. Muchos mencionaron que no hay aire puro en las ciudades. El problema número dos para los estudiantes es que los ríos y los lagos están afectados por la contaminación. La deforestación quedó como el problema número tres, la basura en las ciudades como el número cuatro y los animales en peligro de extinción como el número cinco.

1. Según la encuesta, ¿qué problema consideran más grave? ¿Y menos grave?
2. ¿Cómo creen que se puede evitar o resolver el problema más importante?
3. ¿Consideran ustedes que existen los mismos problemas en su comunidad? Den algunos ejemplos.

7 **Un póster** En parejas, conversen sobre cuál es el problema ambiental de la actividad anterior que a ustedes les parece más importante y realicen un póster para presentar a la clase. Describan el problema, expliquen por qué es grave e indiquen qué es necesario hacer. Usen al menos ocho palabras de **Preparación**.

8 **Situaciones** En grupos pequeños, representen estas situaciones.

- Un(a) ecologista habla con un grupo de familias sobre qué se puede hacer en la casa para proteger el medio ambiente.
- Un(a) representante de la universidad habla con un grupo de nuevos estudiantes sobre la campaña (*campaign*) ambiental de la universidad.

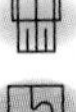

9 **Crucigrama** Tu profesor(a) va a darles a ti y a tu compañero/a la información necesaria para completar esta actividad.

Los signos de puntuación

In Spanish, as in English, punctuation marks are important because they help you express your ideas in a clear, organized way.

No podía ver las llaves. Las buscó por los estantes, las mesas, las sillas, el suelo; minutos después, decidió mirar por la ventana. Allí estaban...

The **punto y coma (;)**, the **puntos suspensivos (...)**, and the **punto (.)** are used in very similar ways in Spanish and English.

Argentina, Brasil, Paraguay y Uruguay son miembros del Mercosur.

In Spanish, the **coma (,)** is not used in a series before **y** or **o**.

13,5% **29,2°** **3.000.000** **$2.999,99**

In numbers, Spanish uses a **coma** where English uses a decimal point and a **punto** where English uses a comma.

¿Cómo te llamas? **¿Dónde está?** **¡Ven aquí!** **¡Hola!**

Questions in Spanish are preceded and followed by **signos de interrogación (¿ ?)**, and exclamations are preceded and followed by **signos de exclamación (¡ !)**.

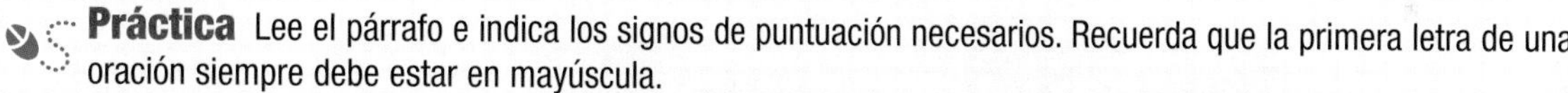

Práctica Lee el párrafo e indica los signos de puntuación necesarios. Recuerda que la primera letra de una oración siempre debe estar en mayúscula.

Ayer recibí la invitación de boda de Marta mi amiga colombiana inmediatamente empecé a pensar en un posible regalo fui al almacén donde Marta y su novio tenían una lista de regalos había un montón de cosas para regalar finalmente decidí regalarles un perro ya sé que es un regalo extraño pero espero que les guste a los dos

¿Palabras de amor? El siguiente diálogo tiene diferentes significados (*meanings*), dependiendo de los signos de puntuación que utilizas y el lugar donde los pones. Intenta encontrar los diferentes significados.

JULIÁN me quieres
MARISOL no puedo vivir sin ti
JULIÁN me quieres dejar
MARISOL no me parece mala idea
JULIÁN no eres feliz conmigo
MARISOL no soy feliz

recursos
LM p. 74
SUPERSITE aventuras.vhlcentral.com Lección 13

¡Qué paisaje más hermoso!

SUPERSITE

Martín y los estudiantes visitan el sendero en las montañas.

DON FRANCISCO

JAVIER

INÉS

ÁLEX

MAITE

MARTÍN

DON FRANCISCO Chicos, les presento a Martín Dávalos, el guía de la excursión. Martín, nuestros pasajeros: Maite, Javier, Inés y Álex.

MARTÍN Mucho gusto. Voy a llevarlos al área donde vamos a ir de excursión mañana. ¿Qué les parece?

ESTUDIANTES ¡Sí! ¡Vamos!

MAITE ¡Qué paisaje más hermoso!

INÉS No creo que haya lugares más bonitos en el mundo.

JAVIER Entiendo que mañana vamos a cruzar un río. ¿Está contaminado?

MARTÍN En las montañas el río no parece estar afectado por la contaminación. Cerca de las ciudades, sin embargo, el río tiene bastante contaminación.

ÁLEX ¡Qué aire tan puro se respira aquí! No es como en la Ciudad de México... Tenemos un problema gravísimo de contaminación.

MARTÍN A menos que resuelvan ese problema, los habitantes van a sufrir muchas enfermedades en el futuro.

INÉS Creo que todos debemos hacer algo para proteger el medio ambiente.

MAITE Yo creo que todos los países deben establecer leyes que controlen el uso de automóviles.

ACTIVIDADES

1 Seleccionar Selecciona la respuesta correcta.

1. Martín va a llevar a los estudiantes al lugar donde van a
   a. contaminar el río. b. ver tortugas. c. ir de excursión.
2. El río está más afectado por la contaminación
   a. cerca de los bosques. b. en las ciudades. c. en las montañas.
3. Martín quiere que los estudiantes
   a. recojan la basura de los senderos. b. descubran nuevos senderos. c. no usen sus autos.
4. La contaminación del aire puede producir
   a. problemas de estómago. b. enfermedades respiratorias. c. enfermedades mentales.

Para recordar **Antes de mirar este episodio, repasa el anterior.**

1. ¿Quién es la señora Vives?
2. ¿Qué muebles tiene la alcoba de los chicos?
3. ¿Qué quiere don Francisco que hagan los chicos?
4. ¿A qué hora va a llegar Martín, el guía?

MARTÍN Esperamos que Uds. se diviertan mucho, pero es necesario que cuiden la naturaleza.
JAVIER Se pueden tomar fotos, ¿verdad?
MARTÍN Sí, con tal de que no toques las flores o las plantas.

ÁLEX ¿Hay problemas de contaminación en esta región?
MARTÍN La contaminación es un problema en todo el mundo. Pero aquí tenemos un programa de reciclaje. Si ves por el sendero botellas, papeles o latas, recógelos.

JAVIER Pero Maite, ¿tú vas a dejar de usar tu carro en Madrid?
MAITE Pues, voy a tener que usar el Metro... Pero tú sabes que mi coche es tan pequeñito... casi no contamina nada.

INÉS ¡Ven, Javier!
JAVIER ¡¡Ya voy!!

Expresiones útiles

Talking about the environment

No creo que haya lugares más bonitos en el mundo.
I don't think there are any prettier places in the world.
¿Hay problemas de contaminación en esta región?
Are there problems with pollution in this region/area?
Es un problema en todo el mundo.
It's a problem throughout the world.
El río no parece estar afectado por la contaminación.
The river does not seem to be affected by pollution.
El río tiene bastante contaminación.
The river is quite polluted.
Es necesario que cuiden la naturaleza.
It's necessary that you take care of nature.
Puedes tomar fotos, con tal de que no toques las plantas.
You can take pictures, provided that you don't touch the plants.
Tenemos un problema gravísimo de contaminación.
We have an extremely serious problem with pollution.
A menos que resuelvan el problema, los habitantes van a sufrir muchas enfermedades.
Unless they solve the problem, the inhabitants are going to suffer a lot of illnesses.
Si ves botellas, papeles o latas, recógelos.
If you see bottles, papers, or cans, pick them up.

2 **Preguntas** Contesta estas preguntas.

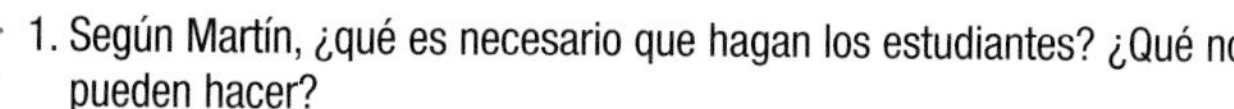

1. Según Martín, ¿qué es necesario que hagan los estudiantes? ¿Qué no pueden hacer?
2. ¿Cuáles son los problemas del medio ambiente que mencionan Martín y los estudiantes?
3. ¿Qué cree Maite que deben hacer los países?
4. ¿Qué cosas se pueden reciclar en el programa que menciona Martín?
5. Si Maite no puede usar su carro en Madrid, ¿qué medio de transporte va a usar?

3 **Situación** En grupos de tres o cuatro, imaginen que un(a) estudiante es un(a) guía y el resto son turistas que van a hacer una excursión a las montañas. Los/Las turistas preguntan al/a la guía lo que van a ver y lo que deben o no hacer durante la excursión. Usen las **Expresiones útiles**.

recursos
VM
pp. 193–194
SUPERSITE
aventuras.vhlcentral.com
Lección 13

BAJO LA LUPA

¡Los Andes se mueven!

Los Andes, la cadena° de montañas más extensa de América, son conocidos como "la espina dorsal° de Suramérica". Sus 7.240 kilómetros (4.500 millas) van desde el norte° de la región entre Venezuela y Colombia, hasta el extremo sur°, entre Argentina y Chile, y pasan por casi todos los países suramericanos. La cordillera° de los Andes, formada hace 27 millones de años, es la segunda más alta del mundo, después de la del Himalaya (aunque° esta última es mucho más "joven", ya que se formó hace apenas cinco millones de años).

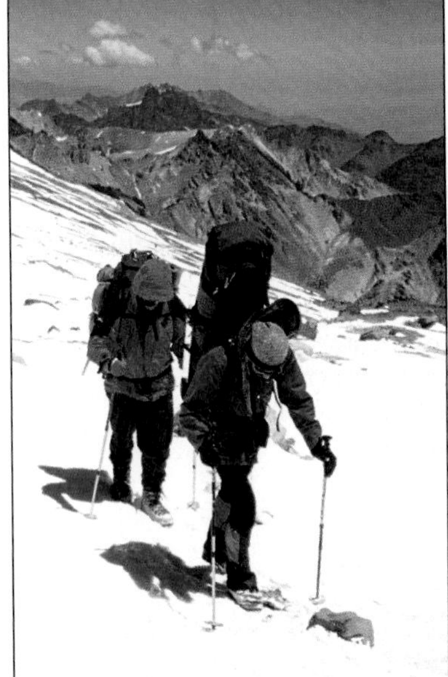

Para poder atravesar° de un lado a otro de los Andes, existen varios pasos o puertos° de montaña. Situados a grandes alturas°, son generalmente estrechos° y peligrosos. En algunos de ellos hay, también, vías ferroviarias°.

De acuerdo con° varias instituciones científicas, la cordillera de los Andes se eleva° y se hace más angosta° cada año. La capital de Chile se acerca° a la capital de Argentina a un ritmo° de 19,4 milímetros por año. Si ese ritmo se mantiene°, Santiago y Buenos Aires podrían unirse° en unos... 63 millones de años, ¡casi el mismo tiempo que ha transcurrido° desde la extinción de los dinosaurios!

cadena *range* **espina dorsal** *spine* **norte** *north* **sur** *south* **cordillera** *mountain range* **aunque** *although* **atravesar** *to cross* **puertos** *passes* **alturas** *heights* **estrechos** *narrow* **vías ferroviarias** *railroad tracks* **De acuerdo con** *According to* **se eleva** *rises* **angosta** *narrow* **se acerca** *gets closer* **ritmo** *rate* **se mantiene** *keeps going* **podrían unirse** *could join together* **ha transcurrido** *has gone by* **A.C.** *Before Christ* **desarrollo** *development* **pico** *peak*

Arequipa, Perú

Los Andes en números

3 Cordilleras que forman los Andes: Las cordilleras Central, Occidental y Oriental

900 (A.C.°) Año aproximado en que empezó el desarrollo° de la cultura chavín, en los Andes peruanos

600 Número aproximado de volcanes que hay en los Andes

6.960 Metros (22.835 pies) de altura del Aconcagua (Argentina), el pico° más alto de los Andes

ACTIVIDADES

1 Escoger Escoge la opción que completa mejor cada oración.

1. Los Andes es la cadena montañosa más extensa del...
   a. mundo. b. continente americano. c. hemisferio norte.
2. "La espina dorsal de Suramérica" es...
   a. los Andes. b. el Himalaya. c. el Aconcagua.
3. La cordillera de los Andes se extiende...
   a. de este a oeste. b. de sur a oeste. c. de norte a sur.
4. El Himalaya y los Andes tienen...
   a. diferente altura. b. la misma altura. c. el mismo color.
5. Es posible atravesar los Andes por medio de...
   a. montañas b. puertos c. aviones
6. En algunos de los puertos de montaña de los Andes hay...
   a. puertas. b. vías ferroviarias. c. cordilleras.
7. En 63 millones de años, Buenos Aires y Santiago podrían...
   a. separarse. b. desarrollarse. c. unirse.
8. El Aconcagua es...
   a. una montaña. b. un grupo indígena. c. un volcán.

ASÍ SE DICE

La naturaleza

el arco iris	*rainbow*
la cascada; la catarata	*waterfall*
el cerro; la colina; la loma	*hill, hillock*
la cima; la cumbre; el tope (Col.)	*summit; mountain top*
la maleza; los rastrojos (Col.); la yerba mala (Cuba); los hierbajos (Méx.); los yuyos (Arg.)	*weeds*
la niebla	*fog*

CONEXIÓN INTERNET

Do you know anything about birds in Peru? Go to **aventuras.vhlcentral.com** to find out, and to access these components:

- the **Flash Cultura** video
- more activities
- additional reading: **Un paraíso para los observadores de pájaros**

2 **Maravillas de la naturaleza** Escribe un párrafo breve donde describas alguna maravilla de la naturaleza que has (*you have*) visitado y que te impresionó. Puede ser cualquier (*any*) sitio natural: un río, una montaña, una selva, etc.

Naturaleza en Costa Rica

1 **Preparación** ¿Qué sabes de los volcanes de Costa Rica? ¿Y de sus aguas termales? Si no sabes nada, escribe tres predicciones sobre cada tema.

2 **El video** Mira el episodio de **Flash Cultura**.

Vocabulario

aguas termales	*hot springs*	los poderes curativos	*healing powers*
hace erupción	*erupts*	rocas incandescentes	*incandescent rocks*

1 Aquí existen más de cien volcanes. Hoy visitaremos el Parque Nacional Volcán Arenal.

2 En los alrededores del volcán [...] nacen aguas termales de origen volcánico...

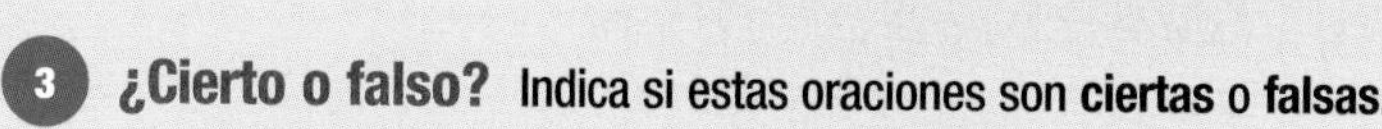

3 **¿Cierto o falso?** Indica si estas oraciones son **ciertas** o **falsas**.

1. Centroamérica es una zona de pocos volcanes.
2. El volcán Arenal está en un parque nacional.
3. El volcán Arenal hace erupción pocas veces.
4. Las aguas termales cerca del volcán vienen del mar.
5. Cuando Alberto sale del agua, tiene calor.
6. Se pueden ver las rocas incandescentes desde algunos hoteles.

13.1 The subjunctive with verbs of emotion

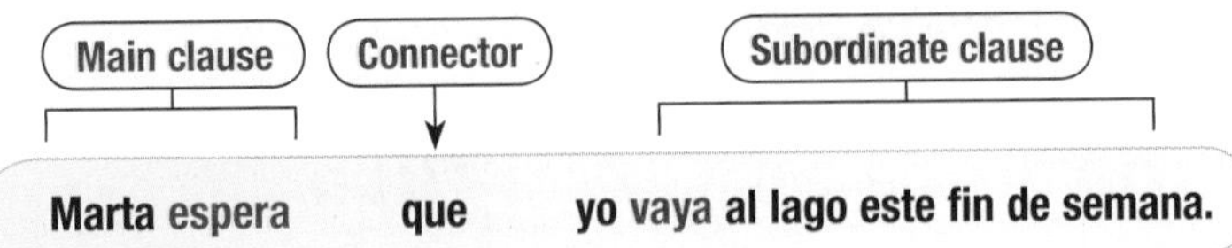

▸ When the main clause of a sentence expresses an emotion or feeling, use the subjunctive in the subordinate clause.

Nos alegramos de que te **gusten** las flores.
We are happy that you like the flowers.

Siento que tú no **vengas** mañana.
I'm sorry that you're not coming tomorrow.

Temo que Ana no **pueda** ir mañana con nosotros.
I'm concerned that Ana won't be able to go with us tomorrow.

Le sorprende que Juan **sea** tan joven.
It surprises him that Juan is so young.

Esperamos que ustedes se diviertan mucho en la excursión.

Es triste que tengamos un problema grave de contaminación en la Ciudad de México.

Common verbs and expressions of emotion

alegrarse (de)	*to be happy*	tener miedo (de)	*to be afraid (of)*
esperar	*to hope; to wish*	es extraño	*it's strange*
gustar	*to be pleasing; to like*	es una lástima	*it's a shame*
molestar	*to bother*	es ridículo	*it's ridiculous*
sentir (e:ie)	*to be sorry; to regret*	es terrible	*it's terrible*
sorprender	*to surprise*	es triste	*it's sad*
temer	*to be worried, concerned*	ojalá (que)	*I hope (that); I wish (that)*

Me molesta que la gente no **recicle** el plástico.
It bothers me that people don't recycle plastic.

Es terrible que no **respiremos** aire puro.
It's terrible that we don't breathe clean air.

Es una lástima que no **controlemos** la deforestación.
It's a shame that we don't control deforestation.

Espera que el gobierno **proteja** el medio ambiente.
He hopes that the government protects the environment.

Práctica

1 **Olga y Sara** Completa esta conversación.

alegro	molesta	temer
conozcan	ojalá	tengo miedo de
estén	puedan	vayan
lleguen	sorprender	visitar

OLGA Me alegro de que Adriana y Raquel (1) __________ a Colombia.

SARA Sí... Es una lástima que (2) __________ cuando ya comenzaron las clases. Ojalá que la universidad las ayude a buscar casa. (3) __________ que no consigan dónde vivir.

OLGA Me (4) __________ que seas tan pesimista. Yo espero que (5) __________ gente simpática.

SARA ¿Sabías que ellas van a estudiar la deforestación en las costas? Es triste que en tantos países los recursos naturales (6) __________ en peligro.

OLGA Me (7) __________ de que no se queden en la capital por la contaminación, pero (8) __________ tengan tiempo de viajar por el país.

SARA Sí, espero que (9) __________ ir al Museo del Oro. Sé que también esperan (10) __________ la Catedral de Sal de Zipaquirá.

2 **Oraciones** Combina elementos de las tres columnas para formar oraciones.

modelo Es triste que algunas personas no cuiden la naturaleza.

Expresiones	Sujetos	Actividades
Me alegro de que	yo	desarrollar programas de reciclaje
Espero que	tú	proteger las ballenas
Es extraño que	el gobierno	destruir los bosques
Me gusta que	el/la profesor(a)	contaminar el aire
Tengo miedo de que	la universidad	poner en peligro las tortugas marinas
Es triste que	las fábricas	cuidar la naturaleza
Ojalá que	algunas personas	
	los centros comerciales	
	mis amigos y yo	

Conversación

3 **Diálogo** Usa los siguientes elementos para crear una conversación entre Juan y la madre de su novia. Añade palabras si es necesario. Luego, con un(a) compañero/a, preséntala a la clase.

1. Juan, / esperar / (tú) llamarle / Raquel. / Ser / tu / novia. / Ojalá / no / sentirse / sola
2. molestarme / (usted) decirme / lo que / tener / hacer. / Ahora / mismo / estarle / llamando
3. alegrarme / oírte / decir / eso. / Ser / terrible / estar / lejos / cuando / nadie / recordarte
4. señora, / ¡yo / tener / miedo / (ella) no recordarme / mí! / Ser / triste / estar / sin / novia
5. ser / ridículo / (tú) sentirte / así. / Tú / saber / ella / querer / casarse / contigo
6. ridículo / o / no, / sorprenderme / todos preocuparse / ella / y / (nadie) acordarse / mí

4 **Comentar** En parejas, compartan sus opiniones sobre las clases que más les gustan y las que menos les gustan. Usen expresiones como **me alegro de que, temo que** y **es extraño que.**

modelo

Estudiante 1: *Mi clase favorita es español. Me alegra que mi profesor nos ayude con la tarea.*
Estudiante 2: *Yo, en cambio, odio las matemáticas. Temo que mi profesor piense darnos más tarea.*

5 **Problemas** Prepara una lista de tres o cuatro problemas ambientales en tu escuela. Luego, escribe una oración expresando tu reacción con el subjuntivo. Comparte la información con la clase.

modelo la basura de la cafetería
Temo que la basura de la cafetería no se pueda reducir.

6 **No te preocupes** Tu profesor(a) va a darles a ti y a tu compañero/a la información necesaria para completar esta actividad.

Using the subjunctive

▸ Use the infinitive after an expression of emotion when there is no change of subject.

Temo **llegar** tarde.
I'm concerned I'll arrive late.

Temo que mi novio **llegue** tarde.
I'm afraid my boyfriend will arrive late.

Me molesta **ver** el bosque tropical en peligro.
It bothers me to see the rain forest in danger.

Me alegro de que algunas fábricas **se preocupen** por el medio ambiente.
I'm happy that some factories worry about the environment.

▸ The expression **ojalá (que)** is always followed by the subjunctive. The use of **que** is optional.

Ojalá (que) se conserven nuestros recursos naturales.
I hope (that) our natural resources will be conserved.

Ojalá (que) recojan la basura muy pronto.
I hope (that) they collect the garbage soon.

Esperamos que nuestros hijos vean el cielo azul y que naden en aguas limpias... Tenemos que enseñarles a conservar y reciclar.

¡Manos a la obra!

Completa las oraciones con el subjuntivo o el infinitivo.

1. Ojalá que ellos descubran [descubrir] nuevas formas de energía.
2. Temo que la energía nuclear _________ [ser] uno de los grandes peligros del futuro.
3. Es una lástima que la gente no _________ [reciclar] la basura orgánica.
4. Esperamos _________ [proteger] el aire de nuestra comunidad.
5. Me alegro de que mis amigos _________ [querer] hacer ecoturismo en el Amazonas.
6. A mis padres les gusta que nosotros _________ [participar] en programas de conservación.
7. Ojalá los animales en peligro de extinción _________ [poder] salvarse.
8. El gobierno siente no _________ [poder] hacer nada para encontrar una solución.
9. Siento que nuestras ciudades _________ [estar] afectadas por la contaminación.
10. Ojalá que yo _________ [poder] hacer algo para reducir la contaminación.

13.2 The subjunctive with doubt, disbelief, and denial

▸ The subjunctive is used with expressions of doubt, disbelief, and denial.

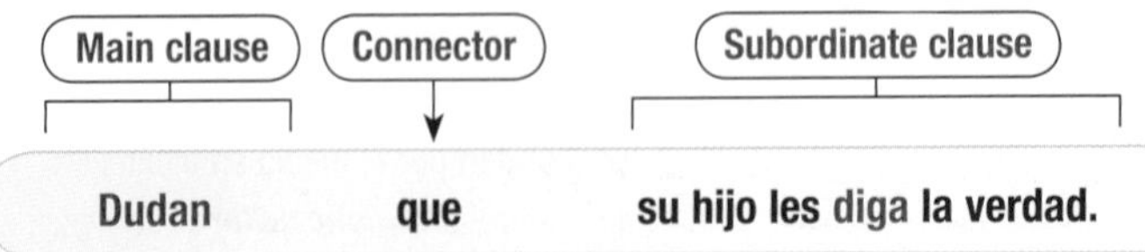

Connector

su hijo les diga la verdad.

▸ The subjunctive is used in a subordinate clause when there is a change of subject and the main clause implies negation or uncertainty.

¡No creo que haya lugares más bonitos en el mundo!

Dudo que el río esté contaminado aquí en las montañas.

Expressions of doubt, disbelief, or denial

dudar	*to doubt*	no es seguro	*it's not certain*
negar (e:ie)	*to deny*	no es verdad	*it's not true*
no creer	*not to believe*	es imposible	*it's impossible*
no estar seguro/a (de)	*not to be sure (of)*	es improbable	*it's improbable*
no es cierto	*it's not true; it's not certain*	(no) es posible	*it's (not) possible*
		(no) es probable	*it's (not) probable*

El gobierno **niega** que el agua **esté** contaminada.
The government denies that the water is polluted.

Dudo que el gobierno **resuelva** el problema.
I doubt that the government will solve the problem.

▸ In English, the expression *it is probable/possible* indicates a fairly high degree of certainty. In Spanish, however, **es probable/posible** implies inherent uncertainty and therefore triggers the subjunctive in the subordinate clause.

Es posible que **haya** menos bosques y selvas en el futuro.
It's possible that there will be fewer forests and jungles in the future.

Es muy **probable** que **contaminemos** el medio ambiente.
It's very probable that we're polluting the environment.

▸ Use the infinitive after an expression of uncertainty, doubt, disbelief, or denial when there is no change of subject.

Dudo **llegar** temprano.
I doubt I will arrive early.

Él duda **llegar** temprano.
He doubts he will arrive early.

Práctica

1 Conversación Completa el diálogo. Luego dramatízalo con un(a) compañero/a.

RAÚL Ustedes dudan que yo (1) ________ [estudio/estudie]. No niego que a veces me (2) ________ [divierto/divierta], pero no cabe duda de que (3) ________ [tomo/tome] mis estudios en serio. Creo que no (4) ________ [tienen/tengan] razón.

PAPÁ Es posible que tu mamá y yo no (5) ________ [tenemos/tengamos] razón. Es cierto que a veces (6) ________ [dudamos/dudemos] de ti. Pero no hay duda de que te (7) ________ [pasas/pases] toda la noche en Internet y escuchando música. No es seguro que (8) ________ [estás/estés] estudiando.

RAÚL Es verdad que (9) ________ [uso/use] mucho Internet, pero ¿no es posible que (10) ________ [es/sea] para buscar información para mis clases? ¡No hay duda de que Internet (11) ________ [es/sea] el mejor recurso del mundo! Es obvio que ustedes (12) ________ [piensan/piensen] que no hago nada.

PAPÁ Dudo que esta conversación nos (13) ________ [va/vaya] a ayudar. Pero tal vez (14) ________ [puedes/puedas] estudiar sin música.

2 Dudas Carolina siempre miente. Expresa tus dudas sobre lo que Carolina dice.

modelo El próximo año mi familia y yo vamos a ir de vacaciones por diez meses. [dudar]
¡Ja! Dudo que vayan a ir de vacaciones por diez meses.

1. Estoy escribiendo una novela en español. [no creer]
2. Mi tía es la directora del Sierra Club. [no ser verdad]
3. Dos profesores míos juegan para los Osos (*Bears*) de Chicago. [ser imposible]
4. Mi mejor amiga conoce al chef Emeril. [no ser cierto]
5. Mi padre es dueño del Rockefeller Center. [no ser posible]
6. Yo ya tengo un doctorado en lenguas. [ser improbable]

Conversación

3 **Hablando con un(a) burócrata** En parejas, preparen una conversación entre un(a) activista ambiental y un(a) funcionario/a público/a (*government official*). Usen el subjuntivo. Luego presenten la conversación a la clase.

modelo

Activista: *Queremos reducir la contaminación del aire, pero dudo que el gobierno nos ayude.*

Funcionario: *No es cierto. ¡Lea las noticias del periódico! Es obvio que el gobierno está haciendo muchas cosas para reducir la contaminación del aire.*

4 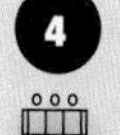 **Adivinar** Escribe cinco oraciones sobre tu vida presente y futura. Cuatro deben ser falsas y sólo una debe ser cierta. Preséntalas al grupo. El grupo adivina (*guesses*) cuál es la oración cierta y expresa sus dudas sobre las falsas.

modelo

Estudiante 1: *Quiero irme un año a trabajar en la selva.*
Estudiante 2: *Dudo que te guste vivir en la selva.*
Estudiante 3: *En cinco años voy a ser presidente de los Estados Unidos.*
Estudiante 2: *No creo que vayas a ser presidente de los Estados Unidos en cinco años. ¡Tal vez en treinta! Algún día pienso enseñar arte a los niños.*
Estudiante 1: *No dudo que vas a ser profesor. Te gustan mucho los niños.*

5  **Debate** En parejas, conversen sobre sus dudas y miedos para cuando se graduen de la universidad.

modelo

Estudiante 1: *Es improbable que me case inmediatamente.*
Estudiante 2: *Dudo que nosotros podamos comprarnos una casa después de terminar la universidad.*

- **Quizás** and **tal vez** imply an uncertain possibility and are usually followed by the subjunctive.

Quizás haga sol mañana.
Perhaps it will be sunny tomorrow.

Tal vez veamos la luna esta noche.
Perhaps we will see the moon tonight.

- Use the indicative in a subordinate clause when the main clause expresses certainty.

Expressions of certainty

no dudar	*not to doubt*	estar seguro/a (de)	*to be sure (of)*
no cabe duda de	*there is no doubt*	es cierto	*it's true; it's certain*
no hay duda de	*there is no doubt*	es seguro	*it's certain*
no negar (e:ie)	*not to deny*	es verdad	*it's true*
		es obvio	*it's obvious*

No negamos que **hay** demasiados carros en las carreteras.
We don't deny that there are too many cars on the highways.

No hay duda de que el Amazonas **es** uno de los ríos más largos del mundo.
There is no doubt that the Amazon is one of the longest rivers in the world.

Es verdad que Colombia **es** un país bonito.
It's true that Colombia is a beautiful country.

Es cierto que los tigres **están** en peligro de extinción.
It's certain that tigers are in danger of extinction.

- The verb **creer** expresses belief or certainty, so it is followed by the indicative. **No creer** implies doubt and is followed by the subjunctive.

No creo que **haya** vida en el planeta Marte.
I don't believe that there is life on the planet Mars.

Creo que **debemos** usar exclusivamente la energía solar.
I believe we should exclusively use solar energy.

¡Manos a la obra!

Completa estas oraciones con la forma correcta de los verbos.

1. Dudo que ellos trabajen [trabajar].
2. Es cierto que él ________ [comer] mucho.
3. Es imposible que ellos ________ [salir].
4. Es probable que ustedes ________ [ganar].
5. No creo que ella ________ [volver].
6. Es posible que nosotros ________ [ir].
7. Dudamos que tú ________ [reciclar].
8. Creo que ellos ________ [jugar] al fútbol.
9. No niego que ustedes ________ [estudiar].
10. Es probable que ellos ________ [dormir].
11. Es posible que Marta ________ [llamar].
12. Tal vez Juan no nos ________ [oír].

13.3 The subjunctive with conjunctions

Se pueden tomar fotos, ¿verdad?
Sí, con tal de que no toques ni las flores ni las plantas.

A menos que resuelvan el problema, los habitantes van a sufrir muchas enfermedades.

- Conjunctions are words or phrases that connect clauses in sentences. Certain conjunctions introduce adverbial clauses, which describe *how, why, when,* and *where* an action takes place. These conjunctions always require the subjunctive.

Conjunctions that require the subjunctive

a menos que	*unless*	en caso (de) que	*in case (that)*
antes (de) que	*before*	para que	*so that*
con tal (de) que	*provided that*	sin que	*without*

Voy a dejar un recado **en caso de que** Gustavo me **llame**.
I'm going to leave a message in case Gustavo calls me.

Algunos animales van a morir **a menos que haya** leyes para protegerlos.
Some animals are going to die unless there are laws to protect them.

Voy al supermercado **para que tengas** algo de comer.
I'm going to the supermarket so that you'll have something to eat.

Voy a tomar esa clase **con tal de que** tú la **tomes** también.
I'm going to take that class provided that you take it too.

¡ojo! Use the infinitive after the prepositions **antes de, para,** and **sin** when there is no change of subject. Compare these sentences.

Te llamamos el viernes **antes de salir** de la casa.
We will call you on Friday before leaving the house.

Tus padres trabajan muchísimo **para vivir** bien.
Your parents work very hard in order to live well.

Te llamamos mañana **antes de que salgas.**
We will call you tomorrow before you leave.

Tus padres trabajan mucho **para que tú puedas** vivir bien.
Your parents work a lot so that you are able to live well.

Práctica

1 Una excursión Completa las oraciones.

1. Voy a llevar a mis hijos al parque para que __________ [hacer] actividades al aire libre.
2. Vamos a pasar todo el día allí con tal de que ellos no __________ [cansarse].
3. Vamos a alquilar bicicletas en cuanto __________ [llegar] al parque.
4. En bicicleta, podemos explorar el parque sin __________ [caminar] demasiado.
5. Siempre llevamos al perro cuando __________ [ir] al parque.
6. En caso de que ________ [llover], vamos a regresar temprano a la casa.
7. Queremos almorzar a la orilla (*shore*) del río cuando __________ [tener] hambre.
8. Mis hijos van a ver muchas cosas interesantes antes de __________ [salir] del parque.

2 Oraciones Completa las siguientes oraciones.

1. No podemos controlar la contaminación del aire a menos que…
2. Voy a reciclar los productos de papel en cuanto…
3. Protegemos los animales en peligro de extinción para que…
4. Mis amigos y yo vamos a recoger la basura de la universidad después de que…
5. Todos podemos conservar energía cuando…
6. No podemos desarrollar nuevas fuentes (*sources*) de energía sin…
7. Debemos comprar coches eléctricos tan pronto como…
8. Hay que eliminar la contaminación del agua para…
9. No podemos proteger los monos de Sudamérica sin que…
10. Los gobiernos deben alertar a la población de que las tortugas marinas están en peligro de extinción, tan pronto como…

Conversación

3 **¿Yo, ambientalista?** En parejas, túrnense para hacerse preguntas sobre sus conductas (*behavior*) ambientales. Usen el subjuntivo para las acciones que todavía no han hecho y el indicativo para las acciones que hacen habitualmente.

modelo reciclar la basura

Estudiante 1: *¿Reciclas la basura?*
Estudiante 2: *Sí, siempre reciclo la basura después de comer./ No, no voy a reciclar la basura a menos que tenga recipientes para reciclar.*

1. Venir en bicicleta a la universidad
2. Comer alimentos orgánicos
3. Usar excesiva calefacción en invierno
4. Comprar productos ecológicos
5. Interesarse por los animales en peligro de extinción
6. Tomar conciencia del calentamiento global

4  **Instrucciones** Antes de salir de viaje, Javier le deja una lista de instrucciones a su compañero de cuarto. En parejas, túrnense para escribir las instrucciones con el subjuntivo y las conjunciones de la lista.

 **modelo** *No dejes las luces prendidas cuando salgas de la casa.*

a menos que
cuando
en caso de que
en cuanto
tan pronto como

Instrucciones
- *Darles de comer a los peces*
- *Comprar productos ecológicos*
- *Reciclar la basura orgánica*
- *Usar sólo papel reciclado*
- *Llamarme por cualquier problema*

5  **Tres en línea** Formen dos equipos. En la pizarra, una persona comienza a escribir una frase y otra persona de su equipo la termina, usando palabras de la gráfica. El primer equipo que forme tres oraciones seguidas (*in a row*) gana.

modelo
Estudiante 1: *Dudo que podamos eliminar la deforestación...*
Estudiante 2: *...sin que nos ayude el gobierno.*

cuando	con tal de que	para que
antes de que	para	sin que
hasta que	en caso de que	antes de

Conjunctions with subjunctive or indicative

Cuando veo basura, la recojo.
Voy a formar un club de ecología tan pronto como empiecen las clases.

Conjunctions used with subjunctive or indicative

cuando	*when*	hasta que	*until*
después (de) que	*after*	tan pronto como	*as soon as*
en cuanto	*as soon as*		

- With the conjunctions above, use the subjunctive in the subordinate clause if the main clause expresses a future action or command.

Vamos a resolver el problema **cuando desarrollemos** nuevas tecnologías.
We are going to solve the problem when we develop new technology.

Después de que ustedes **tomen** sus refrescos, reciclen las botellas.
After you drink your soft drinks, recycle the bottles.

- Use the indicative if the verb in the main clause expresses an action that habitually happens or that happened in the past.

Contaminan los ríos **cuando construyen** nuevos edificios.
They pollute the rivers when they build new buildings.

Contaminaron el río **cuando construyeron** ese edificio.
They polluted the river when they built that building.

Siempre vamos de excursión **tan pronto como llega** Rafael.
We always go hiking as soon as Rafael arrives.

Salimos **tan pronto como llegó** Rafael.
We left as soon as Rafael arrived.

¡Manos a la obra!

Completa las oraciones con las formas correctas de los verbos.

1. Voy a estudiar ecología cuando <u>vuelva</u> [volver] a la universidad.
2. No podemos evitar la lluvia ácida a menos que todos ________ [trabajar] juntos.
3. No podemos conducir sin ________ [contaminar] el aire.
4. Siempre recogemos mucha basura cuando ________ [ir] al parque.
5. Elisa habló con el presidente del club de ecología después de que ________ [terminar] la reunión.
6. Vamos de excursión para ________ [observar] los animales y las plantas.
7. La contaminación va a ser un problema muy grave hasta que ________ [cambiar] nuestros sistemas de producción y transporte.
8. El gobierno debe crear más parques nacionales antes de que los bosques y ríos ________ [estar] completamente contaminados.
9. La gente quiere reciclar con tal de que no ________ [ser] difícil.

Repaso

For more practice, go to **aventuras.vhlcentral.com.**

13.1 The subjunctive with verbs of emotion

1 Agua contaminada Completa estos comentarios sobre agua contaminada con el infinitivo o el subjuntivo.

1. Siento mucho que mi ciudad _______ (tener) un problema de contaminación del agua.
2. Me molesta _______ (ver) las fábricas contaminando ríos.
3. Es triste que muchísimos peces _______ (morir) cada día.
4. Temo _______ (enfermarse) por beber agua.
5. Ojalá que el gobierno _______ (resolver) esto pronto.

2 ¿Qué piensas? En parejas, túrnense para expresar sus reacciones a estos problemas. Escriban tres oraciones y compártanlas con la clase.

modelo En mi ciudad nadie recicla envases.
Es terrible que nadie recicle envases.
Es necesario que aprendamos a reciclar.
Es importante que yo ponga el ejemplo.

1. Nadie protege a los animales en los bosques tropicales.
2. Millones de personas respiran aire contaminado.
3. Pocas leyes controlan la deforestación en las selvas.
4. Hay un aumento de la caza ilegal de ballenas.

3 ¡Es terrible! En parejas, miren el dibujo y digan qué piensan sobre el comportamiento (*behavior*) de esta familia. Usen el subjuntivo y expresiones como **es una lástima que, es ridículo que** y **es terrible que**.

13.2 The subjunctive with doubt, disbelief, and denial

4 Opuestos Escribe lo opuesto (*the opposite*) de cada frase. Sigue el modelo.

modelo No es seguro que esta familia recicle las latas de aluminio.
Es seguro que esta familia recicla las latas de aluminio.

1. Luisa y tú dudan que la deforestación dañe a los animales.
____
2. Algunos científicos están seguros de que el calentamiento global existe.
____
3. Es verdad que las plantas están en peligro de extinción.
____
4. Negamos que nuestros océanos estén contaminados.
____
5. Es cierto que las leyes protegen a los animales.
____
6. Creo que la población cuida de los recursos naturales.
____

5 Carta En parejas, escriban una carta al/a la presidente/a de una compañía de su comunidad, pidiéndole su apoyo (*support*) para resolver un problema ambiental. Usen el subjuntivo o el indicativo y las expresiones de la lista. Después compartan su carta con la clase.

Creemos	Es probable
Es obvio	No creemos
Estar seguros/as (de)	Quizás
No hay duda de	Tal vez

6 Entrevista En parejas, túrnense para hacerse estas preguntas. Usen las pistas para responder.

1. ¿Es mejor la energía nuclear que la energía solar? (dudar)
2. ¿Es posible reducir la contaminación de los ríos? (ser improbable)
3. ¿Se deben reciclar todos los envases de plástico? (ser obvio)
4. ¿Están las vacas en peligro de extinción? (no ser cierto)
5. ¿Están los pájaros afectados por la contaminación del agua? (creer)
6. ¿Son las piedras un recurso natural? (ser verdad)

13.3 The subjunctive with conjunctions

7 **Planes para el futuro** ¿Cuáles son tus planes para el futuro? Escríbelos usando las conjunciones **a menos que, antes (de) que, con tal (de) que, en caso (de) que, para que** y **sin que**. Incluye a tu familia y amigos en tus planes.

modelo *Voy a aprender a nadar en caso de que vaya de vacaciones a la playa.*

8 **Oraciones** En parejas, escriban una oración con el subjuntivo y una oración con el indicativo, con cada una de las siguientes conjunciones: **cuando, después (de) que, en cuanto, hasta que** y **tan pronto como**. Después, intercambien sus oraciones con otra pareja para que identifiquen el tiempo verbal usado en cada caso.

modelo *Vamos a respirar aire contaminado hasta que el gobierno controle el número de automóviles en la ciudad. (subjuntivo)*
Los camiones pasaban por la ciudad hasta que construyeron la nueva carretera. (indicativo)

Síntesis

9 **¡Participa!** En parejas, imaginen que son dos celebridades que deciden organizar una campaña (*campaign*) para proteger una especie animal en peligro de extinción. Preparen un anuncio publicitario de 30 segundos y preséntenlo a la clase.

modelo *Soy Bono y para mí es muy importante cuidar el medio ambiente. Hoy te quiero invitar a que participes en esta campaña para salvar el puma en Chile. Tan pronto como tú dones (donate) dinero, se podrá salvar de la extinción. ¡Ayúdalo antes de que sea demasiado tarde!*

Videoclip

1 **Preparación** ¿Conoces alguien a quien le ocurrió algo que parecía sobrenatural (*supernatural*)? Explica qué ocurrió (*what happened*), si es posible…

2 **El clip** Mira el anuncio de **Edenor** de Argentina.

Vocabulario

derrochando *wasting*	**el más allá** *the afterlife*
energía eléctrica *electric energy*	**una luz blanca** *a white light*

1 Tenemos información de que usted fue al más allá y volvió. ¿Es correcto?

2 ¿Qué me está pidiendo?

3 **Preguntas** Contesta estas preguntas con oraciones completas.

1. ¿Qué vio Víctor Sueiro cuando fue al más allá?
2. ¿Qué le piden que haga? ¿Por qué?
3. ¿Por qué es importante que apague la luz?
4. ¿Qué hace Víctor Sueiro cuando despierta?

4 **Creencias** Víctor Sueiro estuvo clínicamente muerto por 40 segundos. Luego escribió un libro que decía que no debíamos tener miedo del más allá porque hay una luz hermosa al final. ¿Qué opinas de su historia? Usa el subjuntivo en tus repuestas.

modelo *Dudo que estuviera muerto. No creo que recuerde lo que vio.*

CONEXIÓN INTERNET

Go to **aventuras.vhlcentral.com** to watch the television clip featured in this section.

Ampliación

SUPERSITE

1 Escuchar

A Soledad Morales es una activista preocupada por el medio ambiente. Observa el dibujo y escribe tres predicciones sobre lo que piensas que va a decir.

TIP **Use your background knowledge. / Guess meaning from context.** Your background knowledge helps you anticipate the content. If you hear words or expressions you do not understand, you can often guess their meanings based on the surrounding words.

B Escucha lo que Soledad dice e indica si estas oraciones son **ciertas** o **falsas**.

	Cierto	Falso
1. Soledad conversa con unos compañeros de trabajo.	_____	_____
2. Soledad teme que el futuro del medio ambiente no sea bueno.	_____	_____
3. Soledad cree que las distintas formas de vida —la naturaleza, los animales y los humanos— están relacionadas.	_____	_____
4. Soledad dice que la caza ilegal de animales es un problema grave.	_____	_____
5. La contaminación del río afecta la ecología de las playas de Barranquilla.	_____	_____
6. Soledad dice que la comunidad debe dejar de cazar animales en peligro de extinción.	_____	_____

C Compara tus predicciones con las respuestas correctas. ¿Fueron tus predicciones correctas? ¿Qué elementos te ayudaron a anticipar el discurso de Soledad?

2 Conversar

Conversa con un(a) compañero/a sobre cómo evitar la extinción de animales. Esta es una lista de expresiones útiles.

las áreas protegidas
la biodiversidad
el/la cazador(a)
controlar la caza de animales
investigar las causas (que provocan)
provocar alteraciones en el ecosistema

En América, el Puma del Este o de Montaña está en peligro de extinción debido a la caza excesiva y falta de hábitat.

recursos

WB	LM	SUPERSITE
pp. 133–138	pp. 75–77	aventuras.vhlcentral.com Lección 13

Ampliación

- Are you going to comment on one topic or several?
- Do you intend to register a complaint or to inform others?
- Are you hoping to persuade others to adopt your point of view or to take specific action?

3 Escribir

Escribe una carta a un periódico sobre una situación importante que afecta el medio ambiente en tu comunidad.

TIP Consider your audience and purpose. Once you have defined both your audience and your purpose, you will be able to decide which tone, vocabulary, and grammatical structures will best serve your needs.

Organízalo	Decide cuál es el propósito de tu carta y planéala.
Escríbelo	Utiliza tus apuntes para escribir el primer borrador de la carta.
Corrígelo	Intercambia tu carta con un(a) compañero/a. Lee su carta y anota los mejores aspectos. Dale sugerencias para mejorarla. Si ves algunos errores, coméntaselos.
Compártelo	Revisa el primer borrador teniendo en cuenta las indicaciones de tu compañero/a. Si es necesario, incorpora nuevas ideas y/o más información.

4 Un paso más

Escribe una carta al/a la presidente/a de un país hispano para hablarle de tus dudas, deseos y preocupaciones sobre el futuro de una de las atracciones naturales del país.

Las tortugas marinas están en grave peligro de extinción.

- Investiga algunas de las atracciones naturales del mundo hispano.
- Escoge una y piensa en lo que se puede hacer para protegerla.
- Explica lo que temes de los problemas ambientales, lo que esperas y tus dudas sobre el futuro.
- Presenta recomendaciones para proteger este lugar en el futuro.

CONEXIÓN INTERNET

Investiga estos temas en el sitio aventuras.vhlcentral.com.

- Atracciones naturales de España
- Atracciones naturales de América del Sur
- Atracciones de México, América Central y el Caribe

Antes de leer

Identifying the purpose of a text will help you anticipate the content of a reading selection. For example, if you are reading an advice column in a newspaper, you know to expect questions about people's problems and suggestions from the columnist. The reading selection for this lesson consists of two fables: "El perro y el cocodrilo" by Félix María Samaniego and "El pato y la serpiente" by Tomás de Iriarte. What's a fable? In general, what do the writers of fables attempt to accomplish? What kinds of characters do you expect to read about in fables? How do fables typically end?

____

____

____

____

Sobre los autores

Félix María Samaniego (1745–1801), nacido en España, escribió las *Fábulas morales*, que ilustran de manera humorística el carácter humano. Los protagonistas de muchas de sus fábulas son animales que hablan.

Tomás de Iriarte (1750–91), nacido en las Islas Canarias, tuvo gran éxito (*success*) con su libro *Fábulas literarias*. Su tendencia a representar la lógica a través de símbolos de la naturaleza fue de gran influencia para muchos autores de su época.

El perro y el cocodrilo

Bebiendo un perro en el Nilo°,
al mismo tiempo corría.
"Bebe quieto°", le decía
un taimado° cocodrilo.

Díjole° el perro prudente:
"Dañoso° es beber y andar°;
pero ¿es sano el aguardar
a que me claves el diente?°"

¡Oh qué docto° perro viejo!
Yo venero° su sentir°
en esto de no seguir
del enemigo el consejo.

Nilo	*Nile*
quieto	*in peace*
taimado	*sly*
Díjole	*Said to him*
Dañoso	*Harmful*
andar	*to walk*
¿es sano… diente?	*is it good for me to wait for you to sink your teeth into me?*
docto	*learned; wise*
venero	*revere*
sentir	*wisdom*

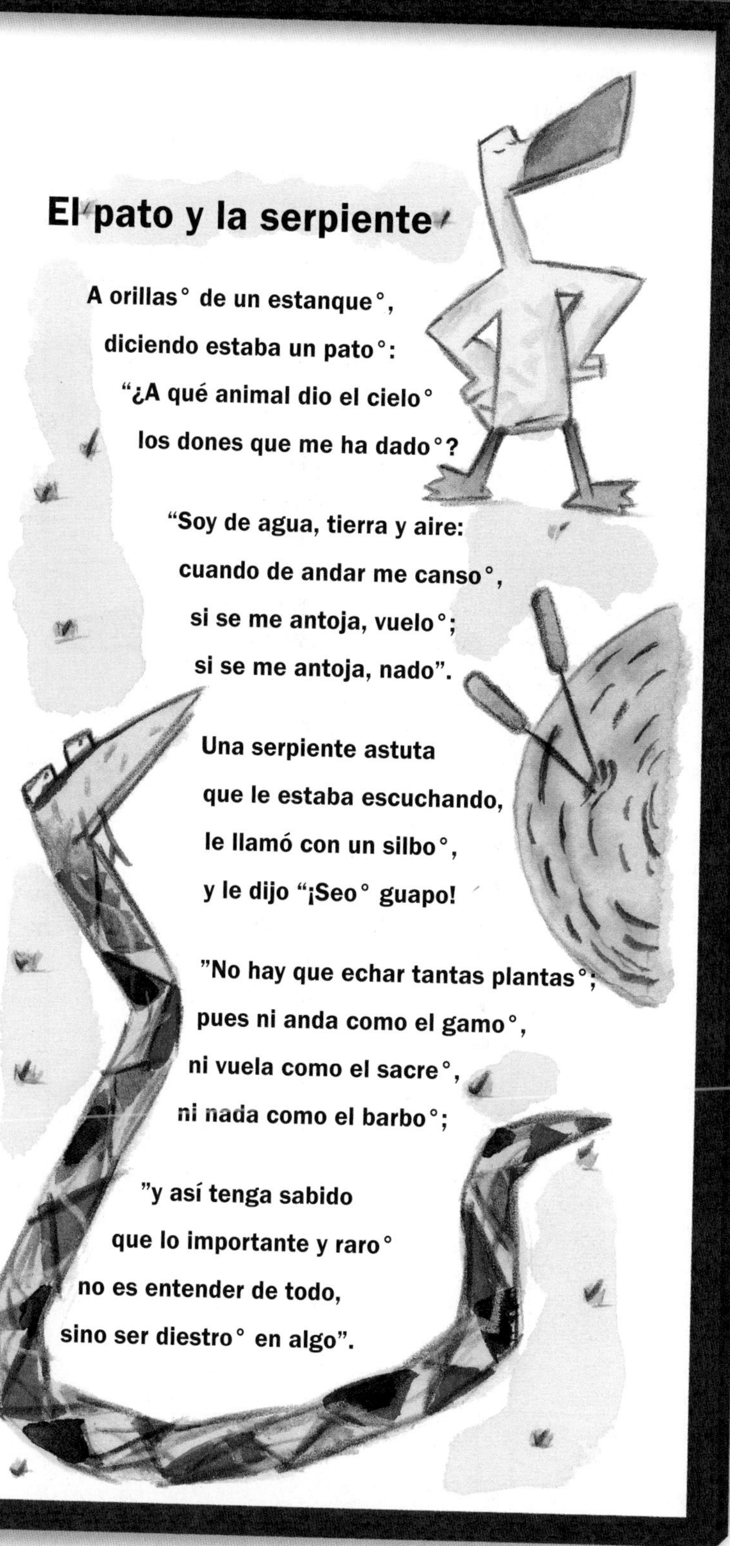

El pato y la serpiente

A orillas° de un estanque°,
diciendo estaba un pato°:
"¿A qué animal dio el cielo°
los dones que me ha dado°?

"Soy de agua, tierra y aire:
cuando de andar me canso°,
si se me antoja, vuelo°;
si se me antoja, nado".

Una serpiente astuta
que le estaba escuchando,
le llamó con un silbo°,
y le dijo "¡Seo° guapo!

"No hay que echar tantas plantas°;
pues ni anda como el gamo°,
ni vuela como el sacre°,
ni nada como el barbo°;

"y así tenga sabido
que lo importante y raro°
no es entender de todo,
sino ser diestro° en algo".

Después de leer

¿Comprendiste?

Escoge la mejor opción para completar cada oración.

1. El cocodrilo ____ perro.
   a. está preocupado por el b. quiere comerse al
   c. tiene miedo del
2. El perro ____ cocodrilo.
   a. tiene miedo del b. es amigo del
   c. quiere quedarse con el
3. El pato cree que es un animal ____.
   a. muy famoso b. muy hermoso
   c. de muchos talentos
4. La serpiente cree que el pato es ____.
   a. muy inteligente b. muy tonto
   c. muy feo

Preguntas

1. ¿Qué representa el cocodrilo?
   ____
2. ¿Qué representa el pato?
   ____
3. ¿Cuál es la moraleja (*moral*) de "El perro y el cocodrilo"?
   ____
4. ¿Cuál es la moraleja de "El pato y la serpiente"?
   ____

Coméntalo

¿Estás de acuerdo (*do you agree*) con las moralejas de estas fábulas? ¿Por qué? ¿Cuál de estas fábulas te gusta más? ¿Por qué? ¿Conoces otras fábulas? ¿Cuál es su propósito (*purpose*)?

orillas	*banks*	**Seo**	*Señor*
estanque	*pond*	**No hay que... plantas**	*There's no reason to boast*
pato	*duck*	**gamo**	*deer*
cielo	*heaven*	**sacre**	*falcon*
los dones... dado	*the gifts that it has given me*	**barbo**	*barbel (a type of fish)*
me canso	*I get tired*	**lo... raro**	*the important and rare thing*
si se me antoja, vuelo	*If I feel like it, I fly*	**diestro**	*skillful*
silbo	*hiss*		

To hear a recording of this reading and for an additional reading, go to **aventuras.vhlcentral.com.**

La naturaleza

el árbol	*tree*
el bosque (tropical)	*(tropical; rain) forest*
el cielo	*sky*
el cráter	*crater*
el desierto	*desert*
la estrella	*star*
la flor	*flower*
la hierba	*grass*
el lago	*lake*
la luna	*moon*
el mundo	*world*
la naturaleza	*nature*
la nube	*cloud*
el océano	*ocean*
el paisaje	*landscape*
la piedra	*rock; stone*
la planta	*plant*
la región	*region; area*
el río	*river*
la selva	*jungle*
el sendero	*trail*
el sol	*sun*
la tierra	*land; soil*
el valle	*valley*
el volcán	*volcano*

Conjunciones

a menos que	*unless*
antes (de) que	*before*
con tal (de) que	*provided that*
después (de) que	*after*
en caso (de) que	*in case (that)*
en cuanto	*as soon as*
hasta que	*until*
para que	*so that*
sin que	*without*
tan pronto como	*as soon as*

El medio ambiente

la caza	*hunting*
el calentamiento global	*global warming*
la conservación	*conservation*
la contaminación (del aire; del agua)	*(air; water) pollution*
la deforestación	*deforestation*
la ecología	*ecology*
el ecoturismo	*ecotourism*
la energía (nuclear; solar)	*(nuclear; solar) energy*
la extinción	*extinction*
la fábrica	*factory*
el gobierno	*government*
la ley	*law*
el medio ambiente	*environment*
el peligro	*danger*
la población	*population*
el reciclaje	*recycling*
el recurso natural	*natural resource*
la solución	*solution*
conservar	*to conserve*
contaminar	*to pollute*
controlar	*to control*
cuidar	*to take care of*
dejar de (+ *inf.*)	*to stop (doing something)*
desarrollar	*to develop*
descubrir	*to discover*
destruir	*to destroy*
estar afectado/a (por)	*to be affected (by)*
estar contaminado/a	*to be polluted*
evitar	*to avoid*
mejorar	*to improve*
proteger	*to protect*
reciclar	*to recycle*
recoger	*to pick up*
reducir	*to reduce*
resolver (o:ue)	*to resolve; to solve*
respirar	*to breathe*
la botella de vidrio	*glass bottle*
el envase de plástico	*plastic container*
la lata de aluminio	*aluminum can*
ecologista	*ecologist*
puro	*pure*
renovable	*renewable*

Las emociones

alegrarse (de)	*to be happy*
esperar	*to hope; to wish*
sentir (e:ie)	*to be sorry; to regret*
temer	*to be afraid/ concerned; to fear*
es extraño	*it's strange*
es una lástima	*it's a shame*
es ridículo	*it's ridiculous*
es terrible	*it's terrible*
es triste	*it's sad*
ojalá (que)	*I hope (that); I wish (that)*

Las dudas y las certezas

(no) creer	*(not) to believe*
(no) dudar	*(not) to doubt*
(no) estar seguro/a (de)	*(not) to be sure (of)*
(no) negar (e:ie)	*(not) to deny*
es imposible	*it's impossible*
es improbable	*it's improbable*
es obvio	*it's obvious*
no cabe duda de	*there is no doubt*
no hay duda de	*there is no doubt*
(no) es posible	*it's (not) possible*
(no) es probable	*it's (not) probable*
(no) es cierto	*it's (not) true; it's (not) certain*
(no) es verdad	*it's (not) true*
(no) es seguro	*it's (not) certain*

Los animales

el animal	*animal*
la ballena	*whale*
el mono	*monkey*
el pájaro	*bird*
el pez	*fish*
la tortuga marina	*marine turtle*
la vaca	*cow*

Expresiones útiles	*See page 339.*

14 En la ciudad

Communicative Goals

You will learn how to:

- talk about errands
- ask for and give directions
- give advice

PARA EMPEZAR

- ¿Dónde están ellos, en una calle o en un sendero?
- ¿Qué tienen en sus manos? ¿Por qué?
- ¿Cómo son las viviendas, grandes o pequeñas?
- ¿Cómo crees que es la vida en esta ciudad?

EN LA CIUDAD

EN LA CIUDAD

el banco *bank*
la carnicería *butcher shop*
el correo *post office*
la heladería *ice cream shop*
la joyería *jewelry store*
la lavandería *laundromat*
la panadería *bakery*
la pastelería *pastry shop*
la peluquería *hairdressing salon*
el salón de belleza *beauty salon*
el supermercado *supermarket*
la zapatería *shoe store*

hacer cola *to stand in line*
hacer diligencias *to run errands*

la pescadería
fish market

la frutería
fruit shop

EN EL CORREO

el correo *mail*
el paquete *package*
los sellos *stamps*
el sobre *envelope*

echar (una carta) al buzón *to put (a letter) in the mailbox; to mail (a letter)*
enviar *to send*
mandar *to send*

el cartero
mail carrier

las estampillas
stamps

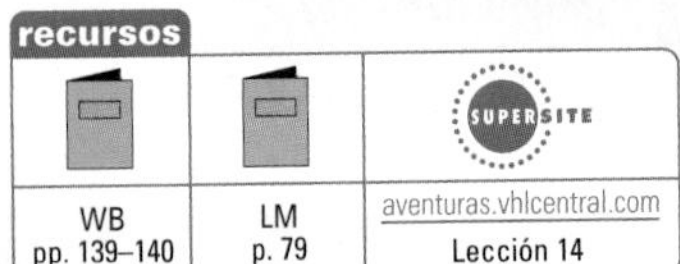

EN EL BANCO

el cheque de viajero *traveler's check*
la cuenta corriente *checking account*
la cuenta de ahorros *savings account*

ahorrar *to save (money)*
cobrar *to cash (a check); to charge (for a product or service)*
depositar *to deposit*
llenar (un formulario) *to fill out (a form)*
pagar al contado *to pay in cash*
pagar a plazos *to pay in installments*
pedir prestado *to borrow*
pedir un préstamo *to apply for a loan*
ser gratis *to be free of charge*

el cheque
check

Este cheque tiene papel de seguridad con marca de agua, verifíquela antes de aceptarlo.
SERIE KY 5296221
Diamante 787
Valparaíso
0-744679-00-5
JUAN FLORES GARCÍA
$ 2387.00
044-0365
011
8 de noviembre de 2009
Páguese a la orden de María Eugenia Castaño
la suma de dos mil trescientos ochenta y siete con 00/100 o al portador
pesos m/l
BANCO ATLANTIS
Juan Flores García
Firma autorizada
:54892332.A 0440900657008- 01

firmar
to sign

el cajero automático
automatic teller machine, ATM

el letrero
sign

PARE

CÓMO LLEGAR

la cuadra *(city) block*
la dirección *address*
la esquina *corner*

cruzar *to cross*
doblar *to turn*
estar perdido/a *to be lost*
quedar *to be located*

(al) este *(to the) east*
(al) oeste *(to the) west*
(al) norte *(to the) north*
(al) sur *(to the) south*

derecho *straight (ahead)*
enfrente de *opposite; facing*
hacia *toward*

indicar cómo llegar
to give directions

Variación léxica
cheque de viajero ⟷ cheque de viaje (*Esp.*)
cuadra ⟷ manzana (*Esp.*)
doblar ⟷ girar (*Esp.*), virar, voltear (*Amér. L.*)
hacer diligencias ⟷ hacer mandados (*Amér. L.*)

A escuchar

1 ¿Lógico o ilógico? Escucha las frases e indica si cada frase es **lógica** o **ilógica.**

	Lógico	Ilógico
1.	______	______
2.	______	______
3.	______	______
4.	______	______
5.	______	______
6.	______	______
7.	______	______
8.	______	______

2 ¿Adónde fue? Óscar está hablándote de las diligencias que hizo ayer. Indica adónde fue.

1. ______ 

2. ______ 

3. ______ 

4. ______ 

5. ______ 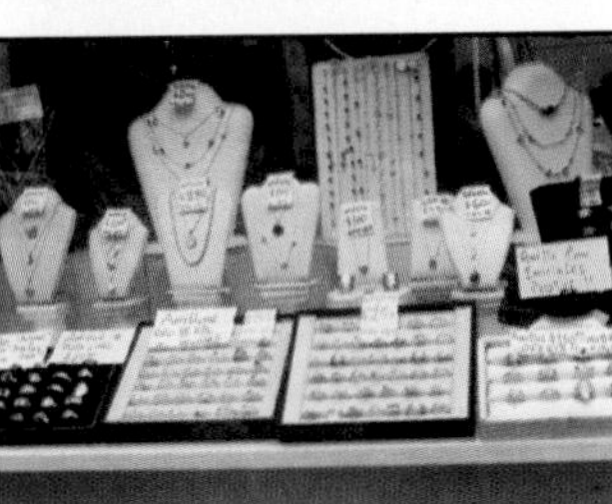

6. ______ 

recursos

A practicar

3 **Emparejar** Indica la actividad que se puede hacer en cada lugar.

Lugares	Actividades
1. carnicería ____	a. comprar galletas
2. pastelería ____	b. conseguir manzanas
3. frutería ____	c. comprar un collar (*necklace*)
4. joyería ____	d. cortarse (*to cut*) el pelo
5. lavandería ____	e. lavar la ropa
6. pescadería ____	f. comprar pescado
7. salón de belleza ____	g. comprar pollo
8. zapatería ____	h. probrarse unas sandalias

4 **Completar** Completa las oraciones con las palabras de la lista.

ahorrar	**de viajero**
cajero automático	**firmar**
cobra	**gratis**
cuenta corriente	**llenar**
deposita	**pagó al contado**

1. El banco me regaló un reloj. Lo conseguí ________.
2. Me gusta ________ dinero, pero no me molesta gastarlo.
3. Tengo que ________ el cheque en el dorso (*on the back*) para cobrarlo.
4. Para pagar con un cheque, necesito tener dinero en mi ________.
5. Mi madre va a un ________ para obtener dinero.
6. Julio lleva su cheque al banco y lo ________ para tener dinero en efectivo.
7. Ana lleva su cheque al banco y lo ________ en su cuenta de ahorros.
8. Anoche en el restaurante, Marcos ________ en vez de usar una tarjeta de crédito.
9. Cuando viajas, es buena idea llevar cheques ________.
10. Para pedir un préstamo, Miguel y Susana tuvieron que ________ cuatro formularios.

5 **Conversación** Completa esta conversación entre Juanita y el cartero.

CARTERO Buenas tardes, ¿es usted la señorita Ramírez? Le traigo un (1) ________.

JUANITA Sí, soy yo. ¿Quién lo envía?

CARTERO La señora Ortega. Y también tiene usted dos (2) ________.

JUANITA Ay, pero ¡ninguna es de mi novio! ¿No llegó nada de Manuel Fuentes?

CARTERO Sí, pero él echó la carta al (3) ________ sin poner un (4) en el sobre.

JUANITA Entonces, ¿qué recomienda usted que haga?

CARTERO Sugiero que vaya al (5) ________. Si usted paga el costo del sello, se le puede dar la carta.

A conversar

6 **Situaciones** En parejas, representen una conversación entre un(a) empleado/a de banco y uno/a de estos/as clientes/as.

- un(a) estudiante universitario/a que quiere abrir una cuenta corriente
- una persona que quiere pedir un préstamo para comprar una casa
- una persona que quiere información de los servicios que ofrece el banco

7 **El Hatillo** En parejas, representen una conversación entre un(a) turista que está perdido/a en El Hatillo, Venezuela, y un(a) residente de la ciudad que quiere ayudarlo/la.

modelo

Plaza Sucre, Café Primavera

Estudiante 1: *Perdón, ¿por dónde queda la Plaza Sucre?*

Estudiante 2: *Del Café Primavera, camine derecho por la calle Sucre hasta llegar a la calle Comercio. Doble a la izquierda y camine una cuadra. Allí está la plaza.*

1. Plaza Bolívar, farmacia
2. Casa de la Cultura, Plaza Sucre
3. banco, terminal
4. estacionamiento (este), escuela
5. Plaza Sucre, estacionamiento (oeste)
6. joyería, banco
7. farmacia, joyería
8. zapatería, iglesia

8 **¿Dónde está?** En grupos, escriban un minidrama en el que unos/as turistas piden ayuda para llegar a tres diferentes sitios de la comunidad en la que viven ustedes. Luego preséntenlo a la clase.

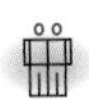
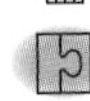

9 **Diferencias** Tu profesor(a) va a darles a ti y a tu compañero/a la información necesaria para completar esta actividad.

Ortografía

Las abreviaturas

In Spanish, as in English, abbreviations are often used in order to save space and time while writing. Here are some of the most commonly used abbreviations in Spanish.

usted → Ud. **ustedes** → Uds.

As you have already learned, the subject pronouns **usted** and **ustedes** are often abbreviated.

don → D. **doña** → Dña. **doctor(a)** → Dr(a).

señor → Sr. **señora** → Sra. **señorita** → Srta.

These titles are frequently abbreviated.

centímetro → cm **metro** → m **kilómetro** → km

litro → l **gramo** → g; gr **kilogramo** → kg

The abbreviations for these units of measurement are often used, but without periods.

por ejemplo → p. ej. **página(s)** → pág(s).

These abbreviations are often seen in books.

derecha → dcha. **izquierda** → izq. (izqda.)

código postal → C.P. **número** → n.º

These abbreviations are often used in mailing addresses.

Banco → Bco. **Compañía** → Cía.

cuenta corriente → c/c. **Sociedad Anónima (*Inc.*)** → S.A.

These abbreviations are frequently used in the business world.

Práctica Escribe otra vez la siguiente información usando las abreviaturas adecuadas.

1. doña María
2. señora Pérez
3. Compañía Mexicana de Inversiones
4. usted
5. Banco de Santander
6. doctor Medina
7. Código Postal 03697
8. cuenta corriente número 20-453

Emparejar En la tabla hay nueve abreviaturas. Empareja los cuadros necesarios para formarlas.

S.	c.	C.	c	co.	U
B	c/	Sr	A.	D	dc
ta.	P.	ña.	ha.	m	d.

recursos
LM p. 80
aventuras.vhlcentral.com Lección 14

Estamos perdidos.

SUPERSITE

Maite y Álex hacen diligencias en el centro.

PERSONAJES

DON FRANCISCO

JAVIER

INÉS

ÁLEX

MAITE

MARTÍN

JOVEN

MARTÍN Y DON FRANCISCO Buenas tardes.

JAVIER Hola. ¿Qué tal? Estamos conversando sobre la excursión de mañana.

DON FRANCISCO ¿Y ya tienen todo lo que necesitan? A todos los excursionistas yo siempre les recomiendo llevar zapatos cómodos, una mochila, gafas oscuras y un suéter por si hace frío.

JAVIER Todo listo, don Francisco.

MARTÍN Les aconsejo que traigan algo de comer.

ÁLEX Mmm… no pensamos en eso.

MAITE ¡Deja de preocuparte tanto, Álex! Podemos comprar algo en el supermercado ahora mismo. ¿Vamos?

JOVEN ¡Hola! ¿Puedo ayudarte en algo?

MAITE Sí, estamos perdidos. ¿Hay un banco por aquí con cajero automático?

JOVEN Mmm… no hay ningún banco en esta calle que tenga cajero automático.

JOVEN Pero conozco uno en la calle Pedro Moncayo que sí tiene cajero automático. Cruzas esta calle y luego doblas a la izquierda. Sigues todo derecho y antes de que lleguen a la Joyería Crespo van a ver un letrero grande del Banco del Pacífico.

MAITE También buscamos un supermercado.

JOVEN Pues, allí mismo enfrente del banco hay un supermercado pequeño. Fácil, ¿no?

MAITE Creo que sí. Muchas gracias por su ayuda.

ACTIVIDADES

1 ¿Cierto o falso? Decide si estas oraciones son **ciertas** o **falsas**. Corrige las falsas.

1. Don Francisco les ordena a los chicos llevar una cámara.
2. Inés necesita unas estampillas.
3. El joven dice que hay un banco con cajero automático en esa calle.
4. Enfrente del banco hay una heladería.
5. Maite piensa que el joven que conoció en la calle es guapo.

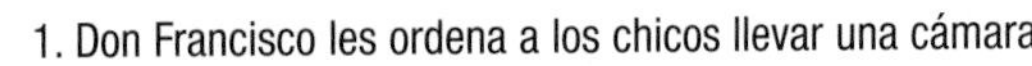

2 Ordenar Pon los eventos en el orden correcto.

_____ a. Álex y Maite toman un helado.

_____ b. Un joven ayuda a Álex y a Maite a encontrar el banco porque están perdidos.

_____ c. Álex termina su café.

_____ d. Inés les da unas postales a Maite y a Álex para echar al buzón.

_____ e. Maite y Álex van al supermercado y compran comida.

_____ f. Maite y Álex van al banco y al correo.

Para recordar **Antes de mirar este episodio, repasa el anterior.**

1. ¿Adónde lleva Martín a los chicos?
2. ¿Qué dice Martín de la contaminación del río?
3. ¿Hay contaminación en la región?
4. ¿Qué va a hacer Maite para proteger el medio ambiente?

ÁLEX ¡Excelente idea! En cuanto termine mi café te acompaño.
MAITE Necesito pasar por el banco y por el correo para mandar unas cartas.
ÁLEX Está bien.

ÁLEX ¿Necesitan algo del centro?
INÉS ¡Sí! Cuando vayan al correo, ¿pueden echar estas postales al buzón? Además necesito unas estampillas.
ÁLEX Por supuesto.

MAITE Ten, guapa, tus sellos.
INÉS Gracias, Maite. ¿Qué tal les fue en el centro?
MAITE ¡Súper bien! Fuimos al banco y al correo. Luego en el supermercado compramos comida para la excursión. Y antes de regresar, paramos en una heladería.

MAITE ¡Ah! Y otra cosa. Cuando llegamos al centro conocimos a un joven muy simpático que nos dio direcciones. Era muy amable... ¡y muy guapo!

Expresiones útiles

Giving advice

Les recomiendo/Hay que llevar zapatos cómodos.
I recommend that you/It's necessary to wear comfortable shoes.
Les aconsejo que traigan algo de comer.
I advise you to bring something to eat.
Trae gafas oscuras.
Bring sunglasses. (fam., sing.)

Talking about errands

Necesito pasar por el banco.
I need to go by the bank.
Te acompaño.
I'll go with you.

Getting directions

¿Hay un banco por aquí?
Is there a bank around here?
Dobla a la izquierda/derecha.
Turn to the left/right. (fam., sing.)
Sigue todo derecho.
Go straight ahead.(fam., sing.)
Van a ver un letrero grande.
You're going to see a big sign.
¿Por dónde queda... ?
Where is...?
Está a dos cuadras de aquí.
It's two blocks from here.
Allí mismo, enfrente del banco, hay un supermercado.
Right in front of the bank there is a supermarket.

3  **En la ciudad** En parejas, piensen en las personalidades de Álex e Inés, y preparen una lista de tres lugares favoritos en la ciudad para cada uno. Expliquen por qué a cada uno le gusta ese lugar con ejemplos de capítulos anteriores de la **Fotonovela**.

4  **Conversación** En parejas, preparen una conversación entre dos vecinos/as. Uno/a de ustedes acaba de mudarse y necesita ayuda para desplazarse por la ciudad. Usen las **Expresiones útiles**.

- un banco
- una lavandería
- un supermercado
- una heladería
- una panadería

BAJO LA LUPA

Paseando en metro

Hoy es el primer día de Teresa en la Ciudad de México. Debe tomar el metro para ir del centro de la ciudad a Coyoacán, en el sur. Llega a la estación Zócalo y compra un pasaje por el equivalente a dieciocho centavos° de dólar, ¡qué ganga! Con este pasaje puede ir a cualquier° parte de la ciudad o del área metropolitana.

No sólo en México, sino también en ciudades de Venezuela, Chile, Argentina y España, hay sistemas de transporte público eficientes y muy económicos. También suele haber° varios tipos de transporte: autobús, metro, tranvía°, microbús y tren. Generalmente se pueden comprar abonos° de uno o varios días para un determinado tipo de transporte. En algunas ciudades también existen abonos de transporte combinados que permiten usar, por ejemplo, el metro y el autobús o el autobús y el tren. En estas ciudades, los metros, autobuses y trenes pasan con mucha frecuencia. Las paradas° y estaciones están bien señalizadas°.

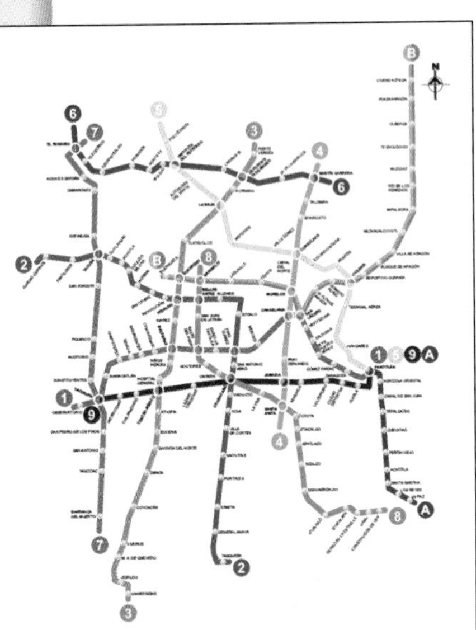

Vaya°, Teresa ya está llegando a Coyoacán. Con lo que ahorró en el pasaje del metro, puede comprarse un helado de mango y unos esquites° en el jardín Centenario.

El metro

El primer metro de Suramérica que se abrió al público fue el de Buenos Aires, Argentina (1° de diciembre de 1913); el último, el de Valparaíso, Chile (23 de noviembre de 2005).

Ciudad	Pasajeros/Día (aprox.)
México D.F., México	4.406.300
Madrid, España	2.400.000
Buenos Aires, Argentina	1.500.000
Santiago, Chile	1.500.000
Caracas, Venezuela	1.400.000
Medellín, Colombia	350.000
Guadalajara, México	161.910

centavos *cents* **cualquier** *any* **suele haber** *there usually are* **tranvía** *streetcar* **abonos** *passes* **paradas** *stops* **señalizadas** *labeled* **Vaya** *Well* **esquites** *toasted corn kernels*

ACTIVIDADES

1 **¿Cierto o falso?** Indica si lo que dice cada oración es **cierto** o **falso**. Corrige la información falsa.

1. En la Ciudad de México, el pasaje de metro cuesta 18 dólares.
2. En México, un pasaje se puede usar sólo para ir al centro de la ciudad.
3. En Chile hay varios tipos de transporte público.
4. En ningún caso los abonos de transporte sirven para más de un tipo de transporte.
5. Los trenes, autobuses y metros pasan con mucha frecuencia.
6. Hay pocos letreros en las paradas y estaciones.
7. Los servicios de metro de México y España son los que mayor cantidad de viajeros transporta cada día.
8. La ciudad de Buenos Aires tiene el sistema de metro más viejo de Latinoamérica.
9. El metro que lleva menos tiempo en servicio es el de la ciudad de Medellín, Colombia.

ASÍ SE DICE

En la ciudad

el aparcamiento (Esp.); el parqueadero (Col., Pan.); el parqueo (Bol., Cuba, Amér. C.)	el estacionamiento
dar un aventón (Méx.); dar botella (Cuba); dar un chance (Col.)	*to give (someone) a ride*
el subterráneo, el subte (Arg.)	el metro

CONEXIÓN INTERNET

What do you know about **México, D.F.** and **Bogotá** in Colombia? Go to **aventuras.vhlcentral.com** to find out and to access these components:

- the **Flash Cultura** video
- more activities
- additional reading: **La transformación de una ciudad**

2 **Comparación** Compara el servicio de metro en México con el servicio de un transporte público en el área donde vives. Da información de la frecuencia, el precio del pasaje, cuántas personas lo usan y cuál prefieres tú.

El Metro del D.F.

1 **Preparación** Imagina que estás en México, D.F., una de las ciudades más grandes del mundo. ¿Qué transporte usas para ir de un lugar a otro? ¿Por qué?

2 **El video** Mira el episodio de **Flash Cultura**.

Vocabulario

concurrido *busy, crowded*	**transbordo** *transfer, change*
se esconde *is hidden*	**tranvía** *streetcar*

Viajando en el Metro… puedes conocer más acerca de la cultura de este país.

Para la gente… mayor de 60 años, es el transporte totalmente gratuito.

3 **Seleccionar** Selecciona la respuesta correcta.

1. El Bosque de Chapultepec es uno de los lugares más ___________ (solitarios/concurridos) de la ciudad.
2. En las estaciones ___________ (de transbordo/subterráneas) los pasajeros pueden cambiar de trenes para llegar fácilmente a su destino.
3. Algunas líneas del Metro no son subterráneas, sino superficiales, es decir, ___________ (paran/circulan) al nivel de la calle.
4. Dentro de algunas estaciones hay ___________ (danzas indígenas/ exposiciones de arte).

14.1 The subjunctive in adjective clauses

- Adjective clauses modify nouns or pronouns. The subjunctive can be used in adjective clauses to indicate that the existence of someone or something is uncertain or indefinite.

¿Hay un banco por aquí que tenga cajero automático?

No hay ningún banco en esta calle que tenga cajero automático.

- The subjunctive is used in an adjective clause that refers to a person, place, thing, or idea that either does not exist or whose existence is uncertain or indefinite.

Busco **un profesor** que **enseñe japonés**.
I'm looking for a professor who teaches Japanese.

¿Conoces **un buen restaurante** que **esté** cerca de mi casa?
Do you know a good restaurant that is near my house?

- The indicative is used when the adjective clause refers to a person, place, thing, or idea that is clearly known, certain, or definite.

Quiero ir **al restaurante** que **está** enfrente de la biblioteca.
I want to go to the restaurant that's in front of the library.

Conozco a **alguien** que **va** a esa peluquería.
I know someone who goes to that beauty salon.

Adjective clauses

Indicative	Subjunctive
Necesito el libro **que** tiene **información sobre Venezuela.** *I need the book that has information about Venezuela.*	**Necesito** un libro **que** tenga **información sobre Venezuela.** *I need a book that has information about Venezuela.*
Quiero vivir en esta casa **que** tiene **jardín.** *I want to live in this house that has a garden.*	**Quiero vivir en** una casa **que** tenga **jardín.** *I want to live in a house that has a garden.*
En mi barrio, hay una heladería **que** vende **helado de mango.** *In my neighborhood, there's an ice cream shop that sells mango ice cream.*	**En mi barrio, no hay** ninguna heladería **que** venda **helado de mango.** *In my neighborhood, there is no ice cream shop that sells mango ice cream.*

Práctica

1 Minidiálogos Completa los minidiálogos con la forma correcta de los verbos indicados.

MARCIA Buscamos un hotel que (1) ________ [tener] piscina.
MARTÍN Hay tres o cuatro hoteles por aquí que (2) ________ [tener] piscina.

• • •

EDUARDO ¿Hay algún buzón por aquí donde yo (3) ________ [poder] echar una carta?
SUSANA Sí, hay uno en la esquina donde (4) ________ [poder] echar una carta.

• • •

ANA Queremos encontrar un restaurante que (5) ________ [servir] comida venezolana.
BENITO Creo que el restaurante en esta cuadra (6) ________ [servir] comida venezolana.

• • •

VICENTE Necesitas al empleado que (7) ________ [entender] este nuevo programa de computación.
MARISOL No hay nadie que (8) ________ [entender] este programa.

2 Completar Completa estas oraciones de manera lógica. Luego, compara tus respuestas con las de un(a) compañero/a.

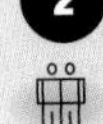

1. Tengo un(a) amigo/a que…
2. Algún día espero tener un apartamento o una casa que…
3. Quiero visitar un país que…
4. No tengo ningún/ninguna profesor(a) que…
5. Es importante conocer a alguien que…
6. Mi compañero/a de cuarto busca una lavandería que…
7. Un(a) consejero/a (*advisor*) debe ser una persona que…
8. Mi novio/a desea un perro que…
9. En esta clase no hay nadie que…
10. Mis padres buscan un carro que…

Conversación

3 **Encuesta** Averigua (*Find out*) quién de tus compañeros/as conoce a alguien que haga estas actividades. Si responden que sí, pregunta quién es y anota sus respuestas. Comparte los resultados con la clase.

Actividades	Nombres	Respuestas
1. Conocer muy bien su ciudad	______	______
2. Hablar japonés	______	______
3. Comprender el subjuntivo	______	______
4. Odiar ir de compras	______	______
5. Ser venezolano/a	______	______
6. Trabajar en una zapatería	______	______
7. No tener tarjeta de crédito	______	______
8. Graduarse este año	______	______

4 **Anuncios clasificados** En parejas, lean estos anuncios y describan el tipo de persona u objeto que se busca. Usen el subjuntivo.

CLASIFICADOS

CLASES DE INGLÉS Profesor de Inglaterra con diez años de experiencia ofrece clases para grupos o instrucción privada para individuos. Llamar al 933-4110 de 16:30 a 18:30.

SE BUSCA CONDOMINIO Se busca condominio en Sabana Grande con 3 alcobas, 2 baños, sala, comedor y aire acondicionado. Tel: 977-2018.

EJECUTIVO DE CUENTAS Se requiere joven profesional con al menos dos años de experiencia en el sector financiero. Se ofrecen beneficios excelentes. Enviar currículum vitae al Banco Unión, Avda. Urdaneta 263, Caracas.

VENDEDOR(A) Se necesita persona dinámica y responsable con buena presencia. Experiencia mínima de un año. Horario de trabajo flexible. Llamar a Joyería Aurora de 10 a 13h y de 16 a 18h. Tel: 263-7553.

PELUQUERÍA UNISEX Se busca persona con experiencia en peluquería y maquillaje para trabajar tiempo completo. Llamar de 9 a 13h. Tel: 261-3548.

COMPARTIR APARTAMENTO Se necesita compañera para compartir apartamento de 2 alcobas en el Chaco. Alquiler 300.000 bolívares por mes. No fumar. Llamar al 951-3642 entre 19 y 22h.

5 **Busca los cuatro** Tu profesor(a) va a darles a ti y a tu compañero/a la información necesaria para completar esta actividad.

- The personal **a** is not used with direct objects that are hypothetical people. However, **alguien** and **nadie** are always preceded by the personal **a** when they function as direct objects.

Necesitamos **un empleado** que **sepa** usar computadoras.
We need an employee who knows how to use computers.

Necesitamos **al empleado** que **sabe** usar computadoras.
We need the employee who knows how to use computers.

Buscamos **a alguien** que **pueda** cocinar.
We're looking for someone who can cook.

No conocemos **a nadie** que **pueda** cocinar.
We don't know anyone who can cook.

- The subjunctive is commonly used in questions when the speaker is uncertain. However, if the person who responds to the question knows the information, the indicative is used.

—¿Hay un parque que **esté** cerca de nuestro hotel?
Is there a park that's close to our hotel?

—Sí, hay un parque que **está** muy cerca del hotel.
Yes, there's a park that's very close to the hotel.

MR
SECCIÓN AMARILLA
Busque cualquier información que necesite.

¡Manos a la obra!

Completa cada oración con el subjuntivo o el indicativo.

1. Necesito una persona que *pueda* [puede/pueda] cantar bien.
2. Buscamos a alguien que ________ [tiene/tenga] paciencia.
3. ¿Hay restaurantes aquí que ________ [sirven/sirvan] comida japonesa?
4. Tengo una amiga que ________ [saca/saque] fotografías muy bonitas.
5. Hay una carnicería que ________ [está/esté] cerca de aquí.
6. No vemos ningún apartamento que nos ________ [interesa/interese].
7. Conozco a un estudiante que ________ [come/coma] hamburguesas todos los días.
8. ¿Hay alguien que ________ [dice/diga] la verdad?

14.2 Familiar (tú) commands

SUPERSITE

- Use familiar (**tú**) commands when you want to give an order or advice to someone you normally address with **tú.**

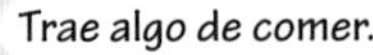
Trae algo de comer.

No te preocupes, el supermercado está cerca.

- Affirmative **tú** commands usually have the same form as the **usted/él/ella** of the present indicative. The pronoun **tú** is used only for emphasis.

Paga al contado.
Pay in cash.

Pide un préstamo.
Ask for a loan.

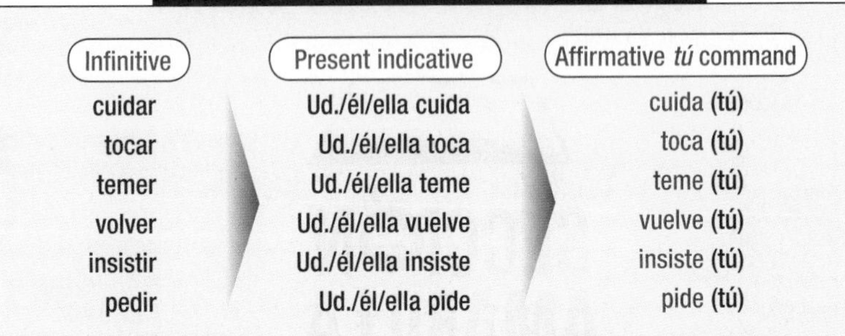

Affirmative *tú* commands

Infinitive	Present indicative	Affirmative *tú* command
cuidar	Ud./él/ella cuida	cuida (tú)
tocar	Ud./él/ella toca	toca (tú)
temer	Ud./él/ella teme	teme (tú)
volver	Ud./él/ella vuelve	vuelve (tú)
insistir	Ud./él/ella insiste	insiste (tú)
pedir	Ud./él/ella pide	pide (tú)

- Negative **tú** commands have the same form as the **tú** form of the present subjunctive.

Carlos, **no eches** eso al buzón.
Carlos, don't put that in the mailbox.

Julia, **no cruces** la calle.
Julia, don't cross the street.

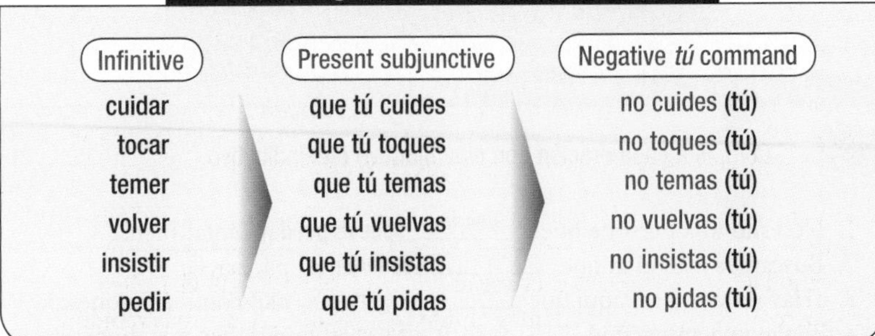

Negative *tú* commands

Infinitive	Present subjunctive	Negative *tú* command
cuidar	que tú cuides	no cuides (tú)
tocar	que tú toques	no toques (tú)
temer	que tú temas	no temas (tú)
volver	que tú vuelvas	no vuelvas (tú)
insistir	que tú insistas	no insistas (tú)
pedir	que tú pidas	no pidas (tú)

- The negative familiar commands keep the same stem changes as the indicative.

No pierdas el mapa.
Don't lose the map.

No vuelvas a esa gasolinera.
Don't go back to that gas station.

Práctica

1 Unas diligencias Completa los pedidos que la señora Pujol le hace a su esposo. Usa las formas correctas de los mandatos informales.

1. Enrique, ________ [ir] al banco, por favor.
2. Cuando llegues al banco, ________ [depositar] este cheque en nuestra cuenta corriente.
3. No ________ [depositarlo] en la cuenta de ahorros y, por favor, no ________ [pedir] un préstamo.
4. Luego ________ [pasar] por la zapatería y ________ [recoger] mis zapatos.
5. No ________ [pagar] al contado, sino con un cheque.
6. Luego ________ [comprar] un pastel en la pastelería. Por favor, no ________ [comprar] un pastel de chocolate. Mi tío Felipe viene a cenar y es alérgico al chocolate.

2 Quehaceres Pedro y Marina no se ponen de acuerdo (*agree*) cuando le dan órdenes a su hijo Miguel. Lee los quehaceres que Pedro le da a Miguel. Después, usa la información entre paréntesis para formar las contraórdenes que, a su vez, le da Marina. Sigue el modelo.

modelo Recoge los libros. (poner la mesa)
No los recojas, Miguel. Pon la mesa.

1. Barre el suelo. (pasar la aspiradora)
2. Plancha la ropa. (hacer las camas)
3. Saca la basura. (quitar la mesa)
4. Ve a la joyería. (ir a la frutería)
5. Dale los libros a Katia. (dárselos a Juan)
6. Prepara la cena. (limpiar el carro)
7. Echa las cartas al buzón. (dárselas al cartero)
8. Corta el césped. (bañar al gato)

3 Oraciones Forma los mandatos que la señora Morales les da a su esposo y a sus hijos.

modelo Pilar / sacar / basura
Pilar, saca la basura.

1. Gloria / poner / sello / este / sobre
2. Manolo / ir / banco / cobrar / este / cheques
3. Lidia / no poner / televisión
4. Esteban / hacer / camas
5. Gloria / no lavar / platos
6. Manolo / firmar / este / formularios

Conversación

4 **Estoy perdido/a** Con un(a) compañero/a, prepara una conversación breve entre un(a) estudiante nuevo/a en la universidad y otro/a estudiante que le indica cómo llegar a varios lugares.

modelo

Estudiante 1: *Quiero ir al laboratorio de Ciencias, pero estoy perdido. ¿Me puedes ayudar?*

Estudiante 2: *Sí. Sigue derecho hasta llegar a la Facultad de Negocios. Dobla a la izquierda...*

5 **¡Te lo ordeno!** En parejas, preparen una conversación entre dos compañeros/as de cuarto quienes tenían que estar en una fiesta y todavía se están arreglando. Usen mandatos afirmativos y negativos. Luego presenten el diálogo a la clase.

modelo

Luisa: *¡Te lo ordeno! ¡Sal del baño ya!*

Ramón: *¡No me des órdenes!*

Luisa: *Pero tengo que maquillarme.*

Ramón: *Y yo tengo que ducharme. Oye, ¿qué hora es?*

Luisa: *Son las siete menos veinte.*

Ramón: *¡Ay! ¡Tráeme una toalla!*

6 **Órdenes** En grupos, intercambien tres órdenes con cada uno. Luego, cada uno debe seguir las órdenes que el resto del grupo le da o reaccionar apropiadamente.

modelo

Estudiante 1: *Dame todo tu dinero.*

Estudiante 2: *No, no quiero dártelo. Muéstrame tu cuaderno.*

Estudiante 1: *Aquí está.*

Estudiante 3: *Ve a la pizarra y escribe tu nombre.*

Estudiante 4: *No quiero. Hazlo tú.*

Irregular tú commands

- There are eight irregular affirmative **tú** commands.

Infinitive	Command	Infinitive	Command
decir	di	salir	sal
hacer	haz	ser	sé
ir	ve	tener	ten
poner	pon	venir	ven

¡**Ten** cuidado con el perro!
Be careful with the dog!

Pon la estampilla en el sobre.
Put the stamp on the envelope.

¡**Sal** de aquí ahora mismo!
Leave here at once!

Haz los ejercicios.
Do the exercises.

- **Ir** and **ver** have the same **tú** command. Context will determine the meaning.

Ve al supermercado con José.
Go to the supermarket with José.

Ve al banco esta tarde.
Go to the bank this afternoon.

Ve ese programa… es muy interesante.
See that program… it's very interesting.

Ve esa película con tu hermano.
See that movie with your brother.

- The placement of reflexive and object pronouns in **tú** commands follows the same rules as in formal commands. When a pronoun is attached to a command of more than two syllables, a written accent is used.

Informal	Formal
¡Alégra**te!** *Be happy!*	¡Alégren**se!** *Be happy!*
No **te** sientas triste. *Don't feel sad.*	No **se** sientan tristes. *Don't feel sad.*
Di**me.** *Tell me.*	Díga**me.** *Tell me.*
No **me lo** digas. *Don't tell me (it).*	No **me lo** diga. *Don't tell me (it).*

¡Manos a la obra!

Indica los mandatos familiares de estos verbos.

	Mandato afirmativo	Mandato negativo
1. cambiar	Cambia el aceite.	No cambies el aceite.
2. correr	_______ más rápido.	No _______ más rápido.
3. salir	_______ ahora.	No _______ ahora.
4. tocar	_______ las flores.	No _______ las flores.
5. venir	_______ aquí.	No _______ aquí.
6. levantarse	_______ temprano.	No _______ temprano.
7. volver	_______ pronto.	No _______ pronto.
8. hacerlo	_______ ya.	No _______ ahora.

14.3 Nosotros/as commands 

- **Nosotros/as** commands, which correspond to the English *let's* + [*verb*], are used to give orders or suggestions that include yourself and other people.

Crucemos la calle.	**No crucemos** la calle.
Let's cross the street.	*Let's not cross the street.*

- Both affirmative and negative **nosotros/as** commands are generally formed by using the first-person plural form of the present subjunctive.
- The affirmative *let's* + [*verb*] may also be expressed with **vamos a** + [*infinitive*]. Remember, however, that **vamos a** + [*infinitive*] can also mean *we are going to (do something)*. Context and tone will determine which meaning is being expressed.

Vamos a cruzar la calle.	**Vamos a trabajar** mucho.
Let's cross the street.	*We're going to work a lot.*

¿Quieres ir al supermercado?

¡Excelente idea! ¡Vamos!

- To express *let's go*, the present indicative form of **ir** (**vamos**) is used, not the subjunctive. For the negative command, however, the subjunctive is used.

Affirmative	Negative
Vamos a la pescadería.	**No vayamos** a la pescadería.
Let's go to the fish market.	*Let's not go to the fish market.*
Vamos a tomar un café.	**No vayamos** a tomar un café.
Let's go have a coffee.	*Let's not go have a coffee.*

¡Pidamos un préstamo!
¡Hagamos un viaje!
¡Compremos un caballo!
BANCOSUR. LLÁMANOS.

Práctica

1 **Conversación** Completa esta conversación con los mandatos de **nosotros/as**.

MARÍA Sergio, ¿quieres hacer diligencias ahora o por la tarde?

SERGIO No (1) _________ [dejarlas] para más tarde. (2) _________ [Hacerlas] ahora.

MARÍA Necesito comprar sellos.

SERGIO Yo también. (3) _________ [Ir] al correo.

MARÍA Pues, antes de ir al correo, necesito sacar dinero de mi cuenta corriente.

SERGIO Bueno, (4) _________ [buscar] un cajero automático.

MARÍA ¿Tienes hambre?

SERGIO Sí. (5) _________ [Cruzar] la calle y (6) _________ [comer] algo en ese café.

MARÍA Buena idea.

SERGIO ¿Nos sentamos aquí?

MARÍA No, no (7) _________ [sentarse] aquí; (8) _________ [sentarse] enfrente de la ventana.

SERGIO ¿Qué pedimos?

MARÍA (9) _________ [Pedir] café y pan dulce.

2 **Hagámoslo** Responde a cada oración; sigue el modelo.

Vamos a vender el carro. (Sí)
Sí, vendámoslo.

1. Vamos a levantarnos a las seis. (Sí)
2. Vamos a enviar los paquetes. (No)
3. Vamos al supermercado. (No)
4. Vamos a mandar esta tarjeta postal a nuestros amigos. (No)
5. Vamos a limpiar la habitación. (Sí)
6. Vamos a mirar la televisión. (No)
7. Vamos a bailar. (Sí)
8. Vamos a arreglar la sala. (No)
9. Vamos a comprar estampillas. (Sí)

Conversación

3 **Decisiones** Imagina que estás con un(a) amigo/a. Túrnense para hacerse estas preguntas. Usen los mandatos de **nosotros/as** en sus respuestas.

1. ¿Cruzamos la calle aquí o caminamos una cuadra más?
2. ¿Vamos a casa o comemos en un restaurante?
3. ¿Salimos para el cine a las seis o a las seis y media?
4. ¿Pagamos la cuenta al contado o con tarjeta de crédito?

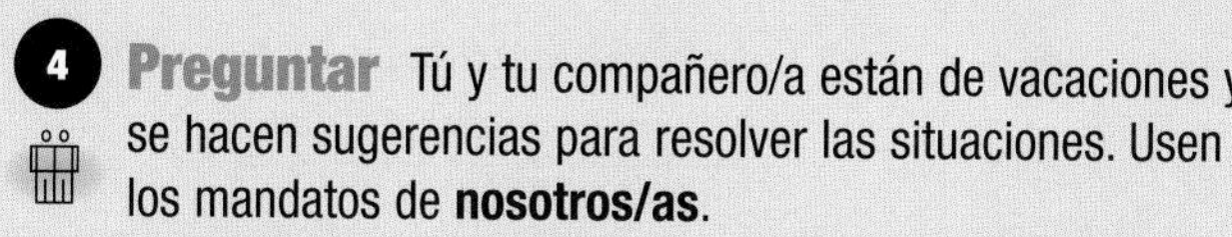

4 **Preguntar** Tú y tu compañero/a están de vacaciones y se hacen sugerencias para resolver las situaciones. Usen los mandatos de **nosotros/as**.

modelo Se nos olvidaron las tarjetas de crédito.
Paguemos en efectivo. /No compremos más regalos.

A

1. El museo está a sólo una cuadra de aquí.
2. Tenemos hambre.
3. Hay mucha cola en el cine.

B

1. Tenemos muchos cheques de viajero.
2. Tenemos prisa para llegar al cine.
3. Estamos cansados y queremos dormir.

5 **Turistas** En grupos pequeños, imaginen que están en Caracas. Lean esta guía turística y decidan qué van a hacer hoy por la mañana, por la tarde y por la noche. Usen mandatos de **nosotros/as**.

modelo *Visitemos el Museo de Arte Contemporáneo Sofía Imber esta mañana. Quiero ver las esculturas de Jesús Rafael Soto.*

Guía de Caracas

MUSEOS
- **Museo de Arte Colonial** Avenida Panteón
- **Museo de Arte Contemporáneo Sofía Imber** Parque Central. Esculturas de Jesús Rafael Soto y pinturas de Miró, Chagall y Picasso.
- **Galería de Arte Nacional** Parque Central. Colección de más de 4.000 obras de arte venezolano.

SITIOS DE INTERÉS
- **Plaza Bolívar**
- **Jardín Botánico** Avenida Interna UCV. De 8:00 a 5:00.
- **Parque del Este** Avenida Francisco de Miranda. Parque más grande de la ciudad con serpentarium.
- **Casa Natal de Simón Bolívar** Esquinas San Jacinto y Traposos. Casa colonial donde nació Simón Bolívar.

RESTAURANTES
- **El Barquero** Avenida Luis Roche
- **Restaurante El Coyuco** Avenida Urdaneta
- **Restaurante Sorrento** Avenida Francisco Solano
- **Café Tonino** Avenida Andrés Bello

Nosotros commands and object pronouns

- Object pronouns are attached to affirmative **nosotros/as** commands. A written accent is added to maintain the original stress.

Firmemos el cheque. *Let's sign the check.*	**Firmémoslo.** *Let's sign it.*
Escribamos a Ana y a Raúl. *Let's write to Ana and Raúl.*	**Escribámosles.** *Let's write to them.*

- Object pronouns are placed in front of negative **nosotros/as** commands.

No **les paguemos** el préstamo. *Let's not pay them the loan.*	No **se lo digamos** a ellos. *Let's not tell them.*
No **lo compremos.** *Let's not buy it.*	No **se la presentemos.** *Let's not introduce her.*

- When **nos** or **se** is attached to an affirmative **nosotros/as** command, the final **–s** is dropped.

Démoselo a ella. *Let's give it to her.*	**Mandémoselo** a ellos. *Let's send it to them.*
Sentémonos allí. *Let's sit down there.*	**Levantémonos** temprano. *Let's get up early.*

- The **nosotros/as** command form of **irse** (*to go away*) is **vámonos.** Its negative form is **no nos vayamos.**

¡**Vámonos** de vacaciones! *Let's go away on vacation!*	**No nos vayamos** de aquí. *Let's not go away from here.*

¡Manos a la obra!

Indica los mandatos afirmativos y negativos de la primera persona del plural (**nosotros/as**) de estos verbos.

	Afirmativo	Negativo
1. estudiar	*estudiemos*	*no estudiemos*
2. cenar		
3. leer		
4. decidir		
5. perder		
6. seguir		
7. practicar		
8. conocer		
9. decir		
10. cerrar		
11. levantarse		
12. irse		
13. dormir		
14. escribirle		
15. comprarlo		
16. pedírselo		

Repaso

For more practice, go to **aventuras.vhlcentral.com.**

14.1 The subjunctive in adjective clauses

1 Un barrio nuevo Acabas de mudarte y quieres saber qué puedes encontrar en tu barrio nuevo. En parejas, túrnense para hacerse las preguntas y contestarlas.

modelo algún / banco / estar / abierto / domingos / (no)

Estudiante 1: *¿Hay algún banco que esté abierto los domingos?*
Estudiante 2: *No, no hay ningún banco que esté abierto los domingos.*

1. alguna / frutería / vender / frutas frescas / (sí)
2. alguna / peluquería / no / ser / cara / (sí)
3. alguna / joyería / vender / a plazos / (no)
4. alguna / zapatería / aceptar / cheques / (no)
5. alguna / lavandería / cerrar / diez de la noche / (sí)
6. alguien / poder / llevar / este paquete / correo / (no)

2 ¡Queremos vivir ahí! En grupos de tres, describan qué características buscan en una ciudad para vivir. Después compartan sus respuestas con la clase.

modelo *Queremos vivir en un lugar que tenga restaurantes de todo tipo.*

14.2 Familiar (tú) commands

3 En la ciudad Tu amigo/a y tú tienen que hacer muchas diligencias, pero ninguno de los dos quiere hacer nada. Túrnense para dar mandatos familiares. Sigan el modelo.

modelo enviar los paquetes
Estudiante 1: *Envía los paquetes.*
Estudiante 2: *¡Envíalos tú!*

1. pagar la renta
2. comprar los sellos
3. hacer la comida
4. firmar el cheque
5. pedir un préstamo
6. llenar estos formularios

4 Consejos Tienes un sobrino que es un desastre. Dale por lo menos ocho consejos usando los mandatos familiares de los verbos **decir, hacer, ir, poner, salir, ser, tener** y **venir**.

modelo *No digas mentiras. Di la verdad.*

5 ¡Un día muy ocupado! Tere hizo una lista de sus diligencias y de cuánto tiempo se tarda en (*it takes her*) hacerlas. En parejas, escriban el horario ideal para Tere. Usen mandatos familiares.

modelo *Tere, ve al banco a las nueve de la mañana y deposita tus cheques. A las nueve y media...*

Diligencias	Tiempo	Lugares	Horarios
Cortarme el pelo	1 hr.	salón de belleza	12:00 p.m.–1:00 p.m.
Comprar un pastel para Eva	30 min.	pastelería	10:00 a.m.–2:00 p.m.
Visitar a Eva en el hospital	1 hr.	hospital	4:00 p.m.–5:00 p.m.
Depositar cheques	30 min.	banco	9:00 a.m.–12:00 p.m.
Lavar ropa	2 hrs.	lavandería	12:00 p.m.–2:00 p.m.
Enviar cartas	30 min.	correo	9:00 a.m.–1:00 p.m.

14.3 Nosotros/as commands

6 Planes En parejas, escriban las cosas que pueden hacer para realizar estos planes. Usen mandatos de **nosotros/as**.

modelo Divertirnos este fin de semana
Vamos al cine con nuestros amigos.
No nos quedemos en casa.

1. Graduarse con honores
2. Vivir hasta los cien años
3. Divertirse este fin de semana
4. Estar en forma (*in shape*)
5. Conseguir una licencia de conducir
6. Pedir un préstamo en el banco

7 **Aniversario** Es el aniversario de bodas de tus abuelos. Escribe lo que les dices a tus familiares, usando mandatos de **nosotros/as**.

modelo hacerles una fiesta sorpresa / no decirles nuestros planes
Hagámosles una fiesta sorpresa.
No les digamos nuestros planes.

1. sorprenderlos / preparar sus platos favoritos
2. no alquilar un salón de fiestas / celebrar en casa
3. invitar a sus amigos / llamarles por teléfono
4. comprarles flores / no darles chocolates
5. bailar toda la noche / no quedarse sentados
6. llevar la cámara / tomarles muchas fotografías

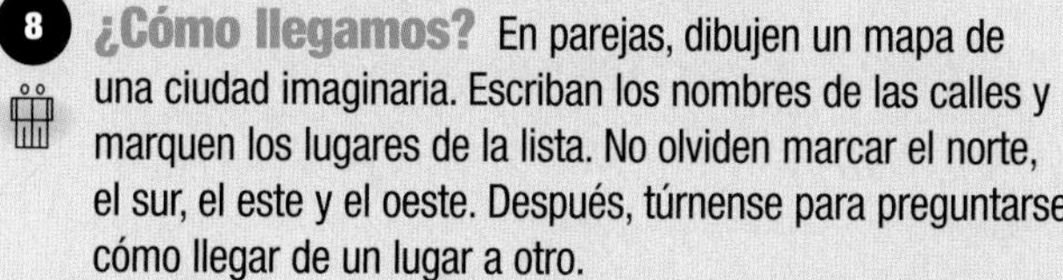

8 **¿Cómo llegamos?** En parejas, dibujen un mapa de una ciudad imaginaria. Escriban los nombres de las calles y marquen los lugares de la lista. No olviden marcar el norte, el sur, el este y el oeste. Después, túrnense para preguntarse cómo llegar de un lugar a otro.

banco	correo	lavandería	salón de belleza
carnicería	heladería	pescadería	supermercado

modelo

Estudiante 1: *¿Cómo llegamos del banco a la heladería?*
Estudiante 2: *Caminemos hacia el este y lleguemos a la esquina de Colón y Morelos. Sigamos derecho por Morelos. Crucemos la calle...*

Síntesis

9 **Una tienda** Conversa con un(a) compañero/a sobre abrir una tienda (una lavandería, una zapatería, etc.) en tu ciudad. Decidan dónde va a estar, qué cosas harán juntos/as y qué cosas hará cada uno/a por separado. Usen mandatos de **tú** y de **nosotros/as**.

modelo

Estudiante 1: *En nuestra ciudad no hay un supermercado que venda productos latinos. ¡Vamos a abrir uno!*
Estudiante 2: *¡Excelente! Busquemos un lugar que esté cerca del centro de la ciudad. Hagamos una lista de los productos que vamos a vender. ¿Qué más necesitamos?*
Estudiante 1: *Tú piensa en un nombre para el supermercado. Yo voy a averiguar cuánto dinero necesitamos. Y vamos a pedir un préstamo en el banco.*

Videoclip

1 **Preparación** Imagina que vas a cruzar la avenida más ancha del mundo. ¿Qué instrucciones se necesitan?

2 **El clip** Mira el cortometraje **Cruzar 9 de Julio** de Argentina.

Vocabulario

detenerse *to stop*	**peatón** *pedestrian*
hombrecito blanco/rojo *little white/red man*	**semáforos** *traffic lights*

El hombrecito blanco significa: Vé tranquilo caminante°.

¡Debemos detenernos!

caminante *walker*

3 **Ordenar** Ordena los pasos (*steps*) para cruzar la avenida.

a. Avancemos cuando el hombrecito blanco nos protege.
b. Primero, detengámonos. Miremos las señales y los semáforos.
c. Dejemos pasar a los autos.
d. Detengámonos en el medio cuando el hombrecito blanco nos abandona.
e. Ya llegamos, ¡corramos felices!

4 **Instrucciones** En parejas, describan los pasos para hacer una de estas cuatro tareas. Utilicen mandatos con **tú**.

a. Preparar una ensalada
b. Ver una película en el cine
c. Dormirse
d. Llegar a la escuela

CONEXIÓN INTERNET

Go to **aventuras.vhlcentral.com** to watch the television clip featured in this section.

Ampliación

1 Escuchar

A Lee estas frases y luego escucha la conversación entre Alberto y Eduardo. Indica si cada verbo se refiere a algo en el pasado, en el presente o en el futuro.

TIP Listen for specific information and linguistic cues. You can often get the facts you need by listening for specific pieces of information. You should also be aware of the linguistic structures you hear. By listening for verb endings, you can figure out whether the verbs describe past, present, or future actions. Verb endings also indicate who is performing the action.

1. Demetrio / comprar en Macro ________
2. Alberto / comprar en Macro ________
3. Alberto / estudiar psicología ________
4. carro / tener frenos malos ________
5. Eduardo / comprar un anillo (*ring*) para Rebeca ________
6. Eduardo / estudiar ________

B ¿Crees que Alberto y Eduardo viven en una ciudad grande o en un pueblo? ¿Cómo lo sabes?

2 Conversar

Imagina que tú y tu compañero/a de cuarto tienen problemas económicos. Preparen una conversación en la que hablan de cuatro problemas y proponen soluciones para cada uno. Usen los mandatos de **nosotros**.

modelo

Estudiante 1: *No sé qué hacer. Casi no tengo el dinero para el alquiler.*
Estudiante 2: *Debes ahorrar más dinero... y yo también. No comamos en restaurantes. Preparemos comida en casa.*
Estudiante 1: *Tal vez necesitemos mudarnos. Necesitamos un apartamento que sea más barato.*
Estudiante 2: *¡Uy! No quiero mudarme. Pídele un préstamo a tu papá, mejor.*
Estudiante 1: *No lo puedo hacer cada mes. Pero tienes razón, podemos ahorrar dinero comiendo en casa.*
Estudiante 2: *Y no usemos más los cajeros automáticos. Paguemos todo de la cuenta corriente para saber mejor adónde va el dinero.*

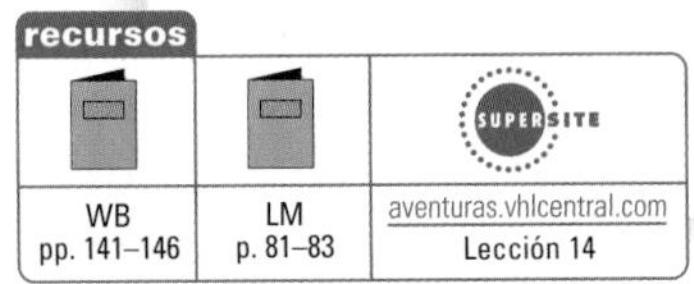

Ampliación

 3 Escribir

Escribe una carta a un(a) amigo/a en la cual le explicas claramente cómo llegar a tu casa desde el aeropuerto. Incluye también un mapa detallado para que no se confunda.

TIP List key words. When you give directions, you use prepositions that describe location, such as **enfrente de, al lado de**, and **detrás de**. Making a list of these expressions will help you write your directions more efficiently.

Organízalo	Planea la mejor ruta para llegar a tu casa. Apunta las expresiones útiles para dar direcciones, como los nombres de las calles y de los monumentos.
Escríbelo	Dibuja un mapa y utilízalo para escribir el primer borrador de tu carta.
Corrígelo	Intercambia tu carta con un(a) compañero/a. Anota los aspectos mejor escritos. Ofrécele sugerencias. ¿Hay suficientes detalles? ¿Está claro el mapa? Si ves algunos errores, coméntaselos.
Compártelo	Revisa el primer borrador de la carta y el mapa según las indicaciones de tu compañero/a. Incorpora nuevas ideas y prepara la versión final.

4 Un paso más

Imagina que eres miembro de un grupo que está promocionando una comunidad modelo en un país hispano. Diseña un folleto (*brochure*) informativo para dar a conocer la comunidad.

- Escoge el lugar ideal para el proyecto. Considera el acceso a las ciudades grandes, los eventos culturales y los recursos naturales.
- Incluye un mapa del país elegido que indique dónde está localizada la comunidad modelo.
- Crea un mapa de la zona que muestre las atracciones principales del centro de la comunidad.
- Explica las características de la comunidad.

CONEXIÓN INTERNET

Investiga estos temas en el sitio aventuras.vhlcentral.com.

- Ciudades en España
- Ciudades en México, el Caribe y Centroamérica
- Ciudades en América del Sur

SUPERSITE

Antes de leer

You can understand a narrative more completely if you identify the point of view of the narrator. You can do this by simply asking yourself from whose perspective the story is being told. Some stories are narrated in the first person. That is, the narrator is a character in the story, and everything you read is filtered through that person's thoughts, emotions, and opinions. Other stories have an omniscient narrator who is not one of the story's characters, but reports the thoughts and actions of all the characters. This reading selection is a short story by Marco Denevi. Is this short story narrated in the first person or by an omniscient narrator? How can you tell?

____

____

Sobre el autor

Marco Denevi (1922–1998) fue un escritor y dramaturgo argentino. Estudió derecho y más tarde se convirtió en escritor. Algunas de sus obras, como *Rosaura a las diez*, han sido (*have been*) llevadas al cine. Denevi se caracteriza por su gran creatividad e ingenio que jamás dejan de sorprender al lector (*reader*).

Esquina peligrosa

Marco Denevi

El señor Epidídimus, el magnate de las finanzas°, uno de los hombres más ricos del mundo, sintió un día el vehemente deseo de visitar el barrio donde había vivido cuando era niño y trabajaba como dependiente de almacén.

Le ordenó a su chofer que lo condujese hasta aquel barrio humilde° y remoto. Pero el barrio estaba tan cambiado que el señor Epidídimus no lo reconoció. En lugar de calles de tierra había bulevares asfaltados°, y las míseras casitas de antaño° habían sido reemplazadas por torres de departamentos°.

Al doblar una esquina vio el almacén, el mismo viejo y sombrío° almacén donde él había trabajado como dependiente cuando tenía doce años.

–Deténgase aquí–le dijo al chofer. Descendió del automóvil y entró en el almacén. Todo se conservaba igual que en la época de su infancia: las estanterías, la anticuada caja registradora°, la balanza de pesas° y, alrededor, el mudo asedio° de la mercadería.

El señor Epidídimus percibió el mismo olor de sesenta años atrás: un olor picante y agridulce a jabón amarillo,

a aserrín° húmedo, a vinagre, a aceitunas, a acaroína°. El recuerdo de su niñez lo puso nostálgico. Se le humedecieron los ojos. Le pareció que retrocedía en el tiempo.

Desde la penumbra del fondo° le llegó la voz ruda del patrón:

–¿Estas son horas de venir? Te quedaste dormido, como siempre.

El señor Epidídimus tomó la canasta de mimbre, fue llenándola con paquetes de azúcar, de yerba y de fideos, y salió a hacer el reparto°.

La noche anterior había llovido y las calles de tierra estaban convertidas en un lodazal°.

(1974)

Después de leer

¿Comprendiste?

Indica si las oraciones son **ciertas** o **falsas**. Corrige las falsas.

Cierto	Falso	
____	____	1. El señor Epidídimus tiene una tienda con la que gana poco dinero.
____	____	2. Epidídimus vivía en un barrio humilde cuando era pequeño.
____	____	3. Epidídimus le ordenó al chofer que lo llevara a un barrio de gente con poco dinero.
____	____	4. Cuando Epidídimus entró al almacén se acordó de experiencias pasadas.
____	____	5. Epidídimus les dio órdenes a los empleados del almacén.

Preguntas

Responde a estas preguntas con oraciones completas.

1. ¿Es rico o pobre Epidídimus? ¿Cómo lo sabes?
____
2. ¿Por qué Epidídimus va al almacén?
____
3. ¿De quién es la voz "ruda" que Epidídimus escucha? ¿Qué orden crees que le dio a Epidídimus?
____
4. ¿Qué hace Epidídimus al final?
____

Coméntalo

¿Te sorprendió el final de este cuento? ¿Por qué? ¿Qué va a hacer Epidídimus el resto del día?

finanzas *finance*
humilde *humble, modest*
asfaltados *paved with asphalt*
antaño *yesteryear*
torres de departamentos *apartment buildings*
sombrío *somber*
anticuada caja registradora *old-fashioned cash register*
balanza de pesas *scale*
mudo asedio *silent siege*
aserrín *sawdust*
acaroína *pesticide*
penumbra del fondo *half-light from the back*
reparto *delivery*
lodazal *bog*

To hear a recording of this reading and for an additional reading, go to **aventuras.vhlcentral.com**

En la ciudad

el banco	*bank*
la carnicería	*butcher shop*
el correo	*post office*
la frutería	*fruit shop*
la heladería	*ice cream shop*
la joyería	*jewelry store*
la lavandería	*laundromat*
la panadería	*bakery*
la pastelería	*pastry shop*
la peluquería	*hairdressing salon*
la pescadería	*fish market*
el salón de belleza	*beauty salon*
el supermercado	*supermarket*
la zapatería	*shoe store*
hacer cola	*to stand in line*
hacer diligencias	*to run errands*

En el correo

el cartero	*mail carrier*
el correo	*mail*
las estampillas	*stamps*
el paquete	*package*
los sellos	*stamps*
el sobre	*envelope*
echar (una carta) al buzón	*to put (a letter) in the mailbox; to mail (a letter)*
enviar	*to send*
mandar	*to send*

En el banco

el cajero automático	*automatic teller machine, ATM*
el cheque	*check*
el cheque de viajero	*traveler's check*
la cuenta corriente	*checking account*
la cuenta de ahorros	*savings account*
ahorrar	*to save (money)*
cobrar	*to cash (a check); to charge (for a product or service)*
depositar	*to deposit*
firmar	*to sign*
llenar (un formulario)	*to fill out (a form)*
pagar a plazos	*to pay in installments*
pagar al contado	*to pay in cash*
pedir prestado	*to borrow*
pedir un préstamo	*to apply for a loan*
ser gratis	*to be free of charge*

Las direcciones

la cuadra	*(city) block*
la dirección	*address*
la esquina	*corner*
el letrero	*sign*
cruzar	*to cross*
doblar	*to turn*
estar perdido/a	*to be lost*
indicar cómo llegar	*to give directions*
quedar	*to be located*
(al) este	*(to the) east*
(al) oeste	*(to the) west*
(al) norte	*(to the) north*
(al) sur	*(to the) south*
derecho	*straight (ahead)*
enfrente de	*opposite; facing*
hacia	*toward*

Expresiones útiles	*See page 363.*

recursos

AVENTURAS EN LOS PAÍSES HISPANOS

El Canal de Panamá conecta el océano Pacífico con el océano Atlántico. La construcción de este cauce *(channel)* artificial empezó en 1903 y concluyó diez años después. Es la fuente *(source)* principal de ingresos *(income)* del país, gracias al dinero que aportan los más de 12.000 buques *(ships)* que transitan anualmente por esta ruta.

AMÉRICA CENTRAL II

Nicaragua

Área: 129.494 km^2 (49.998 $millas^2$)
Población: 6.066.000
Capital: Managua – 1.312.000
Ciudades principales: León, Masaya, Granada
Moneda: córdoba

SOURCE: Population Division, UN Secretariat

Costa Rica

Área: 51.100 km^2 (19.730 $millas^2$)
Población: 4.665.000
Capital: San José – 1.374.000
Ciudades principales: Alajuela, Cartago, Puntarenas, Heredia
Moneda: colón costarricense

SOURCE: Population Division, UN Secretariat

Panamá

Área: 78.200 km^2 (30,193 $millas^2$)
Población: 3.509.000
Capital: Ciudad de Panamá – 1.379.000
Ciudades principales: Colón, David
Moneda: balboa (es equivalente al dólar estadounidense)

SOURCE: Population Division, UN Secretariat

Sociedad

Costa Rica: una nación progresista

Costa Rica es un país progresista. Tiene un nivel de alfabetización del 96%, uno de los más altos de Latinoamérica. Además, en 1870, Costa Rica abolió la pena de muerte *(death penalty)* y, en 1948, disolvió el ejército *(army)* e hizo obligatoria y gratis la educación para todos los costarricenses.

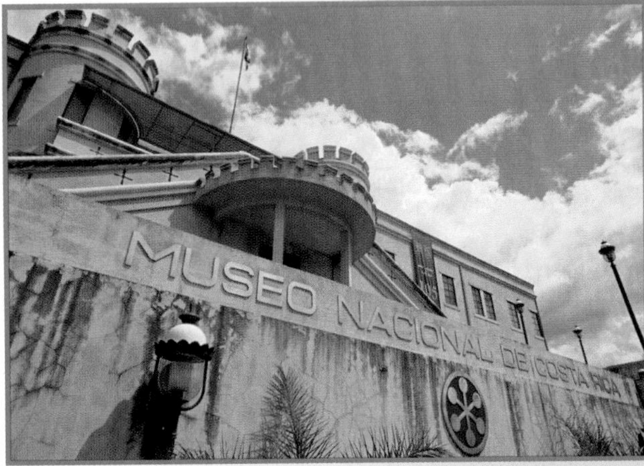

Museo Nacional de Costa Rica, antiguo cuartel *(barracks)* del ejército *(army)*.

Indígenas

La mola

La mola es una forma de arte textil de los kunas, una tribu indígena que vive en las islas San Blas de Panamá. Las molas se hacen con fragmentos de tela *(material)* de vivos colores. Las molas tradicionales tienen diseños *(patterns)* geométricos. Antes se usaban como ropa, pero hoy día también sirven para decorar casas.

Escritores

Ernesto Cardenal

El nicaragüense Ernesto Cardenal es poeta, escultor y sacerdote *(priest)* católico. Es uno de los escritores más famosos de América Latina. Ha escrito *(He has written)* más de treinta y cinco libros. Desde joven creyó en el poder *(power)* de la poesía para mejorar la sociedad, y trabajó por establecer la igualdad y la justicia en su país.

Política

Óscar Arias

Óscar Arias es actualmente presidente de Costa Rica por segunda vez.[1] Su primer período presidencial fue de 1986 a 1990. Arias tiene una amplia formación académica: estudió en Costa Rica, Estados Unidos e Inglaterra y fue profesor de Ciencias Políticas en la Universidad de Costa Rica. Durante su primer período como presidente, trabajó incansablemente *(tirelessly)* para establecer la paz *(peace)* en Centroamérica. Finalmente, logró *(he achieved)* un acuerdo *(agreement)* de paz con los presidentes de El Salvador, Nicaragua, Honduras y Guatemala. Por sus esfuerzos *(efforts)*, ganó el Premio Nobel de la Paz en 1987.

[1] A la fecha de publicación, Óscar Arias ejercía como presidente de Costa Rica en un período programado para terminar en 2010.

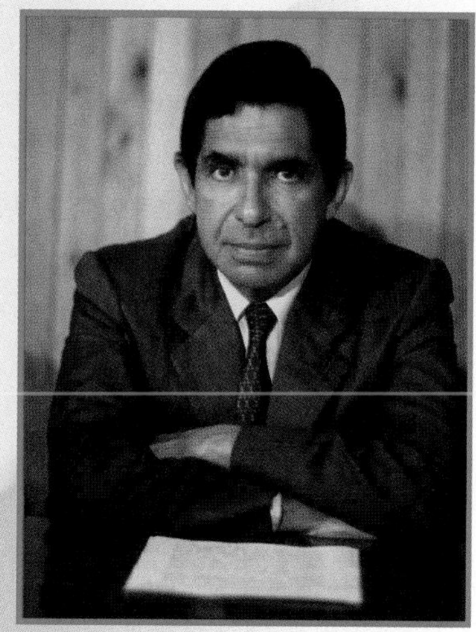

Mar Caribe

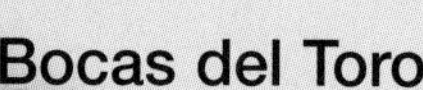

Bocas del Toro

Canal de Panamá

Colón

Islas San Blas

Cordillera de San Blas

Río Chepo

Serranía de Tabasará

Ciudad de Panamá

David

PANAMÁ

Isla del Rey

Isla de Coiba

Golfo de Panamá

Colombia

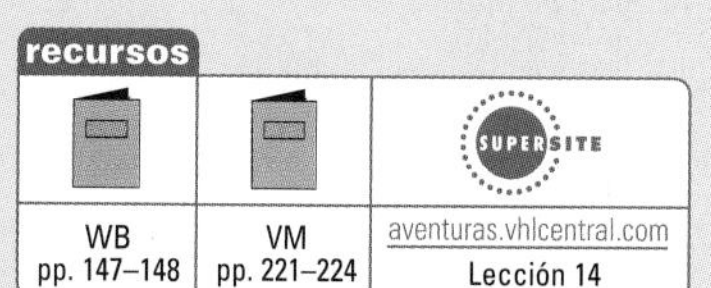

¿Qué aprendiste? SUPERSITE

1 ¿Cierto o falso? Indica si estas oraciones son **ciertas** o **falsas**.

	Cierto	Falso
1. El Canal de Panamá conecta los océanos Pacífico y Atlántico.	______	______
2. Por el Canal de Panamá pasan más de 12.000 barcos por día.	______	______
3. La población de Nicaragua es mayor que la de Panamá.	______	______
4. San José es la capital de Panamá.	______	______
5. En Costa Rica, la educación es gratis y obligatoria para todos los turistas.	______	______
6. Costa Rica disolvió el ejército en 1948.	______	______
7. La mola es una tribu indígena que vive en Panamá.	______	______
8. Las molas se usan hoy para decorar casas.	______	______
9. Ernesto Cardenal es uno de los escritores más famosos de América Latina.	______	______
10. Ernesto Cardenal escribió menos de veinte libros.	______	______
11. Óscar Arias fue presidente de Panamá.	______	______
12. Óscar Arias ganó el Premio Nobel de la Paz en 1987.	______	______

2 Preguntas Contesta estas preguntas.

1. ¿Crees que el Canal de Panamá es importante? ¿Por qué?
2. ¿Estás de acuerdo en que Costa Rica es uno de los países más progresistas del mundo? ¿Por qué?
3. ¿Qué tipos de artesanías en tu país son tan famosas como la mola en Panamá?
4. ¿Conoces a otros escritores o artistas famosos de Latinoamérica? ¿Te gustan?
5. ¿Crees que Óscar Arias mereció *(deserved)* recibir el Premio Nobel de la Paz?

SUPERSITE **CONEXIÓN INTERNET**

Busca más información sobre estos temas en el sitio aventuras.vhlcentral.com. Presenta la información a tus compañeros/as de clase.

- Costa Rica
- Las molas
- Ernesto Cardenal
- Óscar Arias

15 El bienestar

Communicative Goals

You will learn how to:

- discuss health, well-being, and nutrition
- describe an action or event in the immediate past
- describe an event that occurred before another past event

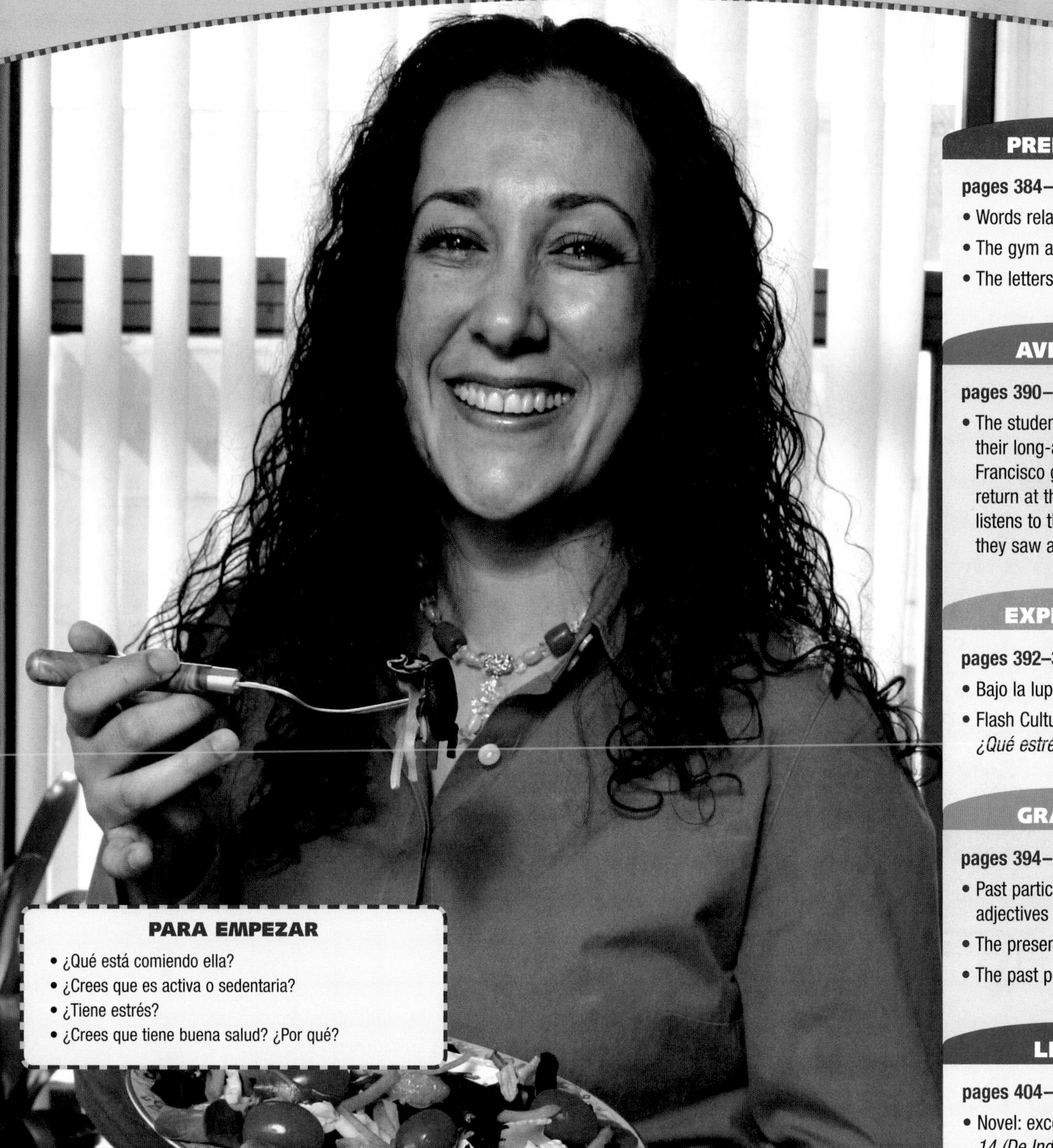

PARA EMPEZAR

- ¿Qué está comiendo ella?
- ¿Crees que es activa o sedentaria?
- ¿Tiene estrés?
- ¿Crees que tiene buena salud? ¿Por qué?

EL BIENESTAR

EL BIENESTAR

el bienestar *well-being*

aliviar el estrés/la tensión *to relieve stress/tension*
disfrutar (de) *to enjoy; to reap the benefits (of)*
llevar una vida sana *to lead a healthy lifestyle*
(no) fumar *(not) to smoke*

el masaje
massage

EN EL GIMNASIO

el músculo *muscle*

calentarse (e:ie) *to warm-up*
entrenarse *to practice; to train*
estar en buena forma *to be in good shape*
hacer ejercicio *to exercise*
hacer ejercicios aeróbicos *to do aerobics*
hacer gimnasia *to work out*
mantenerse en forma *to stay in shape*
sudar *to sweat*

levantar pesas
to lift weights

hacer ejercicios de estiramiento
to do stretching exercises

la clase de ejercicios aeróbicos
aerobics class

recursos

WB pp. 149–150	LM p. 85	aventuras.vhlcentral.com Lección 15

Variación léxica
hacer ejercicios aeróbicos ⟷ hacer aeróbic (*Esp.*)

LA NUTRICIÓN

la caloría *calorie*
el colesterol *cholesterol*
la grasa *fat*
la merienda *(afternoon) snack*
los minerales *minerals*
la nutrición *nutrition*
la proteína *protein*

adelgazar *to lose weight; to slim down*
aumentar de peso *to gain weight*
consumir alcohol *to consume alcohol*
engordar *to gain weight*
estar a dieta *to be on a diet*
seguir una dieta equilibrada *to eat a balanced diet*

descafeinado/a *decaffeinated*

las vitaminas
vitamins

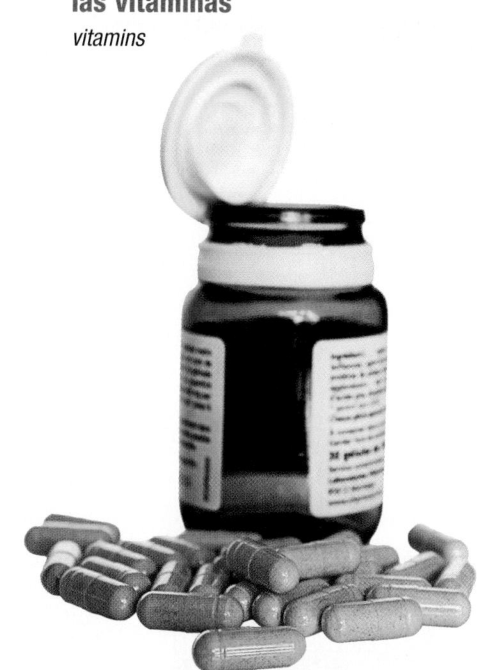

merendar (e:ie)
to have a(n) (afternoon) snack

la bebida alcohólica
alcoholic beverage

ADJETIVOS

activo/a *active*
débil *weak*
flexible *flexible*
sedentario/a *sedentary*
tranquilo/a *calm; quiet*

fuerte
strong

OTRAS PALABRAS Y EXPRESIONES

la droga *drug*
el/la drogadicto/a *drug addict*
el/la teleadicto/a *couch potato*

apurarse *to hurry; to rush*
darse prisa *to hurry; to rush*
sufrir muchas presiones *to be under a lot of pressure*
tratar de (+ *inf.*) *to try (to do something)*

en exceso *in excess; too much*
sin *without*

A escuchar

 **¿Lógico o ilógico?** Escucha las frases e indica si cada frase es **lógica** o **ilógica**.

	Lógico	Ilógico
1.	_______	_______
2.	_______	_______
3.	_______	_______
4.	_______	_______
5.	_______	_______
6.	_______	_______
7.	_______	_______
8.	_______	_______

2 Seleccionar Escucha el anuncio del gimnasio Sucre. Marca los servicios que se ofrecen.

_____ 1. dietas para adelgazar
_____ 2. programa para aumentar de peso
_____ 3. clases de gimnasia
_____ 4. entrenador personal
_____ 5. programas privados de pesas
_____ 6. clases de estiramiento
_____ 7. masajes
_____ 8. programa para dejar de fumar
_____ 9. programas para teleadictos
_____ 10. clases de ejercicios aeróbicos

A practicar

3 **Identificar** Identifica la palabra o expresión opuesta de la lista.

1. activo
2. adelgazar
3. débil
4. rígido
5. no tener prisa
6. estar sano
7. engordar
8. nervioso

apurarse	**mantenerse en forma**
aumentar de peso	**sedentario**
en exceso	**sin**
estar enfermo	**sudar**
flexible	**sufrir muchas presiones**
fuerte	**tranquilo**

4 **Combinar** Combina las frases de las dos columnas para formar ocho oraciones lógicas.

____ 1. David levanta pesas…	a. aumentó de peso por sufrir estrés.
____ 2. Estás en buena forma…	b. estiramiento.
____ 3. Felipe se lastimó…	c. presiones de sus pacientes.
____ 4. Mi hermano…	d. porque quieren adelgazar.
____ 5. Sara hace ejercicios de…	e. porque haces ejercicio.
____ 6. Mis primos están a dieta…	f. un músculo de la pierna.
____ 7. Para llevar una vida sana,	g. no se debe fumar.
____ 8. Los médicos sufren muchas…	h. y corre mucho.

5 **Describir** Describe lo que ocurre en los dibujos.

1.

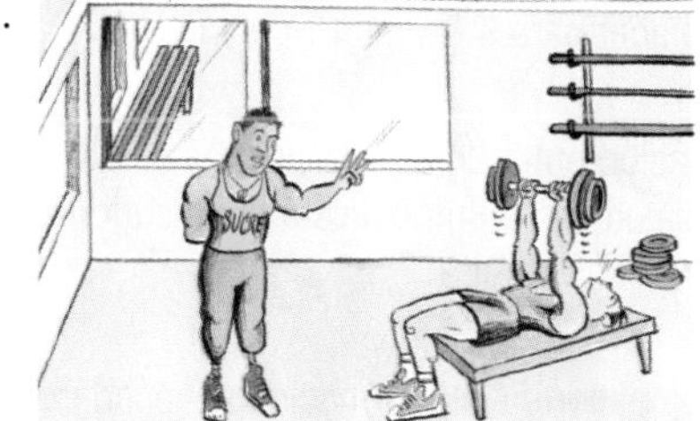

2.

3.

4.

A conversar

6 La nutrición En parejas, conversen sobre sus hábitos alimenticios (*eating habits*).

1. ¿Cuántas comidas con mucha grasa consumes regularmente? ¿Piensas que debes comer menos comidas de este tipo? ¿Por qué?
2. ¿Compras comidas con muchos minerales y vitaminas? ¿Necesitas consumir más comidas que los contienen? ¿Por qué?
3. ¿Tiene algún miembro de tu familia problemas con el colesterol? ¿Haces algo para cuidarte?
4. ¿Qué piensas de la idea de no comer carne u otros productos animales? ¿Es posible tener una dieta equilibrada sin comer carne?
5. ¿Consumes cafeína en exceso? ¿Cuáles son los productos que contienen cafeína? ¿Qué ventajas (*advantages*) y desventajas tiene la cafeína?
6. ¿Crees que llevas una vida sana? ¿Y tus amigos/as? ¿Crees que, en general, los estudiantes llevan una vida sana? ¿Por qué?

7 Un anuncio En grupos de cuatro, imaginen que son dueños/as de un gimnasio con un equipo (*equipment*) moderno, entrenadores cualificados y un(a) nutricionista. Preparen un anuncio para la televisión que atraiga (*attracts*) a nuevos clientes. Incluyan esta información.

- Las ventajas de estar en buena forma
- El equipo que tienen y las características únicas del gimnasio
- Los servicios y las clases que ofrecen
- La dirección y el teléfono del gimnasio
- El precio para los socios (*members*) del gimnasio

8 Recomendaciones En parejas, imaginen que están preocupados por los malos hábitos de un(a) amigo/a suyo/a que no está bien últimamente (*lately*). Escriban y representen un diálogo en el cual hablan de lo que está pasando en la vida de su amigo/a y los cambios que necesita hacer para llevar una vida sana.

9 El teleadicto Con un(a) compañero/a, representen una conversación entre un(a) nutricionista y un(a) teleadicto/a. La persona sedentaria habla de sus malos hábitos de salud. El/La nutricionista debe sugerir una dieta equilibrada y una rutina para mantenerse en forma.

10 El gimnasio perfecto Tu profesor(a) va a darles a ti y a tu compañero/a la información necesaria para completar esta actividad.

Las letras **b** y **v**

Since there is no difference in pronunciation between the Spanish letters **b** and **v**, spelling words that contain these letters can be tricky. Here are some tips.

nombre **blusa** **absoluto** **descubrir**

The letter **b** is always used before consonants.

bonita **botella** **buscar** **bienestar**

At the beginning of words, the letter **b** is usually used when it is followed by the letter combinations **-on, -or, -ot, -u, -ur, -us, -ien,** and **-ene.**

adelgazaba **disfrutaban** **ibas** **íbamos**

The letter **b** is used in the verb endings of the imperfect tense for **–ar** verbs and **ir**.

voy **vamos** **estuvo** **tuvieron**

The letter **v** is used in the present tense forms of **ir** and in the preterite forms of **estar** and **tener**.

octavo **huevo** **activa** **grave**

The letter **v** is used in these noun and adjective endings: **-avo/a, -evo/a, -ivo/a, -ave, -eve**.

 **Práctica** Completa las palabras con las letras **b** o **v**.

1. Una __ez me lastimé el __razo cuando esta__a __uceando.
2. Manuela ol__idó sus li__ros en el auto__ús.
3. Ernesto tomó el __orrador y se puso todo __lanco de tiza.
4. Para tener una __ida sana y saluda__le, necesitas tomar __itaminas.
5. En mi pue__lo hay un__ule__ar que tiene muchos ár__oles.

 **El ahorcado** Juega al ahorcado (*hangman*) para adivinar las palabras.

1. __ u __ __ s — Están en el cielo.
2. __ u __ __ n — Relacionado con el correo.
3. __ o __ e __ __ a — Está llena de líquido.
4. __ i __ __ e — Fenómeno meteorológico.
5. __ e __ __ __ __ __ __ s — Los "ojos" de la casa.

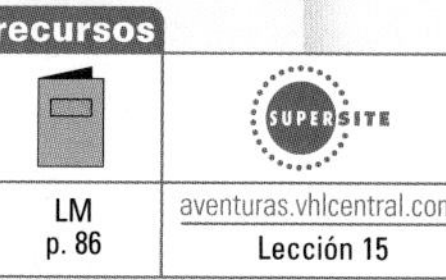

recursos
LM
p. 86
SUPERSITE
aventuras.vhlcentral.com
Lección 15

¡Qué buena excursión!

SUPERSITE

Martín y los estudiantes van de excursión a las montañas.

PERSONAJES

DON FRANCISCO

JAVIER

INÉS

ÁLEX

MAITE

MARTÍN

MARTÍN Buenos días, don Francisco.
DON FRANCISCO ¡Hola, Martín!
MARTÍN Ya veo que han traído lo que necesitan. ¡Todos han venido muy bien equipados!

MARTÍN Muy bien. ¡Atención, chicos! Primero hagamos algunos ejercicios de estiramiento…

MARTÍN Es bueno que se hayan mantenido en buena forma. Entonces, jóvenes, ¿ya están listos?
JAVIER ¡Sí, listísimos! No puedo creer que finalmente haya llegado el gran día.

DON FRANCISCO ¡Hola! ¡Qué alegría verlos! ¿Cómo les fue en la excursión?
JAVIER Increíble, don Efe. Nunca había visto un paisaje tan espectacular. Es un lugar estupendo. Saqué mil fotos y tengo montones de escenas para dibujar.

MAITE Nunca había hecho una excursión. ¡Me encantó! Cuando vuelva a España, voy a tener mucho que contarle a mi familia.

INÉS Ha sido la mejor excursión de mi vida. Amigos, Martín, don Efe, mil gracias.

ACTIVIDADES

1 Seleccionar Selecciona la opción que mejor completa cada frase.

1. Antes de salir, el grupo hace...
   a. ejercicios de estiramiento. b. ejercicios aeróbicos. c. gimnasia.
2. Los excursionistas ________ y hablaron en las montañas.
   a. descansaron b. caminaron, dibujaron c. sacaron fotos, disfrutaron del paisaje
3. Inés dice que ha sido la mejor excursión...
   a. del viaje. b. del año. c. de su vida.
4. La señora Vives les ha preparado...
   a. una cena especial. b. un día en las montañas muy especial. c. una excursión espectacular.

Para recordar **Antes de mirar este episodio, repasa el anterior.**

1. ¿Qué recomienda don Francisco que lleven los excursionistas?
2. ¿Qué le compraron Álex y Maite a Inés?
3. ¿Por qué hablaron Maite y Álex con un joven?
4. ¿Dónde estaba el supermercado?

MARTÍN ¡Fabuloso! ¡En marcha, pues!
DON FRANCISCO ¡Adiós! ¡Cuídense!

Martín y los estudiantes pasan ocho horas caminando en las montañas. Hablan, sacan fotos y disfrutan del paisaje. Se divierten muchísimo.

ÁLEX Sí, gracias, Martín. Gracias por todo.
MARTÍN No hay de qué. Ha sido un placer.

DON FRANCISCO Chicos, pues es hora de volver. Creo que la señora Vives nos ha preparado una cena muy especial.

Expresiones útiles

Getting ready to start a hike

Ya veo que han traído lo que necesitan.
I see that you have brought what you need.
¡Todos han venido muy bien equipados!
Everyone has come very well equipped!
¿(Están) listos?
(Are you) ready?
¡En marcha, pues!
Let's get going, then!

Talking about a hike

¿Cómo les fue en la excursión?
How did the hike go?
Nunca había visto un paisaje tan espectacular.
I had never seen such spectacular scenery.
Nunca había hecho una excursión. ¡Me encantó!
I had never gone on a hike before. I loved it!
Ha sido la mejor excursión de mi vida.
It's been the best hike of my life.

Courtesy expressions

Gracias por todo.
Thanks for everything.
Ha sido un placer.
It's been a pleasure.
¡Cuídense!
Take care!

2 **Completar** Completa las oraciones con estas expresiones: **aliviar el estrés, grasa, masaje, teleadicta, vitamina.**

1. A Javier le duelen los músculos. Necesita un ______________.
2. Don Francisco a veces sufre presiones y estrés en su trabajo. Debe hacer ejercicio para ________________.
3. A Inés le encanta salir con amigos o leer un buen libro. Ella nunca va a ser una ________________.
4. Álex trata de seguir una dieta equilibrada. Por ejemplo, trata de llevar una dieta sin mucha ________________.

3 **Minidrama** En grupos pequeños, preparen un minidrama sobre este episodio. Incluyan un evento dramático e inesperado que cambie el final.

BAJO LA LUPA

Spas naturales

¿Hay algo mejor que un buen baño° para descansar y aliviar la tensión? Y si el baño se toma en una terma°, el beneficio° es mayor. Los tratamientos con agua y lodo° para mejorar la salud y el bienestar son populares en Latinoamérica desde hace muchos siglos°. Las termas son manantiales° naturales de agua caliente. La temperatura facilita la absorción de minerales y otros elementos que el agua contiene y que son buenos para la salud.

Volcán de lodo El Totumo, Colombia

El agua de las termas se usa en piscinas, baños y duchas o en el sitio natural en el que surge° el agua: pozas°, estanques° o cuevas°.

En Baños de San Vicente, en Ecuador, son muy populares los tratamientos° con lodo volcánico. El lodo caliente se extiende por el cuerpo; así la piel° absorbe los minerales beneficiosos para la salud; también se usa para dar masajes. La lodoterapia es útil para tratar varias enfermedades, además hace que la piel se vea radiante.

Ecotermales en Arenal, Costa Rica

En Costa Rica, la actividad volcánica también ha dado° origen a fuentes° y pozas termales. Si te gusta cuidarte y amas la naturaleza, recuerda estos nombres: Las Hornillas y Las Pailas. Son pozas naturales de aguas termales que están cerca del volcán Rincón de la Vieja. ¡Un baño termal en medio de un paisaje tan hermoso es una experiencia única!

baño *bath* **terma** *hot spring* **beneficio** *benefit* **lodo** *mud* **siglos** *centuries* **manantiales** *springs* **surge** *springs forth* **pozas** *small pools* **estanques** *ponds* **cuevas** *caves* **tratamientos** *treatments* **piel** *skin* **ha dado** *has given* **fuentes** *springs* **balnearios** *spas* **cascadas** *waterfalls* **algas** *seaweed* **temazcales** *steam and medicinal herb baths*

Otros balnearios°

Todos ofrecen piscinas, baños, pozas y duchas de aguas termales y además...

Lugar	Servicios
El Edén y Yanasara, Curgos (Perú)	cascadas° de aguas termales
Montbrió del Camp, Tarragona (España)	baños de algas°
Puyuhuapi (Chile)	duchas de agua de mar; baños de algas
Termas de Río Hondo, Santiago del Estero (Argentina)	baños de lodo
Tepoztlán, Morelos (México)	temazcales° aztecas
Uyuni, Potosí (Bolivia)	baños de sal

ACTIVIDADES

1 **¿Cierto o falso?** Indica si lo que dicen las oraciones es **cierto** o **falso**. Corrige la información falsa.

1. Las aguas termales son beneficiosas para algunas enfermedades, incluido el estrés.
2. Los tratamientos con agua y lodo se conocen sólo desde hace pocos años.
3. Las termas son manantiales naturales de agua caliente.
4. La temperatura de las aguas termales no afecta la absorción de los minerales.
5. La lodoterapia es un tratamiento con barro.
6. Mucha gente va a Baños de San Vicente, Ecuador, por sus playas.
7. Las Hornillas y Las Pailas son pozas de aguas termales en Costa Rica.
8. Montbrió del Camp ofrece baños de sal.
9. Es posible ver aguas termales en forma de cascadas.
10. Tepoztlán ofrece temazcales aztecas.

ASÍ SE DICE

El ejercicio

los abdominales	*sit-ups*
la bicicleta estática	*stationary bicycle*
el calambre muscular	*(muscular) cramp*
el (fisi)culturismo; la musculación (Esp.)	*bodybuilding*
las flexiones de pecho; las lagartijas (Méx.); las planchas (Esp.)	*push-ups*
la (cinta) trotadora (Arg.; Chile)	**la cinta caminadora**

SUPERSITE

CONEXIÓN INTERNET

Do you know any Colombian athletes? Go to **aventuras.vhlcentral.com** to find out and to access these components:

- the **Flash Cultura** video
- more activities
- additional reading: **Una atleta versátil**

2 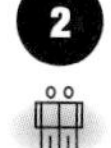 **Para sentirte mejor** Entrevista a un(a) compañero/a sobre sus hábitos de salud diarios y semanales y lo que le ayuda a sentirse mejor. Incluyan las actividades deportivas, la alimentación y lo que hacen en sus ratos libres.

recursos

¿Estrés? ¿Qué estrés?

1 Preparación ¿Sufres de estrés? ¿Qué situaciones te producen estrés? ¿Qué haces para combatirlo?

2 El video Mira el episodio de **Flash Cultura**.

Vocabulario

árabe	*Moorish, Arab*	**combatir el estrés**	*to fight against stress*
el bullicio	*hustle and bustle*	**el ruido**	*noise*

1 El tráfico, el ruido de las calles... Todos quieren llegar al trabajo a tiempo.

2 ...es un lugar donde la gente viene a "retirarse", a escapar del estrés y el bullicio de la ciudad.

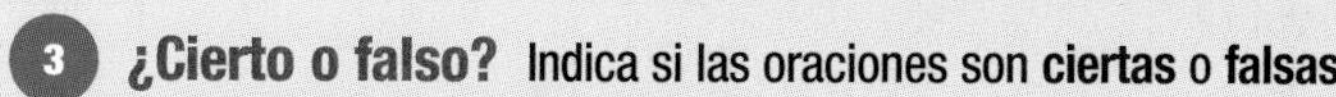

3 ¿Cierto o falso? Indica si las oraciones son **ciertas** o **falsas**.

1. Madrid es la segunda ciudad más grande de España, después de Barcelona.
2. Madrid es una ciudad muy poco congestionada (*congested*) gracias a los policías de tráfico.
3. Un turista estadounidense intenta saltearse la cola (*cut the line*) para conseguir unos boletos para un espectáculo.
4. En el Parque del Retiro, puedes descansar, hacer gimnasia, etc.
5. Los baños termales Medina Mayrit son de influencia cristiana.
6. En Medina Mayrit es posible bañarse en aguas termales, tomar el té y hasta comer.

15.1 Past participles used as adjectives

Forming past participles

- The past participles of English verbs often end in **–ed** (*to turn* → *turned*), but many are irregular (*to buy* → *bought; to drive* → *driven*).
- In Spanish, regular **–ar** verbs form the past participle with **–ado**. Regular **–er** and **–ir** verbs form the past participle with **–ido**.

INFINITIVE	STEM	PAST PARTICIPLE
bailar	bail-	bailado
comer	com-	comido
vivir	viv-	vivido

- You already know several past participles used as adjectives: **aburrido, cansado, interesado, nublado, perdido,** etc.

- Note that all irregular past participles, except for those of **decir (dicho)** and **hacer (hecho)**, end in **–to.**

Irregular past participles

abrir	abierto	morir	muerto
decir	dicho	poner	puesto
describir	descrito	resolver	resuelto
descubrir	descubierto	romper	roto
escribir	escrito	ver	visto
hacer	hecho	volver	vuelto

¡ojo! The past participles of **–er** and **–ir** verbs whose stems end in **–a**, **–e**, or **–o** carry a written accent mark on the **i** of the **–ido** ending.

caer	caído	oír	oído	sonreír	sonreído
creer	creído	reír	reído	traer	traído
leer	leído				

Práctica

1 Completar Completa estas oraciones con la forma adecuada del participio pasado.

1. El hombre ________ [describir] en ese panfleto es un entrenador personal de gimnasia.
2. Serena Williams es una atleta muy ________ [conocer].
3. ¿Está ________ [hacer] la cena?
4. Los libros ________ [usar] son más baratos que los nuevos.
5. Los documentos están ________ [firmar].
6. Creo que el gimnasio está ________ [abrir] veinticuatro horas al día.

2 Describir Completa las oraciones con las palabras de la lista. Haz los cambios necesarios.

estar cerrado	**estar aburrido**
estar muerto	**estar descrito**
estar roto	**estar firmado**
estar abierto	**no estar hecho**

1. Los estudiantes ________.

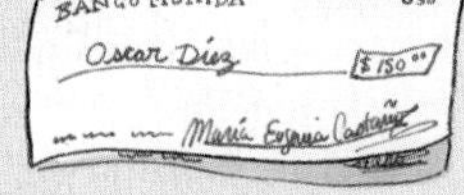

2. Los cheques ________.

3. La ventana ________.

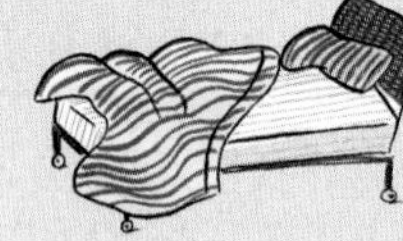

4. La cama ________.

5. La puerta ________.

6. El señor Vargas ________.

Conversación

3 **Preguntas** En parejas, túrnense para hacerse estas preguntas.

1. ¿Qué haces cuando no estás preparado/a para una clase?
2. ¿Qué haces cuando estás perdido/a en una ciudad?
3. ¿Está ordenado tu cuarto?
4. ¿Dejas la luz prendida en tu cuarto?
5. ¿Prefieres comprar libros usados o nuevos? ¿Por qué?
6. ¿Tienes mucho dinero ahorrado?
7. ¿Necesitas pedirles dinero prestado a tus padres?
8. ¿Quiénes están aburridos en la clase?
9. ¿Hay alguien que esté dormido en la clase?
10. ¿Cuándo está abierto el gimnasio de la universidad?

4 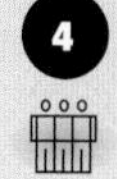 **Encuesta** Averigua quién de tus compañeros/as se identifica con estas descripciones. Anota sus respuestas y comparte los resultados con la clase.

Descripciones	Nombres	Respuesta
1. Tiene un electrodoméstico roto en casa. (¿Qué es?)	________	________
2. Lleva algo hecho en Europa o en un país hispano. (¿Qué es?)	________	________
3. Deja la puerta de su cuarto abierta por la noche. (¿Por qué?)	________	________
4. Toma café descafeinado. (¿Cuándo?)	________	________
5. Está interesado/a en trabajar en un banco. (¿Por qué?)	________	________
6. Le gusta comprar ropa usada (¿Dónde y por qué?)	________	________
7. Tiene un pariente o un(a) amigo/a muy conocido/a. (¿Quién?)	________	________
8. Es teleadicto/a. (¿Cuáles son sus programas favoritos?)	________	________

Past participles used as adjectives

La ventana está rota.

La puerta está abierta.

- In Spanish, as in English, past participles can be used as adjectives. They are often used with the verb **estar** to describe a condition or state that results from an action. Like other Spanish adjectives, past participles must agree in gender and number with the nouns they modify.

El gimnasio **está cerrado**.
The gym is closed.

En la entrada, hay algunos letreros **escritos** en español.
In the entrance, there are some signs written in Spanish.

El cheque ya **está firmado**.
The check is already signed.

Tenemos la mesa **puesta** y la cena **hecha**.
We have the table set and dinner made.

Revista Capital

Consejos financieros escritos por gente que sabe.

Inclusive si su negocio va mal, su compañía no está acabada. ¡Tenemos la solución y montones de ideas listas para poner en práctica!

¡Manos a la obra!

Indica la forma correcta del participio pasado de estos verbos.

1. hablar hablado
2. beber ________
3. decidir ________
4. romper ________
5. escribir ________
6. cantar ________
7. oír ________
8. traer ________
9. correr ________
10. leer ________
11. ver ________
12. hacer ________
13. morir ________
14. reír ________
15. mirar ________
16. abrir ________
17. decir ________
18. volver ________
19. poner ________
20. descubrir ________

15.2 The present perfect

- The present tense (**el pretérito perfecto de indicativo**) is used to talk about what someone *has done*. It is formed with the present tense of **haber** and a past participle.

Ya veo que han traído todo lo que necesitan.

Present indicative of *haber*

Singular forms		Plural forms	
yo	he	nosotros/as	hemos
tú	has	vosotros/as	habéis
Ud./él/ella	ha	Uds./ellos/ellas	han

Tú no **has cerrado** la puerta.
You haven't closed the door.

Yo ya **he leído** esos libros.
I've already read those books.

¿**Ha asistido** Juan a la clase?
Has Juan attended class?

Hemos presentado el proyecto.
We have presented the project.

- The past participle agrees with the noun when it functions as an adjective, but not when it is part of the present perfect tense.

Clara **ha abierto** las ventanas.
Clara has opened the windows.

Yo **he cerrado** la puerta.
I've closed the door.

Las ventanas están **abiertas**.
The windows are open.

La puerta está **cerrada**.
The door is closed.

- The present perfect is generally used just as in English: to talk about what *has occurred*. It usually refers to the recent past.

He trabajado cuarenta horas.
I have worked forty hours.

¿Cuál es el último libro que **has leído**?
What is the last book that you have read?

¡ojo! To say that someone has *just done something*, **acabar de** + [*infinitive*] is used.

Juan **acaba de llegar**.
Juan has just arrived.

Acabo de terminar mi tarea.
I have just finished my homework.

Ellos **acaban de salir**.
They have just left.

Acabamos de cenar.
We have just eaten dinner.

Práctica

1 Completar Completa estas oraciones sobre el estado de salud y bienestar de algunos estudiantes con el pretérito perfecto de indicativo de estos verbos.

adelgazar	**llevar**
aumentar	**seguir**
hacer	**sufrir**

1. Luisa __________ muchas presiones este año.
2. Juan y Raúl __________ de peso porque no hacen ejercicio.
3. Pero María __________ porque trabaja demasiado y siempre se olvida de comer.
4. Hasta ahora, yo __________ una vida muy sana.
5. Pero tú y yo no __________ gimnasia este semestre.
6. Tú tampoco __________ una dieta equilibrada recientemente.

2 Estilos de vida Indica si has hecho estas actividades. Sigue el modelo.

modelo

Encontrar un buen gimnasio
He encontrado un buen gimnasio. / Yo no he encontrado un buen gimnasio.

1. Tratar de estar en forma
2. Estar a dieta los últimos dos meses
3. Dejar de tomar refrescos
4. Hacerse una prueba de colesterol
5. Entrenarse cinco días a la semana
6. Cambiar de una vida sedentaria a una vida activa
7. Tomar vitaminas por las noches y por las mañanas
8. Practicar yoga para relajarse
9. Consumir mucha proteína
10. Quedarse despierto/a toda una noche
11. Levantar pesas tres días a la semana
12. Aliviar el estrés

Conversación

3 **¿Qué han hecho?** En parejas, describan lo que han hecho y lo que no han hecho estas personas. Usen la imaginación.

1. Jorge y Raúl

2. Natalia y Diego

3. Luisa

4. Ricardo

5. Jacobo

6. Carmen

4 **Describir** En parejas, piensen en una persona que conozcan bien o en una celebridad que lleva una vida muy sana. Luego, describan en un párrafo lo que la persona ha hecho para llevar una vida sana.

modelo

Lance Armstrong ha llevado una vida muy sana.
Ha hecho todo lo posible para mantenerse en forma.
Para ganar las competencias de bicicleta, él ha...

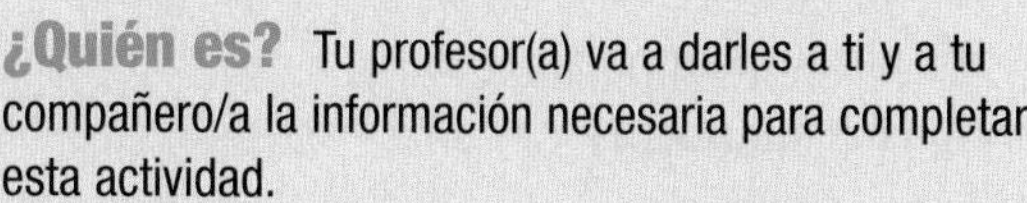

5 **¿Quién es?** Tu profesor(a) va a darles a ti y a tu compañero/a la información necesaria para completar esta actividad.

Using the present perfect

- **Haber** and the past participle cannot be separated by any word.

Siempre **hemos vivido** en Bolivia. *We have always lived in Bolivia.*	Usted nunca **ha venido** a mi oficina. *You have never come to my office.*

Creo que la señora Vives nos ha preparado una cena muy especial.

Gracias, Martín.
No hay de qué. Ha sido un placer.

- The word **no** and any object or reflexive pronouns are placed immediately before **haber**.

Yo **no he cobrado** el cheque. *I have not cashed the check.*	¿Por qué **no lo has cobrado**? *Why haven't you cashed it?*
Susana ya **lo ha hecho**. *Susana has already done it.*	Ellos **no lo han arreglado**. *They haven't fixed it.*

- In English, *to have* can be either a main verb or an auxiliary verb. As a main verb, it corresponds to **tener**; as an auxiliary, it corresponds to **haber**.

Tengo muchos amigos. *I have a lot of friends.*	No **he** visto el programa. *I have not seen the program.*
Tengo un problema. *I have a problem.*	**He** resuelto mi problema. *I have resolved my problem.*

- The present perfect of **hay** is **ha habido**.

Ha habido muchos problemas con el nuevo profesor. *There have been a lot of problems with the new professor.*	**Ha habido** un accidente en la calle Central. *There has been an accident on Central Street.*

¡Manos a la obra!

Indica el pretérito perfecto de indicativo de los siguientes verbos.

1. yo *he disfrutado, he comido, he vivido* [disfrutar, comer, vivir]
2. tú ________________ [traer, adelgazar, compartir]
3. usted ________________ [venir, estar, correr]
4. ella ________________ [leer, resolver, poner]
5. ellos ________________ [decir, romper, hacer]
6. nosotros ________________ [mantenerse, dormirse]
7. yo ________________ [estar, escribir, ver]
8. él ________________ [vivir, correr, morir]

15.3 The past perfect

- The past perfect indicative (**el pretérito pluscuamperfecto de indicativo**) is used to talk about what someone *had done* or what *had occurred* before another past action, event, or state. The past perfect uses the imperfect of **haber** plus the past participle.

Nunca había visto un paisaje tan espectacular.

Nunca había hecho una excursión.

Past perfect indicative

	cerrar	perder	asistir
yo	había cerrado	había perdido	había asistido
tú	habías cerrado	habías perdido	habías asistido
Ud./él/ella	había cerrado	había perdido	había asistido
nosotros/as	habíamos cerrado	habíamos perdido	habíamos asistido
vosotros/as	habíais cerrado	habíais perdido	habíais asistido
Uds./ellos/ellas	habían cerrado	habían perdido	habían asistido

Antes de 2006, **había vivido** aquí.
Before 2006, I had lived here.

Cuando llegamos, Luis ya **había salido**.
When we arrived, Luis had already left.

- The past perfect is often used with the word **ya** (*already*). Note that **ya** cannot be placed between **haber** and the past participle.

Ella **ya había empezado** cuando llamaron.
She had already begun when they called.

Cuando llegué a casa, Raúl **ya se había acostado**.
When I arrived home, Raúl had already gone to bed.

¡Manos a la obra!

Indica el pretérito pluscuamperfecto de indicativo de cada verbo.

1. Nosotros ya ___habíamos cenado___ [cenar] cuando nos llamaron.
2. Antes de tomar esta clase, yo no ____________ [estudiar] nunca el español.
3. Antes de ir a México, ellos nunca ____________ [ir] a otro país.
4. Eduardo nunca ____________ [entrenarse] antes de este año.
5. Tú siempre ____________ [llevar] una vida sana antes del año pasado.
6. Antes de conocerte, yo ya te ____________ [ver] muchas veces.

Práctica

1 Completar Completa los minidiálogos con las formas correctas del pretérito pluscuamperfecto de indicativo.

SARA Antes de cumplir los 15 años, ¿(1)____________ [estudiar] tú otra lengua?
JOSÉ Sí, (2) ____________ [tomar] clases de inglés y de italiano.

• • •

DOLORES Antes del 2007, ¿(3)____________ [viajar] tú y tu familia a Europa?
TOMÁS Sí, (4) ____________ [visitar] Europa tres veces.

• • •

ANTONIO Antes de este año, ¿(5)____________ [correr] usted en un maratón?
SRA. VERA No, nunca lo (6) ____________ [hacer].

• • •

SOFÍA Antes de su enfermedad, ¿(7)____________ [sufrir] muchas presiones tu tío?
IRENE Sí… y mi tío nunca (8) ____________ [mantenerse] en forma.

2 Quehaceres Indica lo que ya había hecho cada miembro de la familia antes de la llegada de la madre, la señora Ferrer.

3 Tu vida Indica si ya habías hecho las siguientes cosas antes de cumplir los dieciséis años.

1. Hacer un viaje en avión
2. Escalar una montaña
3. Escribir un poema
4. Leer una novela
5. Enamorarte
6. Tomar una clase de educación física
7. Montar a caballo
8. Ir de pesca
9. Manejar un carro
10. Navegar en Internet

Conversación

4 Oraciones En parejas, túrnense para completar estas oraciones, usando el pretérito pluscuamperfecto de indicativo.

1. Cuando yo llamé a mi mejor amigo/a la semana pasada, él/ella ya...
2. Antes de este año, mis amigos/as y yo nunca...
3. Hasta el año pasado, yo siempre...
4. Antes de cumplir los veinte años, mi mejor amigo/a...
5. Antes de cumplir los treinta años, mis padres ya...
6. Hasta que cumplí los dieciocho años, yo no...
7. Antes de este semestre, el/la profesor(a) de español no...
8. Antes de tomar esta clase, yo nunca...

5 Lo dudo Escribe cinco oraciones, algunas ciertas y otras falsas, sobre cosas que habías hecho antes de venir a la universidad. Luego, en grupos, túrnense para leer sus oraciones. Cada miembro del grupo debe decir "es cierto" o "lo dudo" después de cada una. Cada uno escribe la reacción de cada compañero/a para ver quién obtiene más respuestas ciertas.

modelo

Estudiante 1: *Cuando tenía diez años, ya había manejado el carro de mi papá.*

Estudiante 2: *Lo dudo.*

Estudiante 3: *Es cierto.*

6 Entrevista En parejas, preparen una conversación en la que un(a) periodista de televisión está entrevistando (*interviewing*) a un(a) actor/actriz famoso/a que está haciendo un video de ejercicios aeróbicos. El/La periodista le hace preguntas para descubrir esta información:

- Si siempre se había mantenido en forma antes de hacer este video
- Si había seguido una dieta especial antes de hacer este video
- Qué le recomienda a la gente que quiere mantenerse en forma
- Qué le recomienda a la gente que quiere adelgazar
- Qué va a hacer cuando termine este video

Español en vivo

¡Acabo de descubrir una nueva vida!
Hasta el año pasado, siempre había mirado la tele sentado en el sofá durante mis ratos libres. ¡Era un sedentario y un teleadicto! Había aumentado mucho de peso porque jamás había practicado ningún deporte.
Este año, he empezado a tener una dieta más sana y voy al gimnasio todos los días. He comenzado a ser una persona muy activa y he adelgazado. Disfruto de una vida sana y... ¡Me siento muy feliz!
Manténgase en forma.
Gimnasio Olímpico

Identificar

Identifica los ejemplos del pretérito pluscuamperfecto del indicativo en el anuncio.

Preguntas

1. ¿Cómo era la vida de este joven hasta el año pasado? ¿Cómo es ahora?
2. ¿Te identificas con algunos de los hábitos, presentes o pasados, de este joven? ¿Con cuáles?
3. ¿Qué les recomienda el joven del anuncio a los lectores (*readers*)?

Repaso

For more practice, go to **aventuras.vhlcentral.com.**

15.1 Past participles used as adjectives

1 **¡Ya está hecho!** Tus padres te piden ayuda para los quehaceres de la casa. Como eres un(a) hijo/a muy responsable, ya hiciste todo. Responde a sus preguntas.

modelo ¿Puedes planchar la ropa?
La ropa ya está planchada.

1. ¿Puedes arreglar la computadora?
2. ¿Puedes estacionar el carro en el garaje?
3. ¿Puedes apagar la luz del pasillo?
4. ¿Puedes preparar el almuerzo?
5. ¿Puedes sacudir los estantes?
6. ¿Puedes poner los cubiertos en la mesa?

2 **¡Qué miedo!** En parejas, imaginen que son compañeros/as de apartamento. Ayer, mientras ustedes estaban en clase, alguien rompió una ventana y entró a su apartamento. Describan a la policía lo que vieron cuando llegaron. Usen el participio pasado.

modelo *Cuando llegamos al apartamento, nuestra puerta estaba cerrada, pero la ventana estaba rota…*

15.2 The present perfect

3 **¡En forma!** Carlota ha estado durante la mañana en el gimnasio. Describe las actividades que ha hecho.

Hora	Actividades
6:30 a.m.	hacer ejercicios de estiramiento
7:00 a.m.	tomar clase de ejercicios aeróbicos
8:00 a.m.	levantar pesas
8:30 a.m.	recibir un masaje
9:00 a.m.	ducharse
9:30 a.m.	desayunar en la cafetería
10:00 a.m.	irse a su oficina

modelo *De seis y media a siete de la mañana, Carlota ha hecho ejercicios de estiramiento.*

4 **¡A dieta!** Emilio ha seguido una dieta especial durante tres meses. Lee su dieta y contesta las preguntas.

Desayuno	Almuerzo	Cena
una taza de café	ensalada de atún con verduras	pollo o pescado asado
cereal con leche	un pan	ensalada de tomate y queso
una manzana	una naranja	
	té helado sin azúcar	una copa de vino tinto

1. ¿Qué alimentos con proteínas ha consumido Emilio?
2. ¿Qué frutas ha comido?
3. ¿Te gustan los alimentos que ha comido Emilio?
4. ¿Crees que Emilio ha seguido una dieta equilibrada? ¿Por qué?
5. ¿Crees que Emilio ha engordado o adelgazado con esta dieta?
6. ¿Piensas que esta dieta ha mejorado la salud de Emilio? ¿Por qué?

5 **¿Alguna vez...?** En parejas, túrnense para hacerse estas preguntas. Usen el pretérito perfecto de indicativo en sus respuestas.

tomar una clase de yoga (tú)
Estudiante 1: *¿Alguna vez has tomado una clase de yoga?*
Estudiante 2: *No, nunca he tomado una clase de yoga, pero he hecho ejercicios para aliviar el estrés.*

1. levantar pesas (tu hermano/a)
2. tener problemas con el colesterol (tus papás)
3. entrenarse para un maratón (tu amigo/a)
4. llevar una vida sedentaria (tu hermano/a)
5. consumir alcohol en exceso (alguien que conoces)
6. seguir una dieta baja en grasas (tus amigos/as y tú)
7. ver televisión más de cinco horas en un día (tú)

15.3 The past perfect

6 **Oraciones** Forma oraciones con estos elementos. Usa el pretérito pluscuamperfecto de indicativo y haz los cambios necesarios.

1. Mi familia / siempre / tener / problemas / de colesterol
2. Nosotros / jamás / cuidar / nuestro / nutrición
3. Todos (nosotros) / llevar / vida / sedentario
4. En agosto / mis hermanos y yo / resolver / estar a dieta
5. Yo / no / ver / mis hermanos / en dos meses
6. En octubre / ellos / adelgazar / diez libras

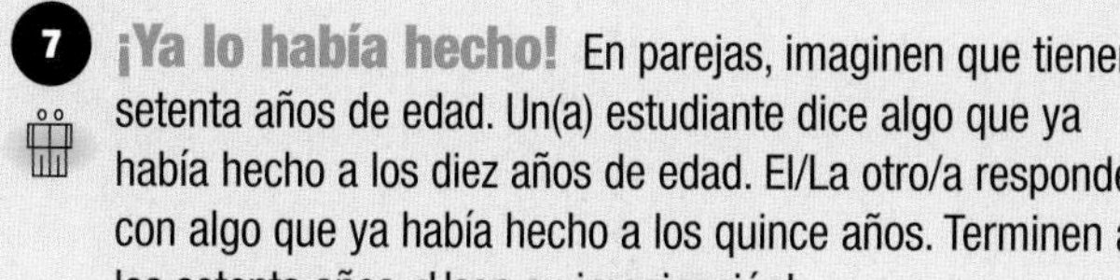

7 **¡Ya lo había hecho!** En parejas, imaginen que tienen setenta años de edad. Un(a) estudiante dice algo que ya había hecho a los diez años de edad. El/La otro/a responde con algo que ya había hecho a los quince años. Terminen a los setenta años. ¡Usen su imaginación!

modelo

Estudiante 1: *A los diez años de edad, ya había aprendido a hablar tres idiomas.*
Estudiante 2: *Antes de cumplir quince años, yo ya había conocido Nueva York.*
Estudiante 1: *Pues a los veinte años, yo…*

8 **Anuncio de radio** En parejas, preparen un anuncio de radio para vender las vitaminas Energía 2000. Describan qué productos habían tomado ustedes antes de probar estas vitaminas y cómo se habían sentido. Usen el pretérito pluscuamperfecto de indicativo y **antes de, cuando** y **nunca**. Presenten el anuncio a la clase.

modelo *¡Nunca nos habíamos sentido mejor!*

Síntesis

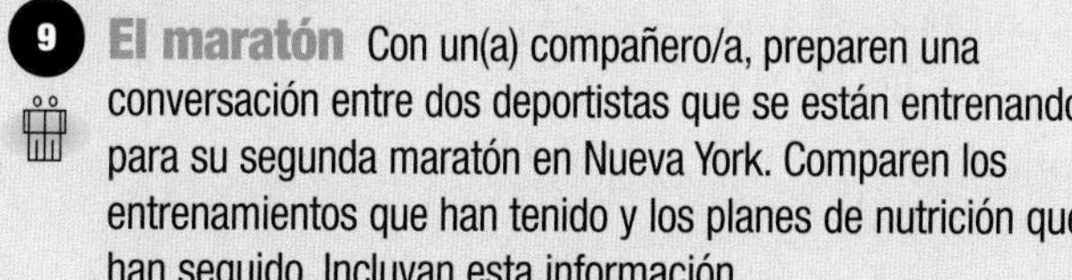

9 **El maratón** Con un(a) compañero/a, preparen una conversación entre dos deportistas que se están entrenando para su segunda maratón en Nueva York. Comparen los entrenamientos que han tenido y los planes de nutrición que han seguido. Incluyan esta información.

- ¿Cuántas horas a la semana se han entrenado? ¿Qué ejercicios han hecho?
- ¿Cómo ha sido su dieta? ¿Qué alimentos o bebidas no han consumido?
- ¿Cómo había sido su entrenamiento el año pasado? ¿Qué cosas habían hecho diferente el año pasado?
- ¿Se sienten preparados para ganar el maratón este año? ¿Por qué?

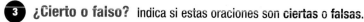

Videoclip

1 **Preparación** ¿Qué actitud tienes frente a las adversidades (*adversities*)? ¿Crees que son siempre algo negativo? ¿Por qué?

2 **El clip** Mira el cortometraje **Imposible es nada** de España.

Vocabulario	
ágil *agile*	**cómodo/a** *easy; comfortable*
el balón *ball*	**chico/a** *small (size)*

1 Mi nombre es Lionel Messi y ésta es mi historia.

2 Cuando tenía once años se me descubrió un problema de hormonas de crecimiento°…

crecimiento *growth*

3 **¿Cierto o falso?** Indica si estas oraciones son **ciertas** o **falsas**.

1. A Messi le habían descubierto una enfermedad cuando tenía veinte años.
2. Messi es un jugador poco ágil pero con mucho talento.
3. Su enfermedad ha afectado su estilo y forma de juego.
4. Messi piensa que de los problemas pueden resultar cosas buenas.

4 **¿Imposible?** En parejas, conversen sobre estas preguntas: ¿Tienen algún objetivo personal que parezca imposible? ¿Cuál es? ¿Qué personas son sus modelos? ¿Existe una presión social para ser exitoso/a todo el tiempo?

CONEXIÓN INTERNET

Go to **aventuras.vhlcentral.com** to watch the television clip featured in this section.

Ampliación

SUPERSITE

1 Escuchar

A Escucha lo que dice Ofelia Cortez de Bauer. Anota algunos de los cognados que escuchas y también la idea general del discurso.

TIP Listen for the gist and cognates. By listening for the gist, you can get the general idea of what you're hearing. Listening for cognates will help you to fill in the details.

Cognados	Idea general
________	________
________	________
________	________

Ahora indica si estas frases son **ciertas** o **falsas**.

Cierto	Falso	
___	___	1. La señora Bauer habla de la importancia de estar en buena forma.
___	___	2. Según la señora Bauer, es importante que todos sigan el mismo programa.
___	___	3. La señora Bauer participa en actividades individuales y de grupo.
___	___	4. Según la señora Bauer, el objetivo más importante de cada persona debe ser adelgazar.

B ¿Qué piensas de los consejos que ella da? ¿Hay otra información que ella debía haber incluido (*included*)?

2 Conversar

Con un(a) compañero/a, preparen una conversación entre el/la enfermero/a de la clínica de la universidad y un(a) estudiante que no se siente bien. Usen estas preguntas guía.

- ¿Qué problema tiene y de dónde viene?
- ¿Tiene buenos hábitos el/la estudiante?
- ¿Qué ha hecho el/la estudiante en los últimos meses? ¿Cómo se ha sentido?
- ¿Qué recomendaciones tiene el/la enfermero/a para el/la estudiante?
- ¿Qué va a hacer el/la estudiante para llevar una vida más sana?

recursos

WB	LM	SUPERSITE
pp. 151–156	pp. 87–89	aventuras.vhlcentral.com Lección 15

Ampliación

3 Escribir

Desarrolla un plan personal para mejorar tu bienestar físico y emocional. Considera la nutrición, el ejercicio y el estrés.

TIP Organize your information logically. To make your writing and message clearer to your readers, organize information chronologically, sequentially, or in order of importance.

Organízalo	Escribe tus objetivos. Anota lo que has hecho hasta ahora, lo que no has hecho y lo que todavía tienes que hacer para conseguir tus objetivos.
Escríbelo	Organiza tus apuntes y escribe el primer borrador de tu plan personal.
Corrígelo	Intercambia tu plan personal con un(a) compañero/a. Dale sugerencias para mejorar la organización. ¿Incluye toda la información pertinente? ¿Es lógica la organización? Si ves algunos errores, coméntaselos.
Compártelo	Prepara la versión final, tomando en cuenta los comentarios de tu compañero/a. Luego con otro/a compañero/a, comparen lo que han escrito. ¿Son similares sus planes? ¿Son diferentes?

4 Un paso más

Imagina que estás a cargo de (*in charge of*) promocionar una excursión de aventuras con actividades deportivas en algún país hispano. Crea un folleto (*brochure*) atractivo para vender la idea de la excursión. Luego compara tu folleto con los de tus compañeros/as.

- Escoge el país y los lugares que van a visitar.
- Describe las actividades deportivas y de aventura que van a hacer en cada lugar.
- Explica los aspectos de la excursión que son importantes para la salud.
- Incluye el costo del viaje.

CONEXIÓN INTERNET

Investiga estos temas en el sitio aventuras.vhlcentral.com.

- Actividades deportivas en el mundo hispano
- Turismo alternativo en el mundo hispano

SUPERSITE

Antes de leer

For dramatic effect and to achieve a smoother writing style, authors often do not explicitly supply the reader with all the details of a story. Clues in the text can help you infer those things the writer chooses not to state in a direct manner. You simply "read between the lines" to fill in the missing information and draw conclusions about the story.

Sobre la autora

Cristina Peri Rossi (1941) nació en Uruguay, pero ahora vive en España. En sus cuentos, novelas y poemas explora las pasiones, el aislamiento (*isolation*) y las incertidumbres (*uncertainties*) que sentimos como seres humanos (*human beings*).

14 *(De Indicios pánicos)*

Cristina Peri Rossi

Ella me ha entregado la felicidad dentro de una caja° bien cerrada, y me la ha dado, diciéndome:

—Ten cuidado, no vayas a perderla, no seas distraída, me ha costado un gran esfuerzo° conseguirla: los mercados estaban cerrados, en las tiendas ya no había y los pocos vendedores ambulantes que existían

se han jubilado, porque tenían los pies cansados. Ésta es la única que pude hallar° en la plaza, pero es de las legítimas. Tiene un poco menos brillo° que aquella que consumíamos mientras éramos jóvenes y está un poco arrugada°, pero si caminas bien, no notarás° la diferencia. Si la apoyas en alguna parte°, por favor, recógela antes de irte, y si decides tomar un ómnibus, apriétala° bien entre las manos: la ciudad está llena de ladrones° y fácilmente te la podrían arrebatar°.

Después de todas estas recomendaciones soltó° la caja y me la puso entre las manos. Mientras caminaba, noté que no pesaba° mucho pero que era un poco incómoda de usar: mientras la sostenía no podía tocar otra cosa, ni me animaba a dejarla depositada, para hacer las compras. De manera que no podía entretenerme, y menos aún, detenerme a explorar, como era mi costumbre. A la mitad de la tarde tuve frío. Quería abrirla, para saber si era de las legítimas, pero ella me dijo que se podía evaporar. Cuando desprendí° el papel, noté que en la etiqueta° venía una leyenda°:

"Consérvese sin usar."

Desde ese momento tengo la felicidad guardada en una caja. Los domingos de mañana la llevo a pasear, por la plaza, para que los demás me envidien° y lamenten su situación; de noche la guardo en el fondo del ropero°. Pero se aproxima el verano y tengo un temor: ¿cómo la defenderé° de las polillas°?

Después de leer

¿Comprendiste?

1. La persona que narra el cuento, ¿es hombre o es mujer?
2. El regalo, la felicidad, ¿fue fácil o difícil de conseguir?
3. ¿Dónde compró la persona la felicidad, en la calle o en una tienda?
4. Según la persona que la dio, ¿esta felicidad es de mejor o de peor calidad que la que tenía de joven?
5. Según ella, ¿hay mucho o poco riesgo (*risk*) de perder la felicidad?
6. ¿Por qué no puede abrir la caja la narradora?
7. Al final, ¿qué hace la narradora con la felicidad?

Preguntas

Responde a estas preguntas con oraciones completas.

1. ¿Qué debe hacer la narradora para cuidar la felicidad?
2. ¿Qué límites le impone la felicidad a la narradora?
3. ¿Cómo quiere la narradora que su felicidad afecte a otras personas?
4. ¿Por qué tiene miedo de las polillas la narradora?

Coméntalo

En parejas, conversen sobre estas preguntas: ¿Por qué a la persona le resulta (*results*) difícil conseguir la felicidad? ¿Por qué está encerrada en una caja? ¿Vale la pena (*Is it worth it*) tener la "felicidad" guardada en una caja sin usar? ¿Qué simboliza la felicidad en este cuento?

me… caja *handed me happiness in a box*
esfuerzo *effort*
la única que *the only one*
pude hallar *I could find*
brillo *shine*
arrugada *wrinkled*
no notarás *you won't notice*
Si… parte *If you set it down somewhere*
apriétala *hold it*
ladrones *thieves*
podrían *could*
arrebatar *snatch*
soltó *she let go of*
no pesaba *it didn't weigh*
desprendí *I took off*
etiqueta *label*
leyenda *inscription*
envidien *envy*
en… ropero *in the back of the closet*
defenderé *will I defend*
polillas *moths*

To hear a recording of this reading and for an additional reading, go to **aventuras.vhlcentral.com**

15 VOCABULARIO

El bienestar

el bienestar	*well-being*
la clase de ejercicios aeróbicos	*aerobics class*
la droga	*drug*
el/la drogadicto/a	*drug addict*
el masaje	*massage*
el músculo	*muscle*
el/la teleadicto/a	*couch potato*
adelgazar	*to lose weight; to slim down*
aliviar el estrés/ la tensión	*to relieve stress/ tension*
apurarse	*to hurry; to rush*
aumentar de peso	*to gain weight*
calentarse (e:ie)	*to warm up*
darse prisa	*to hurry; to rush*
disfrutar (de)	*to enjoy; to reap the benefits (of)*
engordar	*to gain weight*
entrenarse	*to practice; to train*
estar a dieta	*to be on a diet*
estar en buena forma	*to be in good shape*
(no) fumar	*(not) to smoke*
hacer ejercicio	*to exercise*
hacer ejercicios aeróbicos	*to do aerobics*
hacer ejercicios de estiramiento	*to do stretching exercises*
hacer gimnasia	*to work out*
levantar pesas	*to lift weights*
llevar una vida sana	*to lead a healthy lifestyle*
mantenerse en forma	*to stay in shape*
sudar	*to sweat*
sufrir muchas presiones	*to be under a lot of pressure*
tratar de (+ *inf.*)	*to try (to do something)*
activo/a	*active*
débil	*weak*
flexible	*flexible*
fuerte	*strong*
sedentario/a	*sedentary*
tranquilo/a	*calm; quiet*

La nutrición

la bebida alcohólica	*alcoholic beverage*
la caloría	*calorie*
el colesterol	*cholesterol*
la grasa	*fat*
la merienda	*(afternoon) snack*
los minerales	*minerals*
la nutrición	*nutrition*
la proteína	*protein*
las vitaminas	*vitamins*
consumir alcohol	*to consume alcohol*
merendar (e:ie)	*to have a(n) (afternoon) snack*
seguir una dieta equilibrada	*to eat a balanced diet*
descafeinado/a	*decaffeinated*

Palabras adicionales

en exceso	*in excess; too much*
sin	*without*

Expresiones útiles	*See page 391.*
Irregular past participles	*See page 394.*

16 El mundo del trabajo

Communicative Goals

You will learn how to:

- discuss the world of work
- talk about future plans
- reminisce
- express hopes

PARA EMPEZAR

- ¿Están estudiando o trabajando estas personas?
- ¿Llevan ellos ropa profesional?
- ¿Es posible que sean ingenieros?
- ¿Crees que él sufre de mucho estrés?

EL MUNDO DEL TRABAJO

el científico
scientist

LAS OCUPACIONES

- **el/la abogado/a** *lawyer*
- **la actriz** *actress*
- **el/la arqueólogo/a** *archaeologist*
- **el/la arquitecto/a** *architect*
- **el bailarín** *dancer*
- **la bailarina** *dancer*
- **el/la cantante** *singer*
- **el/la carpintero/a** *carpenter*
- **el/la consejero/a** *counselor; advisor*
- **el/la contador(a)** *accountant*
- **el/la corredor(a) de bolsa** *stockbroker*
- **el/la diseñador(a)** *designer*
- **el/la electricista** *electrician*
- **el/la escritor(a)** *writer*
- **el/la escultor(a)** *sculptor*
- **el/la gerente** *manager*
- **el hombre/la mujer de negocios** *businessperson*
- **el/la jefe/a** *boss*
- **el/la maestro/a** *elementary school teacher*
- **el/la pintor(a)** *painter*
- **el/la poeta** *poet*
- **el/la político/a** *politician*
- **el/la reportero/a** *reporter*
- **el/la secretario/a** *secretary*
- **el/la técnico/a** *technician*

el cocinero
cook; chef

la peluquera
hairdresser

el actor
actor

el bombero
firefighter

el psicólogo
psychologist

recursos

WB pp. 157–158	LM p. 91	SUPERSITE aventuras.vhlcentral.com Lección 16

Variación léxica

abogado/a ⟷ licenciado/a (*Amér. C.*)
contador(a) ⟷ contable (*Esp.*)

Se busca 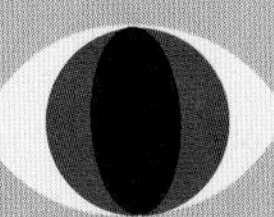

diseñador gráfico.

Ofrecemos excelentes beneficios.
Para mayor información,
diríjase a nuestra oficina principal,
Calle Castilla, no. 44.

el anuncio *advertisement*

LAS ENTREVISTAS

el/la aspirante *candidate; applicant*
los beneficios *benefits*
el/la entrevistador(a) *interviewer*
el puesto *position; job*
el salario *salary*
la solicitud (de trabajo) *(job) application*
el sueldo *salary*

contratar *to hire*
entrevistar *to interview*
ganar *to earn*
obtener *to obtain; to get*
solicitar *to apply (for a job)*

el currículum *résumé*

DATOS PERSONALES

Nombre y apellidos: **Carmela Roca**
Fecha de nacimiento: **14 de diciembre de 1985**
Lugar de nacimiento: **Salamanca**
D.N.I.: **7885270-R**
Dirección: **Calle Ferrara 17, 5**
37500 Salamanca
Teléfono: **923 270 118**
Correo electrónico: **rocac@teleline.com**

FORMACIÓN ACADÉMICA
- 2007-2009 Máster en Administración y Dirección de Empresas, Universidad Autónoma de Madrid
- 2003-2007 Licenciado en Administración y Dirección de Empresas por la Universidad de Salamanca

CURSOS Y SEMINARIOS
- 2004 "Gestión y Creación de Empresas", Universidad de Córdoba

EXPERIENCIA PROFESIONAL
- 2005-2007 Contrato de un año en la empresa RAMA, S.L., realizando tareas administrativas
- 2003-2005 Contrato de trabajo haciendo prácticas en Banco Sol

IDIOMAS
- INGLÉS Nivel alto. Título de la Escuela Oficial de Idiomas
- ITALIANO Nivel medio

INFORMÁTICA/COMPUTACIÓN
- Conocimientos de usuario de Mac / Windows
- MS Office

EL MUNDO DEL TRABAJO

el ascenso *promotion*
el aumento de sueldo *raise*
la carrera *career*
la compañía *company; firm*
el empleo *job; employment*
la empresa *company; firm*
la especialización *field of study*
los negocios *business; commerce*
la ocupación *occupation*
el oficio *trade*
la profesión *profession*
el teletrabajo *telecommuting*
el trabajo *job; work*
la videoconferencia *videoconference*

dejar *to quit; to leave behind*
despedir (e:i) *to fire*
invertir (e:ie) *to invest*
renunciar (a) *to resign (from)*
tener éxito *to be successful*

comercial *commercial; business-related*

la reunión *meeting*

la entrevista *interview*

A escuchar

1 **¿Lógico o ilógico?** Escucha las frases e indica si cada frase es **lógica** o **ilógica**.

	Lógico	Ilógico
1.	______	______
2.	______	______
3.	______	______
4.	______	______
5.	______	______
6.	______	______
7.	______	______
8.	______	______

2 **Escuchar** Escucha la descripción que hace Alejandro Dávila de su profesión y luego completa las oraciones con las palabras adecuadas.

1. Alejandro Dávila es un
   a. poeta. b. hombre de negocios. c. escultor.
2. El señor Dávila trabaja como ________ en una compañía multinacional.
   a. secretario b. técnico c. gerente
3. Al señor Dávila le interesaba ________ en la cual pudiera (*he could*) trabajar en otros países.
   a. una carrera b. un ascenso c. un aumento de sueldo
4. En sus negocios con empresas extranjeras, el señor Dávila prefiere
   a. usar las videoconferencias. b. conocer a la gente personalmente.
   c. mandar correos electrónicos.

recursos

aventuras.vhlcentral.com
Lección 16

A practicar

3 Completar Escoge la respuesta que completa cada oración.

1. Quiero conseguir un puesto con ____.
   a. oficios   b. beneficios   c. ocupación
2. Luisa tiene la oportunidad de ____ la empresa donde trabaja.
   a. despedir   b. entrevistar   c. invertir en
3. Mi vecino dejó su ____ porque no le gustaba su jefe.
   a. puesto   b. anuncio   c. ascenso
4. Raúl va a ____ su empleo antes de empezar su propia empresa.
   a. solicitar   b. tener éxito   c. renunciar a
5. Mi madre ____ su carrera como escultora.
   a. tuvo éxito en   b. invirtió   c. entrevistó
6. ¿Cuándo obtuviste ____ más reciente?
   a. la reunión   b. la videoconferencia   c. el aumento de sueldo
7. Jorge llegó tarde a la ____ esta mañana.
   a. reunión   b. especialización   c. carrera

4 Ocupaciones Escoge la ocupación que corresponde a cada definición.

el bombero	el corredor de bolsa
la cantante	el diseñador
la carpintera	la electricista
el científico	el maestro
la contadora	la técnica

1. Arregla las computadoras.
2. Enseña a los niños.
3. Diseña ropa.
4. Canta para el público.
5. Nos ayuda a iluminar nuestras casas.
6. Desarrolla teorías de biología, química, física, etc.
7. Construye (*Builds*) sillas, mesas, casas y otras cosas de madera (*wood*).
8. Ayuda a la gente a invertir su dinero.
9. Trabaja con números y arregla las cuentas de diferentes negocios.
10. Combate los incendios (*fires*) que destruyen edificios y bosques.

5 Asociaciones Escribe las profesiones que asocias con estas palabras.

1. pelo ____________
2. novelas ____________
3. emociones ____________
4. teatro ____________
5. periódico ____________
6. pinturas ____________
7. elecciones ____________
8. baile ____________
9. leyes ____________
10. consejos ____________

A conversar

6 Conversación Contesta las preguntas con un(a) compañero/a.

1. ¿Te gusta tu especialización?
2. ¿Lees los anuncios de empleos en el periódico con regularidad?
3. ¿Cómo te preparas para una entrevista?
4. ¿Obtienes siempre los puestos que quieres?
5. ¿Qué características tiene un(a) buen(a) jefe/a?
6. ¿Te gustaría más un teletrabajo o un trabajo en una oficina? ¿Por qué?
7. ¿Quieres tener tu propia empresa?
8. ¿Cuál es tu carrera ideal? ¿Por qué?

7 Entrevista Trabaja con un(a) compañero/a para representar los papeles de un(a) aspirante a un puesto de trabajo y el de un(a) entrevistador(a).

El/La entrevistador(a) debe describir...
- el empleo
- las responsabilidades
- el salario
- los beneficios.

El/La aspirante debe...
- presentar su experiencia
- obtener más información sobre el puesto.

Entonces...
- el/la entrevistador(a) debe decidir si va a contratar al/a la aspirante
- el/la aspirante debe decidir si va a aceptar el puesto.

8 Una feria de trabajo La clase va a organizar una feria (*fair*) de trabajo. Unos estudiantes son representantes de compañías y otros están buscando empleo.

Representantes
- Preparan carteles con el nombre de su compañía.
- Escriben los puestos de trabajo que ofrecen.
- Contestan las preguntas de los aspirantes y describen los puestos disponibles.
- Consiguen los nombres y referencias de los aspirantes.

Aspirantes
- Circulan por la feria de trabajo.
- Hablan con tres representantes y formulan preguntas sobre los puestos que tienen.
- Muestran sus referencias y sus currículums.
- Escogen el puesto que les gustó más.

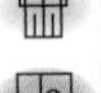

9 Crucigrama Tu profesor(a) va a darles a ti y a tu compañero/a la información necesaria para completar esta actividad.

Ortografía

SUPERSITE

Las letras *y*, *ll* y *h*

The letters **ll** and **y** were not pronounced alike in Old Spanish. Nowadays, however, **ll** and **y** have the same or similar pronunciations in many parts of the Spanish-speaking world. This similarity results in frequent misspellings. The letter **h**, as you already know, is silent in Spanish, and it is often difficult to know whether words should be written with or without it. Here are some of the word groups that are spelled with each letter.

talla **sello** **botella** **amarillo**

The letter **ll** is used in these endings: **–allo/a**, **–ello/a**, **–illo/a**.

llave **llega** **llorar** **lluvia**

The letter **ll** is used at the beginning of words in these combinations: **lla-**, **lle-**, **llo-**, **llu-**.

cayendo **leyeron** **oye** **incluye**

The letter **y** is used in some forms of the verbs **caer**, **leer**, and **oír**, and in verbs ending in **–uir**.

hiperactivo **hospital** **hipopótamo** **humor**

The letter **h** is used at the beginning of words in these combinations: **hiper-**, **hosp-**, **hidr-**, **hipo-**, **hum-**.

hiato **hierba** **hueso** **huir**

The letter **h** is also used in words that begin with these combinations: **hia-**, **hie-**, **hue-**, **hui-**.

Práctica Llena los espacios con **h**, **ll** o **y**. Después escribe una frase con cada una de las palabras.

1. cuchi___o
2. ___ielo
3. cue___o
4. estampi___a
5. estre___a
6. ___uésped
7. destru___ó
8. pla___a

Adivinanza Aquí tienes una adivinanza (*riddle*). Intenta descubrir de qué se trata.

Una cajita chiquita, blanca como la nieve: todos la saben abrir, nadie la sabe cerrar.[1]
Pista: Es una comida.

1 El huevo

recursos
LM p. 92
SUPERSITE aventuras.vhlcentral.com Lección 16

Memorias del viaje

SUPERSITE

Los viajeros recuerdan sus experiencias.

PERSONAJES

JAVIER

INÉS

ÁLEX

MAITE

1

INÉS

La excursión a las montañas fue lo que más me gustó del viaje. ¡El paisaje era tan hermoso! Me encantó que mis amigos pudieran disfrutar de la belleza de mi país. Además, fue una oportunidad para que Javier y yo pudiéramos conocernos. Sé que muy pronto será un artista famoso. Nos llevamos muy bien durante el viaje y creo que seremos buenos amigos.

3

JAVIER

Para mí, el paisaje de las montañas fue lo mejor del viaje. Tomé varias fotos e hice muchos dibujos. El próximo verano volveré para pintar más cuadros de lo que vi durante este viaje. Ahora soy un pintor desconocido... pero, cuando la gente vea esos cuadros, seré famoso. Estoy casi seguro de ello. Cuando vuelva, me gustaría que Inés, Maite y Álex vinieran conmigo. El viaje no sería tan divertido sin ellos.

ACTIVIDADES

1 Seleccionar Selecciona la opción más lógica para completar cada oración.

1. Inés cree que Javier será
   a. un bombero. b. un artista famoso.
   c. un científico.
2. Maite estaba sorprendida de que sus amigos le hubieran organizado
   a. una fiesta de cumpleaños. b. una excursión.
   c. una cena con Álex.
3. Javier volverá el próximo verano para
   a. correr. b. viajar.
   c. pintar.
4. Álex no quería que el viaje se acabara porque
   a. se le dañó la computadora. b. lo pasó muy bien.
   c. le gustó la comida de doña Rita.
5. Lo que más le gustó a Inés del viaje fue
   a. Javier. b. la excursión a la montaña.
   c. el restaurante El Cráter.

Para recordar **Antes de mirar este episodio, repasa el anterior.**

1. ¿Qué hicieron Martín y los estudiantes en la montaña?
2. ¿Por qué sacó Javier mil fotos?
3. ¿Quién nunca había hecho una excursión antes?
4. ¿Les gustó la excursión a todos?

2

ÁLEX

Hola, Mario:
Anoche volvimos a Quito. No quería que el viaje se acabara. Nos lo pasamos muy bien, incluso cuando se nos dañó el autobús cerca de Ibarra. Además, conocí a gente interesante, como Maite, que estudia para ser periodista. Durante el viaje, salimos juntos en varias ocasiones. Nunca se sabe, es posible que nos casemos un día de estos...

4

MAITE

El viaje fue estupendo. Me sorprendió que mis amigos me organizaran una fiesta de cumpleaños. Además, conocí a un chico encantador que se llama Álex. Me dijo que estaba pensando en empezar un negocio en internet. En un primer momento, dudé que llegáramos a ser buenos amigos. Pero ahora me gustaría conocerlo mejor. ¿Quién sabe? Quizás nos convirtamos en algo más que amigos...

Expresiones útiles

Talking about future plans

Sé que muy pronto será un artista famoso.
I know that he will be a famous artist very soon.
Creo que seremos buenos amigos.
I think we'll be good friends.
El próximo verano volveré para pintar más cuadros de lo que vi durante este viaje.
Next summer I'll return to paint more paintings of what I saw during this trip.
Cuando la gente vea esos cuadros, seré famoso.
When people see those paintings, I'll be famous.
Es posible que nos casemos un día de estos.
It's possible that we'll get married someday.

Reminiscing

Además, fue una oportunidad para que Javier y yo pudiéramos conocernos.
Besides, it was an opportunity for Javier and me to get to know each other.
Me sorprendió que mis amigos me organizaran una fiesta de cumpleaños en el restaurante El Cráter.
It surprised me that my friends organized a birthday party for me at El Cráter restaurant.
Dudé que llegáramos a ser buenos amigos.
I doubted that we would become good friends.
No quería que el viaje se acabara.
I didn't want the trip to end.

Expressing hopes and wishes

Pero ahora me gustaría conocerlo mejor.
But now I would like to get to know him better.
Me gustaría que ellos vinieran conmigo.
I would like them to come with me.

2 **Preguntas** Responde a estas preguntas.

1. ¿Se habían conocido Inés y Javier antes del viaje?
2. ¿Qué piensa Maite de Álex?
3. ¿Qué le gustó más del viaje a Javier?
4. ¿Qué opina Álex sobre su futuro con Maite?

3 **La reunión** En veinte años Maite, Álex, Inés y Javier se vuelven a reunir. En grupos, escriban un diálogo explicando qué ha pasado en sus vidas después del viaje. Representen el diálogo delante de la clase.

BAJO LA LUPA

Beneficios en los empleos

¿Qué piensas si te ofrecen un trabajo que te da treinta días de vacaciones pagadas? Los beneficios laborales° en los Estados Unidos, España e Hispanoamérica son diferentes en varios sentidos°. En España, por ejemplo, por ley federal los empleados tienen treinta días de vacaciones pagadas al año. Por otra parte, mientras que° en los Estados Unidos se otorga° una licencia por maternidad° de doce semanas, la ley° no especifica que sea pagada, esto depende de cada empresa. En muchos países hispanoamericanos las leyes dictan que esta licencia sea pagada. Países como Chile y Venezuela ofrecen a las madres trabajadoras° dieciocho semanas de licencia pagada.

Otra diferencia está en los sistemas de jubilación° de los países hispanoamericanos. Hasta la década de 1990, la mayoría de los países de Centroamérica y Suramérica tenía un sistema de jubilación público. Es decir que las personas no tenían que pagar directamente por su jubilación, sino que el Estado la administraba. Sin embargo, en los últimos años las cosas han cambiado en Hispanoamérica: desde hace más de una década ya, casi todos los países han incorporado el sistema privado° de jubilación, y en muchos países podemos encontrar los dos sistemas (público y privado) funcionando al mismo tiempo, como en Colombia, Perú o Costa Rica.

El currículum vitae

- El currículum vitae contiene información personal y es fundamental que sea muy detallado°. En general, mientras más páginas tenga, mejor.
- Normalmente incluye° la educación completa del aspirante, todos los trabajos que ha tenido e incluso sus gustos personales y pasatiempos.
- Puede también incluir detalles que no se suele incluir en los Estados Unidos: una foto del aspirante, su estado civil e incluso si tiene auto y de qué tipo.

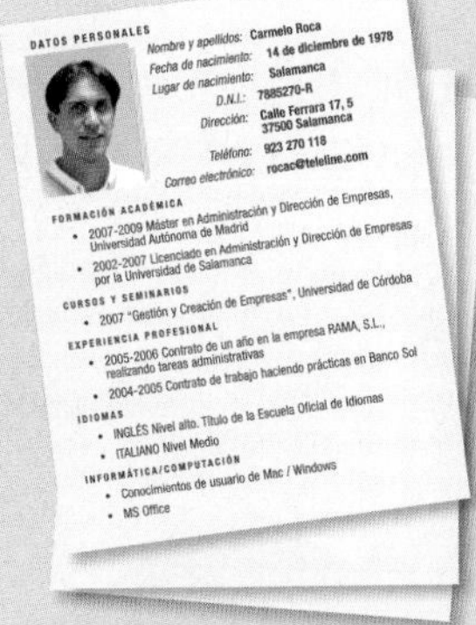

DATOS PERSONALES
Nombre y apellidos: **Carmelo Roca**
Fecha de nacimiento: **14 de diciembre de 1978**
Lugar de nacimiento: **Salamanca**
D.N.I.: **7885270-R**
Dirección: **Calle Ferrara 17, 5 37500 Salamanca**
Teléfono: **923 270 118**
Correo electrónico: **rocac@teleline.com**

FORMACIÓN ACADÉMICA
- 2007-2009 Máster en Administración y Dirección de Empresas, Universidad Autónoma de Madrid
- 2002-2007 Licenciado en Administración y Dirección de Empresas por la Universidad de Salamanca

CURSOS Y SEMINARIOS
- 2007 "Gestión y Creación de Empresas", Universidad de Córdoba

EXPERIENCIA PROFESIONAL
- 2005-2006 Contrato de un año en la empresa RAMA, S.L., realizando tareas administrativas
- 2004-2005 Contrato de trabajo haciendo prácticas en Banco Sol

IDIOMAS
- INGLÉS Nivel alto. Título de la Escuela Oficial de Idiomas
- ITALIANO Nivel Medio

INFORMÁTICA/COMPUTACIÓN
- Conocimientos de usuario de Mac / Windows
- MS Office

beneficios laborales *job benefits* varios sentidos *many ways* mientras que *while* se otorga *is given* licencia por maternidad *maternity leave* ley *law* madres trabajadoras *working mothers* jubilación *retirement* privado *private* detallado *detailed* incluye *includes*

ACTIVIDADES

1 **¿Cierto o falso?** Indica si lo que dicen estas oraciones es **cierto** o **falso**. Corrige la información falsa.

1. Los trabajadores de los Estados Unidos y los de España tienen beneficios laborales diferentes.
2. La licencia por maternidad es igual en Hispanoamérica y los Estados Unidos.
3. En Venezuela, la licencia por maternidad es de cuatro meses y medio.
4. En España, los empleados tienen treinta días de vacaciones al año.
5. Hasta 1990, muchos países hispanoamericanos tenían un sistema de jubilación privado.
6. En Perú sólo tienen sistema de jubilación privado.
7. En general, el currículum vitae hispano y el estadounidense tienen contenido distinto.
8. En Hispanoamérica, es importante que el currículum vitae tenga pocas páginas.

ASÍ SE DICE

El trabajo

la chamba (Méx.); el curro (Esp.); el laburo (Arg.); la pega (Chi.)	el trabajo
el/la cirujano/a	*surgeon*
la huelga, el paro (Esp.)	*strike*
el/la niñero/a	*babysitter*
el impuesto	*tax*

CONEXIÓN INTERNET

How do people in Spanish-speaking countries search for jobs? Go to **aventuras.vhlcentral.com** to find out and to access these components:

- the **Flash Cultura** video
- more activities
- additional reading: **Paseador de perros: ¿un oficio con futuro?**

2 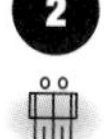 **Futuro laboral** En parejas, hagan una lista con al menos tres expectativas que tienen sobre su futuro como trabajadores/as y sobre el trabajo que quieren tener. ¿Conocen bien las reglas para conseguir un trabajo? ¿Les gustan? ¿Les disgustan? Luego van a exponer sus ideas ante la clase para un debate.

recursos

VM pp. 257–258	aventuras.vhlcentral.com Lección 16

El mundo del trabajo

1 Preparación ¿Trabajas? ¿Cuáles son tus metas (*goals*) profesionales?

2 El video Mira el episodio de **Flash Cultura**.

Vocabulario

el desarrollo	*development*	promover	*to promote*
el horario	*schedule*	las ventas	*sales*

Gabriela, ¿qué es lo más difícil de ser una mujer policía?

Nuestra principal estrategia de ventas es promover nuestra naturaleza…

3 Escoger Escoge la opción correcta de cada par de afirmaciones.

1. A. Todos los ecuatorianos que trabajan en Ecuador son muy felices en su trabajo.

B. En Ecuador, como en todos los países del mundo, hay personas que aman su trabajo y hay otras que lo odian.

2. A. El objetivo principal de la agencia Klein Tours es mostrar al mundo las maravillas de Ecuador.

B. La agencia de viajes Klein Tours quiere mostrar al mundo que tiene los empleados más fieles y profesionales de toda Latinoamérica.

16.1 The future tense

- You have already learned how to use **ir a** + [*infinitive*] to express the near future. You will now learn the future tense. Compare these different ways of expressing the future in Spanish.

Present indicative	Present subjunctive
Voy al cine mañana. *I'm going to the movies tomorrow.*	Ojalá **vaya al cine** mañana. *I hope I will go to the movies tomorrow.*

ir a + infinitive	Future
Voy a ir al cine. *I'm going to go to the movies.*	**Iré** al cine. *I will go to the movies.*

Future tense of regular verbs

	estudiar	aprender	recibir
yo	estudiaré	aprenderé	recibiré
tú	estudiarás	aprenderás	recibirás
Ud./él/ella	estudiará	aprenderá	recibirá
nosotros/as	estudiaremos	aprenderemos	recibiremos
vosotros/as	estudiaréis	aprenderéis	recibiréis
Uds./ellos/ellas	estudiarán	aprenderán	recibirán

¡ojo! All the forms of the future tense have written accents, except the **nosotros/as** form.

- In Spanish, the future tense consists of one word, whereas in English it is made up of the auxiliary verb *will* or *shall* and the main verb.

¿Cuándo **recibirás** el ascenso?
When will you receive the promotion?

Mañana **aprenderemos** más.
Tomorrow we will learn more.

- The future endings are the same for all verbs. For regular verbs, add the endings to the infinitive. For irregular verbs, add the endings to the irregular stem.

Irregular verbs in the future

INFINITIVE	STEM	FUTURE FORMS
decir	dir-	diré
hacer	har-	haré
poder	podr-	podré
poner	pondr-	pondré
querer	querr-	querré
saber	sabr-	sabré
salir	saldr-	saldré
tener	tendr-	tendré
venir	vendr-	vendré

Práctica

1 Planes Celia está hablando de sus planes. Repite lo que dice, usando el tiempo futuro.

modelo Voy a consultar un diccionario en la biblioteca.
Consultaré un diccionario en la biblioteca.

1. Julián me va a decir dónde puedo buscar trabajo.
2. Voy a buscar un puesto que ofrezca ascensos.
3. Álvaro y yo nos vamos a casar pronto.
4. Voy a obtener un puesto en mi especialización.
5. Mis amigos van a intentar (*try*) obtener un teletrabajo.

2 En el futuro Mario habla de sus planes para el futuro y de los planes de algunos amigos y parientes suyos. Forma oraciones con los elementos dados, usando el tiempo futuro.

1. Yo / estudiar / para / exámenes finales / mañana
2. Yo / tener / entrevista de trabajo / en una semana
3. La próxima semana / mis tíos / poner / anuncio para buscar un empleado
4. Pronto / mi hermana / dejar / puesto de cocinera
5. Mis padres / tener mucho éxito / como políticos
6. Mis amigos y yo / tener / puestos interesantes

3 Preguntas En parejas, túrnense para hablar del puesto que prefieren y por qué, basándose en los anuncios. Usen las preguntas como guía y hagan también sus propias preguntas.

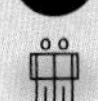

SE BUSCA DIRECTOR
de mercadeo para empresa privada. Mínimo de 5 años de experiencia en turismo y conexiones con INTUR (Instituto Nicaragüense de Turismo) y ANTUR (Asociación Nicaragüense de Turismo Receptivo). Debe hablar inglés, español y alemán. Salario anual: 306,000 córdobas. Horario flexible. Buenos beneficios. Envíe currículum por fax al 492-38-67.

MUEBLERÍA MANAGUA
busca carpintero/a. Experiencia en fabricación de muebles finos. Horario: lunes a viernes de 7:30 a 11:30 y de 1:30 a 5:30. Sueldo semanal: 462 córdobas (y beneficios). Comenzará inmediatamente. Solicite en persona: Calle El Lago, Managua.

1. ¿Cuál será tu trabajo?
2. ¿Qué harás?
3. ¿Cuánto te pagarán?
4. ¿Te ofrecerán beneficios?
5. ¿Qué horario tendrás?
6. ¿Crees que te gustará? ¿Por qué?
7. ¿Cuándo comenzarás a trabajar?
8. ¿Qué crees que aprenderás?

Conversación

4 **Conversar** Tú y tu compañero/a viajarán a la República Dominicana por siete días. En parejas, indiquen lo que harán y no harán. Digan dónde, cómo, con quién o cuándo lo harán, usando el anuncio como guía. Pueden usar sus propias ideas también.

modelo

Estudiante 1: *¿Qué haremos el martes?*
Estudiante 2: *Visitaremos el Jardín Botánico.*
Estudiante 1: *Pues, tú visitarás el Jardín Botánico y yo caminaré por el Mercado Modelo.*

¡Bienvenido a la República Dominicana!

Se divertirá desde el momento en que llegue al Aeropuerto Internacional de las Américas.

- Visite la ciudad colonial de **Santo Domingo** con su interesante arquitectura.
- Vaya al **Jardín Botánico** y disfrute de nuestra abundante naturaleza.
- En el **Mercado Modelo,** no va a poder resistir la tentación de comprar artesanías.
- No deje de escalar la montaña del **Pico Duarte** (se recomiendan 3 días).
- ¿Le gusta bucear? **Cabarete** tiene todo el equipo que Ud. necesita.
- ¿Desea nadar? **Punta Cana** le ofrece hermosas playas.

5 **Una empresa privada** En grupos pequeños, hagan planes para formar una empresa privada. Usen las preguntas como guía. Después presenten su plan a la clase.

1. ¿Cómo se llamará y qué tipo de empresa será?
2. ¿Cuántos empleados tendrá y cuáles serán sus oficios?
3. ¿Qué tipo de beneficios se ofrecerán?
4. ¿Quién será el/la gerente y quién será el/la jefe/a?
5. ¿Permitirá su empresa el teletrabajo? ¿Por qué?
6. ¿Qué se hará para que los empleados no dejen el trabajo?
7. ¿Dónde pondrán anuncios para buscar empleados?
8. ¿Qué harán los gerentes para que la empresa tenga éxito?

6 **Predicciones** En grupos pequeños, especulen sobre lo que ocurrirá en estos años: 2015, 2030 y 2050. Usen su imaginación. Luego compartan sus predicciones con la clase.

7 **El futuro de Cristina** Tu profesor(a) va a darles a ti y a tu compañero/a la información necesaria para completar esta actividad.

¡ojo! The future of **hay** (*inf.* **haber**) is **habrá** (*there will be*).

La próxima semana **habrá** dos reuniones.
Next week there will be two meetings.

Habrá muchos gerentes en la conferencia.
There will be many managers at the conference.

- Although the English verb *will* can refer to future time, it also refers to someone's willingness to do something. In this case, Spanish uses **querer** + [*infinitive*].

¿**Quieres llamarme**, por favor?
Will you please call me?

¿**Quieren ustedes escucharnos**, por favor?
Will you please listen to us?

- English sentences involving expressions such as *I wonder, I bet, must be, may, might,* and *probably* are often conveyed in Spanish using the future of probability. This use of the future tense expresses conjecture about *present* conditions, events, or actions.

—¿Dónde **estarán** mis llaves?
I wonder where my keys are?

—**Estarán** en la cocina.
They're probably in the kitchen.

—¿Qué hora **será**?
What time can it be? (I wonder what time it is?)

—**Serán** las once o las doce.
It must be (It's probably) eleven or twelve.

- The future may be used in the main clause of sentences in which the present subjunctive follows a conjunction of time such as **cuando, después (de) que, en cuanto, hasta que,** and **tan pronto como**.

Cuando llegues a la oficina, **hablaremos**.
When you arrive at the office, we will talk.

Saldremos tan pronto como termine su trabajo.
We will leave as soon as you finish your work.

Después de que obtengas el ascenso, te **invitaré** a cenar.
After you get the promotion, I'll invite you to dinner.

Hasta que contrate otro empleado, el jefe **tendrá** que hacer el trabajo.
Until he hires another employee, the boss will have to do the work.

¡Manos a la obra!

Conjuga los verbos indicados en futuro.

1. yo [dejar, correr, invertir] *dejaré, correré, invertiré*
2. tú [renunciar, beber, vivir] ______
3. Lola [hacer, poner, venir] ______
4. nosotros [tener, decir, querer] ______
5. ustedes [ir, ser, estar] ______
6. usted [solicitar, comer, repetir] ______
7. yo [saber, salir, poder] ______
8. tú [encontrar, jugar, servir] ______

16.2 The conditional tense 

- The conditional tense in Spanish expresses what you *would do* or what *would happen* under certain circumstances. In Lesson 7, you learned the polite expression **me gustaría...** (*I would like...*), which uses a conditional form of **gustar**.

The conditional tense

	visitar	comer	aplaudir
yo	visitaría	comería	aplaudiría
tú	visitarías	comerías	aplaudirías
Ud./él/ella	visitaría	comería	aplaudiría
nosotros/as	visitaríamos	comeríamos	aplaudiríamos
vosotros/as	visitaríais	comeríais	aplaudiríais
Uds./ellos/ellas	visitarían	comerían	aplaudirían

- The conditional endings are the same for all verbs and all forms carry a written accent. For regular verbs, add the endings to the infinitive. For irregular verbs, add the endings to the irregular stem.

INFINITIVE	STEM	CONDITIONAL
decir	dir-	diría
haber	habr-	habría
hacer	har-	haría
poder	podr-	podría
poner	pondr-	pondría
querer	querr-	querría
saber	sabr-	sabría
salir	saldr-	saldría
tener	tendr-	tendría
venir	vendr-	vendría

¡ojo! The conditional form of **hay** is **habría** (*there would be*).

- While in English the conditional is made up of the auxiliary verb *would* and a main verb, in Spanish it consists of one word.

Este aspirante **sería** perfecto para el puesto.
This candidate would be perfect for the job.

¿**Vivirían** ustedes en otro país por un trabajo?
Would you live in another country for a job?

Querría un puesto con un buen salario.
I would like a job with a good salary.

Ganarían más en otra compañía.
They would earn more at another company.

Práctica

1 Un viaje A la empresa Informática al Día le gustaría tener una conferencia en Puerto Rico. En estas oraciones, los empleados nos cuentan sus planes de viaje. Complétalas con el condicional del verbo indicado.

1. Me __________ [gustar] llegar unos días antes de la conferencia para viajar.
2. Ana y Rubén __________ [salir] primero a la playa para descansar.
3. Yo __________ [decir] que fuéramos a San Juan porque es una ciudad muy divertida.
4. Nosotras __________ [preferir] tener las reuniones por la mañana. Por la tarde __________ [poder] visitar la ciudad.
5. Y nosotros __________ [ver] la zona comercial de la ciudad. Y tú, Luisa, ¿qué __________ [hacer]?
6. El jefe __________ [tener] interés en hacer una videoconferencia. En el fin de semana él __________ [visitar] los museos.

2 Preguntas Forma preguntas con estos elementos. Luego inventa las respuestas. Usa el condicional.

modelo

hacer (ustedes) / videoconferencia / con / empresa en Chile
—*¿Harían ustedes una videoconferencia con una empresa en Chile?*
—*Sí, haríamos una videoconferencia con una empresa en Chile.*

1. contratar (tú) / un miembro de tu familia / para / puesto nuevo
2. invertir (ellos) / dinero / en / compañía nueva
3. solicitar (ella) / trabajo / de abogado
4. renunciar (tú) / puesto / por otro trabajo con mejores beneficios
5. tener (nosotros) / dinero / para empezar / empresa privada

3 Sugerencias Beatriz busca trabajo. Dile ocho cosas que tú harías si fueras (*if you were*) ella. Usa el condicional. Luego compara tus sugerencias con un(a) compañero/a.

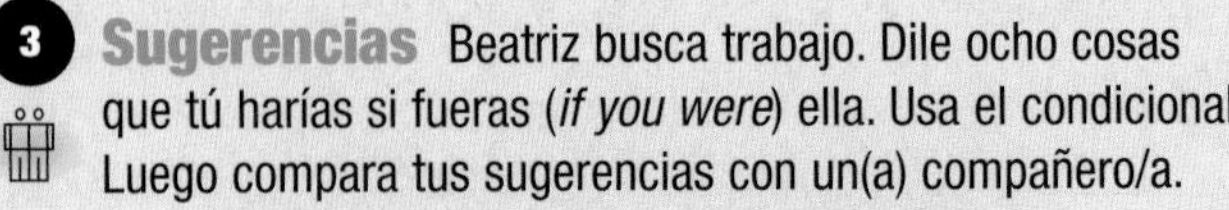

Conversación

4 **En tu lugar...** Lee las situaciones. Responde con lo que harías en esta situación usando la frase **Yo en tu lugar...** (*If I were you...*). Después, compara tus ideas con las de un(a) compañero/a.

modelo Me encanta mi puesto, pero mi jefe nunca me deja hablar.

Estudiante 1: *Me encanta mi puesto, pero mi jefe nunca me deja hablar.*
Estudiante 2: *Pues, yo en tu lugar, hablaría con mi jefe sobre este problema.*

1. El año pasado escogí la contabilidad como mi especialización, pero ahora he descubierto que no me gusta trabajar con números todo el día. Si cambio, mis padres quizás se enojen.
2. Me ofrecen un puesto interesantísimo, con un buen sueldo y excelentes beneficios, pero tiene un horario horrible. No volveré a ver a mis amigos jamás.
3. Mi peluquero es maravilloso, pero se va de viaje por dos meses a San Juan. Los otros peluqueros que trabajan en su salón no me gustan. Y tengo que hacer varias presentaciones públicas para mi empresa durante esos dos meses.

5 **¿Qué harías?** Quieres saber qué harían tus compañeros/as por un millón de dólares. Escribe ocho preguntas usando el tiempo condicional. Circula por la clase y hazles las preguntas a tus compañeros/as. Anota las respuestas e informa a la clase de los resultados de la encuesta.

modelo

Estudiante 1: *¿Trabajarías como cantante en Las Vegas?*
Estudiante 2: *Sí, lo haría. Sería un puesto muy interesante.*

Actividades	Nombre de compañero/a
______	______
______	______
______	______
______	______
______	______
______	______
______	______
______	______

Uses of the conditional

- The conditional is commonly used to make polite requests.

¿Podrías llamar al gerente, por favor?
Would you call the manager, please?

¿Sería tan amable de venir ahora?
Would you be so kind as to come now?

- In both Spanish and English, the conditional expresses the future in relation to a past action or state of being. The future indicates what *will happen,* whereas the conditional indicates what *would happen.* The future tense is often used if the main verb is in the present tense. The conditional is often used if the main verb is in one of the past tenses.

Creo que mañana **hará** sol.
I think it will be sunny tomorrow.

Creía que hoy **haría** sol.
I thought it would be sunny today.

- The English *would* can also mean *used to*, in the sense of past habitual action. To express past habitual actions, Spanish uses the imperfect.

Íbamos al parque los sábados.
We would go to the park on Saturdays.

De adolescentes, **comíamos** mucho.
As teenagers, we used to eat a lot.

- English sentences involving expressions such as *I wondered if, probably*, and *must have been* are often conveyed in Spanish using the conditional of probability. This use of the conditional expresses conjecture or probability about *past* conditions, events, or actions.

Serían las nueve cuando el jefe me llamó.
It must have been (It was probably) 9 o'clock when the boss called me.

Sonó el teléfono. **¿Llamaría** Tina para cancelar nuestra cita?
The phone rang. I wondered if it was Tina calling to cancel our date.

Sin ti, no sé qué haría.

Sólo tú sabes ordenar mi vida.

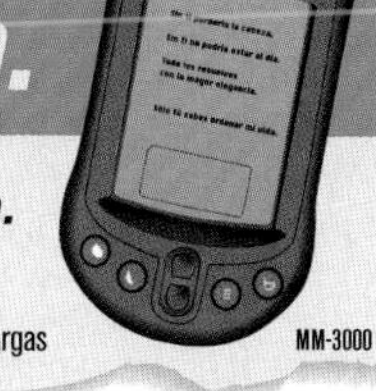

Computadoras de Bolsillo Vargas MM-3000

¡Manos a la obra!

Indica la forma apropiada del condicional de estos verbos.

1. yo [escuchar, leer, escribir] *escucharía, leería, escribiría*
2. tú [invertir, comprender, compartir] ______
3. Marcos [poner, venir, querer] ______
4. nosotras [ser, saber, ir] ______
5. ustedes [presentar, deber, despedir] ______
6. ella [salir, poder, hacer] ______
7. yo [tener, tocar, acostarse] ______
8. tú [decir, ver, renunciar] ______

16.3 The past subjunctive

- The past subjunctive (**el pretérito imperfecto de subjuntivo**) is also called the imperfect subjunctive. Like the present subjunctive, it is used mainly in multiple-clause sentences that express will, influence, emotion, commands, indefiniteness, and non-existence.

The past subjunctive

	estudiar	aprender	recibir
yo	estudiara	aprendiera	recibiera
tú	estudiaras	aprendieras	recibieras
Ud./él/ella	estudiara	aprendiera	recibiera
nosotros/as	estudiáramos	aprendiéramos	recibiéramos
vosotros/as	estudiarais	aprendierais	recibierais
Uds./ellos/ellas	estudiaran	aprendieran	recibieran

¡ojo! The past subjunctive endings are the same for all verbs. Also, note that the **nosotros/as** form always has a written accent.

- For *all* verbs, the past subjunctive is formed with the **Uds./ellos/ellas** form of the preterite. By dropping the **–ron** ending, you establish the stem for all the past subjunctive forms. You then add the past subjunctive endings.

INFINITIVE	PRETERITE FORM	STEM	PAST SUBJUNCTIVE
hablar	ellos habla~~ron~~	habla-	hablara, hablaras, habláramos
beber	ellos bebie~~ron~~	bebie-	bebiera, bebieras, bebiéramos
escribir	ellos escribie~~ron~~	escribie-	escribiera, escribieras, escribiéramos

- For verbs with irregular preterites, add the past subjunctive endings to the irregular stem.

INFINITIVE	PRETERITE FORM	STEM	PAST SUBJUNCTIVE
dar	die~~ron~~	die-	diera, dieras, diéramos
decir	dije~~ron~~	dije-	dijera, dijeras, dijéramos
estar	estuvie~~ron~~	estuvie-	estuviera, estuvieras, estuviéramos
hacer	hicie~~ron~~	hicie-	hiciera, hicieras, hiciéramos
ir/ser	fue~~ron~~	fue-	fuera, fueras, fuéramos
poder	pudie~~ron~~	pudie-	pudiera, pudieras, pudiéramos
poner	pusie~~ron~~	pusie-	pusiera, pusieras, pusiéramos
querer	quisie~~ron~~	quisie-	quisiera, quisieras, quisiéramos
saber	supie~~ron~~	supie-	supiera, supieras, supiéramos
tener	tuvie~~ron~~	tuvie-	tuviera, tuvieras, tuviéramos
venir	vinie~~ron~~	vinie-	viniera, vinieras, viniéramos

Práctica

1 Conversaciones Completa los minidiálogos con el pretérito imperfecto de subjuntivo de los verbos.

PACO ¿Qué le dijo el consejero a Andrés? Quisiera saberlo.
JULIA Le aconsejó que (1) ______ [dejar] los estudios de arte y que (2) ______ [estudiar] una carrera que (3) ______ [pagar] mejor.
PACO Siempre el dinero. ¿No se enojó Andrés de que le (4) ______ [aconsejar] eso?
JULIA Sí, y le dijo que no creía que ninguna carrera le (5) ______ [ir] a gustar más.

• • •

EVA Qué lástima que ellos no te (6) ______ [ofrecer] el puesto de gerente.
LUIS Querían a alguien que (7) ______ [tener] más experiencia.
EVA Pero, ¿cómo? ¿No te molestó que te (8) ______ [decir] eso?
LUIS No, porque les gustó mucho mi currículum. Me pidieron que (9) ______ [volver] en un año y (10) ______ [solicitar] el puesto otra vez.

• • •

CARLA Cuánto me alegro de que tus hijas (11) ______ [venir] ayer a visitarte. ¿Cuándo se van?
ANA Bueno, yo esperaba que (12) ______ [quedarse] dos semanas, pero no pueden. Ojalá (13) ______ [poder]. Hace muchísimo tiempo que no las veo.

2 Transformar Cambia las oraciones al pasado. Sigue el modelo.

modelo

Temo que Juanita no consiga el trabajo.
Temía que Juanita no consiguiera el trabajo.

1. Esperamos que Miguel no renuncie.
2. No hay nadie que responda al anuncio.
3. Me sorprende que ellos no inviertan su dinero.
4. Te piden que no llegues tarde a la oficina.
5. Juan quiere que Marta tome el puesto de contadora.
6. Siento mucho que no tengas éxito en el trabajo.
7. Quiero que te entrevistes con esta compañía.
8. Temen que usted no firme el contrato esta mañana.

Conversación

3 Preguntas Con un(a) compañero/a, contesten las preguntas.

1. De pequeño/a, ¿qué querías que hicieran tus padres?
2. Cuando eras niño/a, ¿esperaban tus padres que trabajaras en una profesión específica?
3. ¿Dudaban tus profesores que tú pudieras llegar a ser lo que querías?
4. ¿Insistían tus padres en que fueras a la universidad? ¿Insistían en otras cosas?
5. ¿Qué te aconsejaron tus amigos que hicieras para tener éxito?
6. ¿Cuál esperabas que fuera tu profesión?

4 Minidiálogos Trabajen en parejas. Uno/a de ustedes ha comprado una casa; la otra persona es el/la gerente de la empresa responsable de las reformas (*improvements*) de la casa. El/La cliente/a llama al/a la gerente para quejarse (*to complain*). Usen estas palabras y el modelo como guía.

modelo el/la técnico/a / conectar / módem

Estudiante 1: *Le pedí al técnico que conectara el módem, pero todavía no ha venido.*
Estudiante 2: *No se preocupe. Yo también le pedí al técnico que fuera a su casa.*

1. el/la electricista / poner / electricidad
2. el/la carpintero/a / construir / balcón
3. el/la diseñador(a) / escoger / muebles
4. el/la pintor(a) / pintar / paredes

5 Situación Claudia dejó su puesto por la forma en que le hablaba el gerente, por el aumento que les dieron a otros empleados (¡pero no a ella!) y por el horario que no le permitía seguir con sus clases. Con un(a) compañero/a, prepara una conversación entre Claudia y el gerente.

modelo

Estudiante 1: *No estoy contenta. No me dieron un aumento de sueldo.*
Estudiante 2: *¿Quería usted que le diéramos un aumento? ¡No lo sabía!*

Past subjunctive of stem-changing verbs

- **–Ir** stem-changing verbs and other verbs with spelling changes follow a similar process to form the past subjunctive.

INFINITIVE	PRETERITE FORM	STEM	PAST SUBJUNCTIVE
preferir	prefirie~~ron~~	prefirie-	prefiriera, prefirieras, prefiriéramos
repetir	repitie~~ron~~	repitie-	repitiera, repitieras, repitiéramos
dormir	durmie~~ron~~	durmie-	durmiera, durmieras, durmiéramos
conducir	conduje~~ron~~	conduje-	condujera, condujeras, condujéramos
creer	creye~~ron~~	creye-	creyera, creyeras, creyéramos
destruir	destruye~~ron~~	destruye-	destruyera, destruyeras, destruyéramos
oír	oye~~ron~~	oye-	oyera, oyeras, oyéramos

No pensé que pudiera terminar la excursión.

Martín mostró mucho interés en que aprendiéramos sobre el medio ambiente.

- The past subjunctive is used in the same contexts and situations as the present subjunctive, except that it generally describes actions, events, or conditions that have already happened. The verb in the main clause is usually in the preterite or the imperfect.

Me pidieron que no **llegara** tarde.
They asked me not to arrive late.

Ellos querían que yo les **escribiera**.
They wanted me to write to them.

¡ojo! Quisiera is often used to make polite requests.

Quisiera hablar con Marco.
I would like to speak to Marco.

¿**Quisiera** usted algo más?
Would you like anything else?

¡Manos a la obra!

Completa estas oraciones con el pretérito imperfecto de subjuntivo.

1. Quería que tú vinieras [venir] más temprano.
2. Esperábamos que ustedes ________ [hablar] mucho más en la reunión.
3. No creían que yo ________ [poder] hacerlo.
4. Se opuso a que nosotros ________ [invertir] el dinero ayer.
5. Sentí mucho que usted no ________ [estar] con nosotros anoche.
6. No era necesario que ellas ________ [hacer] todo.
7. Me pareció increíble que tú ________ [saber] dónde encontrarlo.
8. No había nadie que ________ [creer] tu historia.
9. Mis padres insistieron en que yo ________ [ir] a la universidad.
10. Queríamos salir antes de que ustedes ________ [llegar].

Repaso

For more practice, go to **aventuras.vhlcentral.com.**

16.1 The future tense

1 **Los detalles del trabajo** ¡Felicidades! Obtuviste el empleo que querías. Completa el diálogo con tu nuevo jefe sobre los detalles de tu próximo trabajo. Usa el tiempo futuro.

TÚ Gracias por ofrecerme el puesto de contador. ¿Cuándo ______ (empezar) a trabajar?
JEFE ______________________________
TÚ ¿Cuántos días de vacaciones ______ (tener) al año?
JEFE ______________________________
TÚ ¿Cuándo ______ (obtener) un aumento de sueldo?
JEFE ______________________________
TÚ ¿Cuáles ______ (ser) mis beneficios?
JEFE ______________________________
TÚ ¿______ (Poder) tener una computadora?
JEFE ______________________________
TÚ ¿Dónde ______ (estar) mi oficina?
JEFE ______________________________

2 **¿Qué ocurrirá...?** Completa estas frases de una manera lógica usando el tiempo futuro.

modelo En cuanto Javier termine su especialización, él... *obtendrá un ascenso.*

1. Tan pronto como nos graduemos, nosotros...
2. Después de que el gerente me entreviste, yo...
3. En cuanto Eva llene la solicitud de trabajo, ella...
4. Hasta que obtengan un aumento de sueldo, ellos...
5. Cuando contratemos a una secretaria, ustedes...
6. Después de que te expliquen los beneficios del puesto, tú...

3 **¿Cuál será su profesión?** En parejas, utilicen el futuro de probabilidad para hacerse preguntas y responder sobre la profesión que creen que tienen las personas.

modelo **Estudiante 1:** *¿Trabajará este hombre en un banco?*
Estudiante 2: *Creo que no. ¿Tendrá que trabajar mucho?*

16.2 The conditional tense

4 **El gerente dijo que...** Tu empresa contrató a un gerente nuevo. Lee el discurso que dio en su primer día de trabajo. Después, cuéntale a tu novio/a lo que dijo el gerente, usando el condicional.

"Habrá muchos cambios en la empresa. Mejoraré los beneficios de los trabajadores, pero no aumentaré los sueldos. Despediré a los empleados perezosos (*lazy*). Tendremos una reunión todos los lunes a las siete de la mañana. Y juntos, solucionaremos los problemas de la compañía. ¡Será un buen año!"

modelo *El gerente nuevo dijo que habría muchos cambios en la empresa...*

5 **Peticiones** En parejas, túrnense para hacer preguntas y responder con la información indicada. Usen **¿Podrías...?, ¿Serías tan amable de...?** y **por favor** en sus preguntas. Contesten en forma negativa a cada petición *(request)*.

modelo darme información acerca del puesto

Estudiante 1: *¿Podrías darme información acerca del puesto, por favor?*
Estudiante 2: *Te la daría, pero no puedo. El gerente hablará contigo.*

1. explicarme mis beneficios
2. ayudarme a escribir mi currículum
3. enviarme una solicitud de trabajo
4. decirme el sueldo que ofrecen
5. hablarnos de tu experiencia profesional
6. venir a una entrevista
7. decirme qué hora es
8. contratarme lo antes posible
9. organizar una teleconferencia
10. entrevistar al aspirante para contador

6 **Situaciones** En parejas, túrnense para decir qué harían en estas situaciones.

- Estás perdido/a en un país donde no hablan tu lengua. Es de noche y tu automóvil está descompuesto.
- Tu computadora no funciona y tienes que imprimir un trabajo final. Son las once de la noche y tienes que dárselo a tu profesor a las ocho de la mañana.
- Hoy es el cumpleaños de tu novio/a, pero se te olvidó. No le compraste ningún regalo.
- Estás en un restaurante y llega Antonio Banderas a cenar. Se sienta en una mesa cerca de ti.

16.3 The past subjunctive

7 **Reacciones** Tu hermano y tú son cantantes famosos. Pero en el pasado, su familia y amigos les decían que siguieran otra profesión. Escribe las reacciones que tenían.

A mis padres les molestaba mucho que	(no) escoger la profesión de cantantes
Mis mejores amigos nos insistían en que	(no) ser arquitectos
A mi abuelo le sorprendía siempre que	(no) tener éxito
Mi novia nos sugería que	(no) aprender a cantar
Los maestros nos recomendaban que	(no) ganar mucho dinero
Ustedes se alegraban de que	(no) hacer el ridículo
Tú nos decías que era muy difícil que	(no) estudiar otra especialización

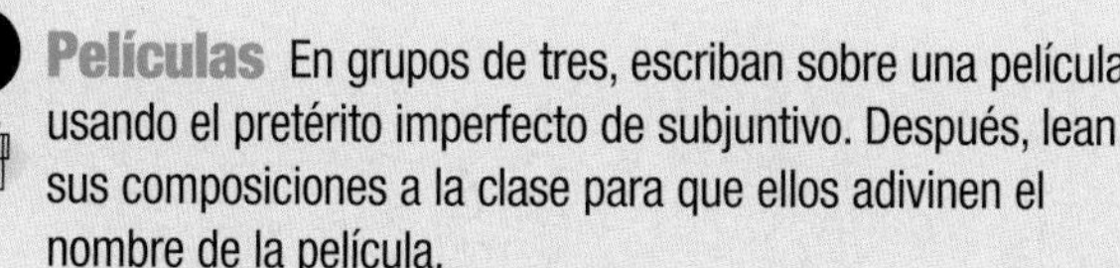

8 **Películas** En grupos de tres, escriban sobre una película, usando el pretérito imperfecto de subjuntivo. Después, lean sus composiciones a la clase para que ellos adivinen el nombre de la película.

modelo

Willy no quería que nadie entrara a su empresa. Le daba miedo que alguien robara su receta para hacer chocolates. Por eso, contrataba a pequeñas personas para que manejaran las máquinas. Un día, decidió invitar a cinco niños a que visitaran su fábrica... (Charlie and the Chocolate Factory)

Síntesis

9 **Cambio de profesión** Con un(a) compañero/a, preparen una conversación entre un(a) psicólogo/a y un(a) cocinero/a que no está contento/a con su profesión. El/La psicólogo/a escucha a la persona hablar sobre su vida y después recomienda futuras acciones. Incluyan esta información en su conversación. Luego preséntenla a la clase.

- ¿Que profesión querían tus padres que tú siguieras?
- ¿Qué especialización querías estudiar?
- ¿Cambiarías de profesión en este momento?
- ¿Cómo te sentirías si cambiaras de empleo?
- ¿Qué acciones recomienda el/la psicólogo/a para que esta persona sea más feliz?
- ¿Qué va a hacer el/la cocinero/a para encontrar una nueva ocupación?

Videoclip

1 **Preparación** ¿Qué sabes de El Salvador? Haz una lista de cinco elementos que esperas ver en un video sobre El Salvador.

2 **El clip** Mira el reportaje **Turismo a Suchitoto.**

Vocabulario

aislado *isolated*	**las artesanías** *crafts*
complacer *to please*	**desarrollo** *development*

1 ¿Cuál es el atractivo que tiene para usted el pueblo?

2 Y es que la estrategia en Suchitoto no es complacer al turista, sino permitir la expresión cultural para atraer a los turistas.

3 **¿Cierto o falso?** Indica si estas oraciones son **ciertas** o **falsas**.

1. Suchitoto fue casi destruido durante la guerra civil
2. El turismo en Suchitoto se centra en el patrimonio cultural.
3. Las artesanías son importantes en la economía de Suchitoto.
4. El gobierno no participa en el desarrollo de Suchitoto.

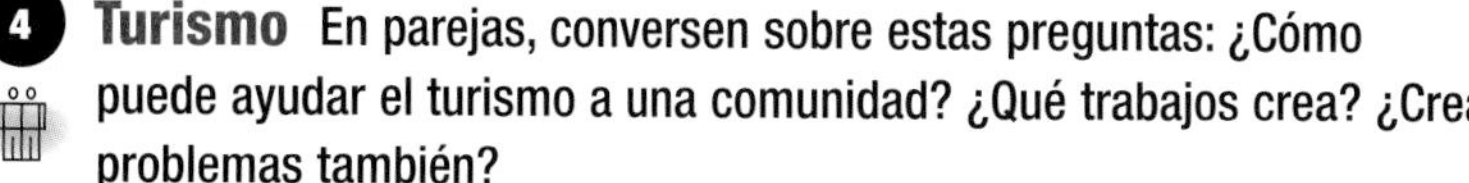

4 **Turismo** En parejas, conversen sobre estas preguntas: ¿Cómo puede ayudar el turismo a una comunidad? ¿Qué trabajos crea? ¿Crea problemas también?

CONEXIÓN INTERNET

Go to **aventuras.vhlcentral.com** to watch the television clip featured in this section.

Ampliación

1 Escuchar

A Escucha la entrevista de la señora Sánchez y Rafael Ventura Romero. Antes de escucharla, prepara una lista de la información que esperas oír, según tu conocimiento previo (*prior knowledge*) del tema.

TIP Use background knowledge. / Listen for specific information. Knowing the subject of what you are going to hear will help you use your background knowledge to anticipate words and phrases that you are likely to hear, and to determine important information that you should listen for.

Llena el formulario con la información necesaria. Si no oyes un dato (*piece of information*) que necesitas, escribe *Buscar en el currículum*. ¿Oíste toda la información de tu lista?

Puesto solicitado ______________________

Nombre y apellidos del solicitante ______________________

Dirección ______________ **Tel.** ______________

Educación ______________________

Experiencia profesional: Puesto ______________________

Empresa ______________________

¿Cuánto tiempo? ______________________

Referencias:

Nombre ______________________

Dirección ______________ Tel. ______________

Nombre ______________________

Dirección ______________ Tel. ______________

B ¿Cómo sabes si los resultados de la entrevista han sido positivos para Rafael Ventura?

____

2 Conversar

Con un(a) compañero/a, conversen sobre sus planes para el futuro. Incluyan esta información en su conversación.

- *¿Qué profesión u oficio seguirás en el futuro?*
- *¿Por qué te interesa esta carrera?*
- *¿Qué se necesita hacer para tener éxito?*
- *¿Te mudarías de país por un puesto excelente?*

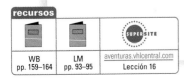

recursos

WB pp. 159–164	LM pp. 93–95	SUPERSITE aventuras.vhlcentral.com Lección 16

Ampliación

3 Escribir

Escribe una composición sobre tus planes para el futuro. Formula planes para tu vida personal, profesional y financiera. Termina tu composición con una lista de metas (*goals*).

TIP Use note cards. Note cards (**fichas**) can help you organize and sequence your information. Label the top of each card with a general subject, such as **lugar** or **empleo**. Number the cards so you can easily flip through them to find information.

Organízalo	Utiliza fichas para apuntar cada plan o meta para el futuro. Asigna un año a cada meta.
Escríbelo	Organiza tus fichas y escribe el primer borrador de tu composición.
Corrígelo	Intercambia tu composición con un(a) compañero/a. Léela y anota sus mejores aspectos. ¿Habla de las metas específicas para su futuro? Ofrécele sugerencias para mejorar la organización. Si ves algunos errores, coméntaselos.
Compártelo	Revisa el primer borrador de tu composición según las indicaciones de tu compañero/a. Incorpora nuevas ideas y/o más información si es necesario, antes de escribir la versión final.

4 Un paso más

Imagina que en el futuro trabajarás para una empresa multinacional que tiene sus oficinas más importantes en algún país hispano. Crea una cronología con texto y fotos de tu futura carrera profesional y compártela con la clase.

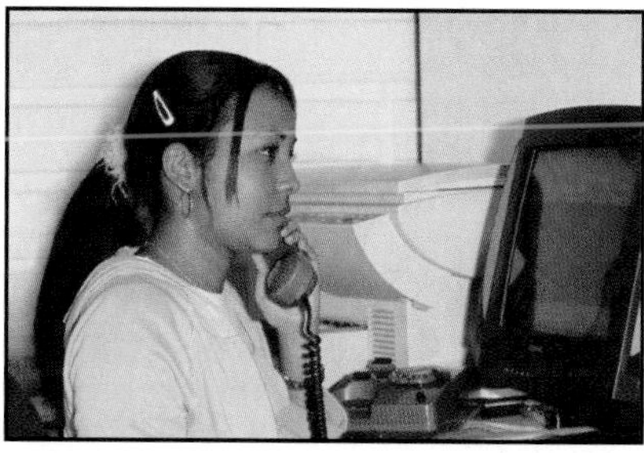

- Escoge el país y busca información sobre las industrias y las compañías que operen allá.
- Describe la empresa y sus productos.
- Incluye fotos relacionadas con la empresa y con sus productos.
- Describe tu carrera, desde el comienzo hasta tu jubilación.
- Incluye los puestos que vas a tener en la empresa, y también fotos relacionadas con tu carrera.

CONEXIÓN INTERNET

Investiga estos temas en el sitio aventuras.vhlcentral.com.

- Empresas en el mundo hispano
- Industrias en el mundo hispano
- Compañías multinacionales en el mundo hispano

SUPERSITE

Antes de leer

Summarizing a text in your own words can help you understand it better. Before you begin, you may find it helpful to skim the text and jot down a few notes about its general meaning. You can then read it again, writing down important details or noting special characteristics that occur in the text. Your notes will help you summarize what you have read.

The reading selection for this lesson consists of a short story by Augusto Monterroso. What special characteristics in this text could help you summarize it? Skim the story and jot down your ideas.

____

____

____

____

Sobre el autor

Augusto Monterroso (1921–2003) fue un escritor guatemalteco. Sus textos son concisos, sencillos (*simple*) y accesibles. Su trabajo incluye la parodia, el humor negro, la fábula y el ensayo.

Imaginación y destino

Augusto Monterroso

En la calurosa° tarde de verano un hombre descansa acostado°, viendo° al cielo, bajo un árbol; una manzana cae sobre su cabeza; tiene imaginación, se va a su casa y escribe la Oda a Eva.

En la calurosa tarde de verano un hombre descansa acostado, viendo al cielo, bajo un árbol; una manzana cae sobre su cabeza; tiene imaginación, se va a su casa y establece la Ley° de la Gravitación Universal.

En la calurosa tarde de verano un hombre descansa acostado, viendo al cielo, bajo un árbol; una manzana cae sobre su cabeza; tiene imaginación, observa que el árbol no es un manzano sino una encina° y descubre, oculto° entre las ramas°, al muchacho travieso° del pueblo que se entretiene° arrojando° manzanas a los señores que descansan bajo los árboles, viendo al cielo, en las calurosas tardes del verano.

El primero era, o se convierte entonces para siempre en el poeta sir James Calisher; el segundo era, o se convierte entonces para siempre en el físico sir Isaac Newton[1]; el tercero pudo ser o convertirse entonces para siempre en el novelista sir Arthur Conan Doyle[2]; pero se convierte, o era ya irremediablemente desde niño, en el Jefe de Policía de San Blas, S.B.[3]

[1] Sir Isaac Newton (1642–1727), matemático y físico británico. Es considerado uno de los científicos más importantes de la historia. Formuló la Ley de la Gravitación Universal.
[2] Sir Arthur Conan Doyle (1859–1930), escritor británico. Sus más famosos protagonistas son Sherlock Holmes y su ayudante, el doctor Watson.
[3] S.B. Abreviatura para San Blas, una isla en Panamá. Una de las novelas de Monterroso tiene lugar en San Blas.

Después de leer

¿Comprendiste?

1. ¿Qué estación del año es y qué tiempo hace?
2. ¿Qué hace el primer hombre después de descansar?
3. ¿Qué hace el segundo hombre después de descansar?
4. ¿Qué encuentra el tercer hombre en el árbol?
5. ¿Cuáles son las profesiones de estos tres hombres?

Preguntas

Responde a estas preguntas con oraciones completas.

1. ¿Por qué lleva el cuento el título "Imaginación y destino"?
2. ¿Por qué utiliza el autor tanta repetición?
3. La misma cosa les ocurre a los tres hombres, pero tienen reacciones distintas. ¿Por qué?
4. El autor escribe "o era ya irremediablemente desde niño". ¿Qué significa esta frase en relación con el resto del cuento?
5. Imagina que hay una cuarta persona en la historia. Escribe un párrafo en el estilo del autor sobre qué le pasa a esta persona "cuando una manzana cae sobre su cabeza".

Coméntalo

En el cuento, tres personajes tienen la misma experiencia con distintos resultados. ¿Has tenido una experiencia así? Un ejemplo es la graduación: un grupo de personas se gradúa el mismo día, pero ¿qué pasa después? ¿Podemos controlar nuestros destinos? ¿Afectarán tus experiencias actuales tu futuro? ¿Cómo sabes qué profesión quieres ejercer (*carry out*) en el futuro?

calurosa *hot*
acostado *lying down*
viendo *looking up*
Ley *law*
encina *oak tree*
oculto *hidden*
ramas *branches*
travieso *mischievous*
se entretiene *entertains himself*
arrojando *throwing*

To hear a recording of this reading and for an additional reading, go to **aventuras.vhlcentral.com.**

VOCABULARIO

Las ocupaciones

el/la abogado/a	*lawyer*
el actor	*actor*
la actriz	*actress*
el/la arqueólogo/a	*archeologist*
el/la arquitecto/a	*architect*
el bailarín	*dancer*
la bailarina	*dancer*
el/la bombero/a	*firefighter*
el/la cantante	*singer*
el/la carpintero/a	*carpenter*
el/la científico/a	*scientist*
el/la cocinero/a	*cook; chef*
el/la consejero/a	*counselor; advisor*
el/la contador(a)	*accountant*
el/la corredor(a) de bolsa	*stockbroker*
el/la diseñador(a)	*designer*
el/la electricista	*electrician*
el/la escritor(a)	*writer*
el/la escultor(a)	*sculptor*
el/la gerente	*manager*
el hombre/la mujer de negocios	*businessperson*
el/la jefe/a	*boss*
el/la maestro/a	*elementary school teacher*
el/la peluquero/a	*hairdresser*
el/la pintor(a)	*painter*
el/la poeta	*poet*
el/la político/a	*politician*
el/la psicólogo/a	*psychologist*
el/la reportero/a	*reporter*
el/la secretario/a	*secretary*
el/la técnico/a	*technician*

Las entrevistas

el anuncio	*advertisement*
el/la aspirante	*candidate; applicant*
los beneficios	*benefits*
el currículum	*résumé*
la entrevista	*interview*
el/la entrevistador(a)	*interviewer*
el puesto	*position; job*
el salario	*salary*
la solicitud (de trabajo)	*(job) application*
el sueldo	*salary*
contratar	*to hire*
entrevistar	*to interview*
ganar	*to earn*
obtener	*to obtain; to get*
solicitar	*to apply (for a job)*

Palabras adicionales

dentro de (diez años)	*within (ten years)*
en el futuro	*in the future*
el porvenir	*the future*
próximo/a	*next*

Expresiones útiles	*See page 415.*

El mundo del trabajo

el ascenso	*promotion*
el aumento de sueldo	*raise*
la carrera	*career*
la compañía	*company; firm*
el empleo	*job; employment*
la empresa	*company; firm*
la especialización	*field of study*
los negocios	*business; commerce*
la ocupación	*occupation*
el oficio	*trade*
la profesión	*profession*
la reunión	*meeting*
el teletrabajo	*telecommuting*
el trabajo	*job; work*
la videoconferencia	*videoconference*
dejar	*to quit; to leave behind*
despedir (e:i)	*to fire*
invertir (e:ie)	*to invest*
renunciar (a)	*to resign (from)*
tener éxito	*to be successful*
comercial	*commercial; business-related*

recursos
SUPERSITE
aventuras.vhlcentral.com
Lección 16

AVENTURAS EN LOS PAÍSES HISPANOS

Una mujer baila flamenco en Sevilla. El flamenco, el baile y su música, expresa las pasiones de la gente de España. Tiene raíces *(roots)* judías *(Jewish)*, árabes y africanas. Hoy es popular en todo el mundo. ¿Te gusta la música flamenca?

ESPAÑA

España

Área: 504.750 km^2 (194.884 millas^2), incluyendo las islas Baleares y las islas Canarias

Población: 43.993.000

Capital: Madrid – 5.977.000

Ciudades principales: Barcelona, Valencia, Sevilla, Zaragoza

Moneda: euro

SOURCE: Population Division, UN Secretariat

Lugares

Madrid: La Plaza Mayor

La Plaza Mayor de Madrid es uno de los lugares turísticos más importantes de la capital. Fue construida *(built)* en 1617 y está totalmente rodeada *(surrounded)* por edificios de tres pisos con balcones y pórticos antiguos. En la Plaza Mayor hay muchas cafeterías, donde la gente pasa el tiempo bebiendo café y hablando con amigos.

Celebraciones

La Tomatina

En Buñol, un pequeño pueblo de Valencia, la producción de tomates es un recurso económico muy importante. Cada año en agosto se celebra el festival de La Tomatina. Durante todo un día, miles de personas se tiran *(throw)* tomates. Llegan turistas de todo el mundo, y se usan varias toneladas *(tons)* de tomates.

Mar Cantábrico
La Coruña
Salamanca
Madrid
PORTUGAL
ESPAÑA
Sevilla
Estrecho de Gibraltar
Ceuta
Islas Canarias
La Palma
Tenerife
Gomera
Hierro
Gran Canaria
Lanzarote
Fuerteventura
MARRUECOS

FRANCIA

San Sebastián

ANDORRA

Pirineos

Zaragoza

Barcelona

Islas Baleares

Valencia

Mallorca

Menorca

Ibiza

Mar Mediterráneo

Sierra Nevada

Melilla

Artes

Velázquez y el Prado

El Prado, en Madrid, es uno de los museos más famosos del mundo. En el Prado hay miles de pinturas importantes, incluyendo obras *(works)* de Botticelli, de El Greco, y de los españoles Goya y Velázquez. Diego Velázquez pintó *(painted)* *Las Meninas* en 1656 y es su obra más famosa. Actualmente, *Las Meninas* está en el Museo del Prado.

Lugares

La Universidad de Salamanca

La Universidad de Salamanca, fundada en 1218, es la más antigua *(oldest)* de España. Más de 35.000 estudiantes toman clases en esta institución. La universidad está en la ciudad de Salamanca, famosa por sus edificios *(buildings)* históricos, tales como *(such as)* los puentes *(bridges)* romanos y las catedrales góticas.

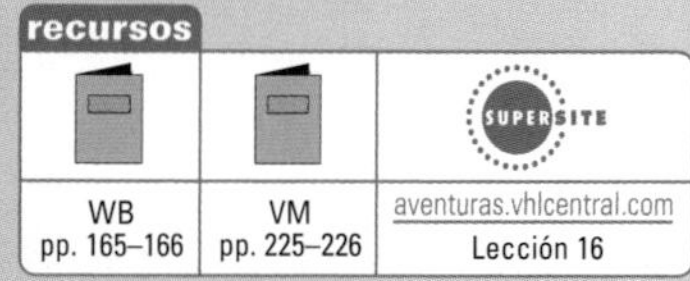

recursos
WB
pp. 165–166
VM
pp. 225–226
SUPERSITE
aventuras.vhlcentral.com
Lección 16

¿Qué aprendiste? SUPERSITE

1 ¿Cierto o falso? Indica si estas oraciones son **ciertas** o **falsas**.

	Cierto	Falso
1. La moneda de España es la peseta.	______	______
2. El flamenco es un instrumento musical.	______	______
3. El flamenco es hoy popular en todo el mundo.	______	______
4. En la Plaza Mayor no hay cafeterías.	______	______
5. La Plaza Mayor fue construida en 1617.	______	______
6. En Buñol, los tomates son un recurso importante.	______	______
7. Durante La Tomatina, se tiran pelotas.	______	______
8. En el Museo del Prado hay miles de pinturas importantes.	______	______
9. *Las meninas* es la obra más famosa de Botticelli.	______	______
10. En la Universidad de Salamanca se ve la influencia del imperio romano en la arquitectura.	______	______

2 Preguntas Contesta estas preguntas con oraciones completas.

1. ¿Qué expresa el flamenco?
2. ¿Qué hace la gente en las cafeterías de la Plaza Mayor?
3. ¿Crees que el festival de La Tomatina es triste? ¿Crees que es divertido *(fun)*? ¿Por qué?
4. ¿Por qué crees que el Prado es uno de los museos más famosos del mundo?
5. Si tuvieras la oportunidad de pasar un semestre en España, ¿qué ciudad eligirías? ¿Por qué?

SUPERSITE **CONEXIÓN INTERNET**

Busca más información sobre estos temas en aventuras.vhlcentral.com. Presenta la información a tus compañeros/as de clase.

- La Plaza Mayor
- La Tomatina
- Velázquez y el Prado
- La Universidad de Salamanca

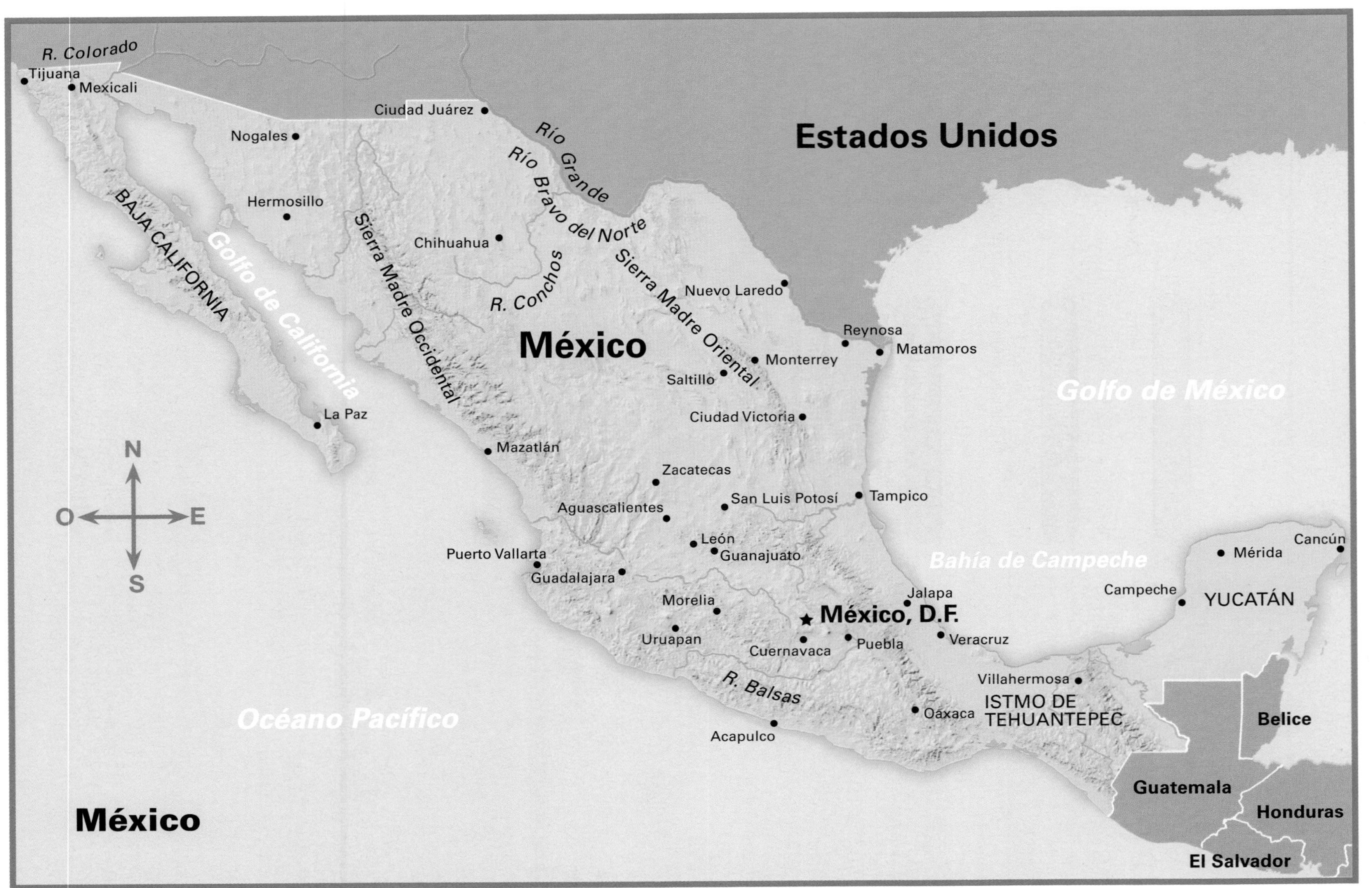
R. Colorado
Tijuana
Mexicali
Ciudad Juárez
Estados Unidos
Nogales
Río Grande
Río Bravo del Norte
Hermosillo
BAJA CALIFORNIA
Golfo de California
Sierra Madre Occidental
Chihuahua
R. Conchos
Sierra Madre Oriental
Nuevo Laredo
México
Reynosa
Matamoros
Monterrey
Saltillo
Golfo de México
Ciudad Victoria
La Paz
Mazatlán
Zacatecas
San Luis Potosí
Tampico
Aguascalientes
León
Guanajuato
Puerto Vallarta
Guadalajara
Bahía de Campeche
Mérida
Cancún
Campeche
YUCATÁN
Jalapa
Morelia
México, D.F.
Uruapan
Cuernavaca
Puebla
Veracruz
Villahermosa
R. Balsas
Oaxaca
ISTMO DE TEHUANTEPEC
Océano Pacífico
Acapulco
Belice
Guatemala
Honduras
El Salvador
N
O
E
S
México

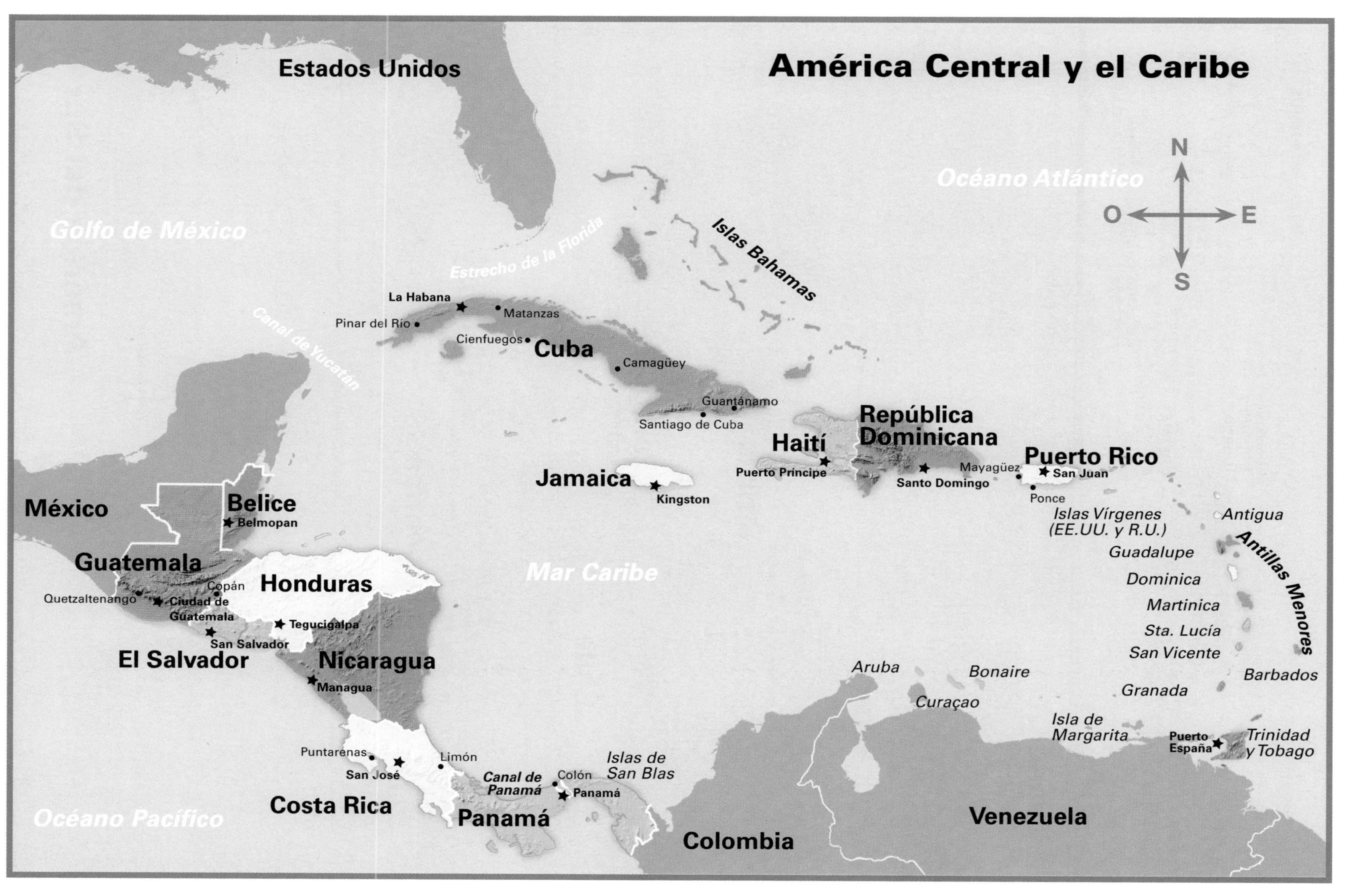

América Central y el Caribe
N
O
E
S
Estados Unidos
Golfo de México
Océano Atlántico
Estrecho de la Florida
Canal de Yucatán
Islas Bahamas
La Habana
Pinar del Río
Matanzas
Cienfuegos
Cuba
Camagüey
Guantánamo
Santiago de Cuba
República Dominicana
Haití
Puerto Príncipe
Santo Domingo
Mayagüez
Puerto Rico
San Juan
Ponce
Jamaica
Kingston
México
Belice
Belmopan
Guatemala
Copán
Honduras
Quetzaltenango
Ciudad de Guatemala
Tegucigalpa
San Salvador
El Salvador
Nicaragua
Managua
Mar Caribe
Islas Vírgenes (EE.UU. y R.U.)
Antigua
Antillas Menores
Guadalupe
Dominica
Martinica
Sta. Lucía
San Vicente
Barbados
Granada
Aruba
Bonaire
Curaçao
Isla de Margarita
Puerto España
Trinidad y Tobago
Puntarenas
San José
Limón
Canal de Panamá
Colón
Panamá
Islas de San Blas
Costa Rica
Panamá
Océano Pacífico
Colombia
Venezuela

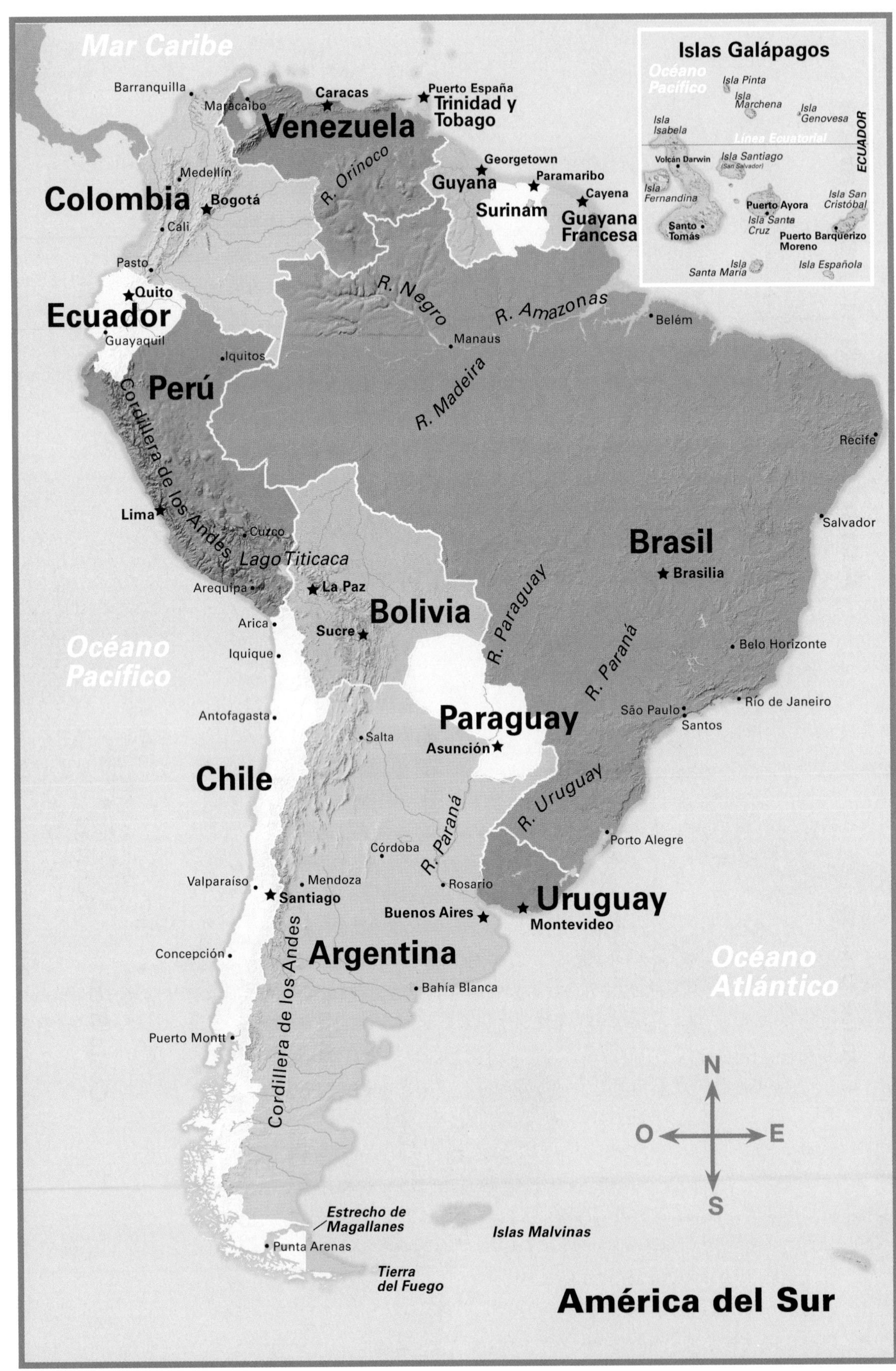
Mar Caribe
Barranquilla
Maracaibo
Caracas
Puerto España
Trinidad y Tobago
Venezuela
R. Orinoco
Georgetown
Guyana
Paramaribo
Surinam
Cayena
Guayana Francesa
Medellín
Colombia
Bogotá
Cali
Pasto
Quito
Ecuador
Guayaquil
Iquitos
Perú
R. Negro
R. Amazonas
Manaus
Belém
R. Madeira
Recife
Cordillera de los Andes
Lima
Cuzco
Lago Titicaca
Arequipa
La Paz
Bolivia
Sucre
Arica
Iquique
Océano Pacífico
Antofagasta
Salvador
Brasil
Brasilia
R. Paraguay
R. Paraná
Belo Horizonte
Río de Janeiro
São Paulo
Santos
Paraguay
Asunción
Salta
Chile
R. Uruguay
Porto Alegre
Córdoba
R. Paraná
Rosario
Valparaíso
Mendoza
Santiago
Buenos Aires
Uruguay
Montevideo
Concepción
Argentina
Bahía Blanca
Océano Atlántico
Puerto Montt
Cordillera de los Andes
N
O
E
S
Estrecho de Magallanes
Islas Malvinas
Punta Arenas
Tierra del Fuego
América del Sur
Islas Galápagos
Océano Pacífico
Isla Pinta
Isla Marchena
Isla Genovesa
Isla Isabela
Línea Ecuatorial
ECUADOR
Volcán Darwin
Isla Santiago
(San Salvador)
Isla Fernandina
Puerto Ayora
Isla San Cristóbal
Santo Tomás
Isla Santa Cruz
Puerto Barquerizo Moreno
Isla Santa María
Isla Española

Mar Cantábrico
Océano Atlántico
Gijón
Avilés
Santander
La Coruña
Oviedo
CANTABRIA
San Sebastián
Bilbao
ASTURIAS
GALICIA
PAÍS VASCO
Pamplona
Pirineos
Andorra
NAVARRA
Pontevedra
Burgos
Vigo
LA RIOJA
Palencia
CATALUÑA
Gerona
Zamora
Valladolid
Lérida
Braga
Zaragoza
Barcelona
CASTILLA-LEÓN
Oporto
Tarragona
Salamanca
España
ARAGÓN
Segovia
Ávila
Madrid
Coimbra
COMUNIDAD VALENCIANA
Serra da Estrela
Menorca
Islas Baleares
Toledo
Cáceres
Valencia
Palma
Mallorca
Portugal
EXTREMADURA
CASTILLA-LA MANCHA
Mérida
Ibiza
Lisboa
Badajoz
Albacete
Setúbal
Formentera
Sierra Morena
Mar Mediterráneo
Córdoba
Alicante
Jaén
Murcia
N
ANDALUCÍA
Sevilla
Cartagena
Huelva
Granada
O
E
S
Sierra Nevada
Almería
Cádiz
Málaga
Algeciras
Gibraltar (R.U.)
Estrecho de Gibraltar
Ceuta (Esp.)
Melilla (Esp.)
Marruecos
Islas Canarias
La Palma
Santa Cruz de la Palma
Tenerife
Lanzarote
Gomera
Santa Cruz de Tenerife
Arrecife
Puerto del Rosario
Hierro
Las Palmas
Fuerteventura
Gran Canaria
Océano Atlántico
Marruecos

Glossary of Grammatical Terms

ADJECTIVE A word that modifies or describes a noun or pronoun.

muchos libros
many books

un hombre **rico**
*a **rich** man*

las mujeres **altas**
*the **tall** women*

Demonstrative adjective An adjective that points out a specific noun.

esta fiesta
***this** party*

ese chico
***that** boy*

aquellas flores
***those** flowers*

Possessive adjective An adjective that indicates ownership or possession.

mi mejor vestido
***my** best dress*

Éste es **mi** hermano.
*This is **my** brother.*

Stressed possessive adjective A possessive adjective that emphasizes the owner or possessor.

Es un libro **mío**.
*It's **my book**./It's a book **of mine**.*

Es amiga **tuya**; yo no la conozco.
*She's a friend **of yours**; I don't know her.*

ADVERB A word that modifies or describes a verb, adjective, or another adverb.

Pancho escribe **rápidamente**.
*Pancho writes **quickly**.*

Este cuadro es **muy** bonito.
*This picture is **very** pretty.*

ARTICLE A word that points out either a specific (definite) noun or a non-specific (indefinite) noun.

Definite article An article that points out a specific noun.

el libro
***the** book*

la maleta
***the** suitcase*

los diccionarios
***the** dictionaries*

las palabras
***the** words*

Indefinite article An article that points out a noun in a general, non-specific way.

un lápiz
***a** pencil*

una computadora
***a** computer*

unos pájaros
***some** birds*

unas escuelas
***some** schools*

CLAUSE A group of words that contains both a conjugated verb and a subject, either expressed or implied.

Main (or Independent) clause A clause that can stand alone as a complete sentence.

Pienso ir a cenar pronto.
I plan to go to dinner soon.

Subordinate (or Dependent) clause A clause that does not express a complete thought and therefore cannot stand alone as a sentence.

Trabajo en la cafetería **porque necesito dinero para la escuela**.
*I work in the cafeteria **because I need money for school.***

COMPARATIVE A word or construction used with an adjective or adverb to express a comparison between two people, places, or things.

Este programa es **más interesante que** el otro.
*This program is **more interesting than** the other one.*

Tomás no es **tan alto como** Alberto.
*Tomás is not **as tall as** Alberto.*

CONJUGATION A set of the forms of a verb for a specific tense or mood or the process by which these verb forms are presented.

Preterite conjugation of **cantar**:

cant**é**	cant**amos**
cant**aste**	cant**asteis**
cant**ó**	cant**aron**

CONJUNCTION A word or phrase used to connect words, clauses, or phrases.

Susana es de Cuba **y** Pedro es de España.
*Susana is from Cuba **and** Pedro is from Spain.*

No quiero estudiar, **pero** tengo que hacerlo.
*I don't want to study, **but** I have to do it.*

CONTRACTION The joining of two words into one. The only contractions in Spanish are **al** and **del**.

Mi hermano fue **al** concierto ayer.
*My brother went **to the** concert yesterday.*

Saqué dinero **del** banco.
*I took money **from the** bank.*

DIRECT OBJECT A noun or pronoun that directly receives the action of the verb.

Tomás lee **el libro**.
*Tomás reads **the book**.*

La pagó ayer.
*She paid **it** yesterday.*

GENDER The grammatical categorizing of certain kinds of words, such as nouns and pronouns, as masculine, feminine, or neuter.

Masculine
articles **el**, un**o**
pronouns **él**, l**o**, mí**o**, ést**e**, és**e**
adjective simpátic**o**

Feminine
articles **la**, un**a**
pronouns **ella**, l**a**, mí**a**, ést**a**, és**a**, aquéll**a**
adjective simpátic**a**

IMPERSONAL EXPRESSION A third-person expression with no expressed or specific subject.

Es muy importante.
***It's very important**.*

Llueve mucho.
***It's raining** hard.*

Aquí **se habla** español.
*Spanish **is spoken** here.*

INDIRECT OBJECT A noun or pronoun that receives the action of the verb indirectly; the object, often a living being, to or for whom an action is performed.

Eduardo **le** dio un libro **a Linda**.
*Eduardo gave a book **to Linda**.*

La profesora **me** dio una C en el examen.
*The professor gave **me** a C on the test.*

INFINITIVE The basic form of a verb. Infinitives in Spanish end in **-ar**, **-er**, or **-ir**.

hablar	**correr**	**abrir**
to speak	***to run***	***to open***

INTERROGATIVE An adjective or pronoun used to ask a question.

¿**Quién** habla?
***Who** is speaking?*

¿**Cuántos** compraste?
***How many** did you buy?*

¿**Qué** piensas hacer hoy?
***What** do you plan to do today?*

INVERSION Changing the word order of a sentence, often to form a question.

Statement: Elena pagó la cuenta del restaurante.

Inversion: ¿Pagó Elena la cuenta del restaurante?

MOOD A grammatical distinction of verbs that indicates whether the verb is intended to make a statement or command, or to express a doubt, emotion, or condition contrary to fact.

Imperative mood Verb forms used to make commands.

Di la verdad.
***Tell** the truth.*

Caminen ustedes conmigo.
***Walk** with me.*

¡**Comamos** ahora!
***Let's eat** now!*

Indicative mood Verb forms used to state facts, actions, and states considered to be real.

Sé que **tienes** el dinero.
***I know** that **you have** the money.*

Subjunctive mood Verb forms used principally in subordinate (or dependent) clauses to express wishes, desires, emotions, doubts, and certain conditions, such as contrary-to-fact situations.

Prefieren que **hables** en español.
*They prefer that **you speak** in Spanish.*

Dudo que Luis **tenga** el dinero necesario.
*I doubt that Luis **has** the necessary money.*

NOUN A word that identifies people, animals, places, things, and ideas.

hombre	**gato**
man	***cat***
México	**casa**
Mexico	***house***
libertad	**libro**
freedom	***book***

NUMBER A grammatical term that refers to singular or plural. Nouns in Spanish and English have number. Other parts of a sentence, such as adjectives, articles, and verbs, can also have number.

Singular	Plural
una cosa ***a** thing*	**unas** cosa**s** ***some** thing**s***
el profesor ***the** professor*	**los** profesor**es** ***the** professor**s***

NUMBERS Words that represent amounts.

Cardinal numbers Words that show specific amounts.

cinco minutos
***five** minutes*

el año **dos mil quince**
*the year **2015***

Ordinal numbers Words that indicate the order of a noun in a series.

el **cuarto** jugador
*the **fourth** player*

la **décima** hora
*the **tenth** hour*

PAST PARTICIPLE A past form of the verb used in compound tenses. The past participle may also be used as an adjective, but it must then agree in number and gender with the word it modifies.

Han **buscado** por todas partes.
*They have **searched** everywhere.*

Yo no había **estudiado** para el examen.
*I hadn't **studied** for the exam.*

Hay una **ventana rota** en la sala.
*There is a **broken window** in the living room.*

PERSON The form of the verb or pronoun that indicates the speaker, the one spoken to, or the one spoken about. In Spanish, as in English, there are three persons: first, second, and third.

Person	Singular	Plural
1st	**yo** *I*	**nosotros/as** *we*
2nd	**tú, Ud.** *you*	**vosotros/as, Uds.** *you*
3rd	**él, ella** *he/she*	**ellos, ellas** *they*

PREPOSITION A word that describes the relationship, most often in time or space, between two other words.

Anita es **de** California.
*Anita is **from** California.*

La chaqueta está **en** el carro.
*The jacket is **in** the car.*

¿Quieres hablar **con** ella?
*Do you want to talk **to** her?*

PRESENT PARTICIPLE In English, a verb form that ends in *-ing*. In Spanish, the present participle ends in **-ndo**, and is often used with **estar** to form a progressive tense.

Mi hermana está **hablando** por teléfono ahora mismo.
*My sister is **talking** on the phone right now.*

PRONOUN A word that takes the place of a noun or nouns.

Demonstrative pronoun A pronoun that takes the place of a specific noun.

Quiero **ésta**.
*I want **this one**.*

¿Vas a comprar **ése**?
*Are you going to buy **that one**?*

Juan prefirió **aquéllos**.
*Juan preferred **those** (over there).*

Object pronoun A pronoun that functions as a direct or indirect object of the verb.

Te digo la verdad.
*I'm telling **you** the truth.*

Me lo trajo Juan.
*Juan brought **it** to **me**.*

Reflexive pronoun A pronoun that indicates that the action of a verb is performed by the subject on itself. These pronouns are often expressed in English with *-self: myself, yourself,* etc.

Yo **me bañé** antes de salir.
***I bathed (myself)** before going out.*

Elena **se acostó** a las once y media.
*Elena **went to bed** at eleven-thirty.*

Relative pronoun A pronoun that connects a subordinate clause to a main clause.

El chico **que** nos escribió viene a visitarnos mañana.
*The boy **who** wrote us is coming to visit us tomorrow.*

Ya sé **lo que** tenemos que hacer.
*I already know **what** we have to do.*

Subject pronoun A pronoun that replaces the name or title of a person or thing and acts as the subject of a verb.

Tú debes estudiar más.
***You** should study more.*

Él llegó primero.
***He** arrived first.*

SUBJECT A noun or pronoun that performs the action of a verb and is often implied by the verb.

María va al supermercado.
***María** goes to the supermarket.*

(Ellos) Trabajan mucho.
***They** work hard.*

Esos **libros** son muy caros.
*Those **books** are very expensive.*

SUPERLATIVE A word or construction used with an adjective or adverb to express the highest or lowest degree of a specific quality among three or more people, places, or things.

Entre todas mis clases, ésta es la **más interesante**.
*Among all my classes, this is the **most interesting**.*

Raúl es el **menos simpático** de los chicos.
*Raúl is the **least pleasant** of the boys.*

TENSE A set of verb forms that indicates the time of an action or state: past, present, or future.

Compound tense A two-word tense made up of an auxiliary verb and a present or past participle. In Spanish, there are two auxiliary verbs: **estar** and **haber**.

En este momento, **estoy estudiando**.
*At this time, **I am studying**.*

El paquete no **ha llegado** todavía.
*The package **has** not **arrived** yet.*

Simple tense A tense expressed by a single verb form.

María **estaba** mal anoche.
*María **was** ill last night.*

Juana **hablará** con su mamá mañana.
*Juana **will speak** with her mom tomorrow.*

VERB A word that expresses actions or states of being.

Auxiliary verb A verb used with a present or past participle to form a compound tense. **Haber** is the most commonly used auxiliary verb in Spanish.

Los chicos **han** visto los elefantes.
*The children **have** seen the elephants.*

Espero que **hayas** comido.
*I hope you **have** eaten.*

Reflexive verb A verb that describes an action performed by the subject on itself and is always used with a reflexive pronoun.

Me compré un carro nuevo.
I bought myself *a new car.*

Pedro y Adela **se levantan** muy temprano.
*Pedro and Adela **get (themselves) up** very early.*

Spelling change verb A verb that undergoes a predictable change in spelling in order to reflect its actual pronunciation in the various conjugations.

practicar	c → qu	practico	practi**qu**é
dirigir	g → j	diri**j**o	dirigí
almorzar	z → c	almor**z**ó	almor**c**é

Stem-changing verb A verb whose stem vowel undergoes one or more predictable changes in the various conjugations.

ent**e**nder (e:ie)	ent**ie**ndo
p**e**dir (e:i)	p**i**den
d**o**rmir (o:ue, u)	d**ue**rmo, d**u**rmieron

Verb Conjugation Tables

The verb lists

The list of verbs below and the model-verb tables that start on page 446 show you how to conjugate every verb taught in **AVENTURAS**. Each verb in the list is followed by a model verb conjugated according to the same pattern. The number in parentheses indicates where in the tables you can find the conjugated forms of the model verb. If you want to find out how to conjugate **divertirse**, for example, look up number 33, **sentir**, the model for verbs that follow the **e:ie** stem-change pattern.

How to use the verb tables

In the tables you will find the infinitive, present and past participles, and all the simple forms of each model verb. The formation of the compound tenses of any verb can be inferred from the table of compound tenses, pages 446–453, either by combining the past participle of the verb with a conjugated form of **haber** or combining the present participle with a conjugated form of **estar**.

abrazar (z:c) like cruzar (37)
abrir like vivir (3) *except* past participle is **abierto**
aburrir(se) like vivir (3)
acabar de like hablar (1)
acampar like hablar (1)
acompañar like hablar (1)
aconsejar like hablar (1)
acordarse (o:ue) like contar (24)
acostarse (o:ue) like contar (24)
adelgazar (z:c) like cruzar (37)
afeitarse like hablar (1)
ahorrar like hablar (1)
alegrarse like hablar (1)
aliviar like hablar (1)
almorzar (o:ue) like contar (24) *except* (z:c)
alquilar like hablar (1)
anunciar like hablar (1)
apagar (g:gu) like llegar (41)
aplaudir like vivir (3)
apreciar like hablar (1)
aprender like comer (2)
apurarse like hablar (1)
arrancar (c:qu) like tocar (43)
arreglar like hablar (1)
asistir like vivir (3)
aumentar like hablar (1)
ayudar(se) like hablar (1)
bailar like hablar (1)
bajar(se) like hablar (1)
bañarse like hablar (1)
barrer like comer (2)
beber like comer (2)
besar(se) like hablar (1)
brindar like hablar (1)
bucear like hablar (1)
buscar (c:qu) like tocar (43)
caber (4)
caer(se) (5)
calentarse (e:ie) like pensar (30)
calzar (z:c) like cruzar (37)
cambiar like hablar (1)
caminar like hablar (1)
cantar like hablar (1)
casarse like hablar (1)
celebrar like hablar (1)
cenar like hablar (1)
cepillarse like hablar (1)
cerrar (e:ie) like pensar (30)
chocar (c:qu) like tocar (43)
cobrar like hablar (1)
cocinar like hablar (1)
comenzar (e:ie) (z:c) like empezar (26)
comer (2)
compartir like vivir (3)
comprar like hablar (1)
comprender like comer (2)
comprometerse like comer (2)
comunicarse (c:qu) like tocar (43)
conducir (c:zc) (6)
confirmar like hablar (1)
conocer (c:zc) (35)
conseguir (e:i) (g:gu) like seguir (32)
conservar like hablar (1)
consumir like vivir (3)
contaminar like hablar (1)
contar (o:ue) (24)
controlar like hablar (1)
correr like comer (2)
costar (o:ue) like contar (24)
creer (y) (36)
cruzar (z:c) (37)
cubrir like vivir (3) *except* past participle is **cubierto**
cuidar like hablar (1)
cumplir like vivir (3)
dañar like hablar (1)
dar(se) (7)
deber like comer (2)
decidir like vivir (3)
decir (e:i) (8)
declarar like hablar (1)
dejar like hablar (1)
depositar like hablar (1)
desarrollar like hablar (1)
desayunar like hablar (1)
descansar like hablar (1)
describir like vivir (3) *except* past participle is **descrito**
descubrir like vivir (3) *except* past participle is **descubierto**
desear like hablar (1)
despedirse (e:i) like pedir (29)
despertarse (e:ie) like pensar (30)
destruir (y) (38)
dibujar like hablar (1)
disfrutar like hablar (1)
divertirse (e:ie) like sentir (33)
divorciarse like hablar (1)
doblar like hablar (1)
doler (o:ue) like volver (34) *except* past participle is regular
dormir(se) (o:ue, u) (25)
ducharse like hablar (1)
dudar like hablar (1)
durar like hablar (1)
echar like hablar (1)
elegir (e:i) like pedir (29) *except* (g:j)
emitir like vivir (3)
empezar (e:ie) (z:c) (26)
enamorarse like hablar (1)
encantar like hablar (1)
encontrar(se) (o:ue) like contar (24)
enfermarse like hablar (1)
enojarse like hablar (1)
enseñar like hablar (1)
ensuciar like hablar (1)

entender (e:ie) (27)
entrenarse like hablar (1)
entrevistar like hablar (1)
enviar (envío) (39)
escalar like hablar (1)
escribir like vivir (3) *except* past participle is **escrito**
escuchar like hablar (1)
esculpir like vivir (3)
esperar like hablar (1)
esquiar (esquío) like enviar (39)
establecer (c:zc) like conocer (35)
estacionar like hablar (1)
estar (9)
estornudar like hablar (1)
estudiar like hablar (1)
evitar like hablar (1)
explicar (c:qu) like tocar (43)
explorar like hablar (1)
faltar like hablar (1)
fascinar like hablar (1)
firmar like hablar (1)
fumar like hablar (1)
funcionar like hablar (1)
ganar like hablar (1)
gastar like hablar (1)
graduarse (gradúo) (40)
guardar like hablar (1)
gustar like hablar (1)
haber (hay) (10)
hablar (1)
hacer (11)
importar like hablar (1)
imprimir like vivir (3)
indicar (c:qu) like tocar (43)
informar like hablar (1)
insistir like vivir (3)
interesar like hablar (1)
invertir (e:ie) like sentir (33)
invitar like hablar (1)
ir(se) (12)
jubilarse like hablar (1)
jugar (u:ue) (g:gu) (28)
lastimarse like hablar (1)
lavar(se) like hablar (1)
leer (y) like creer (36)
levantar(se) like hablar (1)
limpiar like hablar (1)
llamar(se) like hablar (1)
llegar (g:gu) (41)
llenar like hablar (1)
llevar(se) like hablar (1)
llover (o:ue) like volver (34) *except* past participle is regular
luchar like hablar (1)
mandar like hablar (1)
manejar like hablar (1)
mantener(se) (e:ie) like tener (20)
maquillarse like hablar (1)
mejorar like hablar (1)
merendar (e:ie) like pensar (30)
mirar like hablar (1)
molestar like hablar (1)
montar like hablar (1)
morir (o:ue) like dormir (25) *except* past participle is **muerto**
mostrar (o:ue) like contar (24)
mudarse like hablar (1)
nacer (c:zc) like conocer (35)
nadar like hablar (1)
navegar (g:gu) like llegar (41)
necesitar like hablar (1)
negar (e:ie) like pensar (30) *except* (g:gu)
nevar (e:ie) like pensar (30)
obedecer (c:zc) like conocer (35)
obtener (e:ie) like tener (20)
ocurrir like vivir (3)
odiar like hablar (1)
ofrecer (c:zc) like conocer (35)
oír (13)
olvidar like hablar (1)
pagar (g:gu) like llegar (41)
parar like hablar (1)
parecer (c:zc) like conocer (35)
pasar like hablar (1)
pasear like hablar (1)
patinar like hablar (1)
pedir (e:i) (29)
peinarse like hablar (1)
pensar (e:ie) (30)
perder (e:ie) like entender (27)
pescar (c:qu) like tocar (43)
pintar like hablar (1)
planchar like hablar (1)
poder (o:ue) (14)
poner(se) (15)
practicar (c:qu) like tocar (43)
preferir (e:ie) like sentir (33)
preguntar like hablar (1)
preocuparse like hablar (1)
preparar like hablar (1)
presentar like hablar (1)
prestar like hablar (1)
probar(se) (o:ue) like contar (24)
prohibir like vivir (3)
proteger (g:j) (42)
quedar(se) like hablar (1)
querer (e:ie) (16)
quitar(se) like hablar (1)
recetar like hablar (1)
recibir like vivir (3)
reciclar like hablar (1)
recoger (g:j) like proteger (42)
recomendar (e:ie) like pensar (30)
recordar (o:ue) like contar (24)
reducir (c:zc) like conducir (6)
regalar like hablar (1)
regatear like hablar (1)
regresar like hablar (1)
reír(se) (e:i) (31)
relajarse like hablar (1)
renunciar like hablar (1)
repetir (e:i) like pedir (29)
resolver (o:ue) like volver (34)
respirar like hablar (1)
revisar like hablar (1)
rogar (o:ue) like contar (24) *except* (g:gu)
romper(se) like comer (2) *except* past participle is **roto**
saber (17)
sacar (c:qu) like tocar (43)
sacudir like vivir (3)
salir (18)
saludar(se) like hablar (1)
seguir (e:i) (32)
sentarse (e:ie) like pensar (30)
sentir(se) (e:ie) (33)
separarse like hablar (1)
ser (19)
servir (e:i) like pedir (29)
solicitar like hablar (1)
sonar (o:ue) like contar (24)
sonreír (e:i) like reír(se) (31)
sorprender like comer (2)
subir like vivir (3)
sudar like hablar (1)
sufrir like vivir (3)
sugerir (e:ie) like sentir (33)
suponer like poner (15)
temer like comer (2)
tener (e:ie) (20)
terminar like hablar (1)
tocar (c:qu) (43)
tomar like hablar (1)
torcerse (o:ue) like volver (34) *except* (c:z) and past participle is regular; e.g., **yo tuerzo**
toser like comer (2)
trabajar like hablar (1)
traducir (c:zc) like conducir (6)
traer (21)
transmitir like vivir (3)
tratar like hablar (1)
usar like hablar (1)
vender like comer (2)
venir (e:ie) (22)
ver (23)
vestirse (e:i) like pedir (29)
viajar like hablar (1)
visitar like hablar (1)
vivir (3)
volver (o:ue) (34)
votar like hablar (1)

Regular verbs: simple tenses

		INDICATIVE					SUBJUNCTIVE		IMPERATIVE
	Infinitive	Present	Imperfect	Preterite	Future	Conditional	Present	Past	
1	hablar	hablo	hablaba	hablé	hablaré	hablaría	hable	hablara	
		hablas	hablabas	hablaste	hablarás	hablarías	hables	hablaras	habla tú (no hables)
	Participles:	habla	hablaba	habló	hablará	hablaría	hable	hablara	hable Ud.
	hablando	hablamos	hablábamos	hablamos	hablaremos	hablaríamos	hablemos	habláramos	hablemos
	hablado	habláis	hablabais	hablasteis	hablaréis	hablaríais	habléis	hablarais	hablad (no habléis)
		hablan	hablaban	hablaron	hablarán	hablarían	hablen	hablaran	hablen Uds.
2	comer	como	comía	comí	comeré	comería	coma	comiera	
		comes	comías	comiste	comerás	comerías	comas	comieras	come tú (no comas)
	Participles:	come	comía	comió	comerá	comería	coma	comiera	coma Ud.
	comiendo	comemos	comíamos	comimos	comeremos	comeríamos	comamos	comiéramos	comamos
	comido	coméis	comíais	comisteis	comeréis	comeríais	comáis	comierais	comed (no comáis)
		comen	comían	comieron	comerán	comerían	coman	comieran	coman Uds.
3	vivir	vivo	vivía	viví	viviré	viviría	viva	viviera	
		vives	vivías	viviste	vivirás	vivirías	vivas	vivieras	vive tú (no vivas)
	Participles:	vive	vivía	vivió	vivirá	viviría	viva	viviera	viva Ud.
	viviendo	vivimos	vivíamos	vivimos	viviremos	viviríamos	vivamos	viviéramos	vivamos
	vivido	vivís	vivíais	vivisteis	viviréis	viviríais	viváis	vivierais	vivid (no viváis)
		viven	vivían	vivieron	vivirán	vivirían	vivan	vivieran	vivan Uds.

All verbs: compound tenses

PERFECT TENSES											
INDICATIVE								SUBJUNCTIVE			
Present Perfect		Past Perfect		Future Perfect		Conditional Perfect		Present Perfect		Past Perfect	
he		había		habré		habría		haya		hubiera	
has		habías		habrás		habrías		hayas		hubieras	
ha	hablado	había	hablado	habrá	hablado	habría	hablado	haya	hablado	hubiera	hablado
hemos	comido	habíamos	comido	habremos	comido	habríamos	comido	hayamos	comido	hubiéramos	comido
habéis	vivido	habíais	vivido	habréis	vivido	habríais	vivido	hayáis	vivido	hubierais	vivido
han		habían		habrán		habrían		hayan		hubieran	

PROGRESSIVE TENSES					
INDICATIVE				SUBJUNCTIVE	
Present Progressive	Past Progressive	Future Progressive	Conditional Progressive	Present Progressive	Past Progressive
estoy estás está estamos estáis están } hablando, comiendo, viviendo	estaba estabas estaba estábamos estabais estaban } hablando, comiendo, viviendo	estaré estarás estará estaremos estaréis estarán } hablando, comiendo, viviendo	estaría estarías estaría estaríamos estaríais estarían } hablando, comiendo, viviendo	esté estés esté estemos estéis estén } hablando, comiendo, viviendo	estuviera estuvieras estuviera estuviéramos estuvierais estuvieran } hablando, comiendo, viviendo

Irregular verbs

		INDICATIVE					SUBJUNCTIVE		IMPERATIVE
	Infinitive	Present	Imperfect	Preterite	Future	Conditional	Present	Past	
4	caber **Participles:** cabiendo cabido	**quepo** cabes cabe cabemos cabéis caben	cabía cabías cabía cabíamos cabíais cabían	**cupe** **cupiste** **cupo** **cupimos** **cupisteis** **cupieron**	**cabré** **cabrás** **cabrá** **cabremos** **cabréis** **cabrán**	**cabría** **cabrías** **cabría** **cabríamos** **cabríais** **cabrían**	**quepa** **quepas** **quepa** **quepamos** **quepáis** **quepan**	**cupiera** **cupieras** **cupiera** **cupiéramos** **cupierais** **cupieran**	cabe tú (no **quepas**) **quepa** Ud. **quepamos** cabed (no **quepáis**) **quepan** Uds.
5	caer(se) **Participles:** **cayendo** **caído**	**caigo** caes cae caemos caéis caen	caía caías caía caíamos caíais caían	caí **caíste** **cayó** **caímos** **caísteis** **cayeron**	caeré caerás caerá caeremos caeréis caerán	caería caerías caería caeríamos caeríais caerían	**caiga** **caigas** **caiga** **caigamos** **caigáis** **caigan**	**cayera** **cayeras** **cayera** **cayéramos** **cayerais** **cayeran**	cae tú (no **caigas**) **caiga** Ud. (no **caiga**) **caigamos** caed (no **caigáis**) **caigan** Uds.
6	conducir (c:zc) **Participles:** conduciendo conducido	**conduzco** conduces conduce conducimos conducís conducen	conducía conducías conducía conducíamos conducíais conducían	**conduje** **condujiste** **condujo** **condujimos** **condujisteis** **condujeron**	conduciré conducirás conducirá conduciremos conduciréis conducirán	conduciría conducirías conduciría conduciríamos conduciríais conducirían	**conduzca** **conduzcas** **conduzca** **conduzcamos** **conduzcáis** **conduzcan**	**condujera** **condujeras** **condujera** **condujéramos** **condujerais** **condujeran**	conduce tú (no **conduzcas**) **conduzca** Ud. (no **conduzca**) **conduzcamos** conducid (no **conduzcáis**) **conduzcan** Uds.

	Infinitive	INDICATIVE					SUBJUNCTIVE		IMPERATIVE
		Present	Imperfect	Preterite	Future	Conditional	Present	Past	
7	dar **Participles:** dando dado	**doy** das da damos dais dan	daba dabas daba dábamos dabais daban	**di** **diste** **dio** **dimos** **disteis** **dieron**	daré darás dará daremos daréis darán	daría darías daría daríamos daríais darían	**dé** **des** **dé** **demos** **deis** **den**	**diera** **dieras** **diera** **diéramos** **dierais** **dieran**	da tú (no **des**) **dé** Ud. **demos** dad (no **deis**) **den** Uds.
8	decir (e:i) **Participles:** **diciendo** **dicho**	**digo** **dices** **dice** decimos decís **dicen**	decía decías decía decíamos decíais decían	**dije** **dijiste** **dijo** **dijimos** **dijisteis** **dijeron**	**diré** **dirás** **dirá** **diremos** **diréis** **dirán**	**diría** **dirías** **diría** **diríamos** **diríais** **dirían**	**diga** **digas** **diga** **digamos** **digáis** **digan**	**dijera** **dijeras** **dijera** **dijéramos** **dijerais** **dijeran**	**di** tú (no **digas**) **diga** Ud. **digamos** decid (no **digáis**) **digan** Uds.
9	estar **Participles:** estando estado	**estoy** estás está estamos estáis están	estaba estabas estaba estábamos estabais estaban	**estuve** **estuviste** **estuvo** **estuvimos** **estuvisteis** **estuvieron**	estaré estarás estará estaremos estaréis estarán	estaría estarías estaría estaríamos estaríais estarían	esté estés esté estemos estéis estén	**estuviera** **estuvieras** **estuviera** **estuviéramos** **estuvierais** **estuvieran**	está tú (no estés) esté Ud. estemos estad (no estéis) estén Uds.
10	haber **Participles:** habiendo habido	**he** **has** **ha** **hemos** **habéis** **han**	había habías había habíamos habíais habían	**hube** **hubiste** **hubo** **hubimos** **hubisteis** **hubieron**	**habré** **habrás** **habrá** **habremos** **habréis** **habrán**	**habría** **habrías** **habría** **habríamos** **habríais** **habrían**	**haya** **hayas** **haya** **hayamos** **hayáis** **hayan**	**hubiera** **hubieras** **hubiera** **hubiéramos** **hubierais** **hubieran**	
11	hacer **Participles:** haciendo **hecho**	**hago** haces hace hacemos hacéis hacen	hacía hacías hacía hacíamos hacíais hacían	**hice** **hiciste** **hizo** **hicimos** **hicisteis** **hicieron**	**haré** **harás** **hará** **haremos** **haréis** **harán**	**haría** **harías** **haría** **haríamos** **haríais** **harían**	**haga** **hagas** **haga** **hagamos** **hagáis** **hagan**	**hiciera** **hicieras** **hiciera** **hiciéramos** **hicierais** **hicieran**	**haz** tú (no **hagas**) **haga** Ud. **hagamos** haced (no **hagáis**) **hagan** Uds.
12	ir **Participles:** **yendo** **ido**	**voy** **vas** **va** **vamos** **vais** **van**	**iba** **ibas** **iba** **íbamos** **ibais** **iban**	**fui** **fuiste** **fue** **fuimos** **fuisteis** **fueron**	iré irás irá iremos iréis irán	iría irías iría iríamos iríais irían	**vaya** **vayas** **vaya** **vayamos** **vayáis** **vayan**	**fuera** **fueras** **fuera** **fuéramos** **fuerais** **fueran**	**ve** tú (no **vayas**) **vaya** Ud. **vamos** id (no **vayáis**) **vayan** Uds.
13	oír (y) **Participles:** **oyendo** **oído**	**oigo** **oyes** **oye** **oímos** **oís** **oyen**	oía oías oía oíamos oíais oían	**oí** **oíste** **oyó** **oímos** **oísteis** **oyeron**	oiré oirás oirá oiremos oiréis oirán	oiría oirías oiría oiríamos oiríais oirían	**oiga** **oigas** **oiga** **oigamos** **oigáis** **oigan**	**oyera** **oyeras** **oyera** **oyéramos** **oyerais** **oyeran**	**oye** tú (no **oigas**) **oiga** Ud. **oigamos** oíd (no **oigáis**) **oigan** Uds.

	Infinitive	INDICATIVE					SUBJUNCTIVE		IMPERATIVE
		Present	Imperfect	Preterite	Future	Conditional	Present	Past	
14	poder (o:ue) **Participles:** **pudiendo** podido	**puedo** **puedes** **puede** podemos podéis **pueden**	podía podías podía podíamos podíais podían	**pude** **pudiste** **pudo** **pudimos** **pudisteis** **pudieron**	**podré** **podrás** **podrá** **podremos** **podréis** **podrán**	**podría** **podrías** **podría** **podríamos** **podríais** **podrían**	**pueda** **puedas** **pueda** podamos podáis **puedan**	**pudiera** **pudieras** **pudiera** **pudiéramos** **pudierais** **pudieran**	**puede** tú (no **puedas**) **pueda** Ud. podamos poded (no podáis) **puedan** Uds.
15	poner **Participles:** poniendo **puesto**	**pongo** pones pone ponemos ponéis ponen	ponía ponías ponía poníamos poníais ponían	**puse** **pusiste** **puso** **pusimos** **pusisteis** **pusieron**	**pondré** **pondrás** **pondrá** **pondremos** **pondréis** **pondrán**	**pondría** **pondrías** **pondría** **pondríamos** **pondríais** **pondrían**	**ponga** **pongas** **ponga** **pongamos** **pongáis** **pongan**	**pusiera** **pusieras** **pusiera** **pusiéramos** **pusierais** **pusieran**	**pon** tú (no **pongas**) **ponga** Ud. **pongamos** poned (no **pongáis**) **pongan** Uds.
16	querer (e:ie) **Participles:** queriendo querido	**quiero** **quieres** **quiere** queremos queréis **quieren**	quería querías quería queríamos queríais querían	**quise** **quisiste** **quiso** **quisimos** **quisisteis** **quisieron**	**querré** **querrás** **querrá** **querremos** **querréis** **querrán**	**querría** **querrías** **querría** **querríamos** **querríais** **querrían**	**quiera** **quieras** **quiera** queramos queráis **quieran**	**quisiera** **quisieras** **quisiera** **quisiéramos** **quisierais** **quisieran**	**quiere tú** (no **quieras**) **quiera** Ud. queramos quered (no queráis) **quieran** Uds.
17	saber **Participles:** sabiendo sabido	**sé** sabes sabe sabemos sabéis saben	sabía sabías sabía sabíamos sabíais sabían	**supe** **supiste** **supo** **supimos** **supisteis** **supieron**	**sabré** **sabrás** **sabrá** **sabremos** **sabréis** **sabrán**	**sabría** **sabrías** **sabría** **sabríamos** **sabríais** **sabrían**	**sepa** **sepas** **sepa** **sepamos** **sepáis** **sepan**	**supiera** **supieras** **supiera** **supiéramos** **supierais** **supieran**	sabe tú (no **sepas**) **sepa** Ud. **sepamos** sabed (no **sepáis**) **sepan** Uds.
18	salir **Participles:** saliendo salido	**salgo** sales sale salimos salís salen	salía salías salía salíamos salíais salían	salí saliste salió salimos salisteis salieron	**saldré** **saldrás** **saldrá** **saldremos** **saldréis** **saldrán**	**saldría** **saldrías** **saldría** **saldríamos** **saldríais** **saldrían**	**salga** **salgas** **salga** **salgamos** **salgáis** **salgan**	saliera salieras saliera saliéramos salierais salieran	**sal** tú (no **salgas**) **salga** Ud. **salgamos** salid (no **salgáis**) **salgan** Uds.
19	ser **Participles:** siendo sido	**soy** **eres** **es** **somos** **sois** **son**	**era** **eras** **era** **éramos** **erais** **eran**	**fui** **fuiste** **fue** **fuimos** **fuisteis** **fueron**	seré serás será seremos seréis serán	sería serías sería seríamos seríais serían	**sea** **seas** **sea** **seamos** **seáis** **sean**	**fuera** **fueras** **fuera** **fuéramos** **fuerais** **fueran**	**sé** tú (no **seas**) **sea** Ud. **seamos** sed (no **seáis**) **sean** Uds.
20	tener (e:ie) **Participles:** teniendo tenido	**tengo** **tienes** **tiene** tenemos tenéis **tienen**	**tenía** **tenías** **tenía** **teníamos** **teníais** **tenían**	**tuve** **tuviste** **tuvo** **tuvimos** **tuvisteis** **tuvieron**	**tendré** **tendrás** **tendrá** **tendremos** **tendréis** **tendrán**	**tendría** **tendrías** **tendría** **tendríamos** **tendríais** **tendrían**	**tenga** **tengas** **tenga** **tengamos** **tengáis** **tengan**	**tuviera** **tuvieras** **tuviera** **tuviéramos** **tuvierais** **tuvieran**	**ten** tú (no **tengas**) **tenga** Ud. **tengamos** tened (no **tengáis**) **tengan** Uds.

	Infinitive	INDICATIVE					SUBJUNCTIVE		IMPERATIVE
		Present	Imperfect	Preterite	Future	Conditional	Present	Past	
21	traer	**traigo**	traía	**traje**	traeré	traería	**traiga**	**trajera**	
		traes	traías	**trajiste**	traerás	traerías	**traigas**	**trajeras**	trae tú (no **traigas**)
	Participles:	trae	traía	**trajo**	traerá	traería	**traiga**	**trajera**	**traiga** Ud.
	trayendo	traemos	traíamos	**trajimos**	traeremos	traeríamos	**traigamos**	**trajéramos**	**traigamos**
	traído	traéis	traíais	**trajisteis**	traeréis	traeríais	**traigáis**	**trajerais**	traed (no **traigáis**)
		traen	traían	**trajeron**	traerán	traerían	**traigan**	**trajeran**	**traigan** Uds.
22	venir (e:ie)	**vengo**	venía	**vine**	**vendré**	**vendría**	**venga**	**viniera**	
		vienes	venías	**viniste**	**vendrás**	**vendrías**	**vengas**	**vinieras**	**ven** tú (no **vengas**)
	Participles:	**viene**	venía	**vino**	**vendrá**	**vendría**	**venga**	**viniera**	**venga** Ud.
	viniendo	venimos	veníamos	**vinimos**	**vendremos**	**vendríamos**	**vengamos**	**viniéramos**	**vengamos**
	venido	venís	veníais	**vinisteis**	**vendréis**	**vendríais**	**vengáis**	**vinierais**	venid (no **vengáis**)
		vienen	venían	**vinieron**	**vendrán**	**vendrían**	**vengan**	**vinieran**	**vengan** Uds.
23	ver	**veo**	**veía**	**vi**	veré	vería	**vea**	**viera**	
		ves	**veías**	**viste**	verás	verías	**veas**	**vieras**	**ve** tú (no **veas**)
	Participles:	ve	**veía**	**vio**	verá	vería	**vea**	**viera**	**vea** Ud.
	viendo	vemos	**veíamos**	**vimos**	veremos	veríamos	**veamos**	**viéramos**	**veamos**
	visto	veis	**veíais**	**visteis**	veréis	veríais	**veáis**	**vierais**	ved (no **veáis**)
		ven	**veían**	**vieron**	verán	verían	**vean**	**vieran**	**vean** Uds.

Stem-changing verbs

	Infinitive	INDICATIVE					SUBJUNCTIVE		IMPERATIVE
		Present	Imperfect	Preterite	Future	Conditional	Present	Past	
24	contar (o:ue)	**cuento**	contaba	conté	contaré	contaría	**cuente**	contara	
		cuentas	contabas	contaste	contarás	contarías	**cuentes**	contaras	**cuenta** tú (no **cuentes**)
	Participles:	**cuenta**	contaba	contó	contará	contaría	**cuente**	contara	**cuente** Ud.
	contando	contamos	contábamos	contamos	contaremos	contaríamos	contemos	contáramos	contemos
	contado	contáis	contabais	contasteis	contaréis	contaríais	contéis	contarais	contad (no contéis)
		cuentan	contaban	contaron	contarán	contarían	**cuenten**	contaran	**cuenten** Uds.
25	dormir (o:ue)	**duermo**	dormía	dormí	dormiré	dormiría	**duerma**	**durmiera**	
		duermes	dormías	dormiste	dormirás	dormirías	**duermas**	**durmieras**	**duerme** tú (no **duermas**)
	Participles:	**duerme**	dormía	**durmió**	dormirá	dormiría	**duerma**	**durmiera**	**duerma** Ud.
	durmiendo	dormimos	dormíamos	dormimos	dormiremos	dormiríamos	**durmamos**	**durmiéramos**	**durmamos**
	dormido	dormís	dormíais	dormisteis	dormiréis	dormiríais	**durmáis**	**durmierais**	dormid (no **durmáis**)
		duermen	dormían	**durmieron**	dormirán	dormirían	**duerman**	**durmieran**	**duerman** Uds.
26	empezar	**empiezo**	empezaba	**empecé**	empezaré	empezaría	**empiece**	empezara	
	(e:ie) (z:c)	**empiezas**	empezabas	empezaste	empezarás	empezarías	**empieces**	empezaras	**empieza** tú (no **empieces**)
		empieza	empezaba	empezó	empezará	empezaría	**empiece**	empezara	**empiece** Ud.
	Participles:	empezamos	empezábamos	empezamos	empezaremos	empezaríamos	**empecemos**	empezáramos	**empecemos**
	empezando	empezáis	empezabais	empezasteis	empezaréis	empezaríais	**empecéis**	empezarais	empezad (no **empecéis**)
	empezado	**empiezan**	empezaban	empezaron	empezarán	empezarían	**empiecen**	empezaran	**empiecen** Uds.

	Infinitive	INDICATIVE					SUBJUNCTIVE		IMPERATIVE
		Present	Imperfect	Preterite	Future	Conditional	Present	Past	
27	entender (e:ie) **Participles:** entendiendo entendido	**entiendo** **entiendes** **entiende** entendemos entendéis **entienden**	entendía entendías entendía entendíamos entendíais entendían	entendí entendiste entendió entendimos entendisteis entendieron	entenderé entenderás entenderá entenderemos entenderéis entenderán	entendería entenderías entendería entenderíamos entenderíais entenderían	**entienda** **entiendas** **entienda** entendamos entendáis **entiendan**	entendiera entendieras entendiera entendiéramos entendierais entendieran	**entiende** tú (no **entiendas**) **entienda** Ud. entendamos entended (no entendáis) **entiendan** Uds.
28	jugar (u:ue) (g:gu) **Participles:** jugando jugado	**juego** **juegas** **juega** jugamos jugáis **juegan**	jugaba jugabas jugaba jugábamos jugabais jugaban	**jugué** jugaste jugó jugamos jugasteis jugaron	jugaré jugarás jugará jugaremos jugaréis jugarán	jugaría jugarías jugaría jugaríamos jugaríais jugarían	**juegue** **juegues** **juegue** juguemos juguéis **jueguen**	jugara jugaras jugara jugáramos jugarais jugaran	**juega** tú (no **juegues**) **juegue** Ud. juguemos jugad (no juguéis) **jueguen** Uds.
29	pedir (e:i) **Participles:** **pidiendo** pedido	**pido** **pides** **pide** pedimos pedís **piden**	pedía pedías pedía pedíamos pedíais pedían	pedí pediste **pidió** pedimos pedisteis **pidieron**	pediré pedirás pedirá pediremos pediréis pedirán	pediría pedirías pediría pediríamos pediríais pedirían	**pida** **pidas** **pida** **pidamos** **pidáis** **pidan**	**pidiera** **pidieras** **pidiera** **pidiéramos** **pidierais** **pidieran**	**pide** tú (no **pidas**) **pida** Ud. **pidamos** pedid (no **pidáis**) **pidan** Uds.
30	pensar (e:ie) **Participles:** pensando pensado	**pienso** **piensas** **piensa** pensamos pensáis **piensan**	pensaba pensabas pensaba pensábamos pensabais pensaban	pensé pensaste pensó pensamos pensasteis pensaron	pensaré pensarás pensará pensaremos pensaréis pensarán	pensaría pensarías pensaría pensaríamos pensaríais pensarían	**piense** **pienses** **piense** pensemos penséis **piensen**	pensara pensaras pensara pensáramos pensarais pensaran	**piensa** tú (no **pienses**) **piense** Ud. pensemos pensad (no penséis) **piensen** Uds.
31	reír(se) (e:i) **Participles:** **riendo** **reído**	**río** **ríes** **ríe** **reímos** **reís** **ríen**	reía reías reía reíamos reíais reían	**reí** **reíste** **rió** **reímos** **reísteis** **rieron**	reiré reirás reirá reiremos reiréis reirán	reiría reirías reiría reiríamos reiríais reirían	**ría** **rías** **ría** **riamos** **riáis** **rían**	**riera** **rieras** **riera** **riéramos** **rierais** **rieran**	**ríe** tú (no **rías**) **ría** Ud. **riamos** reíd (no **riáis**) **rían** Uds.
32	seguir (e:i) (g:gu) **Participles:** **siguiendo** seguido	**sigo** **sigues** **sigue** seguimos seguís **siguen**	seguía seguías seguía seguíamos seguíais seguían	seguí seguiste **siguió** seguimos seguisteis **siguieron**	seguiré seguirás seguirá seguiremos seguiréis seguirán	seguiría seguirías seguiría seguiríamos seguiríais seguirían	**siga** **sigas** **siga** **sigamos** **sigáis** **sigan**	**siguiera** **siguieras** **siguiera** **siguiéramos** **siguierais** **siguieran**	**sigue** tú (no **sigas**) **siga** Ud. **sigamos** seguid (no **sigáis**) **sigan** Uds.
33	sentir (e:ie) **Participles:** **sintiendo** sentido	**siento** **sientes** **siente** sentimos sentís **sienten**	sentía sentías sentía sentíamos sentíais sentían	sentí sentiste **sintió** sentimos sentisteis **sintieron**	sentiré sentirás sentirá sentiremos sentiréis sentirán	sentiría sentirías sentiría sentiríamos sentiríais sentirían	**sienta** **sientas** **sienta** **sintamos** **sintáis** **sientan**	**sintiera** **sintieras** **sintiera** **sintiéramos** **sintierais** **sintieran**	**siente** tú (no **sientas**) **sienta** Ud. **sintamos** sentid (no **sintáis**) **sientan** Uds.

	Infinitive	INDICATIVE					SUBJUNCTIVE		IMPERATIVE
		Present	Imperfect	Preterite	Future	Conditional	Present	Past	
34	volver (o:ue)	**vuelvo**	volvía	volví	volveré	volvería	**vuelva**	volviera	
		vuelves	volvías	volviste	volverás	volverías	**vuelvas**	volvieras	**vuelve** tú (no **vuelvas**)
	Participles:	**vuelve**	volvía	volvió	volverá	volvería	**vuelva**	volviera	**vuelva** Ud.
	volviendo	volvemos	volvíamos	volvimos	volveremos	volveríamos	volvamos	volviéramos	volvamos
	vuelto	volvéis	volvíais	volvisteis	volveréis	volveríais	volváis	volvierais	volved (no volváis)
		vuelven	volvían	volvieron	volverán	volverían	**vuelvan**	volvieran	**vuelvan** Uds.

Verbs with spelling changes only

	Infinitive	INDICATIVE					SUBJUNCTIVE		IMPERATIVE
		Present	Imperfect	Preterite	Future	Conditional	Present	Past	
35	conocer	**conozco**	conocía	conocí	conoceré	conocería	**conozca**	conociera	
	(c:zc)	conoces	conocías	conociste	conocerás	conocerías	**conozcas**	conocieras	conoce tú (no **conozcas**)
		conoce	conocía	conoció	conocerá	conocería	**conozca**	conociera	**conozca** Ud.
	Participles:	conocemos	conocíamos	conocimos	conoceremos	conoceríamos	**conozcamos**	conociéramos	**conozcamos**
	conociendo	conocéis	conocíais	conocisteis	conoceréis	conoceríais	**conozcáis**	conocierais	conoced (no **conozcáis**)
	conocido	conocen	conocían	conocieron	conocerán	conocerían	**conozcan**	conocieran	**conozcan** Uds.
36	creer (y)	creo	creía	**creí**	creeré	creería	crea	**creyera**	
		crees	creías	**creíste**	creerás	creerías	creas	**creyeras**	cree tú (no creas)
	Participles:	cree	creía	**creyó**	creerá	creería	crea	**creyera**	crea Ud.
	creyendo	creemos	creíamos	**creímos**	creeremos	creeríamos	creamos	**creyéramos**	creamos
	creído	creéis	creíais	**creísteis**	creeréis	creeríais	creáis	**creyerais**	creed (no creáis)
		creen	creían	**creyeron**	creerán	creerían	crean	**creyeran**	crean Uds.
37	cruzar (z:c)	cruzo	cruzaba	**crucé**	cruzaré	cruzaría	**cruce**	cruzara	
		cruzas	cruzabas	cruzaste	cruzarás	cruzarías	**cruces**	cruzaras	cruza tú (no **cruces**)
	Participles:	cruza	cruzaba	cruzó	cruzará	cruzaría	**cruce**	cruzara	**cruce** Ud.
	cruzando	cruzamos	cruzábamos	cruzamos	cruzaremos	cruzaríamos	**crucemos**	cruzáramos	**crucemos**
	cruzado	cruzáis	cruzabais	cruzasteis	cruzaréis	cruzaríais	**crucéis**	cruzarais	cruzad (no **crucéis**)
		cruzan	cruzaban	cruzaron	cruzarán	cruzarían	**crucen**	cruzaran	**crucen** Uds.
38	destruir (y)	**destruyo**	destruía	destruí	destruiré	destruiría	**destruya**	**destruyera**	
		destruyes	destruías	destruiste	destruirás	destruirías	**destruyas**	**destruyeras**	**destruye** tú (no **destruyas**)
	Participles:	**destruye**	destruía	**destruyó**	destruirá	destruiría	**destruya**	**destruyera**	**destruya** Ud.
	destruyendo	destruimos	destruíamos	destruimos	destruiremos	destruiríamos	**destruyamos**	**destruyéramos**	**destruyamos**
	destruido	destruís	destruíais	destruisteis	destruiréis	destruiríais	**destruyáis**	**destruyerais**	destruid (no **destruyáis**)
		destruyen	destruían	**destruyeron**	destruirán	destruirían	**destruyan**	**destruyeran**	**destruyan** Uds.
39	enviar	**envío**	enviaba	envié	enviaré	enviaría	**envíe**	enviara	
	(envío)	**envías**	enviabas	enviaste	enviarás	enviarías	**envíes**	enviaras	**envía** tú (no **envíes**)
		envía	enviaba	envió	enviará	enviaría	**envíe**	enviara	**envíe** Ud.
	Participles:	enviamos	enviábamos	enviamos	enviaremos	enviaríamos	**enviemos**	enviáramos	enviemos
	enviando	enviáis	enviabais	enviasteis	enviaréis	enviaríais	**enviéis**	enviarais	enviad (no **enviéis**)
	enviado	**envían**	enviaban	enviaron	enviarán	enviarían	**envíen**	enviaran	**envíen** Uds.

	Infinitive	INDICATIVE					SUBJUNCTIVE		IMPERATIVE
		Present	Imperfect	Preterite	Future	Conditional	Present	Past	
40	graduarse (gradúo) **Participles:** graduando graduado	**gradúo** **gradúas** **gradúa** graduamos graduáis **gradúan**	graduaba graduabas graduaba graduábamos graduabais graduaban	gradué graduaste graduó graduamos graduasteis graduaron	graduaré graduarás graduará graduaremos graduaréis graduarán	graduaría graduarías graduaría graduaríamos graduaríais graduarían	**gradúe** **gradúes** **gradúe** graduemos graduéis **gradúen**	graduara graduaras graduara graduáramos graduarais graduaran	 **gradúa** tú (no **gradúes**) **gradúe** Ud. graduemos graduad (no graduéis) **gradúen** Uds.
41	llegar (g:gu) **Participles:** llegando llegado	llego llegas llega llegamos llegáis llegan	llegaba llegabas llegaba llegábamos llegabais llegaban	**llegué** llegaste llegó llegamos llegasteis llegaron	llegaré llegarás llegará llegaremos llegaréis llegarán	llegaría llegarías llegaría llegaríamos llegaríais llegarían	**llegue** **llegues** **llegue** **lleguemos** **lleguéis** **lleguen**	llegara llegaras llegara llegáramos llegarais llegaran	 llega tú (no **llegues**) **llegue** Ud. **lleguemos** llegad (no **lleguéis**) **lleguen** Uds.
42	proteger (g:j) **Participles:** protegiendo protegido	**protejo** proteges protege protegemos protegéis protegen	protegía protegías protegía protegíamos protegíais protegían	protegí protegiste protegió protegimos protegisteis protegieron	protegeré protegerás protegerá protegeremos protegeréis protegerán	protegería protegerías protegería protegeríamos protegeríais protegerían	**proteja** **protejas** **proteja** **protejamos** **protejáis** **protejan**	protegiera protegieras protegiera protegiéramos protegierais protegieran	 protege tú (no **protejas**) **proteja** Ud. **protejamos** proteged (no **protejáis**) **protejan** Uds.
43	tocar (c:qu) **Participles:** tocando tocado	toco tocas toca tocamos tocáis tocan	tocaba tocabas tocaba tocábamos tocabais tocaban	**toqué** tocaste tocó tocamos tocasteis tocaron	tocaré tocará tocarás tocaremos tocaréis tocarán	tocaría tocarías tocaría tocaríamos tocaríais tocarían	**toque** **toques** **toque** **toquemos** **toquéis** **toquen**	tocara tocaras tocara tocáramos tocarais tocaran	 toca tú (no **toques**) **toque** Ud. **toquemos** tocad (no **toquéis**) **toquen** Uds.

Guide to Vocabulary

Note on alphabetization

For purposes of alphabetization, **ch** and **ll** are not treated as separate letters, but **ñ** still follows **n**. Therefore, in this glossary you will find that **año**, for example, appears after **anuncio**.

Abbreviations used in this glossary

adj.	adjective	*form.*	formal	*pl.*	plural
adv.	adverb	*indef.*	indefinite	*poss.*	possessive
art.	article	*interj.*	interjection	*prep.*	preposition
conj.	conjunction	*i.o.*	indirect object	*pron.*	pronoun
def.	definite	*m.*	masculine	*ref.*	reflexive
d.o.	direct object	*n.*	noun	*sing.*	singular
f.	feminine	*obj.*	object	*sub.*	subject
fam.	familiar	*p.p.*	past participle	*v.*	verb

Spanish-English

A

a *prep.* at; to **1**
¿A qué hora...? At what time...? **1, 9**
a bordo aboard **1**
a dieta on a diet **15**
a la derecha de to the right of **2**
a la izquierda de to the left of **2**
a la plancha grilled **8**
a la(s) + ***time*** at + *time* **1**
a menos que unless **13**
a menudo often **10**
a mi nombre in my name **5**
a nombre de in the name of **5**
a plazos in installments **14**
A sus órdenes. At your service. **11**
a tiempo on time **10**
a veces sometimes **10**
a ver let's see **2**
¡Abajo! *adv.* Down!
abeja *f.* bee
abierto/a *adj.* open **5**; *p.p.* opened **15**
abogado/a *m., f.* lawyer **16**
abrazar(se) *v.* to hug; to embrace (each other)
abrazo *m.* hug
abrigo *m.* coat **6**
abril *m.* April **5**
abrir *v.* to open **3**
abuelo/a *m., f.* grandfather; grandmother **3**
abuelos *pl.* grandparents **3**
aburrido/a *adj.* bored; boring **5**
aburrir *v.* to bore **7**
aburrirse *v.* to get bored
acabar de (+ ***inf.*****)** *v.* to have just (*done something*) **6**
acampar *v.* to camp **5**
accidente *m.* accident **10**
acción *f.* action
aceite *m.* oil **8**
ácido/a *adj.* acid **13**
acompañar *v.* to go with; to accompany **14**
aconsejar *v.* to advise **12**
acontecimiento *m.* event
acordarse (de) (o:ue) *v.* to remember **7**
acostarse (o:ue) *v.* to lie down; to go to bed **7**
activo/a *adj.* active **15**
actor *m.* actor **16**
actriz *f.* actress **16**
actualidades *f., pl.* news; current events
acuático/a *adj.* aquatic **4**
adelgazar *v.* to lose weight; to slim down **15**
además (de) *adv.* furthermore; besides **10**; in addition (to)
adicional *adj.* additional
adiós *m.* goodbye **1**
adjetivo *m.* adjective
administración de empresas *f.* business administration **2**
adolescencia *f.* adolescence **9**
¿adónde? *adv.* where (to)? (*destination*) **2, 9**
aduana *f.* customs **5**
aeróbico/a *adj.* aerobic **15**
aeropuerto *m.* airport **5**
afectado/a *adj.* affected **13**
afeitarse *v.* to shave **7**
aficionado/a *adj.* fan **4**
afirmativo/a *adj.* affirmative
afueras *f., pl.* suburbs; outskirts **12**
agencia de bienes raíces *f.* real estate agency **12**
agencia de viajes *f.* travel agency **5**
agente de viajes *m., f.* travel agent **5**
agosto *m.* August **5**
agradable *adj.* pleasant
agrio/a *adj.* sour **8**
agua *f.* water **8**
agua mineral mineral water **8**
ahora *adv.* now
ahora mismo right now **5**
ahorrar *v.* to save money **14**
ahorros *m., pl.* savings **14**
aire *m.* air **6**
ajo *m.* garlic
al (***contraction of*** **a + el)** **4**
al aire libre open-air **6**
al contado in cash **14**
(al) este (to the) east **14**
al fondo (de) at the end (of) **12**
al lado de next to; beside **2**
(al) norte (to the) north **14**
(al) oeste (to the) west **14**
(al) sur (to the) south **14**
alcoba *f.* bedroom **12**
alcohol *m.* alcohol **15**
alcohólico/a *adj.* alcoholic **15**
alegrarse (de) *v.* to be happy **13**
alegre *adj.* happy; joyful **5**
alegría *f.* happiness **9**
alemán, alemana *adj.* German **3**
alérgico/a *adj.* allergic **10**
alfombra *f.* carpet; rug **12**
algo *pron.* something; anything **7**
algodón *m.* cotton **6**
alguien *pron.* someone; anyone **7**
algún, alguno/a(s) *adj.* any; some **7**
aliviar *v.* to relieve **15**
aliviar el estrés/la tensión to relieve stress/tension **15**
allí *adv.* there **5**
allí mismo right there **14**
almacén *m.* department store **6**
almohada *f.* pillow **12**
almorzar (o:ue) *v.* to have lunch **8**
almuerzo *m.* lunch **8**
¿Aló? *interj.* Hello? (*on the telephone*) **11**
alojamiento *m.* lodging **5**
alquilar *v.* to rent **12**
alquiler *m.* rent **12**

alternador *m.* alternator **11**
altillo *m.* attic **12**
alto/a *adj.* tall **3**
aluminio *m.* aluminum **13**
amable *adj.* nice; friendly **5**
ama *m., f.* **de casa** homemaker; housekeeper **12**; housewife
amarillo/a *adj.* yellow **6**
amigo/a *m., f.* friend **3**
amistad *f.* friendship **9**
amor *m.* love **9**
anaranjado/a *adj.* orange **6**
animal *m.* animal **13**
aniversario (de bodas) *m.* (wedding) anniversary **9**
anoche *adv.* last night **6**
anteayer *adv.* the day before yesterday **6**
antes *adv.* before **7**
  antes de *prep.* before **7**
  antes (de) que *conj.* before **13**
antibiótico *m.* antibiotic **10**
antipático/a *adj.* unpleasant **3**
anunciar *v.* to announce; to advertise
anuncio *m.* advertisement **16**
año *m.* year **5**
  el año pasado last year **6**
apagar *v.* to turn off **11**
aparato *m.* appliance **12**
apartamento *m.* apartment **12**
apellido *m.* last name **9**
apenas *adv.* hardly; scarcely; just **10**
aplaudir *v.* to applaud
apreciar *v.* to appreciate
aprender *v.* to learn **3**
apurarse *v.* to hurry; to rush **15**
aquel, aquella *adj.* that; those (over there) **6**
aquél, aquélla *pron.* that; those (over there) **6**
aquello *neuter, pron.* that; that thing; that fact **6**
aquellos/as *pl. adj.* that; those (over there) **6**
aquéllos/as *pl. pron.* those (ones) (over there) **6**
aquí *adv.* here **1**
  Aquí está... Here it is... **5**
    Aquí estamos en... Here we are at/in... **2**
    aquí mismo right here **11**
árbol *m.* tree **13**
archivo *m.* file **11**
armario *m.* closet **12**
arqueólogo/a *m., f.* archaeologist **16**
arquitecto/a *m., f.* architect **16**
arrancar *v.* to start (*a car*) **11**
arreglar *v.* to fix; to arrange **11**; to neaten; to straighten up **12**
arriba *adv.* up
arroz *m.* rice **8**
arte *m.* art **2**
artes *f., pl.* arts
artesanía *f.* craftsmanship; crafts
artículo *m.* article
artista *m., f.* artist **3**
artístico/a *adj.* artistic
arveja *m.* pea **8**
asado/a *adj.* roasted **8**
ascenso *m.* promotion **16**
ascensor *m.* elevator **5**
así *adj.* like this; so (*in such a way*) **10**
  así así so-so
asistir (a) *v.* to attend **3**
aspiradora *f.* vacuum cleaner **12**
aspirante *m., f.* candidate; applicant **16**
aspirina *f.* aspirin **10**
atún *m.* tuna **8**
aumentar *v.* **de peso** to gain weight **15**
aumento *m.* increase **16**
  aumento de sueldo pay raise **16**
aunque *conj.* although
autobús *m.* bus **1**
automático/a *adj.* automatic **14**
auto(móvil) *m.* auto(mobile) **5**
autopista *f.* highway
ave *f.* bird
avenida *f.* avenue
aventura *f.* adventure
avergonzado/a *adj.* embarrassed **5**
avión *m.* airplane **5**
¡Ay! *interj.* Oh!
  ¡Ay, qué dolor! Oh, what pain!
ayer *adv.* yesterday **6**
ayudar *v.* to help **12**
ayudarse *v.* to help each other
azúcar *m.* sugar **8**
azul *adj.* blue **6**

B

bailar *v.* to dance **2**
bailarín/bailarina *m., f.* dancer **16**
baile *m.* dance
bajar *v.* to go down **11**
bajar(se) de *v.* to get off of/out of (a vehicle) **11**
bajo/a *adj.* short (*in height*) **3**
  bajo control under control
balcón *m.* balcony **12**
ballena *f.* whale **13**
ballet *m.* ballet
baloncesto *m.* basketball **4**
banana *f.* banana **8**
banco *m.* bank **14**
banda *f.* band
bandera *f.* flag
bañarse *v.* to bathe; to take a bath **7**
baño *m.* bathroom **7**
barato/a *adj.* cheap **6**
barco *m.* boat **5**
barrer *v.* to sweep **12**
  barrer el suelo to sweep the floor **12**
barrio *m.* neighborhood **12**
bastante *adv.* enough; quite **10**; pretty
basura *f.* trash **12**
baúl *m.* trunk **11**
beber *v.* to drink **3**
bebida *f.* drink **8**
  bebida alcohólica alcoholic beverage **15**
béisbol *m.* baseball **4**
bellas artes *f., pl.* fine arts
belleza *f.* beauty **14**
beneficio *m.* benefit **16**
besar(se) *v.* to kiss (each other)
beso *m.* kiss **6**
biblioteca *f.* library **2**
bicicleta *f.* bicycle **4**
bien *adj.* good; well **1**
bienestar *m.* well-being **15**
¡Bienvenido(s)/a(s)! *adj.* Welcome! **12**
billete *m.* paper money **8**
billón trillion **6**
biología *f.* biology **2**
bistec *m.* steak **8**
bizcocho *m.* biscuit
blanco/a *adj.* white **6**
bluejeans *m., pl.* jeans **6**
blusa *f.* blouse **6**
boca *f.* mouth **10**
boda *f.* wedding **9**
boleto *m.* ticket
bolsa *f.* bag; purse **6**
bombero/a *m., f.* firefighter **16**
bonito/a *adj.* pretty **3**
borrador *m.* eraser **2**
bosque *m.* forest **13**
  bosque tropical tropical forest; rainforest **13**
bota *f.* boot **6**
botella *f.* bottle **9**
  botella de vino bottle of wine **9**
botones *m., f., sing.* bellhop **5**
brazo *m.* arm **10**
brindar *v.* to toast (*drink*) **9**
bucear *v.* to scuba dive **4**
bueno... *adv.* well... **2**
buen, bueno/a *adj.* good **3, 6**
  ¡Buen viaje! Have a good trip! **1**
  buena forma good shape (*physical*) **15**
  ¡Buena idea! Good idea! **4**
  Buenas noches. Good evening; Good night. **1**
  Buenas tardes. Good afternoon. **1**
  buenísimo extremely good
  ¿Bueno? Hello? (*on telephone*) **11**
  Buenos días. Good morning. **1**
bulevar *m.* boulevard
buscar *v.* to look for **2**
buzón *m.* mailbox **14**

C

caballo *m.* horse **5**
cabaña *f.* cabin **5**
cabe: no cabe duda de there's no doubt **13**
cabeza *f.* head **10**
cada *adj.* each **6**
caerse *v.* to fall (down) **10**
café *m.* café **4**; *adj.* brown **6**; coffee **8**
cafetera *f.* coffee maker
cafetería *f.* cafeteria **2**
caído/a *p.p.* fallen **15**
caja *f.* cash register **6**
cajero/a *m., f.* cashier
cajero automático automatic teller machine (ATM) **14**
calcetín *m.* sock **6**
calculadora *f.* calculator **11**
caldo *m.* soup **8**
caldo de patas beef soup **8**
calentamiento global *m.* global warming **13**
calentarse (e:ie) *v.* to warm up **15**
calidad *f.* quality **6**
calle *f.* street **11**
calor *m.* heat **3**
caloría *f.* calorie **15**
calzar *v.* to take size... shoes **6**
cama *f.* bed **5**
cámara *f.* camera **11**
cámara de video videocamera **11**
cámara digital digital camera **11**
camarero/a *m., f.* waiter **8**
camarón *m.* shrimp **8**
cambiar (de) *v.* to change **9**
cambio *m.* **de moneda** currency exchange
caminar *v.* to walk **2**
camino *m.* route **11**
camión *m.* truck; bus
camisa *f.* shirt **6**
camiseta *f.* t-shirt **6**
campo *m.* countryside **5**
canadiense *adj.* Canadian **3**
canal *m.* channel (TV)
canción *f.* song
candidato/a *m., f.* candidate
cansado/a *adj.* tired **5**
cantante *m., f.* singer **16**
cantar *v.* to sing **2**
capital *f.* capital city **1**
capó *m.* (car) hood **11**
cara *f.* face **7**
caramelo *m.* caramel
carne *f.* meat **8**
carne de res beef **8**
carnicería *f.* butcher shop **14**
caro/a *adj.* expensive **6**
carpintero/a *m., f.* carpenter **16**
carrera *f.* career **16**
carretera *f.* highway
carro *m.* car **11**
carta *f.* letter **4**; (playing) card
cartel *m.* poster
cartera *f.* wallet **6**
cartero *m.* mail carrier **14**
casa *f.* house **4**; home
casado/a *adj.* married **9**
casarse (con) *v.* to get married (to) **9**
casi *adv.* almost **10**
catorce fourteen **1**
caza *f.* hunting **13**
cebolla *f.* onion **8**
celebrar *v.* to celebrate **9**
celular *adj.* cellular **11**
cena *f.* dinner **8**
cenar *v.* to have dinner **8**
centro *m.* downtown **4**
centro comercial shopping mall **6**
cepillarse los dientes/el pelo *v.* to brush one's teeth/one's hair **7**
cerámica *f.* pottery
cerca de *prep.* near **2**
cerdo *m.* pork **8**
cereales *m., pl.* cereal; grains **8**
cero zero **1**
cerrado/a *adj.* closed **5**
cerrar (e:ie) *v.* to close **4**
cerveza *f.* beer **8**
césped *m.* grass
ceviche *m.* lemon-marinated fish dish **8**
ceviche de camarón lemon-marinated shrimp **8**
chaleco *m.* vest
champán *m.* champagne **9**
champiñón *m.* mushroom **8**
champú *m.* shampoo **7**
chaqueta *f.* jacket **6**
chau *fam., interj.* bye **1**
cheque *m.* (bank) check **14**
cheque de viajero traveler's check **14**
chévere *adj., fam.* terrific
chico/a *m., f.* boy/girl **1**
chino/a *adj.* Chinese
chocar (con) *v.* to run into; to crash **11**
chocolate *m.* chocolate
choque *m.* collision
chuleta *f.* chop (*food*) **8**
chuleta de cerdo pork chop **8**
ciclismo *m.* cycling **4**
cielo *m.* sky **13**
cien(to) one hundred **2, 6**
por ciento percent
ciencia *f.* science
ciencia ficción science fiction
científico/a *m., f.* scientist **16**
cierto *m.* certain; true **13**
es cierto it's true/certain **13**
no es cierto it's not true/certain **13**
cifra *f.* figure
cinco five **1**
cincuenta fifty **2**
cine *m.* movie theater **4**
cinta *f.* (audio) tape
cinturón *m.* belt **6**
circulación *f.* traffic
cita *f.* date; appointment **9**
ciudad *f.* city **4**
ciudadano/a *adj.* citizen
claro que sí *fam.* of course
clase *f.* class **2**
clase de ejercicios aeróbicos aerobics class **15**
clásico/a *adj.* classical
cliente/a *m., f.* client **6**
clínica *f.* clinic **10**
cobrar *v.* to cash a check **14**; to charge for a product or service **14**
coche *m.* car **11**
cocina *f.* kitchen **12**; stove
cocinar *v.* to cook **12**
cocinero/a *m., f.* cook, chef **16**
cola *f.* line **14**
colesterol *m.* cholesterol **15**
color *m.* color **6**
comedia *f.* comedy; play
comedor *m.* dining room **12**
comenzar (e:ie) *v.* to begin **4**
comer *v.* to eat **3**
comercial *adj.* commercial; business-related **16**
comida *f.* food; meal **8**
como *prep.* like, as **8**
¿cómo? what?; how? **1, 9**
¿Cómo es...? What's... like? **3**
¿Cómo está usted? How are you? (*form.*) **1**
¿Cómo estás? How are you? (*fam.*) **1**
¿Cómo les fue...? *pl.* How did… go for you? **15**
¿Cómo se llama usted? What's your name? (*form.*) **1**
¿Cómo te llamas (tú)? What's your name? (*fam.*) **1**
cómoda *f.* chest of drawers **12**
cómodo/a *adj.* comfortable **5**
compañero/a de clase *m., f.* classmate **2**
compañero/a de cuarto *m., f.* roommate **2**
compañía *f.* company; firm **16**
compartir *v.* to share **3**
completamente *adv.* completely
compositor(a) *m., f.* composer
comprar *v.* to buy **2**
compras *f., pl.* purchases
ir de compras go shopping
comprender *v.* to understand **3**
comprobar *v.* to check
comprometerse (con) *v.* to get engaged (to) **9**
computación *f.* computer science **2**
computadora *f.* computer **1, 11**

computadora portátil *f.* laptop **11**; portable computer
comunicación *f.* communication
comunicarse (con) *v.* to communicate (with)
comunidad *f.* community **1**
con *prep.* with **2**
Con él/ella habla. This is he/she. (*on telephone*) **11**
con frecuencia *adv.* frequently **10**
Con permiso. Pardon me., Excuse me. **1**
con tal (de) que provided that **13**
concierto *m.* concert
concordar *v.* to agree
concurso *m.* contest; game show
conducir *v.* to drive **8, 11**
conductor(a) *m., f.* driver, chauffeur **1**
confirmar *v.* to confirm **5**
confirmar una reservación to confirm a reservation **5**
congelador *m.* freezer
congestionado/a *adj.* congested; stuffed-up **10**
conmigo *pron.* with me **4**
conocer *v.* to know; to be acquainted with **8**
conocido/a *adj.* known
conseguir (e:i) *v.* to get; to obtain **4**
consejero/a *m., f.* counselor; advisor **16**
consejo *m.* advice **9**
conservación *f.* conservation **13**
conservar *v.* to conserve **13**
construir *v.* to build
consultorio *m.* doctor's office **10**
consumir *v.* to consume **15**
contabilidad *f.* accounting **2**
contador(a) *m., f.* accountant **16**
contaminación *f.* pollution **13**; contamination
contaminación del aire/del agua air/water pollution **13**
contaminado/a *adj.* polluted **13**
contaminar *v.* to pollute **13**
contar (con) *v.* to count (on) **12**
contento/a *adj.* happy; content **5**
contestadora *f.* answering machine **11**
contestar *v.* to answer **2**
contigo *pron.* with you
contratar *v.* to hire **16**
control *m.* control
control remoto remote control **11**
controlar *v.* to control **13**
conversación *f.* conversation **1**
conversar *v.* to talk; to chat **2**
copa *f.* wineglass; goblet **12**
corazón *m.* heart **10**
corbata *f.* tie **6**
corredor(a) *m., f.* **de bolsa** stockbroker **16**
correo *m.* post office; mail **14**
correo electrónico e-mail **4**
correr *v.* to run **3**
cortesía *f.* courtesy
cortinas *f., pl.* curtains **12**
corto/a *adj.* short (*in length*) **6**
cosa *f.* thing **1**
costar (o:ue) *f.* to cost **6**
cráter *m.* crater **13**
creer *v.* to believe **13**
creer (en) *v.* to believe (in) **3**
creído/a *p.p.* believed **15**
crema de afeitar *f.* shaving cream **7**
crimen *m.* crime; murder
cruzar *v.* to cross **14**
cuaderno *m.* notebook **1**
cuadra *f.* city block **14**
cuadro *m.* picture **12**
cuadros *m., pl.* plaid **6**
¿cuál(es)? which?; which one(s)? **2**; what? **9**
¿Cuál es la fecha de hoy? What is today's date? **5**
cuando *conj.* when **7**
¿cuándo? *adv.* when? **2, 9**
¿cuánto(s)/a(s)? *adv.* how much?, how many? **1, 9**
¿Cuánto cuesta...? How much does... cost? **6**
¿Cuántos años tienes/tiene? How old are you? **3**
cuarenta forty **2**
cuarto *m.* room
cuarto/a *adj.* quarter **1**; fourth **5**
menos cuarto quarter to (time) **1**
y cuarto quarter after (time) **1**
cuarto de baño *m.* bathroom
cuatro four **1**
cuatrocientos/as four hundred **6**
cubiertos *m., pl.* silverware
cubierto/a *p.p.* covered
cubrir *v.* to cover
cuchara *f.* spoon **12**
cuchillo *m.* knife **12**
cuello *m.* neck **10**
cuenta *f.* bill **9**; account **14**
cuenta corriente *f.* checking account **14**
cuenta de ahorros *f.* savings account **14**
cuento *m.* story
cuerpo *m.* body **10**
cuidado *m.* care **3**
cuidar *v.* to take care of **13**
¡Cuídense! Take care! **15**
cultura *f.* culture
cumpleaños *m., sing.* birthday **9**
cumplir años *v.* to have a birthday **9**
cuñado/a *m., f.* brother-in-law; sister-in-law **3**
currículum *m.* résumé **16**; curriculum vitae
curso *m.* course **2**

D

danza *f.* dance
dañar *v.* to damage; to breakdown **11**
dar *v.* to give **6**
dar un consejo to give advice
darse con *v.* to bump into; to run into
darse prisa to hurry; to rush **15**
de *prep.* of; from **1**
¿de dónde? from where? **9**
¿De dónde eres? *fam.* Where are you from? **1**
¿De dónde es usted? *form.* Where are you from? **1**
¿De parte de quién? Who is calling? (*on telephone*) **11**
¿de quién...? whose...? (*sing.*) **1**
¿de quiénes...? whose...? (*pl.*) **1**
de algodón (made of) cotton **6**
de aluminio (made of) aluminum **13**
de compras shopping
de cuadros plaid **6**
de excursión hiking **4**
de hecho in fact
de ida y vuelta round-trip **5**
de la mañana in the morning; A.M. **1**
de la noche in the evening; at night; P.M. **1**
de la tarde in the afternoon; in the early evening; P.M. **1**
de lana (made of) wool **6**
de lunares polka-dotted **6**
de mi vida of my life **15**
de moda in fashion **6**
De nada. You're welcome. **1**
de ninguna manera no way
de niño/a as a child **10**
de parte de on behalf of **11**
de plástico (made of) plastic **13**
de rayas striped **6**
de repente suddenly **6**
de seda (made of) silk **6**
de vaqueros western (genre)
de vez en cuando from time to time **10**
de vidrio (made of) glass **13**
debajo de *prep.* below; under **2**
deber (+ *inf.*) *v.* to have to (*do something*), should (*do something*) **3**
Debe ser... It must be... **6**
deber *m.* responsibility; obligation
debido a due to; the fact that
débil *adj.* weak **15**
decidido/a *adj.* decided
decidir *v.* to decide **3**
décimo/a *adj.* tenth **5**
decir *v.* to say; to tell **6**
declarar *v.* to declare; to say
dedo *m.* finger **10**
deforestación *f.* deforestation **13**

dejar *v.* to let **12**; to quit; to leave behind **16**
dejar de (**+** ***inf.***) to stop (*doing something*) **13**
dejar una propina to leave a tip **9**
del (*contraction of* **de + el**) of the; from the
delante de *prep.* in front of **2**
delgado/a *adj.* thin; slender **3**
delicioso/a *adj.* delicious **8**
demás *pron.* the rest
demasiado *adv.* too much **6**
dentista *m., f.* dentist **10**
dentro de *adv.* within **16**
dependiente/a *m., f.* clerk **6**
deporte *m.* sport **4**
deportista *m.* sports person
deportivo/a *adj.* sports-related **4**
depositar *v.* to deposit **14**
derecha *f.* right **2**
a la derecha de to the right of **2**
derecho *adj.* straight **14**
derechos *m., pl.* rights
desarrollar *v.* to develop **13**
desastre natural *m.* natural disaster
desayunar *v.* to have breakfast **8**
desayuno *m.* breakfast **8**
descafeinado/a *adj.* decaffeinated **15**
descansar *v.* to rest **2**
descompuesto/a *adj.* not working; out of order **11**
describir *v.* to describe **3**
descrito/a *p.p.* described **15**
descubierto/a *p.p.* discovered **15**
descubrir *v.* to discover **13**
desde *prep.* from **6**
desear *v.* to want; to wish **2**; to desire **12**
desempleo *m.* unemployment
desierto *m.* desert **13**
desigualdad *f.* inequality
desordenado/a *adj.* disorderly; messy **5**
despacio *adj.* slowly
despedida *f.* farewell; goodbye
despedir (e:i) *v.* to fire **16**
despedirse (de) (e:i) *v.* to say goodbye (to) **7**
despejado/a *adj.* clear (*weather*)
despertador *m.* alarm clock **7**
despertarse (e:ie) *v.* to wake up **7**
después *adv.* afterwards; then **7**
después de after **7**
después (de) que *conj.* after **13**
destruir *v.* to destroy **13**
detrás de *prep.* behind **2**
día *m.* day **1**
día de fiesta holiday **9**
diario *m.* diary **1**; newspaper
diario/a *adj.* daily **7**
dibujar *v.* to draw **2**
dibujo *m.* drawing
dibujos animados *m., pl.* cartoons
diccionario *m.* dictionary **1**
dicho/a *p.p.* said **15**
diciembre *m.* December **5**
dictadura *f.* dictatorship
diecinueve nineteen **1**
dieciocho eighteen **1**
dieciséis sixteen **1**
diecisiete seventeen **1**
diente *m.* tooth **7**
dieta *f.* diet **15**
dieta equilibrada balanced diet **15**
diez ten **1**
difícil *adj.* difficult; hard **3**
¿Diga? Hello? (*on telephone*) **11**
diligencia *f.* errand **14**
dinero *m.* money **6**
dirección *f.* address **14**
director(a) *m., f.* director; (*musical*) conductor
disco *m.* disk **11**
disco compacto compact disc (CD) **11**
discriminación *f.* discrimination
discurso *m.* speech
diseñador(a) *m., f.* designer **16**
diseño *m.* design
disfrutar (de) *v.* to enjoy; to reap the benefits (of) **15**
diversión *f.* entertainment; fun activity **4**
divertido/a *adj.* fun **7**
divertirse (e:ie) *v.* to have fun **9**
divorciado/a *adj.* divorced **9**
divorciarse (de) *v.* to get divorced (from) **9**
divorcio *m.* divorce **9**
doblar *v.* to turn **14**
doble *adj.* double
doce twelve **1**
doctor(a) *m., f.* doctor **3, 10**
documental *m.* documentary
documentos de viaje *m., pl.* travel documents
doler (o:ue) *v.* to hurt **10**
dolor *m.* ache; pain **10**
dolor de cabeza *m.* headache **10**
doméstico/a *adj.* domestic
domingo *m.* Sunday **2**
don/doña *title of respect used with a person's first name* **1**
donde *prep.* where
¿dónde? where? **1, 9**
¿Dónde está...? Where is...? **2**
dormir (o:ue) *v.* to sleep **4**
dormirse (o:ue) *v.* to go to sleep; to fall asleep **7**
dos two **1**
dos veces twice; two times **6**
doscientos/as two hundred **6**
drama *m.* drama; play
dramático/a *adj.* dramatic
dramaturgo/a *m., f.* playwright
droga *f.* drug **15**
drogadicto/a *m., f.* drug addict **15**
ducha *f.* shower
ducharse *v.* to shower; to take a shower **7**
duda *f.* doubt **13**
dudar *v.* to doubt **13**
dueño/a *m., f.* owner **8**; landlord
dulce *adj.* sweet **8**
dulces *m., pl.* sweets; candy **9**
durante *prep.* during **7**
durar *v.* to last

E

e *conj. (used instead of* **y** *before words beginning with* ***i*** *and* ***hi****)* and
echar *v.* to throw
echar una carta al buzón to put a letter in the mailbox; to mail a letter **14**
ecología *f.* ecology **13**
ecologista *adj.* ecological; ecologist **13**
economía *f.* economics
ecoturismo *m.* ecotourism **13**
Ecuador *m.* Ecuador **1**
ecuatoriano/a *adj.* Ecuadorian **3**
edad *f.* age
edificio *m.* building **12**
edificio de apartamentos apartment building **12**
efectivo *m.* cash
ejercicio *m.* exercise **15**
ejercicios aeróbicos aerobic exercises **15**
ejercicios de estiramiento stretching exercises **15**
ejército *m.* army
el *m., sing., def. art.* the **1**
él *sub. pron.* he **1**; *adj. pron.* him
elección *f.* election
electricista *m., f.* electrician **16**
electrodoméstico *m.* electric appliance **12**
elegante *adj. m., f.* elegant **6**
elegir *v.* to elect
ella *sub. pron.* she **1**; *obj. pron.* her
ellos/as *sub. pron.* they **1**; them
embarazada *adj.* pregnant **10**
emergencia *f.* emergency **10**
emitir *v.* to broadcast
emocionante *adj.* exciting
empezar (e:ie) *v.* to begin **4**
empleado/a *m., f.* employee **5**
empleo *m.* job; employment **16**
empresa *f.* company; firm **16**
en *prep.* in; on; at **2**
en casa at home **7**
en caso (de) que in case (that) **13**
en cuanto as soon as **13**
en efectivo in cash
en exceso in excess; too much **15**
en línea in-line **4**
¡En marcha! Let's get going! **15**
en mi nombre in my name
en punto on the dot; exactly; sharp (*time*) **1**

en qué in which; in what; how **2**
¿En qué puedo servirles? How can I help you? **5**
enamorado/a *adj.* **(de)** in love (with) **5**
enamorarse (de) *v.* to fall in love (with) **9**
encantado/a *adj.* delighted; pleased to meet you **1**
encantar *v.* to like very much; to love (*inanimate objects*) **7**
encima de *prep.* on top of **2**
encontrar (o:ue) *v.* to find **4**
encontrar(se) *v.* to meet (each other); to find (each other)
encuesta *f.* poll; survey
energía *f.* energy **13**
energía nuclear nuclear energy **13**
energía solar solar energy **13**
enero *m.* January **5**
enfermarse *v.* to get sick **10**
enfermedad *f.* illness; sickness **10**
enfermero/a *m., f.* nurse **10**
enfermo/a *adj.* sick **10**
enfrente de *adv.* opposite; facing; in front of **14**
engordar *v.* to gain weight **15**
enojado/a *adj.* mad; angry **5**
enojarse (con) *v.* to get angry (with) **7**
ensalada *f.* salad **8**
enseguida *adv.* right away **9**
enseñar *v.* to teach **2**
ensuciar *v.* to get (something) dirty **12**; to dirty
entender (e:ie) *v.* to understand **4**
entonces *adv.* then **7**
entrada *f.* entrance **12**; ticket
entre *prep.* between; among **2**
entremeses *m., pl.* hors d'oeuvres **8**; appetizers
entrenarse *v.* to practice; to train **15**
entrevista *f.* interview **16**
entrevistador(a) *m., f.* interviewer **16**
entrevistar *v.* to interview **16**
envase *m.* container **13**
enviar *v.* to send **14**; to mail
equilibrado/a *adj.* balanced **15**
equipado/a *adj.* equipped **15**
equipaje *m.* luggage **5**
equipo *m.* team **4**
equivocado/a *adj.* wrong; mistaken **5**
eres you are *fam.* **1**
es you are *form.* ; he/she/it is **1**
Es una lástima... It's a shame... **13**
Es bueno que... It's good that... **12**
Es de... He/She is from . . . **1**
Es extraño... It's strange... **13**
Es importante que... It's important that . . . **12**
Es imposible... It's impossible... **13**
Es improbable... It's improbable... **13**
Es la una. It's one o'clock. **1**
Es malo que... It's bad that... **12**
Es mejor que... It's better that... **12**
Es necesario que... It's necessary that... **12**
Es obvio... It's obvious... **13**
Es ridículo... It's ridiculous... **13**
Es seguro... It's sure... **13**
Es terrible... It's terrible... **13**
Es triste... It's sad... **13**
Es urgente que... It's urgent that... **12**
Es verdad... It's true... **13**
esa(s) *f., adj.* that; those **6**
ésa(s) *f., pron.* those (ones) **6**
escalar *v.* to climb **4**
escalar montañas *f., pl.* to climb mountains **4**
escalera *f.* stairs; stairway **12**
escoger *v.* choose
escribir *v.* to write **3**
escribir una carta to write a letter **4**
escribir un mensaje electrónico to write an e-mail message **4**
escribir una (tarjeta) postal to write a postcard **4**
escrito/a *p.p.* written **15**
escritor(a) *m., f.* writer **16**
escritorio *m.* desk **2**
escuchar *v.* to listen **2**
escuchar la radio to listen to the radio
escuchar música to listen to music
escuela *f.* school **1**
esculpir *v.* to sculpt
escultor(a) *m., f.* sculptor **16**
escultura *f.* sculpture
ese *m., sing., adj.* that **6**
ése *m., sing., pron.* that (one) **6**
eso *neuter, pron.* that; that thing **6**
esos *m., pl., adj.* those **6**
ésos *m., pl., pron.* those (ones) **6**
España *f.* Spain **1**
español *m.* Spanish (*language*) **2**
español(a) *adj.* Spanish **3**
espárragos *m., pl.* asparagus
especialización *f.* field of study **16**; specialization
espectacular *adj.* spectacular **15**
espectáculo *m.* show
espejo *m.* mirror **7**
esperar *v.* to wait (for); to hope **2**; to wish **13**
esposo/a *m., f.* husband/wife; spouse **3**
esquí (acuático) *m.* (water) skiing **4**
esquiar *v.* to ski **4**
esquina *m.* corner **14**
está he/she/it is, you are *form.* **1**
Está despejado. It's clear. (*weather*) **5**
Está (muy) nublado. It's (very) cloudy. (*weather*) **5**
Está bien. That's fine. **11**
esta(s) *f., adj.* this; these **6**
esta noche tonight **4**
ésta(s) *f., pron.* this (one); these (ones) **6**
Ésta es... *f.* This is... (*introducing someone*) **1**
establecer *v.* to establish
estación *f.* station; season **5**
estación de autobuses bus station **5**
estación del metro subway station **5**
estación del tren train station **5**
estacionar *v.* to park **11**
estadio *m.* stadium **2**
estado civil *m.* marital status **9**
Estados Unidos *m.* (EE.UU.) United States **1**
estadounidense *adj.* from the United States **3**
estampado/a *adj.* print
estampilla *f.* stamp **14**
estante *m.* bookcase; bookshelf **12**
estar *v.* to be **2**
estar a (veinte kilómetros) de aquí to be (20 kilometers) from here **11**
estar a dieta to be on a diet **15**
estar aburrido/a to be bored **5**
estar afectado/a (por) to be affected (by) **13**
estar bajo control to be under control
estar cansado/a to be tired **5**
estar contaminado/a to be polluted **13**
estar de acuerdo to agree
estar de moda to be in fashion **6**
estar de vacaciones to be on vacation **5**
estar en buena forma to be in good shape **15**
estar enfermo/a to be sick **10**
estar listo/a to be ready **15**
estar perdido/a to be lost **14**
estar roto/a to be broken **10**
estar seguro/a (de) to be sure (of) **5, 13**
estar torcido/a to be twisted; to be sprained **10**
estatua *f.* statue
este *m.* east **14**; umm
este *m., sing., adj.* this **6**
éste *m., sing., pron.* this (one) **6**
Éste es... *m.* This is... (*introducing someone*) **1**
estéreo *m.* stereo **11**
estilo *m.* style
estiramiento *m.* stretching **15**
esto *neuter pron.* this; this thing **6**
estómago *m.* stomach **10**

estornudar *v.* to sneeze **10**
estos *m., pl., adj.* these **6**
éstos *m., pl., pron.* these (ones) **6**
estrella *f.* star **13**
estrella de cine *m., f.* movie star
estrés *m.* stress **15**
estudiante *m., f.* student **1, 2**
estudiantil *adj. m., f.* student
estudiar *v.* to study **2**
estufa *f.* stove **12**
estupendo/a *adj.* stupendous **5**
etapa *f.* stage **9**; step
evitar *v.* to avoid **13**
examen *m.* test; exam **2**
examen médico physical exam **10**
excelente *adj.* excellent **5**
exceso *m.* excess; too much **15**
excursión *f.* hike; tour; excursion **4**
excursionista *m., f.* hiker **4**
éxito *m.* success **16**
experiencia *f.* experience
explicar *v.* to explain **2**
explorar *v.* to explore
explorar un pueblo to explore a town
explorar una ciudad to explore a city
expresión *f.* expression
extinción *f.* extinction **13**
extranjero/a *adj.* foreign
extraño/a *adj.* strange **13**

F

fábrica *f.* factory **13**
fabuloso/a *adj* fabulous **5**
fácil *adj.* easy **3**
facilísimo extremely easy **8**
falda *f.* skirt **6**
faltar *v.* to lack; to need **7**
familia *f.* family **3**
famoso/a *adj.* famous **16**
farmacia *f.* pharmacy **10**
fascinar *v.* to fascinate; to like very much **7**
favorito/a *adj.* favorite **4**
fax *m.* fax (machine) **11**
febrero *m.* February **5**
fecha *f.* date **5**
feliz *adj.* happy **5**
¡Felicidades! Congratulations! (*for an event such as a birthday or anniversary*) **9**
¡Felicitaciones! Congratulations! (*for an event such as an engagement or a good grade on a test*) **9**
¡Feliz cumpleaños! Happy birthday! **9**
fenomenal *adj.* great **5**; phenomenal
feo/a *adj.* ugly **3**
festival *m.* festival
fiebre *f.* fever **10**
fiesta *f.* party **9**
fijo/a *adj.* set, fixed **6**
fin *m.* end **4**
fin de semana weekend **4**
finalmente *adv.* finally
firmar *v.* to sign (*a document*) **14**
física *f.* physics **2**
flan *m.* baked custard **9**
flexible *adj.* flexible **15**
flor *f.* flower **13**
folklórico/a *adj.* folk; folkloric
folleto *m.* brochure
fondo *m.* end **12**
forma *f.* shape **15**
formulario *m.* form **14**
foto(grafía) *f.* photograph **1**
francés, francesa *adj.* French **3**
frecuentemente *adv.* frequently **10**
frenos *m., pl.* brakes **11**
fresco/a *adj.* cool
frijoles *m., pl.* beans **8**
frío *m.* cold **3**
fritada *f.* fried dish (pork, fish, etc.)
frito/a *adj.* fried **8**
fruta *f.* fruit **8**
frutería *f.* fruit shop **14**
frutilla *f.* strawberry **8**
fuente de fritada *f.* platter of fried food
fuera *adv.* outside
fuerte *adj.* strong **15**
fumar *v.* to smoke **15**
no fumar not to smoke **15**
funcionar *v.* to work **11**; to function
fútbol *m.* soccer **4**
fútbol americano football **4**
futuro/a *adj.* future **16**
en el futuro in the future **16**

G

gafas (de sol) *f., pl.* (sun)glasses **6**
gafas (oscuras) *f., pl.* (sun)glasses **14**
galleta *f.* cookie **9**
ganar *v.* to win **4**; to earn (money) **16**
ganga *f.* bargain **6**
garaje *m.* garage; (mechanic's) repair shop **11**; garage **12**
garganta *f.* throat **10**
gasolina *f.* gasoline **11**
gasolinera *f.* gas station **11**
gastar *v.* to spend (*money*) **6**
gato/a *m., f.* cat **3**
gente *f.* people **3**
geografía *f.* geography **2**
gerente *m., f.* manager **16**
gimnasio *m.* gym, gymnasium **4**
gobierno *m.* government **13**
golf *m.* golf **4**
gordo/a *adj.* fat **3**
grabadora *f.* tape recorder **1**
gracias *f., pl.* thank you; thanks **1**
Gracias por todo. Thanks for everything. **9**
Gracias una vez más. Thanks once again. **9**
graduarse (de) *v.* to graduate (from) **9**
gran, grande *adj.* big; large; great **3**
grasa *f.* fat **15**
gratis *adj.* free of charge **14**
grave *adj.* grave; serious **10**
gravísimo/a *adj.* extremely serious **13**
grillo *m.* cricket
gripe *f.* flu **10**
gris *adj.* gray **6**
gritar *v.* to scream
guantes *m., pl.* gloves **6**
guapo/a *adj.* handsome; good-looking **3**
guardar *v.* to save (on a computer) **11**
guerra *f.* war
guía *m., f.* guide
gustar *v.* to be pleasing to; to like **2, 7**
Me gustaría(n)... I would like **7**
gusto *m.* pleasure **1**
El gusto es mío. The pleasure is mine. **1**
Gusto de (**+ *inf.***) It's a pleasure to...
Mucho gusto. Pleased to meet you. **1**

H

haber (*aux.*) *v.* to have (*done something*) **15**
ha sido un placer it's been a pleasure **15**
habitación *f.* room **5**
habitación doble double room **5**
habitación individual single room **5**
habitantes *m., pl.* inhabitants **13**
hablar *v.* to talk; to speak **2**
hacer *v.* to do; to make **4**
Hace buen tiempo. It's nice weather. **5**; The weather is good.
Hace (mucho) calor. It's (very) hot. (*weather*) **5**
Hace fresco. It's cool. (*weather*) **5**
Hace (mucho) frío. It's (very) cold. (*weather*) **5**
Hace mal tiempo. It's bad weather. **5**; The weather is bad.
Hace (mucho) sol. It's (very) sunny. (*weather*) **5**
Hace (mucho) viento. It's (very) windy. (*weather*) **5**
hacer cola to stand in line **14**
hacer diligencias to do errands; to run errands **14**
hacer ejercicio to exercise **15**
hacer ejercicios aeróbicos to do aerobics **15**
hacer ejercicios de estiramiento to do stretching exercises **15**

hacer el papel to play a role
hacer gimnasia to work out 15
hacer juego (con) to match 6
hacer la cama to make the bed 12
hacer las maletas to pack (one's suitcases) 5
hacer los quehaceres domésticos to do household chores 12
hacer turismo to go sightseeing 5
hacer un viaje to take a trip 5
hacer una excursión to go on a hike; to go on a tour 5
hacha *f.* ax
hacia *prep.* toward 14
hambre *f.* hunger 3
hamburguesa *f.* hamburger 8
hasta *prep.* until 6; toward
Hasta la vista. See you later. 1
Hasta luego. See you later. 1
Hasta mañana. See you tomorrow. 1
hasta que until 13
Hasta pronto. See you soon. 1
hay there is; there are 1
Hay (mucha) contaminación. It's (very) smoggy.
Hay (mucha) niebla. It's (very) foggy. 5
Hay que It is necessary that 14
No hay duda de There's no doubt 13
No hay de qué. You're welcome. 1
hecho/a *p.p.* done 15
heladería *f.* ice cream shop 14
helado/a *adj.* iced 8
helado *m.* ice cream 9
hermanastro/a *m., f.* stepbrother/stepsister 3
hermano/a *m., f.* brother/sister 3
hermano/a mayor/menor *m., f.* older/younger brother/sister 3
hermanos *m., pl.* siblings (brothers and sisters) 3
hermoso/a *adj.* beautiful 6
hierba *f.* grass 13
hijastro/a *m., f.* stepson/stepdaughter 3
hijo/a *m., f.* son/daughter 3
hijo/a único/a only child 3
hijos *m., pl.* children 3
historia *f.* history 2; story
hockey *m.* hockey 4
hogar *m.* home 12
hola *interj.* hello; hi 1
hombre *m.* man 1
hombre de negocios businessman 16
hora *f.* hour 1
horario *m.* schedule 2
horno *m.* oven 12
horno de microondas microwave oven 12
hospital *m.* hospital 10
hotel *m.* hotel 5
hoy *adv.* today 2
hoy día nowadays
Hoy es... Today is... 2
huelga *f.* strike (labor)
hueso *m.* bone 10
huésped *m., f.* guest 5
huevo *m.* egg 8
humanidades *f., pl.* humanities
huracán *m.* hurricane

I

ida *f.* one way (*travel*)
idea *f.* idea 4
iglesia *f.* church 4
igualdad *f.* equality
igualmente *adv.* likewise 1
impermeable *m.* raincoat 6
importante *adj.* important 3
importar *v.* to be important (to); to matter 7, 12
imposible *adj.* impossible 13
impresora *f.* printer 11
imprimir *v.* to print 11
improbable *adj.* improbable 13
impuesto *m.* tax
incendio *m.* fire
increíble *adj.* incredible 5
indicar cómo llegar *v.* to give directions 14
individual *adj.* private (*room*) 5
infección *f.* infection 10
informar *v.* to inform
informe *m.* report; paper (*written work*)
ingeniero/a *m., f.* engineer 3
inglés *m.* English (*language*) 2
inglés, inglesa *adj.* English 3
insistir (en) *v.* to insist (on) 12
inspector(a) de aduanas *m., f.* customs inspector 5
inteligente *adj.* intelligent 3
intercambiar *v.* exchange
interesante *adj.* interesting 3
interesar *v.* to be interesting to; to interest 7
internacional *adj.* international
Internet *m.* Internet 11
inundación *f.* flood
invertir (e:ie) *v.* to invest 16
invierno *m.* winter 5
invitado/a *m., f.* guest (*at a function*) 9
invitar *v.* to invite; to treat 9
inyección *f.* injection 10
ir *v.* to go 4
ir a (+ *inf.*) to be going to do something 4
ir a la playa to go to the beach 5
ir de compras to go shopping 6
ir de excursión (a las montañas) to go for a hike (in the mountains) 4
ir de pesca to go fishing 5
ir de vacaciones to go on vacation 5
ir en autobús to go by bus 5
ir en auto(móvil) to go by car 5; to go by auto(mobile)
ir en avión to go by plane 5
ir en barco to go by ship 5
ir en metro to go by subway
ir en motocicleta to go by motorcycle 5
ir en taxi to go by taxi 5
ir en tren to go by train
irse *v.* to go away; to leave 7
italiano/a *adj.* Italian 3
izquierdo/a *adj.* left 2
a la izquierda de to the left of 2

J

jabón *m.* soap 7
jamás *adv.* never; not ever 7
jamón *m.* ham 8
japonés, japonesa *adj.* Japanese 3
jardín *m.* garden; yard 12
jefe, jefa *m., f.* boss 16
joven *adj.* young 3
joven *m., f.* youth; young person 1
joyería *f.* jewelry store 14
jubilarse *v.* to retire (*from work*) 9
juego *m.* game
jueves *m., sing.* Thursday 2
jugador(a) *m., f.* player 4
jugar (u:ue) *v.* to play 4
jugar a las cartas to play cards
jugo *m.* juice 8
jugo de fruta fruit juice 8
julio *m.* July 5
jungla *f.* jungle
junio *m.* June 5
juntos/as *adj.* together 9
juventud *f.* youth 9

K

kilómetro *m.* kilometer 11

L

la *f., sing., def. art.* the 1
la *f., sing., d.o. pron.* her, it, *form.* you 5
laboratorio *m.* laboratory 2
lago *m.* lake 13
lámpara *f.* lamp 12
lana *f.* wool 6
langosta *f.* lobster 8
lápiz *m.* pencil 1
largo/a *m.* long (*in length*) 6
las *f., pl., def. art.* the 1
las *f., pl., d.o. pron.* them; *form.* you 5
lástima *f.* shame 13

lastimarse *v.* to injure oneself **10**
lastimarse el pie to injure one's foot **10**
lata *f.* (*tin*) can **13**
lavabo *m.* sink
lavadora *f.* washing machine **12**
lavandería *f.* laundromat **14**
lavaplatos *m., sing.* dishwasher **12**
lavar *v.* to wash **12**
lavarse *v.* to wash oneself **7**
lavarse la cara to wash one's face **7**
lavarse las manos to wash one's hands **7**
le *sing., i.o. pron.* to/for him, her, you *form.* **6**
Le presento a… I would like to introduce… to you. *form.* **1**
lección *f.* lesson **1**
leche *f.* milk **8**
lechuga *f.* lettuce **8**
leer *v.* to read **3**
leer el correo electrónico to read e-mail **4**
leer un periódico to read a newspaper **4**
leer una revista to read a magazine **4**
leído/a *p.p.* read **15**
lejos de *prep.* far from **2**
lengua *f.* language **2**
lenguas extranjeras *f., pl.* foreign languages **2**
lentes de contacto *m., pl.* contact lenses
lentes de sol sunglasses
lento/a *adj.* slow **11**
les *pl., i.o. pron.* to/for them, you *form.* **6**
letrero *m.* sign **14**
levantar *v.* to lift **15**
levantar pesas to lift weights **15**
levantarse *v.* to get up **7**
ley *f.* law **13**
libertad *f.* liberty; freedom
libre *adj.* free **4**
librería *f.* bookstore **2**
libro *m.* book **2**
licencia de conducir *f.* driver's license **11**
limón *m.* lemon **8**
limpiar *v.* to clean **12**
limpiar la casa to clean the house **12**
limpio/a *adj.* clean **5**
línea *f.* line **4**
listo/a *adj.* smart; ready **5**
literatura *f.* literature
llamar *v.* to call **11**
llamar por teléfono to call on the phone
llamarse to be called; to be named **7**
llanta *f.* tire **11**
llave *f.* key **5**
llegada *f.* arrival **5**
llegar *v.* to arrive **2**
llenar *v.* to fill
llenar el tanque to fill up the tank **11**
llenar un formulario to fill out a form **14**
lleno/a *adj.* full **11**
llevar *v.* to carry **2**; to take; to wear **6**
llevar una vida sana to lead a healthy lifestyle **15**
llevarse bien/mal (con) to get along well/badly (with) **9**
llover (o:ue) *v.* to rain **5**
Llueve. It's raining. **5**
lluvia *f.* rain
lo *m., sing. d.o. pronoun.* him, it, you *form.* **5**
lo mejor the best (thing)
Lo pasamos de película. We had a great time.
lo peor the worst (thing)
lo que what; that; which **9**
Lo siento. I'm sorry. **1**
Lo siento muchísimo. I'm so sorry. **4**
loco/a *adj.* crazy **6**
locutor(a) *m., f.* TV or radio announcer
lomo a la plancha *m.* grilled flank steak **8**
los *m., pl., def. art.* the **1**
los *m., pl., do. pron.* them, you *form.* **5**
luchar (contra), (por) *v.* to fight; to struggle (against), (for)
luego *adv.* afterwards, then **7**; *adv.* later **1**
lugar *m.* place **4**
luna *f.* moon **13**
lunar *m.* polka dot **6**; mole
lunes *m., sing.* Monday **2**
luz *f.* light; electricity **12**

M

madrastra *f.* stepmother **3**
madre *f.* mother **3**
madurez *f.* maturity; middle age **9**
maestro/a *m., f.* teacher (*elementary school*) **16**
magnífico/a *adj.* magnificent **5**
maíz *m.* corn **8**
mal, malo/a *adj.* bad **3**; sick **5**
malísimo very bad **8**
maleta *f.* suitcase **1**
mamá *f.* mom **3**
mandar *v.* to order **12**; to send **14**; to mail
manejar *v.* to drive **11**
manera *f.* way
mano *f.* hand **1**
¡Manos arriba! Hands up!
manta *f.* blanket **12**
mantener *v.* to maintain **15**
mantenerse en forma to stay in shape **15**
mantequilla *f.* butter **8**
manzana *f.* apple **8**
mañana *f.* morning, A.M. **1**; tomorrow **1**
mapa *m.* map **1, 2**
maquillaje *m.* makeup **7**
maquillarse *v.* to put on makeup **7**
mar *m.* ocean; sea **5**
maravilloso/a *adj.* marvelous **5**
mareado/a *adj.* dizzy; nauseated **10**
margarina *f.* margarine **8**
mariscos *m., pl.* seafood **8**
marrón *adj. m., f.* brown
martes *m., sing.* Tuesday **2**
marzo *m.* March **5**
más *adj.* more **2**
el/la/los/las más the most **8**
más de (+ *number*) more than (+ *number*) **8**
más tarde later (on) **7**
más… que more… than **8**
masaje *m.* massage **15**
matemáticas *f., pl.* mathematics **2**
materia *f.* course
matrimonio *m.* marriage; married couple **9**
máximo/a *m., f.* maximum **11**
mayo *m.* May **5**
mayonesa *f.* mayonnaise **8**
mayor *adj.* older **3**; bigger **8**
el/la mayor *adj.* the oldest; the biggest **8**
me *pron.* me **5**
Me duele mucho. It hurts me a lot. **10**
Me gusta(n)... I like… **2**
No me gusta(n)... I don't like… **2**
Me gustaría(n)... I would like… **7**
Me llamo... My name is… **1**
Me muero por… I'm dying to (for)…
mecánico/a *m., f.* mechanic **11**
mediano/a *adj.* medium
medianoche *f.* midnight **1**
medias *f., pl.* pantyhose, stockings **6**
medicamento *m.* medication **10**
medicina *f.* medicine **10**
médico/a *m., f.* doctor; physician **3**; *adj.* medical **10**
medio/a *m. adj.* half **3**
medio ambiente environment **13**
medio/a hermano/a half-brother/half-sister **3**
medios de comunicación *m., pl.* means of communication; media
y media thirty minutes past the hour (*time*) **1**
mediodía *m.* noon **1**
mejor *adj.* better **8**
el/la mejor *m., f.* the best **8**

mejorar *v.* to improve **13**
melocotón *m.* peach
menor *adj.* younger **3**; smaller **8**
el/la menor *m., f.* the youngest; the smallest **8**
menos *adv.* less **10**
el/la/los/las menos the least **8**
menos cuarto/menos quince quarter to (*time*) **1**
menos de (+ *number*) less than (+ *number*) **8**
menos... que less... than **8**
mensaje de texto text message **11**
mensaje electrónico *m.* e-mail message **4**
mentira *f.* lie **6**
menú *m.* menu **8**
mercado *m.* market **6**
mercado al aire libre open-air market **6**
merendar (e:ie) *v.* to snack in the afternoon; to have a(n) (afternoon) snack **15**
merienda *f.* (afternoon) snack **15**
mes *m.* month **5**
mesa *f.* table **2**
mesita *f.* end table **12**
mesita de noche night stand **12**
metro *m.* subway **5**
mexicano/a *adj.* Mexican **3**
México *m.* Mexico **1**
mí *pron. obj. of prep.* me
mi(s) *poss. adj.* my **3**
microonda *f.* microwave **12**
horno de microondas microwave oven **12**
miedo *m.* fear **3**
mientras *adv.* while **10**
miércoles *m., sing.* Wednesday **2**
mil one thousand **6**
mil millones billion **6**
Mil perdones. I'm so sorry. (*lit.* A thousand pardons.) **4**
milla *f.* mile **11**
millón million **6**
millones (de) millions (of) **6**
minerai *m.* mineral **15**
minuto *m.* minute **1**
mío(s)/a(s) *poss.* my; (of) mine **11**
mirar *v.* to look (at); to watch **2**
mirar (la) televisión to watch television **2**
mismo/a *adj.* same **3**
mochila *f.* backpack **1**
moda *f.* fashion **6**
módem *m.* modem **11**
moderno/a *adj.* modern
molestar *v.* to bother; to annoy **7**
monitor *m.* monitor **11**
mono *m.* monkey **13**
montaña *f.* mountain **4**
montar *v.* **a caballo** to ride a horse **5**
monumento *m.* monument **4**
mora *f.* blackberry **8**
morado/a *adj.* purple **6**
moreno/a *adj.* dark-haired **3**
morir (o:ue) *v.* to die **8**
mostrar (o:ue) *v.* to show **4**
moto(cicleta) *f.* motorcycle **5**
motor *m.* motor **11**
muchacho/a *m., f.* boy; girl **3**
mucho/a *adj., adv.* many; a lot of; much **2, 3**
muchas veces a lot; many times **10**
Muchísimas gracias. Thank you very, very much. **9**
muchísimo *adj., adv.* very much **2, 8**
Mucho gusto. Pleased to meet you. **1**
(Muchas) gracias. Thank you (very much); Thanks (a lot). **1**
mudarse *v.* to move (from one house to another) **12**
muebles *m., pl.* furniture **12**
muela *f.* tooth **10**
muerte *f.* death **9**
muerto/a *p.p.* died **15**
mujer *f.* woman **1**
mujer de negocios business woman **16**
mujer policía female police officer **11**
multa *f.* fine; ticket **11**
mundial *adj.* worldwide
mundo *m.* world **13**
municipal *adj.* municipal
músculo *m.* muscle **15**
museo *m.* museum **4**
música *f.* music
musical *adj.* musical
músico/a *m., f.* musician
muy *adv.* very **1**
Muy amable. That's very kind of you. **5**
(Muy) bien, gracias. (Very) well, thanks. **1**

N

nacer *v.* to be born **9**
nacimiento *m.* birth **9**
nacional *adj.* national
nacionalidad *f.* nationality **1**
nada *pron., adv.* nothing **1**; not anything **7**
nada mal not bad at all **5**
nadar *v.* to swim **4**
nadie *pron.* no one, not anyone **7**
naranja *m.* orange **8**
nariz *f.* nose **10**
natación *f.* swimming **4**
natural *adj.* natural **13**
naturaleza *f.* nature **13**
navegador GPS GPS **11**
navegar en Internet *v.* to surf the Internet **11**
Navidad *f.* Christmas **9**
necesario/a *adj.* necessary **12**
necesitar *v.* to need **2, 12**
negar (e:ie) *v.* to deny **13**
negativo/a *m.* negative **7**
negocios *m., pl.* business; commerce **16**
negro/a *adj.* black **6**
nervioso/a *adj.* nervous **5**
nevar (e:ie) *v.* to snow **5**
Nieva. It's snowing. **5**
ni...ni *conj.* neither... nor **7**
niebla *f.* fog
nieto/a *m., f.* grandson/granddaughter **3**
nieve *f.* snow
ningún, ninguno/a(s) *adj.* no; none; not any **7**
Ningún problema. No problem. **7**
niñez *f.* childhood **9**
niño/a *m., f.* child; boy/girl **3**
no *adv.* no; not **1**
No cabe duda de There is no doubt **13**
No es así. That's not the way it is.
No es para tanto. It's not a big deal. **12**
No es seguro... It's not sure... **13**
No es verdad... It's not true... **13**
No está. It's not here. **5**
No está nada mal. It's not bad at all. **5**
no estar de acuerdo to disagree
no estar seguro/a (de) not to be sure (of) **13**
No estoy seguro. I'm not sure.
no hay there is not; there are not **1**
No hay de qué. You're welcome. **1**
No hay duda de There is no doubt **13**
¡No me diga(s)! You don't say! **11**
No me gustan nada. I don't like them at all. **2**
no muy bien not very well **1**
¿no? right? **1**
no quiero I don't want to **4**
no sé I don't know
No te/se preocupe(s). Don't worry. **7**
no tener razón to be wrong **3**
noche *f.* night **1**
nombre *m.* name **5**
norte *m.* north **14**
norteamericano/a *adj.* (North) American **3**
nos *pron.* us **5**
Nos vemos. See you. **1**

nosotros/as *sub. pron.* we **1**; *ob. pron.* us **8**
noticias *f., pl.* news
noticiero *m.* newscast
novecientos/as nine hundred **6**
noveno/a *adj.* ninth **5**
noventa ninety **2**
noviembre *m.* November **5**
novio/a *m., f.* boyfriend/girlfriend **3**
nube *f.* cloud **13**
nublado/a *adj.* cloudy
  Está (muy) nublado. It's (very) cloudy.
nuclear *adj.* nuclear **13**
nuera *f.* daughter-in-law **3**
nuestro(s)/a(s) *poss. adj.* our **3**; of ours **11**
nueve nine **1**
nuevo/a *adj.* new **6**
número *m.* number **1**
  número (shoe) size **6**
nunca *adj.* never; not ever **7**
nutrición *f.* nutrition **15**

O

o *conj.* or **7**
o... o *conj.* either . . . or **7**
obedecer (c:zc) *v.* to obey
obra *f.* work (*of art, literature, music, etc.*)
  obra maestra masterpiece
obtener *v.* to obtain; to get **16**
obvio/a *adj.* obvious **13**
océano *m.* ocean **13**; sea
ochenta eighty **2**
ocho eight **1**
ochocientos/as eight hundred **6**
octavo/a *adj.* eighth **5**
octubre *m.* October **5**
ocupación *f.* occupation **16**
ocupado/a *adj.* busy **5**
ocurrir *v.* to occur; to happen
odiar *v.* to hate **9**
oeste *m.* west **14**
oferta *f.* offer **12**
oficina *f.* office **12**
oficio *m.* trade **16**
ofrecer (c:zc) *v.* to offer **8**
oído *m.* sense of hearing; inner ear
oído *p.p.* heard **15**
oír *v.* to hear **4**
  oiga *form., sing.* listen (*in conversation*) **1**
  oigan *form., pl.* listen (*in conversation*) **1**
  Oye. *fam., sing.* Listen. (*in conversation*) **1**
ojalá (que) *interj.* I hope (that); I wish (that) **13**
ojo *m.* eye **10**
olvidar *v.* to forget **10**
once eleven **1**
ópera *f.* opera
operación *f.* operation **10**
ordenado/a *adj.* orderly **5**; well organized
ordinal *adj.* ordinal (*number*)
oreja *f.* (outer) ear **10**
orquesta *f.* orchestra
ortográfico/a *adj.* spellling
os *fam., pl. pron.* you **5**
otoño *m.* fall, autumn **5**
otro/a *adj.* other; another **6**
  otra vez again

P

paciente *m., f.* patient **10**
padrastro *m.* stepfather **3**
padre *m.* father **3**
  padres *m., pl.* parents **3**
pagar *v.* to pay **6**
  pagar a plazos to pay in installments **14**
  pagar al contado to pay in cash **14**
  pagar con to pay with **6**
  pagar en efectivo to pay in cash
  pagar la cuenta to pay the bill **9**
página *f.* page **11**
  página principal home page **11**
país *m.* country **1**
paisaje *m.* landscape **13**; countryside
pájaro *m.* bird **13**
palabra *f.* word **1**
pan *m.* bread **8**
  pan tostado toasted bread **8**; toast
panadería *f.* bakery **14**
pantalla *f.* screen **11**
pantalones *m., pl.* pants **6**
  pantalones cortos shorts **6**
papa *f.* potato **8**
papas fritas *f., pl.* French fries **8**
papá *m.* dad **3**
  papás *m., pl.* parents **3**
papel *m.* paper **2**; role
paquete *m.* package **14**
par *m.* pair **6**
  par de zapatos pair of shoes **6**
para *prep.* for; in order to; toward; in the direction of; by; used for; considering **11**
  para que so that **13**
parabrisas *m., sing.* windshield **11**
parar *v.* to stop **11**
parecer *v.* to seem; to appear **8**
pared *f.* wall **12**
pareja *f.* couple; partner **9**
parientes *m., pl.* relatives **3**
parque *m.* park **4**
párrafo *m.* paragraph
parte: de parte de on behalf of **11**
partido *m.* game **4**; match (*sports*)
pasado/a *adj.* last; past **6**
pasado *p.p.* passed
pasaje *m.* ticket **5**
  pasaje de ida y vuelta *m.* round-trip ticket **5**
pasajero/a *m., f.* passenger **1**
pasaporte *m.* passport **5**
pasar *v.* to go through **5**; to pass
  pasar la aspiradora to vacuum **12**
  pasar por el banco to go by the bank **14**
  pasar por la aduana to go through customs **5**
  pasar el tiempo to spend time **4**
  pasarlo bien/mal to have a good/bad time **9**
pasatiempo *m.* pastime, hobby **4**
pasear *v.* to take a walk; to stroll **4**
  pasear en bicicleta to ride a bicycle **4**
  pasear por la ciudad/el pueblo to walk around the city/town **4**
pasillo *m.* hallway **12**
pastel *m.* cake **9**
  pastel de chocolate chocolate cake
  pastel de cumpleaños birthday cake **9**
pastelería *f.* pastry shop **14**
pastilla *f.* pill; tablet **10**
patata *f.* potato **8**
  patatas fritas *f., pl.* French fries **8**
patinar (en línea) *v.* to skate (in-line) **4**
patio *m.* patio; yard **12**
pavo *m.* turkey **8**
paz *f.* peace
pedir (e:i) *v.* to ask for; to request **4, 12**; to order (*food*) **8**
  pedir prestado to borrow **14**
  pedir un préstamo to apply for a loan **14**
peinarse *v.* to comb one's hair **7**
película *f.* movie **4**
peligro *m.* danger **13**
peligroso/a *adj.* dangerous
pelirrojo/a *adj.* red-haired **3**
pelo *m.* hair **7**
pelota *f.* ball **4**
peluquería *f.* hairdressing salon **14**
peluquero/a *m., f.* hairdresser **16**
penicilina *f.* penicillin **10**
pensar (e:ie) *v.* to think **4**
  pensar (+ *inf.*) to intend; to plan (*to do something*) **4**
  pensar en to think about **4**
pensión *f.* boarding house **5**
peor *adj.* worse **8**
  el/la peor the worst **8**
pequeño/a *adj.* small **3**
pera *f.* pear
perder (e:ie) *v.* to lose; to miss **4**
perdido/a *adj.* lost
Perdón. Pardon me.; Excuse me. **1**
perezoso/a *adj.* lazy
perfecto/a *adj.* perfect **5**
periódico *m.* newspaper **4**
periodismo *m.* journalism **2**

periodista *m., f.* journalist **3**
permiso *m.* permission
pero *conj.* but **2**
perro/a *m., f.* dog **3**
persona *f.* person **3**
personaje *m.* character
personaje principal main character
pesas *f., pl.* weights **15**
pesca *f.* fishing **5**
pescadería *f.* fish market **14**
pescado *m.* fish (*cooked*) **8**
pescador(a) *m., f.* fisherman/ fisherwoman
pescar *v.* to fish **5**
peso *m.* weight **15**
pez *m.* fish (*live*) **13**
picante *adj.* hot, spicy **8**
pie *m.* foot **10**
piedra *f.* rock; stone **13**
pierna *f.* leg **10**
pimienta *f.* pepper **8**
piña *f.* pineapple **8**
pintar *v.* to paint
pintor(a) *m., f.* painter **16**
pintura *f.* painting; picture **12**
piscina *f.* swimming pool **4**
piso *m.* floor (*of a building*) **5**
pizarra *f.* blackboard **2**
placer *m.* pleasure **15**
Ha sido un placer. It's been a pleasure. **15**
planchar la ropa *v.* to iron clothes **12**
planes *m., pl.* plans **4**
planta *f.* plant **13**
planta baja ground floor **5**
plástico *m.* plastic **13**
plato *m.* dish (*in a meal*) **8;** *m.* plate **12**
plato principal main dish **8**
playa *f.* beach **5**
plazos *m., pl.* periods; time
pluma *f.* pen **2**
población *f.* population **13**
pobre *m., f., adj.* poor **6**
pobreza *f.* poverty
poco/a *adj.* little **5, 10;** few
poder (o:ue) *v.* to be able to; can **4**
poema *m.* poem
poesía *f.* poetry
poeta *m., f.* poet **16**
policía *f.* police (force) **11;** *m.* (male) police officer **11**
política *f.* politics
político/a *m., f.* politician **16**
pollo *m.* chicken **8**
pollo asado roast chicken **8**
ponchar *v.* to deflate; to get a flat (*tire*)
poner *v.* to put; to place **4;** to turn on (*electrical appliances*) **11**
poner la mesa to set the table **12**
poner una inyección to give an injection **10**
ponerse (+ *adj.*) to become (+ *adj.*) **7;** to put on **7**

por *prep.* in exchange for; for; by; in; through; by means of; along; during; around; in search of; by way of; per **11**
por aquí around here **11**
por avión by plane
por ciento percent
por ejemplo for example **11**
por eso that's why; therefore **11**
Por favor. Please. **1**
por fin finally **11**
por la mañana in the morning **7**
por la noche at night **7**
por la tarde in the afternoon; in the evening **7**
por lo menos at least **10**
¿por qué? why? **2, 9**
por supuesto of course
por teléfono by phone; on the phone
por último finally **7**
porque *conj.* because **2**
portátil *adj.* portable **11**
porvenir *m.* future **16**
posesivo/a *adj.* possessive **3**
posible *adj.* possible **13**
es posible it's possible **13**
no es posible it's not possible **13**
postal *f.* postcard **4**
postre *m.* dessert **9**
practicar *v.* to practice **2**
practicar deportes *m., pl.* to play sports **4**
precio (fijo) *m.* (fixed, set) price **6**
preferir (e:ie) *v.* to prefer **4, 12**
pregunta *f.* question
preguntar *v.* to ask (*a question*) **2**
premio *m.* prize; award
prender *v.* to turn on **11**
prensa *f.* press
preocupado/a (por) *adj.* worried (about) **5**
preocuparse (por) *v.* to worry (about) **7**
preparar *v.* to prepare **2**
preposición *f.* preposition
presentación *f.* introduction
presentar *v.* to introduce; to put on (*a performance*)
presiones *f., pl.* pressure **15**
prestado/a *adj.* borrowed
préstamo *m.* loan **14**
prestar *v.* to lend **6**
primavera *f.* spring **5**
primer, primero/a *adj.* first **5**
primo/a *m., f.* cousin **3**
principal *adj.* main **8**
prisa *f.* haste **3**
probable *adj. m., f.* probable **13**
es probable it's probable **13**
no es probable it's not probable **13**
probar (o:ue) *v.* to taste; to try **8**
probarse (o:ue) *v.* to try on **7**

problema *m.* problem **1**
profesión *f.* profession **3, 16**
profesor(a) *m., f.* teacher **1;** professor **2**
programa *m.* program **1**
programa de computación software **11**
programa de entrevistas talk show
programador(a) *m., f.* programmer **3**
prohibir *v.* to prohibit **10, 12;** to forbid
pronombre *m.* pronoun **8**
pronto *adj.* soon **10**
propina *f.* tip **9**
propio/a *adj.* own
proteger *v.* to protect **13**
proteína *f.* protein **15**
próximo/a *adj.* next **16**
prueba *f.* test; quiz **2**
psicología *f.* psychology **2**
psicólogo/a *m., f.* psychologist **16**
publicar *v.* to publish
público *m.* audience
pueblo *m.* town **4**
puerta *f.* door **2**
Puerto Rico *m.* Puerto Rico **1**
puertorriqueño/a *adj.* Puerto Rican **3**
pues *conj.* well **2;** then **15**
puesto *m.* position; job **16**
puesto/a *p.p.* put **15**
puro/a *adj.* pure **13**

Q

que *pron.* that; who; which **9**
¡Qué…! How…! **3**
¡Qué dolor! What pain!
¡Qué gusto (+ *inf.*)! What a pleasure to… !
¡Qué ropa más bonita! What pretty clothes! **6**
¡Qué sorpresa! What a surprise!
¿qué? what? **1;** which? **9**
¿Qué día es hoy? What day is it?
¿Qué es? What is it? **1**
¿Qué hay de nuevo? What's new? **1**
¿Qué hicieron ellos/ellas? What did they do? **6**
¿Qué hicieron ustedes? What did you (*form., pl.*) do? **6**
¿Qué hiciste? What did you (*fam., sing.*) do? **6**
¿Qué hizo él/ella? What did he/she do? **6**
¿Qué hizo usted? What did you (*form., sing.*) do? **6**
¿Qué hora es? What time is it? **1**
¿Qué les parece? What do you guys think? **9**
¿Qué pasa? What's happening?; What's going on? **1**
¿Qué pasó? What happened? **11;** What's wrong?

¿Qué precio tiene? What is the price?
¿Qué tal? How are you?; How is it going? **1**; How is/are...? **2**
¿Qué talla lleva/usa usted? What size do you wear? **6**
¿Qué tiempo hace? How's the weather?, What's the weather like? **5**
quedar *v.* to be left over; to fit (*clothing*) **7**; to be left behind **10**; to be located **14**
quedarse *v.* to stay; to remain **7**
quehaceres domésticos *m., pl.* household chores **12**
quemado/a *adj.* burned (out) **11**
querer (e:ie) *v.* to want; to love **4**
queso *m.* cheese **8**
quien(es) *pron.* who **1**; whom; that **9**
¿Quién es...? Who is...? **1**
¿Quién habla? Who is speaking? (*telephone*) **11**
¿quién(es)? who?; whom? **1, 9**
química *f.* chemistry **2**
quince fifteen **1**
menos quince quarter to (time) **1**
y quince quarter after (time) **1**
quinceañera *f.* young woman celebrating her fifteenth birthday **9**
quinientos/as five hundred **6**
quinto/a *adj.* fifth **5**
quisiera *v.* I would like **8**
quitar la mesa *v.* to clear the table **12**
quitarse *v.* to take off **7**
quizás *adv.* maybe **5**

R

racismo *m.* racism
radio *f.* radio (*medium*)
radio *m.* radio (set) **11**
radiografía *f.* X-ray **10**
rápido/a *adj.* fast
ratón *m.* mouse **11**
ratos libres *m., pl.* spare time **4**
raya *f.* stripe **6**
razón *f.* reason **3**
rebaja *f.* sale **6**
recado *m.* (telephone) message **11**
receta *f.* prescription **10**
recetar *v.* to prescribe **10**
recibir *v.* to receive **3**
reciclaje *m.* recycling **13**
reciclar *v.* to recycle **13**
recién casado/a *m., f.* newlywed **9**
recoger *v.* to pick up **13**
recomendar (e:ie) *v.* to recommend **8, 12**
recordar (o:ue) *v.* to remember **4**
recorrer *v.* to tour an area
recurso *m.* resource **13**
recurso natural natural resource **13**
red *f.* network; Web **11**
reducir *v.* to reduce **13**
refresco *m.* soft drink **8**
refrigerador *m.* refrigerator **12**
regalar *v.* to give (*as a gift*) **9**
regalo *m.* gift **6**
regatear *v.* to bargain **6**
región *f.* region; area **13**
regresar *v.* to return **2**
regular *adj. m., f.* so-so; OK **1**
reído *p.p.* laughed **15**
reírse (e:i) *v.* to laugh **9**
relaciones *f., pl.* relationships
relajarse *v.* to relax **9**
reloj *m.* clock; watch **2**
renovable *adj.* renewable **13**
renunciar (a) *v.* to resign (from) **16**
repetir (e:i) *v.* to repeat **4**
reportaje *m.* report
reportero/a *m., f.* reporter **16**; journalist
representante *m., f.* representative
reproductor de CD *m.* CD player **11**
reproductor de DVD *m.* DVD player **11**
reproductor de MP3 *m.* MP3 player **11**
resfriado *m.* cold (*illness*) **10**
residencia estudiantil *f.* dormitory **2**
resolver (o:ue) *v.* to resolve; to solve **13**
respirar *v.* to breathe **13**
respuesta *f.* answer **9**
restaurante *m.* restaurant **4**
resuelto/a *p.p.* resolved **15**
reunión *f.* meeting **16**
revisar *v.* to check **11**
revisar el aceite to check the oil **11**
revista *f.* magazine **4**
rico/a *adj.* rich **6**; *adj.* tasty; delicious **8**
ridículo *adj.* ridiculous **13**
río *m.* river **13**
riquísimo/a *adj.* extremely delicious **8**
rodilla *f.* knee **10**
rogar (o:ue) *v.* to beg; to plead **12**
rojo/a *adj.* red **6**
romántico/a *adj.* romantic
romper (con) *v.* to break up (with) **9**
romper(se) *v.* to break **10**
romperse la pierna to break one's leg **10**
ropa *f.* clothing; clothes **6**
ropa interior underwear **6**
rosado/a *adj.* pink **6**
roto/a *adj.* broken **10**; *p.p.* broken **15**
rubio/a *adj.* blond(e) **3**
ruso/a *adj.* Russian
rutina *f.* routine **7**
rutina diaria daily routine **7**

S

sábado *m.* Saturday **2**
saber *v.* to know; to know how **8**
sabrosísimo/a *adj.* extremely delicious
sabroso/a *adj.* tasty; delicious **8**
sacar *v.* to take out **12**
sacar fotos to take pictures **5**
sacar la basura to take out the trash **12**
sacar(se) una muela to have a tooth pulled **10**
sacudir *v.* to dust **12**
sacudir los muebles dust the furniture **12**
sal *f.* salt **8**
sala *f.* living room **12**; room
sala de emergencia(s) emergency room **10**
salado/a *adj.* salty **8**
salario *m.* salary **16**
salchicha *f.* sausage **8**
salida *f.* departure; exit **5**
salir *v.* to leave **4**; to go out
salir con to leave with; to go out with **4**; to date (*someone*) **9**
salir de to leave from **4**
salir para to leave for (*a place*) **4**
salmón *m.* salmon **8**
salón de belleza *m.* beauty salon **14**
salud *f.* health **10**
saludable *adj.* healthy **10**
saludar(se) *v.* to greet (each other)
saludo *m.* greeting **1**
saludos a... greetings to... **1**
sandalia *f.* sandal **6**
sándwich *m.* sandwich **8**
sano/a *adj.* healthy **10**
se *ref.pron.* himself, herself, itself, *form.* yourself, themselves, yourselves **7**
se *impersonal* one **10**
Se nos dañó... The... broke down. **11**
Se hizo... He/she/it became...
Se nos pinchó una llanta. We got a flat tire. **11**
secadora *f.* clothes dryer **12**
sección de (no) fumadores *f.* (non) smoking section **8**
secretario/a *m., f.* secretary **16**
secuencia *f.* sequence
sed *f.* thirst **3**
seda *f.* silk **6**
sedentario/a *adj.* sedentary **15**; related to sitting
seguir (e:i) *v.* to follow; to continue; to keep (doing something) **4**
seguir una dieta equilibrada to eat a balanced diet **15**
según *prep.* according to
segundo/a *adj.* second **5**

seguro/a *adj.* sure; safe; confident **5**
seis six **1**
seiscientos/as six hundred **6**
sello *m.* stamp **14**
selva *f.* jungle **13**
semáforo *m.* traffic light **11**
semana *f.* week **2**
  fin *m.* **de semana** weekend **4**
  la semana pasada last week **6**
semestre *m.* semester **2**
sendero *m.* trail **13**; trailhead
sentarse (e:ie) *v.* to sit down **7**
sentir(se) (e:ie) *v.* to feel **7**; to be sorry; to regret **13**
señor (Sr.) *m.* Mr.; sir **1**
señora (Sra.) *f.* Mrs.; ma'am **1**
señorita (Srta.) *f.* Miss **1**; young woman **2**
separado/a *adj.* separated **9**
separarse (de) *v.* to separate (from) **9**
septiembre *m.* September **5**
séptimo/a *adj.* seventh **5**
ser *v.* to be **1**
  ser aficionado/a (a) to be a fan (of) **4**
  ser alérgico/a (a) to be allergic (to) **10**
  ser gratis to be free of charge **14**
serio/a *adj.* serious
servilleta *f.* napkin **12**
servir (e:i) *v.* to help **5**; to serve **8**
sesenta sixty **2**
setecientos/as seven hundred **6**
setenta seventy **2**
sexismo *m.* sexism
sexto/a *adj.* sixth **5**
sí *adv.* yes **1**
si *conj.* if **13**
SIDA *m.* AIDS
sido *p.p.* been **15**
siempre *adv.* always **7**
siete seven **1**
silla *f.* chair **2**
sillón *m.* armchair **12**
similar *adj. m., f.* similar
simpático/a *adj.* nice; likeable **3**
sin *prep.* without **13, 15**
  sin duda without a doubt
  sin embargo *adv.* however
  sin que *conj.* without **13**
sino *conj.* but
síntoma *m.* symptom **10**
sitio *m.* **web** website **11**
situado/a *p.p.* located
sobre *m.* envelope **14**; *prep.* on; over **2**
sobrino/a *m., f.* nephew/niece **3**
sociología *f.* sociology **2**
sofá *m.* couch; sofa **12**
sois *fam.* you are **1**
sol *m.* sun **4, 5, 13**
solar *adj.* solar **13**
solicitar *v.* to apply (*for a job*) **16**
solicitud (de trabajo) *f.* (job) application **16**
sólo *adv.* only **3**
soltero/a *adj.* single **9**; unmarried
solución *f.* solution **13**
sombrero *m.* hat **6**
somos we are **1**
son you/they are **1**
  Son las... It's... o'clock. **1**
sonar (o:ue) *v.* to ring **11**
sonreído *p.p.* smiled **15**
sonreír (e:i) *v.* to smile **9**
sopa *f.* soup **8**
sorprender *v.* to surprise **9**
sorpresa *f.* surprise **9**
sótano *m.* basement; cellar **12**
soy I am **1**
  Soy yo. That's me. **1**
  soy de... I'm from... **1**
su(s) *poss. adj.* his; her; its; *form.* your; their; **3**
subir *v.* to go up **11**
subir(se) a to get on/into (a vehicle) **11**
sucio/a *adj.* dirty **5**
sucre *m.* former Ecuadorian currency **6**
sudar *v.* to sweat **15**
suegro/a *m., f.* father-in-law; mother-in-law **3**
sueldo *m.* salary **16**
suelo *m.* floor **12**
sueño *m.* sleep **3**
suerte *f.* luck **3**
suéter *m.* sweater **6**
sufrir *v.* to suffer **13**
  sufrir muchas presiones to be under a lot of pressure **15**
  sufrir una enfermedad to suffer (from) an illness **13**
sugerir (e:ie) *v.* to suggest **12**
supermercado *m.* supermarket **14**
suponer *v.* to suppose **4**
sur *m.* south **14**
sustantivo *m.* noun
suyo(s)/a(s) *poss.* (of) his/her; (of) hers; (of) its; (of) *form.* your, (of) yours, (of) theirs; their **11**

T

tal vez *adv.* maybe **5**
talentoso/a *adj.* talented
talla *f.* size **6**
  talla grande large **6**
taller *m.* **(mecánico)** (mechanic's) repair shop **11**
también *adv.* also; too **2**; **7**
tampoco *adv.* neither; not either **7**
tan *adv.* so **5**
  tan pronto como as soon as **13**
  tan... como as... as **8**
tanque *m.* tank **11**
tanto *adv.* so much
  tanto... como as much... as **8**
  tantos/as... como as many... as **8**
tarde *adv.* late **7**
tarde *f.* afternoon; evening; P.M. **1**
tarea *f.* homework **2**
tarjeta *f.* (post) card **4**
  tarjeta de crédito credit card **6**
  tarjeta postal postcard **4**
taxi *m.* taxi(cab) **5**
taza *f.* cup; mug **12**
te *fam. pron.* you **5**
  Te presento a... I would like to introduce... to you. (*fam.*) **1**
  ¿Te gustaría? Would you like to?
  ¿Te gusta(n)... ? Do you like...? **2**
té *m.* tea **8**
  té helado iced tea **8**
teatro *m.* theater
teclado *m.* keyboard **11**
técnico/a *m., f.* technician **16**
tejido *m.* weaving
teleadicto/a *m., f.* couch potato **15**
teléfono (celular) *m.* (cellular) telephone **11**
telenovela *f.* soap opera
teletrabajo *m.* telecommuting **16**
televisión *f.* television **11**
  televisión por cable cable television **11**
televisor *m.* television set **11**
temer *v.* to be afraid/concerned; to fear **13**
temperatura *f.* temperature **10**
temprano *adv.* early **7**
tenedor *m.* fork **12**
tener *v.* to have **3**
  tener... años to be... years old **3**
  Tengo... años. I'm... years old. **3**
  tener (mucho) calor to be (very) hot **3**
  tener (mucho) cuidado to be (very) careful **3**
  tener dolor de to have a pain in
  tener éxito to be successful **16**
  tener fiebre to have a fever **10**
  tener (mucho) frío to be (very) cold **3**
  tener ganas de (+ *inf.*) to feel like (*doing something*) **3**
  tener (mucha) hambre *f.* to be (very) hungry **3**
  tener (mucho) miedo to be (very) afraid/scared of **3**
  tener miedo (de) que to be afraid that
  tener planes to have plans **4**
  tener (mucha) prisa to be in a (big) hurry **3**
  tener que (+ *inf.*) *v.* to have to (*do something*) **3**
  tener razón to be right **3**

tener (mucha) sed to be (very) thirsty **3**
tener (mucho) sueño to be (very) sleepy **3**
tener (mucha) suerte to be (very) lucky **3**
tener tiempo to have time
tener una cita to have a date; an appointment **9**
tenis *m.* tennis **4**
tensión *f.* tension
tercer, tercero/a *adj.* third **5**
terminar *v.* to end; to finish **2**
terminar de (+ *inf.*) to finish (*doing something*)
terremoto *m.* earthquake
terrible *adj.* terrible **13**
terror *m.* horror
ti *prep., obj. of prep., fam.* you
tiempo *m.* time **4**; weather
tiempo libre free time **4**
tienda *f.* shop; store **6**
tienda de campaña *f.* tent **5**
tierra *f.* land; soil **13**
tinto/a *adj.* red (wine) **8**
tío/a *m., f.* uncle/aunt **3**
tíos *m.* aunts and uncles **3**
título *m.* title
tiza *f.* chalk **2**
toalla *f.* towel **7**
tobillo *m.* ankle **10**
tocar *v.* to play (*a musical instrument*); to touch **13**
todavía *adv.* yet; still **5**
todo *m.* everything **5**
en todo el mundo throughout the world **13**
Todo está bajo control. Everything is under control.
(todo) derecho straight ahead **14**
¡Todos a bordo! All aboard! **1**
todo(s)/a(s) *adj.* all **4**; whole
todos *m., pl.* all of us; *m., pl.* everybody; everyone
todos los días every day **10**
tomar *v.* to take; to drink **2**
tomar clases to take classes **2**
tomar el sol to sunbathe **4**
tomar en cuenta to take into account **8**
tomar fotos to take pictures **13**
tomar(le) la temperatura (a alguien) to take (someone's) temperature **10**
tomate *m.* tomato **8**
tonto/a *adj.* silly; foolish **3**
torcerse (el tobillo) *v.* to sprain (one's ankle) **10**
torcido/a *adj.* twisted; sprained **10**
tormenta *f.* storm
tornado *m.* tornado
tortilla *f.* tortilla **8**
tortillas de maíz tortilla made of corn flour **8**
tortuga marina *f.* marine turtle **13**
tos *f., sing.* cough **10**
toser *v.* to cough **10**
tostado/a *adj.* toasted **8**
tostadora *f.* toaster
trabajador(a) *adj.* hard-working **3**
trabajar *v.* to work **2**
trabajo *m.* job; work **16**; written work
traducir *v.* to translate **8**
traer *v.* to bring **4**
tráfico *m.* traffic **11**
tragedia *f.* tragedy
traído/a *p.p.* brought **15**
traje *m.* suit **6**
traje de baño bathing suit **6**
tranquilo/a *adj.* calm; quiet **15**
¡Tranquilo! Stay calm!
transmitir to broadcast
tratar de (+ *inf.*) *v.* to try (*to do something*) **15**
Trato hecho. It's a deal.
trece thirteen **1**
treinta thirty **1**
y treinta thirty minutes past the hour (time) **1**
tren *m.* train **5**
tres three **1**
trescientos/as three hundred **6**
trimestre *m.* trimester; quarter **2**
triste *adj.* sad **5**
tú *fam. sing. sub. pron.* you **1**
Tú eres… You are… **1**
tu(s) *fam. poss. adj.* your **3**
turismo *m.* tourism **5**
turista *m., f.* tourist **1**
turístico/a *adj.* touristic
tuyo(s)/a(s) *fam. poss. pron.* your; (of) yours **11**

U

Ud. *form., sing. sub. pron.* you **1**
Uds. *form., pl. sub. pron.* you **1**
último/a *adj.* last
un, uno/a *indef. art.* a; one **1**
una vez once; one time **6**
una vez más once again **9**
único/a *adj.* only **3**
universidad *f.* university **2**; college
unos/as *pron.* some **1**
urgente *adj.* urgent **12**
usar *v.* to wear; to use **6**
usted *form., sing. sub. pron.* you **1**
ustedes *form., pl. sub. pron.* you **1**
útil *adj.* useful
uva *f.* grape **8**

V

vaca *f.* cow
vacaciones *f., pl.* vacation **5**
valle *m.* valley **13**
vamos let's go **4**
vaquero *m.* cowboy
de vaqueros *m., pl.* western
varios/as *adj., pl.* several **8**
vaso *m.* glass **12**
veces *f., pl.* times **6**
vecino/a *m., f.* neighbor **12**
veinte twenty **1**
veinticinco twenty-five **1**
veinticuatro twenty-four **1**
veintidós twenty-two **1**
veintinueve twenty-nine **1**
veintiocho twenty-eight **1**
veintiséis twenty-six **1**
veintisiete twenty-seven **1**
veintitrés twenty-three **1**
veintiún, veintiuno/a twenty-one **1**
vejez *f.* old age **9**
velocidad *f.* speed **11**
velocidad máxima speed limit **11**
vendedor(a) *m., f.* salesperson **6**
vender *v.* to sell **6**
venir *v.* to come **3**
ventana *f.* window **2**
ver *v.* to see **4**
ver películas *f., pl.* to see movies **4**
a ver let's see **2**
verano *m.* summer **5**
verbo *m.* verb
verdad *f.* truth **6**
¿verdad? right? **1**
verde *adj.,* green; not ripe **5**
verduras *pl., f.* vegetables **8**
vestido *m.* dress **6**
vestirse (e:i) *v.* to get dressed **7**
vez *f.* time **6**
viajar *v.* to travel **2**
viaje *m.* trip **5**
viajero/a *m., f.* traveler **5**
vida *f.* life **9**
video *m.* video **1**
videocasete *m.* video cassette **11**
videocasetera *f.* VCR **11**
videoconferencia *f.* video conference **16**
vidrio *m.* glass **13**
viejo/a *adj.* old **3**
viento *m.* wind
viernes *m., sing.* Friday **5**
vinagre *m.* vinegar **8**
vino *m.* wine **8**
vino blanco white wine **8**
vino tinto red wine **8**
violencia *f.* violence
visitar *v.* to visit **4**
visitar un monumento to visit a monument **4**
visto/a *p.p.* seen **15**
vitamina *f.* vitamin **15**
viudo/a *adj.* widowed **9**
vivienda *f.* housing **12**
vivir *v.* to live **3**

vivo/a *adj.* lively; alive **5**; bright
volante *m.* steering wheel **11**
volcán *m.* volcano **13**
vóleibol *m.* volleyball **4**
volver (o:ue) *v.* to return **4**
volver a ver(te, lo, la) *v.* to see (you) again
vos *pron.* you
vosotros/as *fam., pl. sub. pron.* you **1**
votar *v.* to vote
vuelta *f.* return trip
vuelto/a *p.p.* returned **15**
vuestro(s)/a(s) *poss. adj.* your **3**; (of) yours **11**

W

walkman *m.* Walkman

Y

y *conj.* and **1**
  y cuarto quarter after (time) **1**
  y media half-past (time) **1**
  y quince quarter after (time) **1**
  y treinta thirty (minutes past the hour) **1**
  ¿Y tú? *fam.* And you? **1**
  ¿Y usted? *form.* And you? **1**
ya *adv.* already **6**
yerno *m.* son-in-law **3**
yo *sub. pron.* I **1**
  Yo soy... I'm... **1**
yogur *m.* yogurt

Z

zanahoria *f.* carrot **8**
zapatería *f.* shoe store **14**
zapato *m.* shoe **6**
  par de zapatos pair of shoes **6**
  zapatos de tenis sneakers **6**

English-Spanish

A

A.M. **mañana** *f.* 1
able: be able to **poder (o:ue)** *v.* 4
aboard **a bordo** 1
accident **accidente** *m.* 10
accompany **acompañar** *v.* 14
account **cuenta** *f.* 14
accountant **contador(a)** *m., f.* 16
accounting **contabilidad** *f.* 2
ache **dolor** *m.* 10
acquainted: be acquainted with **conocer** *v.* 8
action **acción** *f.*
active **activo/a** *adj.* 15
actor **actor** *m.* 16
actress **actriz** *f.* 16
addict (*drug*) **drogadicto/a** *adj.* 15
additional **adicional** *adj.*
address **dirección** *f.* 14
adjective **adjetivo** *m.*
adolescence **adolescencia** *f.* 9
adventure **aventura** *f.*
advertise **anunciar** *v.*
advertisement **anuncio** *m.* 16
advice **consejo** *m.* 9
  give advice **dar** *v.* **un consejo**
advise **aconsejar** *v.* 12
advisor **consejero/a** *m., f.* 16
aerobic **aeróbico/a** *adj.* 15
  aerobic exercises **ejercicios aeróbicos** 15
  aerobics class **clase de ejercicios aeróbicos** 15
affected **afectado/a** *adj.* 13
  be affected (by) **estar** *v.* **afectado/a (por)** 13
affirmative **afirmativo/a** *adj.*
afraid: be (very) afraid **tener (mucho) miedo** 3
  be afraid **temer** *v.* 13
after **después de** *prep.* 7; **después (de) que** *conj.* 13
afternoon **tarde** *f.* 1
afterward **después** *adv.* 7; **luego** *adv.*7
again **otra vez** *adv.*
age **edad** *f.*
agree **concordar** *v.* agree; **estar** *v.* **de acuerdo**
agreement **acuerdo** *m.*
AIDS **SIDA** *m.*
air **aire** *m.* 6
  air pollution **contaminación del aire** 13
airplane **avión** *m.* 5
airport **aeropuerto** *m.* 5
alarm clock **despertador** *m.* 7
alcohol **alcohol** *m.* 15
alcoholic **alcohólico/a** *adj.* 15
  alcoholic beverage **bebida alcohólica** 15
all **todo(s)/toda(s)** *adj.* 4
  All aboard! **¡Todos a bordo!** 1
  all of us **todos**
  all over the world **en todo el mundo**
allergic **alérgico/a** *adj.* 10
  be allergic (to) **ser alérgico/a (a)** 10
alleviate **aliviar** *v.*
almost **casi** *adv.* 10
alone **solo/a** *adj.*
along **por** *prep.* 11
already **ya** *adv.* 6
also **también** *adv.* 2; 7
alternator **alternador** *m.* 11
although **aunque** *conj.*
aluminum **aluminio** *m.* 13
  (made of) aluminum **de aluminio** 13
always **siempre** *adv.* 7
American (*North*) **norteamericano/a** *adj.* 3
among **entre** *prep.* 2
amusement **diversión** *f.*
and **y** 1; **e** (*before words beginning with **i** or **hi***)
  And you? **¿Y tú?** *fam.* 1; **¿Y usted?** *form.* 1
angry **enojado/a** *adj.* 5
  get angry (with) **enojarse** *v.* **(con)** 7
animal **animal** *m.* 13
ankle **tobillo** *m.* 10
anniversary **aniversario** *m.* 9
  wedding anniversary **aniversario de bodas** 9
announce **anunciar** *v.*
announcer (*TV/radio*) **locutor(a)** *m., f.*
annoy **molestar** *v.* 7
another **otro/a** *adj.* 6
answer **contestar** *v.* 2; **respuesta** *f.* 9
answering machine **contestadora** *f.* 11
antibiotic **antibiótico** *m.* 10
any **algún, alguno/a(s)** *adj.* 7
anyone **alguien** *pron.* 7
anything **algo** *pron.* 7
apartment **apartamento** *m.*12
apartment building **edificio de apartamentos** 12
appear **parecer** *v.* 8
appetizers **entremeses** *m., pl.*
applaud **aplaudir** *v.*
apple **manzana** *f.* 8
appliance (electric) **electrodoméstico** *m.* 12
applicant **aspirante** *m., f.* 16
application **solicitud** *f.* 16
  job application **solicitud de trabajo** 16
apply (*for a job*) **solicitar** *v.* 16
  apply for a loan **pedir** *v.* **un préstamo** 14
appointment **cita** *f.* 9
  have an appointment **tener** *v.* **una cita** 9
appreciate **apreciar** *v.*
April **abril** *m.* 5
aquatic **acuático/a** *adj.* 4
archaeologist **arqueólogo/a** *m., f.* 16
architect **arquitecto/a** *m., f.* 16
area **región** *f.* 13
arm **brazo** *m.* 10
armchair **sillón** *m.* 12
army **ejército** *m.*
around **por** *prep.* 11
around here **por aquí** 11
arrange **arreglar** *v.* 11
arrival **llegada** *f.* 5
arrive **llegar** *v.* 2
art **arte** *m.* 2
  fine arts **bellas artes** *f., pl.*
article *m.* **artículo**
artist **artista** *m., f.* 3
artistic **artístico/a** *adj.*
arts **artes** *f., pl.*
as **como** *conj.* 8
  as... as **tan... como** 8
  as a child **de niño/a** 10
  as many... as **tantos/as... como** 8
  as much... as **tanto... como** 8
  as soon as **en cuanto** *conj.* 13; **tan pronto como** *conj.* 13
ask (*a question*) **preguntar** *v.* 2
  ask for **pedir (e:i)** *v.* 4, 12
asparagus **espárragos** *m., pl.*
aspirin **aspirina** *f.* 10
at **a** *prep.* 1; **en** *prep.* 2
  at + *time* **a la(s) + *time*** 1
  at home **en casa** 7
  at least **por lo menos** 10
  at night **por la noche** 7
  at the end (of) **al fondo (de)** 12
  At what time...? **¿A qué hora...?** 1, 9
  At your service. **A sus órdenes.** 11
attend **asistir (a)** *v.* 3
attic **altillo** *m.* 12
attract **atraer** *v.*
audience **público** *m.*
August **agosto** *m.* 5
aunt **tía** *f.* 3
  aunts and uncles **tíos** *m., pl.* 3
automatic **automático/a** *adj.* 14
  automatic teller machine (ATM) **cajero automático** 14
automobile **automóvil** *m.* 5
autumn **otoño** *m.* 5
avenue **avenida** *f.*
avoid **evitar** *v.* 13
award **premio** *m.*

B

backpack **mochila** *f.* 1
bad **mal, malo/a** *adj.* 3
  It's bad that... **Es malo que...** 12

It's not bad at all. **No está nada mal.** 5
bag **bolsa** *f.* 6
bakery **panadería** *f.* 14
balanced **equilibrado/a** *adj.* 15
balanced diet **dieta equilibrada** 15
balcony **balcón** *m.* 12
ball **pelota** *f.* 4
ballet **ballet** *m.*
banana **banana** *f.* 8
band **banda** *f.*
bank **banco** *m.* 14
bargain **ganga** *f.* 6; **regatear** *v.* 6
baseball (*game*) **béisbol** *m.* 4
basement **sótano** *m.* 12
basketball (*game*) **baloncesto** *m.* 4
bath **baño** *m.*
take a bath **bañarse** *v.* 7
bathe **bañarse** *v.* 7
bathing suit **traje** *m.* **de baño** 6
bathroom **baño** *m.* 7; **cuarto de baño** *m.*
be **ser** *v.* 1; **estar** *v.* 2
be... years old **tener... años** 3
beach **playa** *f.* 5
go to the beach **ir a la playa** 5
beans **frijoles** *m., pl.* 8
beautiful **hermoso/a** *adj.* 6
beauty **belleza** *f.* 14
beauty salon **peluquería** *f.*; **salón** *m.* **de belleza** 14
because **porque** *conj.* 2
because of **por** *prep.*
become (+ *adj.*) **ponerse (+ *adj.*)** 7; **convertirse** *v.*
bed **cama** *f.* 5
go to bed **acostarse (o:ue)** *v.* 7
bedroom **alcoba** *f.* 12; **cuarto** *m.*; **recámara** *f.*
beef **carne** *f.* **de res** 8
beef soup **caldo** *m.* **de patas** 8
been **sido** *p.p.* 15
beer **cerveza** *f.*8
before **antes** *adv.* 7; **antes de** *prep.* 7; **antes (de) que** *conj.* 13
beg **rogar (o:ue)** *v.* 12
begin **comenzar (e:ie)** *v.* 4; **empezar (e:ie)** *v.* 4
behalf: on behalf of **de parte de** 11
behind **detrás de** *prep.* 2
believe **creer** *v.* 13
believe (in) **creer** *v.* **(en)** 3
believed **creído** *p.p.* 15
bellhop **botones** *m., f., sing.* 5
beloved **enamorado/a** *adj.*
below **debajo de** *prep.* 2
belt **cinturón** *m.* 6
benefit **beneficio** *m.* 16
beside **al lado de** *prep.* 2
besides **además (de)** *adv.* 10
best **mejor** *adj.* 8
the best **el/la mejor** *m., f.* 8; **lo mejor** *neuter*
better **mejor** *adj.* 8
It's better that... **Es mejor que...** 12
between **entre** *prep.* 2
bicycle **bicicleta** *f.* 4
big **gran, grande** *adj.* 3
bigger **mayor** *adj.* 8
biggest, (the) **el/la mayor** *m., f.* 8
bill **cuenta** *f.* 9
billion **mil millones** 6
biology **biología** *f.* 2
bird **pájaro** *m.* 13; **ave** *f.*
birth **nacimiento** *m.* 9
birthday **cumpleaños** *m., sing.* 9
birthday cake **pastel de cumpleaños** 9
have a birthday **cumplir** *v.* **años** 9
biscuit **bizcocho** *m.*
black **negro/a** *adj.* 6
blackberry **mora** *f.* 8
blackboard **pizarra** *f.* 2
blanket **manta** *f.* 12
block (city) **cuadra** *f.* 14
blond(e) **rubio/a** *adj.* 3
blouse **blusa** *f.* 6
blue **azul** *adj.* 6
boarding house **pensión** *f.* 5
boat **barco** *m.* 5
body **cuerpo** *m.* 10
bone **hueso** *m.* 10
book **libro** *m.* 2
bookcase **estante** *m.* 12
bookshelves **estante** *m.* 12
bookstore **librería** *f.* 2
boot **bota** *f.* 6
bore **aburrir** *v.* 7
bored **aburrido/a** *adj.* 5
be bored **estar** *v.* **aburrido/a** 5
get bored **aburrirse** *v.*
boring **aburrido/a** *adj.* 5
born: be born **nacer** *v.* 9
borrow **pedir prestado** 14
borrowed **prestado/a** *adj.*
boss **jefe** *m.*, **jefa** *f.* 16
bottle **botella** *f.* 9
bottle of wine **botella de vino** 9
bother **molestar** *v.* 7
bottom **fondo** *m.*
boulevard **bulevar** *m.*
boy **chico** *m.* 1; **muchacho; niño** *m.* 3
boyfriend **novio** *m.* 3
brakes **frenos** *m., pl.* 11
bread **pan** *m.* 8
break **romper(se)** *v.* 10
break (one's leg) **romperse (la pierna)** 10
breakdown **dañar** *v.* 10
The bus broke down. **Se nos dañó el autobús.** 11
break up (with) **romper** *v.* **(con)** 9
breakfast **desayuno** *m.* 8
have breakfast **desayunar** *v.* 8
breathe **respirar** *v.* 13
bring **traer** *v.* 4
broadcast **transmitir** *v.*; **emitir** *v.*
brochure **folleto** *m.*
broken **roto/a** *adj.* 10; **roto/a** *p.p.* 15
be broken **estar roto/a** 10
brother **hermano** *m.* 3
brother-in-law **cuñado** *m., f.* 3
brothers and sisters **hermanos** *m., pl.* 3
brought **traído/a** *p.p.* 15
brown **café** *adj.* 6; **marrón** *adj.*
brunet(te) **moreno/a** *adj.*
brush **cepillar** *v.* 7
brush one's hair **cepillarse el pelo** 7
brush one's teeth **cepillarse los dientes** 7
build **construir** *v.*
building **edificio** *m.* 12
bullfight **corrida** *f.* **de toros**
bump into (*meet accidentally*) **darse con**
burned (out) **quemado/a** *adj.* 11
bus **autobús** *m.* 1
bus station **estación** *f.* **de autobuses** 5
business **negocios** *m., pl.* 16
business administration **administración** *f.* **de empresas** 2
business-related **comercial** *adj.* 16
businessman **hombre** *m.* **de negocios** 16
businesswoman **mujer** *f.* **de negocios** 16
busy **ocupado/a** *adj.* 5
but **pero** *conj.* 2; **sino** *conj.* (*in negative sentences*)
butcher shop **carnicería** *f.* 14
butter **mantequilla** *f.* 8
buy **comprar** *v.* 2
by **por** *conj.* 11; **para** *prep.* 11
by means of **por** *prep.* 11
by phone **por teléfono**
by plane **en avión** 5
by way of **por** *prep.* 11
Bye. **Chau.** *interj. fam.* 1

C

cabin **cabaña** *f.* 5
cable television **televisión** *f.* **por cable** *m.* 11
café **café** *m.* 4
cafeteria **cafetería** *f.* 2
cake **pastel** *m.* 9
calculator **calculadora** *f.* 11
call **llamar** *v.* 11
call on the phone **llamar por teléfono**

be called **llamarse** *v.* 7
calm **tranquilo/a** *adj.* 15
Stay calm! **¡Tranquilo/a!**
calorie **caloría** *f.* 15
camera **cámara** *f.* 11
digital camera **cámara digital** 11
camp **acampar** *v.* 5
can **lata** *f.* 13
can **poder (o:ue)** *v.* 4
Canadian **canadiense** *adj.* 3
candidate **aspirante** *m. f.* 16; candidate **candidato/a** *m., f.*
candy **dulces** *m., pl.* 9
capital city **capital** *f.* 1
car **coche** *m.* 11; **carro** *m.* 11; **auto(móvil)** *m.* 5
caramel **caramelo** *m.*
card **tarjeta** *f.* 4; (*playing*) **carta** *f.*
care **cuidado** *m.* 3
take care of **cuidar** *v.* 13
career **carrera** *f.* 16
careful: be (very) careful **tener** *v.* **(mucho) cuidado** 3
caretaker **ama** *m., f.* **de casa** 12
carpenter **carpintero/a** *m., f.* 16
carpet **alfombra** *f.* 12
carrot **zanahoria** *f.* 8
carry **llevar** *v.* 2
cartoons **dibujos** *m., pl.* **animados**
case: in case (that) **en caso (de) que** 13
cash (a check) **cobrar** *v.* 14; **efectivo** *m.*
cash register **caja** *f.* 6
pay in cash **pagar** *v.* **al contado pagar en efectivo**
cashier **cajero/a** *m., f.*
cat **gato/a** *m., f.* 3
CD player **reproductor** *m.* **de CD** 11
celebrate **celebrar** *v.* 9
cellar **sótano** *m.* 12
cellular **celular** *adj.* 11
cellular telephone **teléfono** *m.* **celular** 11
cereal **cereales** *m., pl.* 8
certain **cierto** *m.*; **seguro** *m.* 13
it's (not) certain **(no) es seguro/cierto** 13
chair **silla** *f.* 2
chalk **tiza** *f.* 2
champagne **champán** *m.* 9
change **cambiar** *v.* **(de)** 9
channel (*TV*) **canal** *m.*
character (*fictional*) **personaje** *m.*
main character **personaje principal**
charge (for a product or service) **cobrar** *v.* 14
chauffeur **conductor(a)** *m., f.* 1
chat **conversar** *v.* 2
cheap **barato/a** *adj.* 6
check **comprobar** *v.*; **revisar** *v.* 11; (*bank*) **cheque** *m.* 14
check the oil **revisar el aceite** 11
checking account **cuenta** *f.* **corriente** 14
cheese **queso** *m.* 8
chef **cocinero/a** *m., f.* 16
chemistry **química** *f.* 2
chest of drawers **cómoda** *f.* 12
chicken **pollo** *m.* 8
child **niño/a** *m., f.* 3
childhood **niñez** *f.* 9
children **hijos** *m., pl.* 3
Chinese **chino/a** *adj.*
chocolate **chocolate** *m.*
chocolate cake **pastel** *m.* **de chocolate**
cholesterol **colesterol** *m.* 15
choose **escoger** *v.*
chop (*food*) **chuleta** *f.* 8
Christmas **Navidad** *f.* 9
church **iglesia** *f.* 4
citizen **ciudadano/a** *m., f.*
city **ciudad** *f.* 4
class **clase** *f.* 2
take classes **tomar** *v.* **clases** 2
classical **clásico/a** *adj.*
classmate **compañero/a** *m., f.* **de clase** 2
clean **limpio/a** *adj.* 5; **limpiar** *v.* 12
clean the house *v.* **limpiar la casa** 12
clear (*weather*) **despejado/a** *adj.* 5
clear the table **quitar** *v.* **la mesa** 12
It's clear. (*weather*) **Está despejado.** 5
clerk **dependiente/a** *m., f.* 6
client **cliente/a** *m., f.* 6
climb **escalar** *v.* 4
climb mountains **escalar montañas** 4
clinic **clínica** *f.* 10
clock **reloj** *m.* 2
close **cerrar (e:ie)** *v.* 4
closed **cerrado/a** *adj.* 5
closet **armario** *m.* 12
clothes **ropa** *f.* 6
clothes dryer **secadora** *f.* 12
clothing **ropa** *f.* 6
cloud **nube** *f.* 13
cloudy **nublado/a** *adj.* 5
It's (very) cloudy. **Está (muy) nublado.** 5
coat **abrigo** *m.* 6
coffee **café** *m.* 8
coffee maker **cafetera** *f.*
cold **frío** *m.* 3; (*disease*) **resfriado** *m.* 10
be (very) cold (*feel*) **tener (mucho) frío** 3
It's (very) cold. (*weather*) **Hace (mucho) frío.** 5
college **universidad** *f.*
collision **choque** *m.*
color **color** *m.* 6
comb one's hair **peinarse** *v.* 7
come **venir** *v.* 3
comedy **comedia** *f.*
comfortable **cómodo/a** *adj.* 5
commerce **negocios** *m., pl.* 16
commercial **comercial** *adj.* 16
communicate (with) **comunicarse** *v.* **(con)**
communication **comunicación** *f.*
means of communication **medios** *m., pl.* **de comunicación**
community **comunidad** *f.* 1
compact disc (CD) **disco** *m.* **compacto** 11
compact disc player **reproductor** *m.* **de CD** 11
company **compañía** *f.* 16; **empresa** *f.* 16
comparison **comparación** *f.*
completely **completamente** *adv.*
composer **compositor(a)** *m., f.*
computer **computadora** *f.* 1, 11
computer disc **disco** *m.* 11
computer monitor **monitor** *m.* 11
computer programmer **programador(a)** *m., f.* 3
computer science **computación** *f.* 2
concerned: to be concerned **temer** *v.* 13
concert **concierto** *m.*
conductor (*musical*) **director(a)** *m., f.*
confirm **confirmar** *v.* 5
confirm a reservation **confirmar una reservación** 5
congested **congestionado/a** *adj.* 10
Congratulations! (*for an event such as a birthday or anniversary*) **¡Felicidades!** 9; (*for an event such as an engagement or a good grade on a test*) *f., pl.* **¡Felicitaciones!** 9
conservation **conservación** *f.* 13
conserve **conservar** *v.* 13
considering **para** *prep.* 11
consume **consumir** *v.* 15
contact lenses **lentes** *m. pl.* **de contacto**
container **envase** *m.* 13
contamination **contaminación** *f.*
content **contento/a** *adj.* 5
contest **concurso** *m.*
continue **seguir (e:i)** *v.* 4
control **control** *m.*; **controlar** *v.* 13
be under control **estar bajo control**
conversation **conversación** *f.* 2
converse **conversar** *v.*
cook **cocinar** *v.* 12; **cocinero/a** *m., f.* 16
cookie **galleta** *f.* 9
cool **fresco/a** *adj.* 5
It's cool. (*weather*) **Hace fresco.** 5
corn **maíz** *m.*
corner **esquina** *m.* 14
cost **costar (o:ue)** *v.* 6
cotton **algodón** *m.* 6
(made of) cotton **de algodón** 6
couch **sofá** *m.* 12
couch potato **teleadicto/a** *m., f.* 15
cough **tos** *f.* 10; **toser** *v.* 10
counselor **consejero/a** *m., f.* 16

count (on) **contar** *v.* **(con)** 12
country (*nation*) **país** *m.* 1
countryside **campo** *m.* 5; **paisaje** *m.*
couple **pareja** *f.* 9
couple (married) **matrimonio** *m.* 9
course **curso** *m.* 2; **materia** *f.*
courtesy **cortesía** *f.*
cousin **primo/a** *m., f.* 3
cover **cubrir** *v.*
covered **cubierto** *p.p.*
cow **vaca** *f.*
cowboy **vaquero** *m.*
crafts **artesanía** *f.*
craftsmanship **artesanía** *f.*
crash **chocar** *v.* **(con)** 11
crater **cráter** *m.* 13
crazy **loco/a** *adj.* 6
create **crear** *v.*
credit **crédito** *m.* 6
credit card **tarjeta** *f.* **de crédito** 6
crime **crimen** *m.*
cross **cruzar** *v.* 14
culture **cultura** *f.*
cup **taza** *f.* 12
currency exchange **cambio** *m.* **de moneda**
current events **actualidades** *f., pl.*
curriculum vitae **currículum** *m.*
curtains **cortinas** *f., pl.* 12
custard (*baked*) **flan** *m.* 9
custom **costumbre** *f.*
customer **cliente/a** *m., f.*
customs **aduana** *f.* 5
customs inspector **inspector(a)** *m., f.* **de aduanas** 5
cycling **ciclismo** *m.* 4

D

dad **papá** *m.* 3
daily **diario/a** *adj.* 7
daily routine **rutina** *f.* **diaria** 7
damage **dañar** *v.* 10
dance **bailar** *v.* 2; **danza** *f.* **baile** *m.*
dancer **bailarín/bailarina** *m., f.* 16
danger **peligro** *m.* 13
dangerous **peligroso/a** *adj.*
dark-haired **moreno/a** *adj.* 3
date (*appointment*) **cita** *f.* 9; (*calendar*) **fecha** *f.* 5; (*someone*) **salir** *v.* **con (alguien)** 9
date: have a date **tener** *v.* **una cita** 9
daughter **hija** *f.* 3
daughter-in-law **nuera** *f.* 3
day **día** *m.* 1
day before yesterday **anteayer** *adv.* 6
deal **trato** *m.*
It's a deal. **Trato hecho.**
It's not a big deal. **No es para tanto.** 12
death **muerte** *f.* 9
decaffeinated **descafeinado/a** *adj.* 15
December **diciembre** *m.* 5
decide **decidir** *v.* 3
decided **decidido/a** *adj.*
declare **declarar** *v.*
deforestation **deforestación** *f.* 13
delicious **delicioso/a** *adj.* 8; **rico/a** *adj.* 8; **sabroso/a** *adj.* 8
delighted **encantado/a** *adj.* 1
dentist **dentista** *m., f.* 10
deny **negar (e: ie)** *v.* 13
department store **almacén** *m.* 6
departure **salida** *f.* 5
deposit **depositar** *v.* 14
describe **describir** *v.* 3
described **descrito/a** *p.p.* 15
desert **desierto** *m.* 13
design **diseño** *m.*
designer **diseñador(a)** *m., f.* 16
desire **desear** *v.* 12
desk **escritorio** *m.* 2
dessert **postre** *m.* 9
destroy **destruir** *v.* 13
develop **desarrollar** *v.* 13
diary **diario** *m.* 1
dictatorship **dictadura** *f.*
dictionary **diccionario** *m.* 1
die **morir (o:ue)** *v.* 8
died **muerto/a** *p.p.* 15
diet **dieta** *f.* 15
balanced diet **dieta equilibrada** 15
be on a diet **estar** *v.* **a dieta** 15
eat a balanced diet **seguir una dieta equilibrada** 15
difficult **difícil** *adj.* 3
dining room **comedor** *m.* 12
dinner **cena** *f.* 8
have dinner **cenar** *v.* 8
direction: in the direction of **para** *prep.* 11
directions: give directions **indicar cómo llegar** *v.* 14
director **director(a)** *m., f.*
dirty **ensuciar** *v.*; **sucio/a** *adj.* 5
get (something) dirty **ensuciar** *v.* 12
disagree **no estar de acuerdo**
disaster **desastre** *m.*
discover **descubrir** *v.* 13
discovered **descubierto** *p.p.* 15
discrimination **discriminación** *f.*
dish **plato** *m.* 8
main dish **plato principal** 8
dishwasher **lavaplatos** *m., sing.* 12
disk **disco** *m.* 11
disorderly **desordenado/a** *adj.* 5
dive **bucear** *v.* 4
divorce **divorcio** *m.* 9
divorced **divorciado/a** *adj.* 9
get divorced (from) **divorciarse** *v.* **(de)** 9
dizzy **mareado/a** *adj.* 10
do **hacer** *v.* 4
do aerobics **hacer ejercicios aeróbicos** 15
do errands **hacer diligencias**
do household chores **hacer quehaceres domésticos** 12
do stretching exercises **hacer ejercicios de estiramiento** 15
doctor **médico/a** *m., f.* 3; **doctor(a)** *m., f.* 10
documentary (*film*) **documental** *m.*
dog **perro/a** *m., f.* 3
domestic **doméstico/a** *adj.*
domestic appliance **electrodoméstico** *m.* 12
done **hecho/a** *p.p.* 15
door **puerta** *f.* 2
dormitory **residencia** *f.* **estudiantil** 2
double **doble** *adj.* 5
double room **habitación** *f.* **doble** 5
doubt **duda** *f.* 13; **dudar** *v.* 13
There is no doubt... **No cabe duda de...** 13; **No hay duda de...** 13
Down with... ! **¡Abajo el/la...!**
downtown **centro** *m.* 4
drama **drama** *m.*
dramatic **dramático/a** *adj.*
draw **dibujar** *v.* 2
drawing **dibujo** *m.*
dress **vestido** *m.* 6
get dressed **vestirse (e:i)** *v.* 7
drink **beber** *v.* 3; **bebida** *f.* 8; **tomar** *v.* 2
Do you want something to drink? **¿Quieres algo de tomar?**
drive **conducir** *v.* 8; **manejar** *v.* 11
driver **conductor(a)** *m., f.* 1
drug *f.* **droga** 15
drug addict **drogadicto/a** *adj.* 15
due to **por** *prep.*
due to the fact that **debido a**
during **durante** *prep.* 7; **por** *prep.* 11
dust **sacudir** *v.* 12
dust the furniture **sacudir los muebles** 12
DVD player **reproductor de DVD** *m.* 11
dying: I'm dying to (for)... **me muero por...**

E

each **cada** *adj.* 6
eagle **águila** *f.*
ear (outer) **oreja** *f.* 10
early **temprano** *adv.* 7
earn **ganar** *v.* 16
earthquake **terremoto** *m.*
ease **aliviar** *v.*
east **este** *m.* 14
to the east **al este** 14
easy **fácil** *adj.* 3
extremely easy **facilísimo** 8
eat **comer** *v.* 3
ecological **ecologista** *adj.* 13
ecologist **ecologista** *adj.* 13

ecology **ecología** *f.* 13
economics **economía** *f.*
ecotourism **ecoturismo** *m.* 13
Ecuador **Ecuador** *m.* 1
Ecuadorian **ecuatoriano/a** *adj.* 3
effective **eficaz** *adj. m., f.*
egg **huevo** *m.* 8
eight **ocho** 1
eight hundred **ochocientos/as** 6
eighteen **dieciocho** 1
eighth **octavo/a** 5
eighty **ochenta** 2
either... or **o... o** *conj.* 7
elect **elegir** *v.*
election **elecciones** *f., pl.*
electrician **electricista** *m., f.* 16
electricity **luz** *f.* 12
elegant **elegante** *adj.* 6
elevator **ascensor** *m.* 5
eleven **once** 1
e-mail **correo** *m.* **electrónico** 4
e-mail message **mensaje** *m.* **electrónico** 4
read e-mail **leer** *v.* **el correo electrónico** 4
embarrassed **avergonzado/a** *adj.* 5
embrace (each other) **abrazar(se)** *v.*
emergency **emergencia** *f.* 10
emergency room **sala** *f.* **de emergencia(s)** 10
employee **empleado/a** *m., f.* 5
employment **empleo** *m.* 16
end **fin** *m.* 4; **terminar** *v.* 2
end table **mesita** *f.*12
energy **energía** *f.*13
engaged: get engaged (to) **comprometerse** *v.* **(con)** 9
engineer **ingeniero/a** *m., f.* 3
English (*language*) **inglés** *m.* 2; **inglés, inglesa** *adj.* 3
enjoy **disfrutar** *v.* **(de)** 15
enough **bastante** *adj.* 10
entertainment **diversión** *f.* 4
entrance **entrada** *f.* 12
envelope **sobre** *m.*14
environment **medio ambiente** *m.* 13
equality **igualdad** *f.*
equipped **equipado/a** *adj.* 15
eraser **borrador** *m.* 2
errand *f.* **diligencia** 14
establish **establecer** *v.*
evening **tarde** *f.* 1
event **acontecimiento** *m.*
every day **todos los días** 10
everybody **todos** *m., pl.*
everything **todo** *m.* 5
Everything is under control. **Todo está bajo control.**
exactly **en punto** *adv.* 1
exam **examen** *m.* 2
excellent **excelente** *adj.* 5
excess **exceso** *m.* 15
in excess **en exceso** 15
exchange **intercambiar** *v.*
in exchange for **por** 11
exciting **emocionante** *adj. m., f.*
excursion **excursión** *f.* 4
excuse **disculpar** *v.*
Excuse me. (*May I?*) **Con permiso.** 1; (*I beg your pardon.*) **Perdón.** 1
exercise **ejercicio** *m.* 15
hacer *v.* **ejercicio** 15
exit **salida** *f.* 5
expensive **caro/a** *adj.* 6
experience **experiencia** *f.*
explain **explicar** *v.* 2
explore **explorar** *v.*
explore a city/town **explorar una ciudad/pueblo**
expression **expresión** *f.*
extinction **extinción** *f.* 13
eye **ojo** *m.* 10

F

fabulous **fabuloso/a** *adj* 5
face **cara** *f.* 7
facing **enfrente de** *prep.* 14
fact: in fact **de hecho**
factory **fábrica** *f.* 13
fall (down) **caerse** *v.* 10
fall asleep **dormirse (o:ue)** *v.* 7
fall in love (with) **enamorarse** *v.* **(de)** 9
fall (season) **otoño** *m.* 5
fallen **caído/a** *p.p.* 15
family **familia** *f.* 3
famous **famoso/a** *adj.* 16
fan **aficionado/a** *adj.* 4
be a fan (of) **ser aficionado/a (a)** 4
far from **lejos de** *prep.* 2
farewell **despedida** *f.*
fascinate **fascinar** *v.* 7
fashion **moda** *f.* 6
be in fashion **estar** *v.* **de moda** 6
fast **rápido/a** *adj.*
fat **gordo/a** *adj.* 3; **grasa** *f.* 15
father **padre** *m.* 3
father-in-law **suegro** *m.* 3
favorite **favorito/a** *adj.* 4
fax (machine) **fax** *m.* 11
fear **miedo** *m.* 3; **temer** *v.* 13
February **febrero** *m.* 5
feel *v.* **sentir(se) (e:ie)** 7
feel like (*doing something*) **tener ganas de (+ *inf.*)** 3
festival **festival** *m.*
fever **fiebre** *f.* 10
have a fever **tener** *v.* **fiebre** 10
few **pocos/as** *adj. pl.*
field: field of study **especialización** *f.* 16
fifteen **quince** 1
young woman celebrating her fifteenth birthday **quinceañera** *f.* 9
fifth **quinto/a** *adj.* 5
fifty **cincuenta** 2
fight **luchar** *v.* **(por)**
figure (*number*) **cifra** *f.*
file **archivo** *m.* 11
fill **llenar** *v.*
fill out a form **llenar un formulario** 14
fill up the tank **llenar el tanque** 11
finally **finalmente** *adv*; **por último** 7; **por fin** 11
find **encontrar (o:ue)** *v.* 4
find (each other) **encontrar(se)** *v.*
fine arts **bellas artes** *f., pl.*
fine **multa** *f.* 11
That's fine. **Está bien.** 11
finger **dedo** *m.* 10
finish **terminar** *v.* 4
finish (*doing something*) **terminar** *v.* **de (+ *inf.*)**
fire **incendio** *m.*; **despedir (e:i)** *v.* 16
firefighter **bombero/a** *m., f.* 16
firm **compañía** *f.* 16; **empresa** *f.* 16
first **primer, primero/a** *adj.* 5
fish (*food*) **pescado** *m.* 8; **pescar** *v.* 5; (*live*) **pez** *m.* 13
fish market **pescadería** *f.* 14
fisherman **pescador** *m.*
fisherwoman **pescadora** *f.*
fishing **pesca** *f.* 5
fit (*clothing*) **quedar** *v.* 7
five **cinco** 1
five hundred **quinientos/as** 6
fix (*put in working order*) **arreglar** *v.* 11
fixed **fijo/a** *adj.* 6
flag **bandera** *f.*
flank steak **lomo** *m.* 8
flat tire: We got a flat tire. **Se nos pinchó una llanta.** 11
flexible **flexible** *adj.* 15
flood **inundación** *f.*
floor (*story in a building*) **piso** *m.* 5; **suelo** *m.*12
ground floor **planta** *f.* **baja** 5
top floor **planta** *f.* **alta**
flower **flor** *f.* 13
flu **gripe** *f.* 10
fog **niebla** *f.*
foggy: It's (very) foggy. **Hay (mucha) niebla.** 5
folk **folklórico/a** *adj.*
follow **seguir (e:i)** *v.* 4
food **comida** *f.* 8
foolish **tonto/a** *adj.* 3
foot **pie** *m.* 10
football **fútbol** *m.* **americano** 4
for **para** *prep.* 11; **por** *prep.* 11
for example **por ejemplo** 11
for me **para mí**
forbid **prohibir** *v.*
foreign **extranjero/a** *adj.*
foreign languages **lenguas** *f., pl.* **extranjeras** 2
forest **bosque** *m.* 13
forget **olvidar** *v.* 10

fork **tenedor** *m.* 12
form **formulario** *m.* 14
forty **cuarenta** 2
forward **en marcha** *adv.*
four **cuatro** 1
four hundred **cuatrocientos/as** 6
fourteen **catorce** 1
fourth **cuarto/a** *adj.* 5
free **libre** *adj.* 4
be free of charge **ser gratis** 14
free time **tiempo** *m.* **libre** 4; **ratos** *m., pl.* **libres** 4
freedom **libertad** *f.*
freezer **congelador** *m.*
French **francés, francesa** *adj.* 3
French fries **papas** *f., pl* **fritas** 8; **patatas** *f., pl* **fritas** 8
frequently **frecuentemente** *adv.* 10; **con frecuencia** 10
Friday **viernes** *m., sing.* 2
fried **frito/a** *adj.*8
fried potatoes **papas** *f., pl.* **fritas; patatas** *f., pl.* **fritas**
friend **amigo/a** *m., f.* 3
friendly **amable** *adj.* 5
friendship **amistad** *f.* 9
from **de** *prep.* 1; **desde** *prep.* 6
from where? **¿de donde?** 9
from the United States **estadounidense** *adj.* 3
from time to time **de vez en cuando** 10
He/She/It is from… **Es de…** 1
I'm from… **Soy de…** 1
fruit **fruta** *f.* 8
fruit juice **jugo** *m.* **de fruta** 8
fruit shop **frutería** *f.* 14
full **lleno/a** *adj.*11
fun **divertido/a** *adj.* 7
fun activity **diversión** *f.* 4
have fun **divertirse (e:ie)** *v.* 9
function **funcionar** *v.*
furniture **muebles** *m., pl.* 12
furthermore **además (de)** *adv.* 10
future **futuro** *m.* 16; **porvenir** *m.* 16
in the future **en el futuro** 16

G

gain weight **aumentar** *v.* **de peso** 15; **engordar** *v.* 15
game (*match*) **partido** *m.* 4; **juego** *m.* 5
game show **concurso** *m.*
garage **garaje** *m.* 11, 12
garden **jardín** *m.* 12
garlic **ajo** *m.* 8
gas station **gasolinera** *f.* 11
gasoline **gasolina** *f.* 11
geography **geografía** *f.* 2
German **alemán, alemana** *adj.* 3
get **conseguir (e:i)** *v.* 4; **obtener** *v.* 16
get along well/badly (with) **llevarse bien/mal (con)** 9
get bored **aburrirse** *v.*
get off of/out of (a vehicle) **bajar(se)** *v.* **de** 11
get on/into (a vehicle) **subir(se)** *v.* **a** 11
get up **levantarse** *v.* 7
gift **regalo** *m.* 6
girl **chica** *f.* 1; **muchacha; niña** *f.* 3
girlfriend **novia** *f.* 3
give **dar** *v.* 6; (*as a gift*) **regalar** 9
give directions **indicar cómo llegar** *v.* 14
glass (*drinking*) **vaso** *m.* 12; **vidrio** *m.* 13
(made of) glass **de vidrio** 13
glasses **gafas** *f., pl.* 6
sunglasses **gafas de sol** 6
global warming **calentamiento global** *m.* 13
gloves **guantes** *m., pl.* 6
go **ir** *v.* 4
go away **irse** 7
go by boat **ir en barco** 5
go by bus **ir en autobús** 5
go by car **ir en auto(móvil)** 5
go by motorcycle **ir en motocicleta** 5
go by plane **ir en avión** 5
go by subway **ir en metro**
go by taxi **ir en taxi** 5
go by the bank **pasar por el banco** 14
go by train **ir en tren**
go by **pasar** *v.* **por**
go down; **bajar** *v.* 11
go fishing **ir de pesca** 5
go for a hike (in the mountains) **ir de excursión (a las montañas)** 4
go out **salir** *v.* 9
go out with **salir con** 4, 9
go through customs **pasar por la aduana** 5
go up **subir** *v.* 11
go with **acompañar** *v.* 14
Let's get going. **En marcha.** 15
Let's go. **Vamos.** 4
goblet **copa** *f.* 12
going to: be going to (*do something*) **ir a (+** *inf.***)** 4
golf **golf** *m.* 4
good **buen, bueno/a** *adj.* 1, 3
Good afternoon. **Buenas tardes.** 1
Good evening. **Buenas noches.** 1
Good idea! **¡Buena idea!** 4
Good morning. **Buenos días.** 1
Good night. **Buenas noches.** 1
I'm good, thanks. **Bien, gracias.**
It's good that… **Es bueno que…** 12
goodbye **adiós** *m.* 1
say goodbye (to) **despedirse** *v.* **(de) (e:i)** 7
good-looking **guapo/a** *adj.* 3
government **gobierno** *m.* 13
GPS **navegador GPS** *m.* 11
graduate (from) **graduarse** *v.* **(de)** 9
grains **cereales** *m., pl.* 8
granddaughter **nieta** *f.* 3
grandfather **abuelo** *m.* 3
grandmother **abuela** *f.* 3
grandparents **abuelos** *m., pl.* 3
grandson **nieto** *m.* 3
grape **uva** *f.* 8
grass **hierba** *f.* 13; **césped** *m.*
grave **grave** *adj.* 10
gray **gris** *adj. m., f.* 6
great **gran, grande** *adj.* 3; **fenomenal** *adj.* 5
green **verde** *adj. m., f.* 5
greet (each other) **saludar(se)** *v.*
greeting **saludo** *m.* 1
Greetings to… **Saludos a…** 1
grilled (*food*) **a la plancha** 8
grilled flank steak **lomo a la plancha** 8
ground floor **planta** *f.* **baja** 5
guest (*at a house/hotel*) **huésped** *m., f.* 5; (*invited to a function*) **invitado/a** *m., f.* 9
guide **guía** *m., f.*
gym **gimnasio** *m.* 4
gymnasium **gimnasio** *m.* 4

H

hair **pelo** *m.* 7
hairdresser **peluquero/a** *m., f.* 16
hairdressing salon **peluquería** *f.* 14
half **medio/a** *adj.* 3
half-brother **medio hermano** 3;
half-sister **media hermana** 3
half-past (*time*) **y media** 1
hallway **pasillo** *m.* 12
ham **jamón** *m.* 8
hamburger **hamburguesa** *f.* 8
hand **mano** *f.* 1
Hands up! **¡Manos arriba!**
handsome **guapo/a** *adj.* 3
happen **ocurrir** *v.*
happiness **alegría** *f.* 9
Happy birthday! **¡Feliz cumpleaños!** 9
happy **alegre** *adj.* 5; **contento/a** *adj.* 5; **feliz** *adj.* 5
be happy **alegrarse** *v.* **(de)** 13
hard **difícil** *adj.* 3
hard-working **trabajador(a)** *adj.* 3
hardly **apenas** *adv.* 10
haste **prisa** *f.* 3
hat **sombrero** *m.* 6
hate **odiar** *v.* 9
have **tener** *v.* 3
Have a good trip! **¡Buen viaje!** 1
have a tooth pulled **sacar(se) una muela** 10
have to (*do something*) **tener que (+** *inf.***)** 3; **deber (+** *inf.***)** 3

he **él** *sub. pron.* 1
he is **él es** 1
he/she/it is, you (*form., sing.*) are **está** 2
head **cabeza** *f.* 10
headache **dolor de cabeza** *m.* 10
health **salud** *f.* 10
healthful **saludable** *adj.*
healthy **sano/a, saludable** *adj.* 10
  lead a healthy life **llevar** *v.* **una vida sana** 15
hear **oír** *v.* 4
heard **oído/a** *p.p.* 15
hearing: sense of hearing **oído** *m.*
heart **corazón** *m.* 10
heat **calor** *m.* 3
Hello. **Hola.** *interj.* 1; (*on the telephone*) **Aló.** 11; **¿Bueno?** 11; **Diga.** 11
help **ayudar** *v.* 12; **servir (e:i)** *v.* 5
  help each other **ayudarse** *v.*
her **su(s)** *poss. adj.* 3; **la** *pron.* 5; **le** *pron.* 6;
  hers **suyo(s)/a(s)** *poss. pron.* 11
here **aquí** *adv.* 1
  Here it is... **Aquí está...** 5
  Here we are at/in... **Aquí estamos en...** 2
  It's not here. **No está.** 5
Hi. **Hola.** *interj.* 1
highway **autopista** *f.*; **carretera** *f.*
hike **excursión** *f.* 4
  go on a hike **hacer una excursión** 5; **ir de excursión** 4
hiker **excursionista** *m., f.* 4
hiking **de excursión** 4
him **lo** *pron.* 5; **le** *pron.* 6
hire **contratar** *v.* 16
his **su(s)** *poss. adj.* 3; **suyo(s)/a(s)** *poss. pron.* 11
history **historia** *f.* 2
hobby **pasatiempo** *m.* 4
hockey **hockey** *m.* 4
holiday **día** *m.* **de fiesta** 9
home **hogar** *m.* 12
  home page **página** *f.* **principal** 11
homemaker **ama** *(m., f.)* **de casa** 12
homework **tarea** *f.* 2
hood (car) **capó** *m.* 11
hope **esperar** *v.* 2, 13
  I hope (that) **ojalá (que)** *interj.* 13
horror **terror** *m.*
hors d'oeuvres **entremeses** *m., pl.* 8
horse **caballo** *m.* 5
hospital **hospital** *m.* 10
hot **picante** *adj.* 8
hot: be (very) hot (*feel*) **tener (mucho) calor** 3; (*weather*) **hacer (mucho) calor** 5
hotel **hotel** *m.* 5
hour **hora** *f.* 1
house **casa** *f.* 4
household chores **quehaceres** *m., pl.* **domésticos** 12
housekeeper **ama** *m., f.* **de casa** 12
housing **vivienda** *f.* 12
How...! **¡Qué...!** 3
  how **¿cómo?** *adv.* 1, 9
  How are you? **¿Qué tal?** 1
  How are you? **¿Cómo estás?** *fam.* 1
  How are you? **¿Cómo está usted?** *form.* 1
  How can I help you? **¿En qué puedo servirles?** 5
  How did... go for you? **¿Cómo les fue...?** 15
  How is it going? **¿Qué tal?** 1
  How is/are . . . ? **¿Qué tal...?** 2
  How much/many? **¿Cuánto(s)/a(s)?** 1, 9
  How much does... cost? **¿Cuánto cuesta...?** 6
  How old are you? **¿Cuántos años tienes?** *fam.* 3
  How's the weather? **¿Qué tiempo hace?** 5
however **sin embargo** *adv.*
hug (each other) **abrazar(se)** *v.*
humanities **humanidades** *f., pl.*
hunger **hambre** *f.* 3
hundred **cien, ciento** 2
hungry: be (very) hungry **tener** *v.* **(mucha) hambre** 3
hunting **caza** *f.* 13
hurricane **huracán** *m.*
hurry **apurarse; darse prisa** *v.* 15
  be in a (big) hurry **tener** *v.* **(mucha) prisa** 3
hurt **doler (o:ue)** *v.* 10
  It hurts me a lot. **Me duele mucho.** 10
husband **esposo** *m.* 3

I

I **yo** *sub. pron.* 1
  I am... **Yo soy...** 1
  I don't like them at all. **No me gustan nada.** 2
  I hope (that) **Ojalá (que)** *interj.* 13
  I wish (that) **Ojalá (que)** *interj.* 13
  I would like... **me gustaría(n)...** 7
  I would like to introduce... to you. **Le presento a...** *form.* 1; **Te presento a...** *fam.* 1
ice cream **helado** *m.* 9
  ice cream shop **heladería** *f.* 14
iced **helado/a** *adj.* 9
  iced tea **té helado** 8
idea **idea** *f.* 4
if **si** *conj.* 13
illness **enfermedad** *f.* 10
important **importante** *adj.* 3
  be important to **importar** *v.* 7, 12
  It's important that... **Es importante que...** 12
impossible **imposible** *adj.* 13
  It's impossible... **Es imposible...** 13
improbable **improbable** *adj.* 13
  It's improbable... **Es improbable...** 13
improve **mejorar** *v.* 13
in **en** *prep.* 2; **por** *prep.* 11
  in the afternoon **de la tarde** 1; **por la tarde** 7
  in the evening **de la noche** 1; (*early*) **por la tarde** 7
  in the morning **de la mañana** 1; **por la mañana** 7
  in love (with) **enamorado/a (de)** 5
  in which **en qué** 2
  in front of **delante de** *prep.* 2; **enfrente** 14
increase **aumento** *m.* 16
incredible **increíble** *adj.* 5
inequality **desigualdad** *f.*
infection **infección** *f.* 10
inform **informar** *v.*
inhabitants **habitantes** *m., pl* 13
injection **inyección** *f.* 10
  give an injection **poner** *v.* **una inyección** 10
injure (oneself) **lastimarse** *v.* 10
  injure (one's foot) **lastimarse (el pie)** 10
inner ear **oído** *m.*
insist (on) **insistir** *v.* **(en)** 12
installments: pay in installments **pagar** *v.* **a plazos** 14
intelligent **inteligente** *adj.* 3
intend **pensar** *v.* **(+ *inf.*)** 4
interest **interesar** *v.* 7
interesting **interesante** *adj.* 3
  be interesting to **interesar** *v.* 7
international **internacional** *adj. m., f.*
Internet **red** *f.*; **Internet** *m.* 11
interview **entrevista** *f.* 16; interview **entrevistar** *v.* 16
interviewer **entrevistador(a)** *m., f.* 16
introduction **presentación** *f.*
invest **invertir (e:ie)** *v.* 16
invite **invitar** *v.* 9
iron clothes **planchar** *v.* **la ropa** 12
it **lo/la** *pron.* 5
Italian **italiano/a** *adj.* 3
its **su(s)** *poss. adj.* 3 , **suyo(s)/a(s)** *poss. pron.* 11

J

jacket **chaqueta** *f.* 6
January **enero** *m.* 5
Japanese **japonés, japonesa** *adj.* 3
jeans **bluejeans** *m., pl.* 6
jewelry store **joyería** *f.* 14
job **empleo** *m.* 16; **puesto** *m.* 16; **trabajo** *m.* 16
  job application **solicitud** *f.* **de trabajo** 16

jog **correr** *v.*
journalism **periodismo** *m.* 2
journalist **periodista** *m., f.* 3; **reportero/a** *m., f.*
joy **alegría** *f.*
give joy **dar** *v.* **alegría**
joyful **alegre** *adj.* 5
juice **jugo** *m.* 8
July **julio** *m.* 5
June **junio** *m.* 5
jungle **selva** *f.* 13, **jungla** *f.*
just **apenas** *adv.* 10
have just done something **acabar de (+** ***inf.*****)** 6

K

keep (doing something) **seguir (e:ie)** *v.* 4
key **llave** *f.* 5
keyboard **teclado** *m.* 11
kilometer **kilómetro** *m.* 11
kind: That's very kind of you. **Muy amable.** *adj.* 5
kiss (each other) **besar(se)** *v.*; **beso** *m.* 6
kitchen **cocina** *f.* 12
knee **rodilla** *f.* 10
knife **cuchillo** *m.* 12
know **saber** *v.* 8; **conocer** *v.* 8
know how **saber** *v.* 8

L

laboratory **laboratorio** *m.* 2
lack **faltar** *v.* 7
lake **lago** *m.* 13
lamp **lámpara** *f.* 12
land **tierra** *f.* 13
landlord **dueño/a** *m., f.*
landscape **paisaje** *m.* 13
language **lengua** *f.* 2
laptop (computer) **computadora** *f.* **portátil** 11
large **gran, grande** *adj.* 3
large (*clothing size*) **talla** *f.* **grande** *adj.* 6
last **durar** *v.*; **pasado/a** *adj.* 6; **último/a** *adj.*
last name **apellido** *m.* 9
last night **anoche** *adv.* 6
last week **la semana pasada** 6
last year **el año pasado** 6
late **tarde** *adv.* 7
later (on) **más tarde** *adv.* 7
See you later. **Hasta la vista.** 1; **Hasta luego.** 1
laugh **reírse (e:i)** *v.* 9
laughed **reído** *p.p.* 15
laundromat **lavandería** *f.* 14
law **ley** *f.* 13
lawyer **abogado/a** *m., f.* 16
lazy **perezoso/a** *adj.*
learn **aprender** *v.* 3
least, (the) **el/la/los/las menos** 8
leave **salir** *v.* 4; **irse** *v.* 7
leave a tip **dejar una propina** 9
leave for (*a place*) **salir para** 4
leave from **salir de** 4
leave behind **dejar** *v.* 16
left **izquierdo/a** *adj.* 2
be left behind **quedar** *v.* 10
be left over **quedar** *v.* 7
to the left of **a la izquierda de** 2
leg **pierna** *f.* 10
lemon **limón** *m.* 8
lend **prestar** *v.* 6
less **menos** *adv.* 10
less... than **menos... que** 8
less than (+ *number*) **menos de (+** ***number*****)** 8
lesson **lección** *f.* 1
let **dejar** *v.* 12
let's see **a ver** 2
letter **carta** *f.* 4
lettuce **lechuga** *f.* 8
liberty **libertad** *f.*
library **biblioteca** *f.* 2
license (*driver's*) **licencia** *f.* **de conducir** 11
lie **mentira** *f.* 6
lie down **acostarse (o:ue)** *v.* 7
life **vida** *f.* 9
of my life **de mi vida** 15
lifestyle: lead a healthy lifestyle **llevar una vida sana** 15
lift **levantar** *v.* 15
lift weights **levantar pesas** 15
light **luz** *f.* 12
like **como** *prep.* 8; **gustar** *v.* 2, 7
like this **así** *adv.* 10
like very much **encantar** *v.*; **fascinar** *v.* 7
I like... **me gusta(n)...** 2
I like... very much *v.* **Me encanta...**
Do you like... ? **¿Te gusta(n)...?** 2
likeable **simpático/a** *adj.* 3
likewise **igualmente** *adv.* 1
line **línea** *f.* 4; **cola** (*queue*) *f.* 14
listen to **escuchar** *v.* 2
Listen! (*command*) **¡Oye!** *fam., sing.* 1; **¡Oigan!** *form., pl.*
listen to music **escuchar música**
listen to the radio **escuchar la radio**
literature **literatura** *f.*
little (*quantity*) **poco/a** *adj.* 5; **poco** *adv.* 10
live **vivir** *v.* 3
living room **sala** *f.* 12
loan **préstamo** *m.* 14; **prestar** *v.* 6
lobster **langosta** *f.* 8
located **situado/a** *adj.*
be located **quedar** *v.* 14
lodging **alojamiento** *m.* 5
long **largo/a** *adj.* 6
look (at) **mirar** *v.* 2
look for **buscar** *v.* 2
lose **perder (e:ie)** *v.* 4
lose weight **adelgazar** *v.* 15
lost **perdido/a** *adj.* 14
be lost **estar perdido/a** 14
lot, a **muchas veces** 10
lot of, a **mucho/a** *adj.* 2
love (*another person*) **querer (e:ie)** *v.* 4; (*things*) **encantar** *v.* 7; **amor** *m.* 9;
in love (with) **enamorado/a (de)** *adj.* 5
luck **suerte** *f.* 3
lucky: be (very) lucky **tener (mucha) suerte** 3
luggage **equipaje** *m.* 5
lunch **almuerzo** *m.* 8
have lunch **almorzar (o:ue)** *v.* 8

M

ma'am **señora (Sra.)** *f.* 1
mad **enojado/a** *adj.* 5
magazine **revista** *f.* 4
read a magazine **leer una revista** 4
magnificent **magnífico/a** *adj.* 5
mail **correo** *m.* 14; **enviar** *v.*, **mandar** *v.* mail a letter **echar una carta al buzón** 14
mail carrier **cartero/a** *m.* 14
mailbox **buzón** *m.* 14
main **principal** *adj. m., f.* 8
maintain **mantener** *v.* 15
make **hacer** *v.* 4
make the bed **hacer la cama** 12
makeup **maquillaje** *m.* 7
man **hombre** *m.* 1
manager **gerente** *m., f.* 16
many **mucho/a** *adj.* 3
many times **muchas veces** 10
map **mapa** *m.* 1, 2
March **marzo** *m.* 5
margarine **margarina** *f.* 8
marinated fish **ceviche** *m.* 8
lemon-marinated shrimp **ceviche de camarón** 8
marine turtle **tortuga marina** *f.* 13
marital status **estado** *m.* **civil** 9
market **mercado** *m.* 6
open-air market **mercado al aire libre** 6
marriage **matrimonio** *m.* 9
married **casado/a** *adj.* 9
get married (to) **casarse** *v.* **(con)** 9
marvelous **maravilloso/a** *adj.* 5
marvelously **maravillosamente** *adv.*
massage **masaje** *m.* 15
masterpiece **obra** *f.* **maestra**
match (*sports*) **partido** *m.*
match **hacer** *v.* **juego (con)** 6
mathematics **matemáticas** *f., pl.* 2
matter **importar** *v.* 7, 12
maturity **madurez** *f.* 9

maximum **máximo/a** *m.* 11
May **mayo** *m.* 5
maybe **tal vez** *adv.* 5; **quizás** *adv.* 5
mayonnaise **mayonesa** *f.* 8
me **me** *pron.* 5
meal **comida** *f.* 8
means of communication **medios** *m., pl.* **de comunicación**
meat **carne** *f.* 8
mechanic **mecánico/a** *m., f.* 11
 (mechanic's) repair shop **taller** *m.* **mecánico** 11; **garaje** *m.* 11
media **medios** *m., pl.* **de comunicación**
medical **médico/a** *adj.* 10
medication **medicamento** *m.* 10
medicine **medicina** *f.* 10
medium **mediano/a** *adj.*
meet (each other) **encontrar(se)** *v.*
meeting **reunión** *f.* 16
menu **menú** *m.* 8
message (*telephone*) **recado** *m.* 11
messy **desordenado/a** *adj.* 5
Mexican **mexicano/a** *adj.* 3
Mexico **México** *m.* 1
microwave **microonda** *f.* 12
 microwave oven **horno** *m.* **de microondas** 12
middle age **madurez** *f.* 9
midnight **medianoche** *f.* 1
mile **milla** *f.* 11
milk **leche** *f.* 8
million **millón** 6
 million of **millón de** 6
mine **mío/a(s)** *poss. pron.* 11
mineral **mineral** *m.* 15
 mineral water **agua** *f.* **mineral** 8
minute **minuto** *m.* 1
mirror **espejo** *m.* 7
Miss **señorita (Srta.)** *f.* 1
miss **perder (e:ie)** *v.* 4
mistaken **equivocado/a** *adj.* 5
modem **módem** *m.* 11
modern **moderno/a** *adj.*
mom **mamá** *f.* 3
Monday **lunes** *m., sing.* 2
money **dinero** *m.* 6
monitor **monitor** *m.* 11
monkey **mono** *m.* 13
month **mes** *m.* 5
monument **monumento** *m.* 4
moon **luna** *f.* 13
more **más** *adj.* 2
 more... than **más... que** 8
 more than (+ *number*) **más de (+ *number*)** 8
morning **mañana** *f.* 1
most, (the) **el/la/los/las más** 8
mother **madre** *f.* 3
mother-in-law **suegra** *f.* 3
motor **motor** *m.* 11
motorcycle **moto(cicleta)** *f.* 5
mountain **montaña** *f.* 4
mouse **ratón** *m.* 11
mouth **boca** *f.* 10
move (*to another house/city/country*) **mudarse** *v.* 12
movie **película** *f.* 4
 movie star **estrella** *f.* **de cine**
 movie theater **cine** *m.* 4
MP3 player **reproductor de MP3** *m.* 11
Mr. **señor (Sr.)** *m.* 1
Mrs. **señora (Sra.)** *f.* 1
much **mucho/a** *adj.* 2, 3
mug **taza** *f.* 12
municipal **municipal** *adj.*
murder **crimen** *m.*
muscle **músculo** *m.* 15
museum **museo** *m.* 4
mushroom **champiñón** *m.* 8
music **música** *f.*
musical **musical** *adj.*
musician **músico/a** *m., f.*
must: It must be . . . **Debe ser...** 6
my **mi(s)** *poss. adj.* 3; **mío(s)/a(s)** *poss. pron.* 11

N

name **nombre** *m.* 5
 in my name **a mi nombre** 5
 in the name of **a nombre de** 5
 last name **apellido** *m.* 9
 My name is... **Me llamo...** 1
 be named **llamarse** *v.* 7
napkin **servilleta** *f.* 12
national **nacional** *adj., m., f.*
nationality **nacionalidad** *f.* 1
natural **natural** *adj., m., f.* 13
 natural disaster **desastre** *m.* **natural**
 natural resource **recurso** *m.* **natural** 13
nature **naturaleza** *f.* 13
nauseated **mareado/a** *adj.* 10
near **cerca de** *prep.* 2
neaten **arreglar** *v.* 12
necessary **necesario/a** *adj.* 12
 It's necessary that... **Es necesario que...** 12; **Hay que...** 14
neck **cuello** *m.* 10
need **faltar** *v.* 7; **necesitar** *v.* 2, 12
negative **negativo/a** *adj.*
neighbor **vecino/a** *m., f.* 12
neighborhood **barrio** *m.* 12
neither... nor **ni... ni** *conj.* 7; neither **tampoco** *adv.* 7
nephew **sobrino** *m.* 3
nervous **nervioso/a** *adj.* 5
network **red** *f.* 11
never **nunca** *adv.* 7; **jamás** *adv.* 7
new **nuevo/a** *adj.* 6
newlywed **recién casado/a** *m., f.* 9
news **noticias** *f., pl.*; **actualidades** *f., pl.*
newscast **noticiero** *m.*
newspaper **periódico** *m.* 4; **diario** *m.*
 read a newspaper **leer un periódico** 4
next **próximo/a** *adj.* 16
next to **al lado de** 2
nice **simpático/a** *adj.* 3; **amable** *adj.* 5
niece **sobrina** *f.* 3
night **noche** *f.* 1
 night stand **mesita** *f.* **de noche** 12
nine **nueve** 1
nine hundred **novecientos/as** 6
nineteen **diecinueve** 1
ninety **noventa** 2
ninth **noveno/a** 5
no **no** 1; **ningún, ninguno/a(s)** *adj.* 7
 no one **nadie** *pron.* 7
 No problem. **Ningún problema.** 7
 no way **de ninguna manera**
none **ningún, ninguno/a(s)** *adj.* 7
noon **mediodía** *m.* 1
nor **ni** *conj.* 7
north **norte** *m.* 14
 to the north **al norte** 14
nose **nariz** *f.* 10
not **no** 1
 not any **ningún, ninguno/a(s)** *adj.* 7
 not anyone **nadie** *pron.* 7
 not anything **nada** *pron.* 7
 not bad at all **nada mal** 5
 not either **tampoco** *adv.* 7
 not ever **nunca** *adv.* 7; **jamás** *adv.* 7
 Not very well. **No muy bien.** 1
 not working **descompuesto/a** *adj.* 11
notebook **cuaderno** *m.* 1
nothing **nada** *pron.* 1; 7
noun **sustantivo** *m.*
November **noviembre** *m.* 5
now **ahora** *adv.*
nowadays **hoy día** *adv.*
nuclear energy **energía nuclear** 13
number **número** *m.* 1
nurse **enfermero/a** *m., f.* 10
nutrition **nutrición** *f.* 15

O

o'clock: It's... o'clock **Son las...** 1
 It's one o'clock. **Es la una.** 1
obey **obedecer (c:zc)** *v.*
obligation **deber** *m.*
obtain **conseguir (e:i)** *v.* 4; **obtener** *v.* 16
obvious **obvio** *adj.* 13
 it's obvious **es obvio** 13
occupation **ocupación** *f.* 16
occur **ocurrir** *v.*
ocean **mar** *m.* 5; **océano** *m.* 13

October **octubre** *m.* 5
of **de** *prep.* 1
of course **claro que sí; por supuesto**
offer **oferta** *f.* 12; **ofrecer (c:zc)** *v.* 8
office **oficina** *f.* 12
doctor's office **consultorio** *m.* 10
often **a menudo** *adv.* 10
Oh! **¡Ay!**
oil **aceite** *m.* 8
okay **regular** *adj.* 1
It's okay. **Está bien.**
old **viejo/a** *adj.* 3; old age **vejez** *f.* 9
older **mayor** *adj., m., f.* 3
older brother, sister **hermano/a mayor** *m., f.* 3
oldest **el/la mayor** 8
on **en** *prep.* 2; **sobre** *prep.* 2
on behalf of **de parte de** *prep.* 11
on the dot **en punto** *adv.* 1
on time **a tiempo** *adv.* 10
on top of **encima de** *prep.* 2
once **una vez** 6
once again **una vez más** 9
one **un, uno/a** 1
one hundred **cien(to)** 2
one million **un millón** 6
one thousand **mil** 6
one time **una vez** 6
one way (*travel*) **ida** *f.*
onion **cebolla** *f.* 8
only **sólo** *adv.* 3; **único/a** *adj.* 3
only child **hijo/a único/a** *m., f.* 3
open **abrir** *v.* 3; **abierto/a** *adj.* 5
open-air **al aire libre** 6
opened **abierto/a** *p.p.* 15
opera **ópera** *f.*
operation **operación** *f.* 10
opposite **en frente de** *prep.* 14
or **o** *conj.* 7
orange **anaranjado/a** *adj.* 6; **naranja** *f.* 8
orchestra **orquesta** *f.*
order **mandar** 12; (*food*) **pedir (e:i)** *v.* 8
in order to **para** *prep.* 11
orderly **ordenado/a** *adj.* 5
ordinal (*numbers*) **ordinal** *adj.*
other **otro/a** *adj.* 6
our **nuestro(s)/a(s)** *poss. adj.* 3; *poss. pron.* 11
out of order **descompuesto/a** *adj.* 11
outside **fuera** *adv.*
outskirts **afueras** *f., pl.* 12
oven **horno** *m.* 12
over **sobre** *prep.* 2
own **propio/a** *adj.*
owner **dueño/a** *m., f.* 8

P

P.M. **tarde** *f.* 1
pack (one's suitcases) **hacer** *v.* **las maletas** 5
package **paquete** *m.* 14
page **página** *f.* 11
pain **dolor** *m.* 10
have a pain in the (knee) **tener** *v.* **dolor de (rodilla)**
paint **pintar** *v.*
painter **pintor(a)** *m., f.* 16
painting **pintura** *f.* 12
pair **par** *m.* 6
pair of shoes **par de zapatos** 6
pants **pantalones** *m., pl.* 6
pantyhose **medias** *f., pl.* 6
paper **papel** *m.* 2; (*report*) **informe** *m.*
paper money **billete** *m.*
paragraph **párrafo** *m.*
Pardon me. (*May I?*) **Con permiso.** 1; (*Excuse me.*) Pardon me. **Perdón.** 1
parents **padres** *m., pl.* 3; **papás** *m., pl.* 3
park **parque** *m.* 4; **estacionar** *v.* 11
partner (*one of a couple*) **pareja** *f.* 9
party **fiesta** *f.* 9
pass **pasar** *v.*
passed **pasado/a** *p.p.*
passenger **pasajero/a** *m., f.* 1
passport **pasaporte** *m.* 5
past **pasado/a** *adj.* 6
pastime **pasatiempo** *m.* 4
pastry shop **pastelería** *f.* 14
patient **paciente** *m., f.* 10
patio **patio** *m.* 12
pay **pagar** *v.* 6
pay with **pagar con** 6
pay in cash **pagar** *v.* **al contado** 14; **pagar en efectivo**
pay in installments **pagar** *v.* **a plazos** 14
pay the bill **pagar** *v.* **la cuenta** 9
pea **arveja** *m.* 8
peace **paz** *f.*
peach **melocotón** *m.*
pear **pera** *f.*
pen **pluma** *f.* 2
pencil **lápiz** *m.* 1
penicillin **penicilina** *f.* 10
people **gente** *f.* 3
pepper **pimienta** *f.* 8
per **por** *prep.* 11
percent **por ciento**
perfect **perfecto/a** *adj.* 5
perhaps **quizás** *adv.*; **tal vez** *adv.*
periods **plazos** *m., pl.*
permission **permiso** *m.*
person **persona** *f.* 3
pharmacy **farmacia** *f.* 10
phenomenal **fenomenal** *adj.*
photograph **foto(grafía)** *f.* 1
physical (*exam*) **examen** *m.* **médico** 10
physician **médico/a** *m., f.* 3; **doctor(a)** *m., f.*
physics **física** *f., sing.* 2
pick up **recoger** *v.* 13
picture **foto** *f.* 5; **pintura** *f.*
pie **pastel** *m.*
pill (tablet) **pastilla** *f.* 10
pillow **almohada** *f.* 12
pineapple **piña** *f.* 8
pink **rosado/a** *adj.* 6
place **lugar** *m.* 4; **poner** *v.* 4
plaid **de cuadros** *adj.* 6
plan *(to do something)* **pensar** *v.* **(+ *inf.*)** 4
plane **avión** *m.* 5
plans **planes** *m., pl.* 4
have plans **tener** *v.* **planes** 4
plant **planta** *f.* 13
plastic **plástico** *m.* 13
(made of) plastic **de plástico** 13
plate **plato** *m.* 12
platter of fried food **fuente** *f.* **de fritada**
play **drama** *m.*; **comedia** *f.*; **jugar (u:ue)** *v.* 4; (*a musical instrument*) **tocar** *v.*; (*a role*) **hacer** *v.* **el papel**; (*cards*) **jugar** *v.* **a (las cartas)**; (*sports*) **practicar** *v.* **deportes** 4
player **jugador(a)** *m., f.* 4
playwright **dramaturgo/a** *m., f.*
plead **rogar (o:ue)** *v.* 12
pleasant **agradable** *adj.*
Please. **Por favor.** 1
Pleased to meet you. **Mucho gusto.** 1; **Encantado/a.** *adj.* 1
pleasing: be pleasing to **gustar** *v.* 7
pleasure **gusto** *m.* 1; **placer** *m.* 15
It's a pleasure to… **Gusto de (+ *inf.*)**
It's been a pleasure. **Ha sido un placer.** 15
The pleasure is mine. **El gusto es mío.** 1
poem **poema** *m.*
poet **poeta** *m., f.* 16
poetry **poesía** *f.*
police (force) **policía** *f.* 11
police officer **policía** *m.*, **mujer** *f.* **policía** 11
political **político/a** *adj.*
politician **político/a** *m., f.* 16
politics **política** *f.*
polka-dotted **de lunares** *adj.* 6
poll **encuesta** *f.*
pollute **contaminar** *v.* 13
polluted **contaminado/a** *adj.* 13
be polluted **estar contaminado/a** 13
pollution **contaminación** *f.* 13
pool **piscina** *f.* 4

poor **pobre** *adj.* 6
population **población** *f.* 13
pork **cerdo** *m.* 8
pork chop **chuleta** *f.* **de cerdo** 8
portable **portátil** *adj.* 11
portable computer **computadora** *f.* **portátil**
position **puesto** *m.* 16
possessive **posesivo/a** *adj.* 3
possible **posible** *adj.* 13
it's (not) possible **(no) es posible** 13
post office **correo** *m.* 14
postcard **postal** *f.* 4; **tarjeta** *f.* **postal** 4
poster **cartel** *m.*
potato **papa** *f.* 8; **patata** *f.* 8
pottery **cerámica** *f.*
practice **entrenarse** *v.* 15; **practicar** *v.* 2
prefer **preferir (e:ie)** *v.* 4, 12
pregnant **embarazada** *adj. f.* 10
prepare **preparar** *v.* 2
preposition **preposición** *f.*
prescribe (*medicine*) **recetar** *v.* 10
prescription **receta** *f.* 10
present **regalo** *m.*; **presentar** *v.*
press **prensa** *f.*
pressure: be under a lot of pressure **sufrir** *v.* **muchas presiones** 15
pretty **bonito/a** *adj.* 3; **bastante** *adv.*
price **precio** *m.* 6
fixed price **precio** *m.* **fijo** 6
print **estampado/a** *adj.*; **imprimir** *v.* 11
printer **impresora** *f.* 11
private (*room*) **individual** *adj.* 5
prize **premio** *m.*
probable **probable** *adj.* 13
it's (not) probable **(no) es probable** 13
problem **problema** *m.* 1
profession **profesión** *f.* 3, 16
professor **profesor(a)** *m., f.* 2
program **programa** *m.* 1
programmer **programador(a)** *m., f.* 3
prohibit **prohibir** *v.* 10, 12
promotion (*career*) **ascenso** *m.* 16
pronoun **pronombre** *m.*
protect **proteger** *v.* 13
protein **proteína** *f.* 15
provided that **con tal (de) que** *conj.* 13
psychologist **psicólogo/a** *m., f.* 16
psychology **psicología** *f.* 2
publish **publicar** *v.*
Puerto Rican **puertorriqueño/a** *adj.* 3
Puerto Rico **Puerto Rico** *m.* 1
pull a tooth **sacar** *v.* **una muela**
purchases **compras** *f., pl.*
pure **puro/a** *adj.* 13
purple **morado/a** *adj.* 6
purse **bolsa** *f.* 6
put **poner** *v.* 4; **puesto/a** *p.p.* 15
put a letter in the mailbox **echar** *v.* **una carta al buzón** 14
put on (*a performance*) **presentar** *v.*
put on (*clothing*) **ponerse** *v.* 7
put on makeup **maquillarse** *v.* 7

Q

quality **calidad** *f.* 6
quarter **trimestre** *m.* 2
quarter after (*time*) **y cuarto** 1; **y quince** 1
quarter to (*time*) **menos cuarto** 1; **menos quince** 1
question **pregunta** *f.*
quickly **rápido** *adv.*
quiet **tranquilo/a** *adj.* 15
quit **dejar** *v.* 16
quite **bastante** *adv.* 10
quiz **prueba** *f.* 2

R

racism **racismo** *m.*
radio (*medium*) **radio** *f.*; radio (*set*) **radio** *m.* 11
rain **llover (o:ue)** *v.* 5
It's raining. **Llueve.** 5
raincoat **impermeable** *m.* 6
rainforest **bosque** *m.* **tropical** 13
raise (*salary*) **aumento** *v.* **de sueldo** 16
read **leer** *v.* 3; **leído/a** *p.p.* 15
ready **listo/a** *adj.* 15
real estate agency **agencia** *f.* **de bienes raíces** 12
reap the benefits (of) **disfrutar** *v.* **(de)** 15
reason **razón** *f.* 3
receive **recibir** *v.* 3
recommend **recomendar (e:ie)** *v.* 8, 12
recycle **reciclar** *v.* 13
recycling **reciclaje** *m.* 13
red **rojo/a** *adj.* 6
red-haired **pelirrojo/a** *adj.* 3
reduce **reducir** *v.* 13
reduce stress/tension **aliviar** *v.* **el estrés/la tensión**
refrigerator **refrigerador** *m.* 12
region **región** *f.* 13
regret **sentir (e:ie)** *v.* 13
related to sitting **sedentario/a** *adj.*
relationships **relaciones** *f., pl.*
relatives **parientes** *m., pl.* 3
relax **relajarse** *v.* 9
relieve stress/tension **aliviar el estrés/la tensión** 15
remain **quedarse** *v.* 7
remember **recordar (o:ue)** *v.* 4; **acordarse (o:ue)** *v.* **(de)** 7
remote control **control** *m.* **remoto** 11
renewable **renovable** *adj.* 13
rent **alquilar** *v.* 12; **alquiler** *m.* 12
repeat **repetir (e:i)** *v.* 4
report **informe** *m.*; **reportaje** *m.*
reporter **reportero/a** *m., f.* 16
representative **representante** *m., f.*
request **pedir (e:i)** *v.* 4
reservation **reservación** *f.* 5
resign (from) **renunciar (a)** *v.* 16
resolve **resolver (o:ue)** *v.* 13
resolved **resuelto/a** *p.p.* 15
resource **recurso** *m.* 13
responsibility **deber** *v.*
rest **descansar** *v.* 2
the rest **lo/los/las demás** *pron.*
restaurant **restaurante** *m.* 4
résumé **currículum** *m.* 16
retire (from work) **jubilarse** *v.* 9
return **regresar** *v.* 2; **volver (o:ue)** *v.* 4
return trip **vuelta** *f.*
returned **vuelto/a** *p.p.* 15
rice **arroz** *m.* 8
rich **rico/a** *adj.* 6
ride **pasear** *v.* 4
ride a bicycle **pasear en bicicleta** 4
ride a horse **montar a caballo** 5
ridiculous **ridículo/a** *adj.* 13
it's ridiculous **es ridículo** 13
right **derecha** *f.* 2
right away **enseguida** *adv.* 9
right here **aquí mismo** 11
right now **ahora mismo** 5
right there **allí mismo** 14
be right **tener** *v.* **razón** 3
to the right of **a la derecha de** 2
right? (*question tag*) **¿no?** 1; **¿verdad?** 1
rights **derechos** *m., pl.*
ring (*a doorbell*) **sonar (o:ue)** *v.* 11
river **río** *m.* 13
road **camino** *m.*
roast chicken **pollo** *m.* **asado** 8
roasted **asado/a** *adj.* 8
rock **piedra** *f.* 13
role **papel** *m.*
rollerblade **patinar** *v.* **en línea**
romantic **romántico/a** *adj.*
room **habitación** *f.* 5; **cuarto** *m.*; (*large, living*) **sala** *f.*
roommate **compañero/a** *m., f.* **de cuarto** 2
round-trip **de ida y vuelta** 5
round-trip ticket **pasaje** *m.* **de ida y vuelta** 5
route **camino** *m.* 11
routine **rutina** *f.* 7
rug **alfombra** *f.* 12
run **correr** *v.* 3
run errands **hacer diligencias** 14
run into (*have an accident*) **chocar** *v.* **(con)** 11; (*meet accidentally*) **darse con** *v.*
rush **apurarse; darse prisa** *v.* 15
Russian **ruso/a** *adj.*

S

sad **triste** *adj.* 5
it's sad **es triste** 13
safe **seguro/a** *adj.* 5
said **dicho/a** *p.p.* 15
sake: for the sake of **por** *prep.*
salad **ensalada** *f.* 8
salary **salario** *m.* 16; **sueldo** *m.* 16
sale **rebaja** *f.* 6
salesperson **vendedor(a)** *m., f.* 6
salmon **salmón** *m.* 8
salt **sal** *f.* 8
salty **salado/a** *adj.* 8
same **mismo/a** *adj.* 3
sandal **sandalia** *f.* 6
sandwich **sándwich** *m.* 8
Saturday **sábado** *m.* 2
sausage **salchicha** *f.* 8
save (*on a computer*) **guardar** *v.* 11; save (money) **ahorrar** *v.* 14
savings **ahorros** *m., pl.* 14
savings account **cuenta** *f.* **de ahorros** 14
say **decir** *v.* 6; **declarar** *v.*
scarcely **apenas** *adv.* 10
scared: be (very) scared **tener** *v.* **(mucho) miedo** 3
schedule **horario** *m.* 2
school **escuela** *f.* 1
science **ciencia** *f.*
science fiction **ciencia ficción** *f.*
scientist **científico/a** *m., f.* 16
scream **gritar** *v.*
screen **pantalla** *f.* 11
scuba dive **bucear** *v.* 4
sculpt **esculpir** *v.*
sculptor **escultor(a)** *m., f.* 16
sculpture **escultura** *f.*
sea **mar** *m.* 5; **océano** *m.*
seafood **mariscos** *m., pl.* 8
search: in search of **por** *prep.* 11
season **estación** *f.* 5
seat **silla** *f.*
second **segundo/a** *adj.* 5
secretary **secretario/a** *m., f.* 16
sedentary **sedentario/a** *adj.* 15
see **ver** *v.* 4
see (you) again **volver** *v.* **a ver(te, lo, la)**
see movies **ver películas** 4
See you. **Nos vemos.** 1
See you later. **Hasta la vista.** 1; **Hasta luego.** 1
See you soon. **Hasta pronto.** 1
See you tomorrow. **Hasta mañana.** 1
seem **parecer** *v.* 8
seen **visto/a** *p.p.* 15
sell **vender** *v.* 6
semester **semestre** *m.* 2
send **enviar** *v.*; **mandar** *v.* 14
separate (from) **separarse** *v.* **(de)** 9
separated **separado/a** *adj.* 9
September **septiembre** *m.* 5
sequence **secuencia** *f.*
serious **grave** *adj.* 10
extremely serious **gravísimo/a** *adj.* 13
serve **servir (e:i)** *v.* 8
set (*fixed*) **fijo** *adj.* 6
set the table **poner** *v.* **la mesa** 12
seven **siete** 1
seven hundred **setecientos/as** 6
seventeen **diecisiete** 1
seventh **séptimo/a** *adj.* 5
seventy **setenta** 2
several **varios/as** *adj., pl.* 8
sexism **sexismo** *m.*
shame **lástima** *f.* 13
It's a shame. **Es una lástima.** 13
shampoo **champú** *m.* 7
shape **forma** *f.* 15
be in good shape **estar en buena forma** 15
share **compartir** *v.* 3
sharp (*time*) **en punto** 1
shave **afeitarse** *v.* 7
shaving cream **crema** *f.* **de afeitar** 7
she **ella** *sub. pron.* 1
she is **ella es** 1
shellfish **mariscos** *m., pl.*
ship **barco** *m.*
shirt **camisa** *f.* 6
shoe **zapato** *m.* 6
pair of shoes **par de zapatos** 6
shoe size **número** *m.* **de zapato** 6
shoe store **zapatería** *f.* 14
tennis shoes **zapatos** *m., pl.* **de tenis**
shop **tienda** *f.* 6
shopping, to go **ir** *v.* **de compras** 6
shopping mall **centro** *m.* **comercial** 6
short (*in height*) **bajo/a** *adj.* 3; (*in length*) **corto/a** *adj.* 6
short story **cuento** *m.*
shorts **pantalones cortos** *m., pl.* 6
should (*do something*) **deber** *v.* **(+ *inf.*)** 3
show **mostrar (o:ue)** *v.* 4; **espectáculo** *m.*
shower **ducha** *f.*; **ducharse** *v.* 7; **bañarse** *v.*
shrimp **camarón** *m.* 8
siblings **hermanos** *m., pl.* 3
sick **mal, malo/a** 5; **enfermo/a** *adj.* 10
be sick **estar enfermo/a** 10
get sick **enfermarse** *v.* 10
sickness **enfermedad** *f.* 10
sightseeing: go sightseeing **hacer** *v.* **turismo** 5
sign **firmar** *v.* 14; **letrero** *m.* 14
silk **seda** *f.* 6; (made of) **de seda** 6
silly **tonto/a** *adj.* 3
silverware **cubierto** *m.*
similar **similar** *adj. m., f.*
since **desde** *prep.*
sing **cantar** *v.* 2
singer **cantante** *m., f.* 16
single **soltero/a** *adj.* 9
single room **habitación** *f.* **individual** 5
sink **lavabo** *m.*
sir **señor (Sr.)** *m.* 1
sister **hermana** *f.* 3
sister-in-law **cuñada** *f.* 3
sit down **sentarse (e:ie)** *v.* 7
six **seis** 1
six hundred **seiscientos/as** 6
sixteen **dieciséis** 1
sixth **sexto/a** *adj.* 5
sixty **sesenta** 2
size **talla** *f.* 6
shoe size **número** *m.* **de zapato** 6
skate (in-line) **patinar** *v.* **(en línea)** 4
ski **esquiar** *v.* 4
skiing **esquí** *m.* 4
water-skiing **esquí acuático** 4
skirt **falda** *f.* 6
sky **cielo** *m.* 13
sleep **dormir (o:ue)** *v.* 4; **sueño** *m.* 3
go to sleep **dormirse (o:ue)** *v.* 7
sleepy: be (very) sleepy **tener** *v.* **(mucho) sueño** 3
slender **delgado/a** *adj.* 3
slim down **adelgazar** *v.* 15
slow **lento/a** *adj.* 11
slowly **despacio** *adv.*
small **pequeño/a** *adj.* 3
smaller **menor** *adj.* 8
smallest, (the) **el/la menor** *m., f.* 8
smart **listo/a** *adj.* 5
smile **sonreír (e:i)** *v.* 9
smiled **sonreído** *p.p.* 15
smoggy: It's (very) smoggy. **Hay (mucha) contaminación.**
smoke **fumar** *v.* 15
not to smoke **no fumar** *v.* 15
smoking section **sección** *f.* **de fumadores** 8
(non) smoking section **sección de (no) fumadores** 8
snack (in the afternoon) **merendar** *v.* 15; (afternoon snack) **merienda** *f.* 15
have a snack **merendar** *v.* 15
sneakers **zapatos de tenis** 6
sneeze **estornudar** *v.* 10
snow **nevar (e:ie)** *v.* 5; **nieve** *f.*
snowing: It's snowing. **Nieva.** 5
so (*in such a way*) **así** *adv.* 10; **tan** *adv.* 5
so much **tanto** *adv.*
so-so **regular** 1; **así así**
so that **para que** *conj.* 13
soap **jabón** *m.* 7
soap opera **telenovela** *f.*
soccer **fútbol** *m.* 4
sociology **sociología** *f.* 2

sock **calcetín** *m.* 6
sofa **sofá** *m.* 12
soft drink **refresco** *m.* 8
software **programa** *m.* **de computación** 11
soil **tierra** *f.* 13
solar energy **energía solar** 13
solution **solución** *f.* 13
solve **resolver (o:ue)** *v.* 13
some **algún, alguno/a(s)** *adj.* 7; **unos/as** *pron.* 1; **unos/as** *m., f., pl. indef. art.* 1
somebody **alguien** *pron.*
someone **alguien** *pron.* 7
something **algo** *pron.* 7
sometimes **a veces** *adv.* 10
son **hijo** *m.* 3
song **canción** *f.*
son-in-law **yerno** *m.* 3
soon **pronto** *adj.* 10
  See you soon. **Hasta pronto.** 1
sorry: be sorry **sentir (e:ie)** *v.* 13
  I'm sorry. **Lo siento.** 1
  I'm so sorry. **Mil perdones.; Lo siento muchísimo.** 4
soup **caldo** *m.* 8; **sopa** *f.* 8
sour **agrio/a** *adj.* 8
south **sur** *m.* 14
  to the south **al sur** 14
Spain **España** *f.* 1
Spanish (*language*) **español** *m.* 2; **español(a)** *adj.; m., f.* 3
spare time **ratos** *m., pl.* **libres** 4
speak **hablar** *v.* 2
specialization **especialización** *f.*
spectacular **espectacular** *adj.* 15
speech **discurso** *m.*
speed **velocidad** *f.* 11
  speed limit **velocidad máxima** 11
spelling **ortográfico/a** *adj.*
spend (*money*) **gastar** *v.* 6
  spend time **pasar** *v.* **el tiempo** 4
spicy **picante** *adj.* 8
spoon (*table or large*) **cuchara** *f.* 12
sport **deporte** *m.* 4
  sports-loving **deportivo/a** *adj.*
  sports-related **deportivo/a** *adj.* 4
spouse **esposo/a** *m., f.* 3
sprain (one's ankle) **torcerse** *v.* **(el tobillo)** 10
sprained **torcido/a** *adj.* 10
  be sprained **estar** *v.* **torcido/a** 10
spring **primavera** *f.* 5
stadium **estadio** *m.* 2
stage **etapa** *f.* 9
stairs **escalera** *f.* 12
stairway **escalera** *f.* 12
stamp **estampilla** *f.* 14; **sello** *m.* 14
stand in line **hacer** *v.* **cola** 14
star **estrella** *f.* 13
start (*a vehicle*) **arrancar** *v.* 11
state **estado** *m.*
station **estación** *f.* 5
statue **estatua** *f.*
status: marital status **estado** *m.* **civil** 9
stay **quedarse** *v.* 7
  Stay calm! **¡Tranquilo/a!** *adj.*
  stay in shape **mantenerse** *v.* **en forma** 15
steak **bistec** *m.* 8
steering wheel **volante** *m.* 11
step **etapa** *f.*
stepbrother **hermanastro** *m.* 3
stepdaughter **hijastra** *f.* 3
stepfather **padrastro** *m.* 3
stepmother **madrastra** *f.* 3
stepsister **hermanastra** *f.* 3
stepson **hijastro** *m.* 3
stereo **estéreo** *m.* 11
still **todavía** *adv.* 5
stock broker **corredor(a)** *m., f.* **de bolsa** 16
stockings **medias** *f., pl.* 6
stomach **estómago** *m.* 10
stone **piedra** *f.* 13
stop **parar** *v.* 11
  stop (*doing something*) **dejar** *v.* **de (+ *inf.*)** 13
store **tienda** *f.* 6
storm **tormenta** *f.*
story **cuento** *m.*; **historia** *f.*
stove **estufa** *f.* 12
straight **derecho** *adj.* 14
  straight ahead **(todo) derecho** 14
straighten up **arreglar** *v.* 12
strange **extraño/a** *adj.* 13
  It's strange... **Es extraño...** 13
strawberry **frutilla** *f.*; **fresa** *f.* 8
street **calle** *f.* 11
stress **estrés** *m.* 15
stretching **estiramiento** *m.* 15
  stretching exercises **ejercicios** *m., pl.* **de estiramiento** 15
strike (*labor*) **huelga** *f.*
stripe **raya** *f.* 6
  striped **de rayas** *adj.* 6
stroll **pasear** *v.* 4
strong **fuerte** *adj.* 15
struggle (for) **luchar** *v.* **(por)**
student **estudiante** *m., f.* 1; **estudiantil** *adj.*
study **estudiar** *v.* 2
stuffed up (*sinuses*) **congestionado/a** *adj.* 10
stupendous **estupendo/a** *adj.* 5
style **estilo** *m.*
suburbs **afueras** *f., pl.* 12
subway **metro** *m.* 5
  subway station **estación** *f.* **del metro** 5
success **éxito** *m.* 16
successful: be successful **tener** *v.* **éxito** 16
such as **tales como**
suddenly **de repente** *adv.* 6
suffer **sufrir** *v.* 13
  suffer from an illness **sufrir una enfermedad** 13
sufficient **bastante** *adj.*
sugar **azúcar** *m.* 8
suggest **sugerir (e:ie)** *v.* 12
suit **traje** *m.* 6
suitcase **maleta** *f.* 1
summer **verano** *m.* 5
sun **sol** *m.* 4, 13
sunbathe **tomar** *v.* **el sol** 4
Sunday **domingo** *m.* 2
sunglasses **gafas** *f., pl.* **de sol** 6; **gafas oscuras** 14; **lentes** *m., pl.* **de sol**
sunny: It's (very) sunny. **Hace (mucho) sol.** 5
supermarket **supermercado** *m.* 14
suppose **suponer** *v.* 4
sure **seguro/a** *adj.* 5
  be sure (of) **estar** *v.* **seguro/a (de)** 5, 13
surf the Internet **navegar** *v.* **en Internet** 11
surprise **sorprender** *v.* 9; **sorpresa** *f.* 9
survey **encuesta** *f.*
sweat **sudar** *v.* 15
sweater **suéter** *m.* 6
sweep the floor **barrer** *v.* **el suelo** 12
sweet **dulce** *adj.* 8
sweets **dulces** *m., pl.* 9
swim **nadar** *v.* 4
swimming **natación** *f.* 4
  swimming pool **piscina** *f.* 4
symptom **síntoma** *m.* 10

T

table **mesa** *f.* 2
tablespoon **cuchara** *f.* 12
tablet (*pill*) **pastilla** *f.* 10
take **tomar** *v.* 2, 8; **llevar** *v.*
  Take care! **¡Cuídense!** 15
  take care of **cuidar** *v.* 13
  take (someone's) temperature **tomar(le)** *v.* **la temperatura (a alguien)** 10
  take (*wear*) a shoe size **calzar** *v.* 6
  take a bath **bañarse** *v.* 7
  take a shower **ducharse** *v.* 7
  take into account **tomar** *v.* **en cuenta**
  take off **quitarse** *v.* 7
  take out the trash **sacar** *v.* **la basura** 12
  take pictures **sacar** *v.* **fotos** 5; **tomar fotos** 13
talented **talentoso/a** *adj.*
talk **hablar** *v.* 2; **conversar** *v.* 2
  talk show **programa** *m.* **de entrevistas**
tall **alto/a** *adj.* 3
tank **tanque** *m.* 11
tape (audio) **cinta** *f.*
  tape recorder **grabadora** *f.* 1
taste **probar (o:ue)** *v.* 8
tasty **rico/a** *adj.* 8; **sabroso/a** *adj.* 8

tax **impuesto** *m.*
taxi(cab) **taxi** *m.* 5
tea **té** *m.* 8
teach **enseñar** *v.* 2
teacher **profesor(a)** *m., f.* 1; (*elementary school*) **maestro/a** *m., f.* 16
team **equipo** *m.* 4
technician **técnico/a** *m., f.* 16
telecommuting **teletrabajo** *m.* 16
teleconference **videoconferencia** *f.*
telephone **teléfono** *m.* 11
cellular telephone **teléfono celular** 11
television **televisión** *f.* 11
television set **televisor** *m.* 11
tell **decir** *v.* 6
temperature **temperatura** *f.* 10
ten **diez** 1
tennis **tenis** *m.* 4
tennis shoes **zapatos** *m., pl.* **de tenis**
tension **tensión** *f.* 15
tent **tienda** *f.* **de campaña** 5
tenth **décimo/a** *adj.* 5
terrible **terrible** *adj. m., f.* 13
it's terrible **es terrible** 13
terrific **chévere** *adj.*
test **prueba** *f.* 2; **examen** *m.* 2
text message **mensaje de texto** *m.* 11
Thank you. **Gracias.** *f., pl.* 1
Thank you (very much). **(Muchas) gracias.** 1
Thank you very, very much. **Muchísimas gracias.** 9
Thanks (a lot). **(Muchas) gracias.** 1
Thanks for everything. **Gracias por todo.** 9
Thanks once again. **Gracias una vez más.** 9
that **que; quien(es); lo que** *rel. pron.* 9
that (one) **ése, ésa, eso** *pron.* 6; **ese, esa,** *adj.* 6
that (*over there*) **aquél, aquélla, aquello** *pron.* 6; **aquel, aquella** *adj.* 6
that which **lo que** *conj.* 9
That's me. **Soy yo.** 1
that's why **por eso** 11
the **el** *m.*, **la** *f. sing., def. art.;* **los** *m.*, **las** *f. pl., def. art.* 1
theater **teatro** *m.*
their **su(s)** *poss., adj.* 3; **suyo(s)/a(s)** *poss., pron.* 11
them **los/las** *pron.* 5; **les** *pron.* 6
then **después** (*afterward*) *adv.* 7; **entonces** (*as a result*) *adv.* 7; **luego** (*next*) *adv.* 7; **pues** *adv.* 15
there **allí** *adv.* 5
There is/are... **Hay...** 1;
There is/are not... **No hay...** 1
therefore **por eso** *adv.* 11
these **éstos, éstas** *pron.* 6; **estos, estas** *adj.* 6
they **ellos/as** *sub. pron.* 1
they are **ellos/as son** 1
thin **delgado/a** *adj.* 3
thing **cosa** *f.* 1
think **pensar (e:ie)** *v.* 4; (believe) **creer** *v.* think about **pensar en** 4
third **tercer, tercero/a** *adj.* 5
thirst **sed** *f.* 3
thirsty: be (very) thirsty **tener** *v.* **(mucha) sed** 3
thirteen **trece** 1
thirty **treinta** 1; thirty (*minutes past the hour*) **y treinta** 1; **y media** 1
this **este, esta** *adj.;* **éste, ésta, esto** *pron.* 6
This is... (*introduction*) **Éste/a es...** 1
This is he/she. (*on telephone*) **Con él/ella habla.** 11
those **ésos, ésas** *pron.* 6; **esos, esas** *adj.* 6
those (over there) **aquéllos, aquéllas** *pron.* 6; **aquellos, aquellas** *adj.* 6
thousand **mil** *m.* 6
three **tres** 1
three hundred **trescientos/as** 6
throat **garganta** *f.* 10
through **por** *prep.* 11
throughout: throughout the world **en todo el mundo** 13
throw **echar** *v.*
Thursday **jueves** *m., sing.* 2
thus (*in such a way*) **así** *adj.*
ticket **boleto** *m.;* **entrada** *f.;* **pasaje** *m.* 5; (traffic) **multa** *f.* 11
tie **corbata** *f.* 6
time **vez** *f.* 6; **tiempo** *m.* 4
buy on time **comprar** *v.* **a plazos** *m., pl.* have a good/bad time **pasar lo** *v.* **bien/mal** 9
We had a great time. **Lo pasamos de película.**
times **veces** *f., pl.*
many times **muchas veces** 10
tip **propina** *f.* 9
tire **llanta** *f.* 11
tired **cansado/a** *adj.* 5
be tired **estar** *v.* **cansado/a** 5
title **título** *m.*
to **a** *prep.* 1
toast (*drink*) **brindar** *v.* 9
toast **pan** *m.* **tostado**
toasted **tostado/a** *adj.* 8
toaster **tostadora** *f.*
today **hoy** *adv.* 2
Today is . . . **Hoy es...** 2, 5
together **juntos/as** *adj.* 9
tomato **tomate** *m.* 8
tomorrow **mañana** *adv.* 1
See you tomorrow. **Hasta mañana.** 1
tonight **esta noche** *adv.* 4
too **también** *adv.* 2; 7
too much **demasiado** *adv.* 6; **en exceso** 15
tooth **diente** *m.* 7; tooth **muela** *f.* 10
tornado **tornado** *m.*
tortilla **tortilla** *f.* 8
touch **tocar** *v.* 13
tour an area **recorrer** *v.;* **excursión** *f.*
go on a tour **hacer** *v.* **una excursión** 5
tourism **turismo** *m.* 5
tourist **turista** *m., f.* 1; **turístico/a** *adj.*
toward **para** *prep.* 11; **hacia** *prep.* 14
towel **toalla** *f.* 7
town **pueblo** *m.* 4
trade **oficio** *m.* 16
traffic **circulación** *f.;* **tráfico** *m.* 11
traffic light **semáforo** *m.* 11
tragedy **tragedia** *f.*
trail **sendero** *m.* 13
trailhead **sendero** *m.*
train **entrenarse** *v.* 15; **tren** *m.* 5
train station **estación** *f.* **del tren** *m.* 5
translate **traducir** *v.* 8
trash **basura** *f.* 12
travel **viajar** *v.* 2
travel agency **agencia** *f.* **de viajes** 5
travel agent **agente** *m., f.* **de viajes** 5
travel documents **documentos** *m., pl.* **de viaje**
traveler **viajero/a** *m., f.* 5
traveler's check **cheque** *m.* **de viajero** 14
treat (entertain) **invitar** *v.* 9
tree **árbol** *m.* 13
trillion **billón** 6
trimester **trimestre** *m.* 2
trip **viaje** *m.* 5
take a trip **hacer** *v.* **un viaje** 5
tropical forest **bosque** *m.* **tropical** 13
truck **camión** *m.*
true **cierto/a; verdad** *adj.* 13
it's (not) true **(no) es cierto/verdad** 13
trunk **baúl** *m.* 11
truth **verdad** *f.* 6
try **intentar** *v.;* **probar (o:ue)** *v.* 8
try (*to do something*) **tratar** *v.* **de (+ *inf.*)** 15
try on **probarse (o:ue)** *v.* 7
t-shirt **camiseta** *f.* 6
Tuesday **martes** *m., sing.* 2
tuna **atún** *m.* 8
turkey **pavo** *m.* 8
turn **doblar** *v.* 14
turn off (*electricity/appliance*) **apagar** *v.* 11
turn on (*electricity/appliance*) **poner** *v.* 11; **prender** *v.* 11
turtle **tortuga** *f.* 13
marine turtle **tortuga marina** 13
twelve **doce** 1
twenty **veinte** 1
twenty-eight **veintiocho** 1
twenty-five **veinticinco** 1

twenty-four **veinticuatro** 1
twenty-nine **veintinueve** 1
twenty-one **veintiún, veintiuno/a** 1
twenty-seven **veintisiete** 1
twenty-six **veintiséis** 1
twenty-three **veintitrés** 1
twenty-two **veintidós** 1
twice **dos veces** 6
twisted **torcido/a** *adj.* 10
  be twisted **estar** *v.* **torcido/a** 10
two **dos** 1
two hundred **doscientos/as** 6
  two times **dos veces** 6

U

ugly **feo/a** *adj.* 3
uncle **tío** *m.* 3
under **debajo de** *prep.* 2; **bajo** *prep.*
understand **comprender** *v.* 3; **entender (e:ie)** *v.* 4
underwear **ropa** *f.* **interior** 6
unemployment **desempleo** *m.*
United States **Estados Unidos** *m., pl.* 1
university **universidad** *f.* 2
unless **a menos que** *adv.* 13
unmarried **soltero/a** *adj.* 9
unpleasant **antipático/a** *adj.* 3
until **hasta** *prep.* 6; **hasta que** *conj.* 13
up **arriba** *adv.*
urgent **urgente** *adj.* 12
  It's urgent that… **Es urgente que…** 12
us **nos** *pron.* 5
use **usar** *v.* 6
used for **para** *prep.* 11
useful **útil** *adj.*

V

vacation **vacaciones** *f., pl.* 5
  be on vacation **estar** *v.* **de vacaciones** 5
  go on vacation **ir** *v.* **de vacaciones** 5
vacuum **pasar** *v.* **la aspiradora** 12
  vacuum cleaner **aspiradora** *f.* 12
valley **valle** *m.* 13
various **varios/as** *adj., pl.*
VCR **videocasetera** *f.* 11
vegetables **verduras** *f., pl.* 8
verb **verbo** *m.*
very **muy** *adv.* 1
  very bad **malísimo** 8
  very much **muchísimo** *adv.* 2
  Very good, thank you. **Muy bien, gracias.**
  (Very) well, thanks. **(Muy) bien, gracias.** 1
vest **chaleco** *m.*
video **video** *m.* 1
  videocassette **videocasete** *m.* 11
  video conference **videoconferencia** *f.* 16
  videocamera **cámara** *f.* **de video** 11
vinegar **vinagre** *m.* 8
violence **violencia** *f.*
visit **visitar** *v.* 4
  visit a monument **visitar un monumento** 4
vitamin **vitamina** *f.* 15
volcano **volcán** *m.* 13
volleyball **vóleibol** *m.* 4
vote **votar** *v.*

W

wait (for) **esperar** *v.* 2
waiter **camarero/a** *m., f.* 8
wake up **despertarse (e:ie)** *v.* 7
walk **caminar** *v.* 2
  take a walk **pasear** *v.* 4
  walk around the city/town **pasear por la ciudad/el pueblo** 4
Walkman **walkman** *m.*
wall **pared** *f.* 12
wallet **cartera** *f.* 6
want **desear** *v.* 2; **querer (e:ie)** *v.* 4, 12
  I don't want to **no quiero** 4
war **guerra** *f.*
warm (oneself) up **calentarse** *v.* 15
wash **lavar** *v.* 12
  wash one's face/hands **lavarse** *v.* **la cara/las manos** 7
  wash oneself **lavarse** 7
washing machine **lavadora** *f.* 12
watch **mirar** *v.* 2; **reloj** *m.* 2
  watch television **mirar (la) televisión** 2
water **agua** *f.* 8
  water pollution **contaminación del agua** 13
  water-skiing **esquí** *m.* **acuático** 4
way **manera** *f.*
we **nosotros/as** *sub. pron.* 1
  we are **nosotros/as somos** 1
weak **débil** *adj.* 15
wear **llevar** *v.* 6; **usar** *v.* 6; **calzar** *v.* (shoes) 6
weather **tiempo** *m.* 5
  It's bad weather. **Hace mal tiempo.** 5
  It's nice weather. **Hace buen tiempo.** 5
weaving **tejido** *m.*
Web **red** *f.* 11
website **sitio** *m.* **web** 11
wedding **boda** *f.* 9
Wednesday **miércoles** *m., sing.* 2
week **semana** *f.* 2
weekend **fin** *m.* **de semana** 4
weight **peso** *m.* 15
  lift weights **levantar** *v.* **pesas** *f., pl.* 15
Welcome! **¡Bienvenido(s)/a(s)!** *adj.* 12
well **pues** *adv.* 2; **bueno** *adv.* 2
well-being **bienestar** *m.* 15
well organized **ordenado/a** *adj.*
west **oeste** *m.* 14
  to the west **al oeste** 14
western (*genre*) **de vaqueros** *adj.*
whale **ballena** *f.* 13
what **lo que** 9
  what? **¿qué?** *adj., pron.* 1, 9; **¿cuál(es)?** 9
  At what time…? **¿A qué hora…?** 1
  What a… ! **¡Qué…!**
  What a pleasure to . . . ! **¡Qué gusto (+** *inf.***)…**
  What a surprise! **¡Qué sorpresa!**
  What day is it? **¿Qué día es hoy?**
  What did he/she do? **¿Qué hizo él/ella?** 6
  What did they do? **¿Qué hicieron ellos/ellas?** 6
  What did you do? **¿Qué hiciste?** *fam., sing.;* **¿Qué hizo usted?** *form., sing.;* **¿Qué hicieron ustedes?** *form., pl.* 6
  What did you say? **¿Cómo?**
  What do you guys think? **¿Qué les parece?** 9
  What happened? **¿Qué pasó?** 11
  What is it? **¿Qué es?** 1
  What is the date (today)? **¿Cuál es la fecha (de hoy)?**
  What is the price? **¿Qué precio tiene?**
  What is today's date? **¿Cuál es la fecha de hoy?** 5
  What pain! **¡Qué dolor!**
  What pretty clothes! **¡Qué ropa más bonita!** 6
  What size do you wear? **¿Qué talla lleva (usa)?** 6
  What time is it? **¿Qué hora es?** 1
  What's going on? **¿Qué pasa?** 1
  What's happening? **¿Qué pasa?** 1
  What's… like? **¿Cómo es…?** 3
  What's new? **¿Qué hay de nuevo?** 1
  What's the weather like? **¿Qué tiempo hace?** 5
  What's wrong? **¿Qué pasó?**
  What's your name? **¿Cómo se llama usted?** *form.* 1
  What's your name? **¿Cómo te llamas (tú)?** *fam.* 1
when **cuando** *conj.* 7
  When? **¿Cuándo?** 2, 9
where **donde** *adj., conj.*
  where? (*destination*) **¿adónde?** 2, 9; (*location*)**¿dónde?** 1, 9
  Where are you from? **¿De dónde eres?** *fam.* 1; **¿De dónde es usted?** *form.* 1
  Where is…? **¿Dónde está…?** 2
  (to) where? **¿adónde?** 2
which **que; lo que** *rel. pron.* 9
which? **¿cuál(es)?** *adj., pron.;* **¿qué?** 2, 9

which one(s)? **¿cuál(es)?** 2
while **mientras** *adv.* 10
white **blanco/a** *adj.* 6
white wine **vino** *m.* **blanco** 8
who **que; quien(es)** *rel. pron.* 9
who? **¿quién(es)?** 1, 9
Who is...? **¿Quién es...?** 1
Who is calling? (*on telephone*) **¿De parte de quién?** 11
Who is speaking? (*on telephone*) **¿Quién habla?** 11
whole **todo/a** *adj.*
whom **quien(es)** *rel. pron.* 9
whose...? **¿de quién(es)...?** 1
why? **¿por qué?** *adv.* 2, 9
widowed **viudo/a** *adj.* 9
wife **esposa** *f.* 3
win **ganar** *v.* 4
wind **viento** *m.*
window **ventana** *f.* 2
windshield **parabrisas** *m., sing.* 11
windy: It's (very) windy. **Hace (mucho) viento.** 5
wine **vino** *m.* 8
red wine **vino tinto** 8
white wine **vino blanco** 8
wineglass **copa** *f.* 12
winter **invierno** *m.* 5
wish **desear** *v.* 2; **esperar** *v.* 13
I wish (that) **Ojalá que** 13
with **con** *prep.* 2
with me **conmigo** 4
with you **contigo** *fam.*
within **dentro de** *prep.* 16
without **sin** *prep.* 13, 15; **sin que** *conj.* 13
without a doubt **sin duda**
woman **mujer** *f.* 1
wool **lana** *f.* 6
(made of) wool **de lana** 6
word **palabra** *f.* 1
work **trabajar** *v.* 2; **funcionar** *v.* 11; **trabajo** *m.* 16
work (*of art, literature, music, etc.*) **obra** *f.*
work out **hacer** *v.* **gimnasia** 15
world **mundo** *m.* 13
worldwide **mundial** *adj. m., f.*
worried (about) **preocupado/a (por)** *adj.* 5
worry (about) **preocuparse** *v.* **(por)** 7
Don't worry. **No se preocupe.** *form.* 7; **No te preocupes.** *fam.* 7
worse **peor** *adj. m., f.* 8
worst **el/la peor** 8; **lo peor**
Would you like to? **¿Te gustaría?**
write **escribir** *v.* 3
write a letter/post card/e-mail message **escribir una carta/(tarjeta) postal/mensaje** *m.* **electrónico** 4
writer **escritor(a)** *m., f.* 16
written **escrito/a** *p.p.* 15
wrong **equivocado/a** *adj.* 5
be wrong **no tener** *v.* **razón** 3

X

X-ray **radiografía** *f.* 10

Y

yard **jardín** *m.* 12; **patio** *m.* 12
year **año** *m.* 5
be... years old **tener** *v.* **... años** 3
yellow **amarillo/a** *adj.* 6
yes **sí** *interj.* 1
yesterday **ayer** *adv.* 6
yet **todavía** *adv.* 5
yogurt **yogur** *m.*
you **tú** *sub. pron. fam. sing.* 1; **usted** *sub. pron. form. sing.* 1; **vosotros/as** *sub. pron. fam. pl.* 1; **ustedes** *sub. pron. form. pl.* 1; **te** *d. o. pron. fam. sing.* 5; **lo** *d. o. pron. m. form. sing.* 5; **la** *d. o. pron. f. form. sing.* 5; **os** *d. o. pron. fam. pl.* 5; **los** *d. o. pron. m. form. pl.* 5; **las** *d. o. pron. f. form. pl.* 5; **le(s)** *i. o. pron. form.* 6
you are **tú eres** *fam. sing.* 1; **usted es** *form. sing.* 1; **vosotros/as sois** *fam. pl.* 1; **ustedes son** *form. pl.* 1
You don't say! **¡No me digas!** *fam.;* **¡No me diga!** *form.* 11
You're welcome. **De nada.** 1; **No hay de qué.** 1
young **joven** *adj.* 3
young person **joven** *m., f.* 1
young woman **señorita** *f.* 2
younger **menor** *adj. m., f.* 3
younger brother, sister **hermano/a menor** *m., f.* 3
youngest **el/la menor** *m., f.* 8
your **su(s)** *poss., adj., form.* 3
your **tu(s)** *poss., adj., fam. sing.* 3
your **vuestro(s)/a(s)** *poss., adj. form., pl.*
your(s) *form.* **suyo(s)/a(s)** *poss. pron., form.* 11
your(s) **tuyo(s)/a(s)** *poss., fam., sing.* 11
youth **juventud** *f.* 9; (young person) **joven** *m., f.* 1

Z

zero **cero** *m.* 1

Índice

L

M

N

Ñ

O

P

Q

R

S

Text Credits

300-301 © Juan Matías Loiseau "Tute", *El celular*, reprinted by permission of the author.
376-377 © Denevi, Marco, *Cartas peligrosas y otros cuentos. Obras completas, Tomo 5*, Buenos Aires, Corregidor, 1999, págs. 192-193.
404-405 © Cristina Peri Rossi, "14," de *Indicios Pánicos*, 1970, reprinted by permission of the author.
428-429 © Augusto Monterroso, *Imaginación y destino*, Santiago, Mosquito, 1999, reprinted by permission of International Editors' Co. Barcelona.

Fine Art

107 *Triptych of the Rains: Part 3, To Turn Green Again* by Tomás Sánchez.
111 *Sugar Cane* by Diego Rivera.
433 *Las Meninas* by Diego Rodríguez de Silva y Velázquez.

Photography Credits

Alamy Images: 31 (b) © Alamy Images. **67** (bl) © North Wind Picture Archives. **69** (bl) © Ivo Roospold. **72** (bml) © Photodisc. **111** (bl) © David R. Frazier Photolibrary, Inc. **210** © Hemis. **251** © Custom Medical Stock Photo. **268** © JupiterImages/Photos.com. **289** (tr) (l) © Beren Patterson. **294** (bml) © Helene Rogers. **313** (l) © Craig Lovell – All Rights Reserved. **340** (t) © Clive Tully. **341** (l) © Jan Csernoch. **377** © Radius Images. **416** (l) © PhotoAlto. **432** (t) © graficart.net.

AP Images: 66 (tl) © David Cantor. **69** (tml) © Heribert Proepper. **260** (b) © Ricardo Figueroa.

Congreso de Perú: 393 (l) Printed by permission of Gabriela Pérez del Solar.

Corbis Images: cover: © Theo Allofs. **16** right panel: (tl) © Fred Prouser/Reuters, (tml) © Reuters, (tr) © Ray Stubblebine, (bml) © Mitchell Gerber, (bl) © Rafiqur Rahman/Reuters, left panel: (tr) © Charles Gupton. **17** (bl) © Reuters NewMedia, Inc. **31** (t) © Bettmann. **36** (t) © Pablo Corral V. **45** (br) © Reuters/Marc Serota. **53** © Schwarz, Shaul. **54** (tl) © Buddy Mays, (tr) © Patrick Ward, (bl) © Ted Soqui, (bcl) © Mario Anzuoni/Reuters, (bcr) © Reuters/Jim Ruymen, (br). **55** (tr) © Danny Lehman, (tl) © Richard Cummins. **61** (mr) © Dann Tardiff. **66** (tr) © Rafael Pérez/Reuters, (b) © Martial Trezzini/epa. **69** (ml) © Steve Azzara, (tr) © Ted Spiegel, (tmr) © Shubroto Chattopadhyay, (br) © Reuters/Juergen Schwarz. **85** (tr) © Neal Preston. **92** (r) © Alberto Estévez/EFE. **107** (t) © Christie's Images. **110** (t) © Morton Beebe. **111** (tl) © Bettmann, (tr) © Philadelphia Museum of Art. **122** (r) © Jeremy Horner. **166** (bl) © Mike Segar, (br) © Michael Kim. **167** © Jeremy Horner. **179** (l) © Javier Pierini/Brand X. **221** © Galen Rowell. **234** (r) © Picturenet. **235** (l) © Reuters/Jerry Lampen. **244** (r) © Hurewitz Creative. **271** © Stephanie Maze. **275** © William Sallaz. **279** © PictureNet. **291** © Reuters. **312** (l) © Dusko Despotovic. **323** © Tony Arruza. **327** © Owen Franken. **328** (bl) © Dave G. Houser, (br) © Craig Lovell. **329** (tl) © Kevin Schafer, (tr) © Tony Arruza, (b) © Yann Arthus-Bertrand. **333** (bl) © Darren Greenwood/Design Pics. **379** © Bettmann. **380** (t) © Bob Winsett, (br) © Bettmann. **381** (l) © Bernard Bisson, (r) © Bill Gentile. **392** (r) © Kevin Schafer. **408** (bl) © Glyn Jones. **428** © Catherine Karnow. **431** © Elke Stolzenberg. **432** (b) © Heino Kalis. **433** (b) © Paul Almasy.

Dreamstime: 84 (b) © Dirk-jan Mattaar. **234** (l) © Sylwia Blaszczyszyn. **328** (t) © Kato Inowe. **334** (br) © Dean Pennala. **417** (l) © Jennifer Walz.

Fotolia.com: 68 (bl) © iofoto. **165** © PictureLake. **276** (b) © gaelj. **308** (r) © Harry Neave. **321** (l) © Fred Goldstein. **409** (m) © pressmaster. **424** (r) © Forgiss.

Fotocolombia.com: 225 (full pg) © Harold Vanegas.

Getty Images: 16 right panel: (br) © Héctor Mata/AFP. **36** (b) John Glustina **84** (tl) © John Kelly. **92** (l) © Javier Soriano/AFP. **111** (br) © Omar Torres/AFP. **123** (l) © Stuart Westmorland. **124** (l) © Javier Soriano/AFP. **178** © Stewart Cohen. **216** © Commercial Eye. **222** (tl) © John Beatty. **223** (t) © Piero Pomponi/Liaison. **261** © Getty Images **345** © Getty Images. **346** (r) © Rick Rusing **349** (l) © Getty Images. **392** (l) © Krzysztof Dydynski/Lonely Plant Images.

iStockphoto.com: 37 (ml) © Damir Karan. **68** (tl) © Chris Fertnig. **93** (l) © Roberto Adrian. **97** (tl) © Rolf Bodmer, (tr) © Ana Abejón, (ml) © Curtis J. Morley. **149** (l) © Sergey Ivanchenko. **196** (b) © Jack Puccio. **205** (l) © Juliann Itter. **222** (b) © Jeff Luckett. **223** (br) © Marshall Bruce. **244** (l) © Reggie Casagrande. **281** (tl) © Dmitry Kutlayev, (tr) © Julie Masson Deshaies. **294** (t), (br) © Luca di Filippo, (tl) © Fred De Bailliencourt. **295** (tl) © Luca di Filippo, (bl) © Greg Nicholas. **308** (l) © Terry J Alcorn. **333** (tl) © Ron Masessa, (tr) © Simone van den Berg, (tm) © Wendy Boos. **334** (tr) © Daniel Stein. **370** (br) © Juan Herrera. **384** (m) © Andrew Manley. **385** (tl) © Ints Vikmanis. **386** © Diego Cervo. **424** (l) © Chris Schmidt.

Miscellaneous: 16 right panel: (bmr) © Vince Bucci/Latin Focus. **23** (b) © Philip Lange/123RF. **69** (bmr) © Jimmy Dorantes/Latin Focus. **106** (b) © Jupiter Images Corporation. **148** (l) © Jose Caballero Digital Press Photos/Newscom. **204** (b) © Greg Elms/Lonely Planet Images. **226** (tl) © Katrina Brown/123RF. **305** (b) © Jupiter Images Corporation. **324** © AGEfotostock. **350** (b) © Deron Rodehaver/123RF.

Special thanks to: Celeste Ávila, José Blanco, Rachel Distler, Linde Gee, Herman Mejía, Martha Mesa, Paola Ríos Schaaf, Jimena V., Carolina Zapata.

About the Authors

Philip Redwine Donley received his M.A. in Hispanic Literature from the University of Texas at Austin in 1986 and his Ph.D. in Foreign Language Education from the University of Texas at Austin in 1997. Dr. Donley taught Spanish at Austin Community College, Southwestern University, and the University of Texas at Austin. He published articles and conducted workshops about language anxiety, language anxiety management, and the development of critical thinking skills, and was involved in research about teaching languages to the visually impaired. Dr. Donley was also the co-author of three other introductory college Spanish textbook programs published by Vista Higher Learning, **VISTAS**, **PANORAMA**, and **¡VIVA!**.

José A. Blanco founded Vista Higher Learning in 1998. A native of Barranquilla, Colombia, Mr. Blanco holds a B.A. in Literature from the University of California, Santa Cruz, and an M.A. in Hispanic Studies from Brown University. He has worked as a writer, editor, and translator for Houghton Mifflin and D.C. Heath and Company and has taught Spanish at the secondary and university levels. Mr. Blanco is also the co-author of several other Vista Higher Learning programs: **VISTAS** and **PANORAMA** at the introductory level, **VENTANAS**, **FACETAS**, and **ENFOQUES** at the intermediate level, and **REVISTA** at the advanced conversation level.